영화처럼 보는 세계의 모든 주요전쟁들

나쁜 전쟁
더 나쁜 전쟁

노병천 지음

良書閣

전쟁지식은 이제 상식이다

전쟁지식은 이제 상식이 되었다. 전쟁을 모르고는 더 이상 상식 인이라 할 수 없다. 우리가 왜 전쟁사를 공부하는가? 전쟁사에는 많은 교훈이 있기 때문이다. 값비싼 피를 흘리지 않고 얻을 수 있는 마치 교훈의 보물창고와 같은 것이 바로 전쟁사이다. 지금도 전쟁은 계속되고 있다. 이러한 전쟁을 공부하지 않으면 지난 인류 역사를 정확히 이해하지 못할 뿐만 아니라, 앞으로의 미래 지향적인 일도 계획하거나 도모할 수 없다.

인류역사는 곧 전쟁의 역사라 할 수 있다. 1945년에서 1990년까지 2,304주 동안에 전쟁이 없었던 시기는 단 3주밖에 없었다고 한다. 이제 전쟁 지식은 오늘에 사는 사람들이라면 누구나 알아야 할 상식이라 할 수 있다. 어느 특정인에게만 필요한 지식으로 머물 수는 없다. 그러나 아무리 상식이라 할지라도 상식을 상식으로 읽을 수 있는 책이 없다면 아무 소용이 없다. 반드시 쉽게 읽혀질 수 있는 책이 있어야 한다. 그래야지 성인은 물론 어린 학생들도 전쟁사에 흥미를 가지고 재미있게 읽을 수 있다. 그래서 이 책은 딱딱하고 어렵게만 느껴지는 전쟁사를 아주 쉽고 재미있게 읽을 수 있도록 집필했다. 많은 화보를 동원하고, 마치 한편의 영화를 보는듯한 기법으로 책을 구성했다. 특히 현장감이 살아있는 책이 되도록 여러 각도로 애를 썼는데 이를 위해 필자는 세계의 40여 나라를 돌며 전적지 현장을 직접 답사하기도 했다. 이 책은 어린 학생들로부터 모든 국민들, 그리고 고급 전사를 알아야 하는 군의 간부에 이르기까지 모든 층에게 유용한 지식을 제공할 것으로 기대한다.

나름대로 절박한 사명감으로 이 책을 썼다. 전쟁을 경험하지 못한 후손들에게 우리 땅에서 일어났던 6.25전쟁을 비롯해서 지옥과 같은 세계의 여러 전쟁에 대한 최소한의 기억과 지식을 간직하게 하고 싶다. 전쟁은 그 어떤 말로도 합리화하거나 정당화할 수 없다. 왜냐하면 그러기에는 너무나 많은 희생과 폐해가 따르기 때문이다. 그래서 전쟁에는 단지 나쁜 전쟁과 더 나쁜 전쟁만이 존재하는 것이다. 그 이상도 그 이하도 아니다.

하나님이 주신 최고의 배필 수라와, 나의 기쁨과 소망인 두 아들 호림, 호준에게 늘 고마움과 감사의 마음을 전한다. 그리고 방대한 책을 정성을 다해 만들어주신 양서각 신대영 사장님께 심심한 감사의 말씀을 드린다. 23권 째의 전쟁사 관련 저서를 남길 수 있도록 지식과 지혜와 영감을 주신 하나님께 영광을 돌리며, 전쟁이 사라질 그날을 소망한다.

2008년 초여름에

노병천

:: 차 례

1장 고대 전쟁

2장 나폴레옹 전쟁

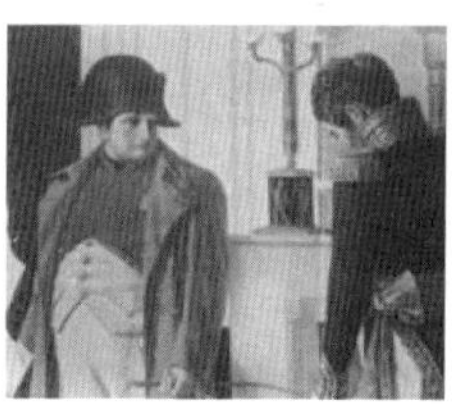

3장 청일, 러일 전쟁

4장 제1차 세계대전

5장 제2차 세계대전

6장 베트남 전쟁

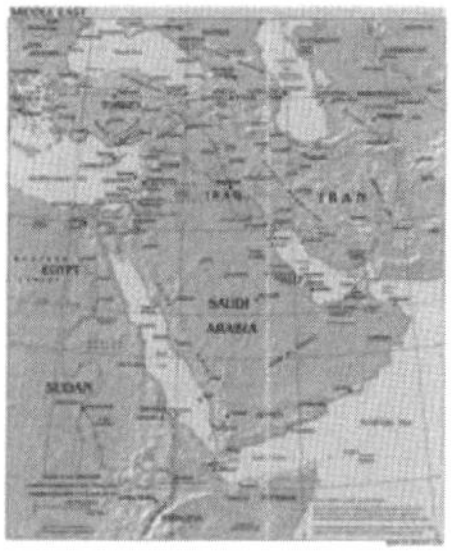

7장 중동 전쟁

8장 현대 전쟁

9장 걸프 · 이라크 전쟁 895

10장 6.25전쟁

1장
고대 전쟁

어떤 사람이 마케도니아 왕 알렉산더에게 그의 보물이 어디에 있는지 물었다.
그 때 왕은 그의 친구들을 가리키며 대답했다.
"이 사람들 안에!"

01 마라톤Marathon 전투

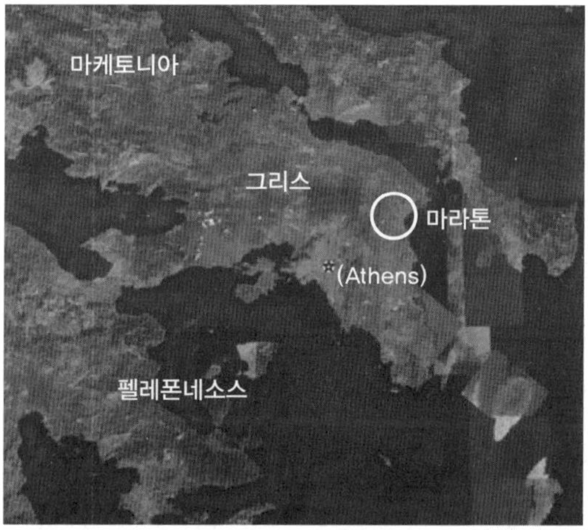

- 시 기 : B.C. 490년
- 장 소 : 그리스 동북해안 마라톤
- 교전국 : 페르샤 / 아테네
- 지휘관 : 다리우스1세 / 밀티아데스
- 병 력 : 3~4만명 / 1만명
- 특 성 : 경장(輕裝)보병 / 중장(重葬)보병, 그리스 방진(Phalanx) 궁병대(弓兵隊) 3.6 m 단창(短槍) 동방 전제국가 민주정(民主政)
- 결 과 : 아테네군의 승리, 페르샤군 6,400명 전사, 아테네군 192명 전사

|배 경|

B.C. 8~6세기에 걸쳐 해외식민지(海外植民地) 확보에 주력 해온 그리스와 동방의 강자였던 페르샤의 격돌(激突)은 필연이었다. 서남(西南)아시아를 통일한 페르샤의 다리우스Darius 1세가 소아시아 서안의 그리스 식민지에 대하여 압력을 가하자 이오니아의 여러 도시가 반(反)페르샤 운동을 전개하게 되었고 이에 부응하여 아테네가 동일민족(同一民族)이라는 명목 하에 20척의 전선(戰船)을 지원하게 되었다.

이렇게 시작된 것이 바로 페르샤 전쟁(B.C. 492~479)이다. 페르샤 전쟁은 3차에 걸쳐 행해지는데 제1차 때는 다리우스 1세의 원정군이 아토스Athos 앞바다에서 큰 폭풍우를 만나 실패했다. 마라톤 전투는 제2차 페르샤 원정 때의 전투이다. 당시 아테네 국민의 일반적인 감정은 대부분 반(反)페르샤적이었으나 정치를 담당한 지도자측에서는 친

(親)페르샤 파와 반(反)페르샤 파로 양분되어 있었다. 이때 페르샤 왕 다리우스 1세는 제 1차 원정의 실패를 딛고 에게 해(海)를 건너 아테네로의 제2차 원정을 개시한 것이다. 다리우스 1세는 그리스 제국들을 얕잡아 보고 비교적 소규모의 병력을 직접 지휘하여 시위(示威)를 목적으로 한 출정(出廷)이었다는 설이 있다.

|경 과|

페르샤군의 상륙(上陸)

아테네에서 20년 전에 추방당한 히아스라는 자가 페르샤군의 안내역을 담당하여 아테네 동북방 25마일 지점에 위치한 마라톤으로 인도했다. 당시 아테네의 심장부라 할 수 있는 팔레론 지역에 직접 상륙하지 않은 이유를 몇 가지 측면에서 분석해 본다.

첫째, 마라톤 평야(平野)는 페르샤군의 우수한 기병(騎兵)이 활동하는데 최적 조건이었으며, 둘째, 아테네 내부에서의 친(親)페르샤파와 반(反)페르샤파간의 내분(內紛)을 기대했다. 셋째, 상륙지역에 큰 소택지(沼澤地)가 있어 측방으로부터의 기습(奇習)을 방지할 수 있었다.

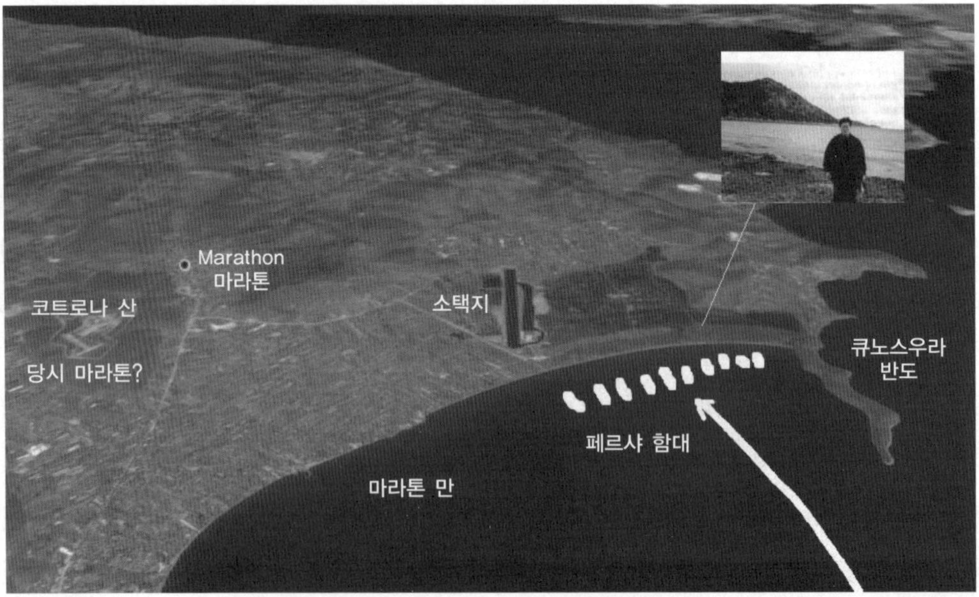

페르샤군의 상륙에 대한 아테네의 대비태세

기습적인 상륙에 대해 당황한 아테네의 장군들은 스파르타에 원군(援軍)을 요청했다. 스파르타는 때마침 아폴로 신전에 제사를 지내고 있었으며, 당시의 관례에 따르면 보름달 이전에는 출병(出兵)을 금지하고 있었다. 보름달이 뜨기까지는 6일이나 남은 시기였으며, 그 후 2,000명을 아테네로 출병시켰으나 이미 마라톤전투는 종료된 후였다.

아테네 장군단(將軍團)의 출격(出擊) 논쟁 : 장군단 임원 10명은 마라톤에 대한 출격여부로 의견이 양분되고 있었는데, 제1차 페르샤 전쟁시 참가한 밀티아데스의 강경한 출격주장에 대해 최종 결재권자인 카리마코스가 동조함으로써 출격이 결정되었다.

"아테네를 노예로 전락시키는 것도, 아테네를 자유롭게 해서 영원히 빛나는 기념으로 남기는 것도 오직 카리마코스 귀하께 달려있다." 헤로도토스의 "역사"에는 이때의 밀티아데스 건의가 이렇게 기록되어 있다.

아테네군의 탐색전(探索戰)

출격을 결정한 아테네는 밀티아데스의 지휘하에 일거 마라톤으로 향했다. 마라톤평야의 전쟁터는 중앙부의 길이가 4 km 정도이며 남쪽 끝은 아크리리리키산이 해안과 접하고 있다.

마라톤에 도착한 아테네군은 곧바로 코트로나산과 아크리리리키산의 중간 골짜기로 들어가서 해안과 평행한 대형으로 잠복대기 했다.

당시 아테네군은 중장(重裝)밀집보병이었는데, 이는 기동면에서 페르샤군의 경(經)기병에게 크게 뒤떨어지므로 이들에 의해 배후(背後)나 측면을 공격당하면 크게 불리하게 될 것을 대비하여, 전방의 페르샤 경기병대가 활동하고 있는 동안 골짜기에서 수일 동안 탐색전만 계속한 것이다.

▲ 밀티아데스

▲ 다리우스 1세

▲ 역사적인 마라톤 격전장

페르샤의 기병대 전용(轉用)

돌연 페르샤의 기병대가 다리우스 1세의 지시에 의해 아테네군의 정면에서 야간을 틈타 사라지게 된다. 이 사실은 페르샤의 진영에서 탈출한 이오니아 병사가 알려준 것이다. 다리우스 1세는 마라톤에서 탐색전이 계속되는 수일 동안 스파르타의 원군(援軍)이 도착할 것을 우려하여 아테네의 심장부인 팔레론으로 직접 기병대 중심의 일부 병력을 이동시킨 것이다. 아테네군으로서는 절호의 기회를 포착한 것이다. 후일, 전용된 페르샤의 기병은 아테네 시내부근까지 도달하여 아테네 시내에 거주하는 친 페르샤 첩자와 내통(內通), 공격직전의 상황까지 왔었으나, 결국 본대의 패배로 인해 같이 합류하여 철수했다.

전투개시

전투 직전 양군간의 거리는 약 1,500 m 이상이었다. 마라톤해안에서 약 800 m 이격

▲ 오로스(oros)라고 불리우는 아테네 군인의 무덤. 높이 10 m, 둘레 180 m의 규모이다.

된 곳에 "오로스"라고 하는 언덕이 있는데, 이 전투에서 전사한 192명의 아테네 장병들의 매몰지이며 이곳이 당시의 전투 장소였음을 말해주고 있다.

밀티아데스의 교묘한 작전 구상

밀티아데스는 페르샤군의 주력이 중앙에 위치하고 있으므로 이를 유인 고착하여 좌우 양익에서 포위하는 작전구상을 했다. 이를 위해 아테네군 양익(兩翼)은 통상의 폭인 8오를 유지하고 중앙부는 4오로 하되 좌우로 길게 신장 배치했다.

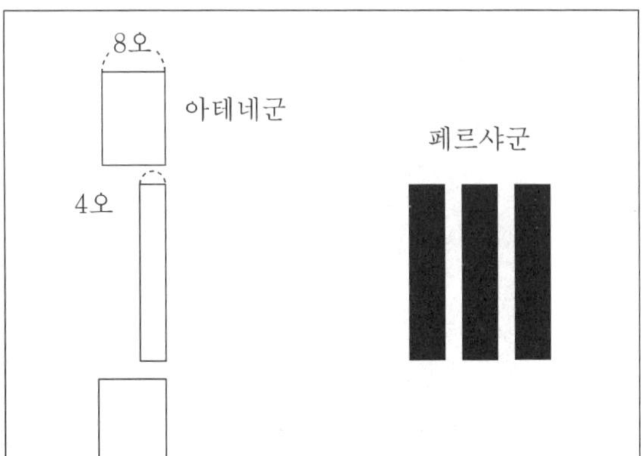

전사(戰史)상 최초의 양익포위

밀티아데스는 포진(布陣)을 마치고 제물을 바쳐 길조(吉兆)를 빈 후 계획된 공격을 시작했다. 아테네군의 양익 포위부대는 언덕 내리막의 탄력을 이용, 맹렬히 기동하여 공격함으로써 페르샤군 좌우 측면에서 섬멸적인 타격을 주었다. 새벽부터 시작된 전투는 오전 중에 끝나고 페르샤군은 크게 패하여 도주했다.

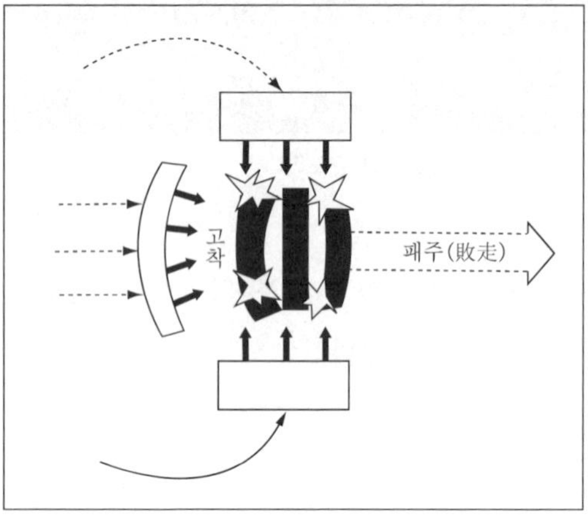

아테네군의 추격(追擊)

페르샤군은 앞을 다투어 함대가 있는 곳으로 퇴각했으나, 상륙 시에 도움을 준 큰 소택지가 이번에는 결정적으로 철수를 방해하고 말았다. 대 소택지 앞에서 일대 혼란이 빚어졌고, 여기서 수많은 전사자가 발생했다. 아테네군은 악착같은 추격으로 페르샤의 상륙함대 7척을 불태워버렸다.

전투결과 : 페르샤군 6,400명 전사, 아테네군 192명 전사

◀ 소택지

|분 석|

서방의 민주주의가 승리하느냐, 동방의 전제주의가 승리하느냐를 결정하는 세계 문명의 일대 기로에서 아테네가 승리했다. 전사에 나타난 최초의 양익포위(兩翼包圍)작전으로 밀티아데스의 탁월한 군사적 식견을 보여주었다. 제2차 페르샤 원정이었던 마라톤 상륙작전은 전사 상 최초의 상륙작전(上陸作戰)이었다.

그 후 페르샤의 제3차 원정(B.C. 480～479)시에는 다리우스 1세의 아들 크세르크세스Xerxes가 출정하는데, 유명한 살라미스 해전(海戰)에서 페르샤 함대가 유인전술에 휘말려 궤멸됨으로써 페르샤 전쟁의 최종 승리는 그리스에게 돌아갔다.

▲ 그리스 기마상

▲ 밀티아데스가 썼다고 전해지는 투구. 그리스 올림픽박물관 소장

인물연구

밀티아데스(Miltiades)

마라톤 전투는 밀티아데스라는 영웅을 만들어 냈다. 아테네인들은 그의 공적을 기리기 위해 전몰자 기념지인 오로스에 그를 위한 탑을 세웠다. 밀티아데스는 승리를 상징하는 올리브나무 가지 관(冠) 수여를 민회(民會)에 건의하나 거절당했다. 당시는 시민 유대의식이 강하여 일개인의 특출한 영웅은 인정하지 않는 분위기였었다. 마라톤 승리의 다음해에 밀티아데스는 또다시 70척의 배를 인솔하여 파로스 섬에 대한 원정을 시도했으나 대패(大敗)하고 만다. 시민을 속였다는 이유로 사형을 구형받게 되고 결국 50달란트의 벌금형으로 풀려났으나 벌금도 갚기 전에 파로스 섬 원정시 입은 상처가 악화되어 사망하고 만다. 일개인의 영웅이 인정되지 않는 시대에 영웅 밀티아데스는 영웅답지 못한 죽음을 맞은 것이다.

마라톤의 유래

마라톤의 유래에 대해서는 여러 가지 설이 있지만 어느 것이 정확한지를 말하기는 어렵다. 단지 지금까지 알려져 왔던 내용을 간략히 정리하면 다음과 같다. 기적 같은 마라톤 전투에서 아테네가 승리하자 페이디피데스(Pheidippides)가 마라토나스시의 마라토나스에서 출발하여 아테네의 파나티나이코까지 달려 "우리가 승리했다(Nenikikamen, 네니키카멘. 혹은 niki eame)!"고 외친 후 죽었다고 한다. 이때의 거리는 36.75 km(혹은 약 39 km)였다고 하는데, 1896년 제1회 아테네 올림픽에서 마라톤이 정식 종목이 되었다. 오늘날 42.195 km가 된 것은 1924년 제8회 파리 올림픽 대회 때부터였는데, 이는 1908년 제4회 런던 올림픽 당시에 윈저 궁전에서 올림픽 스타디움까지의 42.195 km을 기준으로 한 것이다. 플루타크의 "윤리론집(倫理論集)"에 따르면 에우클레스라는 한 시민이 완전무장을 한 채 쉬지 않고 산길을 달려 아테네에 도착하자마자 승전보를 전하고 죽었다고 한다. 그러나 헤로도토스의 "역사(歷史)"에는 이런 내용은 전혀 없고, 단지 아테네의 직업 장거리 달리기 선수가 스파르타에 지원군을 요청하기 위해 약 200 km를 달려간 기록은 있다. 이렇게 마라톤의 유래는 모든 것이 모호하다.

◀ 우승자에게는 월계관을 씌었는데, 기원전 5세기에 만들어진 이 작품에는 머리에 월계관을 쓰는데 필요한 띠가 둘러져 있다. 뮌헨 소장

▲ 월계관은 델피 경기 승자에게 수여된 것으로 아테네의 디오니소스 극장돌에 새겨진 고대의 조각을 본떴다.

02 테르모필레Thermopylae 전투

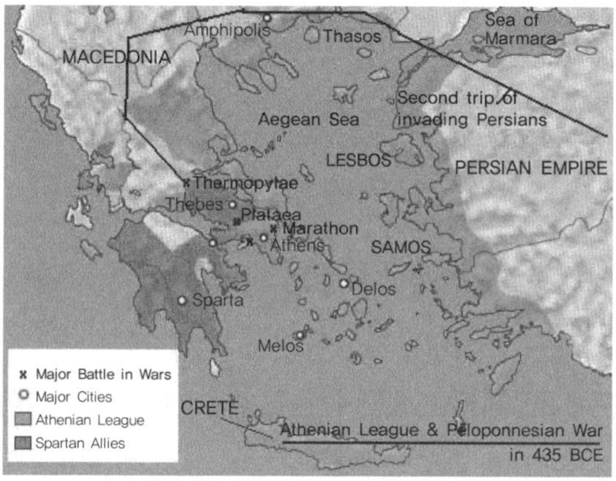

- 시　기 : B.C. 480년
- 장　소 : 그리스 테르모필레
- 교전국 : 스파르타 / 페르샤
- 지휘관 : 레오니다스 / 크세르크세스
- 병　력 : 7,000명 / 20만명
- 결　과 : 스파르타군 전멸, 시간을 벌어 살라미스 해전 승리 유도

|배 경|

위에 제시된 요도를 잘 보면, 페르샤의 세력이 그리스의 바로 앞까지 미치고 있음을 알 수 있다. 검은 실선을 따라 가보면 전장의 주무대인 테르모필레까지 연결되어 있다. 테르모필레 오른쪽 아래에 보면 마라톤이 보이고, 그 아래 왼쪽 바다에 살라미스가 보인다. 마라톤 전투(B.C. 490년)에서 패배했던 페르샤는 그 후 10년이 지나자 또 다시 대대적인 3차 원정을 감행했다. 그 사이 다리우스 왕이 죽고 그의 아들 크세르크세스Xerxes가 왕위를 받아 20여만 명과 삼단노선 1,000여척에 이르는 병력을 동원하여 그리스로 향했다. 헤로도토스에 의하면 육군이 무려 210만 명, 해군이 260만 명에 달한다고 하나 신빙성

▲ 크세르크세스

이 없다. 크세르크세스는 1차 원정시에 대 폭풍우로 인해 300여척의 군함이 파손된 지역인 아토스 곶 일대에 운하를 파서 페르샤 군함이 통항하도록 했다. 이 거대한 운하를 크세르크세스 운하라고 불렀다. 페르샤 육군과 함대와의 상호의존성을 간파한 아테네의 지도자 테미스토클레스Themistocles는 이 난관을 극복할 수 있는 유일한 방법은 해상에서 결판을 내는 것이라 확신하고 있었다.

|경 과|

스파르타의 테르모필레 출동

해상에서의 결전을 위해 테미스토클레스는 동맹국 시민들에게 호소하여 3단노 함대 380척을 건조했으며, 그 지휘관으로 스파르타의 유리비아데스Eurybiades를 임명했다. 스파르타는 본래 육군이 대단히 강하기 때문에 아테네가 해상에서 결전을 시도하고자 하는 것을 탐탁치 않게 생각했다. 페르샤 대 육군이 그리스 본토를 향해 노도와 같이 밀고 들어오자 테르모필레 북방의 템페Tempe 지역으로 스파르타 육군을 비롯한 동맹국군이 파견되었으나 그곳에서 도저히 페르샤군을 저지할 수 없음을 인지하고 뒤로 물러섰다.

▲ 바다에 접해 있는 테르모필레 마을. 험로에다 좁은 길이 보인다.

사실 페르샤군이 아테네를 향해 기동할 수 있는 유일한 통로는 테르모필레를 통하는 일련의 험로이다. 이를 그리스인들은 예상할 수 있었고, 페르샤군은 그 예상되는 통로를 벗어날 수 없었다. 테르모필레는 산과 바다를 이어주는 좁은 통로 마을이다.

레오니다스 왕과 7,000명의 용사들

스파르타 왕 레오니다스Leonidas는 7,000명의 육군을 이끌고 페르모필레 일대에 진을 쳤고, 그 중 1,000명만을 마차 한대가 겨우 지날 수 있는 정도의 페르모필레 애로에 배치시켰다. 페르샤 왕 크세르크세스는 테르모필레에 도착하자 뜻밖의 적은 병력으로 자신을 가로막고 있는 스파르타군을 보고 스스로 물러나기를 바라면서 3일을 기다렸다.

그러나 장기전이 되면 원정군으로서 불리하기 때문에 좁은 통로를 향해 공격을 시도했는데, 첫날의 만 명의 피해를 기점으로 잘 훈련된 중무장 스파르타 육군에 의해 그 다음날도 대량 피해를 입었다.

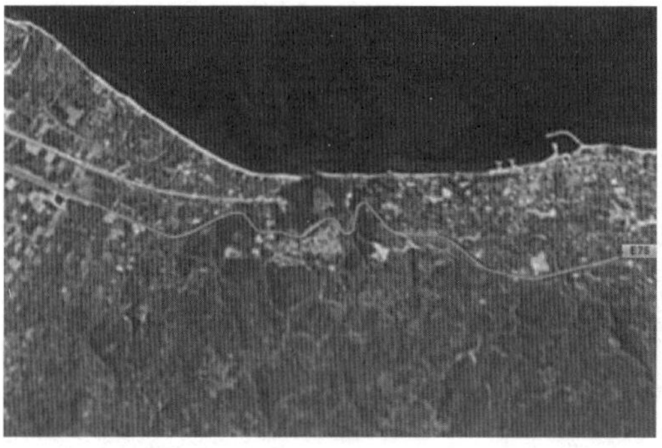

▲ 테르모필레의 통로

배반자가 가르쳐 준 비밀통로

그날 밤, 말리스Malis 지방 출신의 에피알데스(Ephialtes, ?~B.C. 461)로 알려진 자가 크레르크세스에게 보상을 받겠다는 욕심으로 스파르타군의 뒤로 돌아가는 비밀통로를 안내했다. 이 배신자는 그 후 안티카Antiqua에서 트라키아인 안테나테스에게 살해된다.

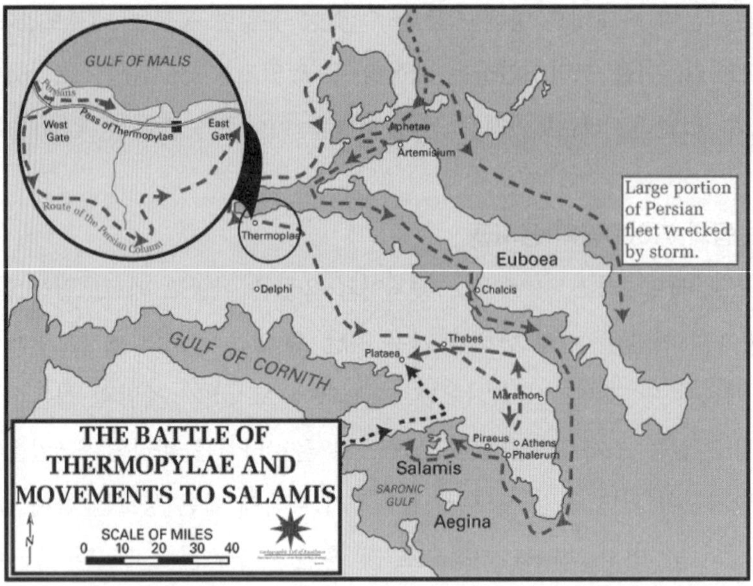

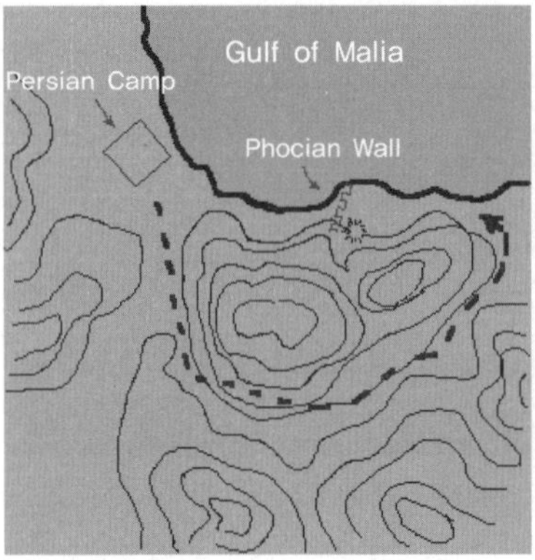

▲ 테르모필레의 후방 비밀통로

▲ 비밀통로에 있는 스파르타 군인들의 무덤

정찰병에 의해 후방 통로가 뚫렸다는 것을 보고 받게 된 레오니다스는 스파르타인 300명과 데모필로스 휘하의 테스피아이인Thespians 700명, 그리고 테베인Thebans 400명을 제외한 전 병력을 철수시켰다.

1,000명의 전사들

테스피아이 군사 700명은 자발적으로 남았지만, 테베인 400명은 그렇지 못해서 결국 이들은 전투가 시작되자 재빨리 항복할 뜻을 비쳤고 결국 페르샤군 편에 돌아섰다. 레오니다스는 1,000명의 용사들과 함께 죽을 각오를 가지고 테르모필레를 지켜나갔다. 사실상 이들은 이미 죽음을 각오하고 있었다. 페르샤군은 먼저 궁병으로 하여금 화살을 쏟아내면서 기습적으로 공격을 가했다. 이들이 쏘는 화살은 그 수가 너무나 많아서 태양을 가렸다고 전해진다. 스파르타군은 창이 꺾이면 칼로 싸우고, 칼이 부러지면 단검이나, 심지어 이빨로 페르샤군과 맞섰다. 4차례에 걸친 치열한 접전 끝에 사흘째가 되던 날 레오니다스를 비롯하여 전원이 전사했다.

◀ 좁은 통로를 막아선 레오니다스와 1,000명의 전사들

▶ 활은 비겁한 사람이 쓰는 야비한 무기라고 했던 스파르타 전사들이 페르샤 궁수의 화살에 맞아 마지막을 장식했다.

여기 잠들었노라고

전사자들은 뒤에 국민적 영웅이 되었다. 시인 시모니데스Simonides von Keos(B.C. 556~468)은 비문에 그들을 위한 유명한 시를 바쳤다.

> "지나가는 나그네여, 스파르타의 사람들에게 가서 전해주시오. 당신의 법을 받들어 우리들, 여기 잠들었노라고."

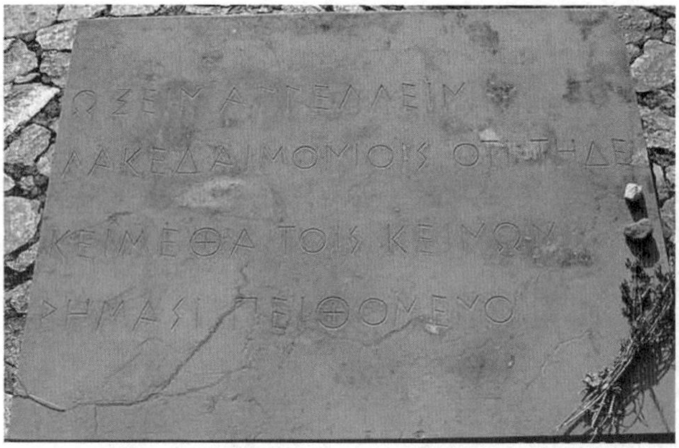

▲ 레오니다스의 동상

▲ 테르모필레 전투를 그린 영화 '300'

크세르크세스의 분노

레오니다스의 시체가 발견되자 크세르크세스는 이성을 잃은 채 그의 머리를 잘라내고 몸을 십자가에 박게 했다. 본래 페르샤군의 전통은 용감하게 싸운 적을 영예롭게 대하는 것인데 테르모필레에서 당했던 분노를 삭이지 못했던 것이다. 테르모필레에서 격전을 벌이는 동안 그리스 해군도 3일 동안 테르모필레 동쪽 아르테미시움Artemisium에서 페르샤 해군과 격전을 치렀는데 테르모필레에서의 패배 소식을 접하자 모두 철수하고 말았다. 이제 육지와 해상에서 가장 장애가 되었던 지역을 극복한 페르샤군은 거침없이 아테네를 향해 육지에서 해상에서 내려올 수 있었다.

위기에 임박하여 아테네 시민들은 아테네를 버리고 본디라미스, 에기나 일대로 소개했다. 페르샤군은 테르모필레의 승리 후에 불과 9일 만에 아테네시를 장악하여 불태웠다. 비록 테르모필레와 아르테미시움에서 패했지만 아직도 그리스는 육군과 해군의 대부분의 병력이 유지되었는데 아테네의 테미스토클레스는 스파르타의 해상 지휘관 유리비아데스에게 최후의 결전을 살라미스에서 할 것을 종용했다.

살라미스 해전

테미스토클레스는 페르샤군과의 세력 차이와 페르샤 육군의 진격 상황으로 보아 해상에서의 소강상태가 불리할 것으로 판단하여 페르샤 해군을 전장으로 끌어들이는 묘책을 꾸몄다. 믿을 수 있는 부하를 크세르크세스에게 보내어, 테미스토클레스 자신은 페르샤에게 투항할 것이며, 그리스군이 현 진지를 포기하기 이전에 조기에 공격을 한다면, 페르샤군은 살라미스에서 그리스군을 함정에 몰아넣을 수 있으리라 말하게 했다. 실제로 이때에 많은 그리스 국가들과 지도자들이 페르샤에 투항했었고, 아테네 마저 초토화가 되어 있었기 때문에 크세르크세스는 이 첩자의 말을 믿을 수 있었다.

9월 어느 날, 살라미스의 좁은 수로를 향해 300여척의 그리스군함이 서로 옆구리를 붙이며 페르샤 대군을 맞기 위해 버티고 있었다.

살라미스 수로는 좁은 곳은 1.6 km 남짓하고 넓은 곳이라도 3 km를 넘지 않는다. 크세르크세스는 그리스군을 포위하기 위해 부대를 셋으로 나누었다. 좁은 살라미스 수로에서의 이점은 단연 그리스군에게 있었다. 그리스군은 전투를 진행하면서도 대형을 잘 유지했으나, 페르샤군은 비좁은 해로에서 대오를 흩트리면서 극도의 혼잡을 이루었다.

크세르크세스의 동생 아리아비그네스Ariabignes가 해상지휘관이었지만 그는 그리스 병사의 창검에 죽었다. 크세르크세스의 격분에도 불구하고 페르샤군은 패배하고 말았다. 200척의 페르샤 군함이 격침되었으며, 그리스 군함은 불과 40척이 격침되었다.

이튿날, 크세르크세스는 병력을 이끌고 살라미스를 떠났다. 이듬해가 되자 크세르크세스는 5만명을 텟사리아에 잔류시켜 플라테이아 전투를 치렀는데 이 전투에서도 패했다. 그 해 여름 그리스 해군이 소아시아 지역까지 밀고 들어가 크세르크세스 해군을 모조리 격파하니 그 후 70년간 페르샤는 그리스를 넘볼 수 없었다.

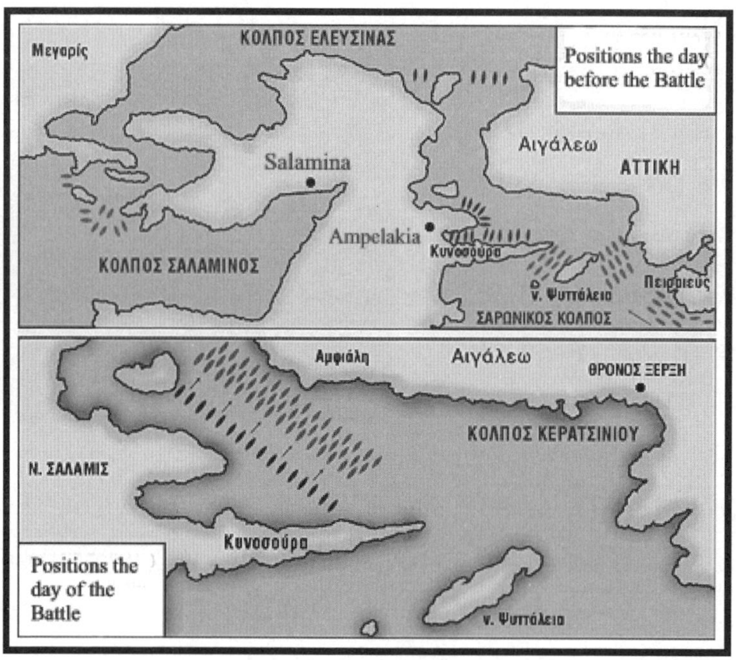

03 루크트라Leuctra 전투

- **시 기** : B.C. 371년
- **장 소** : 루크트라(테베 남서쪽 Boeotia 마을)
- **교전국** : 테베 / 스파르타
- **지휘관** : 에파미논다스(Epaminondas) / 클레옴브로투스(Cleombrotus)
- **병 력** : 6,000만 명 / 11,000만 명
- **결 과** : 테베군의 승리 ; 피해 불명

|배 경|

B.C. 4세기의 아테네는 그 성장속도가 급속하여 족히 그리스의 중심지 역할을 수행할 수 있었다. 그러나 전사국가(戰士國家) 스파르타는 B.C. 404년에 아테네를 공략한 후 그리스의 패권을 차지하게 된다. 스파르타는 각국에 감독관과 수비대를 파견하여 그 영향력을 과시했으며 주도권 유지를 위한 많은 활동을 실시했다. 그러나 내부적으로 에피다디우스 법을 시행하여 경제적으로 많은 혼란을 가져와 스파르타는 서서히 내부 붕괴의 위기에 치닫게 된다. 이즈음 갑자기 발흥한 테베는 그리스 제국의 주도권을 획득하기 위하여 스파르타에 도전하게 된다. 전투 장소는 테베의 남서쪽 보에오티아 Boeotia 마을이었다.

|경 과|

당시 통상적인 공격대형 및 방법

병사들이 오른손으로 창을 사용하기 때문에 피·아가 대치된 상황에서 공격하기 위한 기동은 팔랑스 Phalanx가 서서히 오른쪽으로 이동하여 접적(接敵) 상태에 들어가는 것이었다. 팔랑스 본래의 형태 대형을 변형시키는 것은 상상도 하지 못하는 시기였다.

루크트라에서 에파미논다스의 변형된 대형

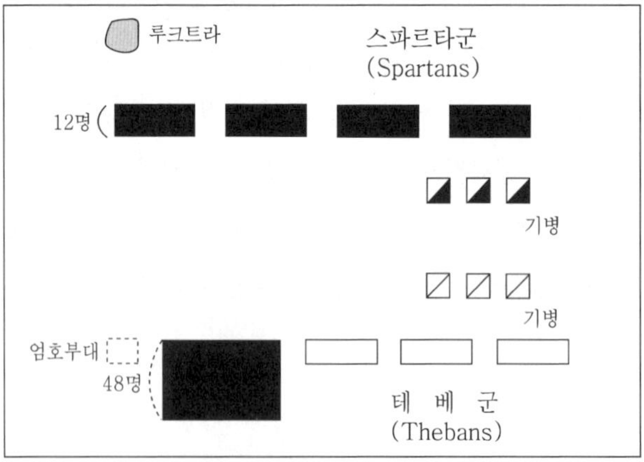

▲ 에파미논다스

▲ 과감하게 한쪽을 집중한 에파미논다스의 혁신

테베군 : 에파미논다스는 기존의 관념을 과감히 깨뜨리고 좌익에 병력을 집중 운용하여 기존의 병력수보다 4배나 많은 수를 할당했다.

스파르타군 : 일반적인 선양(線樣)과 방진(方陣 : Phalank)을 형성했다. 정병(精兵)은 우익에 두고 소수의 기병(旗兵)과 경보병은 좌익에서 엄호했다.

사선대형(斜線隊形) Oblique Order

에파미논다스는 강화된 좌익을 전방으로 추진시키고 우익의 열세한 부대는 서서히 전진시키면서 스파르타군의 공격을 견제·고착하는 역할을 수행하게 했다. 이로써 완전한 사선대형을 형성했다. 테베의 기병은 신속히 스파르타의 기병에게 돌진하여 이를 격파함으로써 우익의 열세한 부대에 대한 위협을 제거했다. 강화된 좌익은 상대적으로 압도적 우세를 십분 이용하여 스파르타군의 우익을 돌파·궤멸시키고 방향을 전환, 측후방 공격을 시도했다. 테베군의 견제부대인 중앙부와 우익은 좌익이 결정적인 전투에 이르자 견제에서 임무를 전환하여 공격을 개시했다. 테베군이 스파르타군의 전·후·측방에서 협공작전을 맹렬히 실시하니 스파르타군은 대패하여 철수했다.

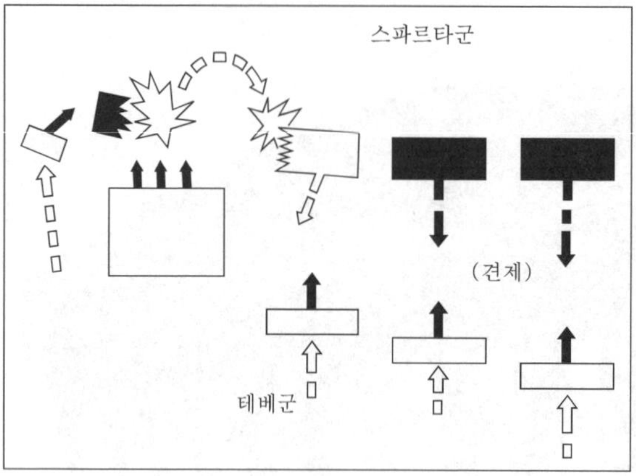

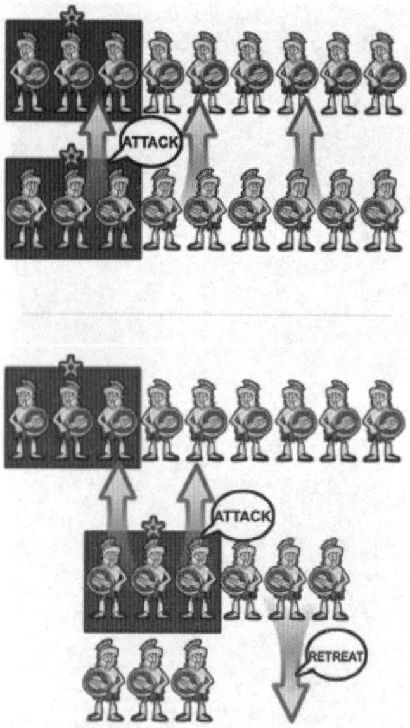

▲ 테베가 전투에서 승리한 후에 현장에서 만들어 세운 트로피(trophy) 모양의 승전 탑

▲ 루크트라 전투 장소(Boeotian)에서 발굴된 B.C. 560~540년경의 도자기

|분 석|

전사(戰史)에 나타난 최초의 사선대형이었고, 집중의 원칙이 적용되었으며, 조공부대의 역할을 인식하게 되었다. 또한 기존의 전술방식을 파괴했으며, 고정관념을 타파했다. 사선대형은 후세에 지휘관, 특히 프레드릭과 알렉산더에게 많은 영향을 끼쳤다.

인물연구

에파미논다스(Epaminondas : B.C. 418~362)

테베의 장군이며 스파르타와 아테네의 연합군을 맞이하여 만티네아(Mantinea)에서 일대 격전을 벌여 죽음으로써 조국을 구한 명장이다. 그는 청년시절에 피타고라스(Pythagoras)파의 학자들과도 접촉하여 학문을 배웠으며 교양과 웅변이 뛰어나서 당시 아테네의 그 누구와도 필적(匹敵)할 만 했다고 한다. 에파미논다스는 마지막 전투인 만티네아 전투에서 돌격대 수명을 지휘하여 적진 깊숙이 돌진하다가 적의 역습에 의해 투창(投槍)을 맞아 숨졌다. 죽기 전에 그는 "나의 방패는 어찌되었나?", "나의 병사들은 어찌되었나?"라고 물은 뒤 승리에 안도를 하며 죽었다고 한다.

스파르타의 용사들 ▶

▼ 에파미논다스의 죽음

04 이수스Issus 전투

· **시 기** : B.C. 333년
· **장 소** : 이수스
· **교전국** : 마케도니아 / 페르샤
· **지휘관** : 알렉산더 / 다리우스3세
· **병 력** : 30,000~35,000명 / 130,000명
· **결 과** : 마케도니아군 승리 ; 피해불명

|배 경|

B.C. 5세기초 지중해 지역은 페르샤가 그 주도권을 장악하고 있었고 그리스와는 평화적 관계를 유지해 왔다. 그러자 소아시아의 그리스 식민지를 문제로 양국간에 분쟁이 발생하여 페르샤는 3차에 걸쳐 그리스를 침입하게 된다(페르샤전쟁). 그리스인들은 이들을 모두 물리치고 평정을 되찾았으나 페르샤에 대한 증오는 날로 더하게 되는데 마케도니아의 왕 필립은 스파르타를 제외한 전 그리스 국가와 동맹을 맺고 소아시아를 정복하고자 획책하던 중 B.C. 336년에 암살된다. 그의 아들 알렉산더는 부왕의 뜻을 받들어 약관 22세의 나이로 B.C. 334년 페르샤 정복의 길에 올랐다. B.C. 334년 1월 알렉산더는 소아시아에서 페니키아로 진군하고 있을 때 페르샤의 다리우스는 알렉산더의 배후를 공격하여 병참선을 차단하기 위해 이수스의 도섭 가능한 하천인 피나루스강 배후에 방어진지를 편성하고 알렉산더의 공격을 기다리게 된다. 이에 알렉산더는 그의 군대를 회군(回軍)시켜 이수스로 진격시켰다.

▲ 서로 대치했던 피나루스강

|경 과|

최초대형

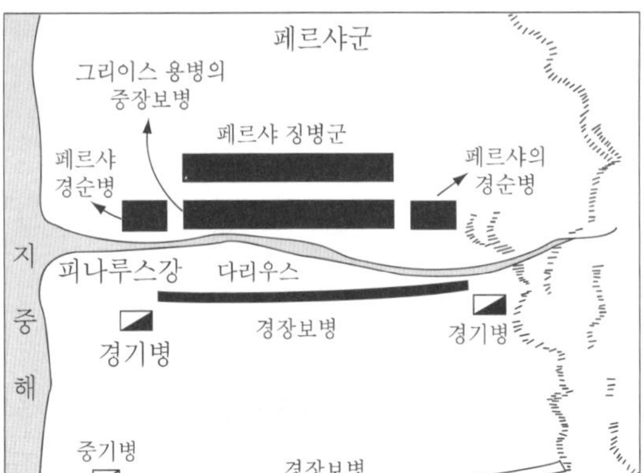

페르샤의 다리우스군

피나루스 대안에 기병과 경장보병을 배치했으며, 중앙부에 약 3만명의 그리스인 용병, 중장보병, 페르샤 징병군을 배치하고 다리우스가 위치했다. 양익에는 경순병(輕盾兵)을 배치했고 칼다케스가 위치했다.

마케도니아의 알렉산더군

전열에는 경장보병을 배치하고 후열에는 마케도니아 방진(方陣)을 형성했으며, 우익부에는 중기병을 배치했다.

◀ 마케도니아방진(Macadonian Phalanx) : 밀집보병군단, 가장 기본단위는 산타그마(256명), 1 팔랑스는 64 산타그마, 약 1만 6천명의 대보병부대

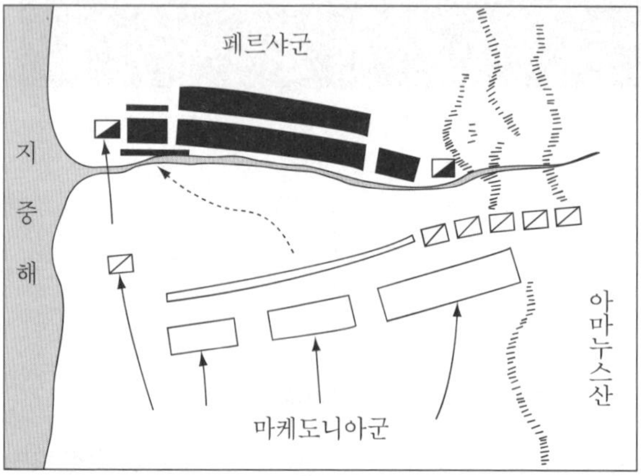

▲ 다리우스의 계획 : 우익부(주력)를 강화하여 해안선에서 알렉산더군을 밀어붙여 아마누스산 기슭으로 압박공격

알렉산더 : 중기병의 전개로 우익부 강화하여 알렉산더는 우익부에 위치하여 진두지휘한다.

다리우스 : 견제부대인 경기병 경장보병 철수, 철수 병력은 해안을 낀 우익부에 합세, 좌익부는 좁은 지형으로 기동이 제한되었다.

사선대형(Oblique Order)

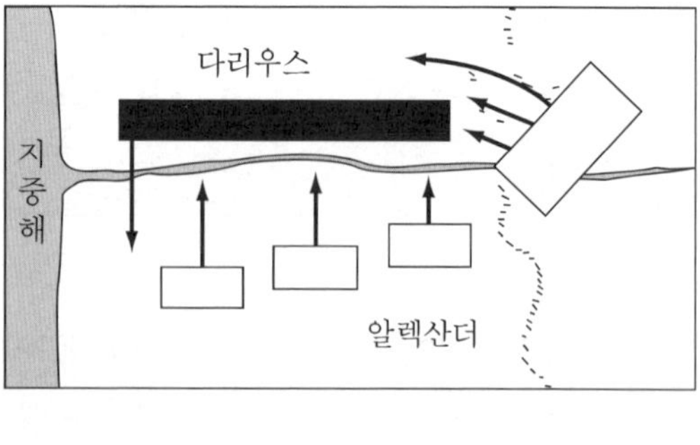

알렉산더는 다리우스의 공격 계획을 간파하고 중기병으로 강화한 후 우익 주력을 아마누스산 고지의 탄력을 이용, 급회전하여 다리우스군의 좌익과 후반부를 강타, 퇴로를 차단하고, 심리

▲ 유명한 이수스 전투장면. 왼쪽에 알렉산더, 오른쪽에 다리우스가 보인다.

적 마비를 유도했다. 이에 다리우스는 전투를 중지하고 황급히 패주했다.

알렉산더의 밤까지 이어진 추격전으로 다리우스군은 크게 패했다.

|분 석|

에파미논다스의 사선대형(斜線隊形) 적용으로 수적으로 우세한 적에 대한 지휘관의 능력에 의한 승리이면서, 마케도니아 방진(Macadonian Phalanx)의 철저한 추격전으로 인한 승리였다.

인물연구

알렉산더 대왕(Alexandros : B.C. 356~323)

마케도니아(Macedonia)의 왕이며, 그리스, 페르샤를 정복하고 인도에까지 이르는 대정복을 성취한 불세출의 인물. 각지에 알렉산드리아 시를 건설하여 그가 죽은 후 그리스문화가 보급되었다. B.C. 344년 12세 때부터 아리스토텔레스(Aristotelles)로부터 왕도(王道)와 식민지(植民地)에 대한 교육을 받았고 15세부터 국무(國務)를 맡았다. B.C. 339년 카이로(charoneiia)전투에서 큰 공을 세운다. 알렉산더의 결혼식 피로연에서 부왕이 페르샤인에게 암살당하자 국왕으로 추대되었고, 헤라스(Hellas) 연맹의 맹주(盟主)로서 기원전 334년 봄부터 페르샤 정복원정을 떠났다. 그 때 그는 22세였고 B.C. 323년 아라비아 원정 준비 중 열병(熱病)으로 10일간 고열과 싸우다가 6월 13일 저녁 무렵 사망했다. 그가 죽을 때의 나이는 33세였다.

▲ 전선을 향하는 용사의 상

05 가우가메라[Gaugamela] 전투

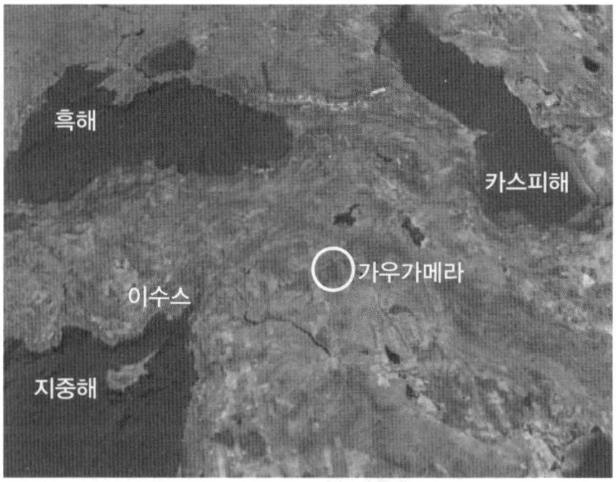

· 시　기 : B.C. 331
· 장　소 : 아라비아 티그리스강 북서 가우가메라
· 교전국 : 마케도니아 / 페르샤
· 지휘관 : 알렉산더 / 다리우스 3세
· 병　력 : 47,000명 / 1,000,000명 (추정)
· 특　성 : 사선대형, 쐐기전술 / 3.6 km의 신장된 전열유지
· 결　과 : 마케도니아군 승리 / 페르샤군 전사자 30만명

|배 경|

이수스 전투에서 승리한 알렉산더는 패주하는 다리우스를 추격했으나 다리우스는 유프라테스강을 도하하여 추격권 밖으로 벗어났다. 알렉산더는 메소포타미아 지역의 정복을 위해 진군을 계속했으나 그리스 본국과의 신장된 병참선으로 인해 많은 제한을 받게 된다. 이 신장된 병참선의 보호를 위해 에게해에 정박하고 있는 페르샤의 함대기지인 페니키아, 시리아를 정복하지 않을 수 없게 되어 알렉산더는 차례차례로 지중해 동안(東岸)의 여러 도시를 공략해 나가게 된다. 알렉산더가 아라시스섬 대안의 마라토스에 도착했을 때 다리우스는 2차에 걸쳐 사절단을 보내어 포로가 된 가족의 석방을 요구했다. 그러나 알렉산더는 이를 거부하고 자신을 아시아의 왕으로 섬길 것을 요구했다. 이에 다리우스는 티그리스강 동쪽 가우가메라(아르벨라 서북쪽 약 100 km)에 포진하여 알렉산더의 진출을 막게 된다.

|경 과|

일반적으로 가우가메라 Gaugamela 전투를 "아르벨라 Arbela 전투"라고도 하는데 가우가메라와 아르벨라는 약 100 km 이격되어 있다.

최초대형

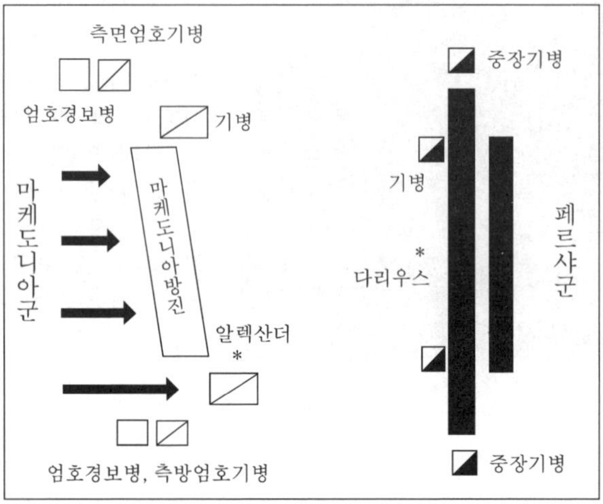

마케도니아군

사선대형 형성으로 우익부를 강화하고 알렉산더가 위치하여 지휘했다. 알렉산더의 계획은 다리우스군을 평탄한 곳으로 끌어내려 강화된 우익부로 다리우스군의 중앙부 좌측을 돌파하는 것이었다.

페르샤군

3.6 km의 신장된 전열로 알렉산더군을 포위할 계획을 세웠다. 가우가메라에 도착한 양군은 최초 3~4일간 탐색전을 벌였다. 알렉산더군의 야습(夜習)을 두려워한 다리우스는 그의 군대를 밤새 무장시켜 놓음으로 실제 전투 시에는 기진 맥진한 상태에 이르렀다. 알렉산더는 이때 야습을 건의하는 측근에게 "나는 승리를 도둑질하지 않는다."라는 유명한 말을 하게 된다.

전투개시

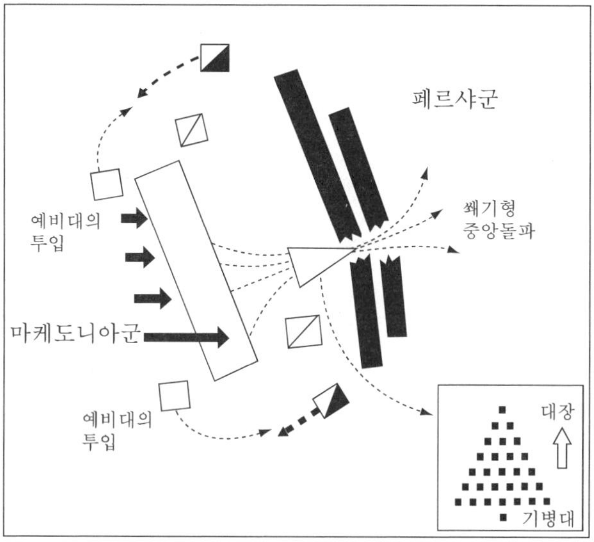

알렉산더(마케도니아군)

좌익과 중앙부는 서서히 전진하여 강화된 우익부로 결정적 일격을 가할 계획이었으나 다리우스군 중앙 좌단부에 간격이 발생되었다.

알렉산더는 친위기병(親衛騎兵)으로 하여금 쐐기형 돌격대형을 갖추어 간격사이로 집중 돌파. 돌파된 간격으로 마케도니아 방진 형태로 돌진했다.

다리우스(페르샤군)

포위를 시도하려 했으나 실패, 오히려 간격만 허용하고 그로 인해 페르샤군은 분열되어 크게 패했다.

예비대의 투입

다리우스군은 양측방의 기병대로 하여금 알렉산더군을 포위하기 위해 알렉산더군 좌우익 후방을 공격하게 했으나 미리 예측한 알렉산더는 엄호 경보병과 기병으로 하여금 이를 격퇴했다.

▲ 가우가메라 전투 장면

|분 석|

최초의 예비대(豫備隊)를 투입한 전례로서, 예기치 않은 이점(利點)을 즉각적으로 활용했으며 사선 대형의 승리였다. 철저한 추격전의 선례로서 알렉산더는 인마(人馬)가 견딜 수 있는 극한(極限)까지 추격했다.

◀ 영국 박물관(런던)에 소장하고 있는 아주 작은 크기의 토판. 이른바 천문학 일기(Astronomical)라고 불리는 이 토판에는 가우가메라 전투에 관해 기록되어 있다.

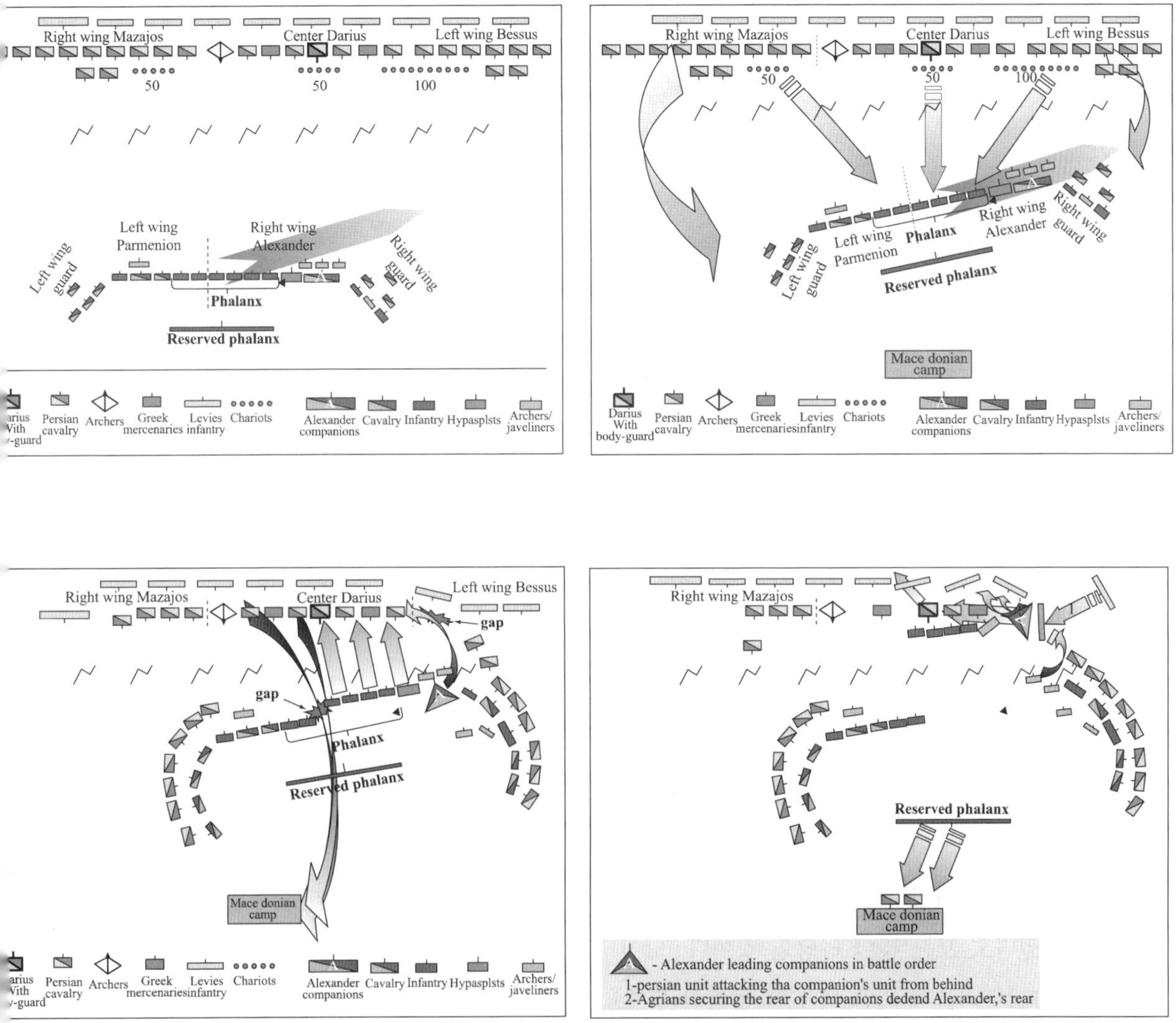

가우가메라 전투의 상세한 진행과정

06 히다스페스Hydaspes 전투

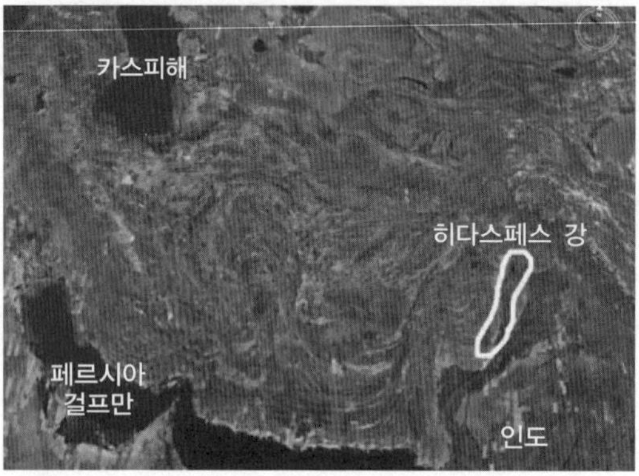

· 시　기 : B.C. 326
· 장　소 : 인도 서북부 히다스페스강
· 교전국 : 마케도니아 / 인도
· 지휘관 : 알렉산더 / 포러스
· 병　력 : 기병 5,000명 / 기병 4,000명, 보병 6,000명 / 보병 30,000명
· 특　성 : 페르샤 정복 후 알렉산더는 페르샤인을 수하 장수로 기용하게 됨으로써 마케도니아군의 내부에 문제점을 야기시킴. 최전선에 코끼리군 100두를 배치함으로써 알렉산더군에게 공포심을 불러일으킴.

| 배 경 |

알렉산더는 중앙아시아에서 수차의 전투를 치루면서 차례차례 지역을 평정한 후 드디어 인도 원정길에 올랐다. 인도 원정은 그가 정복한 이란의 동쪽을 방호하기 위한 방편으로 시도했다고 하나 그러한 목적에만 한정지울 수 없는 것이 본래 그는 정복 왕으로서 미지의 땅 인도를 정복하고 계속 동진 정벌을 꾀하여 왕 자신의 불멸의 영예를 꿈꾸었다고 보는 것이 타당할 것이다. 당시 세계는 유럽과 아프리카와 아시아로 구성되고 인도는 비교적 작은 반도인 미지의 땅으로 인식되어 있었다. 다리우스 1세가 인도까지 지배했다는 설도 있다. 알렉산더는 준비된 뗏목과 급조된 배로 인더스강을 도하한 후 동진을 계속하여 인도 서북부 히다스페스강 북안에 도달했을 때 이미 인도 군왕(群王) 중의 한명인 포러스Prous가 강 대안에서 전투준비를 완료하고 포진(布陣)하고 있었다. 이때가 가우가메라 전투 종료 후 약 5년이 경과한 시기였다.

|경 과|

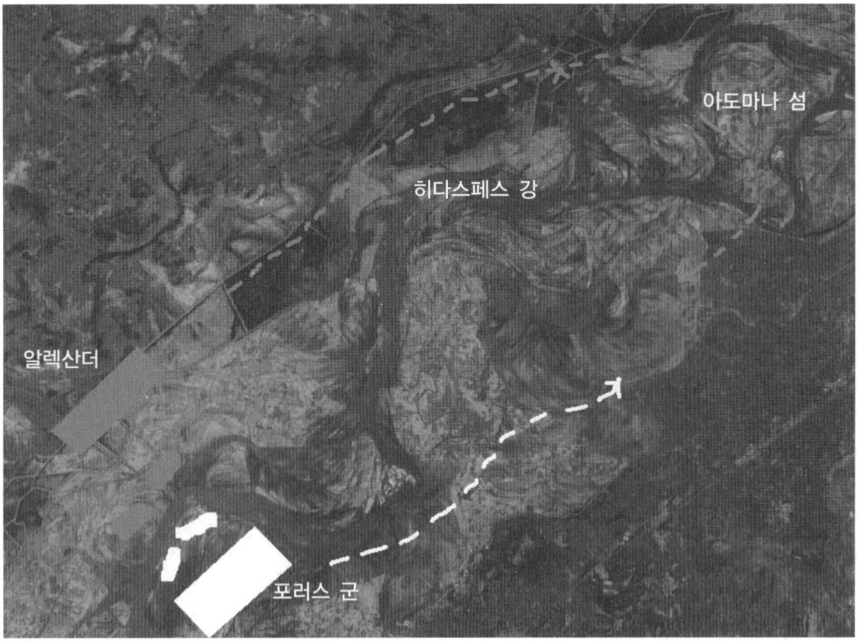

알렉산더의 양동작전

히다스페스강은 강폭(江幅)이 800 m이고, 때마침 강우(降雨)로 인해 범람(氾濫)하여 광정면에서 도보로 도하는 불가능했다. 알렉산더는 강물 건조까지 대기한다는 유언비어 날조하며, 군수품 보급 활동증가시키고, 승하선 훈련을 증가하며, 횃불과 함성을 지르는 양동작전을 구사했다.

▲ 알렉산더

대우회기동

처음에 포러스군은 오히려 더욱 경계심을 강화하여 전투 준비에 빈틈을 보이지 않았으나, 계속되는 양동(陽動)으로 말미암아 불면(不眠)과 피로가 겹쳐 경계심은 점차 이완되어 갔다. 이때를 놓치지 않고 알렉산더는 직접 기병 5천명과 보병 6천명을 인솔하여 때마침 불어 닥치는 폭우 속에서 인더스강 도하 시 사용한 뗏목을 이용, 포러스군 진영 약 25 km 상류 아도마나섬으로 우회 도하하는 데 성공했다.

포러스군의 전용

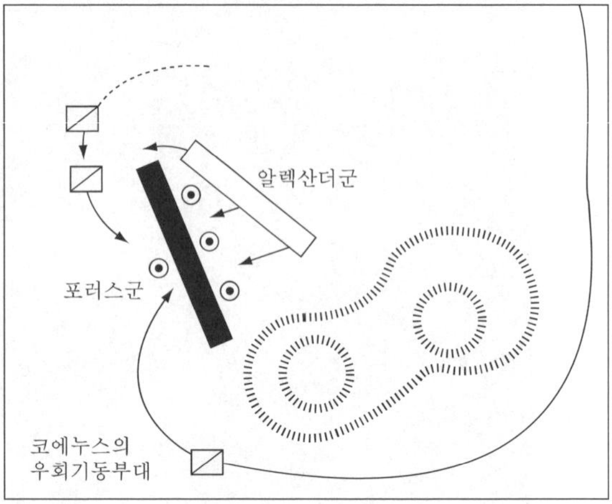

포러스는 코끼리군 일부를 양동 지역에 두어 도하를 저지하게 하고 나머지 주력군을 급히 우측방으로 전용했다. 전방에 코끼리군을 배치(100 m 간격)하고, 그 뒤에 보병 3만명, 양익에 전차, 기병 4천명을 배치했다.

알렉산더군이 도하에 성공한 후 포러스의 아들을 격파하고 사선대형으로 전진했다. 실제로 포러스군의 코끼리군은 알렉산더군의 말들을 놀라게 했고, 이에 따라 알렉산더는 정면 승부가 불가능했다.

▲ 포러스의 코끼리군과 싸우는 알렉산더의 군대

배후공격

알렉산더는 미리 모든 상황을 예측하여 코에누스의 정예 기병부대를 도하와 동시에 포러스군의 주력배후로 기동하도록 계획하고 기습적으로 가격한다. 또한 마케도니아 방진으로 사선대형을 취한 알렉산더군은 우익을 강화하여 포러스군의 좌익부에 치명타를 가했다. 양측방과 배후 공격에 의해 포러스군이 무너졌으며, 포러스는 포로로 잡혔다.

코끼리 대군과의 전투양상

알렉산더의 기병대는 용감하게 코끼리군을 포위하고 코끼리를 탄 병사들과 코끼리를 투창으로 공격했다(포러스 코끼리군의 병사들은 대부분 미남들로 편성되어 있었다. 알렉산더의 기병대는 이들 미남자들의 얼굴을 주로 공격함으로써 심리적으로 위축케 했다고 한다). 또한 덩치 큰 코끼리들을 좁고 활동이 불편한 지형으로 몰아넣은 뒤 코끼리병들을 대부분 투창으로 살해하고, 미쳐 날뛰는 코끼리는 오히려 포러스군을 향해 돌진하여 수많은 포러스 군을 짓밟아버렸다.

|분 석|

하천선(河川線)공격 교리(教理)의 기초를 제공한 대표적 양동작전(陽動作戰)의 일례이다. 간접접근에 의한 기동으로 포러스의 사고(思考)와 심리에 마비현상을 일으켰고, 포러스군의 사기에 큰 영향을 미쳤다. 양동작전에 의한 견제 등은 리델하트의 간접접근 전략의 성공적 전례로 분석할 수 있다.

07 트라시메네Trasimene호 전투

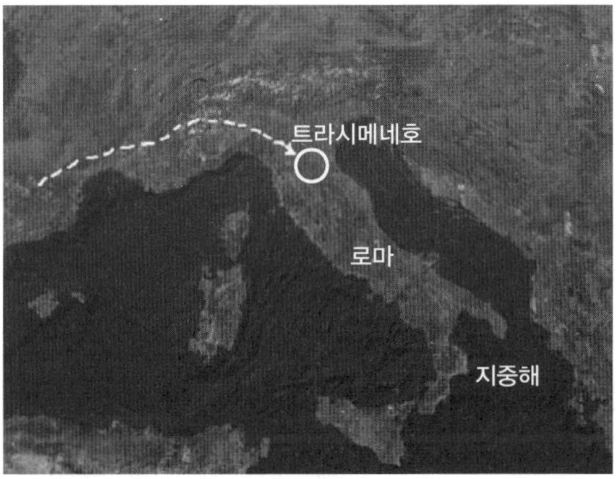

- 시　기 : B.C. 217년
- 장　소 : 이탈리아 북부 트라시메네호 부근
- 교전국 : 카르타고 / 로마
- 지휘관 : 한니발 / 플라미니우스
- 병　력 : 보병 20,000명, 기병 6,000명 / 보병 40,000명
- 특　징 : 알프스를 넘는 과정에서 많은 사상자 발생, 소수의 코끼리군
- 결　과 : 카르타고군의 승리 ; 로마군 3만명 사상 및 포로

|배 경|

카르타고의 한니발은 트레비아 전투, 그 유명한 칸나에 전투, 그리고 지금 소개되는 트라시메네호 전투의 대승으로 말미암아 세계전사에 길이 빛나는 명장의 한 사람으로 추앙된다. 카르타고는 B.C. 8세기경 포에니인(人) 다시 말해 페니키아인(人)이 북아프리카 튀니지만의 곶 지역에 건설한 식민지이다. 이런 연유로 이 카르타고의 전쟁을 포에니 전쟁이라고 하는 것이다. 카르타고는 시칠리아섬의 일부와 이베리아반도(현 스페인과 포르투갈), 북아프리카와 서반부일대 등지에 많은 식민지를 통할하고 있었다. 이때 시칠리아섬에서 로마와 카르타고 식민지인과의 불화로 말미암아 두 나라는 전쟁에 돌입하게 된다. 제1차 포에니 전쟁에서 로마는 승리하여 시칠리아섬 전체를 차지하게 된다. 이즈음 이베리아반도 정복 길에 오른 한니발의 아버지 하밀카르 바르카스Hamilcar Barcas는 정복을 목전에 두고 사망한다. 그 뒤를 이은 매부(妹夫) 하스드루발도 피살되자 약관 26세의 나이로 한니발은 카르타고군 총사령관이 되었다. 한니발은 그의 부친의

뜻을 받들어 이베리아반도를 완전히 정복하고 드디어 알프스를 넘어 로마를 향해 진격하게 된다. 이제 제2차 포에니 전쟁 즉 한니발의 전쟁이 시작된 것이다. 로마의 주력군과 최초로 접전한 전투는 트레비아 전투이다. 이 전투에서 한니발은 압승(壓勝)을 하게 된다. 그 후 로마는 한니발의 존재를 재인식하고 한니발이 이탈리아로 침공해 오는 것을 세르빌리우스와 플라미니우스의 두 집정관으로 하여금 저지하게 한다. 플라미니우스는 한니발을 추적하여 드디어 트라시메네호에 이르게 된다.

|경 과|

한니발은 왜 육로의 험난한 길을 택하여 알프스를 넘었는가?

여러 견해가 있다. 리델하트의 견해는 북부이탈리아의 겔트족을 반(反)로마 진영으로 집결시키려고 기도했기 때문이라고 하며 당시 상황으로 재해권의 장악 여부문제는 아니라고 했다. 그러나 다른 견해로는 알프스에 대한 한니발의 무지(無知)를 든다. 바다의 위험은 피부로 느꼈으나 산의 체험은 실감을 하지 못했다는 견해이다. 이유가 무엇이든 한니발은 알프스를 넘는 과정에서 수많은 부하를 잃었으며, 자신도 안질(眼疾)로 말미암아 한쪽 눈을 잃게 되는 고충을 겪게 된다.

▲ 오늘날 트라시메네호의 전경

함정(陷穽)을 위한 한니발의 잠복태세

한니발의 전략지침은 병력상의 열세에서 승리하기 위해서는 끊임없고 다양한 전술상의 변화를 추구한다는 것과, 군사적(軍事的)승리보다는 정치적(政治的)승리를 추구한다는 것이다. 고로 한니발은 이탈리아를 정복하는 것이 아니라 로마를 정복하려 한다는 인식을 강하게 심어주고 있다.

플라미니우스는 한니발군을 추적하여 트라시메네호 부근에 이르자 하루를 휴식한 후 계속 추적할 계획으로 호수 북쪽 지역에 진을 치게 된다. 이를 간파한 한니발은 트라시메네호 협로를 이용한 일대 섬멸전을 계획하게 된다.

협로 속에 완전포위

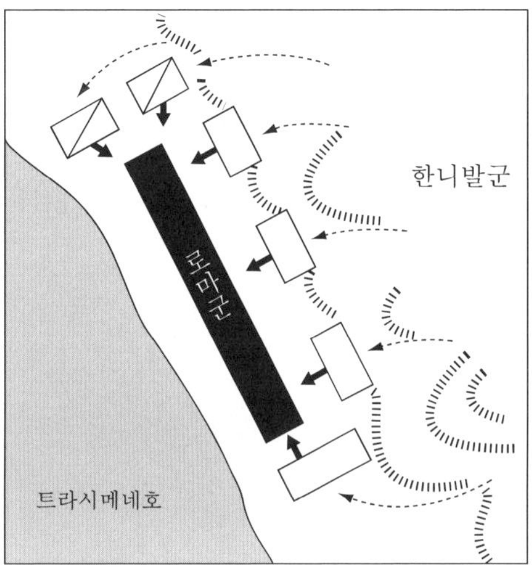

로마군은 전위경계(前衛警戒)부대를 배치하지 않고 전진하였는데 안개로 시계(視界)가제한되어 협로 속으로 밀집(密集)하게 된다.

한니발은 전면공격으로 협로북단 입구를 봉쇄하고, 우측방 중보병이 일제히 공격하며, 남단 퇴로를 봉쇄했다. 폴라미니우스군은 4만명 중 3만명이 죽거나 부상을 입었고, 나머지는 포로가 되었다.

▲ 트라시메네호에서 발굴된 로마군 투구(영국 박물관 소장)

|분석|

지휘관의 탁월한 전술적 식견 및 과감한 공격정신과 함께 지형을 적절히 이용했다. 또한 접적 전진부대의 경계중요성이 인식되었고, 기습의 이점을 최대한 이용했다. 이는 포위전술의 극치라 할 수 있다.

08 칸나에Cannae 전투

- 시　기 : B.C. 216(8월)
- 장　소 : 이탈리아 칸나에 지역
- 교전국 : 카르타고 / 로마
- 지휘관 : 한니발 / 바로
- 병　력 : 보병 40,000명, 기병 10,000명 / 보병 70,000명, 기병 7,000명
- 특　징 : 파울루스와 바로의 두 집정관에 의해 하루씩 교대로 지휘
- 결　과 : 카르타고군 승리 ; 로마군 전사자 49,700명, 포로 19,300명

|배 경|

트라시메네호 전투에서 대패한 로마는 한니발의 능력을 인식하고 한니발의 로마 침입을 막기에 고심하게 된다. 여기에서 또 아이러니가 발생한다. 트라시메네호 전투 대승 직후 그 여세를 몰아서 왜 로마로 직행하지 않고 아드리아 해안일대에서 1개월간의 휴식을 위한 공백기간을 두었는가 하는 문제이다. 혹자는 당시 한니발의 군대가 대로마 군단을 격파할 수 있는 능력이 부족하였기에 전역을 정비하기 위함이라고 하기도 하고, 혹자는 로마를 중심으로 한 이탈리아동맹이 어느 때인가 와해(瓦解)되기를 바라면서 직접 접촉에 의한 피해를 최대한 감소시키는 방편으로 교전을 회피했다고도 한다. 당시 로마는 새 집정관(執政官)으로 퀸티우스 파비우스Quintius Fabius를 세웠다. 이자가 역사적으로 유명한 지연전술(遲延戰術) 즉 파비안 전술Fabian Tactics의 창시자이다. 파비우스는 단지 시간을 획득하기 위해 전투를 회피하는 측면이 아니라 지연함으로써 적의 사기에 영향을 미칠 것을 계산했다. 고국을 떠난 원정군의 속성은 속전속결(速戰速決)을 추

구하기 쉽기 때문에 이 심리를 역이용하려 했었다. 그러나 당시 로마인은 파비우스의 깊은 뜻을 읽지 못하고 비겁하고 겁 많은 자라고 비난하면서 그의 계승자로 아밀리우스・파울루스 Amilius Paulus 와 테렌티우스・바로 Terentius Varro 를 세웠다. 두 사람의 성격은 대조적이어서 신중론자인 파울루스와, 야심에 차고 성격이 급한 바로는 한니발과 접촉 시까지 군의 지휘를 하루씩 교대하기로 되어 있었다. 한니발은 이들 집정관의 성격을 간파하고 또한 로마군의 2/3가 전투경험이 없는 병사임을 알고 난 뒤 로마군을 적극적으로 유인하여 전투를 강요하기에 이르렀다. 한니발이 의도적으로 칸나에 부근의 로마군 보급창을 습격하고, 북부 아플레아 지방의 곡창지대를 점령하자, 드디어 로마는 두 집정관을 지휘관으로 삼아 출전시켰다. 이에 한니발과 칸나에에서 대치하게 되니 그 유명한 칸나에 전설이 시작되었다.

▲ 한니발

▲ 칸나에 현장을 찾은 필자

▲ 칸나에 섬멸전의 현장

|경 과|

로마군 대형 상의 결함

로마군은 밀집대형으로 최초에 포위를 계획했으나 불가능함을 알고 수적우세를 이용하여 적을 압도할 목적으로 모든 전열(戰列)을 강화했다. 종심(縱深) 10명을 12명으로 정면(正面) 12명을 10명으로 편성하고 3개의 전열(戰列)을 형성했다.

신중한 파울루스의 건의에도 불구하고 바로는 부대를 종전의 전열(戰列)에서 재편성하여 성급히 전진을 재촉했다. 로마군이 바로의 지휘권 하에 있음을 간파한 한니발은 바로의 성급한 성격을 이용하여 대담한 계획을 수립했다.

밀티아데스의 마라톤 전투 재판(再版)을 획책하는 한니발의 계획

하스드루발 Hasdrubal 의 좌익기병 8,000명은 로마 우익기병 2,400명을 격파하고, 로마군 배후를 공격하여 퇴로를 차단한다. 마하르발 Maharbal 의 우익기병 2,000명은 로마 좌익기병 4,800명을 고착시켜 견제한다. 좌우익 중보병은 최강의 아프리카인을 배치하고 현 위치를 고수한다. 중앙부는 약세인 보병을 배치하여 자석처럼 로마군을 끌어당기는 역할(유인하면서 서서히 퇴각, 오목한 자루 형성)의 주머니가 형성되면 조여서 궤

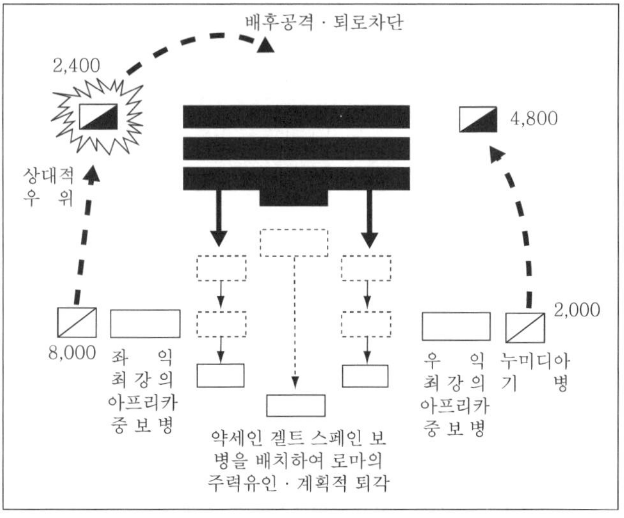

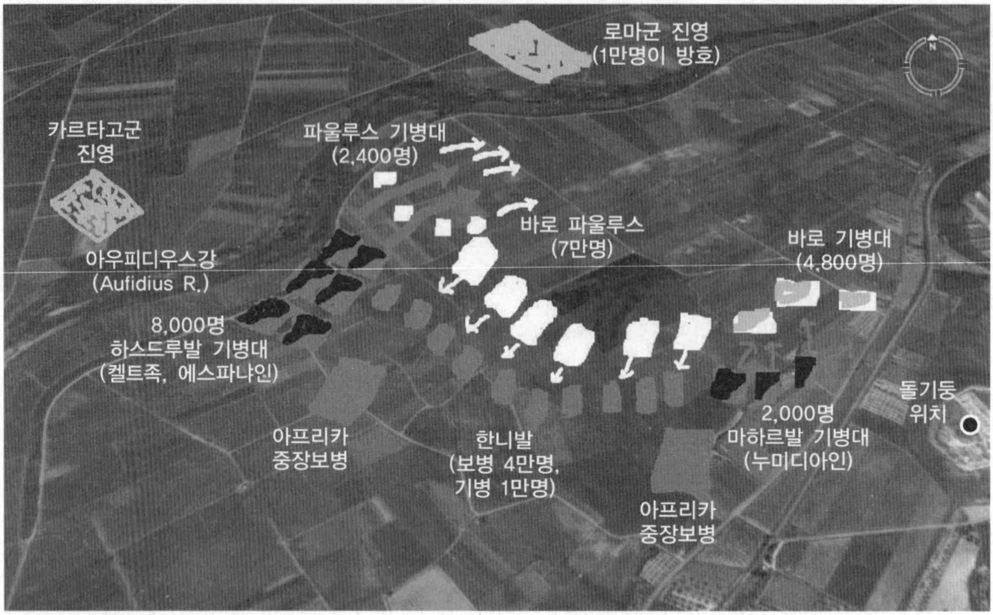

▲ 칸나에 섬멸전의 현장 위성사진으로 본 당시의 상황도(B.C. 216년 8월 2일)

멸시킨다.

※ 한니발 우익의 마하르발 기병이 로마군 좌익의 바로기병을 여하히 견제 해 줄 것인가가 관건인데(2,000 ; 4,800) 역시 도박이나 전쟁은 항상 이런 상황의 연속이다.

기스고라는 이름

엄청난 규모의 로마 군단이 위용을 드러내자 기스고 Gisgo 가 불안한 마음을 감추지 못했다. 이때 한니발은 담담하게 말했다. "기스고, 자네가 깨닫지 못하고 있는 것이 하나 있네." "그게 뭡니까?" "저 많은 적들 중에 기스고라는 멋진 이름을 가진 자는 한 명도 없다네!"이 말은 곧 병사들 사이에 퍼졌고, 터져 나온 웃음은 마음을 진정시키는 데 톡톡한 역할을 했다.

전투개시

한니발군의 중간에 위치한 켈트족, 스페인인, 라틴족의 우렁찬 함성과 함께 역사적 전투가 시작되었다. 창과 투창과 돌들이 빠르게 날아다니면서 양쪽 부대의 경보병들이 서전을 열었다. 한니발은 좌익의 하스드루발 기병대를 신속하게 로마 우익의 파울루스 기병대를 향해 돌진시켰다. 기병대 병사들은 마치 보병과 같이 서로 맞붙어 혈전을 벌였다.

파울루스의 중상

파울루스는 전투가 시작될 무렵 한니발의 투석병이 던진 돌에 맞아 중상을 입었다. 파울루스는 부상당하면서 말에서 떨어졌다(아니면 고의로 내렸다). 하스드루발은 서서히 무너지는 로마군을 확인하자 힘껏 기병대를 몰아 로마 보병대의 뒤를 향해 크게 한 바퀴를 돌아 그 후방으로 돌진했다.

바로의 결정적 과오(過誤)

나팔수들의 나팔 소리를 신호로 로마 보병대가 전진하기 시작했다. 수많은 투창들이 한니발군의 머리 위로 던져졌고, 한니발군은 무수히 죽어갔다. 승리에 광분한 바로 Varro

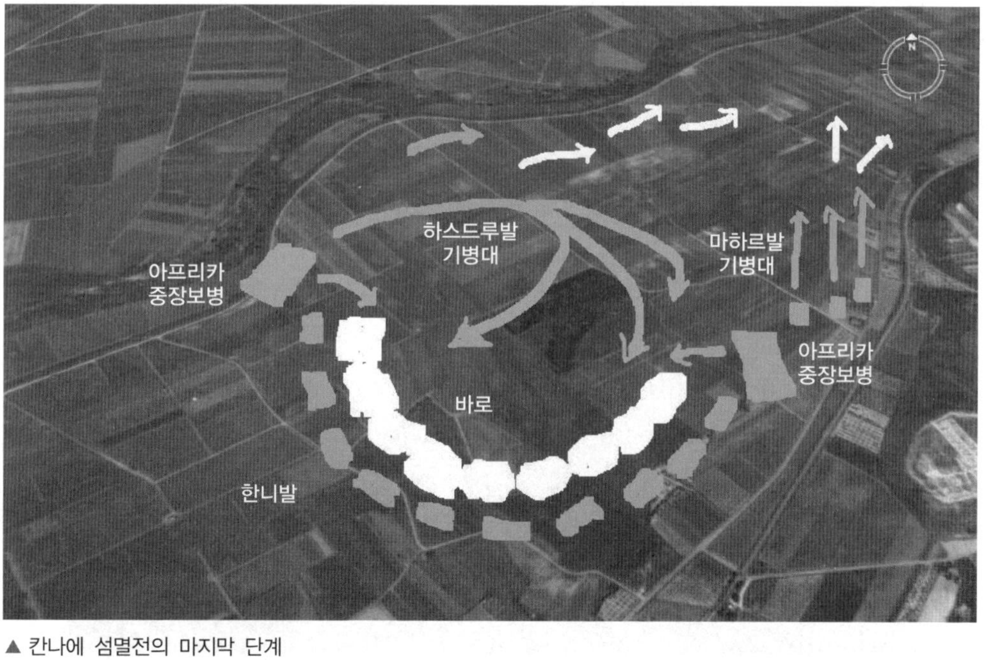

▲ 칸나에 섬멸전의 마지막 단계

는 전열(戰列)을 더욱 강화하기 위해 제 2전열의 각 소대를 제 1전열의 간격 사이로 밀어 넣음으로써 병사들의 기동성을 제한했다. 한니발을 작전계획에 의거 중앙군을 서서히 뒤로 물러서게 하니 바로는 이를 보고 더욱 광분, 제 3전열과 기타 경보병까지도 제 1전열에 투입했다.

바로는 뒤로 도망가는 한니발의 중앙부를 압도적 수적 우위로 돌파하고자 양익부의 병력을 더욱 안으로 밀어 넣었다. 이때 겁을 먹은 한니발의 중앙부 고올인 병사의 일부가 칼과 방패를 던지고 도망가려 하자 한니발은 진두에 서서 독전, 다시 질서를 되찾았다. 만약 이때 중앙부가 무너졌다면 칸나에의 전설은 존재하지 못했을 것이다. 도망가는 한니발군을 따라 들어갔던 로마군은 이제 완전히 기동성이 마비되었다.

칸나에의 신화탄생

결정적 시기에 한니발은 중앙군의 퇴각을 중지시키고 동시에 양익군을 기동, 바로군의 양측을 향해 무자비한 공격을 명령했다. 한니발의 우익 마하르발 기병대는 바로의 동맹군 기병대를 향해 공격을 실시했다. 비록 위기에 몰렸으나 바로는 의외의 선전을 하며 전선을 유지해 나갔다. 이때 한니발의 좌익 하스드루발 기병대가 멀리 돌아 바로의 보병대 후방에 나타났다. 중앙과 양익, 그리고 후방으로부터 맹렬한 공격을 받은 로마군단은 필사적으로 저항했으나 병사들 대다수가 칼조차 제대로 빼지 못하는 밀착 상태에서 더 이상 버티지 못하고 피를 흘리며 죽어갔다.

이 상황을 역사학자 폴리비우스는 "바깥쪽의 병사들이 계속해서 쓰러지자 살아있는 병사들은 점점 뒤로 물러날 수밖에 없었으며, 떼 지어 모인 그들은 결국 있었던 그 자

▲ 파울루스의 죽음. 정작 잘못을 했던 바로는 도망쳤지만 파울루스는 전사했다.

▲ 칸나에 당시 로마 투구

리에서 모두 죽임을 당했다."고 기록하고 있다. 바로는 기병 50명의 호위를 받으면서 우에누시아를 향해 도망갔다. 칸나에 벌판에는 로마군 보병 4만 7천여 명과 기병 2,700명이 죽어 엎어졌다.

전사자 중에는 파울루스가 포함되어 있었고, 고위 간부 29명, 의원급 주요인사 80명 이상이 포함되어 있었다. 한니발은 여기에 더해 1만 9,300명의 포로를 획득했다.

한니발 측의 전사자는 8,000여명에 불과했다. 이러한 전투를 두고 섬멸전(殲滅戰, annihilation operations)이라 부른다. 칸나에 섬멸전은 훗날 제1차 세계대전 당시에 독일군 참모총장 슐리펜이 그의 슐리펜 계획을 만들 때 표준이 되었다. 그리고 1991년 걸프전쟁 당시에 미중부군 사령관 슈워츠코프도 사관생도 때 전설처럼 배웠던 칸나에 섬멸전을 생각하여 기동계획을 수립했었다고 말했다.

|분 석|

수적으로 열세인 부대가 우세한 적을 포위, 섬멸 할 수 있다는 전술상식에 벗어난 전투로서의 의의라 할 수 있다. 또한 지형을 적절히 이용하여 충분한 배후 기동 공간 확보했고, 적 지휘관의 성격을 아는 것이 전술구사에 결정적인 기여를 했다.

한 명의 천재적인 지휘관이 얼마나 큰일을 할 수 있는가를 입증한 전투이다. "로마군단을 떨게 만든 것은 카르타고의 군대가 아니라 한니발 그 한 사람이었다." 칸나에의 소식은 로마를 송두리째 흔들어버렸다.

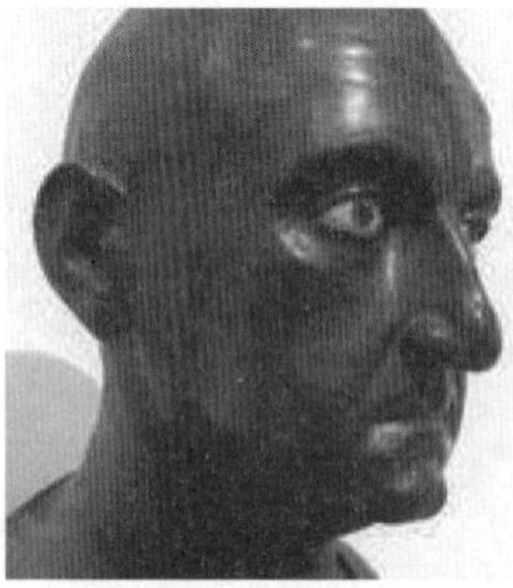

▲ 스키피오

▲ 폐허가 된 카르타고의 유적지

▲ 칸나에 섬멸전 현장 답사

로마에서 이탈리아 동부 남쪽 발레타로 가는 기차를 타고 발레타역에서 하차한다. 택시를 타고 과수원과 벌판을 약 30분 이상 달리면 현장에 도착할 수 있다. 운전기사가 잘 모르면 돌기둥의 사진을 보여주면 대체로 잘 알아본다. 아우피디우스(Aufidius)강은 오늘날 오판토(Ofanto)강이라 불린다. 세월이 지나면서 이름이 바뀐 것이다.

인물연구

한니발의 최후

한니발은 B.C. 202년에 카르타고의 자마에서 로마의 스키피오에게 대패를 당하게 되는데, 이 전투에서 한니발은 수적 우세에도 불구하고 스키피오에게 배후공격을 허용하고 말았다. 거의 자마 전투는 칸나에 전투의 재판과 같은 형상이었다. 스키피오는 칸나에 전투 당시에 젊은 나이에 참전하였었고, 한니발을 연구하여 복수의 기회를 노렸다고 한다. 전투에서 패배한 한니발은 7년 동안 망명의 길을 떠나 조국 카르타고의 재건을 위해 고심 분투했으나 소아시아 마루모나해 동안의 리베자에서 음독자살하고 만다. 이때 그의 나이는 60세였다. 카르타고는 B.C.146년 로마의 총공격으로 완전히 멸망하게 되었는데, 카르타고시는 17일간이나 불에 탔으며, 한 줌의 재로 변할 때까지 무자비한 학살이 있었다.

09 파르살루스Pharsalus 전투

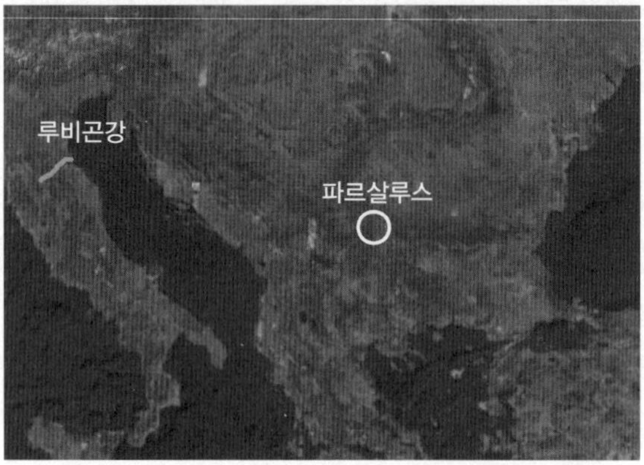

- 시 기: B.C. 48년
- 장 소: 북부 그리스의 파르살루스
- 교전국: 로마 / 로마
- 지휘관: 시저 / 폼페이우스
- 병 력: 30,000명 / 60,000명
- 결 과: 시저군 승리 ; 폼페이우스군 15,000명 전사, 24,000명 포로, 시저군 230명 전사

|배 경|

B.C. 2세기에 이르자 로마는 전 지중해 지역을 정복하고 대제국(大帝國)으로서의 지위를 굳혀간다. 국가가 강성해 짐에 따라 권력을 손아귀에 넣으려는 야심에 찬 인물들이 등장하게 되는데 이런 혼란기에 시저 Gaius Julius Caesar 가 등장한다. 그는 고올 전역(戰役)에서 그의 탁월한 지휘력을 발휘, 일약 명장으로 명성을 떨치게 된다. 8년간에 걸친 고올 전역 결과 시저는 로마 영토를 지중해에서 고올 지역(地域)으로 확장시키는데 성공한 것이다. 고올 지역은 지금의 프랑스, 벨기에, 네델란드, 룩셈부르크, 독일 일부 등을 연하는 광대한 지역이다. 시저는 크랏수스, 폼페이우스와 함께 로마의 집정관으로서 삼두정치(三頭政治)를 하게 되는데, B.C. 53년 시리아의 총독으로 있던 크랏수스가 파르티아

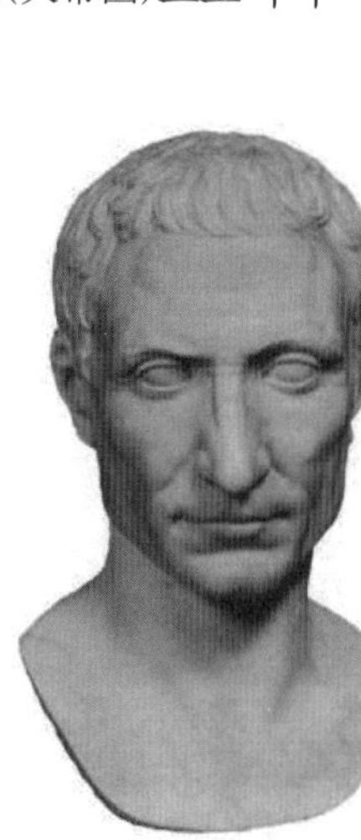
▲ 시저

인들과의 카르하에 Carrhae 전투에서 전사함으로써 드디어 로마는 시저와 폼페이우스의 손에 달려 있었다. 시저가 고올 전역을 평정하고 고올 전역 총독으로 있는 동안 폼페이우스 Pompeius 는 B.C. 52년 단독 집정관이 된다. 로마의 원로들은 정치적 안정을 위해 시저를 포기하고 보다 안정된 폼페이우스를 택한 것이다. B.C. 49년 1월 10일 시저는 드디어 루비콘강을 건너서 로마로 진입하게 된다.

▲ 폼페이우스

로마의 관례상 군사령관이 이 강을 넘어서 로마로 건너오면 군지휘권 자체를 포기하는 것으로 되어 있었는데 이때 시저는 그 유명한 "주사위는 이미 던져졌다."(The die is cast)라는 말을 하게 된다. 이때 폼페이우스는 아리아 해(海)를 건너 마케도니아로 피신한다. 로마에 돌아와 시저는 집정관이 되었고, 다시 폼페이우스를 추격하기 위해 아드리아해를 건넌다. 여기에서 폼페이 군대와 다르하치움에서 전투를 벌였는데, 시저는 이 전투에서 대패했다. 그러나 시저는 다시 부하들을 독려하여 폼페이우스와 재 격전을 위해 그리스 내륙으로 이동했다. 폼페이우스는 시저를 완전히 궤멸시킬 목적으로 추격을 계속하여 드디어 파르살루스에서 만나게 되었다.

|경 과|

최초대형

폼페이우스군은 시저군보다 7배나 많은 기병을 직접 지휘하여 시저의 우익을 강타할 계획이었다. 이때 폼페이우스의 생각은 시저군이 방패를 왼손으로 잡기 때문에 방패가 없는 우측 방향에서 공격하는 것이 유리하다고 판단했다.

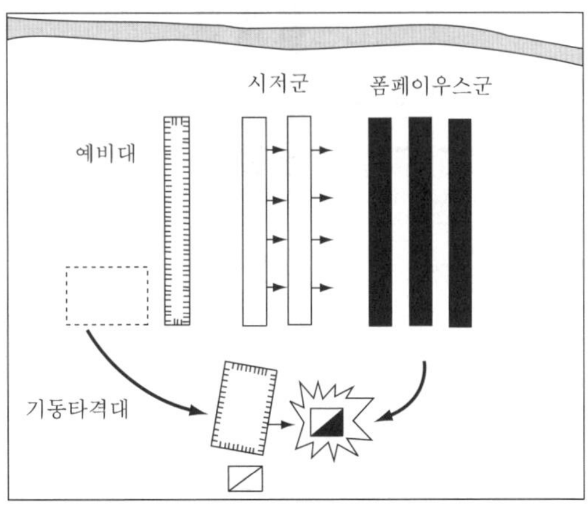

시저군은 종전의 방식대로 3개의 전열 편성하여, 제3열은 직접교전을 회피하고 서서히 전진하되 예비대의 역할을 지시하고, 복병 6개 대대를 기동타격대로 편성(3천명?)했다.

전투개시

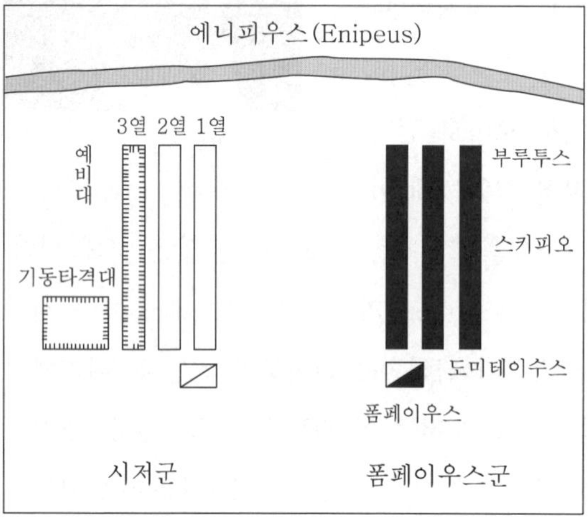

폼페이우스의 기병이 맹렬히 돌진하여 시저의 열세한 기병과 우익부를 공격하니 완강히 저항한 시저군은 서서히 무너지기 시작했다. 이때 이 경우를 대비하여 확보된 6개 대대의 시저 기동타격부대가 급히 출동하여 폼페이우스의 기병들을 궤멸시켰다. 시저의 놀라운 선견지명(先見之明)의 극치였다.

예비대의 투입

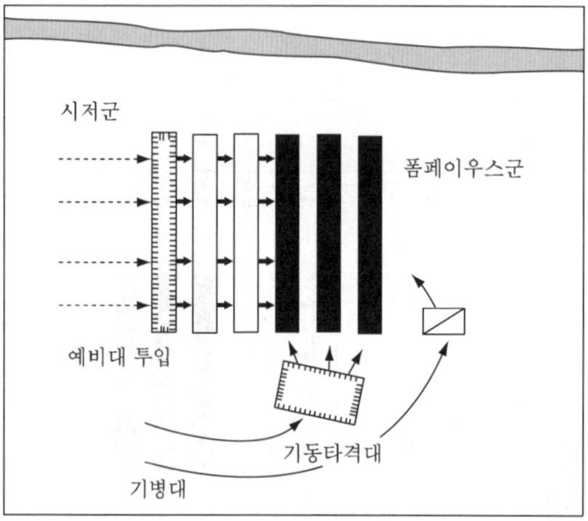

기동타격대는 폼페이우스의 기병을 격파한 후 즉시 폼페이우스 주력군의 좌측방향을 강타했다. 때를 같이하여 시저의 기병이 배후를 공격하니 폼페이우스군은 서서히 붕괴되기 시작한다. 호기를 포착한 시저는 드디어 제3열 예비대를 투입하여 폼페이우스군을 완전 궤멸시켜버렸다. 폼페이우스는 변장(變裝)하여 기병 30명과 함께 이집트로 도주하나 그곳에서 암살 되고 만다.

이 전투에서 시저군은 불과 230여명의 전사자가 발생한 반면, 폼페이우스군은 15,000

명의 전사자와 24,000명의 포로가 발생했다. 실로 엄청난 전과라 할 수 있다.

|분 석|

적절한 예비대 사용의 중요성이 인식 되었고, 선견지명에 의한 기동타격부대를 확보하여 로마의 내전(內戰)종식을 종식했다. 또한 시저의 독재권이 확립되었다.

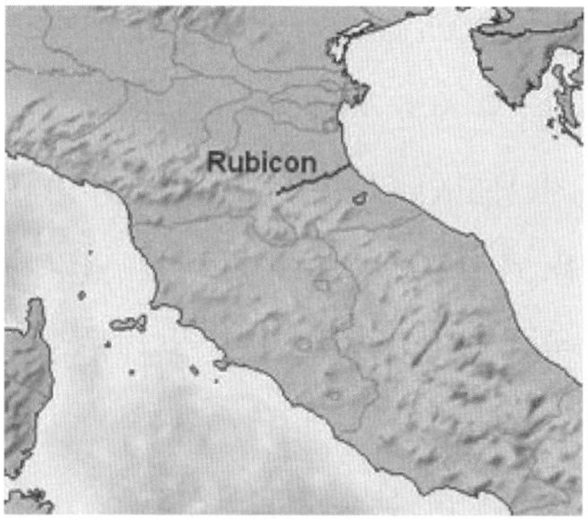

▲ 시저가 넘었던 루비콘강

10 징기스칸Genghis Khan의 전술

|배 경|

징기스칸은 죽을 때까지 문맹(文盲)으로 지냈다. 즉, 유목민(遊牧民)의 특성인 떠돌이 생활은 정착문명(定着文明)을 불가능하게 하여 활동력이 왕성한 시대에도 문자(文字)로 된 역사적 기록이 없었다. 징기스칸이 등장하기 전까지 몽고민족(蒙古民族)은 고원성(高原性) 초원(草原) 지대에서 농경(農耕)과 수렵(狩獵)을 주로 하며 흩어져 살고 있다가 1167년, 몽고왕가(蒙古王家)의 보르지긴씨의 한 지족에서 장래 징기스칸이 될 테무진이 태어남으로써 서서히 대제국(大帝國)으로의 발돋움을 시작했다.

몽고는 북쪽이 알타이, 샤안, 캉가이, 야블, 홍안령 등의 큰 산맥들로 구성되어 있고, 해발 2,000미터가 넘는 고원성 초목지대이며 남쪽은 산기슭에서부터 고비사막에 이르는 광활한 대초원지대로 형성되어 있다. 10월부터 눈보라가 몰아치는 겨울이 시작되고 4월까지도 언 땅이 녹지 않는다. 7월 중순에는 찌는 듯한 더위가 계속되어 몽고를 사하라의 사막과 같이 만들어 버린다.

▲ 징기스칸

▲ 몽골군대

보통 겨울의 온도는 영하 섭씨 45도까지 내려가고 여름은 38도까지 오르는 급격한 기온의 차이를 보여주며 몰아치는 강풍(强風)은 말을 탄 사람들도 떨어뜨릴 정도이다. 몽고민족이 악조건 하에서도 대제국을 건설할 수 있었던 것도 이러한 환경에서 오는 인내심과 자기 절제력, 단련된 몸을 가졌기 때문일 것이다.

|징기스칸의 성장 과정|

징기스칸의 아버지 예스게이는 태어난 아이의 이름을 철(鐵)의 사나이라 부른 "철목진(鐵木眞)-테무진"으로 명하고 당시 풍습대로 9세가 되는 해에 테무진을 온기라트족의 한 족장의 딸과 약혼 시켰다. 약혼식 후 예스게이가 혼자 돌아오다가 우연히 가문의 원수인 타타르족의 연회장에 들리게 되어 독약을 탄 음식물을 먹고 죽게 된다.

불과 9세에 아버지를 잃은 테무진은 종족의 버림을 받고 가족과 함께 오논강가의 고지에 버려졌다. 타이치우트의 새 족장이 된 타루쿠타이 키릴토크는 테무진 일가가 산속에서 죽기를 바랐던 것이다.

키릴도크는 후환이 두려워서 다시 테무진을 생포하나 예스게이에 대한 일말의 존경

▲ 징기스칸과 그의 칼

심 때문에 차마 죽이지는 못한다. 소루칸시라 라는 사나이가 테무진의 눈속에서 이글거리는 불길과 얼굴의 광채에 감명을 받아 테무진의 탈출을 적극 도와준다. 테무진은 그의 아버지 예스게이와 의형제를 맺은 케레이트왕 토그릴을 찾아가 도움을 청했다.

테무진은 토그릴과 부자(父子) 관계를 맺음으로 몽고의 부흥에 박차를 가하게 된다. 옛날에 예스게이가 메르키트족으로부터 테무진의 모친인 호에른 부인을 빼앗았는데 이것이 화근이 되어 메르키트족이 테무진을 공격해 왔다. 이때 테무진은 구사일생으로 탈출했으나 아내인 부르데가 납치당한다. 테무진은 어린시절 친구인 쟈지라족의 지도자 쟈무카를 포섭하고 토그릴에게 2만명의 병사를 지원받아 메르키트족을 습격한다. 테무진은 이들 메르키트족을 씨도 없이 말려버림으로써 서서히 그의 위치를 확인해 나갔다. 쟈무카와 테무진은 이두정치(二頭政治)를 하면서 서로의 영역을 넓혀 나갔다.

새로운 방목지를 구해야 될 시기에 테무진은 아내의 말에 동조하여 쟈무카를 버리고 길을 떠났다. 두 명이 종족을 이끌 수는 없는 노릇이었다. 1196년, 테무진은 추종자들에 의해 칸(Khan)의 자리에 올랐다.

|몽고 말(蒙古馬)|

몽고말은 평균 132 cm로서 서구의 158 cm보다 왜소하다. 그러나 일체 사료(飼料)를 주지 않기에 스스로 먹이를 찾아서 살아야 했다. 겨울에는 언 땅에서 눈과 얼음을 헤치며 고초(枯草)를 찾았고 고의적으로 주간에는 먹이를 금하고 야간에 달빛을 이용하여 풀을 먹였다. 가끔씩 묶어두어 먹이를 제한시킴으로써 불필요한 기름기를 빼 수백킬로미터를 달려도 땀이 안 나도록 했다. 수백 수천 마리가 모여 있을 때에도 절대 울지 않도록 훈련되었고, 종마(種馬)를 제외하고 전부 거세(去勢)시킴으로써 온순하며 지구력이 강하여 10주야의 매복에도 버틸 수 있었다.

|징기스칸의 전술(戰術)|

고도의 기동력(機動力)을 구사하는 기마전술(騎馬戰術)로서 출전시 1인당 2~5두(頭)의 말을 소유하여 갈아타면서 기동하며, 돌격(突擊)시에는 필히 새말로 바꾸어 고도의 기동력을 발휘케 했다. 전투하기에 편리한 안장을 고안하여 부착하였고, 장비는 약 4.5 kg으로 제한하여 가볍게 했다. 병사들의 가족들은 따라다니면서 후방 병참지원을 했으며 어느 장소든지 즉각적인 식사와 현지 획득을 통한 자급(自給)체제를 갖추어 놓았기 때문에 늘 기동성 있는 전투태세가 가능했다.

뛰어난 기병으로 편성된 소수의 정찰대를 적(敵) 주둔 예상 지역을 향해 100 km 전방까지 사방으로 파견하여 적의 위치와 배치상태, 지형 및 도로의 상태, 식량조달(食糧調達)의 여부와 기타 긴요한 사항 등을 정찰케 하는 경계정찰(警戒偵察)을 적극적으로 실시했다.

윤번충봉(輪番衝鋒)전술

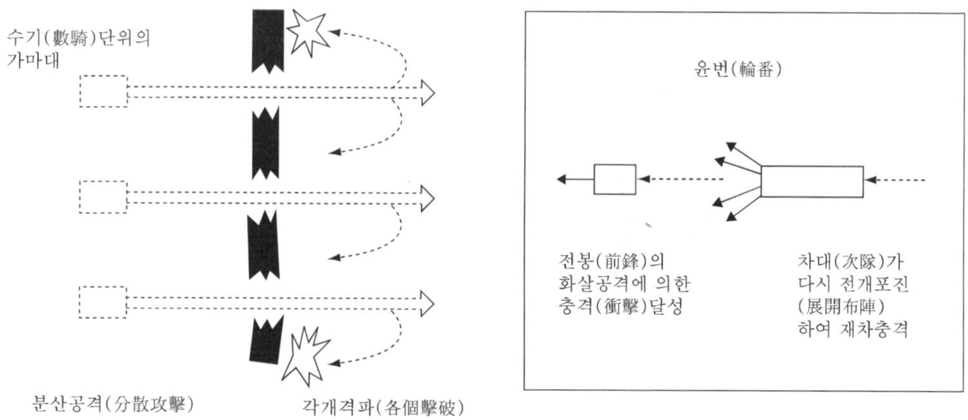

납와 전법(拉瓦傳法) : 주머니 전법

300~1000명으로 형성된 선두 부대에 지휘관이 중앙에 위치하여 깃발신호나 호병(號兵)의 신호로 부대를 지휘한다. 적의 부대가 산개된 선두 부대의 중앙을 향해 진격하면

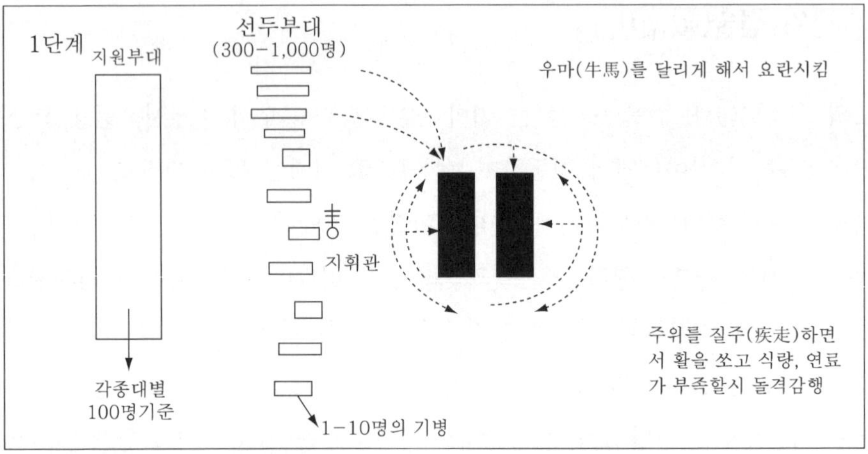

은폐된 밀집지원(密集支援) 부대의 자루 속으로 들어가도록 대형을 변형시킨다. 선두부대의 양쪽 날개는 간격을 좁혀 밀집대형으로 하여 적을 팔방에서 공격한다.

※ 유럽군은 주로 견고한 성에 거점을 두고 있었으므로 소수의 병력으로 이를 성 밖으로 유인하여 섬멸하는 전법을 구사했다.

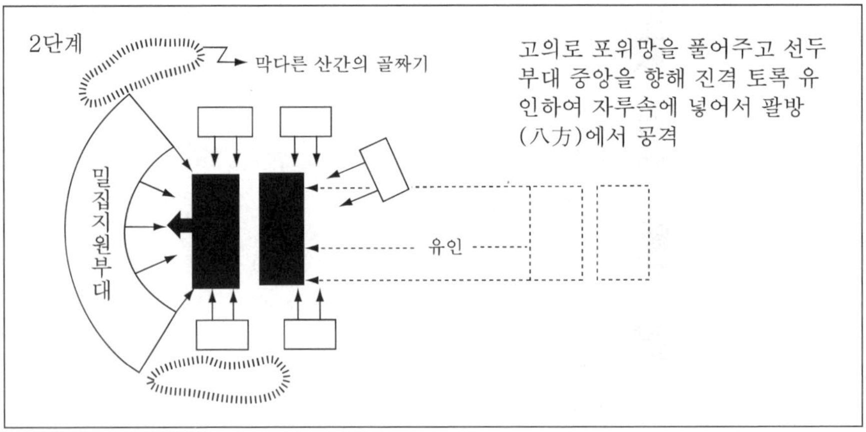

견고한 성곽(城郭) 도시공격 전술

부근촌락의 장정(壯丁)들을 강제편입시켜 이들을 통해 목표로 하는 성곽을 탈취할 대보(對堡)를 구축케 하고, 공격시에는 선두에 내세워 자기들끼리 싸우도록 한 뒤에 몽고

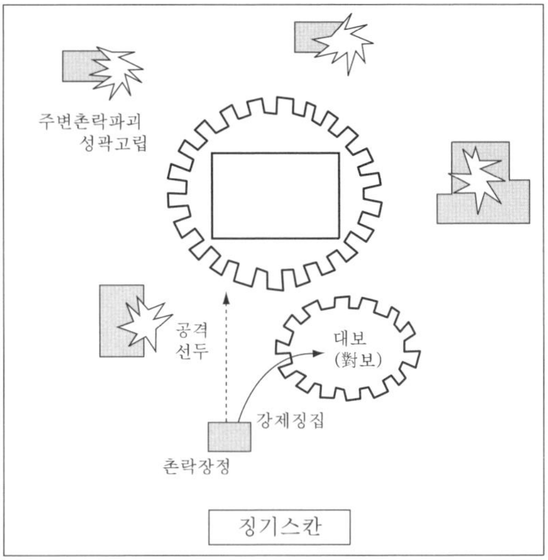

▲ 징기스칸은 정복과정에서 개화 문명을 받아들여 그들의 것으로 삼았다. 본래 문자가 없었던 그들은 곧 위구르어에 약간의 수정을 가해서 몽골의 민족문자로 만들어 각종 규율과 법제를 반포하기에 이르렀다.

군의 강력한 타격으로 성을 함락시켰다.

선전심리(宣傳心理)

초창기 징기스칸은 적의 항복 여부에 관계없이 무자비한 파괴살상(破壞殺傷) 행위를 일삼았다. 풀 한 포기, 짐승 한 마리도 용서 없이, 살아 있는 생물은 완전 소멸시키는 일

▲ 몽골 내륙에 있는 신기한 거북 바위

들도 비일비재 했다(필요한 기술자나 여자들은 살려 두었다고도 한다). 그러므로 징기스칸의 공격을 받는 부대는 항복해도 전부 몰살당할 것이 불보 듯하니 사력을 다하여 저항하게 됨으로써 징기스칸의 피해도 컸다. 그래서 몽고군은 금(金)의 멸망 후부터는 미리 심리전술(心理戰術)을 사용하여 항복하면 살생하지 않겠다는 약속을 적에게 확신시켜 줌으로써 손쉽게 많은 성(城)들을 점령할 수 있었다.

파장전법(波長戰法)

징기스칸은 중세 유럽의 기사 집단과의 전투에서 백병전을 회피하고 일정한 거리를 유지하여 주로 활을 이용한 기동전을 실시했다. 이때 사용한 3파장 전법은 다음과 같다.

제 1파장 : 5열(列)을 사전 침투시켜 유언비어 유포한다.

제 2파장 : 100 km 전방까지 경계정찰대 배치한다.

제 3파장 : 적의 기동로 차단, 활로 공격한다.

|징기스칸의 추대와 대 정복사업|

테무진은 1206년, 오논강 상류에서의 쿠릴타이 Khuriltai 대회에서 징기스칸 Genghis Khan 이란 칭호와 테부 텐게리(아주 높은 하늘)란 존칭을 동시에 얻게 된다. 이때 새로운 몽고군의 군기(軍旗)로 말의 꼬리가 아홉 개 달린 백색기를 사용했다. 당시 중국은 화남(華南)을 지배한 송(宋)나라, 화북(華北)을 지배한 금(金)나라, 서하(西夏)로 구성되어 있었다. 징기스칸은 1205년 서하에 대한 제 1차 공격에 이어 23년간 5차례에 걸친 공격을 감행하여 이를 정복하게 된다.

징기스칸은 25세의 나이로 민족을 일으켜 몽고의 완전한 북부통일(北部統一)을 기하고 1227년 8월 18일 악화된 병세로 60세의 나이에 육반산(六盤山)에서 죽는다. 그가 죽을 때 "금(金)을 치기 위해서는 송(宋)으로부터 길을 빌려 남으로 우회하여 치라."는 유언을 남겼으며 6년 후인 1233년 5월, 그의 후계자들은 징기스칸의 유언을 지켜 승리를 쟁취할 수 있었다. 징기스칸의 사망시 판도는 북경에서 카스피해에 이르렀고 그의 부하들에 의해서 페르시아와 러시아의 대부분, 전 중국에까지 세력이 확장되었다.

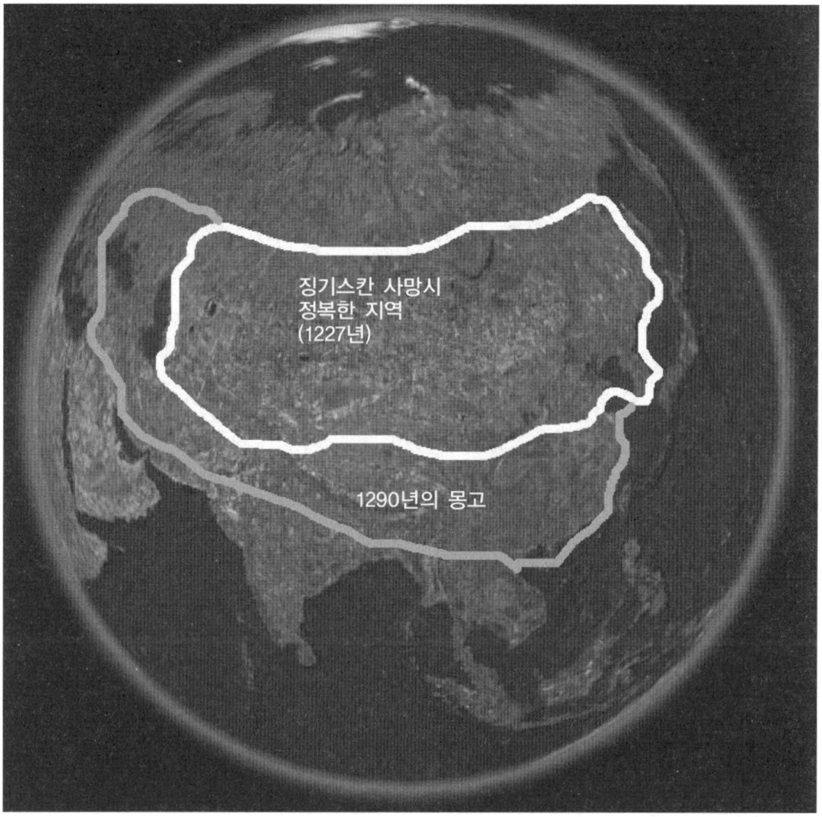

불세출의 정복자 징기스칸의 이록 중에서

> 집안이 나쁘다고 탓하지 말라.
> 나는 아홉 살 때 아버지를 잃고 마을에서 쫓겨났다.
>
> 가난하다고 말하지 말라.
> 나는 들쥐를 잡아먹으며 연명했고, 목숨을 건 전쟁이 내 직업이고 내 일이었다.
>
> 작은 나라에서 태어났다고 말하지 말라.
> 그림자 말고는 친구도 없었으며, 병사로만 10만. 백성은 어린애, 노인까지 합쳐 2백만도 되지 않았다.

배운게 없다고 힘이 없다고 탓하지 말라.

나는 내 이름도 쓸 줄 몰랐으나 남의 말에 귀 기울이면서 현명해지는 법을 배웠다.

너무 막막하다고, 그래서 포기해야겠다고 말하지 말라.

나는 목에 칼을 쓰고도 탈출했고, 뺨에 화살을 맞고 죽었다 살아나기도 했다.

적은 밖에 있는 것이 아니라 내 안에 있었다.

나는 내게 거추장스러운 것은 깡그리 쓸어버렸다.

나를 극복하는 그 순간 나는 징기스칸이 되었다.

11 로이텐Leuthen 전투

- 시　기 : 1757년
- 장　소 : 로이텐
- 교전국 : 프러시아 / 오스트리아
- 지휘관 : 프레드릭 / 카알
- 병　력 : 30,000명 / 80,000명
- 결　과 : 프러시아군 승리 ; 오스트리아군 20,000여명 전사, 프러시아군 6,400명 전사

|배 경|

프러시아의 프레드릭 대왕의 대표적 전투이다. 1740년 프레드릭이 왕위에 올랐을 때 당시 유럽은 혼란 속에서 자국의 이익을 추구하기에 급급했었다. 프레드릭은 1740년 12월, 오랜 숙원이었던 실레지아 침공을 실시한다. 이 전투를 통해 프레드릭은 명장으로서의 첫보를 내딛게 된다. 이때 전투간의 취약점을 면밀히 분석하여 기동력이 출중한 프러시아 기병(騎兵)을 창설한다. 1746년부터 10년간 프레드릭은 자국(自國)의 발전을 위해 내실(內實)을 기하나 1756년, 당시 적대국이었던 오스트리아가 프러시아를 넘나보고 있음을 간파한다. 이에 프레드릭은 오스트리아의 동맹국인 삭소니를 공격하여 주도권을 획득하기에 이르렀다. 이것이 7년 전쟁의 시발(始發)이다. 프러시아는 오스트리아와의 전투에서는 큰 소득을 얻지 못했지만 그 후 1757년 11월 로스밧하 전투에서는 경미한 손실로 프랑스군 5,000여명을 궤멸시키는 대승을 거둔다. 이 전투에서 오스트리아는 실레지아 지방을 유린하게 되는 데, 프레드릭은 실레지아 지방을 만회하기 위해 회군(回軍) 중 오스트리아군과 로이텐에서 조우하게 된다.

|경 과|

7년 전쟁 당시의 국제관계

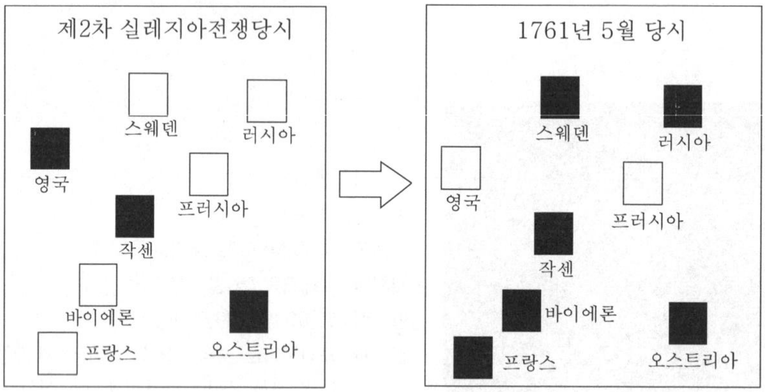

프레드릭의 동맹국은 영국 밖에 없는 상황

최초포진

오스트리아군은 8 km의 신장된 포진을 했고, 우익 나이페른 지역은 소택(沼澤)지와 삼림(森林)지였다.

프러시아군은 오스트리아군의 좌익을 주공격 방향으로 선정, 오스트리아군의 우익 지휘관에게 우익이 주공격 방향임을 인식토록 유도했다.

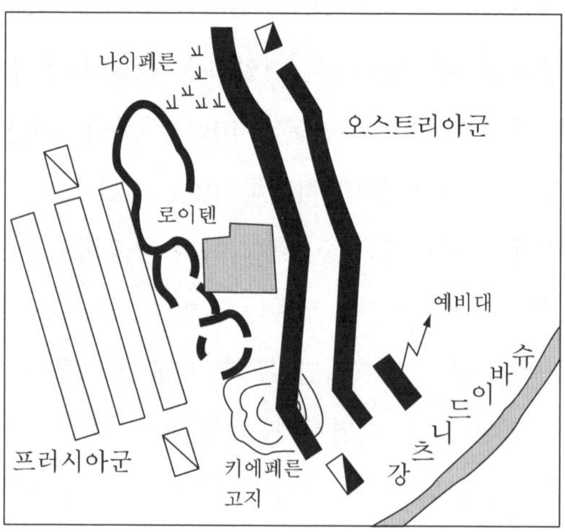

프레드릭의 양공작전

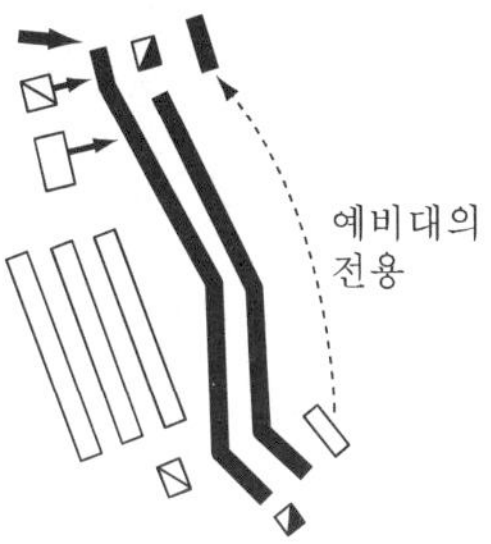

오스트리아 우익군의 지휘관이 계속적으로 증원을 요청하여 좌익의 예비대를 우익군으로 전용한다. 곧 프레드릭의 계획대로 모든 상황이 진행되고 있었고, 이와 때를 같이하여 주력군을 서서히 우측으로 기동시켜 오스트리아군의 좌익에 집중시켰다.

오스트리아군의 좌익 키에페른 고지(高地)에 프러시아군이 도달하자 프레드릭은 진두지휘로 총공격을 개시했다.

오스트리아군의 좌익을 돌파하여 정면 및 우익을 향해 맹공하면서 우익 기병이 오스트리아군의 좌익과 배후를 공격하니 오스트리아군은 극도의 혼란상태에 빠졌다. 결국 오스트리아 우익 기병은 프러시아 좌익 기병에 의해 격멸되고, 계속적인 프러시아군의 압박으로 오스트리아군은 대패하여 도주했다.

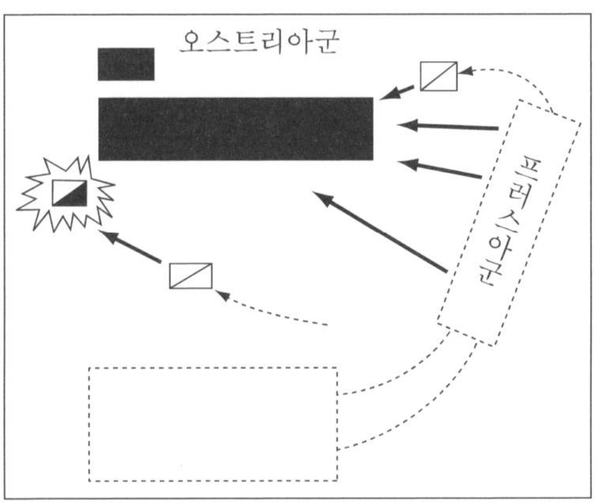

|분 석|

프레드릭을 명장으로 만든 대표적인 전투로서 에파미논다스의 사선대형(斜線隊形)의 효과적인 적용이라 할 수 있다. 적 예비대 전용(轉用)에 성공한 효과적인 양공(陽攻) 작전이었다. 또한 기동에서 생기는 기민성을 최대 이용했으며 하루평균 20 km의 경이적 행군속도를 유지했다.

※ 나폴레옹 출현이전의 시대에서는 상상도 할 수 없는 기동속도로써 프레드릭은 제한 전쟁의 특성을 간파, 적의 보급로 차단에 모든 역량을 집중했다.

12 쪼른도르프Zorndoef 전투

· 시　기 : 1758년 8월 21일
· 장　소 : 쪼른도르프
· 교전국 : 프러시아 / 러시아
· 지휘관 : 프레드릭 / 페르모아 (Fermor)
· 병　력 : 30,000명 / 50,000명
· 결　과 : 프러시아군 승리 ; 러시아군 20,000명 전 상, 프러시아군 10,000명 전상

|배 경|

프레드릭은 항상 러시아에 대해 경계심을 늦추지 않았다. 러시아라는 나라는 그 국토의 광대함과 함께 특이한 국민성이 있는 위험한 존재였기에 영국과의 웨스트민스터 협정을 통해 러시아에 대한 배려를 했었다. 그런데 1758년 러시아군은 서서히 서진(西進)하여 오테르강을 건너 실레지엔과 베를린 부근까지 진출한 후 오스트리아와 동맹을 맺기에 이르렀다. 만약에 오스트리아가 러시아의 도움이 없었다면 이미 프레드릭에 의해 멸망되었을 것이다. 이후의 전투인 크넬스토로프 전투에서 러시아와 오스트리아 연합군에 의해 프레드릭은 완전히 참패당하고 만다. 러시아군의 끈질기고 악착스러운 공격과 방어에 의해 프레드릭은 손수 군기(軍旗)를 잡고 진두에서 지휘하며 분전(奮戰)을 하기에 이른다. 총탄이 프레드릭의 군복을 스쳐가는 등 죽음 직전에서 프레드릭은 어느 기병장교에 의해 구원 받지만 더 이상 프러시아군을 지휘하려는 전의(戰意)를 잃고 만다. 그때 그는 "이제 모든 것은 끝났다. 나는 살아서 조국의 멸망을 보고 싶지 않다."라

▲ 절체절명의 위기 상황에서 군기를 들고 진두지휘를 하고 있는 프레드릭

고 하며 주머니에 늘 가지고 다니던 독약으로 자살을 기도하기에 이르자 뜻밖에도 이틀간 러시아의 공격이 중단되는 기현상이 발생했다. 이 때문에 다시 재정비할 여유를 얻었고 프레드릭은 다시 지휘권을 인수하여 재기에 나서게 되었다. 이렇게 프레드릭을 극한상황에까지 몰고 간 러시아가 오데르강의 도시 쿠스트린에 진출하여 프러시아를 위협하고 있었던 것이다. 프레드릭은 오스트리아에 대한 기동을 중단하고 즉시 러시아군을 구축하기 위해 오데르강에 다다른다.

|경 과|

양동작전(陽動作戰)

프레드릭은 페르모아의 러시아군 전방에서 양동(陽動)하여 8월 22일, 23일 야간에 주

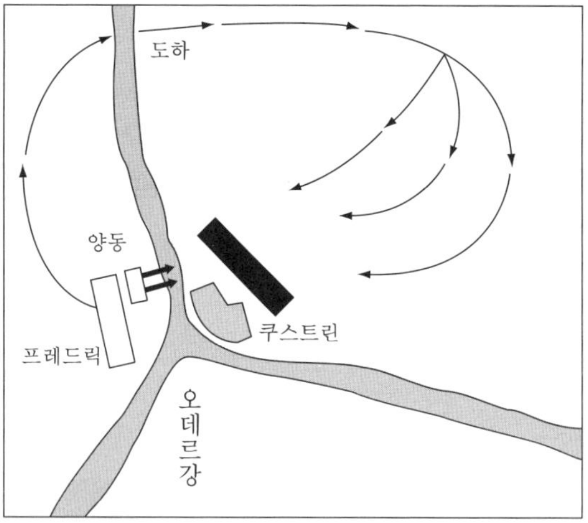

력을 24 km 북방 지역에서 도하(渡河)하고, 페르모아군의 후방에 대한 대규모의 우회기동(迂廻機動)으로 페르모아군의 후방 병참선을 차단했다.

러시아군의 전면방어(全面防禦)

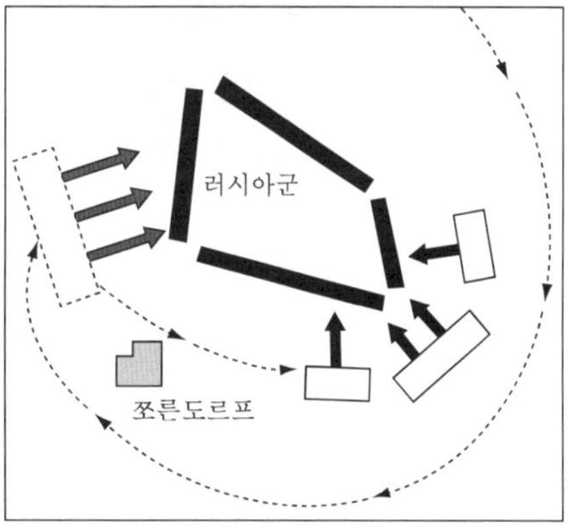

함정에 빠진 페르모아는 급히 후퇴하여 쪼른도르프 부근에서 전면 방어에 돌입했다. 프레드릭은 다시 대규모의 우회기동(迂廻機動)으로 러시아군 우익변을 공격하나 무위(無爲)로 끝나자 재차 우회기동을 하여 러시아군 서남 돌출부에 맹공으로 치열한 공방전(攻防戰)을 치룬 결과 러시아군이 패주했다.

패주한 러시아군은 다시 3~4 km 북방에서 새로운 전선(戰線)을 형성하여 결전의 태세를 갖추었고 그들 특유의 끈질긴 모습을 보이는데 프레드릭도 지쳐 더 이상 공격을 하지 못했다.

|분 석|

양동작전(陽動作戰)이 성공한 전례이며, 러시아군의 전면방어(全面防禦)가 등장한 전투이다. 러시아군의 저력을 과시했으나, 프레드릭이 소모전략을 구사하여 종전의 직접 전투 강요 형태에서 회피(回避) 전투로 목적을 달성하였다.

인물연구

프레드릭(Friedriich : 1712~1786)

프러시아의 왕. 그의 부왕은 그를 명장으로 만들기 위해 문학청년의 때를 벗기는 스파르타식 교육을 시켰다. 1740년 부왕의 사망과 두 형의 요절(夭折)로 왕위에 오른다. 오스트리아 계승전쟁(1740~1748)을 통해 실레지엔을 획득하고 프러시아를 부강시켰다. 1756년 7년 전쟁 당시 위기 상황에서 자살을 기도하기도 했다. 로스바하, 로이텐, 트르가우에서 대승(大勝)을 하여 독일 통일의 주축(主軸)을 형성했다. 7년 동안 16회의 대전투를 치루면서 거의 절반은 패배한 전투임에도 불구하고 제한 전쟁의 특성에 맞는 깨끗하고 명쾌한 플레이를 함으로써 각국으로부터 찬사를 받았다. 그 후 유럽에서 독일의 국제적 지위를 계속 유지하기 위해 상비군(常備軍)을 육성했다. 1786년 여름, 포츠담의 궁에서 의자에 비스듬히 기대앉은 채 그가 좋아했던 군악대의 연주를 들으면서 편안히 죽었다. 그의 나이 74세였다.

2장
나폴레옹 전쟁

내 사전에 불가능은 없다.
"나폴레옹"

13 롬바르디Lombardy 전역

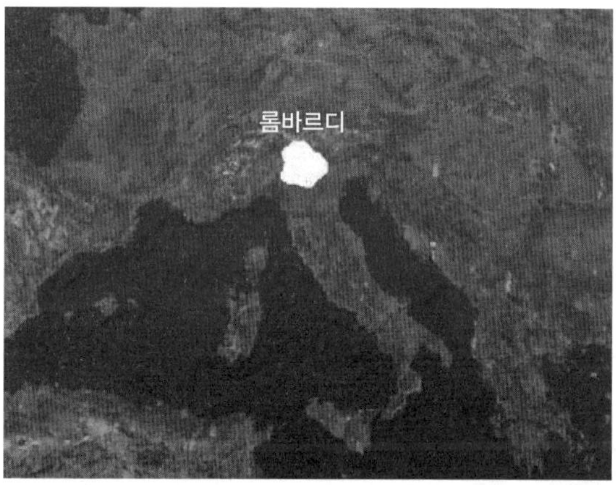

· 시　기 : 1796년
· 장　소 : 이탈리아 서북부 롬바르디 일대
· 교전국 : 프랑스 / 피에드몬트 · 오스트리아
· 지휘관 : 나폴레옹 / 콜리(Colli) · 비울로
· 병　력 : 37,000명 / 35,000명
· 결　과 : 프랑스군의 승리

|배 경|

나폴레옹은 1796년 27세에 이탈리아 방면군의 사령관으로 임명된다. 3월, 원정을 출발하기에 앞서 보아르네 저작의 두 아이를 가진 33세의 미망인 죠세핀 Josephine 과 결혼했다. 이탈리아 전역(戰役)은 프랑스 혁명정부(革命政府)로서는 사활(死活)이 걸린 전역인 동시에 나폴레옹에게는 그의 운명을 결정짓는 전역이었다. 총재정부가 계획한 원정에서는 독일을 지나는 제1군과 제2군이 주력(主力)이었으며, 나폴레옹의 이탈리아 방면 제3군에게는 오스트리아군을 견제 역할만하는 임무가 주어졌다. 그런데 제1, 2군은 차례로 패하였고 나폴레옹의 제3군만 승전보(勝戰報)를 가져다 주게 된다. 이탈리아 방면군은 보급품도 나쁘고 병사들의 훈련 수준도 저조했다. 병사들의 눈에는 나폴레옹이 나이도 어린데다 키도 작고 창백한 외모에 사실상 거의 깔보고 있었다. 이때 그는 특유의 나폴레옹 모자를 쓰고 나와 그 유명한 롬바르디 평야를 향한 훈시(訓示)를 한 후 사기 충천한 부대를 이끌고 알프스 산맥을 횡단하게 된다. 알프스 산맥의 남쪽을 경유 니스

에서 제노아 부근에 이르자 알프스 산맥의 북쪽 쿠네오 Cuneo 와 몽테노트 일대에 전개한 피에드몬트군과 오스트리아군의 연합군과 조우하게 된다.

롬바르디를 향한 나폴레옹의 연설

"장병 여러분! 여러분은 헐벗고 굶주렸으나 잘 참고 이겨냈다. 정부는 여러분들로부터 도움을 많이 받았지만 현 시점에서 정부는 여러분에게 아무 것도 보답해 줄 수가 없다. 여러분들의 인내와 용기는 실로 경탄할만한 것이었지만 여러분에게 어떠한 희망과 영광도 주지 못했다. 나는 이제부터 여러분들을 세계에서 가장 풍요한 평원으로 인도하고자 한다. 여러분들은 그곳에서 수많은 대도시와 비옥한 전원을 보게 될 것이며, 행복과 영광과 부를 발견하게 될 것이다. 이탈리아 원정군 장병들이여! 여러분들에게 용기와 인내가 부족할 리가 없다!......."

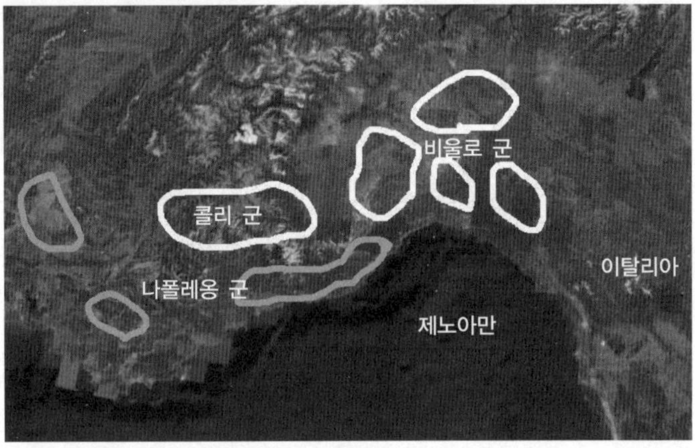

▲ 롬바르디의 비옥한 전원

|경 과|

몽테노트 Montenotte 의 중앙돌파전(中央突破戰)

피에드몬트·오스트리아 연합군은 보르미다강을 중심으로 좌우로 알프스 산맥과 아페닌 산맥 일대에 배비(配備)했다.

나폴레옹의 계획과 실행

연합전선(聯合戰線)의 취약점을 이용, 양군 접합부 Joint 에 중앙돌파(中央突破)를 시도하여 분리된 각개군을 격파하려 했다. 그리하여 먼저 콜리군을 격파한 후 그 다음으로 비울로를 격파할 계획을 세웠다.

이 작전을 수행하기 위해서는 일정기간 동안 오스트리아군이 포강 일대에 머물러 주기를 원했다. 그러나 새로 부임한 오스트리아군의 사령관 비울로는 즉시 병력을 재편

▲ 알프스를 넘는 나폴레옹
이 유명한 그림은 나폴레옹의 숭배자인 다비드의 그림인데, 이미 대부분의 병사들이 산을 넘은 지 3일 후에 나폴레옹이 넘었다고 한다.

▲ 죠세핀
나폴레옹이 죠세핀에게 선물한 향수 Eau de parfum은 오늘날까지 유명한 향수로서 사랑을 받고 있다.

성하고 4월 9일 나폴레옹의 우익부인 볼트리에 대해 양측에서 포위하는 형태로 서서히 기동하기 시작했다.

여기에 맞서 나폴레옹은 최초의 구상에서 제2격(擊)인 오스트리아군을 제1격(擊)으로 순서를 바꾸지 않으면 안 되었다. 이 계획은 전술적으로는 오스트리아군 우익을 공격하는 것이고 전략적으로는 연합군의 중앙을 관통하는 중앙돌파 작전인 것이다.

나폴레옹의 중앙돌파

계획대로 나폴레옹은 중앙돌파를 시도, 양군을 분리시키는 데 성공하고 오스트리아군의 우익을 집중공격한다. 따라서 연합군은 양분되어 각자의 방향으로 후퇴했다.

오스트리아군(비울로)은 1만 여명이 피해를 입고 아퀴에 집결, 롬바르디 방어에 돌입했다. 나폴레옹은 소수의 병력을 오스트리아군 정면에 두고(1개사) 회군(回軍)하여 전병력으로 피에드몬트군을 공격하여 이들을 격파했다. 4월 23일에 휴전이 제의되었고, 4월 28일 휴전 조약이 체결되었다.

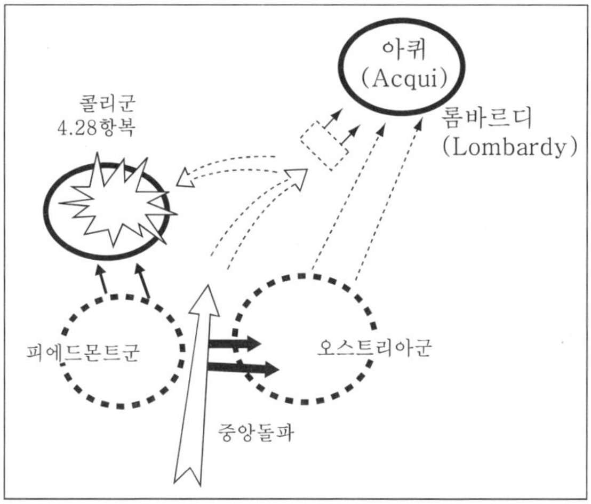

롬바르디 Lombardy 전투

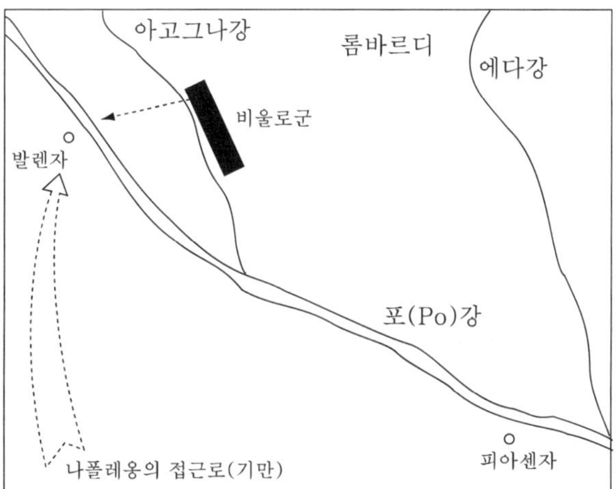

나폴레옹은 4월 28일 피에드몬트군과의 휴전조약에서 나폴레옹이 포 Po 강을 도하하는 것을 피에드몬트군이 허락한다는 구절을 고의로 삽입시키는 기만책을 썼다. 이에 비울로는 나폴레옹이 발렌자로 도하할 것으로 판단하고 즉시 병력을 발렌자 후방 아고그나 강변에 집결시켜 나폴레옹군의 공격에 대비했다.

▲ 포강과 포강의 위치

비울로군이 아고그나 강변에 집결하자 나폴레옹은 5월 7일 새벽 기습적으로 발렌자와 멀리 떨어진 비울로의 후방 지역에 도하하여 비울로군의 병참선을 차단했고 맹공을 가하니, 비울로는 만투아 방면으로 서둘러 패주했다. 나폴레옹은 롬바르디 일대를 평정했으며 이는 작전개시 후 17일만의 일이었다.

|분 석|

나폴레옹은 내선(內線)상에 위치하여 중앙돌파(中央突破)로써 적을 분리시켰고, 적이 합류하기 전에 신속한 기동으로 병력을 집결, 분리된 적을 각개격파(各個擊破)했다. 또한 기만작전의 성공으로 기습적인 도하가 가능했다. 적의 병참선(兵站線) 차단에 주력하는 나폴레옹의 전략을 알 수 있다.

연구 분석

클라우제비츠의 롬바르디 전투 평가

"고래로부터 전승(戰勝)의 하나로 에다강(로디교량) 도하와 같은 놀라움을 전 구주(歐洲)에 안겨준 일은 일찍이 없었다. 이 전투의 결과 전 구주를 굴복시켰다. 프랑스인에게는 환희와 행복을, 적국에게는 치욕과 공포를, 그리고 타 국민에게는 경계심과 공포를 자아내게 했다."

나폴레옹의 본명

부모가 지어준 이름은 "나폴레오네 부오나파르테"이다. 조국 코르시카에서 프랑스로 넘어오면서 "네아폴레온드 보나파르트"등의 여러 가지 이름으로 불리어지다가 1796년 이탈리아 방면군 사령관으로 임명될 때 처음으로 "나폴레옹 보나파르트"라 했다. 보나파르트(Bonaparte)라는 이름은 웃음을 자아내기에 충분한 어감이 있었다.

14 만투아[Mantau] 전역

- 시 기 : 1796년
- 장 소 : 이탈리이 북부 만투아
- 교전국 : 프랑스 / 오스트리아
- 지휘관 : 나폴레옹 / 뷔름저
- 병 력 : 54,000명 / 30,000명
- 결 과 : 오스트리아 패배

|배 경|

나폴레옹이 롬바르디 승전(勝戰) 소식을 본국에 보고하자 정부에서는 나폴레옹의 세력팽창이 두려워 5월 14일 다음과 같은 지시를 하달했다. "이 시간 이후 지휘권은 둘로 나눈다. 켈러만 Kelleman 장군은 포 Po 강 좌안의 북부 이탈리아 파견군(派遣軍)을 지휘하고, 나폴레옹은 로마와 나폴리로 진격하는 남부 이탈리아 파견군의 지휘를 맡는다."

이에 나폴레옹은 강력히 지휘권(指揮權)의 단일화를 주장하며 다음의 의견을 상신했다. "반드시 지휘권은 한 사람이 가지고 있어야 한다. 나는 지금까지 혼자서 모든 전투를 수행했다. 만일 누구와 같이 했다면 실패했을지도 모른다. 누구나 자기방식의 전투방법이 있는 법이다. 켈러만 장군은 나보다 우수한 장군이므로 나는 기꺼이 그에게 지휘권을 맡긴다. 내 생각으로는 한 부대가 두 사람의 양장(良將)아래에 있는 것보다 오히려 한 사람의 우장(愚狀)아래에 있는 것이 낫다고 믿는다."

이 후로 나폴레옹은 계속 이탈리아 방면의 최고 지휘권을 행사하게 되었고 그의 위치가 더욱 확고해진다. 5월 24일 나폴레옹은 다시 54,000명의 병력을 이끌고 만투아 방면으로 도주한 비울로군을 추격했다.

|경 과|

비울로 Beaulieu 군의 퇴각

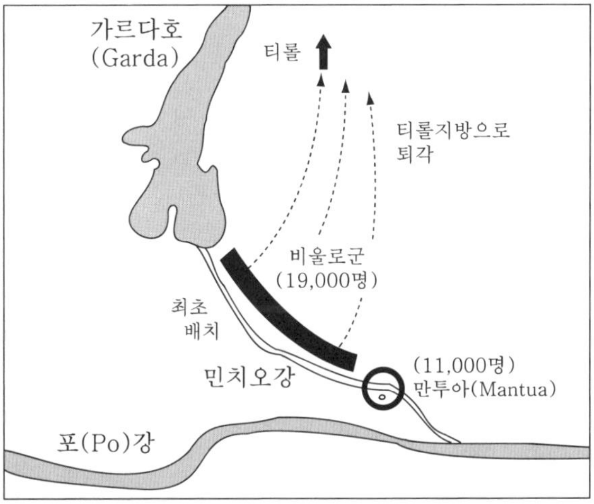

비울로 군은 만투아 요새(要塞)에 11,000명, 민치오(Mincio)강변을 따라 만투아에서 페시에라까지 약 30 km에 19,000명을 분산 배치했다. 나폴레옹은 비울로군을 우회하여 티롤지방으로부터 병참선을 차단하기 위한 계획을 획책하며 민치오강 도하를 감행했다(5.31). 비올로군은 이미 티롤지방으로 퇴각하여 만투아 요새에 13,000명이 잔류했다.

뷔름저 Wurmser 장군의 반격

오스트리아의 새로운 군사령관인 72세의 노장 뷔름저가 반격을 꾀했다.

주공은 뷔름저가 직접 지휘하여 가르다호 동쪽으로 진격했다.

조공은 쿼스다노비치 Quosdanovich 가 지휘하여 가르다호 서쪽으로 진격했다.

양동은 메짜르 Mezares 가 지휘하여 브렌타 계곡으로 진격했다.

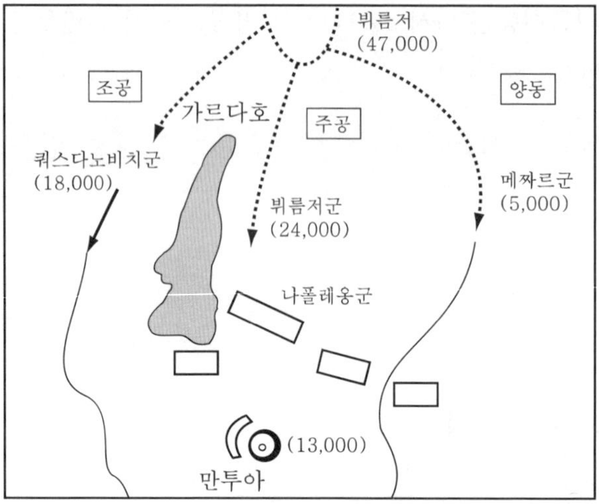

▲ 가르다호

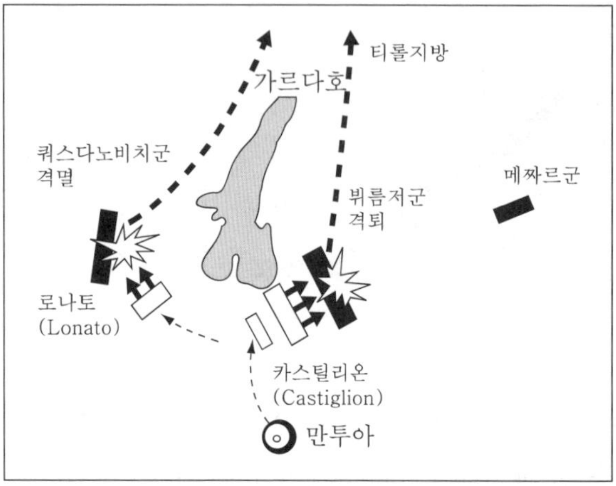

▲ 뷔름저

나폴레옹은 내선의 이점을 최대 활용하여 적이 합류하기 전에 맹공을 퍼부었다.

만투아 요새의 포위군을 해제하고 병력을 전환하여 로나토에서 퀴스다노비치군 격파하고 카스틸리온에서 뷔름저군을 격파했다.

뷔름저군은 16,000명이 전사하고 결국 퇴각했다. 이에 나폴레옹은 만투아 요새를 다시 포위했다.

뷔름저는 트렌트에 다비도비치 Davidovich 지휘 하에 20,000명을 방어시키고, 만투아를 구출하기 위해 브렌타 계곡을 따라 남하하여 2차 공격을 시도했다.

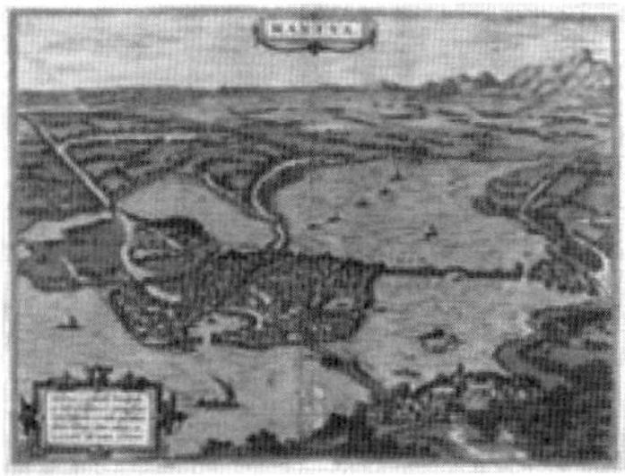

▲ 만투아 요새

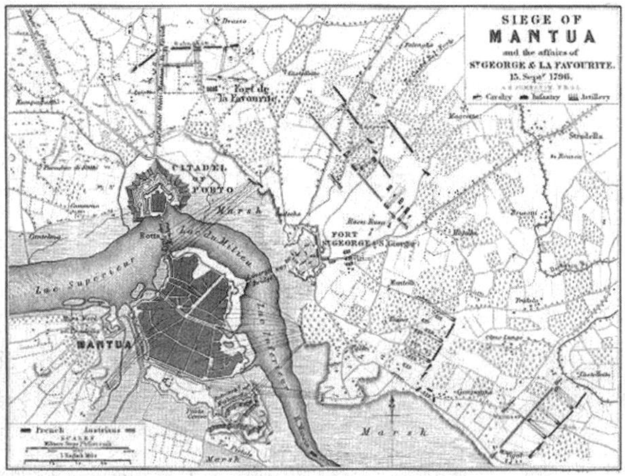

나폴레옹은 9월 4일 다비도비치군을 격파하고 뷔름저군을 추격했다. 바싸노 Bassano 에서 양분된 뷔름저군에 맹공을 가해 퀴스다노비치군을 격파했다. 뷔름저군은 만투아 방면으로 퇴각했고 2,000명만 잔존했다.

퇴각한 뷔름저군의 만투아 구출작전은 역으로 뷔름저군이 만투아에서 포위를 당하는 결과를 초래했다. 그러자 오스트리아의 새로운 사령관 알빈치는 만투아 구출을 위해 29,000명의 병력으로 바싸노를 경유 비첸자 Vicenza 에 도달했고, 잔존(殘存)한 다비도비치군 16,000명은 리볼리 Rivoli 에 도달했다.

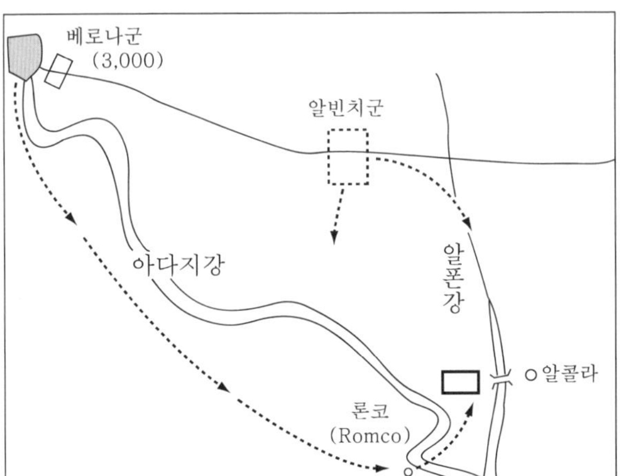

나폴레옹은 8,000명으로 라·코로나La Corona를 방어케 했고, 나폴레옹 자신은 21,000명을 이끌고 베로나Verona에서 급편 방어에 들어갔다. 나폴레옹은 내선작전의 이점을 최대로 이용하여 정면공격을 회피, 적 배후를 공격하여 병참선을 차단하기 위한 작전에 들어갔다. 그리하여 11월 4일 야간, 24 km 남방 론코로 기동하여 알콜라 교량 부근에 집결했다. 이때 알빈치군은 알콜라 방면으로 기동했다.

▲ 알콜라 전투와 알콜라 교량

기상천외한 나팔수 작전

83일간의 치열한 전투로 인해 양군 모두 최악의 극한점에 도달한다. 나폴레옹은 "그릇에 물을 넘치게 하는 것은 한방울의 물이다."라고 명언으로 군의 사기를 돋운다.

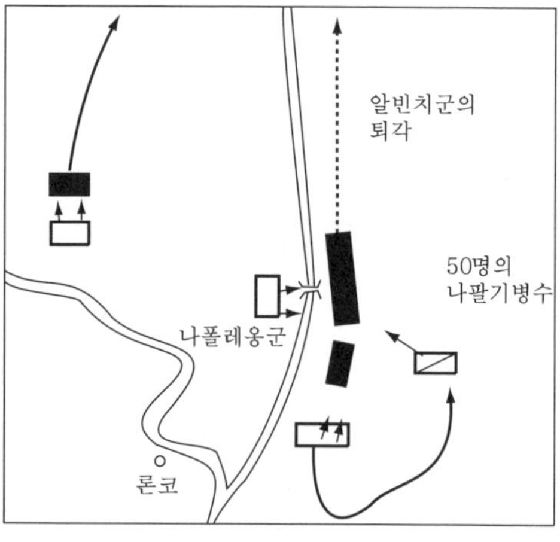

나폴레옹이 50명의 나팔 기병수를 오스트리아군 후방에 진입시켜 나팔을 불며 맹공을 가하자 오스트리아군은 대군으로 오인하여 혼란을 초래했다. 나폴레옹이 이 틈을 이용해 총공격을 실시하자 알빈치군은 퇴각했다.

알빈치의 2차 구출작전

퇴각했던 알빈치는 주공을 직접 지휘하여 28,000명이 리볼리로 진격했다. 조공은 프로베라 Provera 지휘 하에 9,000명은 파두아에서, 바자리히 Bajalich 지휘 하에 6,000명은 바싸노에서 각각 만투아를 향해 기동했다.

나폴레옹의 각개격파전(各個擊破戰)

이 전투에서 나폴레옹은 적의 주공을 찾기에 고심했다. 한때 프로베라군 방면으로 오인했었으나 리볼리 일대에서 알빈치의 주공을 찾는 것이 성공하여 주공지역에 병력을 증원, 모든 역량을 집중할 수 있었다. 나폴레옹은 어떠한 돌파구가 형성되더라도 24시간 이내 상호 지원할 수 있는 거리에 부대를 전개시킴으로써 집중공격이 가능했다.

한편 만투아에서 포위당한 뷔름저군은 조공의 프로베라와 은밀히 연락하여 협격(挾擊)하기로 되어 있었으나, 나폴레옹은 만투아에 증원부대를 보내어 이를 철저히 저지했다. 프로베라군은 만투아 전방 11 km 지점에서 나폴레옹에게 완전 포위되어 항복했다. 알빈치군도 퇴로를 차단당하여 막심한 피해를 입고 퇴각했다. 2월 3일, 뷔름저는 구원의 희망이 무산되자 나폴레옹에게 항복했다.

|분 석|

나폴레옹은 열세의 병력에도 불구하고 기동함으로써 상대적 우위를 달성했고, 결정적인 시기와 장소에 역량집중할 수 있었다. "마지막 한 방울의 물이 넘치게 한다."는 말을 함으로써 극한 상황 하에서 의욕을 갖게 했다. 적 배후공격, 퇴로차단, 병참선차단으로 이어진 나폴레옹의 전략과, 심리적 교란을 노린 나팔수의 기만작전의 성공으로 오스트리아군의 협동작전은 실패했다.

15 마렝고Marengo 전역

· **시　기** : 1799년
· **장　소** : 이탈리아 마렝고
· **교전국** : 프랑스 / 오스트리아
· **지휘관** : 나폴레옹 / 멜라스 · 크레이
· **병　력** : 160,000명 / 220,000명
· **결　과** : 오스트리아 패배

|배 경|

이탈리아를 평정한 후 나폴레옹은 개선장군으로 1797년 12월 5일 파리로 개선했다. 이어서 1798년 5월 19일 이집트원정군 사령관에 임명되어 이집트로 떠났다. 7월 24일 카이로를 점령하고 근 20여일 만에 이집트를 정복할 순간, 아부킬Anoukir 연해에 정박한 프랑스 함대를 발견한 영국의 넬슨제독에 의해 나폴레옹은 병참선을 차단당하여 완전히 고립되고 만다. 이때 프랑스에서는 정부의 무능으로 인해 대단히 혼란스러운 상태가 되었는데, 나폴레옹은 이 소식을 접하자 부하장군에게 이집트를 인계하고 1799년 7월 23일 이집트를 탈출, 열렬한 국민의 지지를 받으며 10월 12일 파리에 도착했다. 1799년 11월 19일 3인 통령정부(統領政府)를 조직하여 나폴레옹은 제1통령으로 군림하게 된다.

이 시기에 유럽제국들은 다시 제2차 대불동맹(對佛同盟)을 체결하여 오스트리아를 중심으로 프랑스 타도에 나섰다. 나폴레옹은 당시 프랑스 국민들이 평화를 원하고 있음을 알고 각국에 평화의 메시지를 전하나 러시아 외에는 응하지 않아 이를 구실로 전쟁에 돌입하게 되었다. 나폴레옹은 이제 통령으로써 독립작전을 수행할 수 있는 위치에 이른 것이다.

|경 과|

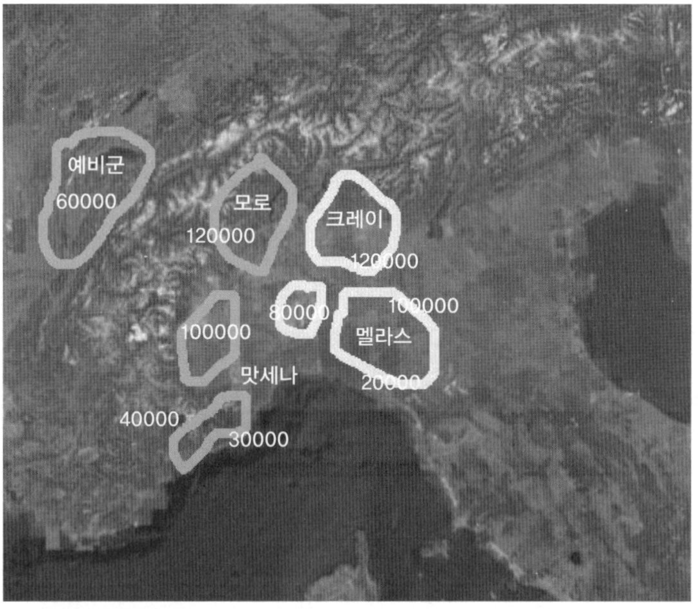

맛세나의 30,000명은 제노아－니스에서, 10,000명은 알프스 협곡로에서 오스트리아의 멜라스군 100,000명과 대치했다. 모로의 120,000명은 알사쓰에서 오스트리아의 크레이군 120,000명과 대치했다.

나폴레옹은 신편(新編)된 예비군(豫備軍)을 주공방향에 투입하기 위해 라인강 방면을 결정적인 지점으로 보고 주공 방향을 크레이군의 좌익부에 지향하려고 했다. 그리하여 예비군과 모로군을 통합한 우세한 병력으로 크레이군의 좌후방을 강타하여 섬멸(殲滅)할 것을 기도했으나 모로와의 불화로 이루어지지 않았다.

모로는 혁명의 주역으로 가담했었고 나폴레옹보다 고참(古參)이며 나이도 많았기에 실상 나폴레옹의 지휘 하에 들어가기 싫어했다고 한다. 나폴레옹은 계획을 변경하여 신편 예비군을 직접 지휘하여 알프스산맥을 횡단, 오스트리아군의 측후방을 차단하기로 했다.

4월초, 멜라스의 공격을 시작으로 오스트리아군이 선공(先攻)에 들어가 맛세나군을 제노아에서 포위하고 잔병은 니스까지 추격했다.

5월초 알프스를 횡단한 나폴레옹은 37,000명의 예비군을 지휘하여 쌩 · 베르나르 St. Bernard 관문으로 진출했고, 모로군 15,000명은 심플론 Simplon 관문과 쌩 · 고트하르 St. Gothard 관문을 횡단하여 나폴레옹과 롬바르디 평원에서 합류했다. 몽 · 세니(Mt. Cenis)에서는 5,000명이 양동작전을 실시했다. 나폴레옹은 멜라스군의 병참선 차단에 성공했으며 맛세나가 제노아에서 항복(6월 14일)하자 구원을 포기하고 멜라스군을 격파하는데 주력한다.

나폴레옹은 멜라스군이 포 Po 강 북안으로의 탈출할 것에 대비하여 드세 Desaix 군과 뮤라 Murat 군을 생 · 퀴리아노에, 모니에르 Monnier 군을 트레 · 디 · 갈로포리에 각각 분산기동 시킴으로서 병력분산이라는 과오를 범했으며, 볼미다 Bormida 강에 교량이 없다고 어느 농부가 말한 것을 빅토 Victor 장군이 믿어버려 역습을 대비하지 않았다.

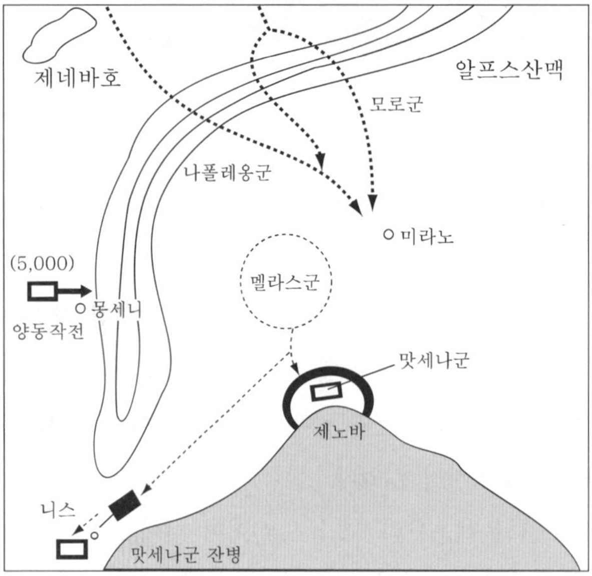

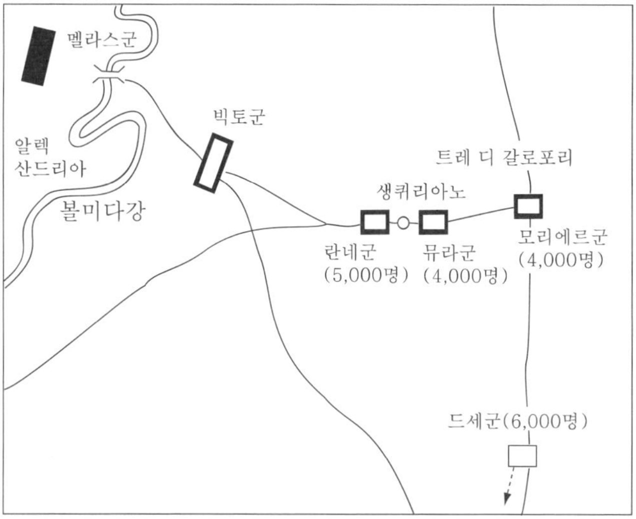

▲ 예비군을 이끌고 알프스를 횡단하는 나폴레옹

멜라스군은 이를 틈타 6월 14일 09:00시에 볼미다 강의 교량을 통하여 기습공격을 감행했다.

멜라스군의 맹렬한 공격과 탄약 부족으로 나폴레옹은 마렝고를 포기하고 생·퀴리아노 방면으로 후퇴했다. 이때 드세군이 급거 회군(回軍)하여 생·퀴리아노로 향했다.

멜라스는 전승(戰勝)에 도취되어 본국에 승전 보고를 한 후 지휘를 그의 참모장에게 위임하고 알렉산드리아로 돌아갔다. 70세의 고령으로 피로가 겹친 탓인지 그는 결정적

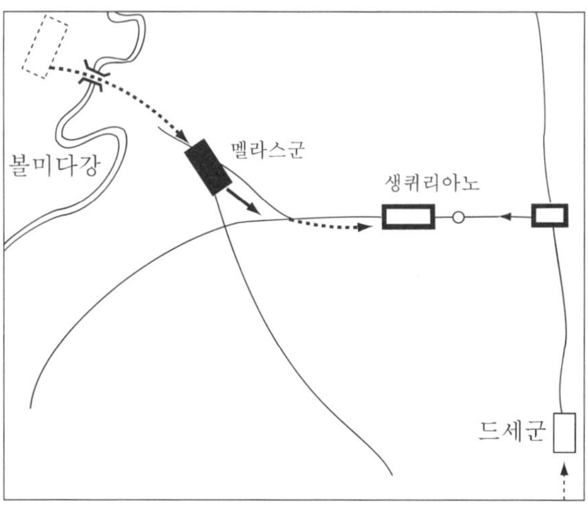

▲ 볼미다의 다리

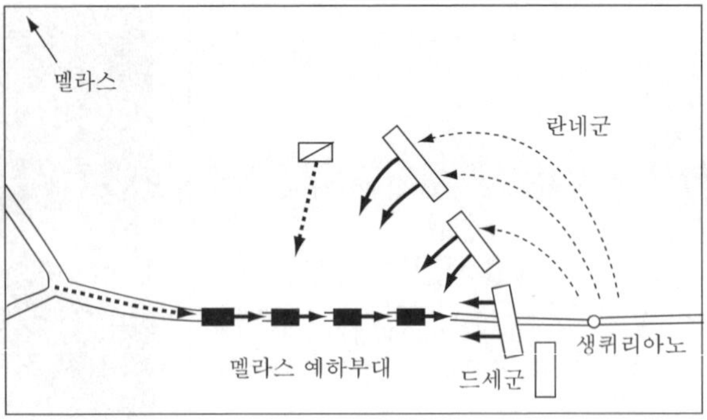

과오를 저지르고 만 것이다. 멜라스를 대신하여 지휘를 맡은 참모장은 느린 속도로 일렬종대 대형으로 추격함으로써 나폴레옹군에게 여유를 주었다.

나폴레옹군은 계속 후퇴할 것인가, 반격할 것인가 양론 중에 이때 회군(回軍)하여 합류한 용감한 드세 장군에 의해 반격으로 결정된다. 드세군의 기습적인 맹 반격은 주도로를 따라 진격하던 오스트리아군의 전위를 격파했고, 기병여단(騎兵旅團)은 측후방으로 기동하여 배후를 공격했다. 란네군을 중심으로 우회기동하여 사선대형으로 적을 측방으로부터 격파시켰다.

오스트리아군이 패주하자 멜라스는 휴전을 제의하여 오스트리아군은 민치오강 이동(以東)으로 철수했고, 프랑스군은 그 이서(以西)의 전역(북부이탈리아 전역)을 차지했다.

|분 석|

주 작전지역에서의 예비군 사용은 전술적으로는 맞지 않는다. 그러나 나폴레옹의 의지와 천재적 전술안은 모든 불리한 조건을 극복했다. 나폴레옹은 최초에 병력을 분산하였는데 이는 집중을 강조하는 나폴레옹의 전략에는 위배되는 것이었으나, 불확실한 상황 하에서 일거에 적을 격파하기 위한 대담한 구상이라고 보는 견해도 있다. 최종 마무리 공격시 사선대형의 공격은 매우 효과적이었다.

▲ 대영 박물관에 있는 로제타 스톤 (Rosetta Stone)
나폴레옹이 이집트 원정 중에 1799년 7월 15일 그의 부하 부샤르(Bouchard)가 이집트 나일강 남쪽 로제타 어귀에서 발견했다. B.C. 195년에 만들어진 이 돌의 고대 이집트 상형문자는 2천년이 다 되는 동안 풀리지 않았는데, 천재 언어학자 샹폴레옹(Champollion)에 의해 1822년 세상에 풀렸다.

16 울름Ulm 전역

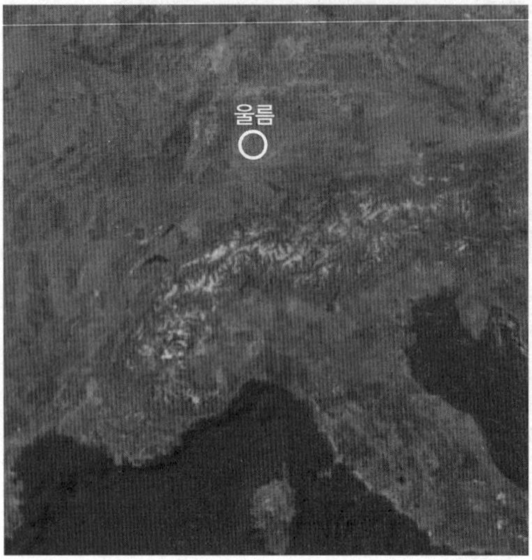

· 시　기 : 1805년
· 장　소 : 오스트리아를 울름
· 교전국 : 프랑스 / 오스트리아
· 지휘관 : 나폴레옹 / 마크 · 존 · 찰스
· 병　력 : 200,000명 / 178,000명

|배 경|

마렝고 전역 결과 나폴레옹은 1801년 2월 오스트리아와 루네빌 조약(條約)을 맺음으로 제2차 대불동맹은 해체된다. 1802년 3월 영국과는 아미엥 조약을 체결하는데 이 조약으로 프랑스는 터키와 라인강 서안일대를 확보하게 되나 영국은 실론만을 점령하게 된다. 또한 과거의 영유지인 엘바 등 일부 식민지를 포기해야 되는 입장에 서자 나폴레옹은 프랑스의 산업보호(産業保護)를 위해 프랑스와 폴란드, 이탈리아에서 영국 상품에 대해 과중한 세금을 부과했다. 1803년 5월 영국은 선전포고도 없이 불시에 프랑스 해군을 습격하여 함선 1,200여척을 나포하기에 이른다. 이에 나폴레옹은 영국과 교전상태에 들어가 영국 상륙작전 준비에 돌입한다. 1804년 5월 18일 드디어 나폴레옹은 황제(皇帝)로 등극했다. 혼란한 국내외 정세를 틈타 1805년 8월에 다시 오스트리아와 러시아,

▲ 나폴레옹 황제 즉위와 황후 대관식

영국 간에 제3차 대불동맹(對佛同盟)이 체결되어 프랑스를 타도할 준비를 하니 나폴레옹은 영국원정을 보류하고 오스트리아와 러시아를 격파할 목적으로 독일방면으로 병력을 집중한다.

|경 과|

나폴레옹은 바바리아군 20,000명을 전방에 위치시키고 185,000명은 라인강 서안에 배치시켰다. 또한 러시아군이 도달 전에 200,000명의 압도 적인 병력을 집중하여 50,000명의 마크군을 조기에 격파시킬 계획을 세웠다. 이때 맛세나는 존과 찰스대공의 부대를 견제하는 역할을 했다.

나폴레옹은 9월 26일 만하임 Manheim 에서 부터 켈 Kehl 까지의 110 km 광정면(廣正面)에서 라인강을 도하하여 10월 6일 다뉴브강에 도착했다. 이때 뮤라군의 기병대가 마크군 전방의 블랙・포리스트 Black forest 에서 양동작전을 실시(규모 : 6개 사단)했다.

마크군의 후방 병참선 차단에 성공한 나폴레옹은 러시아군의 진격을 저지하기 위해 뮤라에게 마크군 작전을 위임하고 뮤니히 Munich 로 이동했다. 이때 네에에게 이동하

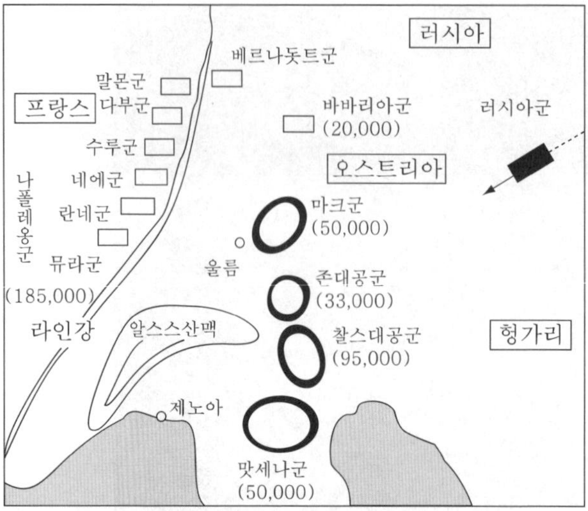

▲ 뮤라

▲ 뮤라가 6개 사단 규모로 양동작전을 했던 블랙 포리스트

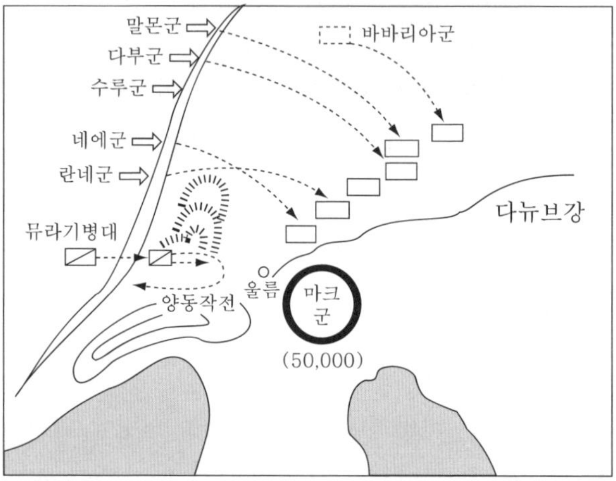

는 나폴레옹군의 후방을 방호하기 위해 다뉴브강을 건너지 말고 현 위치를 고수할 것을 명했다.

그러나 뮤라는 마크군을 포위하여 격멸시키기 위해 나폴레옹의 뜻을 알지 못하고 네에군을 도강시켰다. 이때 마크군은 즉각 네에군의 1개 사단을 격파하고 나폴레옹의 후방 병참선을 차단하기에 이른다.

뮤니히로 이동한 나폴레옹은 러시아군에게 큰 위협이 없음을 간파하고 다시 회군하

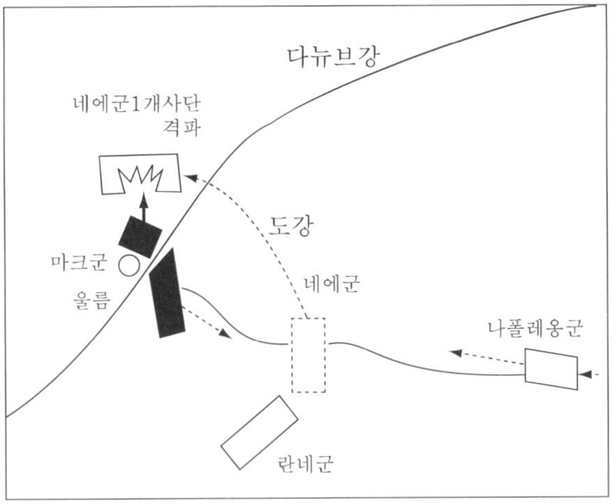

▲ 네에

여 울름지역으로 이동했다.

회군한 나폴레옹은 네에가 도강한 것을 알고 크게 화를 냈다. 네에군을 강 북상으로 우회시켜 마크군의 북진을 저지하게 하고, 뮤라의 전 병력을 동원하여 마크군을 포위하여 공격했다. 마크는 5일까지 구원군이 미도착시 항복하겠다고 제의했으나 주위의 권고로 20일에 항복하게 된다.

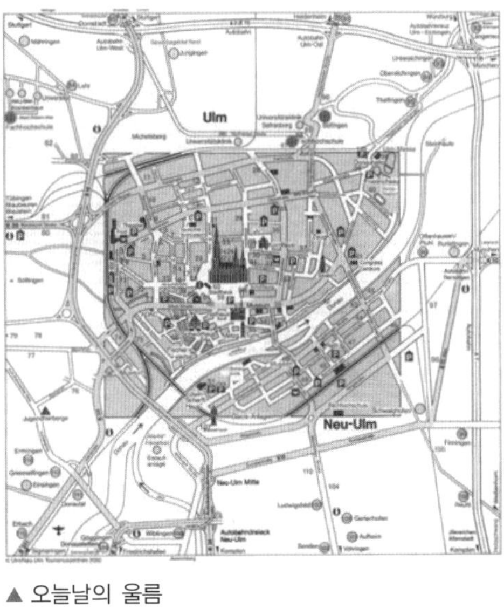

▲ 오늘날의 울름

▲ 울름 시가

|분석|

• 대규모 광정면(廣正面) 우회기동과 병력집중

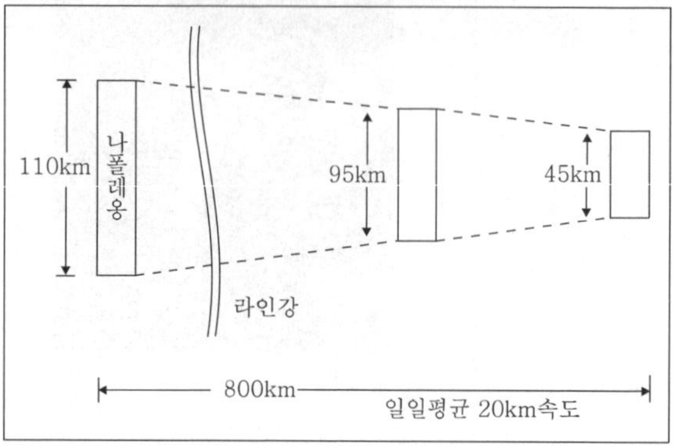

나폴레옹은 연합군이 합류하기 전에 각개격파를 시도하는 전략적 대 우회기동(大迂廻機動)의 대표적인 예를 보였다.

그리고 결정적 시간과 결정적 장소에 압도적으로 우세한 병력을 집중했는데 마크군의 50,000명에 나폴레옹군의 200,000만 명이 집중되었다. 이때 나폴레옹은 "나는 행군만으로써 적을 격파했다."했고 병사들은 "황제는 새로운 전법을 만들어 내셨다. 우리는 무기로 싸우지 않고 다리로 싸워 이겼다."고 했다.

거의 3배의 달하는 연합군병력은 맛세나군의 효과적인 견제로 병력 절약이 가능했다. 그러나 뮤라의 네에군 도강지시에 의한 잘못된 독단활용(獨斷活用)은 전세를 그릇되게 할 수도 있었다.

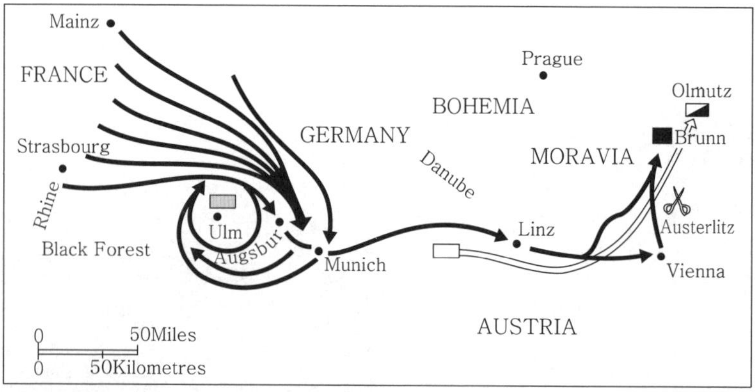

인물연구

죠미니(Antonie Henri Jomini : 1779.3.6~1869.3.24)

▲ 죠미니

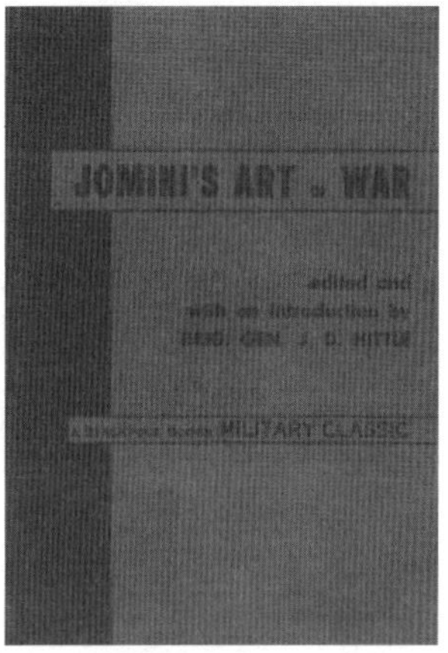

▲ 죠미니의 병법책

나폴레옹이 머릿속으로만 구상했던 차기 작전지역을 미리 꿰뚫어 보고 그 작전지역을 나폴레옹에게 말함으로써 당황하게 만들었던 스위스의 군사이론가 죠미니는 1779년 3월 6일, 스위스에서 이탈리아로 이주해 온 중류 가문에서 출생했다. 그는 프레드릭(Frederick)과 나폴레옹(Napoleon)의 전쟁을 분석해서 군사학의 기본개념과 전쟁의 제 원칙을 도출했다. 죠미니는 1796년 나폴레옹이 이탈리아 원정에서 대승을 거두자 전쟁 기술에는 공식(公式)으로 환원할 수 있는 법칙이 있음을 확신하였다. 그 후 군에 입대 1798년 스위스 국방장관의 비서로 근무하면서 스위스군 재편(再編)에 종사했다. 1804년, 프레드릭의 제 전쟁에 관한 논문인 "대군사 작전론"을 완성하고 나폴레옹의 부하장군 네에(Ney)에게 이를 증정, 프랑스군 지원부관(至願副官)에 발탁된다. 죠미니는 프랑스군에 복무하자 바로 시작된 울름(Ulm)전역에서 네에(Ney)의 제4군단 비서실에 소속되었다. 여기서 그는 뮤라(Murat)가 범할 수 있었던 과오를 지적하여 나폴레옹이 울름에서 대승하는 데 기여했다. 죠미니의 저서를 읽은 나폴레옹은 "나의 선생이 결코 나에게 가르치지 않은 것을, 그리고 매우 소수의 장군만이 이해하는 것을 우리에게 가르치는 사람은 이 젊은 소령, 그것도 스위스인이 아닌가."라고 감탄했다.

1806년 9월, 나폴레옹의 개인참모로 내정되어 대기 중 그는 나폴레옹에게 4일후 밤베르크(Bamberg)에서 만나 뵙겠다고 말한다. 나폴레옹은 당황하여 "내가 밤베르크에 간다는 것을 누구에게 들었나?"라고 반문하자 "그것은 독일의 지도 그리고 마렝고(Marengo)와 울름(Ulm)에서의 각하의 전역을 보고 알았습니다."라고 대답했다. 후일 죠미니는 여단장으로 승진하였고 나폴레옹의 개인참모로 근무하였다. 러시아 전역 시에는 스몰렌스크(Smolensk) 총독까지 지내지만 단 한번도 독립부대를 지휘하지 못했다. 나폴레옹의 참모장과 시기에 찬 알력이 계속되자 그는 1813년 8월 프랑스군을 떠나 다시 러시아의 알렉산더(Alexander)황제에게 갔다. 스위스인인 그가 취한 행동은 그렇게 비판할 여지가 없다.(일시 반역자로 불려졌지만) 1854년에서 1856년까지 러시아 상급대장(上級大將)으로 근무하면서 러시아 육군사관학교 창립에 지대한 공헌을 했다. 말년에는 거의 프랑스에서 지내다가 90세의 나이로 1869년 3월 24일 파리에서 사망했다. 그의 이론적 작품 중 최고의 걸작은 "분석표(分析表)"인데 "전법개요(戰法概要 : precis de l'art de la guerre)"로 증보 개정되어 현재까지 세계적으로 읽히고 있다.

17 오스테르리츠Austerlitz 전역

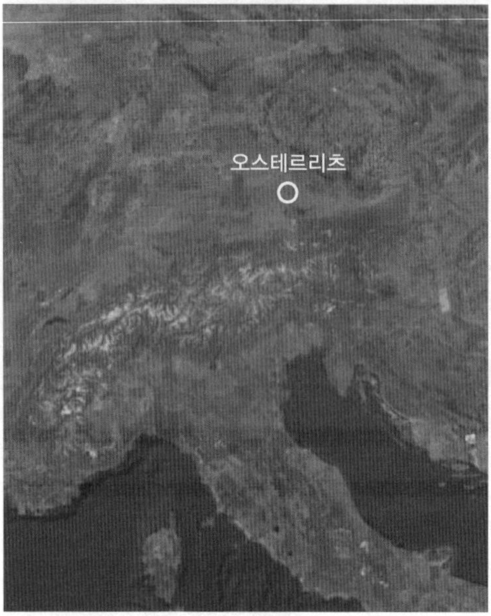

- 시 기 : 1805년 10월 20일~1805년 12월 9일
- 장 소 : 오스테르리츠
- 교전국 : 프랑스 / 러시아
- 지휘관 : 나폴레옹 / 알렉산더(쿠투소프)외
- 병 력 : 141,000명 / 187,000명
- 결 과 : 프랑스군 승리 ; 러시아군 25,000명 사상 및 포로, 프랑스군 6,800명 사상

|배 경|

울름 전역에서 나폴레옹에게 격파된 마크군 50,000명은 오스트리아군의 주력이 아니었다. 주력은 찰스 대공의 부대이다. 나폴레옹은 1일 평균 20 km의 강행군으로 11월 13일 오스트리아의 수도 비엔나에 입성했다. 그러나 비엔나의 점령으로 전쟁이 끝난 것은 아니었다. 나폴레옹은 예하 부대가 분산되어 있었으므로 결전(決戰)에는 불리한 상황이었다. 더구나 러시아군은 오르뮤쯔까지 후퇴한 관계로 러시아 본국으로부터의 증원이 가능했으며 오스트리아군도 이탈리아 방면에 찰스 대공이, 티롤 방면에 존 대공이 배치된 상태였다. 나폴레옹은 결전을 위해 병력을 집결시키면서 러시아를 제1목표로 하여

작전을 구상했다. 살기 위해서는 분산(分散)하고 싸우기 위해서는 집결(集結)하라고 한 나폴레옹의 명언이 적용되는 순간이다.

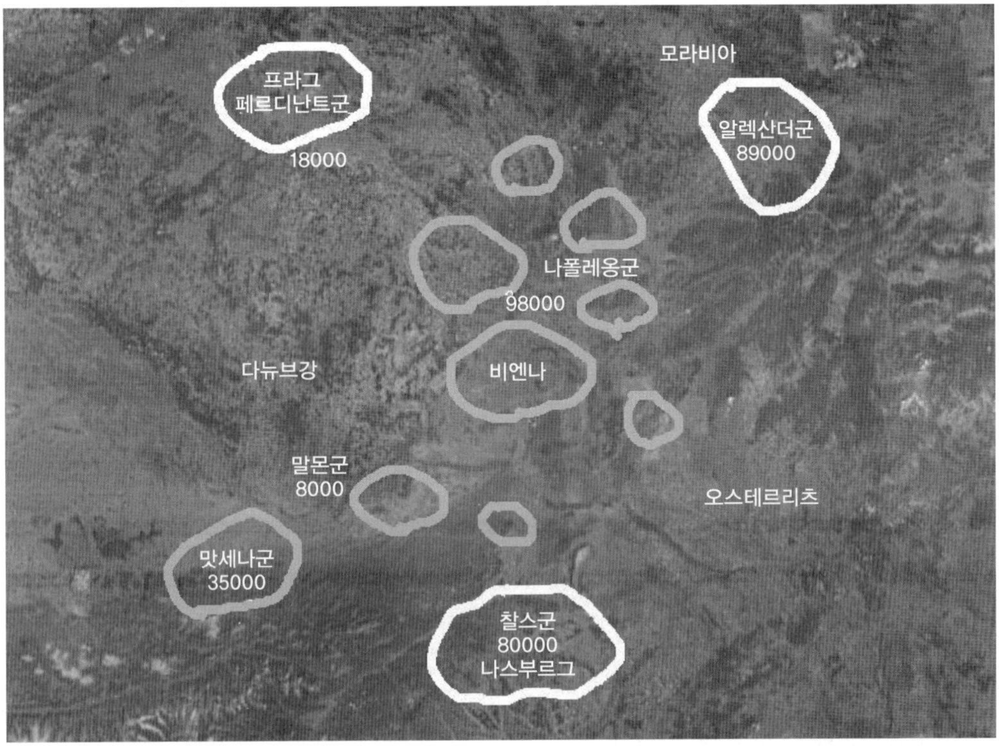

|경 과|

대불동맹의 러시아는 알렉산더(실제 지휘는 쿠투소프)군을 모라비아 Moravia 지방에 89,000명을 배치하고, 오스트리아는 페르디난트군을 프라그에 18,000명, 찰스군을 나르부르그 Narburg 에 80,000명을 배치했다. 나폴레옹군은 비엔나를 중심으로 분산하여 98,000명을 400 km의 길이로 신장 배치했다.

나폴레옹은 비엔나 부근에 20,000명을 잔류시키고 전 병력을 집결시켜 러시아군 타도에 집중했다. 나폴레옹은 프라첸 Partzen 고지 우익에 1개 사단(9,000명)을 엷게 배치

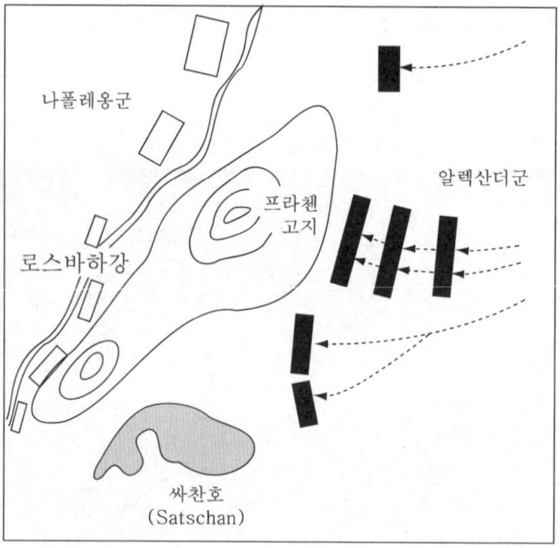

시키고(3 km 이상 신장), 러시아군이 프라첸 Pratzen 고지를 점령하면 나폴레옹의 취약부인 우익을 고의로 노출시킴으로써 적 병력을 그 곳으로 유인하려 했다.

러시아와 오스트리아 연합군은 러시아 황제 알렉산더와 오스트리아 황제 프란츠가 지휘하고 있었는데, 알렉산더는 우선적으로 전공(戰功)을 세우기 위한 욕심과 식량부족의 위기를 극복하기 위해 오스트리아의 찰스군의 도착을 기다리지 않고 프란츠보다 먼저 나폴레옹군에게 공격을 가했다.

▲ 오스테르리츠 전승 기념탑

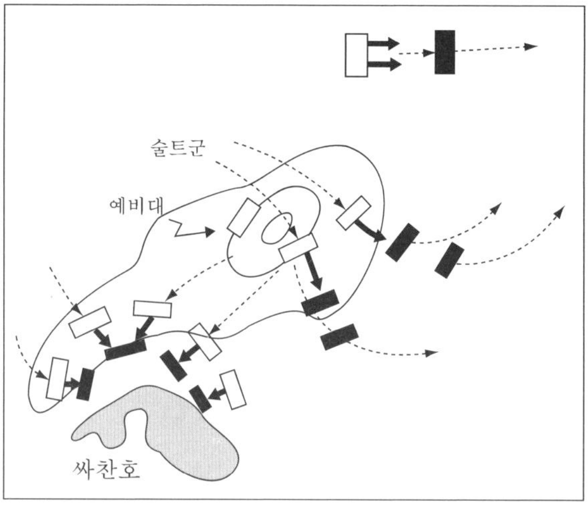

▲ 프라첸 고지

▲ 싸찬호에서의 격전

나폴레옹군은 프라첸 고지 후사면에 대기한 술트군이 공격을 개시하여 즉각 프라첸 고지를 점령하고, 러시아 대병력을 중앙으로 돌파해 병력을 분리시키고, 그 여세를 몰아 싸찬Satschan호로 기동, 나폴레옹의 약한 우익을 노려 진입한 러시아군 배후를 공격했다.

싸찬호 일대에 배치된 나폴레옹군의 공격으로 인해 완전 포위된 러시아군은 유일한 퇴로(退路)인 싸찬호의 얼음 위로 도주하나 얼음이 깨어지면서 수많은 익사자가 발생했다. 이 전투에서 나폴레옹은 불과 6,800명이 손실을 입었는데 러시아군은 12,000명이 사상되었고 15,000명이 포로가 되었다. 러시아의 알렉산더는 본국으로 귀국했으며 오스트리아 황제는 12월 4일 나폴레옹의 지휘소로 자신이 직접 찾아와서 항복 성격의 휴전 조약을 체결했다. 이로써 3차 대불동맹은 무산되었으며 나폴레옹은 이탈리아의 왕 자리를 겸하게 되었고, 서부 독일지역의 16개 대소국을 규합하여 라인동맹을 체결, 유사시 60,000명의 병력을 프랑스에 제공토록 했다.

◀ 프라첸 고지 아래에서 항복을 받아내고 있는 나폴레옹.

▶ 프라첸 고지 정상에 새워진 기념탑. 해마다 그때를 재연하는 행사가 열린다.

|분석|

"되로 주고 말로 받는다"라는 우리의 속담과 같이 프라첸 고지를 넘겨주고 배치된 약한 우익을 보여주는 나폴레옹의 교묘한 유인작전이 성공한 전투이다. 또한 과감한 중앙 돌파와 배후공격을 실시하여 적 부대를 혼란에 빠뜨렸다. 연합군이 합류하기 전에 약점을 노려 각개격파함으로 목적을 달성했고, 술트군이 만약의 경우 프라첸 고지 공격에 실패하여 싸찬호로 우회기동이 불가할 때를 대비하여 후사면에 우회기동용 예비대를 별도로 보유했다.

▲ 오스테르리츠 전장에 있는 나폴레옹 화포

인물연구

오스테르리츠의 태양

톨스토이는 오스테르리츠 전역에 대해 당시 떠오르던 빛나는 태양에 대해 논했다. 오스테르리츠의 대승 이후 프랑스의 장병들은 그때의 태양을 상기하고 그것이 승리의 전조(前兆)였다고 하며 오스테르리츠의 태양이라 불렀다. 아래 사진은 오스테르리츠의 태양을 후광으로 받고 있는 나폴레옹을 보여주고 있다.

18 예나Jena 전역

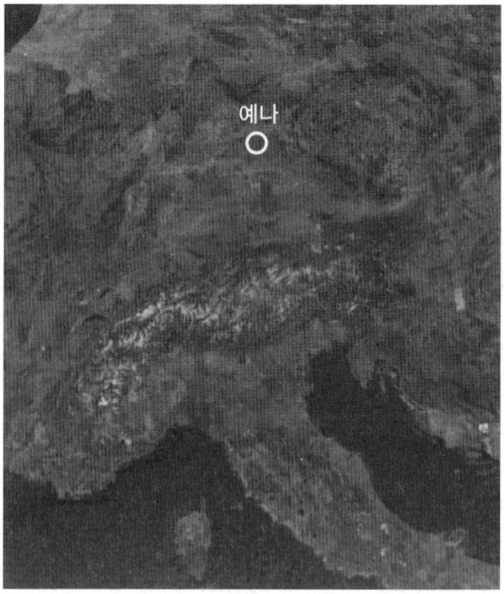

· 시　기 : 1806년
· 장　소 : 예나
· 교전국 : 프랑스 / 프러시아
· 지휘관 : 나폴레옹 / 브룬스위히외(外)
· 병　력 : 200,000명 / 100,000명
· 결　과 : 프러시아군 대패하여 대부분 포로

|배 경|

나폴레옹은 연속적인 승리로 그의 마음속에 "불가능은 없다."라는 신념으로 가득 찼으며 점차 독단(獨斷)과 아집(我執)에 빠진다. 그리하여 자기주장이 강하고 바른말을 잘하는 부하들을 싫어하게 되는데 이로 인해 그는 점차 사양의 길로 접어든다. 나폴레옹은 남부 독일제국(南部獨逸帝國)과 라인 동맹(同盟)을 맺음으로써 그 세력을 남부 독일에까지 뻗쳤다. 프레스부르크Pressburg 평화조약시 나폴레옹은 프러시아와의 적대감을 무마시키기 위해 하노바를 일시적으로 프러시아에게 이양시켰는데 이를 다시 영국에 환부(還付)하기로 하자 프러시아는 나폴레옹의 간계에 격분하여 영국과 러시아와 결탁하여 나폴레옹 타도에 나섰다. 제4차 대불동맹(對佛同盟)이 결성되자 나폴레옹의 입장에서도 어차피 프러시아는 후일 영국 원정시 배후의 위협 존재가 되므로 프러시아를 평정하지 않으면 안 되었다. 1806년 10월 초순 프러시아가 프랑스에게 라인 동맹제국 지역에서 철수할 것을 요구하자 나폴레옹은 프러시아를 향하여 진격을 개시한다. (나폴레옹은 프러시아의 프레드릭 대왕을 평상시 흠모하여 그의 서재에 프레드릭의 초상화를 걸어두고 그와 최강의 그의 군대를 생각했다고 한다.)

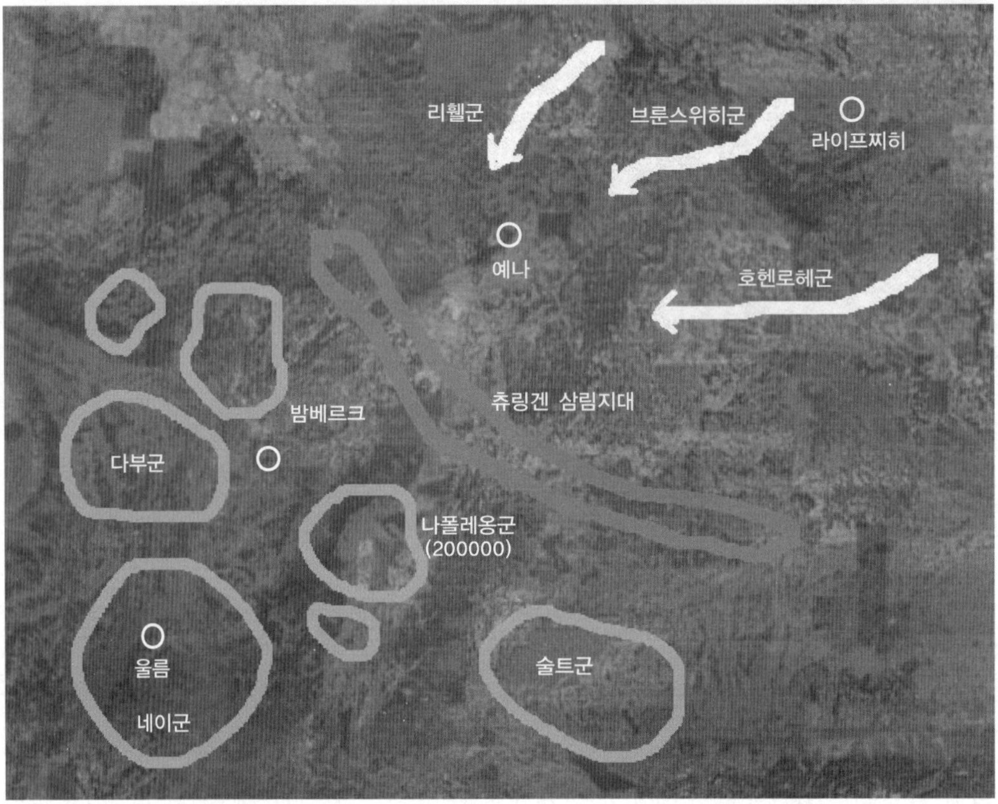

|경 과|

양군의 상황

나폴레옹군

- 200,000명의 병력을 라인강과 밤베르크 Bamberg를 연하는 선에 배치했다.
- 나폴레옹의 계획은 츄링겐 Thuringian 삼림 지대를 횡단하여 프러시아군의 우측방(右側方)으로 우회, 병참선을 차단하는 것이다.

프러시아군

- 100,000명으로 러시아군의 지원 없이 진격하여 특별한 작전 계획 없이 츄링겐 삼림지대에서 방어선을 형성하는 것이다.

▲ 츄링겐 삼림지대

◀ 오늘날의 밤베르크

나폴레옹의 기동

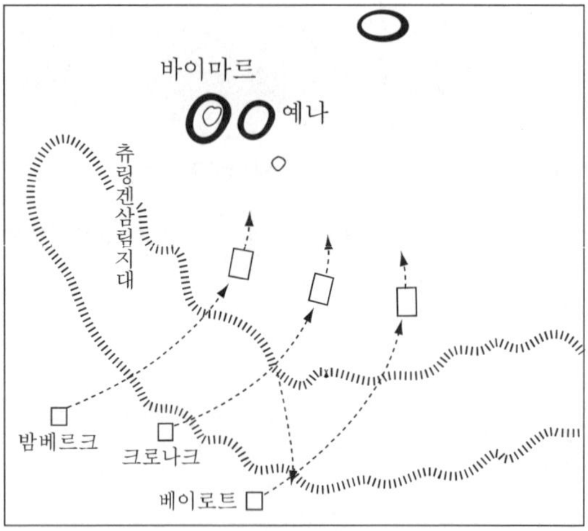

밤베르크와 베이로트에 연하는 60 km 광정면에서 3열 종대(縱隊)대형으로 츄링겐 삼림지대를 통과하여 예나 지역으로 기동했다.

▲ 오늘날의 예나

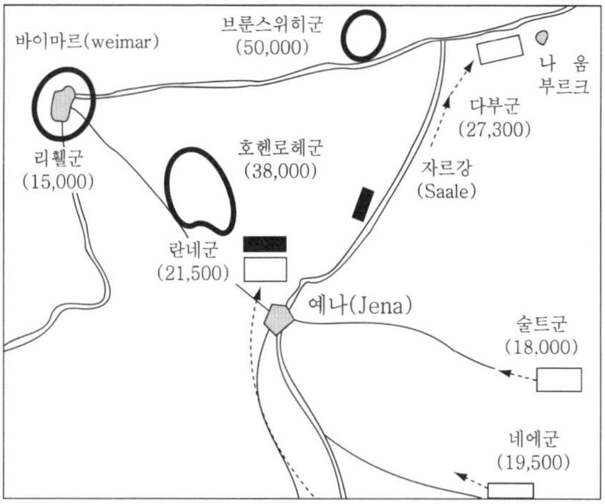

란네의 과오

란네는 적의 전위대를 주력으로 오인하여 병력을 투입, 자르강을 도하했다. 란네의 고립을 방지하기 위해 나폴레옹은 즉각 예나로 집결했다. 이 때문에 적후방 병참선 차단을 위해 나움부르크로 향하던 다부군은 주력과 분리된다.

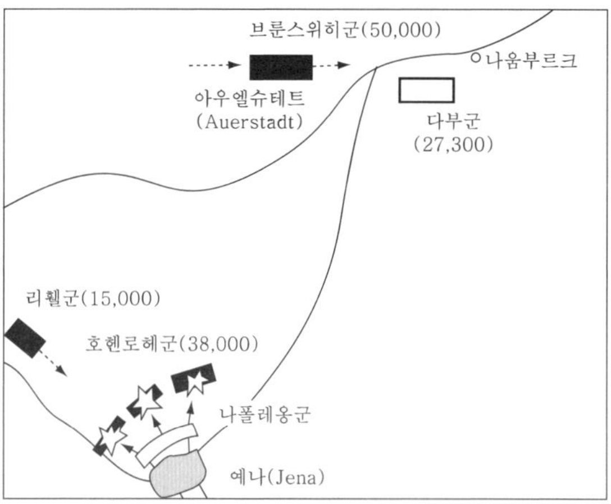

프러시아군 주력과 다부군의 격전

나폴레옹이 병력을 집결하여 예나 지역의 프러시아군을 격파하고 있는 동안 프러시아군의 주력은 아우엘슈테트 Auerstadt 일대에서 다부군을 발견하고 정면과 좌익으로 포위 공격하기 시작했다. 나폴레옹은 예나 전방의 적을 프러시아군의 주력으로 오인했었다.

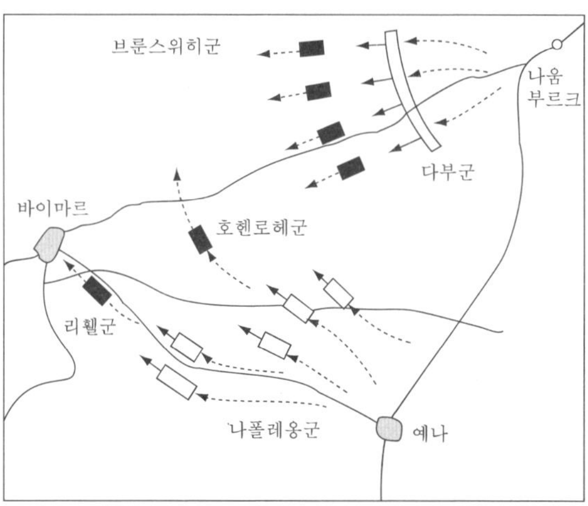

나폴레옹의 총공격

다부군은 부대를 일렬로 배치하여 일제사격(一齊射擊)으로 브룬스위히군을 격퇴시키고 총반격에 들어갔다. 나폴레옹 주력도 바이마르 방면으로 총반격을 개시했고, 프러시아군은 대패하여 대부분 포로가 되었다.

|분석|

나폴레옹은 다부군으로 하여금 적의 배후로 기동시켜, 퇴로 및 병참선 차단에 주안을 두었다. 프러시아군은 작전 기간 중에도 자체 내에서 계속적인 언쟁과 불화로 지휘의 통일이 불가능하여 작전에 실패했다. 적도 아군과 마찬가지로 우회기동으로 병참선 차단에 주안을 둘 것이므로 어느 편의 기동력이 우세한가에 따라 승패는 좌우된다.

19 스페인Spain 전역

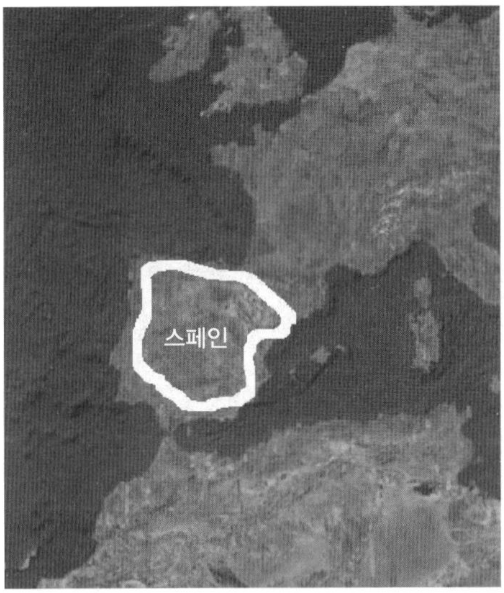

· 시　기 : 1808년
· 장　소 : 스페인
· 교전국 : 프랑스 / 영국, 스페인
· 지휘관 : 나폴레옹 / 웰링턴
· 병　력 : 190,000명 / 139,000명
· 결　과 : 나폴레옹 악전고투, 귀국

|배 경|

나폴레옹은 예나전역에서 프러시아군을 격파한 후 계속하여 러시아군을 격파하고, 1807년 7월 9일 니멘강(江) 북쪽 강상에 띄운 뗏목위에서 러시아군 및 프러시아군과의 사이에 틸지트조약(條約)을 체결했다. 이 조약으로 프랑스의 유럽에 대한 실질적인 지배권(支配權)이 확립되었으며, 프러시아는 엘바강 이서(以西)의 영토를 프랑스에게 이양하고, 러시아는 프러시아의 영토였던 폴란드의 일부를 이양 받는 등의 조치가 이루어졌다. 이로써 프랑스는 영국만이 유일하게 프랑스와 대적하고 있음을 감안 영국 타도의 길로 나서게 되나, 제해권(制海權)이 트라팔라 해전(海戰) 이후 영국에게 인계됨으로써 육지를 통한 방법밖에 모색할 수 없게 되었다.

영국은 제해권 장악의 유리한 상황 하에서 유럽 대륙에 대해 해안봉쇄(海岸封鎖)를 단행하여 프랑스를 중심으로 한 여러 국가에 대해 경제적 압력을 가했다. 이에 맞서 나폴레옹은 대륙봉쇄(大陸封鎖)로써 영국을 역봉쇄(逆封鎖)했다.

나폴레옹은 1806년 12월 밀라노 칙령(勅令)으로 영국과 무역하는 국가의 상선에 대해 나포(拿捕)를 지시하기에 이른다. 이러한 일련의 조치들은 당사국인 영국뿐만 아니라 구주제국(歐洲諸國)과, 심지어 프랑스마저도 타격을 받게 되었다. 프랑스 국민들은 원료 등의 부족으로 국내 산업이 황폐해졌고 밀무역(密貿易)이 성행되었으며 잦은 해외 원정(遠征)에 대한 염전사상에 빠지게 되었다. 이 때 포르투갈이 영국과 밀무역 한다는 정보가 입수되자 이를 기화로 나폴레옹은 포르투갈 분할을 획책하고 주노 Junot 를 보내어 포르투갈의 수도 리스본을 점령하니 포르투갈의 왕족은 브라질로 망명했다. 같은 시기에 스페인에서도 영국과 밀무역이 거래되자 나폴레옹은 1808년 5월 뮤라를 보내어 수도 마드리드를 점령하였고, 스페인왕 찰스 4세를 퇴위시켜 나폴레옹의 형 죠세프를 왕으로 봉했다. 그러나 신앙심이 깊고 애국심이 투철한 구루리아인 특유의 스페인 민족은 죠세프왕의 퇴위와 프랑스 배척을 위해 전국적으로 무장봉기한다. 영국의 지원을 받아 스페인은 프랑스를 상대로 험준한 산악 지형에 적합한 유격전(遊擊戰)을 시작했다.

|경 과|

듀퐁군의 항복사건

듀퐁 Dupont 은 24,000명을 이끌고 남부 코르도바로 가던 중, 라·카로리나 La Carolina 협로(狹路)일대에서 스페인의 카스타로스가 지휘하는 게릴라에 의해 3면 포위를 당했다. 게릴라의 장비는 총·칼. 낫, 괭이 등 각양각색이었으나 조국을 수호하겠다는 불타는 애국심으로 사기충천했다. 반면 처음으로 당하는 이색적인 전쟁에 대해 듀퐁군은 심리적으로 패배하고 결국은 베이렌 Baylen 에서 항복하고 말았다.

죠세프왕의 전투태세

나폴레옹의 형인 새로운 스페인왕 죠세프는 수도 마드리드를 포기하고 에이브르강의 북 안에 포진했다.

웰링턴의 주노군 격파

8월초 영국 원정군 사령관 웰링턴은 14,000명을 이끌고 포르투갈에 상륙하여 주노군을 격파했다. 주노군은 바다를 통해 프랑스로 철수했다. 이로서 영국은 포르투갈을 통해 자유롭게 스페인을 지원하는 발판을 구축하게 되었다.

▲ 웰링턴(Wellington, Arthur Wellesley)

나폴레옹의 스페인 출정

나폴레옹은 190,000명을 이끌고 스페인 전선으로 출정했다. 이 때 배후의 위협을 제거하기 위해 1807년 10월 러시아와 회담을 개최, 오스트리아가 프랑스를 침공시에는 러시아가 저지해준다는 조건으로 터키 분할과 다뉴브강까지의 영토확장을 승인했다.

스페인 정규군(正規軍)의 대패

나폴레옹은 불과 한달 만에 스페인 정규군을 격파해 버렸다. 신장된 전선 사이로 형성된 간격에 대해 중앙 돌파를 시도하여 각개 격파시키는 나폴레옹의 전매특허와 같은 전투방식으로 쉽게 무너뜨린 것이다.

게릴라전의 부활

스페인군은 정규작전으로는 나폴레옹과 대항할 수 없음을 인식하고 다시 게릴라전에 돌입했다. 이로써 게릴라전의 특성을 잘 모르는 나폴레옹에게 힘겨운 전투를 강요하게 되었다.

악전고투(惡戰苦鬪)의 나폴레옹과 귀국

영국의 웰링턴과 스페인, 포르투갈의 연합군은 4년간 나폴레옹에게 1일 평균 100여 명의 전사자를 발생케 했고, 연합군의 초토화 전술로 현지에서 구하던 식량조달을 불가능하게 했다. 이 무렵 프랑스의 배후에는 나폴레옹이 스페인에서 악전고투를 하고 있는 틈을 타서 오스트리아를 중심으로 다시 프랑스 타도를 획책(劃策)하게 됨에 따라 나폴레옹은 귀국의 길에 올랐다.

|분석|

모택동은 게릴라전에 대해 "물속의 물고기"라는 비유로 설명했다. 즉, 물고기가 물이 없으면 살 수 없듯이 게릴라전은 물과 같은 존재인 국민과 훌륭한 지도자, 승리의 신념, 외부로부터의 지원이 반드시 있어야 되며, 활동할 지역이 아군에게 유리하고 적에게 불리한 지형이 되어야 한다고 했다. 스페인은 영국의 적절한 지원과 천연적인 지형조건, 저항하는 애국심 많은 국민 등 게릴라전에 적합한 조건들이 갖추어져 있음으로 해서 나폴레옹을 궁지에 몰아넣을 수 있었다. 게다가 스페인을 장악하기 위해서는 먼저 제해권을 장악했어야 했다. 영국해군은 스페인과 포르투갈에게 해상을 통한 적극적인 군사원조를 실시했으며 프랑스의 측면을 위협했다.

20 러시아[Russia] 원정

· 시　기 : 1812년 6월
· 장　소 : 러시아
· 교전국 : 프랑스 / 러시아
· 지휘관 : 나폴레옹 / 쿠투소프
· 병　력 : 500,000명 / 220,000명
· 결　과 : 나폴레옹 패배, 1600명 귀환

|배 경|

나폴레옹은 정치적인 필요에 의해 러시아의 알렉산더 1세의 동생 에카테리나에게 구혼을 했지만 황태후(皇太后)의 반대로 뜻을 이루지 못했다. 죠세핀과의 결혼 생활 15년이 끝나는 순간이었다. 이 틈을 타서 오스트리아의 수상 메테르니히는 오스트리아 황제의 딸 마리 · 루이제와의 결혼을 제의, 1810년 4월 결혼식이 거행되었다. 이 무렵 유럽대륙은 악천후에 의한 농산물 부족과 산업의 피폐 등으로 경제위기에 직면하게 되는데 나폴레옹은 그 근본원인을 대륙봉쇄에 불응하고 영국과의 밀무역을 자행하는 러시아에게 찾으려고 했다. 러시아의 알렉산더도 유럽과 아시아에 대한 대제국(大帝國)의 야망이 식지 않은 터이라 양국은 일전(一戰)이 불가피하게 되었다. 당시 프랑스내의 상황은 도산과 실업이 급증했고 무제한의 징병 등으로 나폴레옹에 대한 불평과 비난의 목소리가 드높아져가고 있었다. 1812년 러시아는 터키 및 스웨덴과 공동조약을 체결함으로써 동서쪽의 위협을 제거하여 프랑스에 집중할 수 있는 여건을 조성했다. 오스트리아도 나폴레옹과 가까운 것은 정략(政略)이니 러시아에 간섭하지 않겠다는 통보를 해오자 러시아는 영국과의 은밀한 협조를 통해 프랑스 타도에 박차를 가하기 시작했다. 이 모든 사실에 접한 나폴레옹은 500,000여명의 대군을 이끌고 러시아 원정길에 나서게 된다. 이때 구성된 대군은 "나폴레옹의 대륙군(大陸軍)"이라 칭했는데 실상 프랑스군은 약 절반에 불과했고 나머지는 프러시아, 오스트리아, 이탈리아, 폴란드 등지의 혼합군이었다. 따라서 종래의 나폴레옹군과는 달리 자발적 의사가 아닌 강제동원의 성격이 강했기 때문에 지휘통일, 사기, 훈련 면에서의 여러 문제로 인해 러시아 원정 간 궤멸적인 손실을 입게 된다.

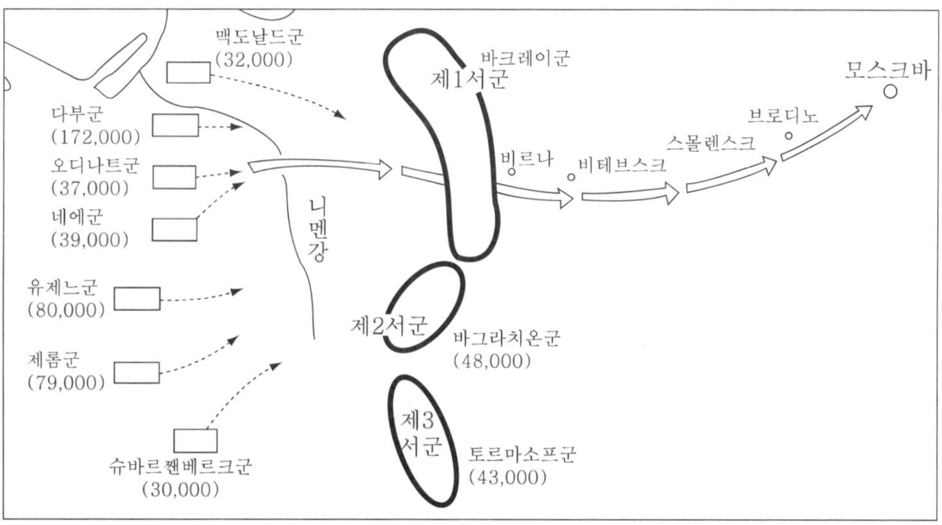

|경 과|

대망(大望)의 일보(一步)

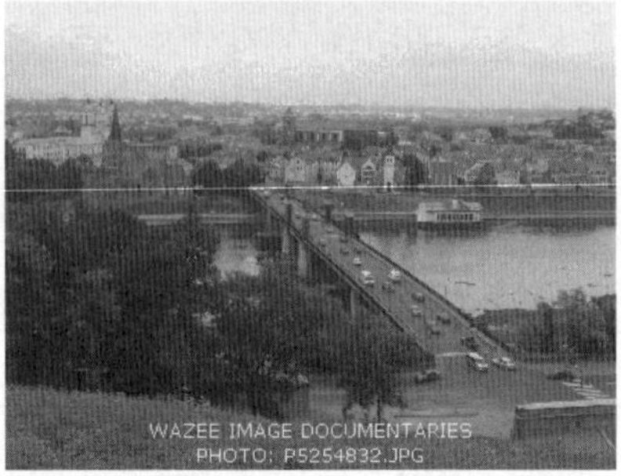

▲ 오늘날의 니멘강

나폴레옹은 원정에 앞서 다음과 같은 훈시를 한다. "나는 이제 모스크바로 출발한다. 한 두 번의 전투로 모든 것이 결정된다. 러시아 황제는 내게 무릎을 꿇고 애걸할 것이다. 모스크바는 대륙의 중심부이다. 러시아를 정복하지 않고는 대륙봉새가 불가능하다."

이렇게 자신만만한 훈시를 하고 출발할 때 그의 나이는 43세였다. 나폴레옹은 50여 만명이나 되는 대병력의 보급을 위해 1년여 기간의 보급물과 창고를 비스툴라강과 니멘강 사이에 두었다. 단치히에 설치한 보급기지에서 수많은 선박을 이용하여 그곳으로 물자를 수송했다. 비축된 보급량은 전체 병력의 20만 분에 해당되었고, 병사 개인은 4만 분의 식량을 휴대했다. 나폴레옹은 이 전쟁을 보급량과 맞먹는 단 3주일만에 끝내려 했던 것이다. 이렇게 해서 1812년 5월 31일부터 진격을 개시, 6월 24일에 니멘강을 도하했다.

▲ 니멘강을 도하하는 나폴레옹 군대

러시아의 전쟁준비

러시아는 전반적으로 전투준비 상태가 미흡했다. 제1서군(西軍) 13만명은 바크레이 Barclay 장군, 제2서군 5만명은 바그라치온 Bagration 장군, 제3군 및 예비군 4만명은 토르마소프 Tormassov 장군 지휘 하에 1812년 7월에서야 겨우 편성을 끝냈다. 나폴레옹이 6월 하순에 니멘강을 도하했으니 시기적으로 편성이 늦었을 뿐만 아니라 러시아 황제 알렉산더 Alexander 자신이 직접 부대를 통제하게 된다. 총 병력 약 60만명 중 동원된 병력은 불과 1/3선인 22만 여명이었다.

▲ 알렉산더

▲ 바크레이

▲ 바그라치온

▲ 토르마소프

비르나 Vilna 도착(1812년 6월 27일)

나폴레옹은 순조롭게 진격을 계속하여 비르나에 도착했다. 그러나 러시아군은 나폴레옹과의 결전(決戰)을 회피하고 서서히 후퇴를 실시하여 장기전(長期戰)으로 대항하기로 결심한 바 비르나의 러시아군은 3일 전에 이미 철수한 뒤였다. 비르나 지방은 건조하고 일기가 불순한데 때마침 폭서(暴暑)와 호우(豪雨)가 엄습하여 주민들이 고장을 떠났고 황무지와 같은 지역이 되었다.

식량 현지조달 원칙의 나폴레옹군은 규정상 4일 분 밖에 휴대하지 못한 식량에 문제가 발생하여 큰 고통을 겪게 된다. 또한 폭서로 인한 일사병 환자가 속출하고, 군마(軍馬)의 병사(病死) 등으로 심각한 피해를 입었다. 설상가상으로 일가 족벌체제에 의해 편성된 유제느와 제롬의 2개 군사령관의 무능은 지휘에 막대한 지장을 초래하게 됨으로써 7월에 이르러 나폴레옹은 제롬군을 다부의 지휘하에 두었다.

▲ 오늘날 비르나의 모습

비테브스크 Vitebsk 도착(1812년 7월 27일)

나폴레옹은 러시아군의 주력이 비테브스크에서 결전을 시도할 것이라는 포로의 진술을 믿고 뮤라를 총사령관으로 하여 공격을 시켰으나 이미 러시아군은 스몰렌스크로 향해 질서 정연히 후퇴하고 있었다. 러시아군은 스몰렌스크에서 제1서군 바크레이군과 제2서군 바그라치온군이 계획대로 합류했다. 한편 비르나에서 보급단절로 인해 고통을 받았던 나폴레옹은 획득가능한 전 식량을 휴대토록 하는 등의 조치를 취했으나 러시아군이 동쪽으로 향해 빠른 속도로 후퇴하는 징후를 포착하고 강행군을 계속하여 재차 보급의 난관에 빠지게 된다. 나폴레옹은 비테브스크 일대에서 다시 가능한 조달을 실시하여 10일 분의 양식을 준비했다. 그동안의 자연적 손실과 신장된 병참선 유지를 위해 후방에 남겨둔 병력 등을 제외하면 나폴레옹의 주력은 230,000명으로 감소되었다.

"전 러시아인의 무장" 선언

러시아 황제는 우세한 나폴레옹군에 대적하기 위해 장기 지구전(長期持久戰)으로 대처하기로 결심하고 7월 6일 전 러시아국민에 대한 무장 선언을 공포했다. 이어서 7월

18일에 17현(縣)의 무장에 관한 칙서를 발행, 러시아를 세 징병구(徵兵區)로 구분하여 각 징병구별로 지역을 책임지게 했다. 이들은 심지어 낫과 곡괭이, 도끼 등 각종 원시적 무기로도 무장되어졌다. 러시아 국민의 무장선언에 따라 편성된 국민군(國民軍)은 각 징병구 최고사령관의 지휘 하에서 전국적·전민족적인 투쟁을 시작했다.

불타는 스몰렌스크

스몰렌스크는 9~12세기경 키에프 대공이 동슬라브인 및 비슬라브민족을 통합해서 건설한 초기 러시아의 봉건도시였는데 러시아인의 애착이 매우 강한 도시이다. 그래서 러시아군은 이 도시를 나폴레옹에게 박탈당하지 않도록 일대 결전을 결심하게 된다. 나폴레옹은 도시를 포위하고 포격을 가하며 모스크바로의 후방퇴로를 차단하기에 노력을 집중했다.

8월 4일 러시아군의 주력이 스몰렌스크에 도착하자 나폴레옹은 스몰렌스크에서 러시아군 주력을 모두 격멸시킬 것을 계획하고 8월 5일 아침 결전을 기다리게 된다.

이 때 러시아 제1서군의 바크레이 장군은 만약 스몰렌스크에서 패배하게 되면 모스크바가 위험할 것을 예상하여 결전을 회피하고 제2서군을 모스크바 방면으로 후퇴시켰다. 나폴레옹은 이러한 기도를 파악하여 총공격으로 나서니 스몰렌스크는 포화로 인해 불타버린다. 러시아군의 후퇴로 나폴레옹의 결전은 또다시 실패하고 말았다.

▲ 오늘날의 스몰렌스크와 시가도

쿠투소프 Kutusov 장군, 전군 총사령관에 임명

러시아군은 지휘의 통일을 위해 67세의 쿠투소프 장군을 전군 총사령관으로 임명하여 그동안 각개로 분할되었던 지휘권을 하나로 통일했다.

▲ 쿠투소프

브로디노 Borodino 의 전투(1812년 9월 7일)

쿠투소프 휘하의 120,000명은 브로디노에서 나폴레옹 휘하의 134,000명과 일전을 결심하여 처음으로 결전이 시도되었다. 6시간 동안 육박전을 비롯한 처절한 전투가 이 곳에서 벌어졌는데 쿠투소프군은 사상자 4만4천명, 나폴레옹군은 사상자 5만명을 기록하고 양 군 다 대규모의 피해를 입고 러시아군의 후퇴로 종결된다.

나폴레옹군은 무모한 정면공격(正面攻擊)만 반복

◀ 브로디노 평원

▲ 브로디노 전투

함으로써 오히려 더 많은 피해를 입게 되었다. 쿠투소프는 프랑스군과의 직접 전투가 불리하다는 것을 인식하고 다시 특유의 회피전술(回避戰術)로 맞섰다.

모스크바 입성(1812년 9월 14일)과 대화재

쿠투소프는 모스크바에 도착하자 진퇴양난에 빠지게 된다. 러시아인의 정신적인 지주인 모스크바를 프랑스군에게 내어주느냐 아니면 전군(全軍)을 모스크바 방어에 투입하여 군을 잃느냐 하는 문제에 직면한 것이다. 많은 논쟁 끝에 쿠투소프는 모스크바 포기를 결정하고 괴로운 심정으로 밤새도록 몇 번이고 울었다.

9월 14일 러시아군이 모스크바를 완전히 퇴각하자 그날 밤 나폴레옹은 불과 90,000명을 이끌고 모스크바에 입성하게 된다. 이미 텅 빈 모스크바에 입성한 나폴레옹은 환희와 동시에 허탈감에 빠지게 되는데 이 때 전 시내에 화재가 발생했다. 화재는 9월 17일까지 계속되어 시내를 전소시켰다. 이 화재로 1만여 가옥 중 약 7할이 전소되었고 엄청난 부상자와 피해가 발생되었다.

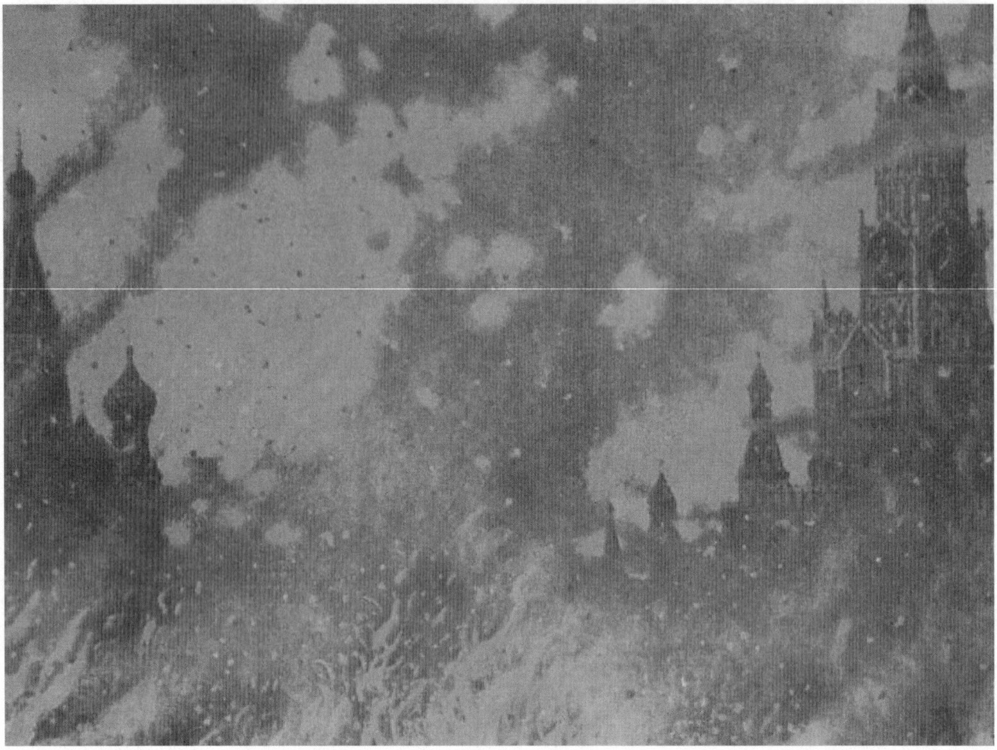

▲ 모스크바 대화재

무위(無爲)로 끝난 러시아 황제의 강화 제의

나폴레옹은 모스크바를 점령한 후 러시아의 강화 제의만을 기다리게 된다. 그러나 쿠투소프는 나폴레옹을 모스크바에 계속 묶어둠으로써 식량부족으로 심각한 지경에 이르게 했다.

나폴레옹군의 병사들은 굶주림을 면하기 위해 시내의 고양이까지 전부 잡아 먹어버리는 등 날로 그 심각성이 더해만 갔다. 9월 말이 되자 서리가 내리기 시작했고 동장군(冬將軍)이 서서히 닥쳐오자 나폴레옹은 러시아 황제와의 강화를 포기하고 철수를 계획했다.

나폴레옹의 철수(1812년 10월 9일)

나폴레옹은 더 늦기 전에 러시아를 빠져나가기 위해 철수를 서둔다. 나폴레옹군의 병참선을 차단하기 위해 나라 Nara 강 방향에 포진하고 있는 쿠투소프군을 격멸한다는 명목을 내세우고(구차한 변명임) 나폴레옹은 기동을 시작했다. 크레믈린 폭파를 시도했으나 당시 갑자기 내린 비로 인해 폭약이 젖어서 일부만 폭파되었다.

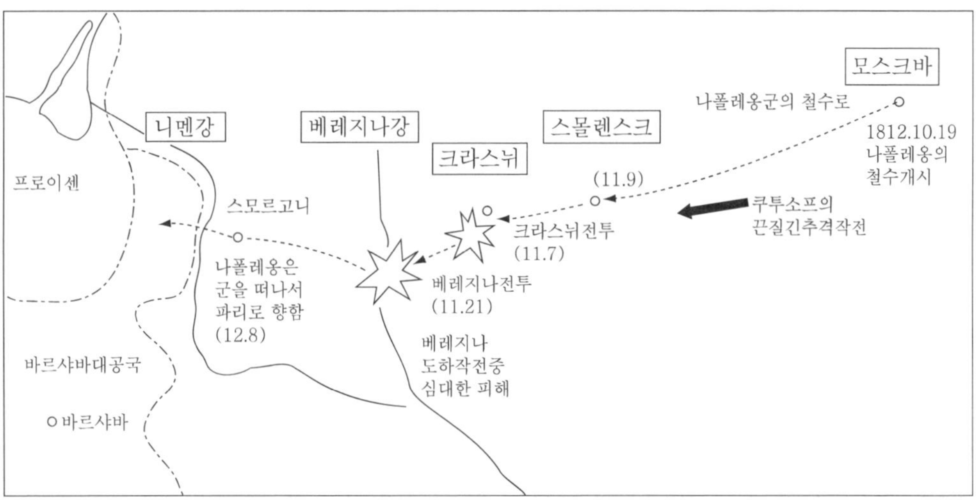

쿠투소프의 추격전

쿠투소프는 코사크 기병대를 급파하여 나폴레옹군의 배후를 공격하게 하고 주력은 나폴레옹군과 병진(竝進)공격을 시도하면서 끈질긴 추격전을 시작했다. 추격로는 남방 기동로를 택하였는데 이는 기동로의 자연적 여건 때문이었다.

스몰렌스크 도착(1812년 11월 9일)

나폴레옹이 스몰렌스크에 도착하였으나 기대했던 것과는 달리 스몰렌스크는 완전히 황무지로 변하여 식량 조달에 실패했다. 이 때 후방에서는 쿠투소프군이, 북방에서는 비트켄스타인Vittgenstein 군이, 남방에서는 치차코프Tshisagov 군이 나폴레옹을 향해 육박해 오고 있었다. 나폴레옹은 또 다시 퇴각하기에 이르렀다. 날씨는 점점 더 추워오고 식량은 거의 바닥이 났으며 피로는 누적되어 나폴레옹군은 그 숫자가 5만명으로 줄어들었다.

크라스뉘 전투(1812년 11월 17일)

추격을 계속하던 쿠투소프는 오르샤에서 나폴레옹군을 격퇴할 시기를 포착하고 그의 주력을 서쪽으로 진출시켰는데 이 때 나폴레옹은 "나는 그동안 황제의 지위에 있었다. 이번에는 장군으로 싸울 것이다"라고 큰 소리 치니 이에 겁을 먹은 쿠투소프가 크라스뉘로 방향을 바꾸었다. 이때 나폴레옹군은 15,000명이었으나 쿠투소프는 80,000명의 대병력이었다. 크라스뉘로 방향을 바꾼 쿠투소프는 나폴레옹군의 후위(後衛)인 다부군과 격전을 벌여 다부군에게 막대한 피해를 주었다.

▲ 크라스뉘 전투

다부는 리아디에서 주력과 합류한다. 한편 스몰렌스크를 폭파하고 마지막으로 철수하던 네에군은 주력부대와 고립된 상태에서 코사크 기병에게 포위당하여 위기에 처해졌으나 네에의 용전으로 무사히 탈출하여 20일 저녁 주력과 연결하는데 성공했다. 이때 살아남은 병력은 불과 800명뿐이었다.

베레지나 Beresina 전투(1812년 11월 21일)

삼면에서 러시아군의 포위망이 좁혀지는 최대의 위기를 맞은 나폴레옹은 전군(全軍)의 군기(軍旗)를 모두 불태우고 베레지나강 도하를 위해 거추장스러운 모든 물건들을 파기했다. 유일한 퇴로인 보리소프 다리를 두고 양군은 쟁탈전을 벌이다가 나폴레옹은 양동작전을 실시한다. 20 km 상류로 올라가서 가교(架橋)를 설치, 도하를 시도하던 중 코사크 기병에게 공격을 받았다. 영하 25도의 혹독한 추위 속에서 부상병들은 서서히 얼어 죽어 갔으며 강 건너편으로 무사히 건너간 병력은 수천 명에 불과했다.

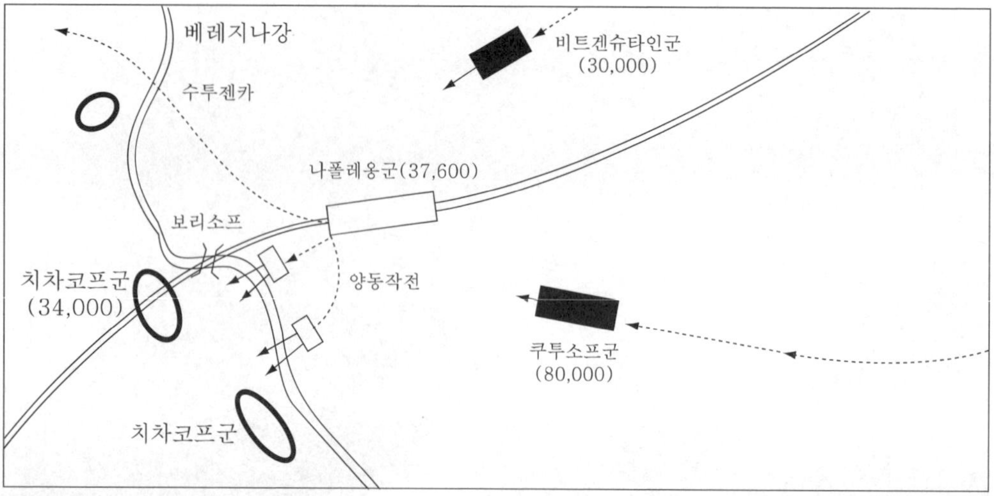
베레지나강
비트겐슈타인군
(30,000)
수투젠카
나폴레옹군(37,600)
보리소프
치차코프군
(34,000)
양동작전
쿠투소프군
(80,000)
치차코프군

P. БЯРЭЗІНА

▲ 베레지나강

나폴레옹, 파리로 돌아오다

1812년 12월 8일, 나폴레옹은 뮤라에게 잔여병의 지휘를 맡기고 10일 동안 1,900 km를 달려 파리로 귀국했다. 쿠투소프는 계속해서 뮤라군을 추격하여 니멘강가에 도달했다. 무사히 니멘강을 도하한 프랑스군은 뮤라를 포함해서 1,600명에 불과했다. 약 500,000명 이었던 대군이 1,600명으로 소멸된 것이다.

|분 석|

러시아는 방대한 국토를 전쟁에 이용하여 회피(回避), 장기지구(長期持久)・초토화(焦土化) 전술 등 그들 특유의 전술을 적용함으로써 때마침 몰아닥친 한냉(寒冷)과 더불어 프랑스군을 궁지에 몰아넣었다. 단기결전으로 승부를 계획한 나폴레옹은 장기전에 대비한 전투준비가 미흡했고 특히 동장군(冬將軍)에 대비할 아무런 준비가 없었다. 또 나폴레옹의 식량조달방식은 현지 자급자족이었으므로 러시아군의 초토화 작전에 의해 결정적인 타격을 입었다.

나폴레옹의 전략은 우회기동과 중앙집중 돌파, 분리된 적부대에 대한 각개격파, 병참선 차단 등으로 요약되는데 러시아 원정시에는 이 전략보다는 정면공격이 위주였기 때문에 번번히 패배를 맛보게 되었다. 이는 부하장수들의 무능함과 나폴레옹 자신의 정력(精力) 감퇴가 그 원인이라 하겠다.

▲ 불타고 있는 모스크바를 보고 있다.

"전쟁에 관한 기술의 수준 높은 지식을 획득하는 방도에는 두 가지가 있다. 스스로 체험에 의하든가, 아니면 과거의 전쟁이나 훌륭한 지휘관들이 실시한 전투의 역사를 연구하는 것이다."

-나폴레옹-

21 라이프찌히Leipzig 전역

· **시　기** : 1813년
· **장　소** : 삭소니(saxony)의 라이프찌히
· **교전국** : 프랑스 / 프러시아
· **지휘관** : 나폴레옹 / 블루헤르외(外)
· **병　력** : 382,000명 / 435,000명
· **결　과** : 나폴레옹 패배, 엘바 섬 유배

|배 경|

러시아에서 나폴레옹의 대패(大敗)를 통해 프러시아를 비롯한 제국들은 나폴레옹을 이길 수 있다는 자신감을 얻고 다시 결속하여 프랑스 타도에 나섰다. 오스트리아의 메테르니히 재상은 프랑스와 반(反)프랑스국간을 조정하려고 라인연방의 해체, 네덜란드 독립 등 요구조건을 내걸고 협상에 임하였으나 나폴레옹은 이를 거부했다. 나폴레옹은 다시 국민들을 규합하여 대병력을 편성하는데 성공한다. 그러나 이 병력들은 옛날의 나폴레옹군이 아니었다. 그들은 훈련 면에서 형편없이 뒤져있었고, 부하장수들도 전략적인 식견(識見)이 없어서 나폴레옹의 천재적 전투방식을 제대로 이해하지 못했다. 더구

나 나폴레옹은 피로의 누적과 건강이 악화되어 직접지휘가 거의 불가능했다. 이런 불리한 여건 하에서 나폴레옹은 프러시아 연합군과 일대 격전을 벌이게 된다. 1813년 8월말 드레스덴Dresden 에서 첫 격돌이 있었는데 이 전투가 연결되어 제2의 베레지나강 전투라 할 수 있는 라이프찌히 전투가 개시된 것이다.

|경 과|

드레스덴Dresden 전투

프러시아 연합군은 가급적 나폴레옹과의 결전을 회피하고 나폴레옹군의 배후로 진출하면서 북부의 베르나도트군과 동부의 블루헤르군, 남부의 슈베르쨴베르그군이 라이프찌히에서 합류하여 나폴레옹군을 삼면에서 포위, 섬멸할 계획을 세웠다.

▲ 오늘날의 드레스덴

이 계획 하에서 연합군은 수많은 격전을 치루면서 나폴레옹의 최후를 라이프찌히에서 장식시키겠다는 기세로 나폴레옹군에게 한발 한발 포위망을 압축시켜 들어갔다.

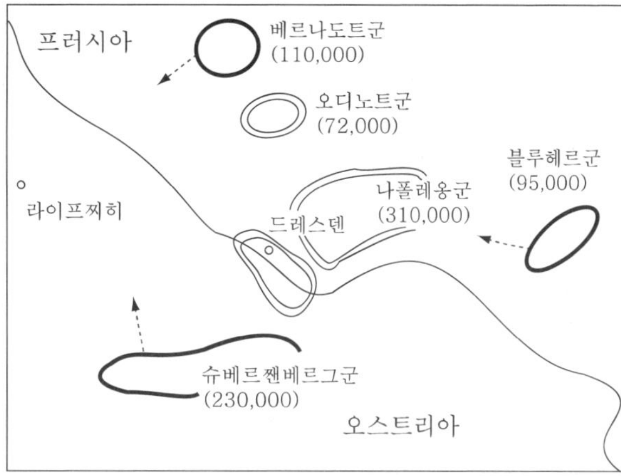

베르나도트군의 전진이 부진하자 블루헤르는 질책하며 계획대로 이동시켰다. 이러한 위기에서 네에군 예하의 삭소니군이 배반하여 연합군에 합류하니 네에군은 일시 붕괴의 위기에 빠지게 된다. 뮤라군도 슈베르쩬베르그군에게 추격을 당하여 라이프찌히 시내에 밀려들어 가게 된다. 10월 19일 나폴레옹은 전군에게 라이프찌히의 철수를 명한다. 연합군은 나폴레옹군이 퇴각을 하자 삼면에서 일제히 공격을 시도하나 질서정연하게 방어선을 형성한 나폴레옹군을 격파할 수는 없었다.

라이프찌히 전투

연합군의 포위망을 피하고자 유일한 퇴각로인 엘스트교를 통해 나폴레옹군이 도주를 실시하고 있던 급박한 상황에서 14 : 00시경 포탄수발이 교량 부근에 작렬하자 겁에 질린 교량폭파 책임장교가 조기에 엘스트교를 폭파해 버렸다. 이 폭파로 도강 중인 수많은 병력이 폭사하고 이로 인해 프랑스 제5, 제7, 제8 군단의 잔류 병력이 도강을 못하게 되어 35,000명의 막대한 피해를 입었다.

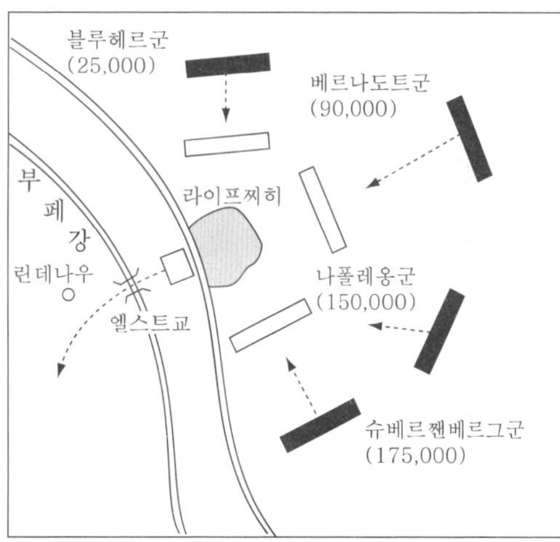

▲ 엘스트교의 폭파

나폴레옹의 퇴각

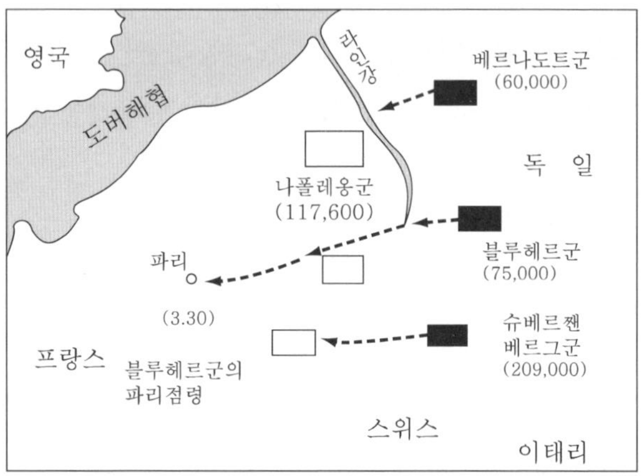

도강이후 나폴레옹군은 계속 퇴각을 하여 11월 2일 마인쯔에 도착했다. 잔존한 병력은 불과 70,000여명뿐이었다. 연합군은 엘스트교를 통하는 유일한 퇴각로를 사실상 나폴레옹에게 허용한 셈이 되었는데 1일전 퇴각로에 대한 나폴레옹군의 퇴각 징후가 있었음에도 불구하고 차단부대를 파견하지 않았던 것이다.

프랑스 전역

라이프찌히 전투 이후 나폴레옹은 라인강변에서 프랑스를 방어하기에 급급했다. 1814년 초 3배나 넘는 연합군 340,000명을 맞이하여 내선작전(內線作戰)의 이점을 이용, 연합군이 합류하기 전에 각개격파를 시도함으로써 연합군의 진출을 상당 기간 지연시켰다. 3월 30일 블루헤르군은 파리를 점령한다. 이에 나폴레옹은 부하들의 권고로 파리

▲ 블루헤르

를 포기했다.

엘바 Elba 섬 유배

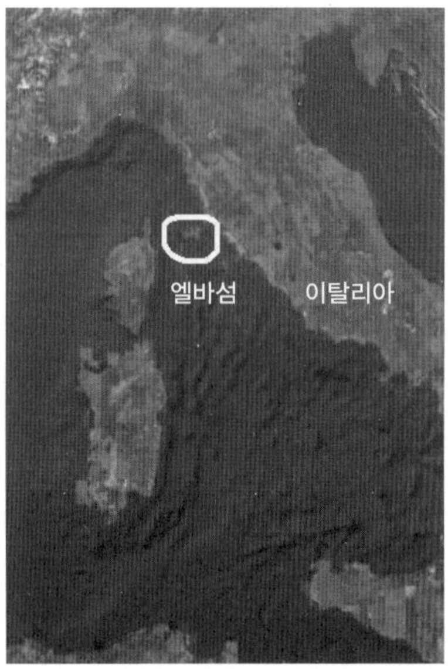

4월 11일 원로원은 나폴레옹의 폐위를 결정하였고 나폴레옹은 무조건 퇴위를 승낙했다. 연금(年金) 200만 프랑을 지급해 줄 것과 기타 처우를 조건으로 엘바섬 유배를 결의하니 나폴레옹은 이를 또한 승낙했다.

이날 밤 나폴레옹은 호주머니에 숨겨둔 독약으로 자살을 기도했지만 오랜 시일경과로 약효가 떨어져서 약간의 경련만 일으키고 회생(回生)했다. 죽을 시기가 아님을 자각하고 1 주일 후 엘바섬으로 유배를 떠났다. 15년 전 이집트 원정에서 귀국시 상륙했던 항구를 통해서 영국함 언돈티드 Undaunted 호로 떠난 것이다. 나폴레옹의 뒤를 이어 연합군은 루이 16세의 아우인 무능한 루이 18세를 프랑스 황제로 봉했다.

▲ 엘바섬

|분석|

부하 교육에 대한 책임은 지휘관 자신에게 있는 것이다. 나폴레옹의 부하 장수는 명령지시에만 꼭두각시처럼 움직이는 로봇에 불과했다. 그들에게는 창의력과 전략적인 안목이 부족했다. 그리하여 위기 상황 시 그들의 무능으로 인해 대패하고 말았다.

교량폭파의 중요한 임무는 책임 있는 장교에게 위임해야 한다. 엘스트교의 조기폭파로 수많은 병력이 폭사했고 미처 도강하지 못한 부대가 3개 군단이나 되었다. 교량폭파의 과오는 치명적인 결과를 가져다준다.

나폴레옹은 "내게 부하에게 나누어 줄 충분한 훈장을 다오. 그리하면 세계를 정복해 보이겠다."고 말했다. 그는 최초로 훈장(Legion D'honoeur)을 제정해 황제로 있는 동안 1500개 이상을 수여했다. 18명의 장군을 원수로 진급을 시키기도 했다. 나폴레옹이 연전연승 할 수 있었던 원인은 그의 뛰어난 군사적 식견도 있었으나 그가 수여한 훈장과 상에 고무된 부하들이 최선을 다했다는 점도 간과할 수 없다.

나폴레옹 군대는 단추 때문에 망했다고 하는 에피소드가 있다. 나폴레옹 군대는 군복 바지와 재킷에 주석(Sn)으로 만든 단추를 달았는데, 이 주석은 기온이 떨어지면 푸석푸석해지면서 떨어지는 성향이 있었다. 그래서 나폴레옹 군대는 러시아의 혹독한 추위 속에서 단추가 떨어진 군복을 여미느라 전투력을 잃고 말았다는 것이다.

22 워터루Waterloo 전역

- 시　기 : 1815년
- 장　소 : 벨기에(Belgium)의 워터루
- 교전국 : 프랑스 / 영국
- 지휘관 : 나폴레옹 / 웰링턴 · 블루헤르
- 병　력 : 123,500명 / 95,000명 12,400명
- 결　과 : 나폴레옹 대패

|배 경|

엘바섬으로 유배(流配)된 나폴레옹의 생활은 일반인이 생각하는 죄수들의 감옥소 생활은 아니다. 엘바섬의 모든 것을 직접 경영하고 나름대로의 작은 왕국으로서의 생활을 영위하는 것이다. 엘바섬은 나폴레옹의 고향인 코르시카와도 가까운 섬이다. 유배된 지 10개월 후에 나폴레옹은 또다시 옛 황제의 꿈을 재현시키기 위해 기회를 노렸다. 이때 프랑스에서는 새로 즉위한 무능한 루이 18세에 대해 국민들은 심한 실망을 느끼고 있었으며 일부 국민은 나폴레옹을 숭배하기에 이른다. 9월에 개최된 비엔나회의 결과 국제정세는 점점 더 혼란스러워졌다. 유배시 프랑스 정부가 약속한 200만 프랑의 지급도 불이행되는 상황에서 나폴레옹은 1815년 2월 26일 영국 감시병의 경계가 허술한 틈을 이용, 19 : 00시에 7척의 배에 1,000명의 병력과 다수의 포를 싣고 탈출하여 3월 1일 프랑스에 상륙했다. 보고를 접수한 루이 18세는 즉시 병력을 파견하여 나폴레옹 체포를 지시하나 오히려 파견된 부대는 나폴레옹 편으로 돌아서게 된다. 네에 장군도 파견군을

이끌고 나폴레옹 앞에 섰으나 즉시 옛 황제의 위엄 앞에서 무릎을 꿇고 만다. 이에 루이 18세는 3월 19일 파리를 탈출하여 영국으로 도주했다. 3월 20일 나폴레옹은 파리에 무혈입성(無血入城)하여 황제로 복귀한다. 나폴레옹은 그가 유배된 동안 루이 18세에게 봉직했던 장군들을 용서하고 각국에 평화선언을 한다. 그러나 연합군은 이에 불응하고 700,000만의 대군을 규합하여 또 다시 나폴레옹 타도에 나서게 되었다. 나폴레옹은 연합군이 합류하기 전에 각개 격파할 것을 결심하고 425,000명의 대군을 결성하는데 성공했다. 이때 그의 나이는 46세였으며, 치질을 비롯한 여러 질병으로 그의 몸은 망가져 있었다.

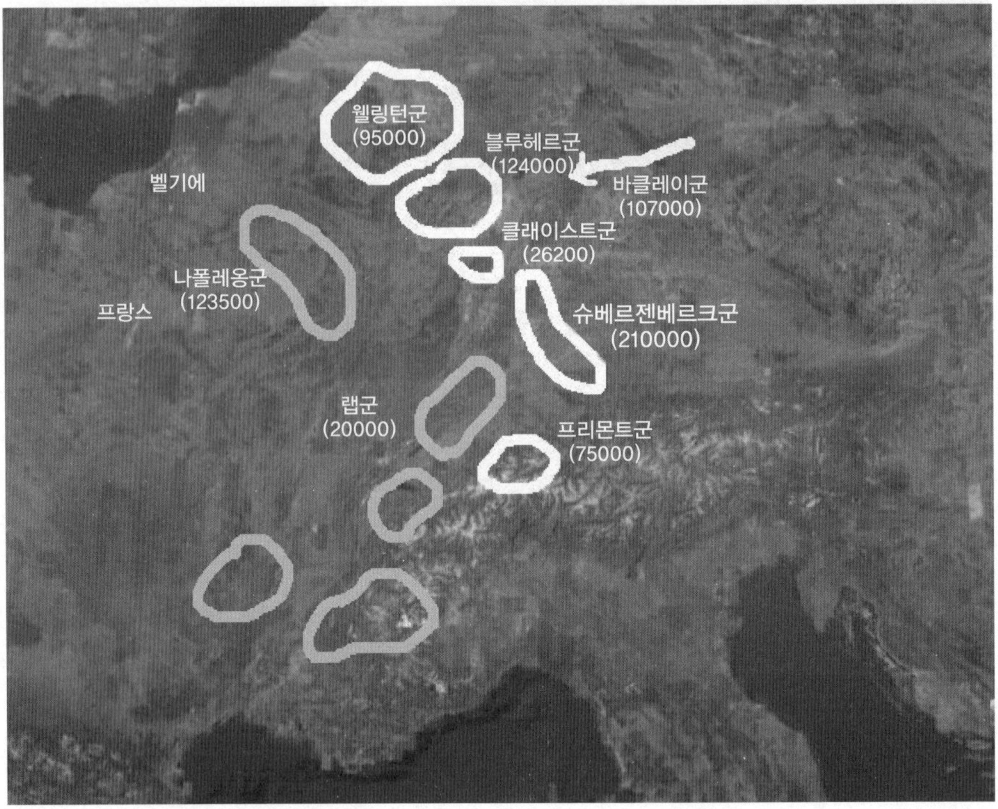

|경 과|

대치 상황

연합군

웰링턴이 지휘하는 영국군은 8할 정도가 신병(新兵)으로 구성되었고, 웰링턴은 군사적 자질이 뛰어난 장군이나 신중하여 공세(攻勢)보다 수세(守勢)형의 지휘관이었다.

블루헤르가 지휘하는 프러시아는 5할 이상이 신병으로 구성되었고 장비가 미흡했다. 블루헤르는 용감하고 전술안이 탁월하며 공세(攻勢)형의 지휘관이었다.

오스트리아, 러시아 연합군은 6월 27일부터 7월 1일 사이에 프랑스를 공격할 계획을 세웠다.

나폴레옹군

이미 쇠퇴기에 들어섰고 배신의 경험을 갖고 있던 나폴레옹은 신중히 부하를 다루게 되는데 파리 수비의 임무는 다부에게, 참모장의 임무는 술트에게, 나폴레옹의 좌익은 네에에게, 우익은 그루쉬에게 각각 분담시켰다. 뮤라는 지난 전투의 패전으로 출전을 거부했다. 나폴레옹이 할당한 임무분담은 개인의 특성에 맞지 않는 부적합한 처사였다.

까뜨르 · 브라 Quatre-Bras 전투

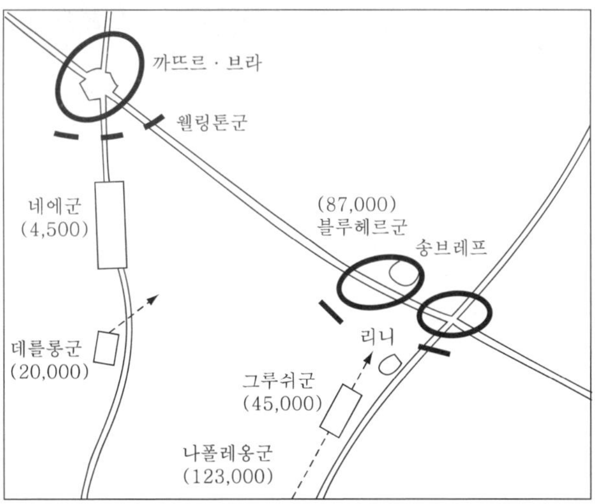

● 까뜨르 · 브라로의 진군

6월 11일 파리를 출발한 나폴레옹은 6월 15일 샤를르로아 Charleroi 를 점령하는 데 성공한다. 블루헤르군은 송브레프 Sombreffe 에 3개 군단을 집결시켰으며 웰링턴군은 니베르 Nivelles 에 집결시켰다.

블루헤르군과 웰링턴군 사이에 간격이 형성됨으로 그 중간지역인 까뜨르 · 브라를 점령하게 되면 양군을 분리시켜 일대를 장악하리라 판단한 나폴레옹은 네에로 하여금 2개 군단으로 까뜨르 · 브라를 점령하라고 지시했다.

웰링턴과 블루헤르의 신속한 기동과 상대적으로 네에와 나폴레옹의 기동의 지연으로 까뜨르 · 브라와 송브레프는 웰링턴과 블루헤르에게 선점 당했다. 나폴레옹은 블루헤르군을 격파할 계획으로 네에군 후위에서 기동하는 데를롱 D'Erlon 군단에게 블루헤르군의 우익을 공격하라고 지시했다.

▲ 블루헤르

▲ 웰링턴

▲ 데를롱

● 데를롱군의 과오

웰링턴군은 까뜨르 · 브라에서 네에군을 향해 진격을 개시했다.

나폴레옹의 명령을 수령한 참모장교가 네에 장군보다 먼저 데를롱 장군을 만나게 되어 나폴레옹의 명령을 하달하고 즉시 블루헤르군의 우익을 공격하기 위해 기동하라고 전달한다. 데를롱군은 나폴레옹의 명령대로 블루헤르군 우익 방향으로 기동했다.

한편 웰링턴군과 대치하고 있던 네에는 이 사실을 모르고 데를롱군이 임의로 전향(轉向)한데 대해 격분하며 즉시 까뜨르 · 브라로 회군(回軍)할 것을 지시했다.

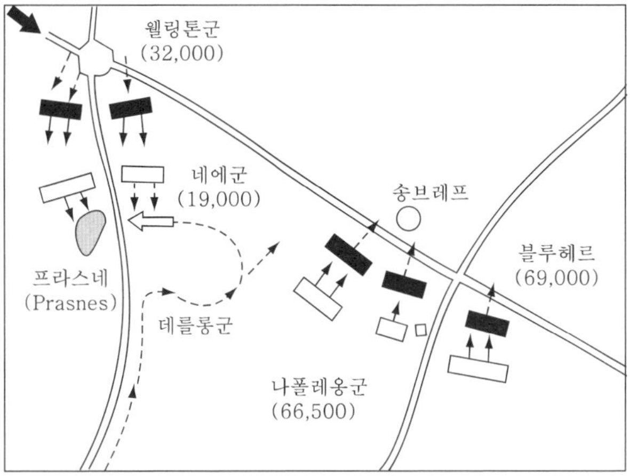

웰링턴군이 병력을 증가시키며 네에군을 맹렬히 공격함으로 네에의 입장에선 까뜨르·브라를 미점령시 나폴레옹으로부터의 질책이 두려워서 데를롱군을 까뜨르·브라 방향으로 다시 되돌아오도록 하여 네에를 돕도록 하려했던 것이다.(네에는 18 : 00시경 나폴레옹에게 데를롱군으로 하여금 블루헤르군 우익을 공격하도록 즉시 기동시키라는 구두명령을 받았지만 묵살했다.)

블루헤르군의 위기일발과 나폴레옹 최후의 승리

나폴레옹은 블루헤르군의 중앙을 돌파하여 결정적 타격을 입히고 좌우익에서 포위를 시도 완전 섬멸시킬 것을 계획하여 예비대까지 투입, 총공격을 감행했다. 블루헤르는 패하여 전군의 철수를 명한다. 이 결정적인 순간에 데를롱군이 블루헤르군의 우익을 공격하여 나폴레옹과 함께 양익 포위를 시도했었다면 워터루 전투에서 나폴레옹의 전세는 달라졌을 것이다. 그러나 데를롱군은 결정적인 시기에 어느 곳에도 참가치 못하고 중도에서 헤메고 말았던 것이다. 나폴레옹은 블루헤르군의 일부만을 패배시킴으로써 그의 생애 마지막이 되는 승리를 장식하게 되었다.

워터루 전투

그루쉬의 추격전 실패

나폴레옹은 극심한 육체적 피로로 인하여 블루헤르군을 격퇴시킨 후에도 과거와 같은 즉각적인 추격을 실시하지 않았다. 오후에 그루쉬로 하여금 33,000명을 지휘하여 추격을 명했으나 이미 와브르waver로 블루헤르는 철수해 있었다.(그루쉬의 추격전 실패로 블루헤르군은 그 후 나폴레옹에게 섬멸적 타격을 입히게 된다.)

네에의 과오

나폴레옹은 그루쉬를 이동시킨 후 네에군과 합류하여 웰링턴군을 격파하기 위해 까뜨르 · 브라방면으로 이동한다. 네에군이 웰링턴군을 정면에서 견제할때 나폴레옹이 웰링턴군의 측면을 공격하기로 계획하여 네에에게 견제 임무를 부여하였으나 너무나 신중을 기한 네에는 웰링턴군이 고립될 것이 두려워서 17일 10 : 00시경 브뤼셀Brussels 방향으로 이미 퇴각한 것을 몰랐다.

네에의 태만에 의해 웰링턴군을 놓치자 나폴레옹은 "네에가 프랑스를 망쳤구나."하며 네에를 심하게 책망한 후 자신이 직접 1개 중대 기병을 이끌고 추격에 임했으나 때마침 폭우로 인해 추격은 중지되고 말았다.

▲ 그루쉬

▲ 네에

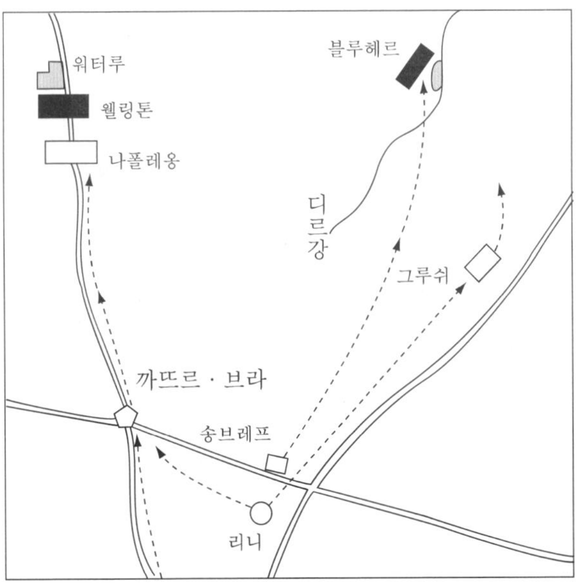

워터루의 격전과 나폴레옹 최후의 전투

블루헤르는 웰링턴을 지원하기 위해 와브르에 1개 군단만 잔류시키고 급히 워터루로 향했다.(와브르에 철수했던 블루헤르는 단순히 나폴레옹에게 패하여 허겁지겁 철수한 것이 아니고 워터루 지역에 집결할 나폴레옹군의 측방을 기습공격하기 위해 계획적인 철수작전을 시도했다는 분석도 있다. 블루헤르장군을 보좌한 참모장 그나이제나우는 전략적 식견이 뛰어난 장군이었다.)

웰링턴군은 그동안 나폴레옹군의 공격에 대해 계속 수세로 버티고 있었는데 블루헤르군의 적시적절한 증원으로 즉시 정면과 측방에서의 양면 공격으로 전환, 맹공격을 가하니 나폴레옹은 서서히 무너지기 시작했다.

한편 블루헤르군을 추격하던 그루쉬는 워터루 지역에서의 포성을 듣고도 와브르 방향으로 계속 진격하여 블루헤르의 잔여병력 1개 군단을 격파했다. 나폴레옹은 드디어 그의 생애 마지막 전투를 패배로 장식하고 패잔병(敗殘兵)을 집결하여 황량한 산야를 가로질러 도주했다. 엘바섬을 탈출한지 100일만에 나폴레옹의 100일천하(天下)는 종지부를 찍게 되었던 것이다.

▲ 승리의 환호를 지르는 웰링턴

센트 · 헤레나 St · Helena 섬 유배와 나폴레옹의 최후

6월 21일 나폴레옹은 파리로 다시 귀환했다. 7월 3일 영국 연합군이 파리에 입성했고 7월 8일에는 루이 18세가 파리에 귀환했다. 나폴레옹은 황제에서 퇴위하고 아메리카로 도망하려다가 실패한 후 영국에 투항했다. 나폴레옹은 연합군의 결의에 의해 남대서양의 고도(孤島) 센트 · 헤레나로 유배된 후 이 섬에서 1821년 5월 5일 16 : 49 그의 나이 만 51세에 죽었다.

위암(胃癌) 설에서부터 비소(砒素) 중독 등 여러 사인들이 주장되어 왔다. 2008년 2월 11일, 이탈리아 국립핵물리학연구소(INFN)는 나폴레옹의 모발 성분을 분석하고, 함유된 비소량은 치사량이 아니라고 밝힌 바 있다. 나폴레옹은 죽기 전까지 자서전(自敍傳)을 썼으며, 그의 전략과 전술을 도출하는데 크게 기여했다.

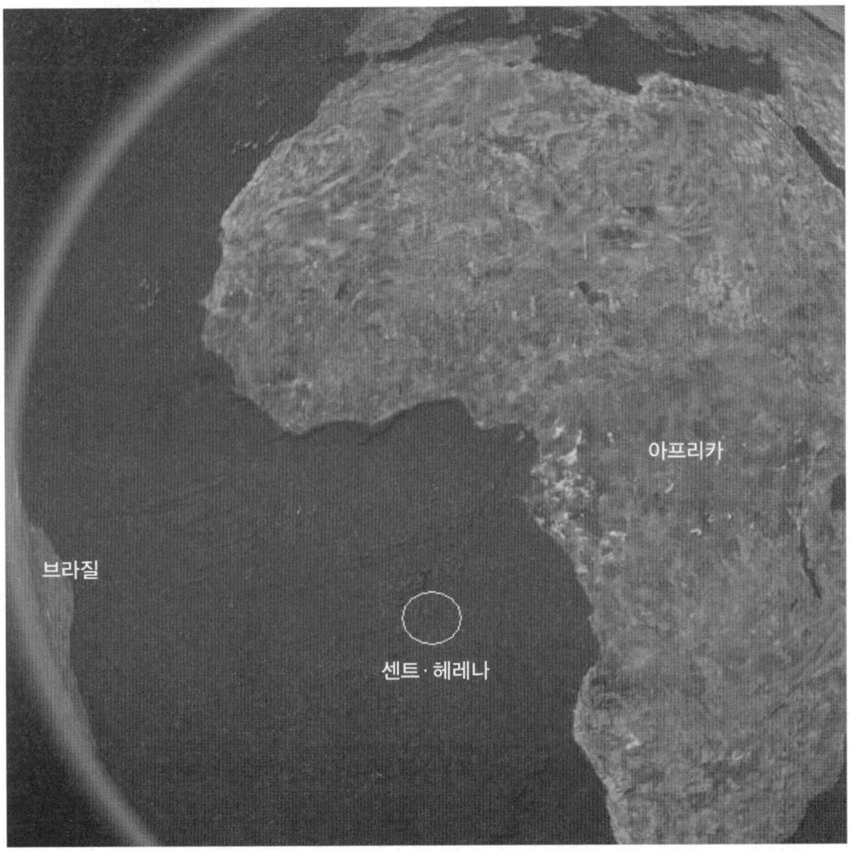

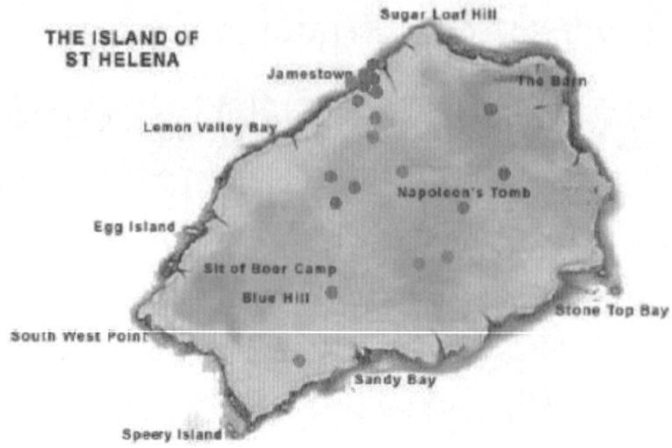

▲ 센트 헤레나 섬

▲ 센트 헤레나로 가는 배 안에서 나폴레옹

|분 석|

● **철저한 추격전의 중요성**

전투에 승리를 거둔 직후에는 심리적으로 즉각적인 추격은 어렵다. 그러나 추격의 생명은 시기를 놓치지 않는데 있다. 그루쉬가 블루헤르군을 따라잡지 못했음으로 인해 나폴레옹군을 향한 치명적인 측방공격을 허용하게 한 것이다.

애매하고 지휘계통을 무시한 명령전달

데를롱군에게 전하는 나폴레옹의 명령은 상급지휘관인 네에게 직접 전달되지 못함으로써 결정적인 시기에 유병화(遊兵化)의 부대로 방황하게 했다. 그 후 정식으로 나폴레옹에게 명령을 수령한 네에는 패전시의 질책이 두려워서 고의적으로 명령을 불복하는 큰 과오를 범했다.

기동속도의 둔화와 패전

월등하게 둔화된 나폴레옹군의 기동속도는 결국 패전으로 치닫게 했다.

▲ 워터루 현장에는 총포를 녹여 만든 사자상이 프랑스를 감시하고 있다.

▲ 나폴레옹은 죽기 전에 금언을 기록하게 했다.

▲ 1821년 5월 5일 16시 49분에 죽다(만 51세).

▲ 프랑스 파리 군사박물관 돔 안에 있는 나폴레옹의 관

3장
청일, 러일 전쟁

가장 유리한 상황과 가장 불리한 상황은 같게 보인다.
"통수강령"

23 청일[淸日] 전쟁

|배 경|

일본의 자본주의 모순 타개

청일 전쟁은 1894~1895년 청(淸)나라와 일본(日本)이 조선의 지배권을 둘러싸고 벌였던 전쟁이다. 1880년대 후반 값싼 노동력을 발판으로 급속히 발전한 일본의 자본주의는 1890년에 시작된 경제공황을 통해 그 한계를 드러냈다. 일본은 이를 타개하기 위해 해외시장 침략을 꾀하게 되었다. 1890년대 초 일본 의회에서 나타난 일본 지배층 내부의 대립과 농민·노동자들의 불만의 증대는 지배층의 침략 기도를 부추겼다. 한편, 제국주의 열강 사이의 영토분할을 주도하고 있던 영국은 당시 제정 러시아를 동아시아에서 가장 위험한 적수로 보았다. 영국은 러시아를 견제할 미래 동맹국으로 일본을 선택하여 청일전쟁 개시 2주일 전인 1894년 7월 16일 일본과 불평등조약(1858년 미일 수호통상조약 등 서구와의 통상조약 : 영사재판권 인정, 일본의 관세 자주권 부정)의 개정에 동의했는데, 이는 일본의 침략전쟁 개시를 승인한 것을 의미했다.

갑오농민전쟁

미국도 러시아를 경계하고 일본으로 하여금 러시아를 견제하게 했다. 이러한 때 1894년 조선에서 발생한 갑오농민전쟁(甲午農民戰爭)과 조선정부의 청군개입 요청은 일본에게 침략동기를 제공하는 결과를 초래했다.

▲ 갑오농민전쟁 당시 압송되는 전봉준

삽시간에 남부지방 전역을 휩쓴 농민군

의 기세에 당황한 조선정부는 농민군 진압을 위해 청나라에 병력지원을 요청했고, 청나라는 병력 2,400여 명을 아산만(牙山灣)에 상륙시켜 12일부터 군사행동을 시작했다.

천진조약

호시탐탐 조선침략의 기회를 엿보고 있던 일본은 천진조약(天津條約)에 의거하여 청군의 조선출동 통고를 받자마자 즉시 조선에 침입했다.

천진조약은 1885년 4월 18일, 청의 리홍장(李鴻章)과 일본의 이토 히로부미(伊藤博文) 사이에 체결된 조약으로서, 장래 조선에 변란이나 중요한 사건이 일어나 청나라나 일본 어느 한쪽이 파병할 경우에는 그 사실을 상대방에게 알린다는 조항이 포함되어 있다.

그들은 일본공사관과 거류민 보호라는 구실 아래 해군과 육군의 대부대를 파병했고, 이어 인천과 서울 간의 정치적·군사적 요충지를 장악하기 시작했다.

▲ 이홍장

▲ 이토 히로부미

강화도 조약

거세게 몰아붙이는 일본군의 침입에 조선정부는 당황하여 갑오농민전쟁이 이미 진정되었음을 이유로 청·일 양군의 동시철병을 강력히 요구했다. 그러나 일본의 오오토리(大鳥) 공사는 본국의 훈령에 따라 행동하며 갑오농민전쟁이 아직 끝나지 않았다는 것과 조선의 내정개혁(內政改革)을 핑계로 철수를 거부했다.

일본의 내정개혁 요구는 표면적으로는 '일본의 자위(自衛)를 위해 조선내정의 개혁을 촉구하여 변란의 근원을 단절할 수밖에 없다'는 것이었으나, 실제로는 러시아에 대처할 전략적 시설을 한반도 안에서 확보하고, 불평등 조약(1876년 조일수호조약 일명 강화도 조약) 체제를 더욱 강화하면서, 나아가 조선을 보호국화(保護國化)하려는 불순한 의도에서 나온 것이었다.

전쟁의 발발

조선정부는 일본이 철수해야만 내정개혁을 실시할 수 있다고 하면서 일본의 요구를 거절했다. 이에 일본은 1894년 7월 23일 무력으로 경복궁을 점령하여 흥선 대원군을 앞세운 친일정권을 수립했고, 7월 25일 선전포고도 없이 풍산(豊山) 앞바다에서 청군 수송선을 공격함으로써 청일전쟁이 발발했다.

|청군의 상태와 전쟁계획|

청나라는 1883년에 있었던 프랑스와의 전쟁에서 근대적 군대체제의 미흡으로 패한 경험이 있었다. 그래서 이홍장은 해군 건설에 집중하여 북양 함대를 창설했다. 그러나 북양 함대는 예산이 뒷받침되지 않아 유지에 어려움을 겪었다.

청일전쟁 직전에 청나라 육군의 편성은 노쇠하여 군대로서 가치가 떨어진 팔기군(八旗軍)과 지방 경찰군 뿐이었다.

당시 육군의 병력은 35만 여명이었고, 해군은 북양수사의 군함 22척, 수뢰정 12척이 있었으며, 그 외에 광동수사에 함선 3척이 있었다.

대체로 북양수사의 훈련수준은 양호했다. 청군의 전쟁계획은 육군의 주력을 평양 부근에 집결시켜 남으로 진출하면서 일본군을 동남부로 압축해서 그들을 한반도에서 축출하는 것이었다.

|일본군의 상태와 전쟁계획|

일본은 군대의 규모 확장과 군제의 개혁을 통해 육군은 독일식 군제로 개편하고 해군은 영국식 군제로 개편했다. 육군은 7개 사단으로 약 12만 3천명이었고, 군마 약 3만 8천필, 대포 240문을 보유했으며, 해군은 군함 31척, 수뢰정 24척을 보유했다.

일본군의 전쟁계획은 청군 보다 해군의 전력이 열세함을 감안하여 제해권 장악 여부에 따라 육상전투를 수행하기로 계획했다. 이에 따라 먼저 육군 제5사단을 조선에 출격시켜 청군을 견제하고, 함대는 청 함대와의 결전 결과에 따라 세 가지 방책을 강구했다.

- 제1방책 : 일본 해군이 제해권을 확보할 경우에는 육군의 주력을 산해관(山海關)에 상륙시켜 직예평야(直隷平野)에서 결전한다.
- 제2방책 : 일본 해군이 제해권을 확보하지 못할 경우에는 육군으로 한반도 전역을 점령한다.
- 제3방책 : 일본 해군이 제해권을 상실했을 경우에는 육군 주력을 일본 본토에 두고 예상되는 청군의 침입을 격퇴한다.

|경 과|

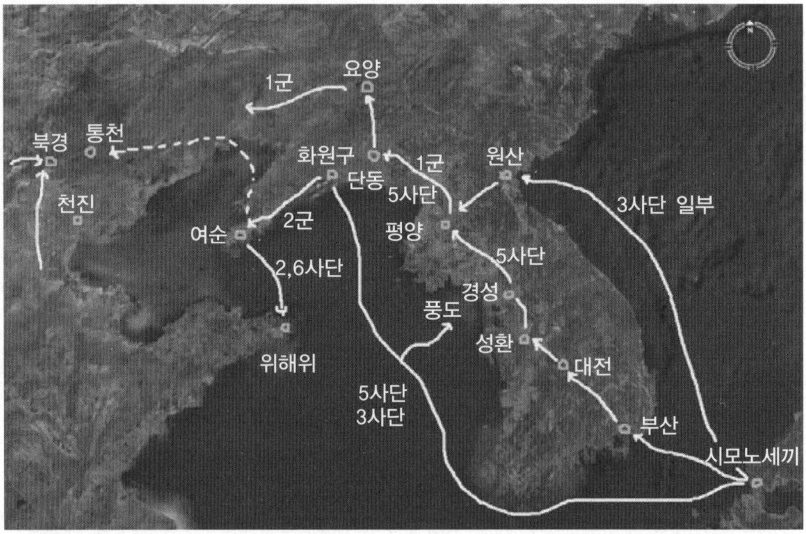

성환(成歡)전투

성환전투는 선전포고 이전에 한반도에서 주도권을 확보하기 위해 벌어진 전투였다. 1894년 6월 9일에 청군 3,000명이 아산에 상륙했는데, 평양에 본대가 집결하는 동안 이들은 경부 가도상에 있는 성환에서 방어진지를 구축했으며, 예비대는 천안에 배치했다.

6월 29일에 일본군은 3,000명의 보병과 기병 47기, 산포(山砲) 8문으로 청군을 공격하여 300명을 살상하고 이들을 평양 방향으로 패주시켰다.

성환전투는 처음으로 일본군이 청군을 이겼다는 데 큰 의의가 있으며, 이후 일본군은 자신감이 생겼고, 청군은 두려움이 생겼다.

▲ 성환전투도

평양전투

성환전투에 패한 청군의 선발대는 평양에 있는 본대와 합류했다. 성환을 점령한 일본군은 8월초에 아산·공주(公州) 등지에 포진하고 있던 청군을 공격하여 승리했다.

평양에 있는 청군은 1만 5천명이었으며, 포 32문과 기관포 6정으로 무장했다. 이들은 그동안 5명의 독립부대장들이 서로 협의하여 작전을 지휘했었는데, 8월말에 엽지초(葉志超)가 총사령관이 되어 부대를 통합지휘하게 되었다.

일본군의 공격이 9월 15일 자정에 시작되어 치열한 교전이 계속되었고 많은 피해가 있었다. 이때 엽지초는 전투가 시작도 되기 전부터 '부전퇴각론(不戰退却論)' 즉 싸우지 말고 도망가야 한다는 억지 주장을 펴면서 성문을 열고 항복할 것을 고려했다.

결국 이날 오후 4시경에 엽지초는 예하 장군들의 반대에도 불구하고 성루에 백기를 걸었다. 상황이 청군에게 불리하지 않음에도 불구하고 백기가 내걸리자 일본군은 이것이 무슨 흉계인 것으로 생각하고 경계태세를 늦추지 않았다.

청군은 성문을 개방한 상태에서 밤에 북쪽으로 퇴각을 하다가 일본군의 역습으로 포위되어 1,000여명이 전사하고 600명이 포로가 되었다. 여세를 몰아 일본 제1군은 10월 3일에 평양을 출발하여 10월 24일에 압록강을 도강했으며, 25일에는 압록강의 우안지역을 완전히 장악했다. 이로써 개전 3개월만에 일본군은 조선 땅을 벗어나 중국으로 진입했다.

▲ 일본군의 평양전투 승리도

▲ 압록강에 서서 청나라 땅을 보고 있는 일본군

여순 공방전

청나라의 요충지인 여순(旅順) 공략은 오야마 대장이 지휘하는 일본 제2군의 임무였다. 이 부대는 10월 24일에 화원구(花園口)에 상륙하여 11월 6일에 금주성(金州城)을 함락시켰다. 11월 21일에는 금주에서 여순에 이르는 도로의 서쪽과 동쪽 지역을 공격했고, 보병 1만명, 중포 18문, 경포 48문, 기관포 19문을 보유했지만 이미 전의를 상실한 청군은 강력한 일본군의 공격에 속수무책이었다.

부패한 청군 지도부의 무책임한 대처는 군대의 사기를 저하시켰고, 일본군은 곧 여순을 공격하여 11월 22일 단 하루 만에 이를 함락시켰다. 일본군은 여순 시내에서 시민과 포로 약 6만 명을 학살하고 시가지를 불사르는 만행을 저질렀다.

▶ 중국인의 목을 벤 일본군

▲ 일본 제2군의 여순공방도

▲ 오늘날의 여순 항의 모습

해성부근전투와 요동전투

청군이 다시 해성(海城)과 개평(蓋平) 방면에서 병력을 증강하고 있다는 정보에 따라 야마가타 대장이 지휘하는 일본 제1군은 12월 3일 해성의 외곽지역을 공격했고 이어서 해성을 장악했다. 일본군은 여세를 몰아서 청군이 8일을 예상했던 행군속도를 단 2일만에 강행군하여 신속히 개평 성을 함락시켰다.

청군은 일본군의 다음 목표가 남만주의 제2도시인 요양(遼陽)일 것으로 판단하고 후방의 증원을 받아 5만명의 병력으로 요양 부근에서 일본군을 공격하려 했다. 그러나 청군이 미리 포기한 안산참(鞍山站)을 무혈점령한 일본군은 요양을 공격하지 않고 치열한 시가전 끝에 우장(牛莊)과 영구(營口)를 점령했다. 일본 제1군은 청군 황제가 사수를 명령했던 전압대(田壓臺)를 총공격했는데, 청군은 대부대병력으로 완강히 저항했지만 결국 일본군의 우세한 화력에 견디지 못하고 패하여 퇴각했다.

▲ 일본군에게 목숨을 구걸하고 있는 청나라 사람들

북양함대의 전멸

청군의 연이은 패배에 일본 대본영은 당초의 계획을 바꿔 동계작전에 돌입했다. 일본군은 직예 작전에 가장 큰 장애물이 되는 북양함대가 있는 군항을 육지에서 공격하기로 했다. 1895년 1월 20일에 산동 반도의 동북 후단에 있는 영성만(榮城灣)에 상륙했고, 1월 30일에는 위해위(威海衛) 남안을 공격하여 하루 만에 이를 점령했다.

▲ 일본군의 위해위 상륙

▲ 연전연패하고 있는 북양함대

위해위 육안의 포대들은 무력화시켰지만 해안의 포대와 함대가 강력히 저항을 하자 일본군은 수뢰정을 이용한 잠입 뇌격 방법을 사용하는 한편, 빼앗은 해안 포대의 대구경 화포로 함대를 포격했다. 북양함대는 풍도해전, 압록강해전 등에서 일본함대에 의해 연전연패했다.

일본군의 강력한 공격에 청군의 함대는 많은 피해를 입었으며, 결국 2월 12일에 청군의 정여창(丁汝昌) 제독이 항복하고 음독자살하는 일이 벌어졌다. 이로써 일본군은 황해와 발해의 제해권을 완전히 장악했고, 3월 20일경에는 7개 사단과 후방 사단을 포함한 총 20만명의 병력으로 직예 평야의 일전을 준비했다. 그러나 이 전투는 강화가 교섭됨으로써 이루어지지 않았다.

|결 과|

시모노세키조약 Treaty of Shimonoseki

전쟁에 참패한 청나라 정부는 1895년 3월에 강화전권대사 이홍장을 일본에 파견했고, 3월 10일에 양국간에 휴전이 성립되었다. 청나라 대표단이 파견되기 직전, 일본에서는 조선의 독립승인(청의 종주권 파기), 요동(遼東)·대만(臺灣)·팽호(澎湖)의 할양과 배상금 지불, 그리고 서구열강과 맺은 것과 같은 통상조약(불평등조약)을 일본과 체결할 것 등을 골자로 하는 강화 초안을 작성했다.

이홍장은 시모노세키(下關)에서 일본측이 제시하는 강화 초안을 수용하여 4월 17일 조약에 조인했다. 조약은 배상금 2억 냥(3억 엔) 지불과 요동·대만·팽호의 할양, 소주(蘇州) 등 4개 도시의 개항을 주요내용으로 하고 있었다. 그러나 4월 23일 러시아·독일·프랑스의 3대 강국이 산동 반도(山東半島) 부근에 함대를 집결시키고 일본의 요동 반도 포기를 권고(3국 간섭)해왔으므로 일본은 이에 응하지 않을 수 없었다. 하지만 일본은 요동 반도 반환의 보상으로 3,000만 냥을 더 얻어 냈다.

▲ 일본군의 청일전쟁 승리 열병식

▲ 태극기와 일장기 앞의 개선행진

|역사적 의의|

청일전쟁은 이후 동아시아 3국의 진로를 결정하는 중요한 계기가 된 사건이었다. 이 전쟁으로 중국에 대한 열강들의 침략과 분할이 본격적으로 진행됨으로써 동아시아에 제국주의시대가 막을 열게 되었으며, 일본은 청일전쟁으로 얻은 막대한 배상금, 과중한 세금수탈로 형성된 군사비, 식민지 타이완으로부터 얻는 이윤, 전쟁으로 축적한 자본가의 이윤 등을 바탕으로 자본주의의 급속한 발전을 이룩했다. 반면 조선은 갑오농민전쟁으로 표출되었던 변혁 의지가 일본군에 의해 무력으로 압살 당함으로써 자주적 개혁이 좌절되었으며, 동아시아의 새로운 제국주의 국가로 등장한 일본은 조선 침략을 본격화하고, 남하정책을 펴던 러시아와 충돌하여 머지않아 러일 전쟁을 일으키게 된다.

24 러일 전쟁

|배 경|

삼국간섭

러일 전쟁은 러시아의 남하정책과 일본의 북진정책이 서로 부딪치면서 1904~1905년에 걸쳐 러시아와 일본 간에 일어난 전쟁이며, 그 무대는 한국과 동해와 만주 일대다. 청일 전쟁에서 승리를 한 일본은 19세기 말부터 20세기 초에 걸쳐서 세계적인 규모의 제국주의 단계로 들어섰으며, 그 당시 극동의 국제적 대립관계는 중국 분할경쟁을 둘러싸고 전개되었다. 일본의 대륙 침략 기도에 위협을 느낀 러시아는 독일과 프랑스를 끌어들여 이른바 '삼국간섭(三國干涉)'을 통해 일본의 만주 진출을 저지하게 되는데, 1896년에는 러·청 동맹밀약을 맺어 일본이 중국·한국·극동 러시아령을 침략할 경우 상호원조 할 것을 약속하는 한편, 만주 북부를 관통하여 블라디보스톡에 이르는 동청철도(東淸鐵道)부설권을 획득하기에 이르렀다.

▲ 러일전쟁 당시 상황을 풍자한 유럽의 신문

열강의 중국 분할이 본격화되자 1898년 다시 러시아는 관동주(關東州)의 조차권(租借權)을 획득했고, 이어서 독일이 교주만(膠州灣)을, 영국이 구룡반도(九龍半島)와 위해위(威海衛)를, 다음해인 1899년에는 프랑스가 광주만(廣州灣)을 조차하기에 이르렀다. 이에 편승하여 미국도 1899년에 문호개방을 선언하고 중국 분할에 가담했다. 이러한 과정에서 극동에서는 크게 두 개의 대결 구도가 형성되었는데, 영국과 미국을 중심으로 한 하나의 축과 러시아와 프랑스와 독일을 중심으로 한 축이다.

▲ 무장한 영국군

의화단 사건

러시아의 전략적인 조치로 형성된 삼국 간섭으로 인해 국제적인 고립에 고심하고 있던 일본은 1900년 청나라에 의화단 사건(義和團事件)이 발생하자 이를 진압하기 위해 결성된 영국, 미국, 러시아, 독일, 프랑스, 오스트리아, 이탈리아의 연합군에 참여하면서 중국에 발을 들여 놓았다.

그러나 대만해협과 마주 대하고 있는 항구도시 하문(廈門) 출병에 실패하여 중국 본토에 대한 이권 획득에는 실패했다. 중국의 농민들이 주축이 되어 열강들의 제국주의에 거세게 저항했던 의화단 사건은 비록 실패로 끝났지만 세계를 깜짝 놀라게 했다.

의화단 사건 이후에 극동지역에서는 제국주의 국가간의 이익이 더욱 첨예하게 대립하는 양상을 띠었다. 특히 러시아와 일본간의 대립이 그 전면에 나섰는데, 영국과 미국은 그들의 야욕을 달성하기 위해서 청나라와 한반도에서 러시아와 일본간의 갈등을 이용하려고 했다.

일본은 러시아와 영국 사이에서 협력을 모색하던 중 1902년 1월 영・일 동맹을 체결함으로써 러시아와의 대립이 명백해졌다. 이 때문에 그해 10월 러시아는 의화단 사건 이후의 만주 주둔군 제1기의 철수를 시행했으나, 이듬해 1903년 4월의 제2기 철수는 보

▲ 의화단 사건을 그린 그림

류한 채 만주의 독점적 지배는 물론, 압록강 연안까지 진출하여 남진정책의 야심을 노골적으로 드러냈다.

시베리아 철도

1891년에 착공된 시베리아 횡단철도는 막대한 경제, 정치 및 전략적인 의미가 있었다. 총 연장이 7천 km가 넘는 이 철도가 건설되면 러시아가 효과적으로 극동지역을 방어할 수 있게 된다. 그래서 시베리아 철도의 착공으로 인해 일본과 영국, 미국 등의 제국주의 국가내에서 심각한 불안감을 가지게 되었다. 특히 일본에서는 자기방어를 위해

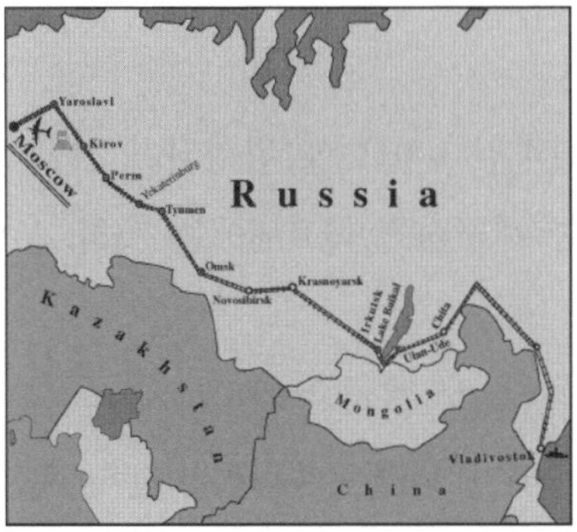

▲ 시베리아 철도. 현재는 9288 km의 길이다.

서라도 늦기 전에 러시아를 상대로 전쟁을 해야 한다는 분위기가 고조되었다.

만・한교환론

러시아의 일련의 강경조치에 위협을 느낀 일본은 러시아와 1903년 6월 23일 한반도에 대한 일본의 우선권과 만주에 대한 러시아의 우선권을 각각 인정하는 만・한교환론(滿韓交換論)을 제의했다.

일본이 제안한 만・한교환론은 결국 한국을 일본의 지배 하에 두고, 만주에서 러시아의 지배력을 약화시키려는 의도를 깔고 있었다.

러시아는 일본의 제의를 거부하고, 8월 극동총독부를 설치하여 일본에 대응했고, 그 후 양국의 교섭은 성과를 거두지 못한 채 해를 넘겼다. 그 동안 일본은 육군을 중심으로 러시아와의 일전을 준비하고 있었다.

|일본의 전쟁준비|

10개년 전쟁준비계획

다른 제국주의 열강에 비해 상대적으로 취약한 재정적, 경제적 구조를 가지고 있었던 일본은 새로운 시장을 통해 이러한 취약 구조를 돌파해야 했다. 1895년 말 일본 의회에서는 민족경제발전으로 명명된 전후계획이 채택되었는데, 그 사실상의 내용은 러시아와의 일전에 대비하여 수립된 집약적인 전쟁준비계획이었다. 10개년(1896~1905년)으로 작성된 이 계획은 군수산업과 관련된 일련의 중공업 분야를 육성하며, 일본 군사력을 재편성하고 강화하기 위한 것이었다.

함대 건설과 관련된 계획은 예상보다 4년이 단축된 1901년에 완성되어 전함 55척에 총 배수량이 6만 1천톤에 불과했던 1894년의 일본 해군력이 1901년에는 76척, 25만 8천톤에 이르렀다.

일본은 전쟁 준비를 위해 청나라는 물론 한국의 국민들까지 무자비하게 착취했다. 청일전쟁 이후 군사비 지출이 그 이전에 비해 약 2배가 되었으며, 국가 전체 예산의 약 50%를 차지했다.

전쟁준비계획은 대체로 1900년과 1901년 사이에 완수되었는데, 투자된 총액이 5억 1,600만 엔이었다. 러일전쟁 직전인 1903년까지 일본은 육군을 13개 사단(약 17만 4천 명)으로 증대했다.

한국이 최우선 대상

한국은 일본의 최우선적 침략대상이었다. 한국은 일본이 아시아 대륙으로 진출할 수 있는 편리한 교두보가 될 뿐 아니라, 동해를 통한 러시아의 남하를 저지할 수 있기 때문이다.

영일동맹

1902년 1월에 체결된 영일동맹은 일본이 개전을 결심하게 만드는 결정적인 계기가 되었다. 영국과 미국의 지지를 확보하고, 광범위한 첩보망을 이용하여 러시아의 전쟁준비 상태가 충분하지 못하다는 것을 알게 된 일본은 조속한 시일 내의 개전 결심을 굳혔다. 일본은 러시아와 의도적으로 여러 협약을 진행하면서 전쟁의 구실을 찾았다. 1903년 12월 31일에 일본은 러시아 측에 일본은 한국 뿐만아니라 러시아가 확실하게 점유하지 못한 만주마저도 점령하겠다는 강한 의지를 표명했는데, 당연히 러시아가 거부함으로써 이는 실질적으로 전쟁을 향한 최후통첩이 되고 말았다.

첩자를 이용한 정보파악

일본군 지휘부의 전쟁계획은 극동에 배치된 러시아군의 전쟁준비가 허술하다는 것과 일본이 러시아보다 전장에 더 근접해 있다는 전략적인 우월성에 기초한 것이었다. 영국과의 동맹은 승리를 확고히 할 것이라는 믿음을 주었으며, 이는 일본이 전쟁준비에 박차를 가할 수 있는 용기를 주었다.

일본은 전쟁이 일어나기 전에 러시아에 배치된 첩자를 통해 러시아군의 병력배치와 수준, 군수물자, 교통시설 등에 대해 자세한 정보를 획득했다. 첩자들은 러시아 영토의 깊숙한 현이나 읍과 같은 작은 마을까지 침투해서 전시에 제공할 수 있는 식량의 양까지 정확히 파악할 수 있었다.

일본의 전쟁계획

일본이 세운 전략개념은 러시아의 증원부대가 도착하기 전에 만주 일대의 러시아군을 완전히 섬멸하는 조기결전으로서, 이를 위해서 해상에서의 지배권 장악이 무엇보다도 중요했는데, 이 문제는 러시아의 발틱 함대가 언제 극동에 도착하느냐의 문제와 직결되어 있었다.

따라서 일본군 지휘부는 다음과 같은 전쟁계획을 세웠다. ① 러시아가 해상에서 패권을 장악하기 이전에 도고 헤이하치로(東鄉平八郎) 제독의 함대로 여순에 위치한 태평양분함대를 기습하여 적함을 파괴하고, 해안을 봉쇄함으로써 해상에서의 주도권을 장악한다. ② 3개 보병사단과 2개 예비연대 등 총 4만 5천명으로 구성되어 구로끼 다메사바(黑木爲楨) 장군의 지휘를 받고 있었던 제1군이 인천에 상륙하여 압록강으로 올라간다. ③ 3개 보병사단에 총 4만명으로 구성된 제2군이 오꾸야스가다(奧保鞏) 장군의 지휘하에 여순을 공격한다. 이때 독립 제10사단은 제1군과 제2군의 넓은 간격을 엄호하기 위해 대호산(大狐山)으로 상륙한다.

이러한 전쟁계획은 공격 개시와 동시에 해상에서의 주도권을 장악하는 것, 한국에 병력을 상륙시키는 것, 그리고 압록강까지 진격하여 도강한다는 점 등에서 청일전쟁 당시의 전쟁계획과 유사한 점이 많다.

일본 전쟁계획의 과오

일본군의 전쟁계획은 해상에서의 패권 장악이 사활적인 과제였고, 선전포고 없이 기습적인 공격으로 이 과제를 실현하려 했다. 그러나 기습공격이라는 방법으로 단기간 내에 전쟁을 종결짓겠다는 계산은 일본의 치명적인 실수였다.

|러시아의 전쟁준비|

군사력 현황과 상태

극동에 위치한 러시아군의 전투력은 개전 직전에 보병 88개 대대와 기병 35개 중대, 그리고 야포 120문과 공병 8개 중대의 규모였다. 이들 무기와 장비는 구식으로서 신식 산악포와 유탄포, 중포 등을 가지고 있지 못했다. 군수산업의 후진성은 탄약과 장비와 병기 보급상태에서도 나타났으며, 러일 전쟁 발발 이전에 2,800만 개의 탄환이 부족한 실정에 있었다.

1903년에서 1904년간 최고 교육기관에서 교육을 받은 현역 장교 및 장성의 비율은 불과 2% 미만이었고, 연대장 이상 고급지휘관을 위한 재교육기관이 없었으며, 다수의 장교와 장군들은 부대를 지휘한 경험조차 없었다. 또한 정체된 승진으로 인해 고급장교 집단의 노령화 현상은 심각했다. 장군의 평균 연령은 69.8세였으며, 사단장의 34.8%가 61세 이상이었다.

러시아 육군의 공격 방식은 밀집된 부대를 투입하는 구식의 행동양식을 답습하고 있었고, 자체방어용 참호구축을 인정하지 않았으며, 위장의 중요성을 간과하고, 지형의 이용 또한 과소평가했다. 여순 항은 산동반도에서 러시아의 가장 중요한 거점이었지만 요새 건설 진척 속도는 매우 느렸고, 1909년에 완공될 예정이었던 해안요새는 전쟁 직전에 9개의 영구포대와 12개의 임시포대만이 설치되었다.

러시아 함대는 군비절약이라는 명목으로 전함이 운항할 수 있는 기간은 1년 중에 4개월에 불과했다. 이 또한 특권적인 배려로 인해 무능한 장교가 지휘하는 경우가 자주 있었다. 또한 개별함대의 일관성 있는 훈련은 물론, 대함대의 기동연습은 기대할 수 없었다. 한마디로, 러시아 군대는 전쟁을 치를 만한 준비가 되어 있지 못했다.

전쟁계획

러시아군 참모부는 전쟁발발 직전까지도 어떻게 전쟁을 치를 것인지 구체적인 계획이 없었다. 러시아가 동청철도의 부설과 여순 항 및 관동의 점령 등으로 유리한 상황이 조성되자 1898년에 비로소 전쟁계획안이 수립되었는데, 이 계획은 남우수리 지역과 여순 항의 방어를 고려한 철저히 방어 위주의 전쟁계획이었다. 이때 육상에서의 전투와 함대작전을 별개의 것으로 고려했다.

러시아군이 만주를 점령한 후인 1900년과 태평양함대가 블라디보스톡에서 여순으로 이동 중이던 1901년에 전투행동계획이 새롭게 작성되었는데, 제1장은 일본과의 전쟁이 발발할 경우의 전반적인 행동규칙이었다.

이 계획에는 다음과 같은 중요한 가정이 포함되어 있다. 첫째는, 남만주가 일본군의 주요 작전지역이 될 것이다. 둘째는, 일본군의 가장 유력한 상륙지점은 한반도가 될 것이다. 셋째는, 러시아 함대는 일본군의 상륙을 방해할 수 없을 것이며, 만주가 주요 전쟁터가 될 것이다. 이 전쟁계획의 기본개념은 블라디보스톡과 여순을 방어하며, 지원군이 도착할 때까지 적의 공격을 지연하는 것이었다.

러시아 전쟁계획의 과오

사실상 러시아의 지휘부는 일본군의 한반도 상륙 지점을 부산으로 판단했고 최대한 북쪽으로 올라와도 원산이나 진남포일 것으로 단정했다. 따라서 러시아는 만주에 있는 야전군으로 요양 지역에서 일본군을 견제하고, 여순에 있는 군대는 요새의 이점을 최대한 이용해서 일본군의 진출을 지연시키는 동안에 시베리아 병단과 발트 함대를 증원할 계획을 가지고 있었다.

러시아군의 지휘부는 이러한 전쟁계획을 작성함에 있어서 일본이 도서국가이면서 전장으로부터 근접해 있다는 사실을 고려하지 못했으며, 반대로 여순과 블라디보스톡이 유럽의 러시아로부터 매우 멀리 있다는 것을 고려하지 못했다. 일본의 육전대가 전적으로 해상교통에 의존하고 있었던 것을 감안할 때 러시아는 해군력을 우선적으로 준비했어야 했다.

|양국의 전쟁목적|

일본은 전쟁에서 승리함으로써 러시아의 행동에 제약을 가하며, 한국을 점령하여 청으로 가는 길목으로 삼고, 삼국간섭으로 잃었던 요동 반도와 여순을 되찾으려고 했다. 반면에 러시아는 만주를 비롯한 극동에서 지위를 강화하려 했고, 복잡한 국내사정을 개선하려 했다.

|경 과|

러시아의 경계태세

전쟁준비를 마친 일본은 호시탐탐 기회를 노리고 있었다. 전쟁이 임박해지자 이를 감지한 러시아 니콜라이 2세는 극동총독 알렉세예프의 건의를 받아들여 1904년 1월 25일 여순과 블라디보스톡에 전투태세 돌입을 허가했다. 사실상 러시아는 일본의 공격을 전혀 예측하지 못한 것은 아니었다.

▶ 러시아의 마지막 황제 니콜라이 2세

◀ 극동총독 알렉세예프

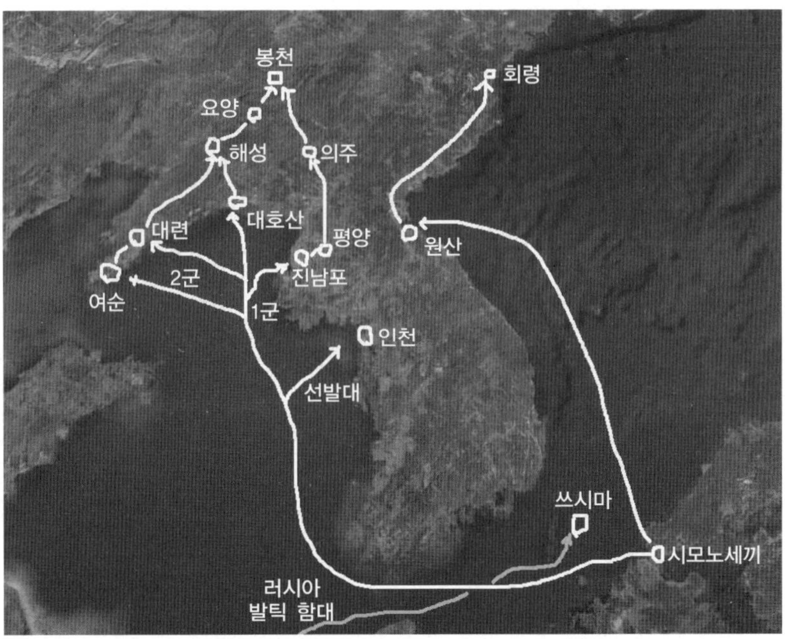

당시 짜르가 극동총독에게 보낸 전문을 보면 이것을 확실히 알 수 있다.

"우리보다 일본이 먼저 군사행동을 하도록 하는 것은 바람직하다. 따라서 귀관은 만약 일본군이 아군을 상대로 한 적대행위를 취하지 않는다면 그들이 한국의 남부지역이나 동부지역의 원산에 상륙하더라도 그들을 제지해서는 안 된다. 그러나 한국의 서부지역에서 일본함대와 상륙군 중에 어느 하나가 38도선을 넘어서 북쪽으로 진격한다면 총독에게 공격을 윤허하니 그들의 사격을 기다릴 필요가 없다."

실제로 러시아는 일본군의 기습공격에 대비해서 일몰 직전 해안과의 연락을 금지시키는 등 일련의 조치를 취하기도 했다.

일본의 여순 항 선제공격

2월 6일 아침, 일본의 도고 해군중장이 그의 장갑기함에 각 전함의 함장을 소집하고 다음과 같은 명령을 내렸다.

"모든 함대는 나와 함께 황해로 향하여, 여순과 인천에 정박 중인 러시아 군함을 공격한다. 나의 편대를 위시하여 제4 전투편대장 우류 해군소장과 제9, 제14 수뢰정 편대는 인천으로 향하여 적의 군함을 공격하고 아군의 상륙을 엄호한다. 제1, 제2, 제3 전투편대는 구축함 편대와 함께 여순으로 직항하며, 정박 중인 러시아 함대를 심야에 공격한다. 다음 날에도 공격을 멈추지 않는다."

장갑함 6척, 순양함 14척, 그리고 35척 이상의 수뢰정으로 구성된 일본 함대는 사세보를 출발하여 각자의 임무지로 향했다. 여순에 도착한 일본함대는 2월 8일 오후 4시경에 러시아 군함과 첫 교전이 있었다.

▲ 도고 제독

일반적으로 첫 교전은 2월 9일 밤에 있었던 것으로 알려져 있지만 실제로는 그 전날 오후 4시경이었다. 러시아 함대는 수세에만 일관하여 요새 포대의 사거리 이상으로는 나오지 않았기 때문에 일본 함대가 자유롭게 드나들면서 3차에 걸친 공격 끝에 여순 항에 대한 봉쇄작전에 성공하여 제해권을 확보했다.

◀ 여순 공략시 활약했던 일본이 자랑하는 장갑순양함

▶ 여순항에서 일본함대에게 기습을 당한 러시아의 13,200톤급 쩨사레비치호

일본 육군의 인천 항 상륙

2월 8일 인천 항 앞바다에 도착한 일본 함대는 러시아 군함 2척과 격전을 벌였는데, 상대적으로 우세한 일본 함대에 러시아 군함들의 배가 파괴되자 러시아 군함들은 인천 항 정박지에 들어와 스스로 그들의 배를 침몰시켰다.

▲ 인천 해전에서 패한 러시아 장갑순양함 바랴크호(왼쪽)와 포함 꼬레이츠호(오른쪽)

▲ 정박지에서 자침하는 바랴크호(왼쪽)와 꼬레이츠호(오른쪽)

※ 한말 미국인 H.B.헐버트는 이 날의 장면을 그의 책 '대한제국멸망사'에서 이렇게 묘사했다.

"그날은 구름 한 점 없었으나 안개가 짙게 끼었다. 정오 5분 전이었다. 일본 함대가 포격을 시작하자 요란스런 포성이 바람도 없는 해협의 정적을 산산이 깨뜨리며 그 도시에 있는 가옥들을 흔들었다…"

▲ 자침하는 러시아 함대들을 구경하는 인천 주민들

2월 16일에 구로끼 장군의 제1군에 소속된 제12사단이 인천(제물포)에 상륙했으며, 이들은 3월 하반기에 평양을 점령했다. 제1군의 나머지 주력인 친위대와 2사단은 3월 11일에 직접 진남포로 상륙했다. 이때 일본은 한국에 한일의정서(韓日議定書)를 강요해 유리한 전략체제를 확립하였다.

▲ 인천(제물포)에 상륙 중인 일본군

최초의 육상전투 압록강 전투

1904년 3월 28일에 러시아의 극동 육군 지휘관으로 쿠로파트킨이 임명되었다. 러시아군은 수적으로 열세했으며 그나마 분산 배치되어 있었다. 4만 5천명으로 구성된 구로끼의 제1군은 4월 23일이 되자 압록강 좌안까지 진출했다. 그런데 러시아군은 지원군이 도착할 때까지 압록강에서 매우 소극적인 방어에 임하고 있었다. 이들의 임무는 일본군의 압록강 도하와 진군을 저지하는 것과 일본군의 군사력, 구성, 진군방향을 조사하는 것이었다.

그래서 이들은 일본군이 도하할 때 최대한 사격을 가해서 피해를 입히고, 도하를 완료하면 즉시 후퇴한다는 방침을 세웠다. 병력면에서 5배나 우세하고 중화기면에서 3배나 우세한 일본군은 4월 26일 밤에 공격을 개시했다. 4월 30일에는 압록강 도하를 위한 시설물 건설에 들어갔으며, 5월 1일에 러시아군의 진지에 포탄을 퍼부으면서 도하가 개시되었다. 결국 5월 6일이 되자 러시아군이 펜쉴린 산맥으로 후퇴를 함으로써 압록강 전투는 종결이 되었다.

이 전투에서 러시아군은 3천여명이 전사했고, 포 21문과 기관총 8명이 파괴되었다. 일본군의 병력손실은 1,036명으로 집계되었다. 압록강 전투에서 일본군은 매우 더디고 소심하게 작전을 전개했기 때문에 러시아군의 주요 퇴로를 차단하여 포위한다는 본래의 목적달성에는 실패했다.

일본육군은 지형적인 조건을 무시한 채 적진 앞 2 km 까지 밀집대형으로 돌진하는 등 전술적인 과오도 많이 범했다. 압록강 전투는 러시아군의 첫 패전으로 기록되었고, 러시아군으로 하여금 이번 전쟁이 힘들 것이라는 인상을 줌으로써 이후의 전쟁수행과정에 큰 영향을 미쳤다.

남산 전투와 요양 회전

여순 항의 폐쇄와 느슨한 러시아함대 활동의 호기를 노려 1904년 5월 13일 일본 제2군이 요동반도에 상륙했다. 제2군은 압록강을 도강하여 북쪽으로 진군하고 있는 제1군과 합류하여 요양을 공격할 것인가 아니면 대련을 공격할 것인가를 고심 중에 대련으로 공격 방향을 정하고 북상했다. 러시아군은 이 사실을 알고 남산에 영구 보루와 각종 포

▶ 러시아군의 막강한 기관총

대, 엄개호, 산병호를 준비하고 일전에 대비했다.

일본 제2군은 강력한 러시아군의 방어진지를 돌파하기 위해 애를 썼지만 러시아군의 기관총 때문에 14시간 동안 겨우 300m를 진출하는 데 그쳤다. 그러나 끈질긴 일본군의 공격으로 러시아군은 남산을 포기했다. 남산의 방어진지를 돌파한 일본 제2군은 계속 북진하여 요양을 공략했다.

이때 일본군은 제1군과 제2군 그리고 제4군이 합쳐진 약 13만 5천명이었다. 신장된 병참선으로 인해 군수품의 절대부족을 느끼면서 일본군은 총공격을 실시했는데, 이때 러시아군의 병력은 약 22만 5천명이었다. 8월 25일 저녁 무렵, 일본군이 궁장령(弓張嶺)을 공격하면서 요양 회전이 시작되었는데, 8월 28일의 총공세에 밀려 러시아군은 9월 3일부터 후퇴하기 시작했다.

요양 회전에서 러시아군의 사상자는 약 1만 8천명, 일본군은 약 2만 3천명이었다. 일본군의 희생이 컸던 이유 중에 하나는 일본군은 평소에 서서쏴 자세로만 훈련했기 때문이다.

여순 공방전

남산 전투와 대련에서 승리를 거두었던 일본군은 노기(乃木) 장군 휘하에 제3군을 편성하고 여순 공략에 들어갔다. 노기 장군은 청일 전쟁 당시에 1개 여단의 병력으로 단 18명의 희생만 내고 한나절 만에 여순을 점령한 장본인이었다.

러시아의 육군대신 사하로프는 여순의 함락을 우려하면서 "여순의 함락은 극동뿐만 아니라 근, 중동은 물론 유럽에서 러시아의 정치, 군사적인 권위를 훼손시키는, 새롭고도 치명적인 일격이 될 것이다."고 말했다. 그는 여순을 책임지고 있는 쿠로파트킨에게 여순을 구출하기 위해 적에게 적절히 대항할 수 있는 역동적인 행동을 지시했다. 해상이 폐쇄된 여순에 대한 일본군의 공격은 1904년 8월 19일에 시작되어 3차례 있었다.

〈1차 공방전〉

여순 요새는 강력한 3중 방어선으로 형성되었다. 제1선은 구시가지를 둘러싸고 있는 최종 방어선이며, 제2선은 도시 중심으로부터 반경 7 km의 주변 성곽기지로 된 인공요새다. 제3선은 성곽 앞에 있는 고지를 따라 자연적인 요새로 형성되었다. 제3선을 보다 강화하기 위해 그 전방에 있는 203고지, 대고산, 소고산 등에 전초기지를 설치했다. 여순을 방어하는 러시아군은 4만 2천명의 병력과 4천 5백 마리의 기마와 506문의 화포를 보유했다.

일본군의 공격은 8월 19일에 실시되었다. 노기 장군은 수 시간 또는 며칠 동안을 포병화력으로 제압한 뒤에 보병이 돌격하여 요새를 점령하는 이른바 '강습탈취전법(強襲奪取戰法)'을 구사하기로 했다. 최초에 일본군의 공격은 순조로워 보였다. 그러나 곧 러시아군의 막강한 화력과 러시아 군함으로부터의 함포 사격으로 인해 일본군의 피해는 급증했다. 결국 8월 19일부터 24일까지 6일 동안 계속된 일본군의 제1차 공격은 1만 5천명의 큰 피해만 입고 실패했다.

〈2차 공방전〉

일본군은 전선을 재정비하면서 갖가지 공성 방법을 연구하기 시작했다. 9월 하순경에 노기 장군은 11인치나 되는 곡사포 18문을 본국에서 분해해서 가지고 와서 전장에 배치했는데, 이 거대한 포는 중량 250Kg의 포탄을 9 km나 날리는 괴물포로서, 포탄이 날아갈 때는 열차 소리가 난다고 해서 '열차탄'이라고 불렀다. 여순 공방전을 통해 총

50만발의 포탄이 소모되었는데 이 열차탄은 3만 6천발이나 포함되었다.

▲ 여순 인근 고지에서 열차탄을 발사하는 11인치 대포

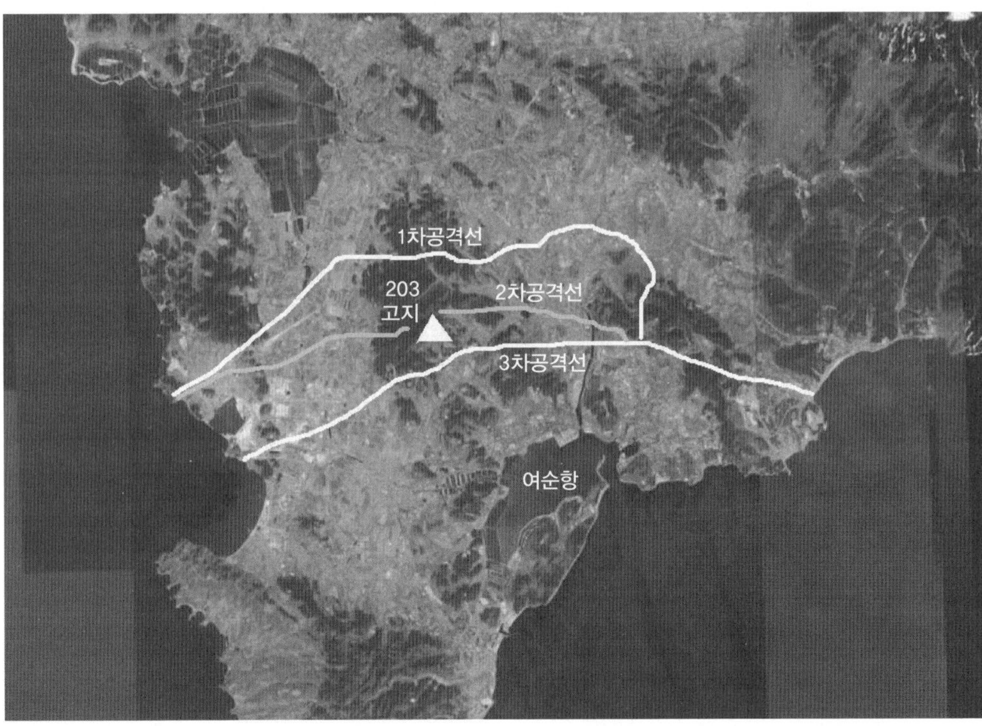

제2차 공격은 10월 26일부터 시작되었다. 노기 장군은 공성전의 대가인 보방Vauban의 공성 전법을 적용했는데 목표인 성곽에 이르기까지 지그재그식의 교통호를 양쪽에 파 가면서 적에게 접근하여 화력의 지원 하에 일시에 돌격하는 방식이었다.

처음에 러시아군은 이러한 새로운 일본군의 전법을 무시했지만 피해가 가중되자 필사적으로 이 공격을 저지했다. 일본군은 이 새로운 전법을 위해 9월 하순부터 땅을 파기 시작했기 때문에 피로가 누적되어 10월 하순경에는 결국 공격을 중단했다. 제2차 공격에서 일본군은 3천 8백 명의 사상자를 냈다.

〈3차 공방전〉

여순에서 치열한 접전이 계속되는 동안 봉천(奉天) 방면에 러시아군이 증가했다. 그래서 초조해진 일본군은 본국에 있는 예비대인 제7사단의 지원을 요청하여 제7사단과 공병 3개 중대가 증원되었다.

11월 26일에 시작된 제3차 공격에는 비장한 결심을 한 3천여명의 특별결사부대 가 조직되어 송수산 보루를 향해 야간 공격을 감행하기도 했다. 그러나 이 무모한 공격은 곧 많은 희생자만 남긴 채 실패했다.

11월 29일에는 신시가지를 바라보는 측면의 203고지(이령산)에 포화를 집중하면서

▲ 여순으로 향하는 일본군 상륙 부대

▲ 203고지

돌격을 감행했다. 203고지는 여순 요새 북서측 정면에서 가장 중요한 고지며, 여순 항을 한 눈에 바라다 볼 수 있다. 이 고지에는 트레챠코프 대령 휘하에 2천 2백명이 고수하고 있었다.

이 무렵 러시아의 무적 발틱 함대가 극동을 향해 출발했다는 뉴스가 나오자 처음에는 대수롭지 않게 여겼던 여순 공방전이 이제 러일 전쟁 전체의 향방을 결정하게 되어서 일본 본국에서는 더욱 초조해졌다. 급히 일본육군참모총장의 격려문이 전선에 날아왔고, 일본 왕까지 칙어(勅語)를 보내 독전했다.

노기 장군은 203 고지에 승부수를 걸고 11인치 괴물포의 포탄만 5천발을 이곳에 퍼부었다. 5일 동안의 강추위에도 불구하고 8차례의 보병 돌격이 감행되었다. 그리고 마침내 12월 5일 일본군은 203고지 정상을 탈환했다. 노기 장군의 큰 아들은 남산 전투에서 전사했고, 이제 작은 아들이 203고지 전투에서 전사했다. 203고지를 점령한 일본군

▲ 여순 공방전에서의 전투묘사와 승리의 깃발을 흔드는 일본군의 모습

은 정상에 11인치 포를 끌어 올려서 여순 항에 있는 극동함대를 향해 열차탄을 날리기 시작했다.

이듬해인 1905년 1월 1일 결국 여순 방어사령관은 성문을 열고 휴전을 제의했다. 1월 13일 일본군이 여순에 입성했고, 이로써 5개월이나 계속되었던 치열한 전투는 그 막을 내렸다. 그동안 러시아군은 3만 1천명, 일본군은 5만 8천명이 손실되었다.

봉천 회전

여순이 일본군의 손에 넘어가자 1월 26일 유럽 지역으로부터 지원을 받은 러시아 제2군이 일본군의 좌익인 흑구대(黑溝臺)를 공격했다. 일본군은 곧 제8사단을 투입시켰으나 역부족이어서 제2사단과 제5사단을 축차적으로 투입해서 겨우 막았다.

이즈음 러시아는 국내혁명의 기운이 농후했는데 일본군은 이 기회를 노려 단 한번의 결전으로 전쟁의 종지부를 찍을 생각으로 봉천에 모든 병력을 집중했다. 이때 봉천에 집결한 병력은 19개 사단 24만 9천8백명이었고, 러시아군은 30만 9천6백명이었다.

▶ 봉천회전 당시 참호 속에 있는 러시아군의 모습

3월 1일에 일본군이 총공격을 실시했지만 오히려 러시아군이 우세했다. 일본 제3군이 봉천에 대한 포위작전에 나서자, 제1군과 제4군이 러시아군의 중앙을 돌파하면서 봉천 동북방으로 진출하는 데 성공했다. 완강한 러시아군의 저항으로 인해 일본 제3군 지역에 완전한 포위망이 형성되지 못하자 그 간격을 이용해서 러시아군은 퇴각했다. 3월 10일이 되자 봉천은 완전히 일본군의 수중에 떨어졌다.

이 봉천 회전 중에 러시아군은 사상자 약 6만명, 포로 약 2만 2천명, 실종 약 3만명의 손실이 있었고, 일본군은 약 7만명의 사상자를 냈다. 봉천 회전은 러시아의 입장에서는 치명적인 패전임에 틀림없지만 대국적으로 보면 러시아군은 넓은 영토에서 300 km의 후퇴에 불과했다.

육전을 통한 교훈

일본군은 육전에서 비록 승리를 거두었지만 많은 피해를 감수해야 했다. 육전을 통해 얻을 수 있었던 교훈은 다음과 같다. 첫째, 보병은 반드시 포병의 엄호를 받으면서 공격해야 한다. 즉시 땅을 파야 하는 상황에서 야전삽은 매우 중요한 구실을 한다. 둘째, 시키는 대로만 하는 전투원이 아니라 어떻게 생존하고, 어떻게 잘 싸울 것인가를 고민하는 전투원이 되어야 했다. 셋째, 기관총과 포병의 역할은 과거보다 더욱 중요했다.

▲ 러일전쟁 격문

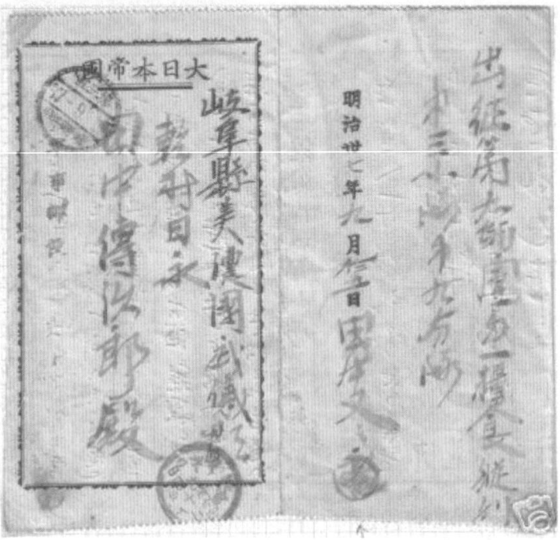

▲ 일본군 제3군 사령관이 본부로 보내는 편지

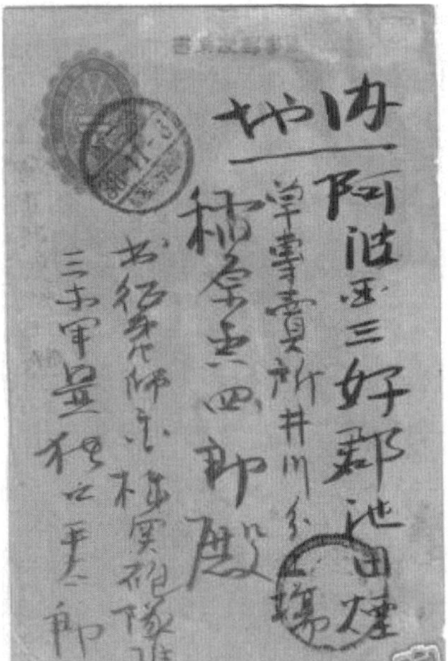

▲ 일본군 제2군 사령관이 본부로 보내는 편지

▲ 러일전쟁을 취재하기 위해 한국에 온 서방기자들

쓰시마 해전(1905. 5. 27)

▲ 발틱함대 사령관 로제스트벤스키 중장

러시아는 육전에서의 실패를 만회하기 위해 흑해에 정박하고 있던 발틱 함대를 회항시켜 해상에서 전세를 뒤집으려 했다. 러시아가 발틱 함대 회항을 결심한 것은 1904년 4월이었지만 실제로 증원함대를 추가해서 출발한 날은 그로부터 6개월이 지난 뒤였다. 함대 사령관은 52세의 로제스트벤스키 해군 중장이었는데, 그는 자신의 임무에 회의를 품었던 무능한 지휘관이었다. 그는 상트 페테르부르크에서 출발하여 대서양, 인도양, 태평양을 횡단하는 무려 2만 8천 km의 항해에 대해 미리 겁을 먹고 있었다.

발틱 함대는 제2 태평양 함대라고 이름이 붙여졌는데, 전함 7척, 순양함 2척, 경순양함 4척, 구축함 7척, 수송선 9척으로 편성되었다. 곧바로 지름길로 갈 수 있는 수에즈

▲ 발틱 함대의 기함인 수바로프

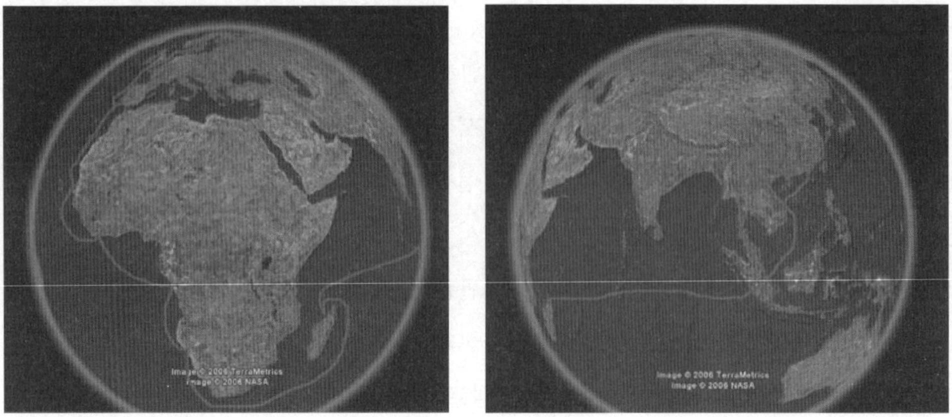

▲ 발틱 함대의 2만 8천 km의 항로

운하는 1902년에 체결된 영일 동맹으로 인해 영국군의 통제 하에 있어서 이용에 어려움이 있었고, 또한 러시아 함대 장병들은 좁은 수에즈 통로에 일본군의 매복조가 있을 것을 우려했다. 그래서 그들은 이 지름길을 버리고 먼 길로 돌아갔다.

발틱 함대가 느린 속도로 쓰시마 해협까지 오는데 거의 9개월이 소요되었으며, 대부분을 바다에서 보냈기 때문에 이끼가 낀 함대 속에서 육식만 했던 러시아 수병들은 채식에서 나오는 영양부족으로 고통을 겪어야 했다.

이즈음 발틱 함대의 본래 목적지였던 여순 요새가 함락되자 발틱 함대는 더 이상 여순 방향으로 갈 이유가 없어졌고, 대 함대의 기항과 보급이 가능한 유일한 군항인 블라디보스톡으로 가야 했다. 블라디보스톡으로 갈 수 있는 기로는 3가지가 있었는데, ① 홋까이도와 사할린 사이의 소오야 해협 ② 혼슈와 홋까이도 사이의 쓰가루 해협 ③ 쓰시마 해협(대마 해협)이 그것이었다.

로제스트벤스키 사령관은 참모들과 의논을 하고, "무엇이 무서워서 일본 해군을 피해 태평양으로 나가야 하는가?"하면서 최종적으로 블라디보스톡과 가장 가까운 지름길인 쓰시마 해협으로 결정했다. 만약에 발틱 함대가 쓰시마 해협을 통과하지 않고 태평양으로 돌아갔다면 러일 전쟁의 향방이 달라졌을지 모른다.

주력함인 3척의 전함과 9척의 순양함으로 편성된 일본 함대가 발틱 함대를 발견한 시간은 1905년 5월 27일 새벽 4시 45분이었다. 지칠 대로 지친 발틱 함대는 한 척의

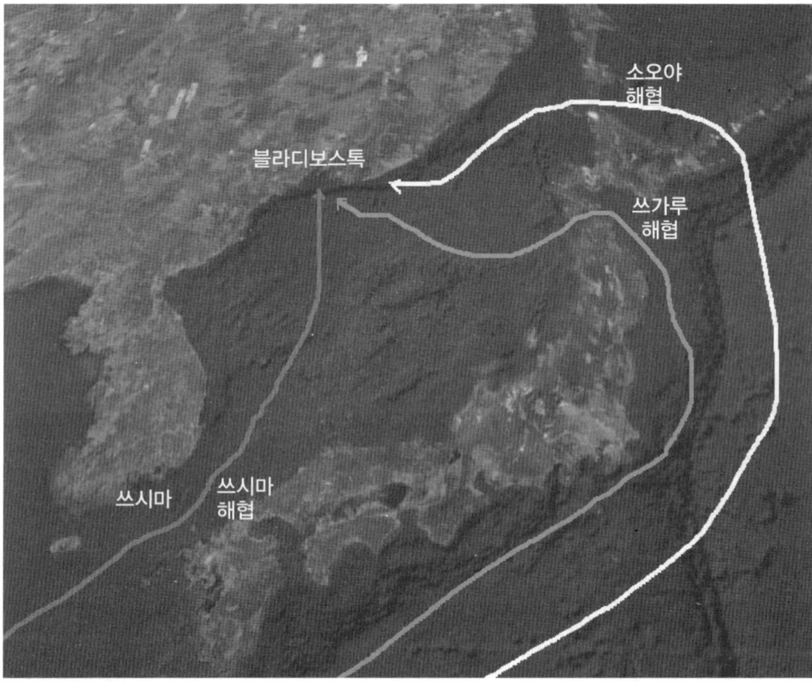

▲ 블라디보스톡으로 들어갈 수 있는 세 가지 기로

순양함을 앞에 세우고 매우 느린 속도로 2열 종대로 들어오고 있었다.

도고의 기함인 마카사에는 네 가지 색으로 채색된 이른바 "Z"기가 게양되었다. 적 발견 신호와 동시에 전투준비태세를 명령하는 것이었다. 오후 1시가 되자 러시아 함대에서 먼저 일본 함대를 향해 포문을 열었다. 그러나 곧 로제스트베스키 사령관은 포탄을 절약하기 위해 사격을 중지시켰다.

로제스트벤스키는 함대의 위치가 탄로 날까 우려해서 무선통신 사용을 금지 시켰고 오로지 수기 신호에 의해 함대를 지휘했는데, 반면에 도고의 일본함대에서는 마음껏 무선통신을 사용하여 멀리 떨어진 전함끼리도 자유자재로 의사소통을 함으로써 승리에 기여했다. 로제스트벤스키는 본격적인 전투가 시작되기 전에 제1중함분대와 제2중함분대에게 방향을 90도로 꺾어 일본 함대의 중간부분으로 돌진하라고 명령했는데, 곧 다시 이 명령을 번복하여 본래의 대형으로 직진할 것을 명령했다. 그러나 이 두 번째 명령은 제대로 전달되지 않아 대형이 서로 엇갈리는 등 대혼란이 일어났다.

▲ 도고의 기함 마카사

오후 2 : 08이 되자 발틱 함대에서 다시 포문을 열었는데 일본 함대도 적정한 거리에 들어오자 거대한 12인치 포사격을 시작했다. 약 30분의 치열한 포격전으로 발틱 함대는 많은 피해를 입었고, 철갑전함 한척이 침몰하기도 했다. 철갑전함이 포탄에 의해 침몰되기는 해전사에서 처음 있는 일이었다.

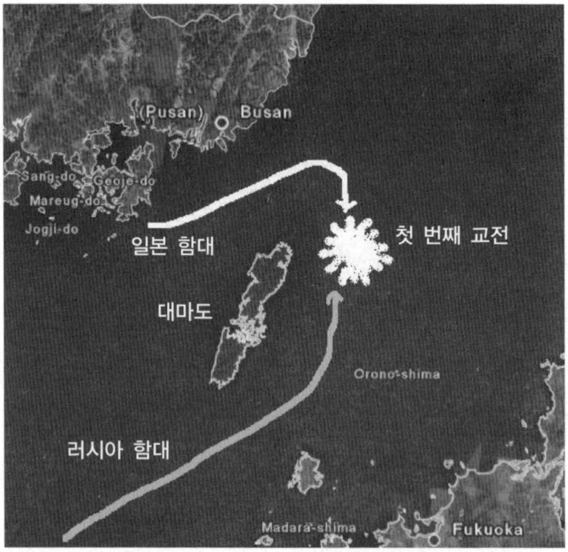

▲ 쓰시마 해전을 승리로 이끈 도고(가운데)와 그의 참모들

이 전투 중에 로제스트벤스키 사령관이 부상을 입어 함대를 지휘할 수 없게 되어 네보가토프 부사령관에게 지휘권을 이양했다. 이제 도고는 결정적인 순간을 위해 황해 해전에서의 경험을 되살리고, 이순신 장군의 학익진에 영감을 받았다고 알려진 이른바 '정(丁)자 기동'에 착수했다.

도고의 일본 함대는 일제히 180도로 방향을 꺾어 약 1시간 동안 발틱 함대와 옆으로 나란히 병행 전진하면서 포사격전을 벌였다. 날이 어두워지자 도고는 함대에게 전투중지 명령을 내렸고, 그 대신 그때까지 예비였던 21척의 구축함과 80정의 어뢰정을 투입시켜 발틱 함대를 재량껏 추격, 타격하라고 명령했다.

5월 28일 날이 밝자 다시 일본 함대는 공격을 시작하여 수척의 러시아 순양함과 해안경비함을 격침시켰다. 11시 30분경에 일본 함대는 네보가토프 부사령관이 타고 있는 전함 니콜라이 1세를 독도 남쪽 18 마일에서 포위하는 데 성공했다.

▲ 도고 제독과 마카사기함(위), 로제스트벤스키 제독과 수바로프기함(아래)

탄약이 고갈되고 전의가 상실되어 더 이상 버티는 것은 무모하다고 판단한 네보가토프는 무조건 항복을 알리는 백기를 식탁보로 만들어 올렸다.

발틱 함대의 사령관은 부상을 당한 몸으로 도고의 방문을 받아야 했고, 45척의 발틱 함대에서 무사히 블라디보스톡으로 돌아갈 수 있었던 배는 2척의 전함과 1척의 경순양함뿐이었다. 이에 반해 일본 함대는 단지 3척의 어뢰정이 침몰되었다. 전사는 일본이 117명인데 비해 러시아는 무려 4,830명이나 되었고, 부상자와 포로를 합한 전체적인 피해 수로 보면 러시아군은 일본군에 비해 15배나 많은 피해를 입었다.

27일부터 28일 양일간, 쓰시마에서 독도에 이르기까지 벌어졌던 이 전쟁의 결과는 러시아와 일본의 운명을 갈랐다. 만약에 발틱 함대가 온전한 상태로 블라디보스톡 항에 들어갈 수 있었다면 일본군의 해상 보급로가 두절되어 일본군은 새로운 위기를 맞을 수 있었다.

▲ 블라디보스톡으로 돌아간 2척 전함 중에 하나인 오렐호의 만신창이가 된 모습

※ 동아시아의 신흥국가 일본이 세계 최강의 육군을 가진 대국 러시아에 맞서 이겼다는 이 소식은 전 세계에 충격을 주었다. 이토 히로부미는 "일본은 국운을 걸고 싸워야 하므로 승패는 안중에도 없다."고 말했던 전쟁이었다. 나중에 인도 총리가 되었던 네루는 감옥에서 딸에게 보낸 편지에도 "아시아인이 유럽인에게 거둔 최초의 승리"라고 하면서 감격해했었다.

▲ 태평양함대의 기항인 블라디보스톡 항구

| 결 과 |

포츠머스 강화조약 Treaty of Portsmouth

▲ 독일황제 빌헬름 2세

러시아는 계속되는 육전의 패전으로 사기가 침체되고, 1905년 1월 '피의 일요일'로 비롯된 군대의 반란과 농민폭동(제1차 혁명)이 일어나 혁명 진압이 급선무였다. 러시아에 깊숙이 침투했던 일본의 첩자 명석(明石) 중령은 러시아 국민들에게 혁명을 부추겼고, 반정부 요원들을 포섭하여 로마노프 러시아 정권으로 하여금 전쟁 의지를 포기하게끔 부추겼다. 명석 중령의 업적에 대해서 독일 황제 빌헬름 2세는 "그 한 사람이 만주군 20만 명에 필적한 전과를 올렸다."고 평했다.

약 20억 엔[円]의 전비(戰費) 가운데 12억 엔의 공채 모집을 통해 일본을 지원하였던 영국·미국도 일본의 승리가 만주의 단독 점령으로 발전할 것을 경계하기에 이르렀다.

그리하여 미국·프랑스는 3, 4월경 러·일 양국에 강화할 것을 종용하였고, 쓰시마 해전 후 일본의 요청을 받아들인 미국 대통령 T. 루스벨트의 알선으로 8월 포츠머스 강화회의가 열렸다.

일본의 전권(全權) 고무라 주타로[小村壽太郎] 외상, 러시아의 전권 비테 전 재무장관이 참가하여, 남 사할린섬의 할양을 내용으로 한 조약이 9월 5일 조인되고, 16일 휴전이 성립되었다.

그 결과 일본은 한국지배권의 확립과 남만주 진출이 결정되고, 이것이 동시에 대륙의 권익을 꾀하는 미국과의 대립을 가져왔으며, 결국 이 전쟁은 제1차 세계대전으로 이어지는 전초전이 되었다.

▲ 미국 포츠머스에서 러시아 전권대표 비테 전재무대신과 일본 전권대표 고무라 외무대신이 미국 대통령 루스벨트 앞에서 서로 인사를 건네고 있다.

|한국에 미친 영향|

러·일전쟁의 결과는 포츠머스 강화회담과 을사조약으로 이어져 한국은 주권을 일본에 거의 빼앗기고 망국의 운명을 맞게 되었다. 한국정부는 러·일간의 급박한 사태를 감안, 1904년 1월 23일 '국외중립(局外中立)'을 선언했으나, 일본은 이를 무시한 채 군대를 서울에 투입하고 2월 23일에는 한국정부를 강압하여 공수동맹(攻守同盟)을 전제로 한 '한일의정서'를 체결했다. 일본은 이 의정서에 따라 광대한 토지를 군용지로 점령하고 통신망을 접수했으며, 경부선과 경의선의 부설권, 연해의 어업권, 전국의 개간권까지 찬탈했다.

한국정부는 전쟁이 일본의 승세로 기울자 같은 해 5월 18일자로 러시아와 체결했던 일체의 조약·협정의 폐기를 선언했다. 이에 일본은 8월 22일 '외국인용빙협정(外國人傭聘協定)'을 한국과 체결, 한국의 외교권을 거의 박탈하는 '고문정치(顧問政治)'를 성립시켰으며, 전승국으로서 1905년 7월과 8월 미국과 영국으로부터 각각 한국에 대한 독점적 지배권을 확인받았다. 이어 9월의 포츠머스조약에 따라 러시아로부터 한국의 독점적 지배를 확인받음으로써 한국의 일본 식민지화는 사실로 굳어졌다.

▲ 상트 페테르부르크에 전시되고 있는 러일전쟁 당시의 러시아 함대

▲ 상트 페테르부르크(St. Petersburg)

▲ 아직까지 남아있는 경남 마산 취도의 러일전쟁 기념탑

▲ 경남 진해 제왕산 꼭대기에 세웠던 러일전쟁 승전탑. 1929년 5월 29일 준공되었으나 이승만 시절 제거했다.

▲ 쓰시마 해전에서 승리한 일본은 독도에 망루를 세우고 러시아를 감시했다. 오늘날도 일본은 러시아를 감시할 목적으로 이 섬을 탐내고 있다. 어쩌면 이 섬을 가짐으로써 얻을 수 있는 정신적인 의미에 더 비중을 두고 있을지 모른다.

4장
제1차 세계대전

전사(戰史)에 기초를 두지 않는 교육자는 그 교육 내용이 무미건조하고 또한
학술적(學術的)인 것으로 만들어 결국 교육 효과를 거둘 수 없다.
"로비넬"

25 제1차 세계대전 약사略史

|1914년|

- 6.28 : 보스니아의 수도 사라예보에서 당시 오스트리아·헝가리제국의 제위 계승자인 페르디난트 Ferdinand 부처가 세르비아의 한 청년에 의해 피살됨
- 7.23 : 오스트리아는 48시간의 기한으로 10개조로 된 최후 통첩을 세르비아에게 보낸다.
- 7.28 : 11 : 00 오스트리아 외상이 세르비아에 대해 선전포고
- 8.3 : 이탈리아가 중립을 선언하고 독일은 슐리펜 계획에 의거 벨기에에 대한 공격을 개시한다.
- 8.5 : 벨기에의 리에즈 Liege 독일군에 의해 함락
- 8.20 : 벨기에의 수도 브뤼셀(Brussels)함락, 소 몰트케 양익포위
- 8.21 : 죠프르는 독일군이 뮤즈강 서측으로 기동한 것을 간파함
- 8.25 : 소 몰트케는 우익에서 4개 사단을 동부로 전용한다.
- 8.29 : 가이즈 전투
- 8.20~30 : 타넨베르크 전투
- 8.22 : 일본의 연합국측에 가담
- 8.31 : 터키가 연합국에 선전포고하다.
- 9.6 : 프랑스 제6군과 독일 제4예비군단이 발시 부근에서 조우
- 9.7 : 독일군 제1,2군 사이에 40 km 간격 형성
- 9.8~9 : 마르느의 기적
- 9.10 : 소 몰트케는 독일군의 전면철수 개시
- 9.14 : 마르느 전역의 실패로 소 몰트케 해임, 팔켄하인 임명

|1915년|

- 4.22 : 독일이 벨기에의 이프로 돌출부에서 약 5,000개의 가스통을 사용 독가스전을 시도한다.
- 5.23 : 이탈리아가 연합국 측에 가담한다.
- 3.18～1916.1.9 : 다다넬스 전역
- 1.3～1917 : 마케도니아 전투
- 10.11 : 불가리아가 독일측에 가담한다.
- 12.7～1916.3.29 : 메소포타미아 전투

|1916년|

- 2.21～12.18 : 팔켄하인은 벨당 지역을 택해 프랑스군을 고갈시키려 했다. 벨당전투, 기간 중 힌덴부르크 독일 참모총장 임명
- 6.4～8월말 : 러시아군의 브루실로프 공세, 루마니아가 연합국측에 가담
- 7.1～11.25 : 연합군의 솜므 지역 공격, 최초의 전차 등장
- 12.13 : 니벨르 Nivelles 가 프랑스군 참모총장에 임명됨

|1917년|

- 1.31 : 독일, 무제한 잠수함전 재개하다.
- 2.25～4.5 : 독일군, 지그프리드 Siegfried 선 철수
- 3.1 : 독일 외상 트윈마만의 암호사건 발생
- 4.2 : 미국의 선전포고
- 11.9～16 : 니벨르공세
- 11.7 : 볼쉐비키 혁명
- 11.20 : 3개 전차여단 342대의 전차가 집중운용 되는 깡브레 전투 개시

|1918년|

- 3.3 : 브레스트리토프스크 Brestlotivsk 조약으로 러시아군 전선 이탈
- 3.21~7.15 : 독일군의 5대 공세
- 3.21 : 솜므지역
- 4.9 : 프랑드르지역
- 5.27 : 에느지역
- 6.9 : 노용-몽띠디르지역
- 7.15 : 랭지역
- 7.18 : 연합군의 반격
- 8.8 : 아미엥 전투
- 9.8 : 불가리아 항복
- 10.4 : 독일군의 휴전제안
- 10.23 : 루덴돌프 사표제출, 26일 사표수리.
- 10.30 : 터키 항복
- 11.3 : 오스트리아 전선이탈, 킬 군항 반란사건
- 11.9 : 빌헬름2세 퇴위, 바이마르 Weimar 공화국탄생
- 11.11 : 독일외상 엘쯔벨게르와 프랑스의 포쉬 사이에 휴전조인

이로써 4년 3개월에 걸친 제1차 대전이 종식된다.

26 제1차 세계대전의 배경

제1차 세계대전은 1914년 7월 28일부터 1918년 11월 11일까지 4년 3개월간 32개국이 참전한 최초의 세계대전이다. 또한 전쟁의 원인은 여러 가지로 자국(自國)의 입장을 변명하는 태도를 보이기 때문에 어느 하나로 규정하기가 어렵다.

|간접적인 원인|

프랑스는 1870년 보불전쟁에서 독일에게 패하여 알사쓰·로렌 Alsace-Lorraine 지방을 빼앗겼다. 그로 인한 복수심이 강하게 작용하여 신속한 회복으로 1900년대는 독일 다음의 강국으로 부상했다.

보불(普佛)전쟁의 결과로 독일은 구주대륙의 최강대국으로 등장했고 산업혁명이후 산업의 발달로 시장(市場)과 원료공급원(原料供給源)으로서 식민지(植民地) 획득이 필요

▲ 비옥한 알자스·로렌 지방은 프랑스와 독일 사이에 언제나 쟁탈의 대상이 되었다.

▲ 빌헬름 2세

▲ 비스마르크

하게 되었다. 이 결과 강력한 해군력을 건설했다. 그러자 독일에 우호적이었던 영국입장에서 심각한 위기의식을 느껴 불편한 관계로 돌변하게 되었다.

독일의 비스마르크 재상은 프랑스를 고립시키기 위하여 독일, 러시아, 오스트리아를 결속하여 삼제동맹(三帝同盟)이라는 비밀조약을 체결했다. 또한 1882년에는 독일, 오스

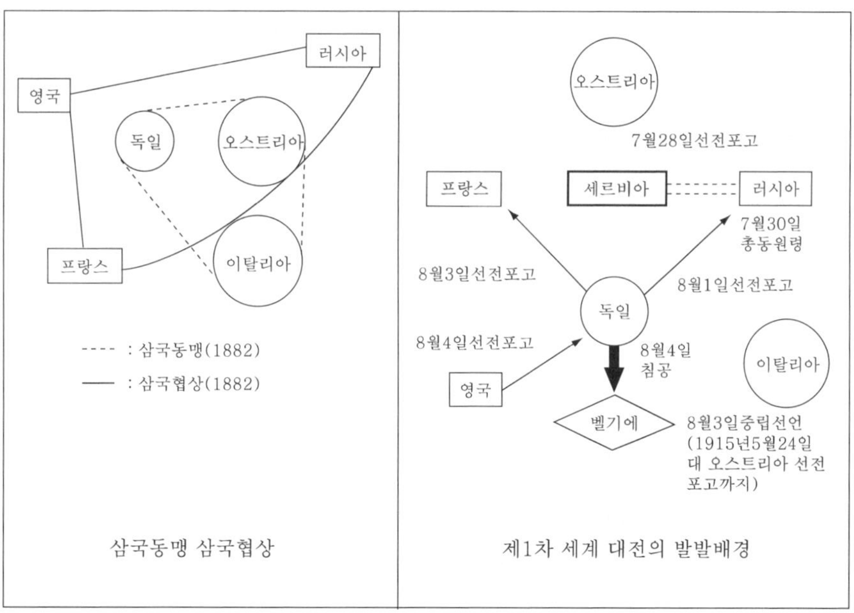

삼국동맹 삼국협상

제1차 세계 대전의 발발배경

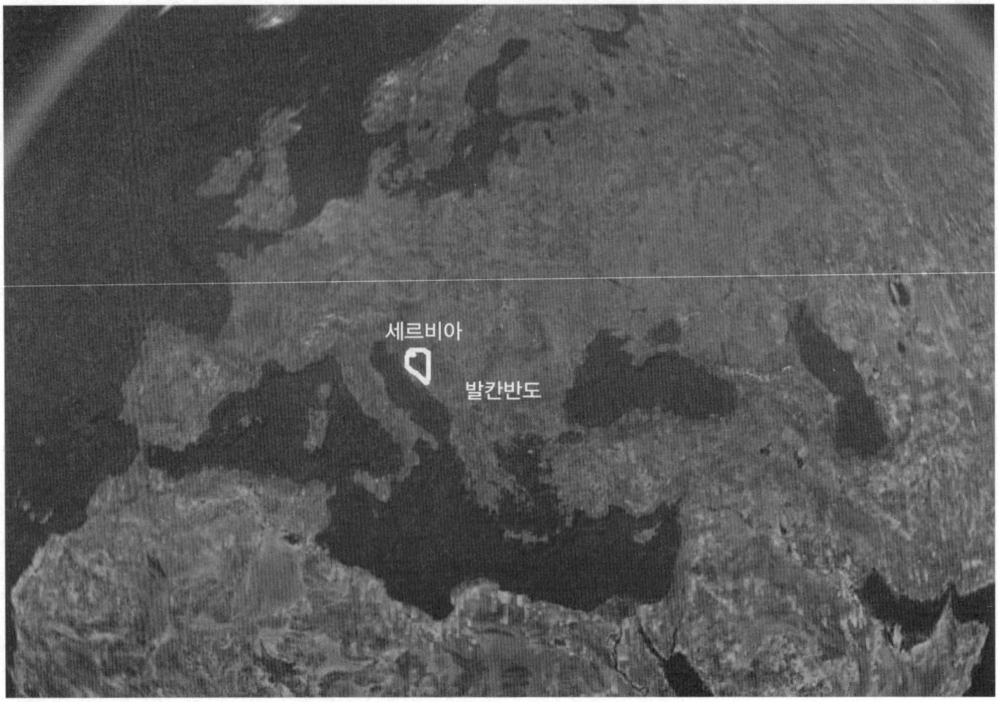

▲ 제1차 세계대전의 도화선이 된 세르비아와 발칸반도

트리아, 이탈리아간에 3국 동맹을 결성했다. 1890년 독일의 젊은 황제 빌헬름 2세는 비스마르크를 해임시키고 1887년에 체결한 독일·러시아 재보장조약을 파기했다.

영국은 명예로운 고립정책(孤立政策)을 버리고 1907년 영국·프랑스·러시아 사이에 삼국 협상(協商)을 체결했다. 식민지 획득을 위해 취해진 영국의 3C 동진(東進)정책(Capetown-Cairo-Calcutta)과 독일의 3B 남진(南進)정책(Berlin-Byzantium-Baghdod)이 대립하게 된다.

발칸 반도의 민족적 대립

슬라브민족과 게르만 민족이 뒤섞인 발칸반도는 터키의 통치로부터 벗어나 민족국가(民族國家) 형성에 안간힘을 쓴다. 범 게르만주의는 독일의 후원을 받는 오스트리아이고 범 슬라브주의는 러시아의 후원을 받는 세르비아이다.

가장 적극적이었던 세르비아는 오스트리아가 지배하고 있던 수개주(州)에 관한 영유

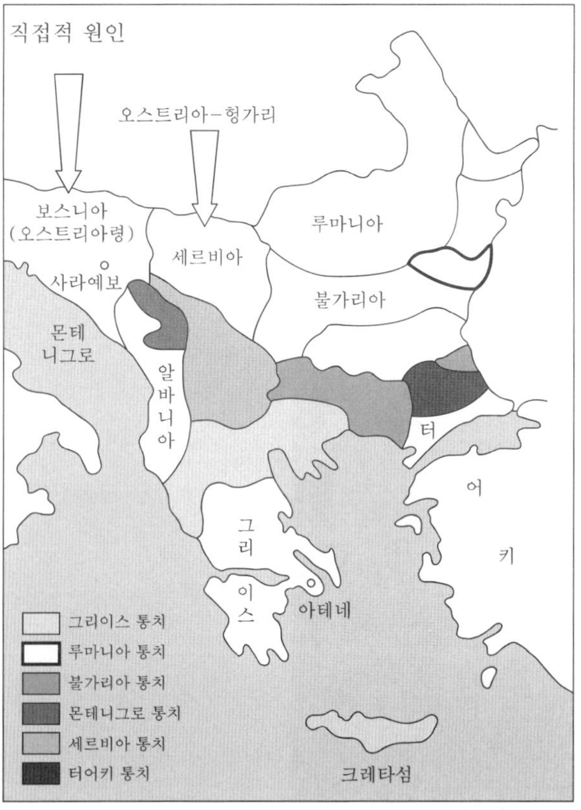

▲ 보스니아

권(領有權)주장, 이를 같은 슬라브 민족인 러시아가 지지했다. 러시아는 터키를 몰아내고 다다넬스 해협을 장악했다. 터키는 1913년 구주영토를 대부분 러시아와 발칸제국에 빼앗김으로써 적개심(敵愾心)이 고조되었다.

|직접적인 원인|

1914년 6월 28일 보스니아(현 유고슬라비아)의 사라예보에서 당시 50세의 오스트리아·헝가리 제국의 제위계승자(帝位繼承者) 프란쯔 페르디난트 Franz Ferdinand 와 43세의 소피크테크 부인이 보스니아 열병(閱兵)식에 참석한 후 개를 제거한 차로 이동 중 세르비아의 한 청년에 의해 암살당했다.

암살자는 흑수조(黑手組)라는 비밀결사조직에 소속된 19세의 가브리엘로 · 포린칩이었으며 브로닝 권총 두발로 암살을 성공시켰다.(1차 암살 시도시에는 시청 직전방에서 카브리노비치라는 사나이가 폭탄을 던졌는데 전속력으로 차가 달려 실패했었다.)

오스트리아는 이를 기화로 동맹국 독일황제 빌헬름2세에게 지원을 약속받고 7월 23일 48시간의 기한으로 10개조로 된 최후통첩(最後通牒)을 세르비아에게 보냈다.

▲ 암살당한 프란쯔 페르디난트와 그 당시의 옷

▲ 페르디난트의 장례행렬

영국은 세계대전을 방지하기 위해 세르비아에게 오스트리아의 10개조 요구사항을 수락할 것을 촉구하나 암살사건의 재판장에 오스트리아 대표를 참석시킬 것을 요구하는 제6항은 주권침해라 규정하여 세르비아는 이를 전면 거부했다.

1914년 7월 28일 11 : 00 오스트리아 외상 레오폴트・베르이톨트는 세르비아에 대해 선전포고(宣戰布告)를 했다. 세르비아 지원의 원천적인 힘을 가진 러시아는 오스트리아의 요구조건을 연기해달라고 제의하나 거절당하자 7월 29일 일부 동원령, 7월 30일에 총동원령을 발령했다. 오스트리아의 동맹국인 독일은 7월 31일 러시아, 프랑스에 각각 최후통첩을 보내고 8월 1일과 3일 각각 선전포고를 한 후 8월 4일에 영세중립국(永世中立國)인 벨기에를 침입했다. 이에 영국은 독일에 선전포고를 하게 된다. 이탈리아는 오스트리아의 행위가 부당하다고 인식하여 3국동맹의 의무를 포기, 8월 3일 중립을 선언했다.

27 슐리펜Schlieffen 계획

▲ 슐리펜

독일군의 작전은 1891년부터 1906년까지 독일군 참모총장을 역임한 슐리펜Alfred Graf Von Schlieffen에 의해 수행되었다. 당시 독일은 러시아·프랑스 협정체결(1894년)로 양면전쟁이 불가피했고 병력은 독일이 150개 사단인데 반해 연합군은 러시아 150개 사단, 영국, 프랑스, 벨기에 87개 사단, 세르비아 12개 사단 등 249개 사단으로 독일측이 크게 열세했다. 자원은 대부분 원자재를 해외에 의존하고 있었고, 지리적 조건으로는 내선에 위치하여 발달된 전략철도를 유지하고 있었다.

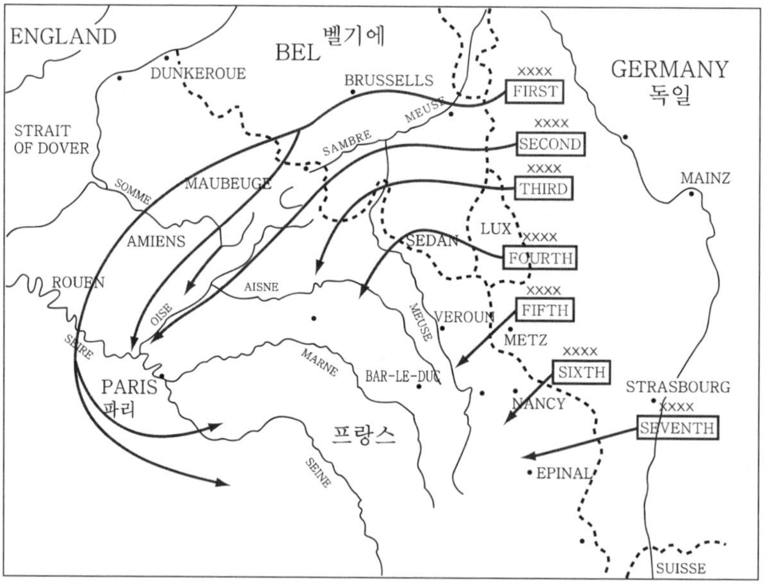

독일은 내선의 이점을 이용한 상대적 우세한 병력으로 각개격파하여 속전속결의 전략을 가지고 있었다.

|슐리펜 계획|

개념

동부전선(러시아 정면) : 방어(1개군 10개 사단)

서부전선(프랑스 정면) : 공격(7개군 40개 군단)

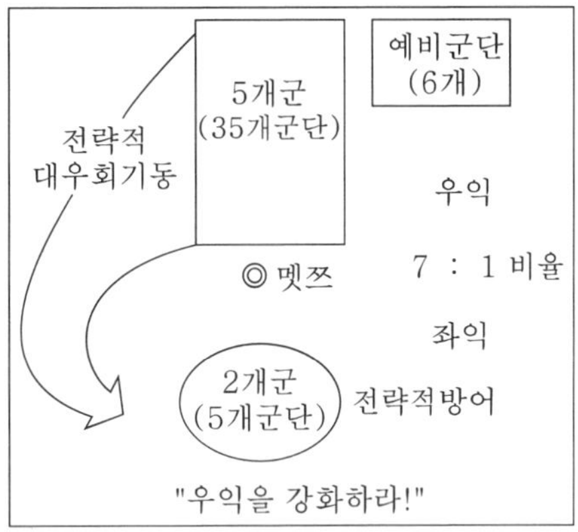

독일이 프랑스를 먼저 공격하고자 한 이유는 러시아를 선공할 경우 장기전이 예상(추위, 진흙, 광대한 영토)되었으며, 러시아군은 동원 속도가 느릴 것이라 판단했다. 또한 프랑스를 선공할 경우 프랑스군의 공격정신과 알사쓰·로렌 지방의 실지 회복의지 등으로 속전속결이 가능하리라 판단했다.

독일은 병력열세 극복대책으로 집중 및 절약원칙을 가지고 예비군(100만명)과 무기체계의 우월성을 효과적으로 활용했다. 또한 6주일 내 프랑스 격파한 후 동부전선으로의 전용(轉用)을 계획했다.

|슐리펜 계획의 수정|

슐리펜이 1905년 최초의 계획을 완성하고 12월에 신병(身病)으로 사임하자 후임 참모총장 소(小)몰트케 Helmuth Von Moltke 가 1911년 계획을 수정했다.

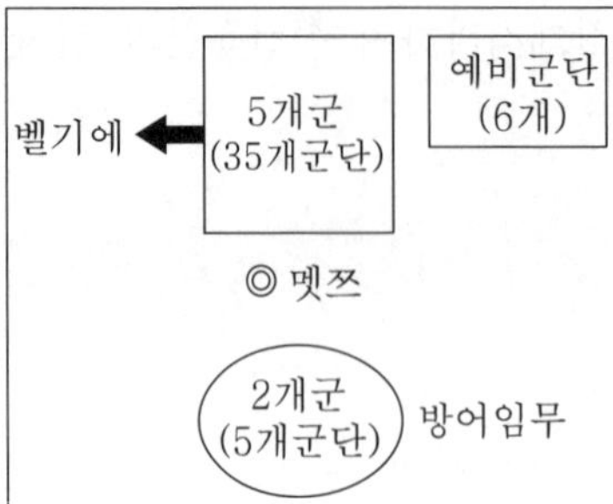

• 회전문의 원리

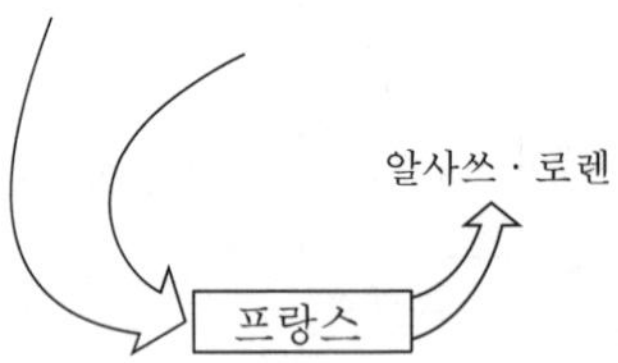

• 프랑스는 알사쓰 · 로렌지방을 획득하기 위해서 공격할 것이다.
• 자동적으로 회전문처럼 돌아가서 배후를 칠 수 있다.

■ "내가 요구하는 장소에서 적을 격파한다."

• 중부지역 아르덴느 삼림지대 기동곤란

* 1913년 슐리펜이 80세 때 "반드시 전쟁은 일어난다. 우익을 강화하라."유언 남기고 운명

→
수정

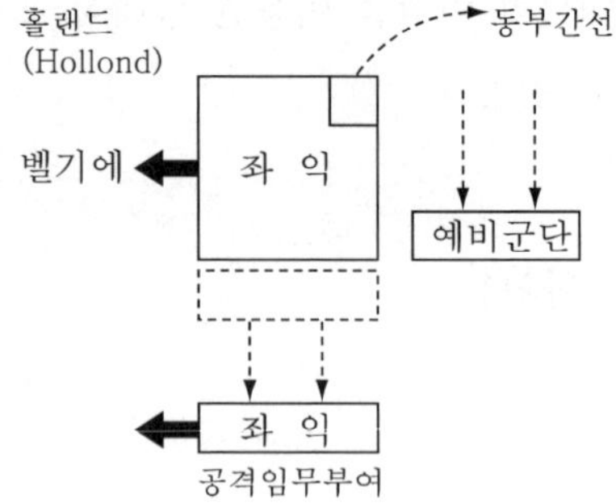

■ 수정내용

• 홀랜드의 중립존중
• 좌익군에게도 공격임무부여(반격), 병력 증강
• 예비군단을 좌익을 지원할 수 있는 위치로 이동
• 동부전선(러시아)에 우익군 일부 증원

7 : 1 → 3 : 1 (우익 : 좌익)

■ 홀랜드 중립존중으로 기동로 협소(리에즈를 중심으로 2개군이 기동)

■ 수정의 근거

• 만약 프랑스군이 공격하지 않고 요새 지대에만 머문다면 벨기에를 통한 대우회 기동은 적을 격파할 수 없으므로 무의미
• 프랑스가 주전장으로 알사쓰 · 로렌지방을 택할시 좌익 강화 필요
• 만일 프랑스가 우익으로 공격시는 우익으로 격파

* 집중의 원칙 무시, 슐리펜의 함정 제거, 결전 장소 선택권 양도

▶ 소(小)몰트케

◀ 초기 독일통독을 이룬 대(大) 몰트케

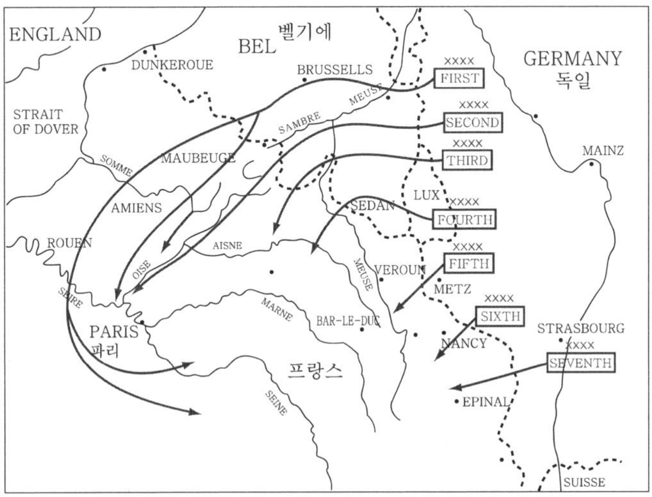

▶ 최초 계획

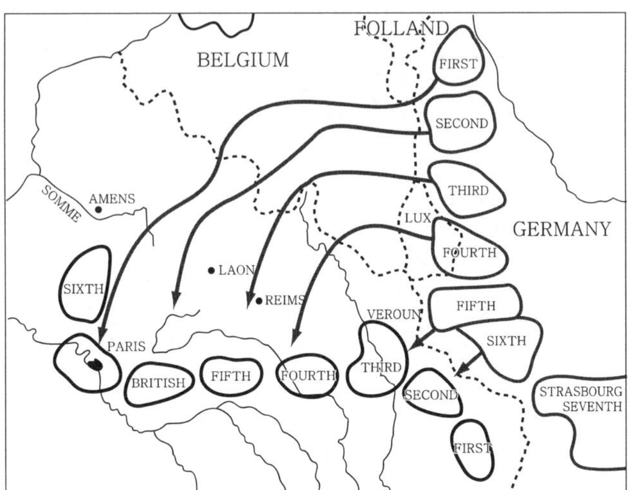

▶ 수정된 계획에 의해 실제 기동한 모습

|슐리펜 계획의 비판|

병력안배의 결함 : 우익과 좌익을 7 : 1로 했는데 실제로 프랑스군을 대규모 우회기동으로 포위하기 위해서는 부족한 숫자이다. 동부전선에서 러시아의 공격이 6주일 내에는 불가능할 것이라고 판단한 것도 오산이었다. 러일전쟁 이후 러시아는 급속히 재건했고 잘 발달된 철도망을 갖고 있었다.

영국의 해군력 경시 영국의 해군력을 염두에 두지 않고 육군위주의 전략계획이었다. 프랑스는 충분히 영국의 막강한 해군력으로 원정군을 증원받을 수 있었다. 독일은 육군과 해군의 독자적 전략은 존재했어도 통합된 전략은 없었다.

중립국 침범(侵犯)에 따른 국제정세 미인식 : 벨기에나 네덜란드 등의 중립국을 통해 프랑스 배후로 진격하게 되면 국제적인 비판과 함께 영국에 참전 구실을 제공해주는 격이 되었는데 군사전략에만 몰두한 근시안적인 계획이었다.

보급 문제의 경시 : 400마일 이상을 기동하는 대규모 병력을 유지할 수 있는 보급문제가 뒷받침 되지 않았다(마르느 전역의 여담에서 상세히 설명됨).

|프랑스 죠프르 Joffre 의 제17계획|

▲ 죠프르

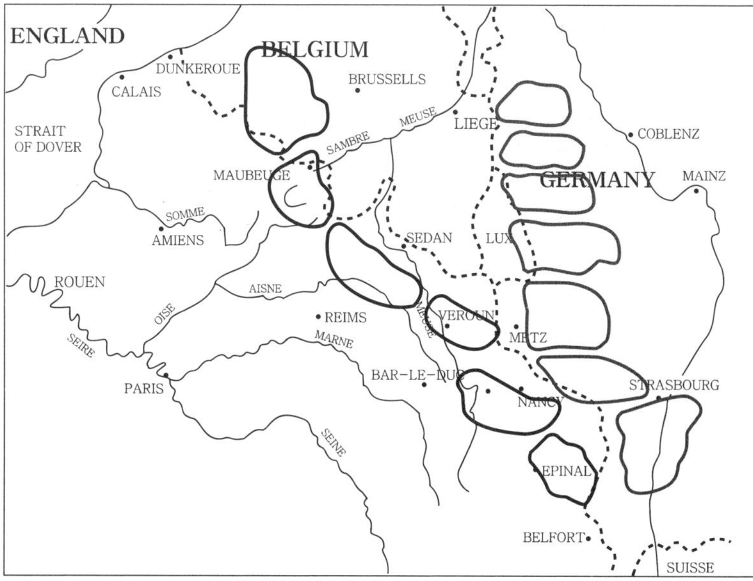

▲ 1914년 8월 당시의 대치 상황

프랑스는 보불전쟁(普佛戰爭) 이후 대독(對獨) 작전계획에 일련번호 부여했고, 1904년 이후 제8계획부터 공격계획이 수립되었는데, 제16계획은 알사쓰·로렌 공격 계획이었다. 죠프르 Joffre 장군의 제17계획은 미완성계획이며 편성과 집결지만 명시되었고 전투시 즉각적인 공격의지를 나타냈다(멧쯔와 에삐날 사이에서 공격하여 알사쓰·로렌방향

▲ 프랑스군의 모병 포스트

▲ 영국군의 모병 포스트

▲ 프랑스군의 출병 장면

으로 진격). 배치는 우에서 좌로 1, 2, 3, 4, 5군의 순(우발계획수립)이었다. 그러나 독일군 예비군단의 능력을 무시(뮤즈강 이서(以西)의 병력 투입불가)한 처사로 아르덴느 고원으로는 독일군의 기동이 불가능할 것이라고 판단한 것은 과오였다. 이로 인해 초전에 대패를 면치 못했다.

군사금언(軍事金言)

처음에 계획(計劃)하라. 그리고 결정(決定)하라.

-대 몰트케-

장교는 분석력과 종합력(綜合力)을 발전시켜 고도의 판단력 즉 통찰력(洞察力)을 가져야 한다.

-클라우제비츠-

군을 분할해야만 그 지역을 방어할 수 있다면 단연코 그 지역을 포기하는 것이 좋다.

-슐리펜-

인물연구

슐리펜(Alfred Von Schlieffen : 1833~1913)

독일의 전략가. 베를린에서 출생. 1853년 베를린 대학 법과에 입학하였다. 1854년에는 근위창(近衛槍) 기병 제2연대에 입대하여 소위로 임관했다. 1858년 육군대학에 입학하였으며 1886년 소장으로 진급했다. 1888년 중장으로 진급하면서 참모차장 역임. 1891년에는 참모총장이 된다. 1911년 원수(元帥)승진. 과거의 전사(戰史)를 포위섬멸(包圍殲滅)의 관점에서 논하여 후진양성에 주력했으며 슐리펜 계획으로 널리 알려져 있다.

▲ 제1차 세계대전에 돌입하기 위한 환영식장에서 군중 속에 있는 히틀러(1914.8. Munich)

28 마르느Marne 전역

|배 경|

독일군의 벨기에 공격

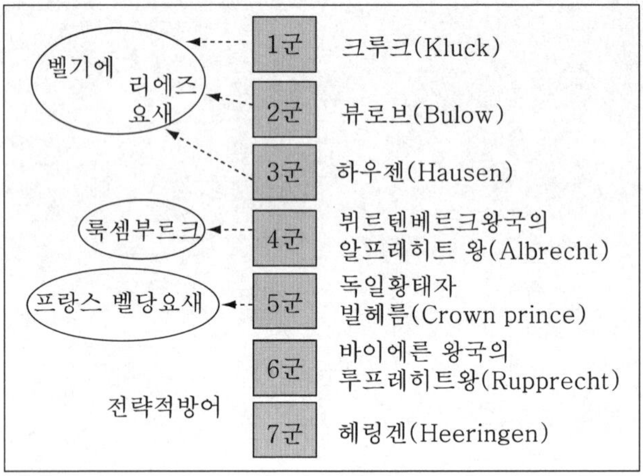

서부전선의 독일군 150만명은 수정된 슐리펜 계획에 따라 1914년 8월 3일 공격을 개시했다. 1・2・3군 34개 사단이 홀랜드 땅을 통과하지 않고 벨기에로 진격하기 위해서는 벨기에의 관문인 리에즈 요새를 통과하지 않으면 안 된다. 리에즈Liege는 뮤즈강을 있고 있으며 주변 요새로 둘러싸인 구주에서도 가장 견고한 요새 중의 하나이다. 독일은 이 요새 통과를 위해 특별히 편성 훈련된 6개 보병여단으로 구성한 특수임무부대(特殊任務部隊)와 420 mm의 거포(巨砲)를 동원하여 이를 공격했다.

▲ 브뤼셀에서 독일군을 방어하고 있는 벨기에군

▲ 벨기에 전선에 투입된 독일의 420밀리 곡사포

이에 맞서 벨기에는 레망 장군의 강력한 지휘하에 6개 사단이 대항했다. 제2군 참모장 루덴돌프 장군이 현장에서 지휘하자 독일군의 사기가 높아져서 레망장군의 용감한 사수에도 불구하고 8월 16일 리에즈요새가 함락되었다(루덴돌프는 타넨베르크 전투에서 다시 공을 세운다). 레망 장군은 이때 실신하여 포로가 되고 만다. 아주 중요한 시기에 독일군은 10일간 지체했고, 8월 20일에야 벨기에의 수도 브뤼셀 Brussels 에 입성할 수 있었다. 벨기에 전군(全軍)은 (이때 1개 사단은 나무르 요새 증원) 독일군의 공격방

▲ 런던 역에서 프랑스 전선으로 향하는 영국군

향에 위치한 앙트워프에 도착하여 1군의 크루크는 앙트워프의 벨기에군을 감시하기 위해 1개 군단을 차출하여 파견했다. 슐리펜은 이런 유사시(有事時)의 임무를 위해 예비군단을 우익에 위치시켰던 것인데 몰트케는 예비군단을 좌익에 배치시켰다.

프랑스군의 진격 및 후퇴

프랑스군은 죠프르의 제17계획에 의거 8월 14일 제1군과 제2군으로 하여금 알사쓰·로렌지방으로의 진격을 명했다. 이에 대해 몰트케는 좌익 작전을 통합하기 위해 제7군을 제6군의 작전통제 하에 두고 최초 계획대로 작전상 후퇴를 실시하면서 프랑스군을 끌어들였다. 몰트케는 6개 예비군단을 좌익에 전용하여 8월 20일 일제히 역습(逆襲)을 개시했다.

프랑스 제1군은 비교적 질서 있는 후퇴를 했지만 제2군은 무질서한 후퇴를 계속하자 포쉬 Ferdinand Foch 장군의 무쇠군단 Iron Corps 에 의해 가까스로 수습된다. 프랑스 제1, 2

▲ 포쉬

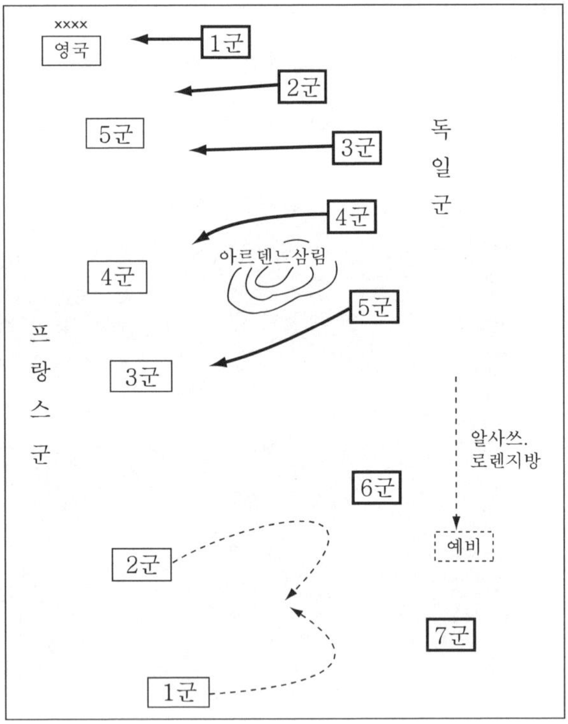

군은 후퇴를 계속하여 낭시 주변 고지와 뫼르트 Meurthe 강 배후로 철수했다.

프랑스 제3, 4군은 아르덴느 삼림지대를 독일군이 침범하기 전에 통과하려고 했었으나 독일군 제4, 5군은 제1, 2군의 전진속도에 맞추어 프랑스군이 통과전에 먼저 전진을 시작했으며 프랑스 제3, 4군과 조우하여 3일간 격전 끝에 대패시켜 버렸다. 독일군 제2, 3군은 프랑스 제5군을 쌍브르 Sambre 강변에서 패퇴(敗退)시켰다. 독일 제1군은 8월 26일 영국 원정군을 르・까토 Le Cateau 에서 대파시킨 후 서남쪽으로 진격했다.

몰트케의 급조(急造) 기동계획 수정(9월 4일)

독일은 제11군단, 근위 예비군단, 기병 8사단을 동부전선에 증원했는데 수송 도중 타넨베르크 전투가 종결됨에 따라 마르느 전투, 타넨베르크 전투 어느 쪽에도 불참하는 과오를 저지른다. 그리고 제1, 2군에게는 마르느강 도하전 독일 전군의 우익엄호를 위해 정지하도록 지시하고, 독일 제3군은 중앙전선을 분리할 목적으로 정남방으로 진출하도록 지시한다. 이때 독일 제4, 5, 6, 7군은 계속 공격하도록 지시했다.

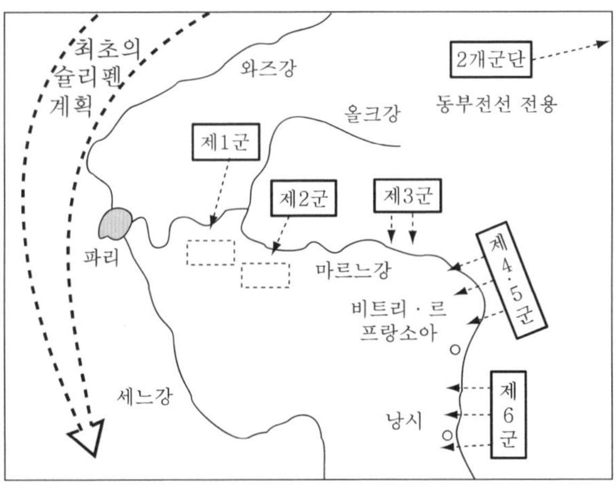

수정계획의 과오

독일 제1군은 이미 마르느강을 도하하여 프랑스 제5군을 추격 중이었기 때문에 독일 제1, 2군은 마르느 강변에서 정지하라는 명령을 수락할 수가 없었으며 9월 5일에도 진격을 멈추지 않았다. 몰트케는 벨기에의 앙트워프Antwerp와 기타 요새지역을 공략하기 위해 3개 군단을 전용했고 기타 좌익 및 동부전선에로의 병력전용으로 인해 파리 대우회 기동이 불가능하여 포위범위를 축소할 수밖에 없었다.

▲ 앙트워프의 위치

▲ 서부전선으로 이동하는 독일군

|경 과|

▲ 마르느의 전경

프랑스의 죠프르, 일반 훈령 제2호 하달

제17계획의 실패를 자인(自認)하고 제1, 2군에서 병력을 차출하여 9월 3일 제6군을 창설했으며 파리 북방에 배치했다(독일 제1군 크루크는 이 사실을 몰랐다). 좌익군은 솜므-벨당선으로 철수하여 역습을 준비했으며 뻬땡 Petain 장군을 기용했다.

▲ 마르느의 위치

마르느선에서의 프랑스군 총반격

- 죠프르의 일반 훈령 제6호 하달
- 프랑스 제1,2군은 낭시 부근에서 방어
- 프랑스 제3,4군은 서북방으로 공격
- 프랑스 제9군은 북방으로 공격
- 영국원정군(BEF)과 프랑스 제5군은 북방으로 공격
- 프랑스 제6군은 올크 Ouroq 강 도하

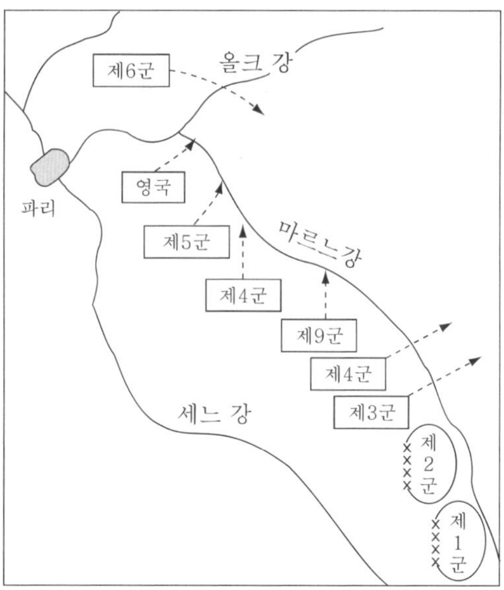

발시 조우전(遭遇戰)

9월 6일 죠프르의 반격명령에 의거 올크강으로 진출중인 프랑스 제6군과 마르느강 남방으로 진출 중인 독일 제4예비군단(그로나우 지휘)이 발시 Barcy 부근에서 조우했다.

▲ 뷰로브 독일 2군사령관

▲ 발시에서 프랑스군의 급조 무덤

독일군 제1, 2군 사이 40 km간격 형성

독일 제1군 사령관 크루크는 연락을 받고 즉시 2개 군단을 북상시켰고, 7일에는 우익을 보호하라는 명령과 함께 프랑스 제6군을 이 기회에 격파시키기 위해 그의 전군을 프

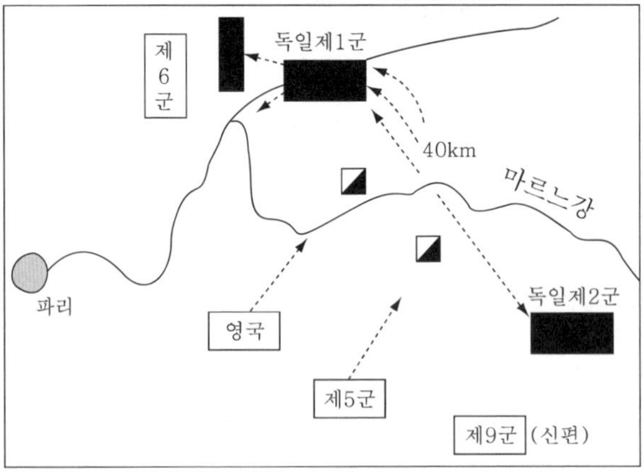

랑스 제6군 정면으로 집결시켰다. 그 결과 독일 제1, 2군 사이에 40 km의 넓은 간격이 형성되었고 그 간격은 불과 2개 기병 사단에 의해 엄호되었다.

간격을 이용한 프랑스군 공격

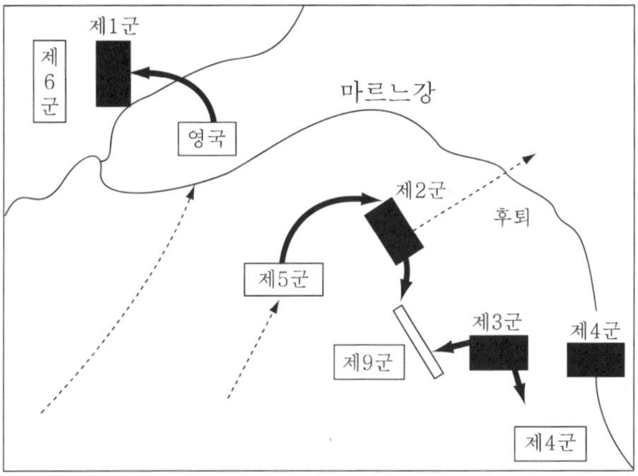

10 : 1의 압도적 우세인 영국군이 독일 제1군의 배후를 공격했고, 프랑스 제5군은 독일 제2군의 우익을 포위 공격하자 독일 제2군이 후퇴하게 된다.

프랑스 제9군이 독일 제3군 우익 및 제2군 좌익군의 돌파 작전을 저지하자 독일 제1군 크루크 장군은 프랑스 제6군에 대해 포위공격을 기도한다.

헨취 Hentsch 중령의 오판

몰트케는 정보참모 헨취중령을 제2군 사령부로 급파했다. 헨취는 제2군 사령관 뷰로브 Bulow 장군의 마르느강 북방으로의 후퇴를 묵인한다. 40 km에서 80 km로 더욱 넓어진 간격을 가로질러 제1군 사령부에 도착한 헨취는 공격을 주장하는 제1군 참모장 쿨 Khul 에게 자신의 직권으로 철수를 명했다. 헨취는 직권으로 후퇴를 명령할 수 있는 권한을 부여받았었다.

독일군 우익의 철수와 몰트케의 해임

9월 10일, 몰트케는 헨취의 보고를 받고 전선을 시찰한 후(최초의 전선시찰) 우익의 전군에게 철수를 지시하여 에느강선으로 철수를 완료한 뒤 독일 제6군의 공격을 중지시키고, 제7군을 우익으로 이동시켰으나 무용지물이 되었다. 9월 14일 마르느 전역의 패전으로 몰트케가 해임되었으며 팔켄하인 Falkenhyn 이 후임으로 임명되었다. 9월 18일 프랑스군은 공격을 중지했다.

▲ 팔켄하인

▲ 독일군이 물러섰던 에느강

교착상태(膠着狀態)와 지구전(持久戰)

마르느 전역 이후 도버해협에 이르는 이른바 "바다로의 경주(競走)"를 시작하여 전선을 연장시키고 1,000 km에 달하는 참호선(塹壕線)을 중심으로 교착상태에 빠졌다. 이것으로 속전속결을 기도한 독일군에게 치명적인 지구전(持久戰)을 초래케 하여 패전(敗戰)을 암시케 했다.

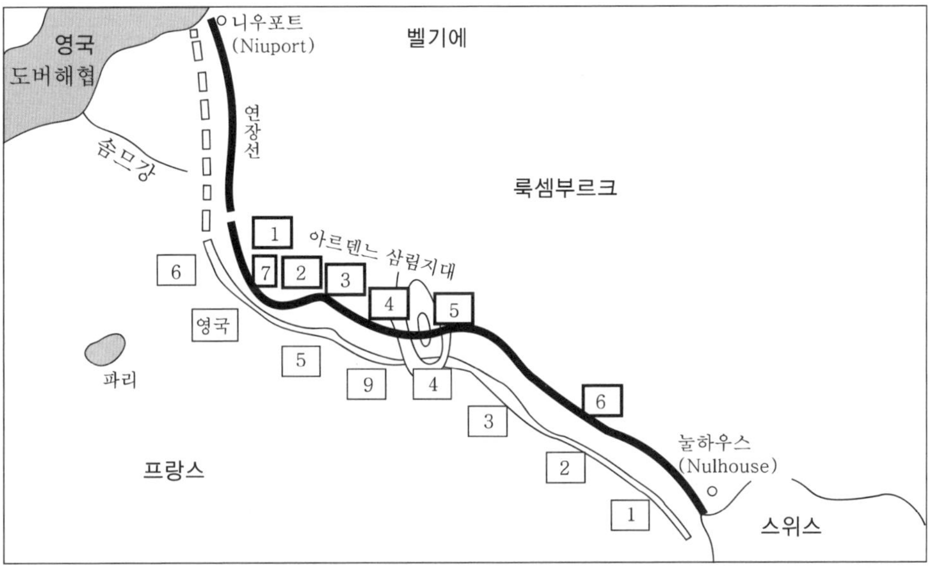

분 석

독일군의 속단(速斷)으로 인한 과오

마르느에서 독일군은 제1군 사령관 크루크의 잘못된 기동으로 인한 간격 때문에 이를 위기상황으로 인식, 전면후퇴라는 본래의 작전계획을 완전 무산시키는 과오를 범했다. 실상, 충분히 수습될 수 있었고 크게 잘못된 것은 아니었던 것이다.

※ 독일공간사에는 이때 마르느를 평하면서 "우리는 최초 공격의 성공을 마르느에서 잃어버렸다."고 기록하고 있다.

프랑스군의 승리요인 분석

리에즈에서 10일간 요지를 고수함으로써 독일군 작전계획에 차질을 주었다. 요새의 이점을 최대 이용하여 병력을 절약함으로써 신편 제6군이 창설 가능했으며, 왕성한 공격정신도 중요했다. 게다가 소(小) 몰트케는 정실에 의해 부대를 지휘했고, 부대지휘체제를 미확립했으며, 전황 파악이 미흡했고, 전쟁지휘를 위임시킨 과오를 범했다.

마르느 전투의 의의

독일군의 전략개념 실현을 좌절시켰으며 장기 지구전으로 돌입하게 된다.

29 타넨베르크Tannenberg 전투

|배 경|

동부전선에서 러시아군은 독일군의 예측을 뒤엎고 프랑스의 강압적인 요구에 의해 동원(動員)이 미처 완료되기도 전에 독일 국경을 넘었다. 본래 독일은 러시아군의 최소한의 동원 소요기간이 6주일은 될 것으로 판단했었는데 불과 8월 1일부터 8월 17일 사이 즉, 2주일 만에 미비된 동원이었지만 서부 집단군(西部集團軍) 사령관 찌린스키Jilinsky의 지휘하에 2개군을 투입했던 것이다.

몰트케는 이미 러시아의 공격에 대비하여 독일 제8군을 배치해 두었는데 독일 제8군은 4개반의 군단에 한 개의 기병사단, 수 개의 여단급 부대로 구성되어 있었다. 독일 제

▲ 삼소노프

▲ 레넨캄프

▲ 찌린스키(왼쪽에서 세 번째, 검은 옷)

8군 사령관인 프리트비츠 Prittwitz 는 "뚱뚱보"라는 별명을 가진, 오직 연고관계로 출세한 인물이었다.

러시아의 제1군은 레넨캄프 Rennekampf 의 지휘하에 독일 제8군을 동북방에서 견제하여 전선에 고착(固着)시키고, 러시아 제2군은 삼소노프 Samsonov 의 지휘하에 남방으로 대규모 우회하여 독일 제8군의 병참선을 차단한 후 배후로부터 공격하는 계획을 세웠다.

동원수준 1/3선에도 미치지 않는 불비한 병력과 여건 하에서 프랑스의 강력한 압력 때문에 8월 13일 공격 명령을 하달하였고 8월 17일까지 계속 진격을 하고 있었다.

|경 과|

▶ 굼빈넨

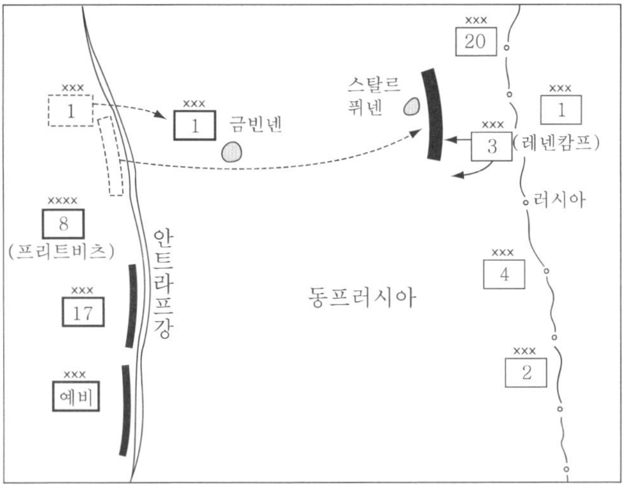

금빈넨 Gumbinnen 전투

▲ 프랑소아

프리트비츠는 러시아의 주력을 안트라프강 선으로 유인하여 기습적인 타격을 가하려는 계획을 세웠다. 다혈질(多血質)인 독일 제1군단장 프랑소아 Von Francois 는 러시아 제3군단이 프러시아 영토로 침입하자 군단사령부를 금빈넨에 위치시키고 30 km거리인 스탈르퓌넨 Stalluponen 전방에 주력을 배치, 러시아 제3군단을 공격, 많은 피해를 주어 국경선으로 다시 후퇴케했다. 러시아 제3군이 후퇴하자 프랑소와는 다시 본래의 안트라프강 선으로 철수했다. 이 전투는 전술적으로는 러시아 제3군단을 패퇴케했기 때문에 성공했을지라도 전략적으로는 프리트비츠의 유인작전에 위배되었으므로 실패했다. 소탐대실(小貪大失)의 우(憂)를 범한 것이다.

프리트비츠의 해임과 힌덴부르크의 등장

절호의 승기(勝機)를 놓친 프리트비츠는 러시아의 제2군 삼소노프군이 8월 20일 17시 30분에 국경선을 넘었다는 보고를 받자 매우 초조해져서 "비스툴라 Vistula 강으로 후퇴하겠다. 그러나 그곳에서도 러시아군을 저지할 수 있을지 자신이 없다."라고 몰트케에게 보고하자 몰트케는 그를 해임시키고 후임으로 67세의 퇴역노장(退役老將) 힌덴부르크 Hindenburg 를 임명했다. 프리트비츠의 참모장인 왈다제 장군도 동시에 해임되었고 후임으로 리에즈 요새 공략시 수훈을 세운 루덴돌프 Ludendorff 를 임명했다.

▲ 프리트비츠

▲ 비스툴라강

독일 제8군 작전참모 호프만 Hoffman 중령과 타넨베르크 전투 계획

힌덴부르크와 루덴돌프가 특별열차편으로 전선에 도착하기도 전에 독일 제8군 참모 호프만 중령은 나름대로의 판단으로 작전계획을 세워 8월 20일 저녁 각 군단에 명령을 하달, 실행에 옮겨 버렸다. 이것으로 유명한 타넨베르크 전투가 되었던 것이다. 루덴돌프는 8월 22일 야간에, 이틀 전 호프만 중령이 수립한 내용과 일치되는 작전계획을 수립하여 각 군단에 기동명령을 하달한 후 8월 23일 04 : 00시 하노버에서 힌덴부르크를 만나 특별 열차편으로 제8군 사령부 위치인 마리엔부르크 Marienburg 에 도착했다.

전선에 도착했을 때는 이미 2일전에 호프만의 작전계획에 의거 부대가 기동하고 있었다. 독일군 참모의 우수성을 보여주는 예가 된다. 호프만은 기동계획을 수립, 기동을 실시케 했으며 그 후 힌덴부르크는 기동계획에 의거 기동한 부대를 결정적인 시기에 공격명령을 내려 공격케 한 것이다.

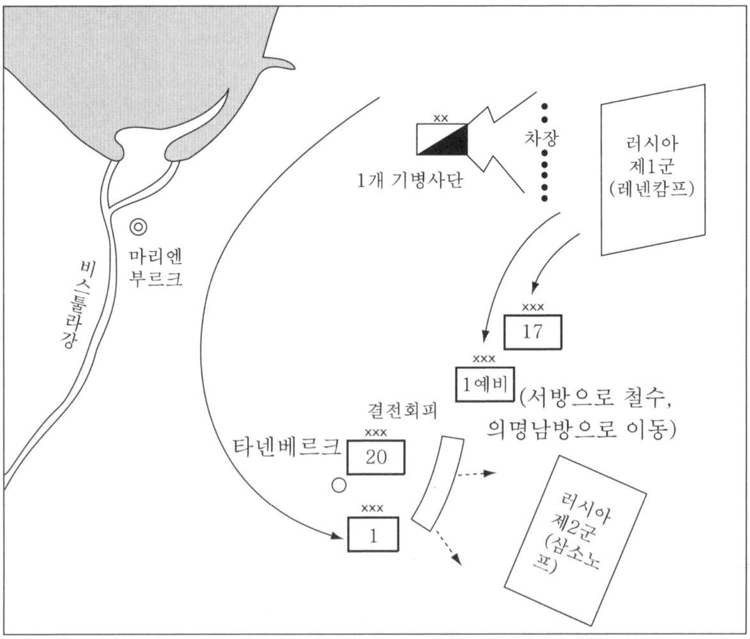

기동계획

- 1개 기병사단으로 러시아 제1군 차장
- 제17, 1예비군단은 러시아 제1군을 저지하면서 서방으로 철수, 러시아 제1군의 즉각적 추격없을 시 러이사 제2군 북측방으로 이동(공격준비)
- 제20군단은 러시아 제2군과 결전회피, 견제
- 제1군단, 제3예비 사단은 제20군단 우익보강(철도수송)

▲ 힌덴부르크

▲ 독일 제8군사령부 마리엔부르크

앙숙의 레넨캄프와 삼소노프

러시아의 군사령관들은 러일전쟁시부터 숙명적인 앙숙사이였다. 레넨캄프는 러일전쟁 때 삼소노프와 같이 기병사단장으로 전투에 참가했다. 요양 전투당시 레넨캄프의 증원이 미흡하여 삼소노프는 승기(勝機)를 놓치고 일본군 손에 중요한 동탄광이 넘어갔다. 그 후 두 사람은 봉천역(奉天驛)에서 서로 만났을 때 전쟁에 진 장병들 앞에서 멱살을 잡고 싸우는 추태를 보였다. 이렇게 앙숙인 두 사람이 러시아군의 제1, 2군 사령관으

▲ 베를린에서 동부전선으로 떠나는 독일군

로 임명되었다는 사실 하나로도 벌써 러시아는 패배하고 있었다. 당시 레넨캄프는 62세, 삼소노프는 55세였다.

타넨베르크 계획을 수립한 작전참모 호프만 중령은 러시아 문제의 전문가였다. 1898년에 육군대학을 졸업한 호프만은 6개월간 통역관으로 러시아를 여행했고 그후 참모본부 러시아부에서 5년간 근무했으며, 1904년과 1905년 노일전쟁시에는 독일군의 관병무관(觀兵武官)으로서 일본군에 종사한 바 있는 러시아 문제의 정통군인이었다. 노일전쟁 참전시 이미 레넨캄프와 삼소노프의 불화관계를 알고 있었기에 타넨베르크 계획은 이들의 관계를 교묘히 이용한 역작이었다.

▲ 힌덴부르크 루덴돌프

▲ 작전참모 호프만 중령

▲ 힌덴부르크, 빌헬름2세, 루덴돌프

러시아군의 기동

금빈넨 전투에서 독일군이 철수한 것을 알고 제1군의 레넨캄프는 현 위치에서 3일간 지체했고, 제2군의 삼소노프군은 8월의 뙤약볕을 받으며 8~9일간 강행군 남쪽을 향해 이동했다. 러시아군의 평문전신(平文電信)으로 인해 독일군은 러시아군의 상황과 기도를 파악하고 있었다.

러시아의 제1군 레넨캄프군은 완만한 속도로 이동하여 8월 25일 삼소노프군 우익(右翼)으로부터 약 64 km 이격된 지역에 도달했으며, 8월 26일 저녁까지는 이동을 하지 않으려 했다. 삼소노프와 레넨캄프는 64 km의 간격을 두고 상호 지원거리 밖에 있으면서도 협동작전을 할 생각은 아예 하지 않았다. 이 모든 사실을 독일군이 모를 리가 없었다.

힌덴부르크와 루덴돌프의 역사적인 결단

러시아군의 상황을 정확히 파악한 독일 지휘부는 제1기병 사단만을 러시아 제1군 전방에 두고 전군을 러시아 제2군 방향으로 기동, 포위에 들어갔다. 이러한 상황을 모르는 삼소노프는 그의 주력 제13, 15군단으로 하여금 독일 제20군단을 공격하라고 지시했다. 이때 호프만의 최초계획에 의거 서방으로 철수하여 러시아 제2군에 대한 공격준비를 하던 독일 제17군단과 제1예비군단에 대해 힌덴부르크는 역사적 결단을 하여 곧바

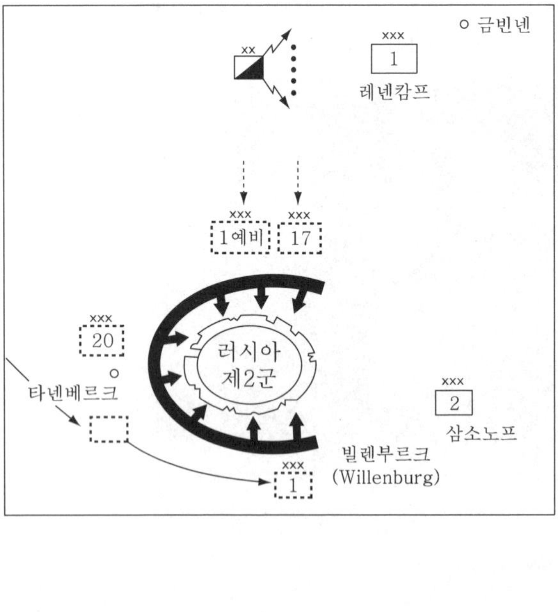

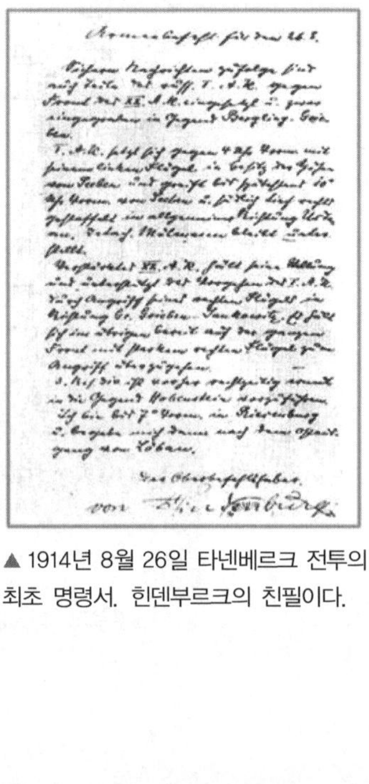

▲ 1914년 8월 26일 타넨베르크 전투의 최초 명령서. 힌덴부르크의 친필이다.

▲ 타넨베르크 현장

로 남방으로 기동, 러시아 제2군 북방측을 공격케 했으며, 독일 제20군단도 좌우 양익군과 함께 총반격을 개시했다.

독일 제1군단장 프랑소아는 빌렌부르크까지 포위망을 형성, 러시아 제2군을 완전 섬멸했다. 8월 29일 이 상황을 알게 된 삼소노프는 황량한 전장에서 권총으로 자살하고 만다. 타넨베르크 전투에서 러시아군은 포로 125,000명과 수미상의 전상자와 500문의 포를 잃게 된다. 독일군은 10,000~20,000명의 손실을 입었다.

레넨캄프군도 9월 8일 시작된 마주르 호반(湖畔)지대 전투에서 독일 제1군단 프랑소와 군과 마켄젠에 의해 궤멸 당했다. 레넨캄프는 그 후 찌린스키와 함께 군적(軍籍)을 박탈당했다.

|분 석|

철도를 이용한 독일 제1군단의 신속한 기동으로 배후공격이 가능했고 수송력의 중요성 입증되었다. 과감한 집중과 절약을 실행에 옮긴 지휘관의 대담성이 돋보였다(1개 사단 견제, 9개 사단 포위공격). 정확한 정보는 모든 작전계획의 기초가 된다(평문통화로 러시아군의 기밀누설). 힌덴부르크와 프리트비츠를 대비한 의지의 싸움에서 이미 힌덴부르크는 명장의 자격이 있었다. 독일 참모부의 우수성을 대변해 준 전투로서 루덴돌프와 호프만의 일치된 작전계획이 돋보였다.

지휘관과 인간관계의 중요성을 교훈으로 보여준다. 러시아는 중요한 임무를 띄며 협동작전을 필요로 하는 전투에서 레넨캄프와 삼소노프와 같은 앙숙 관계를 임명하는 과오를 범했다. 러시아군 독일과 오스트리아 양군에 대항하여 동시전을 할 수 있는 통신장비가 절대적으로 부족하였으며, 암호조작 능력자도 크게 제한되어 평문통신에 의존하게 된 것이다. 러시아군은 동부전선에서 주도권을 상실하고 결국은 전선에서 이탈하게 된다.

독일군은 타넨베르크 전투에서는 대승(大勝)을 거두게 되나 서부전선에서 마르느 전역의 실패로 인해 전반적으로 패배의 길로 들어선다.

▲ 힌덴부르크의 죽음

▲ 타넨베르크 섬멸전의 마지막 장면

30 다다넬스^Dardanelles^ 전역

|배 경|

터키는 대전 발발 당시 중립(中立)의 위치에 있었다. 터키에 대해서 영국과 독일이 서로 자국(自國)의 세력권으로 끌어들이기 위해 경쟁적인 노력을 했는데 1914년 대전 당시까지 독일이 영국을 앞질러 갔다. 1913년 12월에 터키군의 재편(再編)을 위하여 독일은 산데스 Sanders 장군 외에 70여명을 파견했다. 1914년 8월에는 독일과의 비밀조약을 체결했다. 1914년 마르느 전역에서 독일군이 패하고 갈리시아 전역에서 오스트리아군이 패하자 터키는 러시아를 의식하여 동맹국 측에 가담했다. 1914년 10월 30일 독일군 지휘 하에 터키 함대가 러시아의 오뎃사 Odessa 를 포격했다. 이 도발 행위로 터키

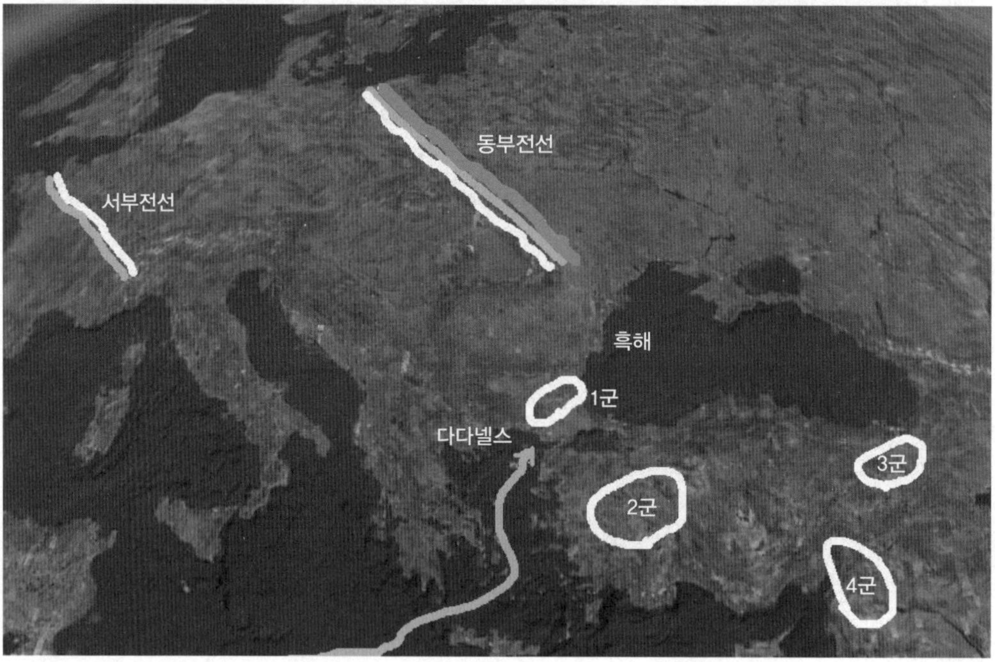

는 전쟁에 참여하게 되었다. 독일의 산데스 장군은 구식이며 무능한 터키군을 신속히 발전시켜 40개 사단(1개사단 9,000명)으로 4개군(軍)을 편성했다. 대부분의 보급과 탄약 제조 시설 등은 독일에 의존했기 때문에 독일과 터키 사이에 있는 발칸 제국의 향배(向背)가 중요시되었다. 다다넬스 전역의 결정적인 계기는 1월 초순, 러시아가 동맹국인 영국에 대해서 터키에 대한 견제작전(牽制作戰)을 요구한 데 있다.

|경 과|

영국군의 최초 상륙작전

영국의 카든 Carden 제독은 해군함대를 지휘하고, 해밀턴 Hamilton 장군은 지상부대를 지휘하여 1차적으로 해군력으로만 공격하고 실패 시에는 지상부대를 투입할 상륙준비를 계획했다.

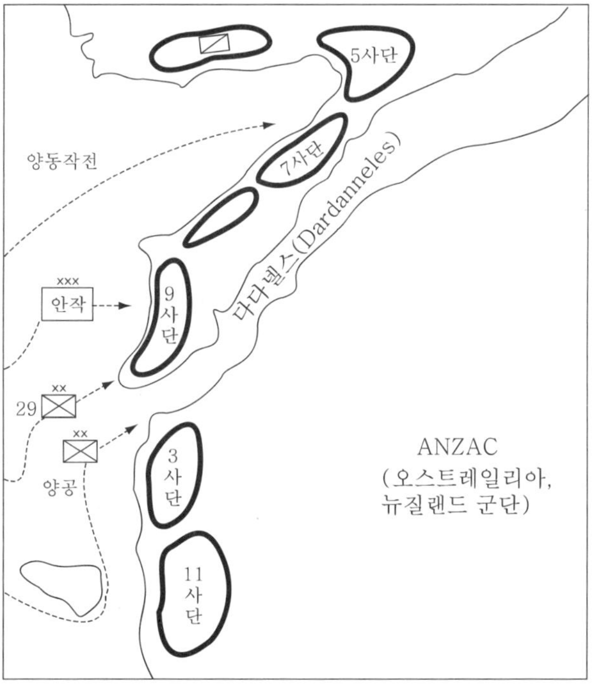

▲ 다다넬스 해협

터키는 다다넬스 해협에 대한 완벽한 방어를 위해 영구 요새진지 및 각종 포, 수뢰대(水雷帶), 대잠수함망(對潛水艦網), 7개 보병대대의 기동부대를 배치했다.

영국은 1915년 2월 19일에 준비사격을 개시했다. 3월 18일에 카든 제독에서 로베크 Robeck 제독으로 경질(카든의 신병)되어 재차 공격을 시도했으나 큰 피해만 입게 된다. 해군 단독공격의 불가능으로 육군과의 합동작전(合同作戰)을 개시한다.

영국은 합동작전을 위해 알렉산드리아를 제1기지로 하고 무드로스 Mudros 를 제2기지로 결정했다.

터키는 알렉산드리아에 영국의 대규모 상륙부대 집결정보에 따라 독일 사람인 산데스 장군을 터키 제5군사령관으로 임명하여 다다넬스와 그 일대를 통할하게 했다. 산데스는 소규모의 병력으로 기동방어를 채택(상륙 예상지역에 장애물 구축)했다.

4월 3일 영국상륙군은 알렉산드리아를 출발, 21일 무드로스에 도착(77척의 함정)하여 4월 25일 전면공격을 실시했고, 양동작전과 함께 안작(ANZAC)군단 및 기타부대를 상륙시켰다.

▲ 갈리포리(Gallipoli) 반도와 그 입구의 다다넬스 해협

터키의 완강한 저지는 축차적으로 병력을 투입했던 영국 상륙군의 공격을 막을 수 있었다. 5월에 이르자 독일의 잠수함 출현으로 함포를 지원하던 영국함대는 철수했다. 영국군은 여론 때문에 철수도 하지 못하고 있었다.

영국군의 제2차 공격

해군장관 처칠은 다다넬스에서의 실패에 대해 책임을 지고 사임했다. 해밀턴은 영국과 프랑스군의 새로운 지원부대를 증원받아 제2차 상륙작전을 감행했다.

7월말 영국의 해밀턴은 17개 사단, 터키의 산데스는 16개 사단을 보유하고 있었는데, 영국은 조공인 8군단을 8월 6일 05시 30분에 공격을 개시하여 8일까지 터키군을 고착하는데 성공했다. 슈브라 Suvla 만(灣)에서 조공인 9군단의 스톱포드 Stopford 장군이 "비틀즈

▲ 안작(ANZAC) 부대원들

▲ 안작 모병 포스터

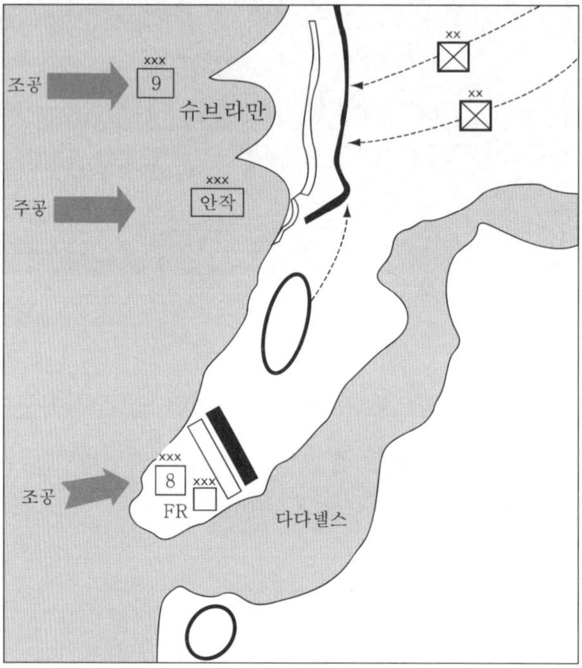

Beetles "라는 철갑발동선(鐵甲發動船 : 상륙용 단정의 전신)을 사용하여 상륙했다.

주공 안작군단도 공격을 재개했으나 실패하게 된다. 제2차 공격의 실패로 굴욕적인 철수작전에 들어갔다.

*9개월에 걸친 다다넬스 전역에서 양군은 각각 250,000여명의 피해를 입었다.

|분석|

영국군은 육군과 해군간의 합동작전 경험이 전무(全無)했다. 합동작전에 관한 전례(戰例)가 없었기 때문에 영국 지휘부는 많은 시행착오를 범했다. 다다넬스 전역을 계기로 상륙용 단정(丹精)의 연구, 통신연락, 함포지원, 추진보급 등 합동작전에 관한 제문제점 대비책을 강구하게 된다.

처칠은 프랑스 서부전선의 교착상태를 타개하고자 터키 남부의 다다넬스에 대규모 해군력을 집중했지만 실패하자 육군 소령으로 백의종군하여 프랑스 서부전선으로 자원 출정하여 대대장, 연대장을 거치면서 전공을 세웠다.

A Australian
&
N New
Z Zealand
A Army
C Corps

▲ 안작(오스트레일리아, 뉴질랜드 군단)

▲ 다다넬스 해협 입구 갈리포리의 모습

▲ 해협 일대에 배치되었던 독일제 276 kg 대포

▲ 오른쪽 사진이 해군장관 처칠

31 벨당Verdun 전투

|배 경|

"해안으로의 경주"에 의해 1,000 km에 달하는 서부 전선은 여전히 교착상태로 장기전의 형태를 벗어날 수가 없었다. 우선 방어에 요긴한 각종 장애물을 설치했고, 기관총과 지원포(支援砲), 축성 등으로 강력한 요새지대를 형성하여 총검(銃劍)과 인간의 용기로서는 도저히 돌파할 수 없는 난공불락(難攻不落)의 방어선으로 만들어 버렸다. 연합군은 이 전선을 타개하는 두 가지 방안을 두고 논쟁을 벌였는데, 첫째는 난공불락의 참호선(塹壕線)을 돌파(突破)하거나 둘째는 이를 우회(迂廻)하는 것이다. 서부전선에 대부분의 병력을 할당한 프랑스가 첫째 방안인 돌파를 주장하게 되어 돌파작전에 돌입하게 되었다. 1914년말 프랑스군의 상빠느 Champagne 공격은 240,000명의 엄청난 사상자를 낸 채 실패하고 말았고, 3월 10일 영국군의 누브샤펠 Neuve Chapell 공격도 최초 기습의 성공에 이어 진격했으나 결국 좌절되고 말았다. 1915년 4월 5일 프랑스는 재차 벨당을 위협하고 있는 생 · 미헬 St. Mihie 돌출부(突出部)에 대해 공격을 시도했으나 실패하고 만다. 1915년 4월 22일 독일군은 동부전선으로 병력을 보강하는 것을 은폐하기 위해 벨기에의 이프르 돌출부에 약 5,000개의 가스통(筒)을 열어 독가스를 흘려보냈다.

이 가스는 염소가스로서 2월초 러시아군에게 사용한 바 있었으나 동절기 혹한으로 별 효과를 보지 못했었다. 이 독가스로 인하여 연합군 전선에는 약 4마일의 간격이 발생했으나 즉각적으로 투입할 수 있는 독일군의 예비대가 가용치 못했고 또한 독일군도 독가스에 대해 공포를 가지고 있는 터이라 그 간격에 대한 공격을 실시할 수 없었다. 이와 같이 1915년 말까지는 쌍방에서 국부적인 돌파작전이 시도되었지만 상호 피해만 입은 채 진전이 없었다.

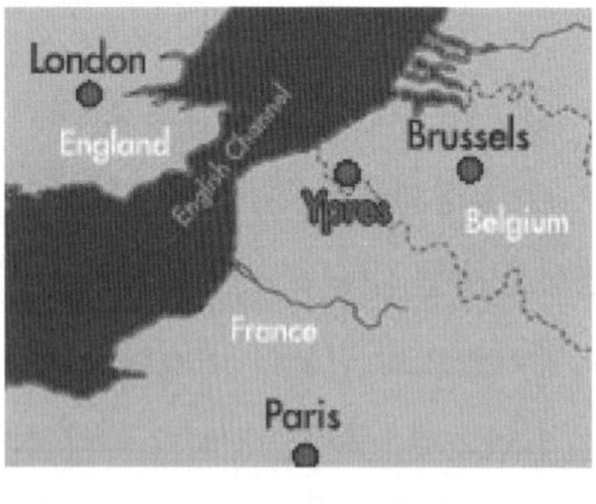

|경 과|

독일군의 불안과 벨당의 선택

교착상태가 계속되자 연합군측에 비해 인적·물적지원이 부족한 독일군은 차츰 불안하기 시작했다. 팔켄하인은 어느 곳이던 대규모 공세를 계획하여 돌출구를 찾으려 했는데 서부전선을 선택했다. 러시아에 대한 공격은 4월 이전까지는 불가능하고 이탈리아에 대한 공격은 별다른 효과가 없다고 판단한 것이다.

▲ 오늘날 벨당의 모습

팔켄하인이 벨당 지역을 택한 이유는 프랑스가 끝까지 확보하기를 고집하는 지역이므로 이곳을 강타함으로써 펌프로 물을 뽑어 고갈시키듯이 프랑스군을 저지하는 것이

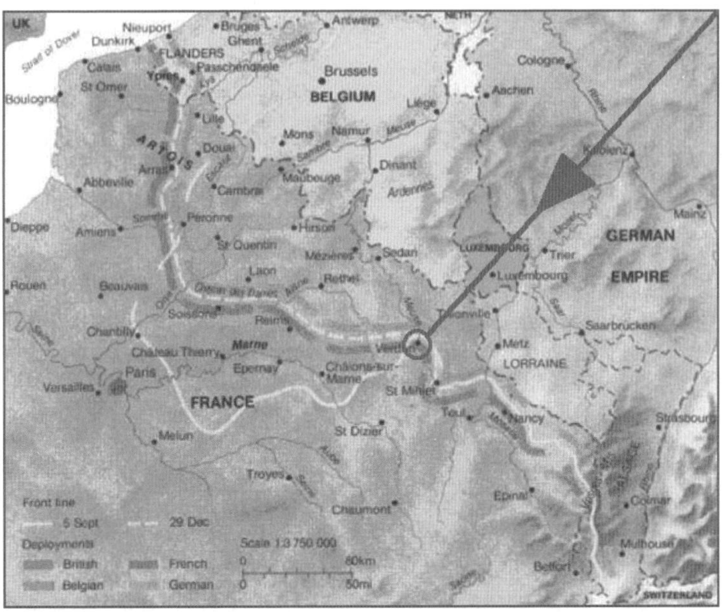

었다. 또한 다른 전선의 예비 병력과 군수물자들은 흡수해 벨당 요새를 세계 제일의 요새라고 자랑하고 있는 프랑스 국민과 군인들에게 심리적으로 치명적인 좌절감을 주며, 이를 점령함으로써 프랑스군의 좌우익을 분리시켜 퇴각을 강요하고, 파리에서 낭시간의 철도를 장악, 동북부 로레인 지방과 그 일대의 요새선을 쉽게 점령해 버릴 수 있다는 판단 때문이었다. 실제로 벨당은 교통의 요지로서 수 개 지역에 이르는 철도선을 장악하고 있었다. 만약 벨당 공격이 실패되더라도 프랑스군은 전의(戰意)를 상실하게 되어 강화(講和)에 응해올 것으로 기대하고 있었다.

벨당 공격에 대비한 독일군의 전투준비

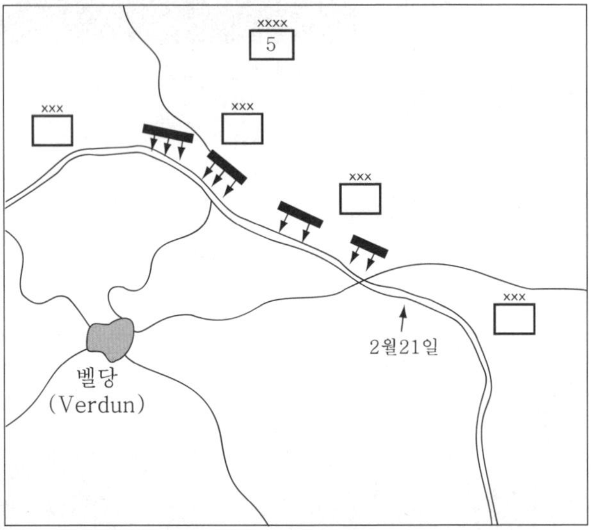

신속한 보급품과 병력수송을 위해 도로 및 철도를 개선 및 보수하고 탄약과 군수물자를 추진하여 집적했으며, 1,400문의 기동화된 개량포와 3개 군단의 병력을 집결시킴으로써 회심의 일격을 가할 만반의 준비를 하고 있었다.

프랑스 연합군의 대응책

리에즈 요새와 나무르 요새 등의 붕괴로 인해 요새에 대한 인식이 나빠진 죠프르는 벨당을 비롯하여 벨포트 및 당케르크 요새에 있는 대부분의 중포(重砲)들과 일부의 병

▲ 벨당 전선에서 방독면을 쓰고 전투준비를 하고 있는 독일군

력을 야전군에 배치하였다.

벨당 요새의 지휘관으로 헤르 장군이 임명되었는데 그는 빈약한 방어태세를 본 후 자신감을 잃었다. 죠프르는 독일군이 상빠르로 공격할 것이며 최소한 5월까지는 공격이 불가능할 것이라고 판단했다.

독일군의 벨당 공격

탈주병(脫走兵)의 정보에 의해 독일군이 벨당으로 공격해 올 것을 간파한 죠프르는 벨당 지역에 대해 병력을 증원하고 독일군의 공격에 대비했다. 1916년 2월 12일이 공격 예정일이었는데, 계속되는 폭우로 인해 2월 21일에 가서야 독일군의 벨당 공격이 개시되었다.

프랑스군은 독일군의 공격을 미리 예상은 했으나 이렇게 대규모의 공격이 있을 줄은 상상도 하지 못하고 고전을 치루게 된다. 매시간 10만발의 포탄이 날아들고, 적극적인 독일공군의 공중지원으로 2월 24일에는 프랑스의 제1, 제2 방어선이 무너졌으며, 일부 지휘관들은 뮤즈강선으로 철수할 것을 건의했다. 죠프르는 결사적인 방어를 명하며 사투(死鬪)를 독려한 결과, 공격개시 4일 후 독일군은 6 km의 전진만이 가능했다.

뻬땡 Petain **의 기용과 프랑스군의 반격**

2월 25일 벨당전방의 마지막 보루인 두우몽 Douaumont 요새가 함락되어 벨당과 파리 사이가 개방됨에 따라 위기 상황에 직면한 죠프르는 제2군의 뻬땡 장군에게 벨당 방어의 중임(重任)을 부여했다. 이때 뻬땡은 60세의 나이였다.

▲ 초토화가 된 벨당 요새

▲ 벨당 요새에서 뻬땡

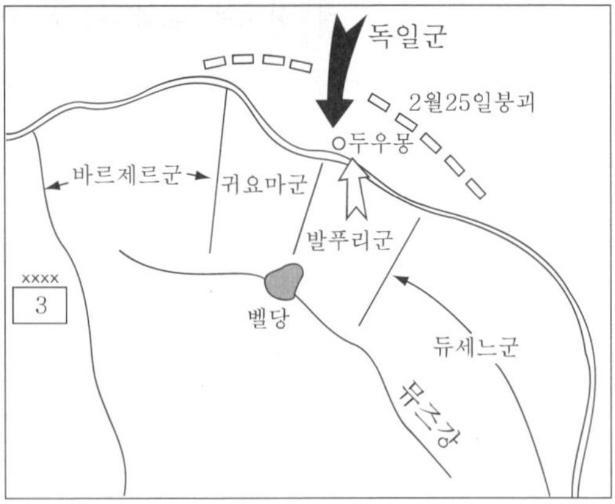

▲ 두우몽 요새 내부

▲ 두우몽 보루

빼땡은 제2군을 4개 전구(戰區)로 나누고 네 명의 장군에게 지휘관을 분담시켰다. 발푸리 Balfouries 군이 2월 26일 피탈된 두우몽 보루를 향해 맹공을 가한 결과 탈환에 성공했다. 이로써 독일군의 기세를 꺾고 벨당 전투에서의 금자탑을 세운다.

빼땡의 벨당 요새 사수(死守)준비

빼땡은 요새를 재정비하고 병력을 개편하였으며 각종 교통수단(특히 자동차)을 이용하여 병참선 확보를 위한 대규모 도로개설 및 보수작업을 실시했다. 이때 수많은 의용군과 시민이 합세하여 벨당 사수의 의지를 보였다.

▲ 빼땡

독일군의 진퇴양난(進退兩難)

프랑스군의 강력한 방어준비와 솜므 지역에서의 영국군 공격 징후 등으로 독일군은 계속 공격할 것인가 혹은 포기할 것인가의 진퇴양난에 빠지나 그 동안의 준비과정과 지금까지 희생 등을 고려하여 공격을 재개하기로 결정했다. 사실상 타 지역으로 공격방향을 변경하더라도 그 준비기간으로 최소한 6개월이 소요되었다.

▲ 뻬땡의 벨당 사수 명령으로 진지를 보수하고 있는 프랑스군

▲ 진퇴양난에 빠진 독일군의 전투 준비 장면

독일군의 공격 재개(再開)와 힌덴부르크의 등장

7월 19일 팔켄하인이 해임되고 힌덴부르크가 참모총장에 취임하자 공격중지 명령을 내렸다. 그동안 독일군은 각종수단을 전부 동원하여 공격을 시도했으나 양군 공히 처절한 피해만 가중될 뿐이었던 것이다.

▲ 벨당 참호

프랑스군의 3단계 공격과 벨당 사수 성공

프랑스군은 3단계로 구분하여 공격을 실시했는데 3단계 작전 기간인 1916년 11월에 들어서야 2월의 최초 전선을 회복하게 된다. 1917년 여름까지 작전은 계속되었고 결국 프랑스의 승리로 종결되었다. 독일군은 7월 2일 시작된 솜므 전투에 의해 병력을 분산시켜야 되는 불리한 입장에서 결국 패전으로 치닫게 된 것이다.

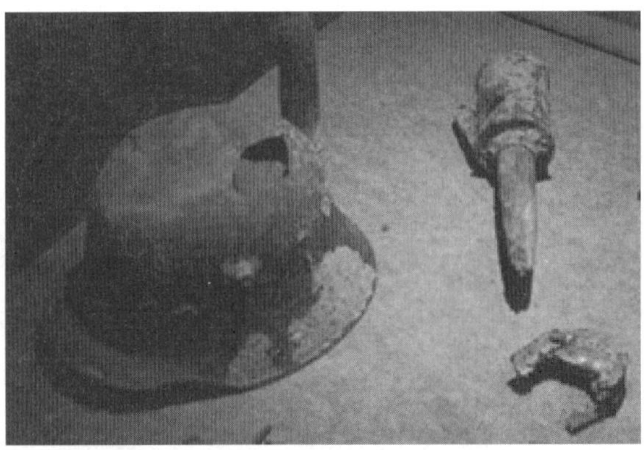

▲ 벨당 참호에서 발굴된 독일군 철모, 수류탄

|분석|

벨당 전투의 승리로 인한 방어 제일주의 사상 등장

두우몽 Douaumont 과 보옥스 Vaux 의 콘크리트 보루는 수 십 만발의 독일군 포격에도

지탱할 수 있었다. 프랑스 국민들 사이에는 "프랑스는 벨당에서 구원되었고, 독일군의 사기에 결정적 타격을 주었다."라는 전설적인 예찬론이 유행되었다.

"벨당의 승리는 방어에 의해서 성취된 것이므로 방어야말로 절대적인 승인(勝因)이다. 세계대전을 승리로 이끈 것은 영웅적인 방어전이다"

* 벨당 요새전은 2차 세계대전초기의 마지노 정신을 탄생시킨 근원이 된다.

* 이프르 전투에서 독가스(염소가스)가 사용되었다.

▲ 벨당 전투 중에 총알을 맞는 순간의 프랑스 병사

▲ 프랑스 벨당의 묘지

▲ 벨당 묘지 입구에 놓여 있는 죽은 병사의 동상

32 솜므Somme 전투

|배 경|

솜므 전투의 특징은 최초로 전차(戰車)가 등장한 것이라 하겠다. 서부전선은 참호전으로 교착상태에 빠졌기 때문에 적의 참호선을 횡단하고 설치된 철조망을 파괴하여 기관총 진지를 제압하기 위해서는 새로운 장비가 필요했다. 전차에 관한 최초의 제안은 영국의 공병중령인 스윈톤E.D. Swinton에 의해서이다. 그는 당시 농업용 트랙터를 개량한 형태의 전차를 건의했으나 묵살당했는데 해군장관이었던 처칠만은 관심을 표명하고 해군항공대에 단독으로 연구를 지시했다. 1914년 10월 20일에 해군성 지상함 위원회가 설치되어 본격적으로 지상함(=전차)의 연구를 시작했다. 1915년 9월 8일 최초의 시제전차(Little Willie)가 탄생했으나 많은 결함이 있었다. 1916년 1월 20일 육군 장관의 반대를 무릅쓰고 150대를 발주하여 MKI으로 명명했다. 8명의 승무원에 최대속도는 보통 사람들의 빠른 걸음걸이 정도인 시속 6 km였다.

▲ 해군장관 처칠

당시의 목적이 참호선 통과가 주된 것이었으므로 문제될 것은 없었다고 봤다. 윈스턴 처칠은 1915년 말에 다다넬스

▲ 솜므 전투에서의 영국군 전차 MK1

▲ 헤이그

전역 실패에 대한 책임을 지고 해군 장관직을 사임한 후 서부전선에 자원하여 육군 소령의 계급으로 종군했는데, 그때의 지휘관이 바로 솜므 전투에서 영국 원정군 총사령관인 헤이그 Douglas Haig 장군이었다.

최초로 전차가 사용된 것도 이러한 연유에서이다. 1915년 12월 죠프르는 서부전선과 동부전선, 이탈리아 전 전선에 걸쳐 총 공격을 시도하려고 계획했으나 독일군의 벨당 공격으로 인해 연기했었다. 1916년 2월 다시 일제공세를 결정하고 서부전선에서 솜므 전투를 준비하게 되었다.

|경 과|

- 주공 : 영국 제4군(두애, 깡브레방향)
- 조공 : 영국 제3군, 프랑스 제6군
- 최종 목표는 파리 동쪽 80 km 거리의 노용돌출부(突出部) 제거

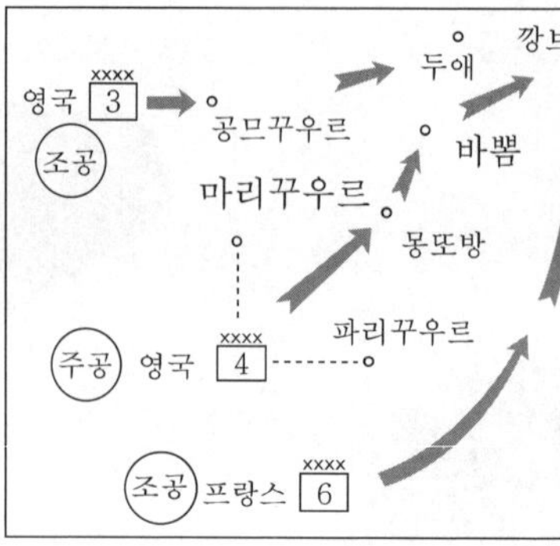

연합군의 공격준비와 공격실시

제공권(制空權)을 확보하고 1,500문의 포와 수 백 만발의 포탄을 준비하고, 철도와 도로를 신설하여 공격을 준비했다. 공격예정일인 6월 29일은 악천후로, 7월 1일 공격을 개시했다. 40 kg의 중장비를 한 영국군 보병은 당시의 포병 이동탄막(彈幕)을 따라잡지 못했으며 보포협동작전(步砲協同作戰)의 실패로 돌파구를 형성하지 못하고 실패했다.

이때 독일군은 벨당 요새 공격을 전면포기하고 54개 대대를 솜므 지역에 보충하여 사수(死守) 태세에 돌입했다.

연합군의 제2차 공격개시

7월 14일 영국군은 6개 사단을 재투입하여 바젱땡·르·쁘삐 Bazentin-le Pepit 와 델빌르 Delville 숲 사이의 독일군 제2선을 분쇄하고 돌파구를 형성하여 승기(勝機)를 잡았으나 전과 확대할 예비대 투입이 지연되어 다시 빼앗겼다. 2차 공격 종료 후에 양군은 공히 2개월간 소강상태(小康狀態)에 빠졌다. 새로 참모총장에 임명된 힌덴부르크 장군은 병력을 증강하고 1,800 km 종심의 종심방어 전술을 시도했다.

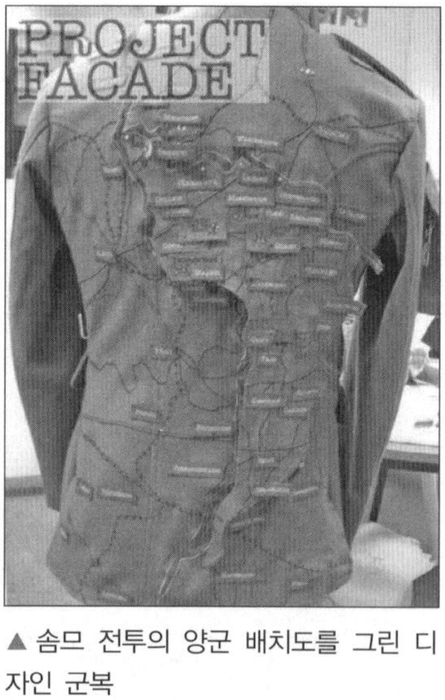

▲ 솜므 전투의 양군 배치도를 그린 디자인 군복

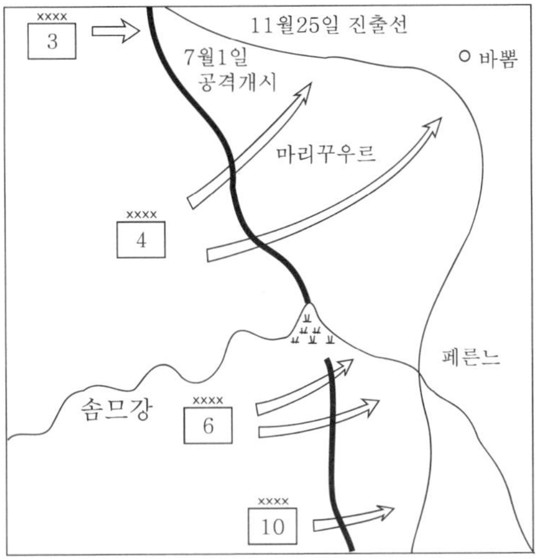

▲ 연합군의 공격 방향

▲ 솜므 전투에 최초로 투입된 영국군 전차 MK1

연합군의 제3차 공격과 전차의 등장

영국은 교착상태를 타개하고자 최초로 전차를 투입했다. 9월 15일까지 59대가 도착했으나 실제 전투에 임한 것은 9대에 불과했다. 독일군은 괴물 같은 무기에 혼비백산하고 심리적 마비현상을 보였다. 그러나 전차의 출현도 돌파구 형성에는 실패했다.

솜므 전투 종식

5개월 동안의 격전에서 연합군은 겨우 12 km를 전진했다. 이 전진 과정에서 프랑스군 195,000명, 영국군 420,000명, 독일군 650,000명의 사상자가 발생했다.

|분석|

▲ 기도하는 군목(chaplain)

독일군의 전차 경시 사상 : 최초로 등장한 전차의 기계적 성능의 미흡함으로 인해 초기 독일군에게 전차 경시 사상을 불어넣어 주었다.

영국군의 전차군단 창설 : 1917년 6월 영국에서는 독립된 병과로서 전차군단(Royal Tank Corps)을 창설했고 이 때의 참모장이 전격전 이론의 효시인 풀러J·F·C·Fuller 중령이다. 솜므 전투에서 전차의 가치가 인정된 것이다.

보병과 포병의 협동작전 불비점(不備點)으로 인한 공격작전 실패 : 포병은 보병의 이동속도에 따라 포격을 해야 하는데 당시에는 보병이 포병의 포격에 따라 뛰어 다녀야 했다. 40 kg의 중무장을 한 보병은 탄막을 따라 잡기에 지쳤다.

방어의 중요성 증가 : 벨당 전투에 이어 방어 제일주의 사상에 더욱 확신을 갖게 했다.

신속한 예비대 투입의 중요성 : 영국군은 7월 14일 천신만고 끝에 겨우 돌파구를 형성하여 전투를 승리로 종식시킬 결정적인 시기를 포착했으나 전과 확대할 예비대의 투입지연으로 이를 놓치고 말았다.

▲ 솜므 전투 당시 여러 장면

33 브루실로프Brusilov 공세

|배 경|

독일군에 의해 벨당 전투가 시작되자 프랑스는 동맹국인 영국과 러시아에 대해 즉각적인 지원을 요청했다. 영국 원정군 사령관인 헤이그는 준비 불충분의 이유로 거절하였으나, 러시아는 이 요청을 즉시 수락하고 1916년 3월 18일 18개 사단으로 편성된 제2군을 나로취 호(湖) 부근에 투입, 공격을 시작했다. 이 지역은 독일군의 강력한 방어선이 형성된 곳으로써 독일군의 중포(重砲)와 기관총에 의해 러시아군은 무참히 패하고 만다. 때마침 해 빙기(解氷期)라 진흙투성이의 땅에서 보급품의 수송이 어려워서 더 많은 피해를 입게 되었다. 나로취 호전투 종료 후 다시 러시아는 7월 1일을 기하여 총공세(總攻勢)를 계획한다. 그러나 예정보다 1개월가량 빨리 6월 4일에 또 한 차례의 공세(攻勢)작전이 있었는데 그것이 바로 브루실로프 Brusilov 장군에 의한 공격작전이었다.

▲ 브루실로프

|경 과|

이탈리아의 지원요청

1916년 5월 14일, 오스트리아가 이탈리아에 공격을 시작했다. 이때 이탈리아는 러시아 황제에게 지원을 요청했으나 러시아 군부(軍部)는 이를 반대하게 된다. 그러나 용감한 브루실로프 장군은 이를 적극 찬성하여, 러시아 군부의 반대를 물리치고 지원을 결심한 러시아 황제의 작전구상에 부응했다.

러시아군의 기동계획

주공은 중앙의 서부집단군으로 비르나 Vilna 방향으로 공격하고, 조공은 북부집단군과 브루실로프 장군이 지휘하는 서남부 집단군이었다. 이때 브루실로프군은 오스트리아군의 예비대를 흡수하기 위한 작전구상을 가지고, 면밀한 작전지역 검토와 정확한 적의 진지, 부대배치상황 등을 탐지하고 공격에 대비한 각종 예행연습을 철저히 실시했다.

브루실로프군의 공격

6월 4일 기습적인 공격준비 사격후 브루실로프의 서남부 집단군은 일제히 공격에 나섰다.

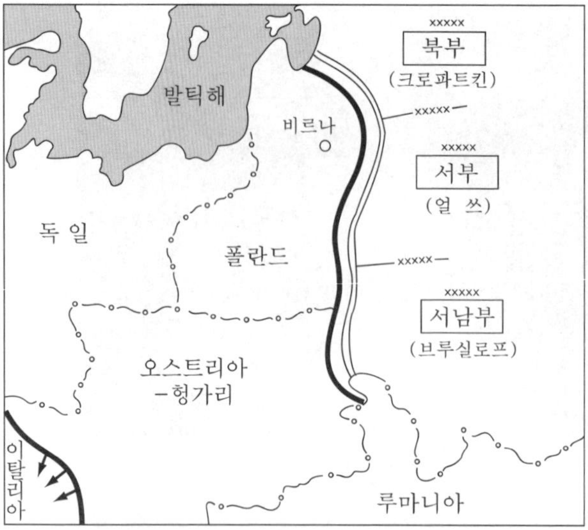

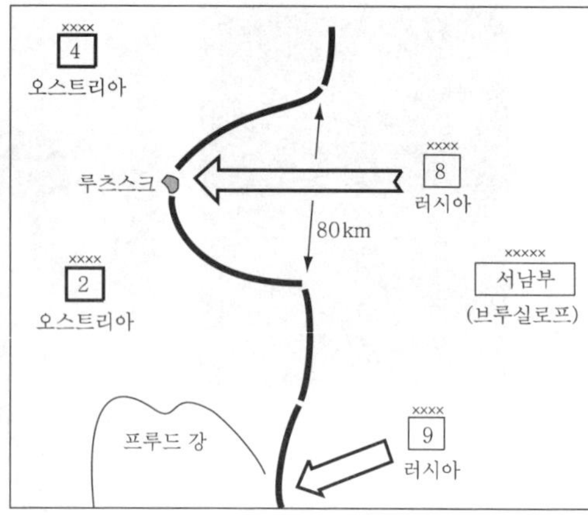

▲ 전선에서의 러시아군

브루실로프의 우익 제8군은 오스트리아의 루츠스크까지 돌파에 성공함으로써 80 km의 돌파구를 형성했고 좌익의 제9군도 프루드 Pruth 강선까지 진격했다. 6월 말에는 교통중심지인 코벨 Kowel 과 카르파티아 Carpathnia 통로까지 진출하여 오스트리아 동맹국에게 70만 명 이상의 손실을 입혔다.

독일군의 지원과 러시아군의 열세

오스트리아 전선에서 러시아군의 선전(善戰)으로 독일의 힌덴부르크와 루덴돌프장군은 즉각 오스트리아 전선에 병력을 증원하기에 이른다. 잘 발달된 철도망을 통하여 서부전선으로부터 4개 사단, 오스트리아군으로부터 2개 사단 등을 즉각 증원하여 오스트리아 전선에 투입했다. 브루실로프 공세가 성공적으로 진행되자 러시아 황제는 최초 조공으로 계획된 브루실로프 집단군을 주공으로 전환하여 공격을 계속하려고 획책했다.

그러나 독일군과 오스트리아 동맹군은 서부전선과 이탈리아 전선, 오스트리아 국내에서 차출된 약 25개 사단의 병력으로 전투에 임하게 됨으로써 러시아군은 병력의 열세로 인해 결국 9월말에 이르러 다시 전선은 소강상태(小康狀態)에 빠지게 되었다.

러시아군은 350,000명의 포로와 물자, 광대한 영토를 획득했으나 자체의 손실이 무려 1,000,000명에 달하게 되어 내부적으로 몰락의 길로 치닫게 된다.

브루실로프 공세 이후 정세

러시아 내부는 반전(反戰) 사상이 만연되어 레닌의 혁명으로 치닫게 되고, 독일군은 벨당 전역에서 15개 사단을 전용했기 때문에 서부전선에서 고전을 겪게 된다. 루마니아가 연합군측에 가담케 되고 오스트리아군의 지휘권이 독일군에게 장악된다.

▲ 동토 위의 러시아군

|분석|

공격임무를 부여받은 브루실로프장군은 비록 조공(助攻)의 임무라 할지라도 보다 완벽한 작전수행을 위해 갖은 수단을 동원하여 예행연습을 했다. 철저한 적진정찰과, 보포협동작전(步砲協同作戰)을 통한 철조망 통과요령연구, 자신감을 부여하기 위한 모형 적진돌파 훈련 등의 일련의 철저한 준비는 전쟁기간 중 러시아가 획득할 수 있었던 승리 가운데 가장 큰 성공작으로 이어지게 했던 것이다.

▲ 러시아군의 분열 장면. 보병 뒤에 기병이 따르고 있다.

34 루마니아 · 발칸 · 이탈리아 전역

|루마니아 전역|

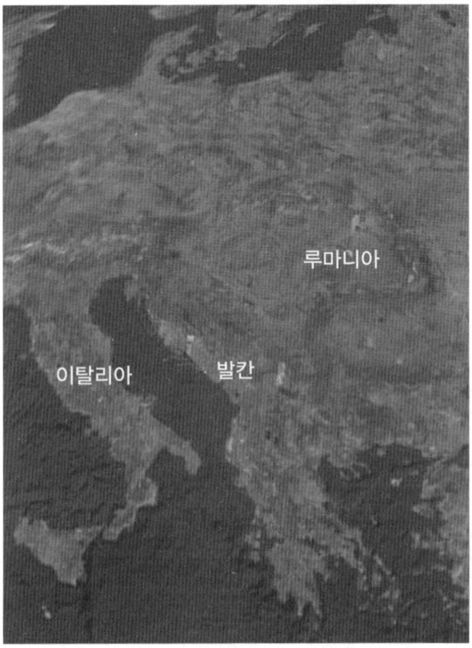

루마니아는 개전 후 2년 동안 중립을 지켜 국가를 부강시켜 나가면서 추이를 보아 유리한 측에 가담하기로 했다. 그러나 1916년에 들어서자, 세르비아, 불가리아, 오스트리아의 삼국에 의해 3면이 포위당한 상황을 두렵게 인식했다. 때마침 독일군이 벨당 전투에서 패배하고 있었으며, 연합군이 솜므 전투에서 승리를 거두고 있었고, 러시아의 브루실로프 공세가 성공적으로 수행되고 있는 등의 주변정세를 분석한 후 6월부터 연합국측에 가담하여 8월 27일 동맹국에 대해 선전포고를 하기에 이른다.

이때 연합국과의 약속은 루마니아에게 트란실바니아 Transylvania 의 영토를 주기로 한 것이다. 선전포고 당시 브루실로프 공세가 실패로 기울어져 사실상 시기적으로 루마니아는 참전의 호기를 놓친 것이다.

약 500,000만의 병력은 확보했으나 루마니아의 군대는 훈련수준이 대단히 저조하였고 전투 경험도 전혀 없었다. 연합국으로부터 매일 300톤의 군수품을 받기로 하여 절대적으로 부족한 물량을 보충하기로 계획했다.

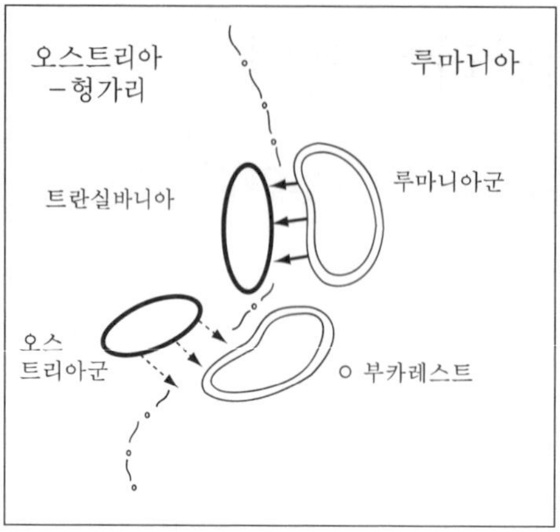

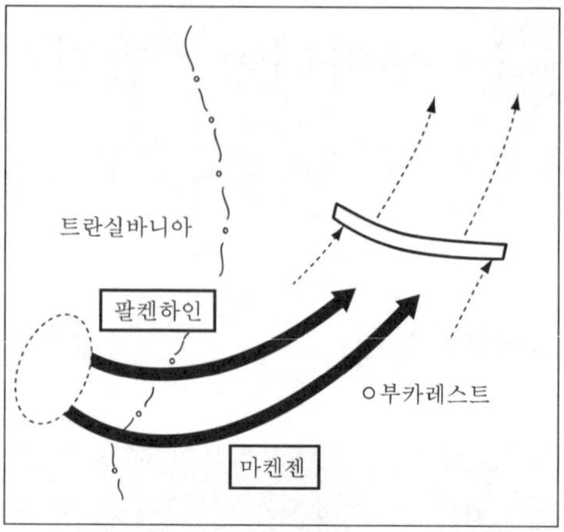

▲ 마켄젠

▲ 오늘날 루마니아의 수도 부카레스트

루마니아는 주공을 트란실바니아로 향하여 공격을 시도했으나 연합국의 보급품 조달이 최초계획의 1/10에도 미치지 못하는 수준에 이르자 고전을 하게 된다. 마켄젠과 팔켄하인의 독일 제9군으로부터 남북으로 협격을 당하자 수도 부카레스트 Bucharest 가 함락되었고(12월 6일), 전국토가 유린되어 참패하게 된다.

루마니아는 참전시기에 지나치게 신중했던 결과, 시기를 놓쳐 버렸다. 충분한 전쟁준비도 없이 트란실바니아 땅을 획득할 욕심이 앞서서 전쟁에 뛰어들어 결국 400,000명의 손실을 입고 대패했다.

|발칸 전역|

독일 동맹군은 병력과 보급품의 신속한 수송을 위해 터키 사이에 위치한 불가리아를 동맹국측에 개입시켜야 했다.

오스트리아군은 3차에 걸친 세르비아 공격에 실패하자 불가리아, 독일, 오스트리아의 3국이 합세하여 세르비아를 공략할 계획으로 불가리아에게 참전을 독촉했다. 불가리아는 오스트리아로부터 터키 국경지대의 할양을 약속받고 1915년 10월 5일과 14일에 러시아에 세르비아에 각각 선전포고를 했다.

불가리아가 동맹국측에 가담하자 연합군은 세르비아를 구원하기 위해 영불원정군을 파견했다. 이때 각국 군대는 본국의 명령에만 따르고 통합된 지휘권이 발동되지 않아서 고전했다.

10월 6일, 독일 동맹군은 30만 명의 대군으로 오스트리아 국경선 넘어 진격, 10월 9일 벨그라드를 함락시켰다. 세르비아군은 아드리아 해(海)로 도피하고, 도피한 세르비아군 150,000명은 연합군의 선박으로 코후 Corfu 도(島)로 철수했다. 1916년 1월 몬테니그로와 알바니아가 동맹군에 의해 점령되었다.

|이탈리아 전역|

▲ 카르도나

대전발발 이래 중립을 지켰던 이탈리아는 1915년 4월 26일 런던조약에서 연합국측이 이탈리아가 바라는 오스트리아 영토의 할양을 약속하자 5월 24일 연합국측에 가담했다. 이탈리아의 개전초 병력은 카도르나 Cadorna 장군이 지휘하는 90,000명에 불과했다. 카도르나는 이존쯔 Isonzo 지역에 대해 4차의 공격을 시도했지만 막대한 피해를 입고 실패했다. 이탈리아의 카도르나 장군은 콘라드의 병참선 차단을 위한 총공격을 저지한 후 다시 이존쯔 지역에 대한 5차례에 걸친 공격을 시도하여 오스트리아군을 궤멸 직전으로 몰고 갔다. 오스트리아군 참모총장 콘라드는 독일군 참모총장 팔켄하인에게 이탈리아군의 병참선 차담 작전을 위해 병력지원을 요청했으나 거절당했다. 콘라드는 독일군 참모차장 루덴돌프에게 지원을 요청하자 루덴돌프는 당시 개발중인 후티어전술을 시험코자 이탈리아의 까포레토 Caporetto 에 특이한 공격을 시도했다.

▲ 이존쪼 전투에서 일제히 수류탄을 던지는 독일군

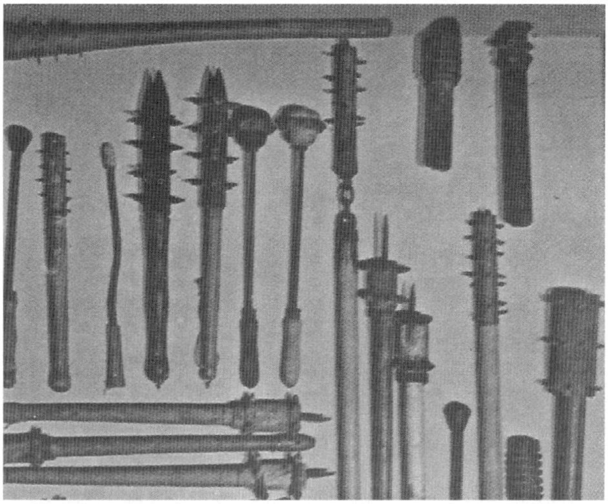

▲ 부상당한 병사들을 향해 쇠 가시가 달린 곤봉으로 쳐서 죽였던 오스트리아군의 쇠 곤봉

까포레토 전투(후티어 전술의 시험장)

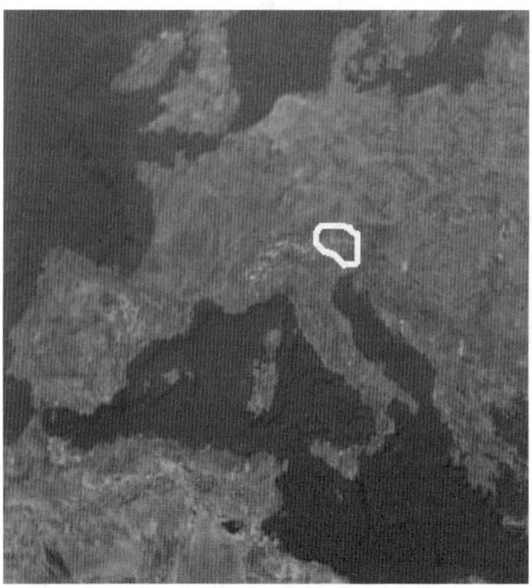

1917년 10월 24일 02:00시 오스트리아군과 독일군 포병은 포문을 열어 가스탄과 연막탄을 혼합 사용하여 기습적인 공격준비사격을 퍼부었다. 독일 제14군이 돌연 전방에 출현하여 이탈리아 방어선은 순식간에 무너져 버렸다.

이탈리아군은 피아베 Piave 강선으로 철수했고 32만명의 손실을 입었다. 카도르나가 해임되고 디아쪼가 후임으로 임명된다.

▲ 독가스가 사용된 카포레토의 전경

▲ 카포레토 전투에서 방독면을 쓰고 있는 모습

피아베선에서 이탈리아군은 전세(戰勢)를 만회하고 1918년 10월 24일 총공격을 시도하니, 30일에는 비또리오 베네또 Vittorio Veneto 까지 점령하여 오스트리아 전선을 완전히 붕괴시키고 50만 명의 포로를 획득했다.

35 니벨르 Nivelles 공세

|배 경|

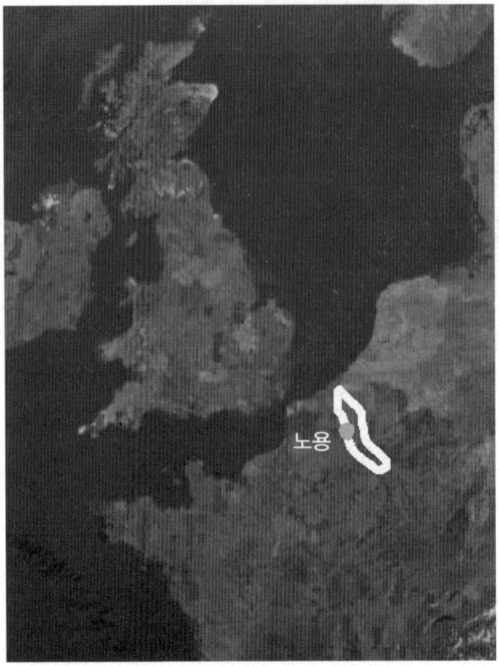

1916년 11월 연합국은 전전선(全戰線)에서 주도권을 잡기 시작하자 공세(攻勢)로 전환할 계획을 구상했다. 1917년 2월을 기점으로 서부전선을 주공(主攻)으로 하고 동부전선과 이탈리아, 팔레스타인, 사로니카 전선 등에서 동맹국을 포위한 후 공세를 취하려는 계획을 세웠다.

로이드 죠지의 등장과 니벨르의 기용

1916년 12월, 영국 수상으로 로이드 죠지가 새로이 취임하자 기존계획을 묵살, 서부전선에서의 대량소모전을 회피하는 대신 팔레스타인 전역과 같은 국지작전(局地作戰)을 주장했다.

프랑스에서는 순수한 직업군인(職業軍人)인 죠프르를 원수(元帥)로 승진시킨 후 곧 해임시키고 사교(社交)에 능한 정치군인(政治軍人)인 니벨르 Robert. G. Nivelles 를 기용했다.

영국의 헤이그 장군은 니벨르 장군과의 통합작전을 싫어했으나 단 한번의 작전기회를 니벨르에게 맡겼다. 니벨르는 벨당 전투에서 교묘한 역습작전(逆襲作戰)의 성공으로 이름이 알려졌는데 그는 무자비하고 맹렬(猛烈)한 공격효과를 강조하고 24시간 내지 48시간 내에 독일군 방어선을 돌파하겠다고 큰 소리를 쳤다.

▲ 로이드 조지

▲ 헤이그

▲ 니벨르

|경 과|

니벨르의 기동계획 구상

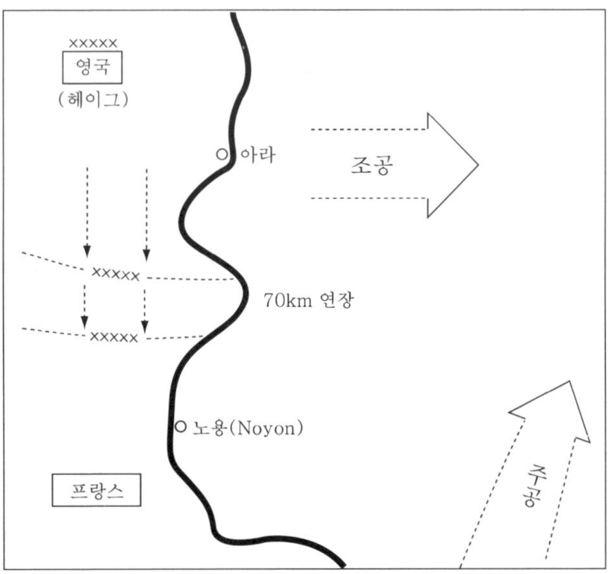

▲ 노용

▲ 아라

주공방면의 병력집중을 위해 영국군은 담당지역을 남방으로 70 km 연장했다.

독일군의 예비대를 흡수하기 위해 아라 Arras 와 노용에서 주공이 공격하기 전 견제공격을 했다.

주공은 프랑스 제5, 6, 10군이 담당하여 쉐망·드·담므 Chemin de dames 방향으로 공격 48시간 내 전선돌파에 실패하면 공격중지의 조건하에 헤이그가 니벨르에게 협조하기로 했는데, 니벨르는 이 계획을 만찬회에 모인 부녀자에게까지 자랑하고 다녔다.

독일군의 계획적 철수와 철저한 초토화(焦土化) 작전

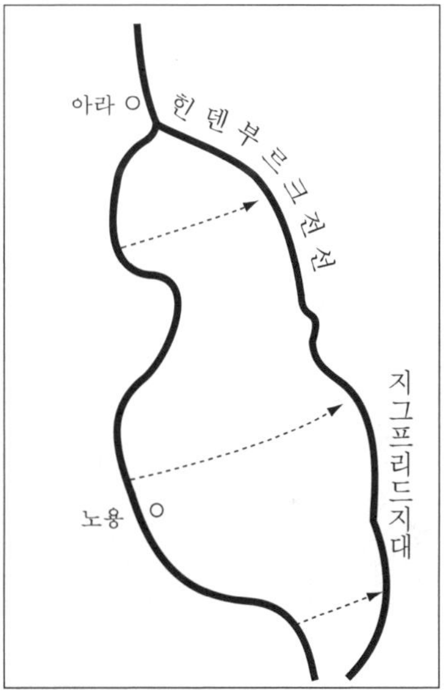

니벨르의 공세계획을 탐지한 독일군은 힌덴부르크 선으로 철수하여 보다 양호한 종심깊은 방어진지를 점령할 수 있었고 절약된 병력으로 긴요한 예비대를 확보할 수 있었다.

모든 건물을 파괴하고 우물을 매몰하며 수목을 절단하여 장애물화하고, 도로를 파괴하고 부비트랩을 설치하는 등으로 철저한 초토화 작전에 들어갔다. 이러한 철수작전은 니벨르의 계획을 완전히 무산시키는 교묘한 술책이었다.

당황한 니벨르의 아라 공격지시

니벨르는 자신의 계획이 무용지물이 되어가는 것을 알고 있었으나 고집을 부려 주공인 프랑스군이 공격하기 1주일 전에 아라에 대한 공격을 지시했다. 니벨르의 계획은 벌써부터 너무 많이 공개되어 있었고 심지어 독일군의 전방중대까지 세부계획이 나돌고 있었다. 이런 상황하에서 기습달성은 불가능함에도 불구, 니벨르는 자신의 체면유지를 위해 무모한 공격을 지시한 것이다.

아라 Arras 전투

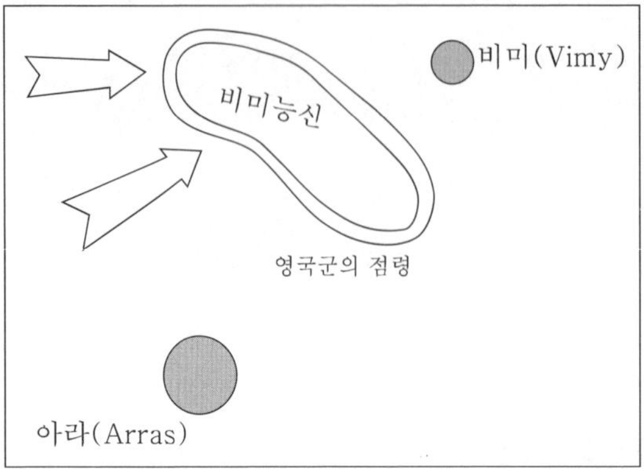

영국군은 최초목표인 비미 능선 Vimy ridge 에 대해 대형 가스탄을 살포하는 등 공격을 개시, 1주일전부터 강력한 화력을 집중시켜 큰 성과를 거두었으며, 4월 19일 제공권(制空權)을 장악한 공군의 지원 등으로 비미능선을 점령하는데 성공했다. 이 비미능선은 후일 독일군의 제1차 공세시에 큰 역할을 담당하게 되는 중요한 지형이 되었다.

▲ 비미 능선 전투의 전적지

▲ 아라에서의 영국군

▲ 아라에서의 독일군

에느 전투

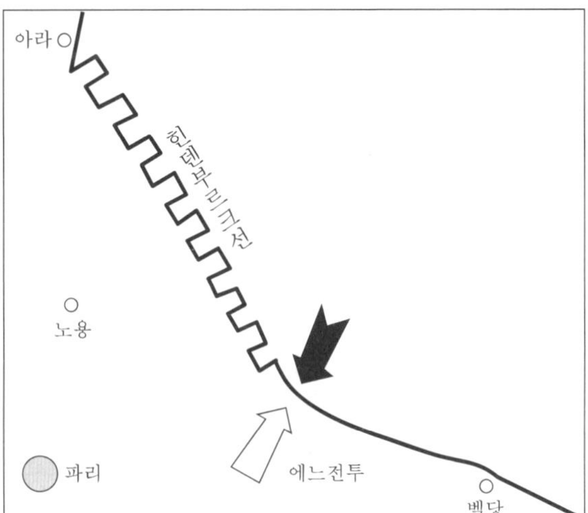

니벨르 공세의 주공인 프랑스 제5·6·10군의 정면 40 km에 니벨르는 1,200,000명의 대병력과 7,000문의 포를 집중적으로 투입했다. 독일군은 프랑스의 주공방향을 정확히 파악하여 강력한 방어선을 이미 구축해 두었다.

무모하게 돌진하는 프랑스군에게 독일군은 24시간만에 100,000명의 전사자를 발생시킨다. 에느 전투의 실패로 프랑스군은 극도로 사기가 떨어졌고 하극상(下剋上)의 참상까지 일어났다. 또한 전쟁에 대해 염증을 느껴 파리를 향하여 평화를 요구하는 행진까지 일어났다. 5월 15일 니벨르가 해임되고 뻬땡이 참모총장이 되자 전방부대의 무질서는 점차 회복되고 사기가 높아졌다.

▲ 힌덴부르크선에서의 독일군

이프르 Ypres 전투

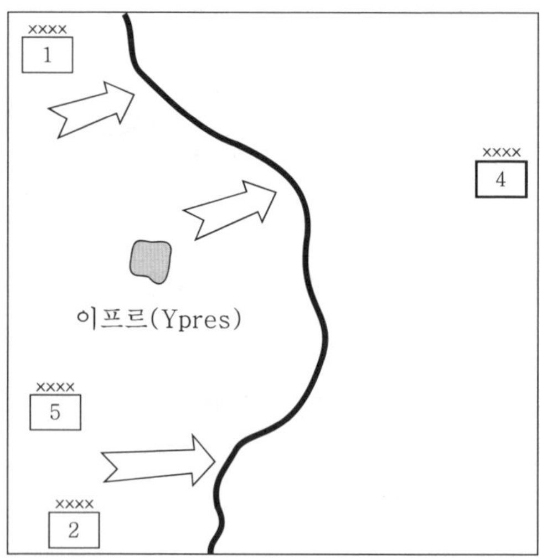

▲ 영국군 전차

▲ 이프르 전투 참호선

뻬땡은 영국군 사령관 헤이그에게 프랑스군이 질서 회복시까지 독일군을 전담하라고 간청했다. 헤이그는 플랑드르를 목표로 하여 3단계 작전으로 구분하고 제1단계로 이프르 전투를 계획했다. 아라 지역에서 일련의 조치들로 인해 공격시기가 6주일이나 연기되어 독일군은 그동안 방어준비를 강화했다.

6월 18일 공격준비 사격과 함께 6월 31일 03시 50분 영국군은 공격을 개시했다. 포격으로 파인 구덩이에 고인 빗물로 장애물이 형성되어 공격하는 영국군에게 매우 불리한 상황이 되어졌다. 독일군의 역습에 의해 영국군은 초기에 점령한 대부분의 지역을 잃었다.

영국군은 독일군의 역습에 대비하여 예비대(豫備隊)를 보유하는 등 적극적인 조치와 공세로 9월말까지 3개의 전투에서 승리를 거두게 되나, 300,000명의 손실을 입는 소모전(消耗戰)을 강요당했다. 영국 수상 로이드 죠지는 일선지휘관을 불신임하여 관심을 팔레스타인 방면으로 기울이게 되었다.

깡브레 Cambrai 전투(전차의 최초 집단운용)

플랑드르 방면의 공격이 종료되자 연합군은 서부지역에서의 대공세(大攻勢)를 계획했다. 1917년 11월 20일, 3개 전차여단의 479대 전차중에서 342대가 집중 운용되어 깡브레 전투에 투입된다. 독일군은 심리적 마비 현상을 일으켜 초기에 붕괴되었으나 성공적인 역습에 의해 본래의 방어선을 회복했다.

이후 영국군은 보전협동작전 미흡, 이프르 전투에서의 손실, 이탈리아 전선에 대한 5개 사단 증원(예비대부족)등의 이유로 인해 공격이 둔화되자 12월 4일 영국군사령관 헤이그는 전면 철수를 지시했다.

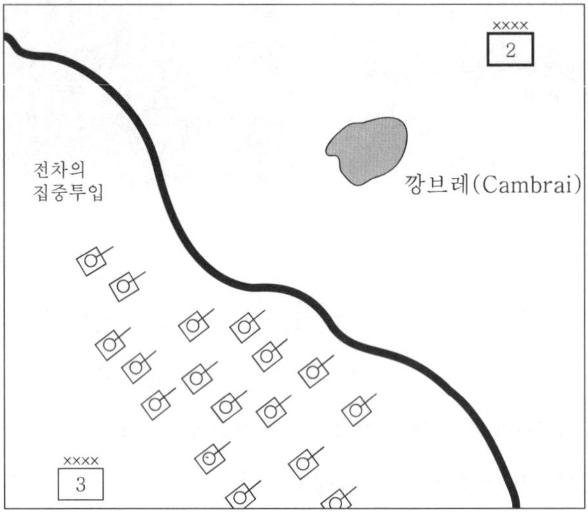

|분 석|

군사기밀 누설 : 니벨르는 그의 작전계획을 파티석상에서까지 누설하며 다녔고, 독일군이 이를 사전 탐지할 수 있었기에 힌덴부르크선까지의 계획적 철수를 실시하여 니벨르 계획을 무용지물로 만들 수 있었다.

예비대의 확보와 역습실시 : 독일군은 전선의 축소로 13개 사단의 예비대를 확보할 수 있었으며, 이 예비대는 결정적인 시기에 역습을 실시하여 작전을 성공적으로 이끌어 나갔다.

계속되는 공격작전 실패의 결과로 방어선호 사상 증가 : 프랑스군 내부의 반전(反戰) 폭동과 하극상, 수차에 걸친 공격작전의 실패 등의 요인에 의해 방어가 최선이라는 사상이 만연되어졌다.

깡브레 전투에서 전차 운용 실패 : 비록 집단운용을 하여 심리적 타격을 독일군에게 가했지만, 당시 전차를 보병의 지원용으로 운용하는 과오를 범했으며 여전히 기계적 결함이 많았다.

36 러시아의 붕괴와 미국의 참전

|러시아의 전선이탈|

케렌스키 Kerensky 임시정부 수립(3월 혁명)

▲ 케렌스키

1917년 3월 12일, 그동안 누적되어 온 러시아 내부의 불만이 폭발되어 로마노프 왕조의 알렉산더 황제를 폐위시키고 멘쉐비키파에 속하는 당시 법상(法相) 케렌스키를 수상(首相)으로 한 정부를 수립했다.

▲ 레닌

러시아군 내부의 붕괴

케렌스키 정부 출범 후 군내질서를 바로잡는다는 명목으로 장교의 약 과반수를 파면시키고 모든 군사훈련을 중단시켰다. 병사들은 탈영하여 토지를 획득하기에 분주했으니 독일군은 이러한 상황을 간파하고 러시아군이 자멸(自滅)하기만 기다릴 뿐이었다.

러시아군의 마지막 공세(攻勢)

연합군의 압력에 못이겨 러시아는 1917년 7월 1일, 200,000명의 병력을 동원하여 남부전선에서 공세를 취했으나(케렌스키 공세) 실패하고 군사력은 와해되었다.

소련의 건국과 레닌의 등장

케렌스키 정부는 1917년 11월 6일 볼쉐비키 Bolshevik 파의 혁명(革命)으로 타도되고 소비에트·러시아가 수립되었다. 레닌과 트로츠키가 이끄는 볼쉐비키파는 제1차 대전을 침략전쟁(侵略戰爭)으로 간주하고 무배상(無賠償), 무합병(無合併), 민족자결(民族自決) 주의를 기초로 하여 평화(平和)를 외쳤다.

휴전조약 성립과 독일군의 공격

1917년 12월 15일 소련은 휴전조약에 서명했다. 트로츠키를 독일에 파견, 강화조건을 관철시키려 하자 독일은 이를 거부했다. 트로츠키가 1918년 2월 10일 무전쟁(無戰爭) 무강화(無講和)를 선언하고 귀국하자 독일군은 다시 공격을 감행하여 발틱해 일대를 장악하고 피트로그라드로 진입했다. 소련은 국내 백계(白系)러시아군의 반발이 두려워서 1918년 3월 3일 독일과 강화조약(講和條約)을 체결했다.

브레스트·리토브스크 조약

독일과 체결된 조약은 크게 4가지로 요약할 수 있다. ① 러시아가 장악하고 있던 에스토니아·리보니아·코울란드·리투아니아·폴란드를 독일이 재처리할 것 ② 우크라이나와 핀란드의 독립보장 ③ 코카서스의 일부를 양도할 것 ④ 러시아는 15억 달러의 배상금을 지급할 것.

조약 이후 정세

가혹한 조약내용에 대해 세계 각국은 분노했고, 러시아는 약 327만 평방km의 영토를 상실하여 농토 32%, 석탄자원 89%, 공업력 54%, 인구 34%를 상실했다. 독일은 40개 사단의 예비대로 탈취한 영토를 수비케 하고 동부전선의 대병력을 서부전선으로 전용

▲ 브레스트. 리토브스크 조약 장면. 왼쪽이 독일. 오스트리아. 오른쪽이 러시아 전권위원들

하여 프랑스에 대한 대공세(大攻勢)를 기도했으며, 양면작전에서 단일작전 개념으로 전환했다.

|미국의 참전|

영국함의 격침

1915년 2월 4일, 독일은 영국 근해 전역(全域)을 해전구역(海戰區域)으로 규정하고 이 구역 내 선박은 국적(國籍)을 불문하고 격침을 선언했다. 1915년 5월 7일 미국인 130여명이 승선한 영국 여객선 루시타니아호가 독일 잠수함에 의해 격침되자 미국과 독일의 관계가 험악해졌다. 1915년 8월 19일, 다시 아라빅호가 격침되어 영국이 독일에 항의했다.

1916년 3월 24일, 영국의 스섹스호 격침으로 다수의 미국인 익사하자 미국의 반발은 거세어졌으며, 미국의 참전을 두려워한 독일은 계속적인 잠수함전을 주장하는 틸핏츠 Adam Von Tirpitz 해군대신을 해임했다.

The New York Times.

LUSITANIA SUNK BY A SUBMARINE, PROBABLY 1,000 DEAD; TWICE TORPEDOED OFF IRISH COAST; SINKS IN 15 MINUTES; AMERICANS ABOARD INCLUDED VANDERBILT AND FROHMAN; WASHINGTON BELIEVES THAT A GRAVE CRISIS IS AT HAND

▲ 루시타니아호의 격침을 보도한 뉴욕 타임스 기사

미국의 최후통첩

1916년 4월 18일, 당시 59세인 윌슨 대통령은 독일의 잠수함전에 대해 최후통첩을 했다. 독일의 베트만 수상은 미국의 참전을 두려워하여 5월 4일에 차후부터는 잠수함전을 순양함전(巡洋艦戰)으로 변경할 것을 회답했다. 이로 인해 미국과 독일은 일시적으로 관계가 완화되었다.

▲ 윌슨

독일의 무제한 잠수함전

1917년 1월 30일부터 다시 독일은 무제한 잠수함전에 돌입했다. 해상교통을 철저히 차단함으로써 영국을 궁지에 몰아넣어 항복을 강요하기 위해 영국 본토주변의 대서양과 지중해를 횡단하는 모든 선박에 대한 공격을 시작한 것이다.

이로 인해 4월에는 연합국·중립국 선박 423척이 격침되었고 영국은 심각한 식량위기에 빠졌다. 영국은 이를 타개하기 위해 선단호위 방식(船團護衛方式)의 개발, 대잠병기(對潛兵器)의 공격법 발전, 작전기관의 정비확충 등으로 대잠(對潛) 작전을 성공적으로 이끌 수 있었다.

윌슨의 강화실현 노력과 국교 단절

1917년 1월 22일, 미국 대통령 윌슨은 상원에서 "승리없는 평화"의 강령(綱領)을 발표하고 강화를 위해 독일 동맹국측에 호소했다. 독일이 미국에 대해서 1월 31일에 무제한 잠수함전을 통고함에 따라 2월 3일, 윌슨은 독일과의 국교를 단절했다.

독일 외상 트윈마만의 암호 사건

1917년 3월 1일 조간신문에는 미국을 결정적으로 참전케 하는 중요한 기사가 실려 있었다. 독일 외상 트윈마만이 멕시코주재 독일공사 에크하르트에게 발송한 전보 내용이 영국 해군정보부에 의해 해독(解讀)된 것이다. 그 내용은 미국이 만약 참전하면 멕시코는 독일과 동맹을 맺고 미국에 선전포고를 하라는 것이며 그 대가로 텍사스, 뉴멕시코, 애리조나를 멕시코에게 양도한다는 것이다.

미국의 참전

당시 미국은 멕시코와 장기간 분쟁 중에 있었는데 이러한 전보를 입수한 미국은 즉각 미국민의 적개심(敵愾心)을 불러일으켰고, 1917년 4월 2일 미의회는 독일에 대한 선전포고를 했다. 미국은 먼저 6월에 퍼싱 Pershing 장군이 지휘하는 1개 사단을 프랑스로 파견했다. 이때부터 미국은 민주주의와 세계평화의 수호자(守護者)로서의 첫발을 내딛게 되었다.

WAR WITH GERMANY

BAKER ASKS AN ARMY OF 1,200,000

Gibbons Prays God May Guide Nation in War

THREE BILLION AND A HALF IN WAR BUDGET

FOUR GERMAN SHIPS TOWED TO CITY PIER

Americans in Belgium May Be Interned

CARRANZA'S TROOPS MASS UPON BORDER

Austria and Turkey Hope to Stay Neutral

HOUSE BACKS UP WILSON, 373 TO 5

GERMANS TWIST WILSON SPEECH

NAVY TO TOTAL 147,000 MEN

NO BREAK WITH AUSTRIA NOW

▲ 퍼싱

▲ 이탈리아 전선에서 열병하고 있는 미군 보병부대

37 후티어 전술과 꾸로의 종심방어전술

|후티어 Hutier 전술|

독일의 후티어 Hutier 장군은 전쟁의 막바지에 이르러 후티어 전술이라 명명하는 신 공격전술(新攻擊戰術)을 창안하여 서부전선에의 독일군 마지막 공세(攻勢)에 임했다. 이 전술은 이전에 리가와 까포레토 전투에서 그 가치를 인정받았다. 크게 5가지로 구분하여 설명한다.

▲ 후티어

대위의 의견을 경청하다!

후티어 전술은 대위의 머리에서 나왔다. 독일군은 인적 자원의 고갈에 직면, 손실을 최소화하면서 연속적인 방어선을 형성한 연합군의 방어선을 붕괴하기 위한 새로운 방안을 강구하기에 몰두했다. 이때 게거 Gegar 대위가 침투와 마비에 관한 새로운 전술을 제시했다. 즉 사단 및 군단부대가 영・불 연합군 방어선에 침투하여 간격을 형성하고, 후속부대가 그 간격을 통해 관통하여 후방 종심 깊게 기동, 방어조직을 와해시킴으로써 심리적 마비현상을 초래하게 하여 전반적인 방어선을 붕괴시킨다는 것이다. 당시 18군 사령관이었던 후티어가 이 개념에 의거, 실전에 적용하니 "후티어 전술"이라고 명명되었던 것이다. 육군대위의 생각일지라도 좋은 생각이라면 그대로 수용했던 후티어의 인격과 당시 독일군의 풍토를 일면 생각하게 한다. 결국 후티어 전술은 성공하여 독일군 전체에 승리를 가져다주는 견인차 역할을 해냈다.

첫째

기습달성(奇襲達成)

· 단시간(短時間) 강렬한 준비포격
· 상황에 따라 최후의 순간이나 야간에 공격

둘째

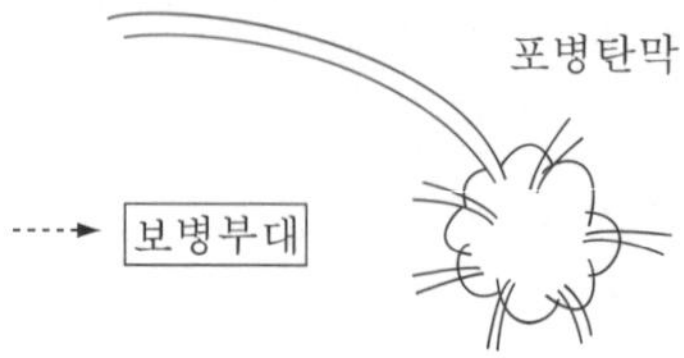

· 공격하는 보병부대 직전방에 포병의 탄막(탄幕)형성
· 보병전진에 따라 탄막거리증가
· 경포대(경砲대)는 보병따라 전진하며 직접지원

셋째

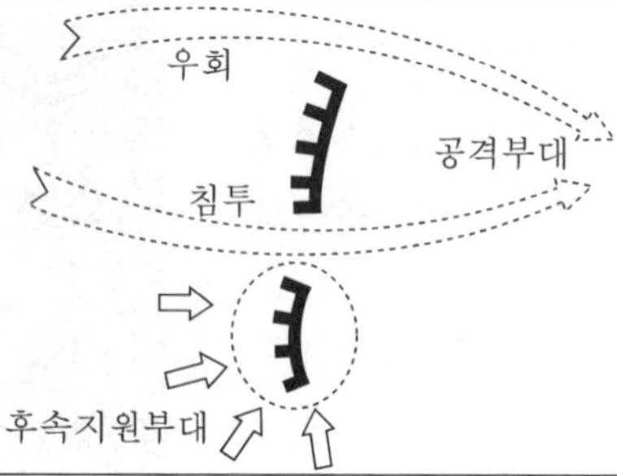

· 경기관총을 주무기로하는 소규모 보병전투단(步兵戰鬪團)은 취약지점침투, 우회하고
· 견고한 진지는 후속지원부대가 소탕

넷째

· 최초 집권통제
· 차후 분권지휘 : 연대 및 대대단위

다섯째

· 공격부대에 최대의 화력지원
· 공격부대 자체에 박격포휴대, 경야포배속
· 기총소사용 항공부대 운용

General von Hutier's Infiltration Tactics

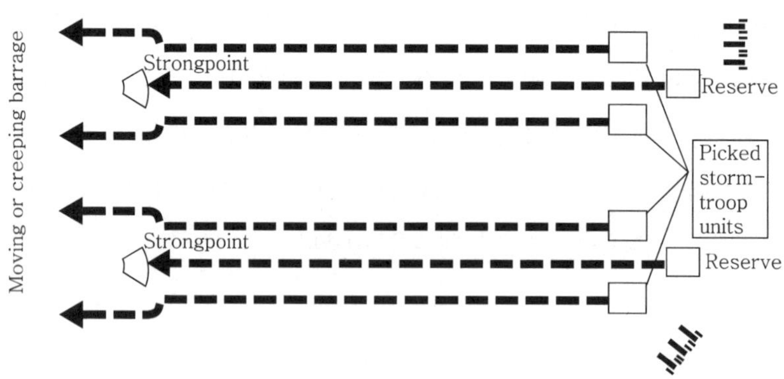

| 꾸로 Gouraud 의 종심방어전술(縱深防禦戰術) |

▲ 꾸로

독일군의 후티어 전술에 대비하여 프랑스의 꾸로 Gouraud 장군이 발전시킨 종심방어전술이며 이 전술은 독일군의 5차 공세를 성공적으로 저지하는 데 크게 기여했다.

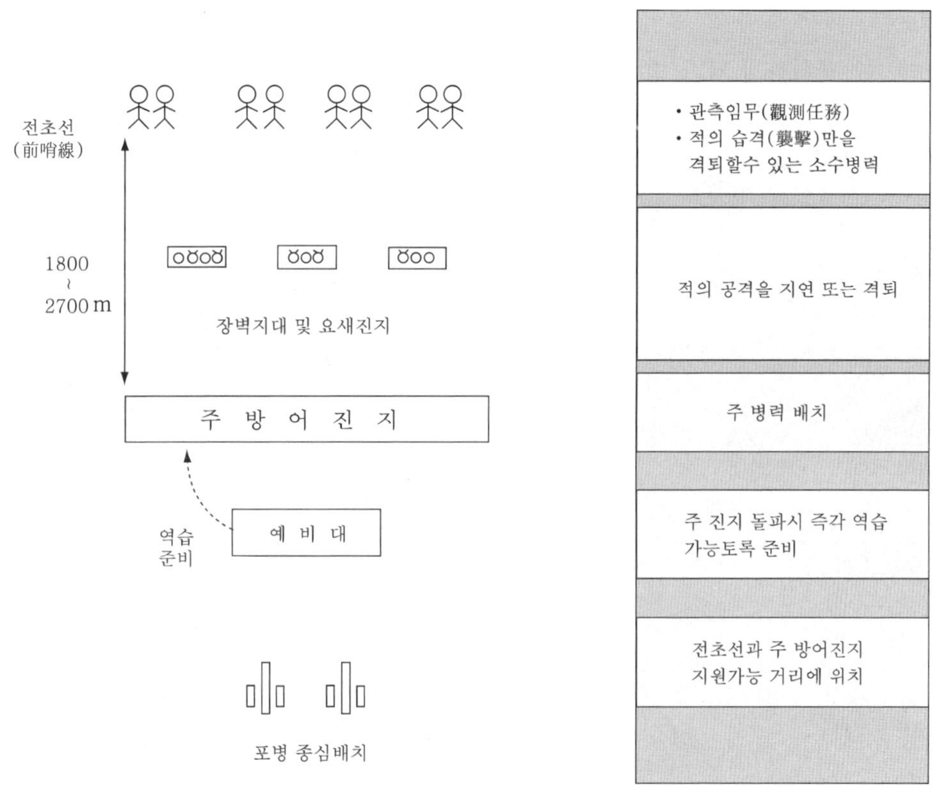

38 독일군의 5차 공세와 연합군의 반격

|배 경|

1918년 초기의 상황은 연합국과 독일동맹국 공히 수세(守勢)를 견지했다. 미국의 윌슨 대통령은 1918년 1월 8일 의회로 보내는 메시지에서 14개조의 휴전조건을 제시했는데 이것이 바로 윌슨의 평화원칙 14개 조항이다. 그런데 그 조항 중에서 "독일군이 점령한 전 지역을 다시 약탈한다."라는 것이 있어 독일의 루덴돌프는 평화를 위해서는 오로지 무력(武力)에 의한 방어뿐이라고 결심하고 다시 전전선(全戰線)에 걸쳐 대규모 공세(攻勢)를 계획하게 되나 병력의 부족으로 서부전선에서의 마지막 결전을 시도하게 된

다. 동부전선으로부터 대규모의 병력을 전용해왔기 때문에 서부전선에서의 병력은 연합군보다 수적인 우세를 달성했고, 후티어 전술의 시험결과 성공적임을 확인한 루덴돌프는 마지막이 될 이 공세에 성공을 확신했다.

|경 과|

독일군의 1차 공세(1918년 3월 21일, 솜므 지역)

솜므 지역 선정 이유는 영국군과 프랑스군을 분리시킬 수 있고, 영국군을 해안으로 압박할 수 있으며, 이 지역의 방어가 가장 미흡했다. 3월 21일 04 : 40 독일군의 공격개시(후티어 전술)로 3월 22일 돌파에 성공한다.

▲ 포쉬

포쉬 장군이 영 · 불 · 미군 통합지휘권을 발휘했다. 3월 27일 후티어 장군이 몽띠디르를 장악했으나 독일군 포병의 지원이 부진했고, 병사들이 피로에 지쳤다.

영국군의 방어력이 우세했고, 영국 항공대의 폭격이 치열했다. 결국 4월 4일 독일군이 공격을 중지했다.

독일군은 62 km를 전진했고, 70,000명의 포로와 1,100문의 포(砲)를 획득했으며, 인명

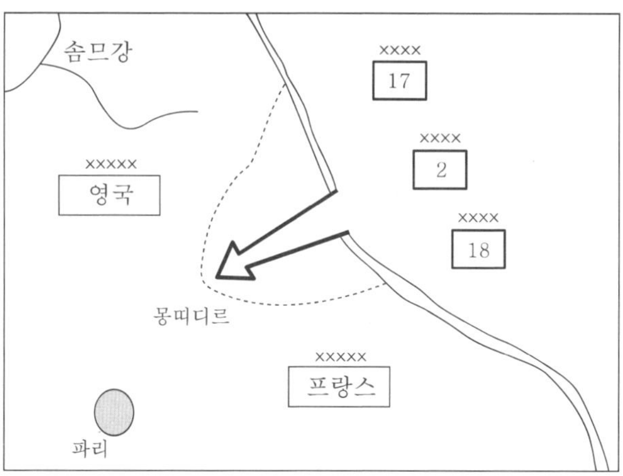

피해는 연합군과 독일군 공히 약20만명(독일군은 정예병력)이었다. 독일군은 영·불 양군을 절단하는 전술적 성공을 거두었으나 전략적으로는 영국군 전멸 목적을 달성하지 못했다.

독일군의 2차 공세(1918년 4월 9일, 프랑드르 지역)

2주일 후 독일군이 공격을 재개했다. 프랑드르 Flanders 지역을 선정한 이유는 솜므 전투시 대병력을 차출하였기 때문에 약화된 지역이기 때문이다.

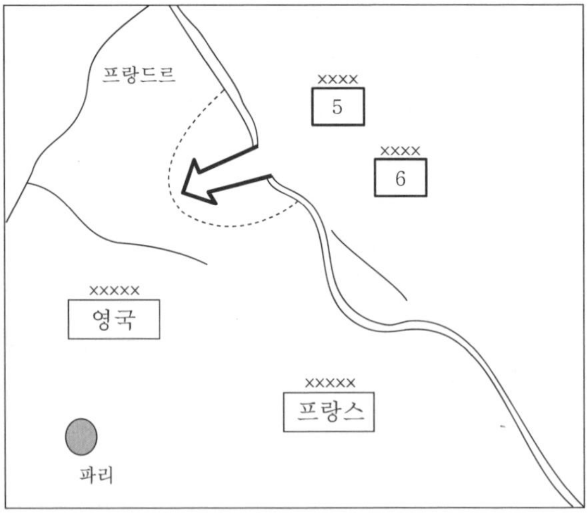

▲ 플랑드르의 독일군 묘지

4월 9일에는 독일 제6군이 4월 10일에는 독일 제5군이 공격했으며, 4월 12일에는 리 Lys 강에 도달했다. 그러나 영국군의 독전과 결사적 방어로 4월 29일 독일군이 공격을 중지했다. 영국군 30만명이 손실되었고, 독일군은 35만명이 손실되었다. 포쉬 장군은 차후 중요한 시기에 예비대를 투입하기 위해 위기 상황에 처했던 영국군 헤이그 장군의 증원요청을 끝내 거부했었다. 역시 독일군은 전술적으로는 성공했으나 전략적으로는 실패했다.

독일군의 3차 공세(1918년 5월 27일, 에느 지역)

에느 Aisne 지역을 선정한 이유는 에느강 지역을 공격하여 파리를 위협하듯 가장하여 북부 프랑드르와 아미엥지역에 위치한 연합군 예비대를 유인한 후 프랑드르 지방의 영국군 섬멸할 수 있다고 보았기 때문이었다.

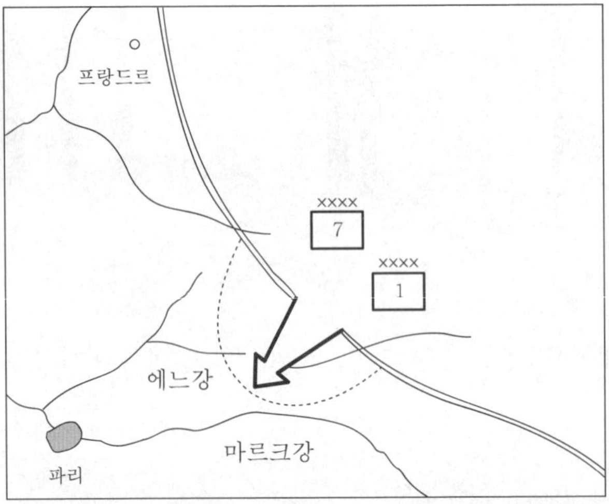

▲ 에느 전선에서의 영국군

▲ 에느 전선에서의 독일군

5월 27일 01 : 00, 독일군은 맹렬한 공격준비사격을, 03 : 40 독일의 17개 사단이 과감히 진격하여 14 km 정면에 20 km의 종심을 확보, 1914년 이래 가장 큰 돌파구를 형성했다. 5월 30일에는 파리전방 60 km 거리의 마르느강에 도달했다. 6월 6일 미군은 최초작전인 벨로 숲 재탈환작전에 성공했다. 독일군은 후티어 전술의 성공으로 돌파구를 형성했으나 이를 확대시킬 예비대의 부족으로 목적을 달성하지 못하고 결국은 다시 공격이 중지되었다.

연합군의 손실은 80만명, 독일군은 60만명이었으나 미군은 계속적인 증원이 가능했고 독일군은 증원할 병력이 없었다. 연합군은 이 시기에 종심방어전술을 발전시켰다.

▲ 에느 전선에서 죽어 쓰러진 병사들

▲ 에느 강(Aisne River)

독일군의 4차 공세(1918년 6월 9일, 노용-몽띠디르 지역)

노용-몽띠디르 지역을 선정한 것은 돌파구를 확대하여 보급을 용이하게 하며, 파리를 위협 함으로써 프랑드르의 연합군 예비대를 흡수하기 위해서였다. 6월 9일 독일 제18군과 제7군이 공격했다. 그러나 꾸로의 종심방어 전술로 인해 공격이 난관에 봉착되었다.

이때 세계적으로 유행한 인플루엔자의 만연으로 독일군의 피해가 급증했다. 미군의

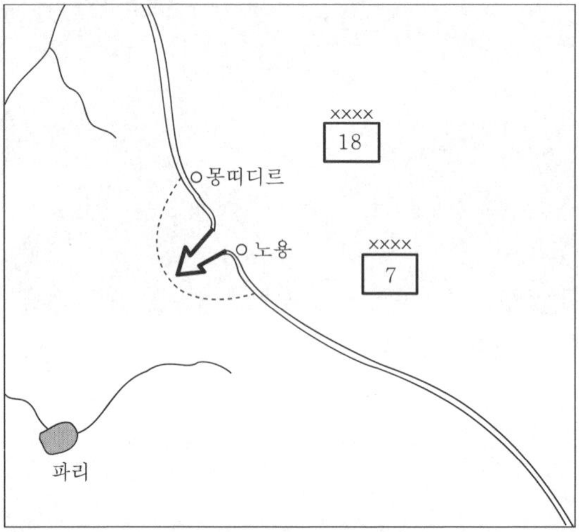

▲ 노용(Noyon)

계속적인 증강으로 6월 중순에는 공격이 중지되어 소강상태에 들어갔다. 이로써 독일군의 돌파기도가 최초로 좌절된다.

독일군의 5차 공세(1918년 7월 15일, 랭 지역)

4차 공세가 실패하자 독일군 내부에 평화를 희망하는 자가 속출하여 도망병 발생하고 이 도망병의 진술과 항공정찰에 의해 독일군의 공격기도가 사전 탐지된다. 독일군은 7월 15일 랭 Reims 양측 공격 예비대 유인, 25일경 프랑드르 지방에 주공을 실시할 계획이었다. 또한 꾸로의 종심방어 전술로 인해 독일군의 후티어 전술이 저지됐으므로 독일군의 공격이 완전 포기되었으며 연합군의 반격이 준비되었다.

▲ 랭 전선의 프랑스군

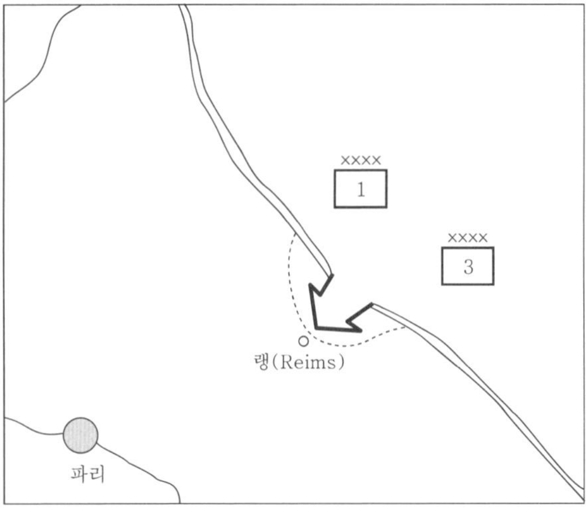

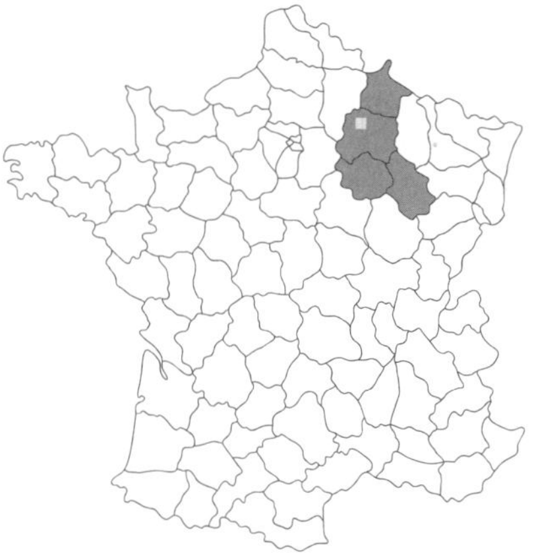

▲ 랭의 전경

▲ 랭의 기념탑

|독일군의 5차례의 공세 분석|

전술적으로는 완벽한 기습달성, 후티어 전술 사용, 독일군 보병의 우수성(전투기술), 루덴돌프의 군사적 천재성 등으로 최초 전선돌파에 성공했다. 그러나 전략적으로 화력(火力), 기동력(機動力), 수송력(輸送力)에서 연합군에게 패배했고, 돌파구 확장 및 전과 확대를 위한 예비 병력의 부족 또한 패인이었다.

연합군은 철도를 이용하여 예비 병력과 군수품(軍需品)을 수송하여 1주일내 강력한 역습이 가능했기에 전술적인 패배로 돌파구를 허용했더라도 전략적으로 회복이 가능했고 장기전에 대비할 수 있었던 것이다.

|연합군의 반격(反擊)|

독일군의 제5차 공세를 성공적으로 저지한 연합군은 바로 이튿날인 1918년 7월 18일부터 그동안 준비해온 대규모의 반격을 시도했다. 연합군은 2단계 작전으로 구분하여 반격을 계획했는데, 제1단계 작전은 3개 돌출부를 제거함으로써 횡적인 전략 철도망을 확보하는 것이고, 제2단계 작전은 제1단계 작전 성공후 즉시 모부지 Maubeuge 와 메찌에로 Mezieres 를 목표로 전면 총공격을 하는 것이었다.

제1단계 작전 : 3개 돌출부 제거로 횡적 철도망확보

● 에느-마르느 돌출부 공세

1918년 7월 18일 새벽에 기습적으로 공격을 했다.

주공은 프랑스 제10군(Mangin)이었으며, 미(美) 제1, 2사단을 포함했다.

조공은 프랑스 제6군(Degoutte), 제9군(Mitry), 제5군(Berthelot), 제4군(Gouraud)이었다.

맹포격(猛砲擊)과 전차의 지원을 받는 미군과 프랑스군의 공격이 감행되었고, 7월 19일 밤에 독일군은 마르느 돌출부에서 철수를 했다.

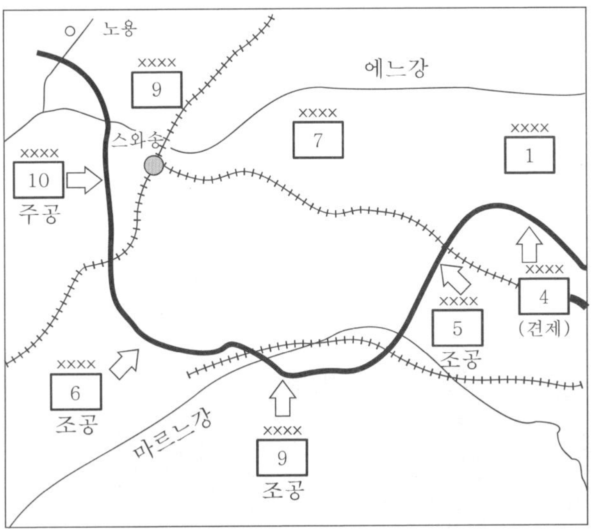

▲ 마르느 전선의 프랑스군

● 미엥 돌출부 공세(대규모 전차 집중운용)

연합군은 1918년 8월 8일 새벽, 기습공격을 감행했다. 8월 8일 04 : 20, 영국군은 깡브레 Cambrai 전투에서 400대의 전차를 집중(集中)운용함으로 루덴돌프가 말하는 "독일군 암흑의 날"을 만들었다.

루덴돌프는 연합군의 공격축선으로 아미엥 지역은 예상치 못하고 이프르 지역만을 주시(注視)하였기에 연합군의 아미엥지역 공격은 완전한 기습이었다.

이 전투에서 영국군은 15,000명의 포로와 400문의 포를 획득했고, 독일군내의 항명(抗命)사건과 전의(戰意)상실로 힌덴부르크선까지 철수, 루덴돌프는 사표를 제출했다.

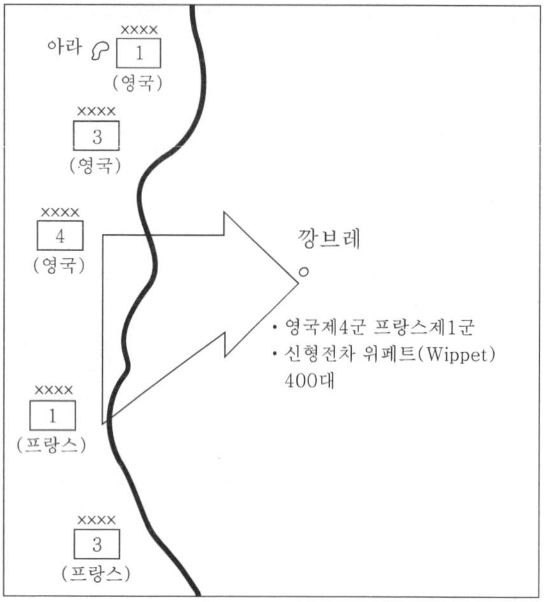

▲ 깡브레에 투입된 영국군 전차

▲ 깡브레 전투 기념비

● **쌩 · 미이엘 돌출부 공세(미군의 최초 독립작전)**

퍼싱 장군은 프랑스군에게 지원받아 최초의 야전군(野戰軍) 단위의 제1군사령부를 설치(최초 독립작전)하고 작전을 수행했다.

쌩 · 미이엘 지역 선정이유는 장기간 전투가 없었고, 경미한 방어지역으로서 중요한 철도와 철광(鐵鑛)지대였으며, 미군의 기지를 확보할 수 있기 때문이다.

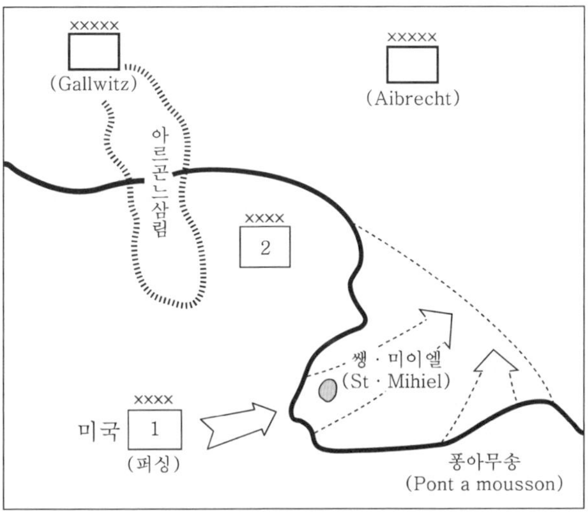

▲ 쌩 · 미이엘 돌출부

1918년 9월 12일에 공격을 개시했는데 이때 미첼Mitchell이 지휘하는 미국, 프랑스, 영국, 이탈리아, 포르투갈의 연합공군 약 600대는 연합군의 공격개시 후 36시간 만에 쌩·미이엘 돌출부를 완전제거하고 포로 15,000명, 포 250문 이상을 획득하는데 결정적으로 기여했다.

이 공세의 성공으로 아르곤느에 작전중인 미군 부대의 후방을 위협하는 지역을 확보할 수 있었다.

▲ 쌩·미이엘 전선으로 떠나는 미군부대

▲ 휴식 중인 미군부대

제2단계 작전 : 올노이예와 메찌에로의 전면 총공격

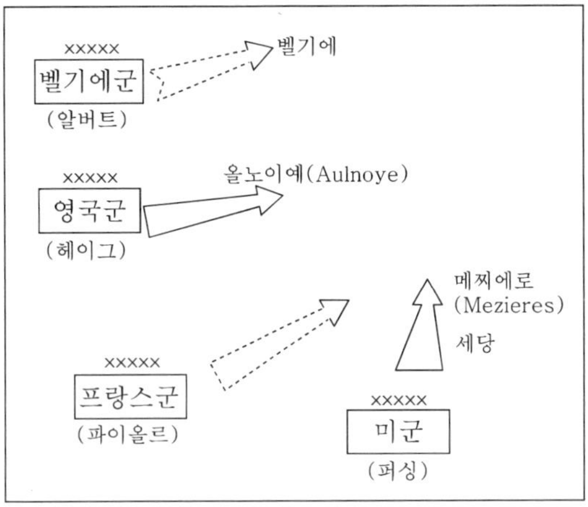

연합군 총공격 계획

독일군의 신속하고 조직적인 철수 방지에 중점을 두었다. 코로뉴-모부지-올노이예 철도와 코브렌쯔-모젤르-세당, 메찌에로 통로, 그리고 마인쯔-라인강-스트라스부르그 통로를 염두에 두고 공격을 실시했다.

중요 철도 교차점인 올노이예와 메찌에로를 최종목표로 선정하고, 영국군은 올노이예, 미군은 메찌에로를 목표로 공격하고, 벨기에군은 벨기에 방면, 프랑스군은 미군의 좌익을 담당했다.

▲ 메찌에로의 전경들

● 연합군의 공격

포쉬 총사령관의 전략적(戰略的) 양익돌파(兩翼突破)는 1918년 9월 26일 시작되었다. 9월 26일 02시 30분 공격준비 사격을 개시하여 05시 25분 프랑스 제4군이 전진을 개시했고, 05시 30분에는 미군이 전진을 개시했다. 아르곤느 삼림지대와 뮤즈강 사이에 9개 공격사단, 6개 예비사단, 4,000문의 포, 190대의 전차, 820대의 항공기가 투입되었다.

독일군은 전 예비병력을 투입하여 최후의 방어전을 실시했다. 미군은 여기서 전차여단을 지휘하던 패튼 대령이 부상을 입고 훈장을 수여 받았으나 고전을 면치 못했다.

10월 8일에는 미군・프랑스군 협동 공격으로 뮤즈강 연안 고지대 확보했고, 미군 120만 병력을 투입하여 치열한 격전으로 11월 7일 세당선을 확보했다.

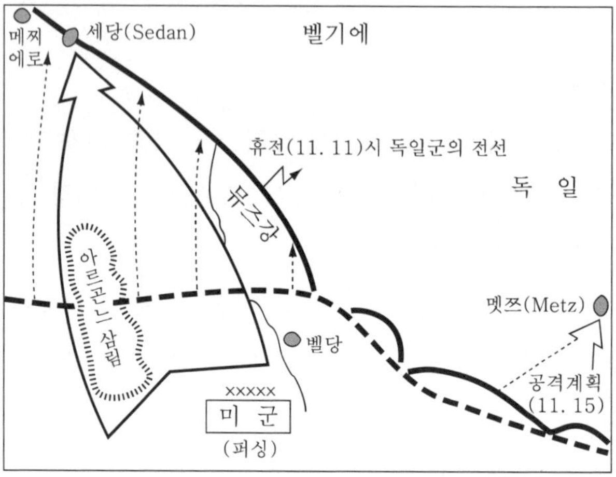

▲ 뮤즈강

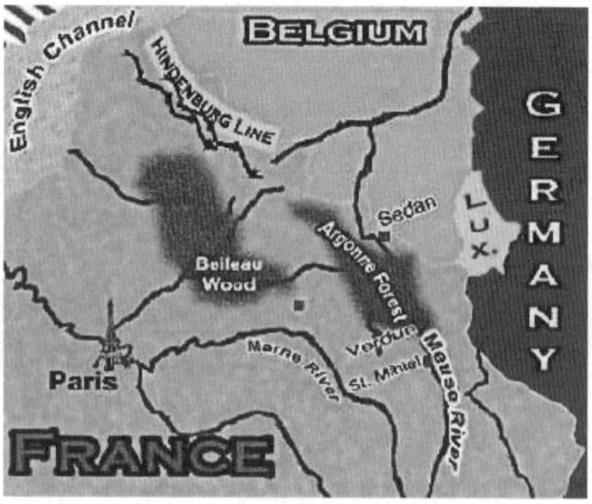

▲ 파리, 아르곤느 삼림, 뮤즈강 위치

영국군은 9월 27일 공격을 개시하여 10월 5일 힌덴부르크선을 확보했고, 11월 5일 최종목표인 올노이예 탈취에 성공했다. 11월 11일에는 몽시(市)를 점령했다.

1918년 11월 11일, 휴전(休戰)에 들어갔다. 포슈는 연합군 총공세의 성공으로 11월 15일부터 멧쯔 남방 로레인 지역에 대한 공격을 계획했었다.

▲ 아르곤느 삼림(Argonne forest)

▲ 아르곤느 삼림에서의 프랑스 포병

39 휴전의 과정

|과 정|

암흑의 날 8월 8일

1918년 8월 8일을 기하여 독일군은 전전선(全戰線)에서 패배, 퇴각의 길을 걸었다.

동맹국의 염전(厭戰)사상

계속되는 패전(敗戰)으로 인해 독일, 오스트리아, 헝가리 국내는 전쟁에 대해 염증을 느끼게 되었다.

10월 1일, 군부에서의 휴전제의

힌덴부르크와 루덴돌프는 윌슨의 14개조를 기초로 하여 평화조약 형식의 휴전을 당시 독일의 막스 공작에게 제의하나 거부당했다.

▶ 독일군 철십자 훈장

▲ 힌덴부르크와 루덴돌프

10월 2일, 부셰 소령의 브리핑

당시까지만 해도 독일 국민과 정당지도자들은 계속 오도된 선전에 의해 "독일군은 반드시 이긴다."라고 하는 허황된 생각을 가지고 있었다. 09 : 00 각 정당지도자 회의에서 참모본부 작전과장인 폰·부셰 소령이 독일군이 처해진 실상(實相)을 정확히 보고하자 심한 충격을 받았다.

10월 3일, 휴전제안과 윌슨의 답신

루덴돌프는 휴전(休戰)과 강화(講和) 동시안을 연합국에 발송했는데, 10월 23일 윌슨의 답신은 독일의 무조건 항복을 요구했다.

루덴돌프의 사임과 군부독재의 종식

10월 23일 루덴돌프은 사표를 제출했고, 10월 26일 사표가 수리된다. 이로써 독일 군부독재는 종식을 고했다.

킬 군항의 반란

독일 해군은 패전에 임박하여 그들이 대해군을 제대로 사용도 못해보고 전쟁을 끝냈다고 하는 비난을 면하기 위해 자살행위와도 같은 출항명령을 10월 28일 내렸다. 10월

▲ 킬 군항의 독일 군함

▲ 킬(Kiel) 군항

29일 어처구니없는 명령을 수령한 수병(水兵)들이 빌헬름스하펜 군항(軍港)에서 군함의 모든 보일러의 불을 꺼버렸다. 11월 3일 순양함 게니쓰히에 적기(赤旗)가 올라갔고 킬 군항은 곧 혁명의 발화점이 되어 3일 이내 독일 서북부의 주요도서가 점령당했다.

독일 황제의 퇴위와 바이마르 Weimar 공화국의 성립

윌슨은 휴전의 전제조건으로 독일황제 빌헬름 2세의 퇴위를 요구했다. 이에 빌헬름 2세는 퇴위에 불복, 10월 31일 베를린 궁전을 버리고 군 수뇌부의 사령부에 도착했다. 독일 수상 막스는 킬 군항 폭동을 계기로 타오른 독일 혁명을 우려하면서 빌헬름 2세의 퇴위를 독단으로 선언했다. 11월 9일 밤 빌헬름 2세는 신변의 위험을 느껴 네덜란드 행 야간열차를 탔다. 이렇게 해서 독일제국은 사라졌고 1918년 11월 9일, 즉 휴전 이틀 전에 바이마르 공화국이 탄생했다. 막스 수상은 황제 퇴위와 동시에 사임했다.

독일의 무조건 항복과 휴전선언

포쉬는 독일외상(外相) 엘쯔벨게르 Erzberger 와 3일간의 회담 끝에 1918년 11월 11일 23 : 00를 기하여 휴전을 선언했다.

▲ 협정 당사자들

▲ 휴전협정이 이루어졌던 꽁삐에뉴(Compiegne) 숲속과 열차

▲ 휴전 협정 열차 내부 모습

|독일의 군비(軍備)제한|

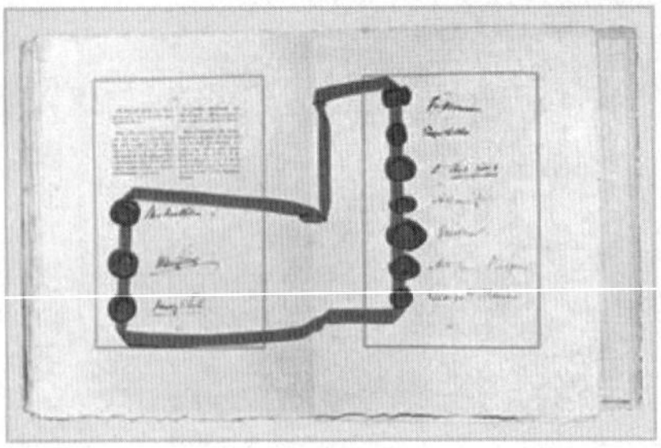

▲ 베르사이유 조약문서

베르사이유 조약(條約)결과 독일에게 1,320억 마르크라는 엄청난 배상금(賠償金)을 지불토록 했으며, 독일 국민에게 자극을 준 전범자(戰犯者) 조항이 포함되어 군비제한(軍備制限) 조항과 함께 결국은 제2차 세계대전을 일으키는 기폭제 역할을 하게 된다.

- 육군 10만명으로 제한(장교 4,000명, 부사관 40,000명, 병 56,000명)
- 일반참모부(一般參謀部)와 지원병제도(志願兵制度) 폐지
- 군사교육(軍事教育) 금지
- 해군은 잠수함 보유금지, 병력 15,000명, 108,000톤으로 선박제한
- 항공기 보유금지, 전차, 중포(重砲), 대공포(對空砲), 독(毒) 가스 보유금지
- 전쟁물자 생산 제한

▲ 1919년 봄, 베르사이유 조약 참석자들. 왼쪽부터 영국의 로이드 조지, 이탈리아의 오를란도, 프랑스의 클레망소, 미국의 윌슨

▲ 베르사이유

40 제1차 세계대전의 총평

|특징|

총력전(總力戰)	형식상으로는 전투원과 비전투원의 구분은 있었으나 실질적으로 전국민이 동원된 총력전이 실시되었다.
후티어 전술 및 꾸로의 종심 방어 등 신전술(新戰術)발전	• 후티어 전술은 제2차세계대전시 전격전(電擊戰)의 모체(母體)가 된다. • 두에의 전략폭격론(戰略爆擊論)대두
러시아의 공산혁명 유발과 미국의 세계무대에서의 주도국으로 등장	1917년 11월 6일 러시아는 소련으로 다시 태어나고 미국은 세계무대에서 그 영향력을 발휘하게 된다

|개관|

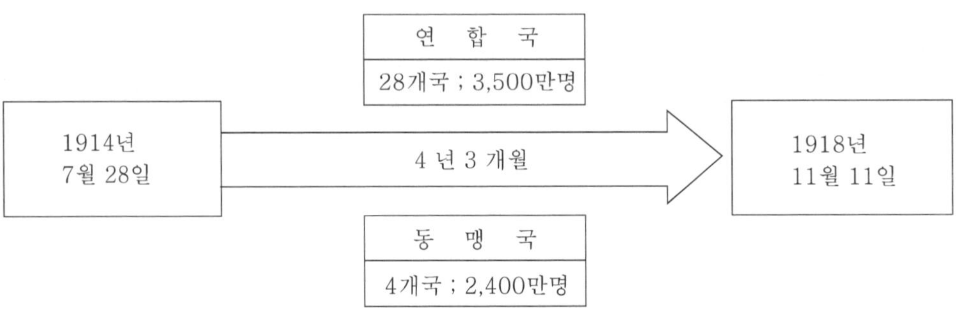

피해	전사 1,000만명, 부상 2,000만명, 전비 3,321억불

|독일의 패인|

독일은 최초 단기결전에서 실패하여 장기지구전에 돌입했고, 동부와 서부에서의 양면 전쟁이 불가피했다. 연합국은 우세한 해군력으로 독일해안을 봉쇄함으로써 독일을 경제적 위기에 빠뜨렸다. 미국을 연합국측에 가담케 함으로써 치명적인 결과를 초래했다. 국내 사정의 불안과 급증한 염전 사상으로 패배로 치달았다.

5장
제2차 세계대전

"사람이 자기의 두뇌와 준비된 실력과 기술을 다 바쳐서 무슨 일을 착수하고 난 다음에는 전능하신 하나님의 손에 맡겨야 한다. 왜냐하면 그것을 이루시는 분은 하나님이시기 때문이다."
-노르망디 상륙작전을 앞두고, 아이젠하워-

41 제2차 세계대전의 배경

|제2차 세계대전 개관(概觀)(1939.9.1~1945.8.15)|

독일과의 전쟁

1939년 9월 1일, 독일의 폴란드 침공으로 시작하여, 1945년 5월 8일 독일의 항복으로 종식되었다. 성격상 제1차 세계대전의 연속이며 유럽에서의 주도권(主導權)장악 및 세계무대에서의 강대국 군림 야망에서 발단되었다.

일본과의 전쟁(태평양 전쟁)

1941년 12월 7일, 일본의 진주만(眞珠灣) 기습으로 시작하여, 1945년 8월 15일, 원자폭탄 투하에 의한 일본의 무조건 항복(無條件降伏)으로 종식되었다. 극동(極東) 지역에서 주도권 장악을 목표로 발단되었다.

|제2차 세계대전 이전의 정세|

베르사이유 조약(條約)

1918년 11월 11일 독일은 연합국에게 무조건 항복을 하여 꽁삐에뉴의 숲에서 휴전조약을 조인했다. 이로써 제1차 세계대전은 4년 3개월간의 전쟁이 종식된 것이다.

1919년 6월 28일 파리의 베르사이유 궁전에서 베르사이유 강화조약을 체결함으로써 독일에게 전적으로 전쟁 책임을 전가했다. 주요내용을 요약해 보면 아래와 같다.

- 알사쓰 · 로렌지방을 프랑스에 양도
- 짜르 Saar 탄광지대를 15년간 프랑스에 양도 후에 주민의 투표로 귀속권 결정
- 폴란드 회랑(回廊) 설정 및 동 프러시아 Prussia 분리

▲ 베르사이유 조약 당사자들. 왼쪽에서 두 번째에 미국대통령 윌슨이 보인다.

- 단찌히 Danzig 시의 자유도시화(폴란드가 장악)
- 상부 실레지아 Silesia, 폴란드에 양도
- 메멜 Memmel, 리투아니아 Lithuania 에 양도
- 오이펜 말메디 Eupen Malmedy, 벨기에에 양도

미국의 윌슨 대통령은 독일의 구식민지를 국제연맹의 관할 하에 두려고 했으나 열강의 반대로 영국이 주장한 위임 통치 안으로 최종 확정했다. 이에 따라 영국 81%, 프랑스 17%, 벨기에에게 2%가 할당되었다. 독일은 영토의 1/6을 잃게 되었다.

이외에 중요한 사항인 군비제한(軍備制限)과 배상금 문제는 뒤에 다시 언급하기로 한다.

강요된 평화 Imposed peace

베르사이유 조약은 독일에게 강요된 평화를 요구한 격이 되어 다시 전쟁의 가능성을 시사해 주었다.

포쉬 장군은 회의석상에서 "이런 평화가 어디 있느냐! 이것은 단순히 20년간의 휴전 조약이 체결된 것 뿐이다"라고 했으며 실제로 베르사이유 조약이 1919년에 조인되었으니까 20년 후인 1939년에 정확히 제2차 세계대전이 발발한 것이다.

영국의 독일 지원과 미국의 동조

제1차 세계대전 종식 후 영국은 돌연 독일과 친선 관계를 유지하게 되었다. 1936년 3월 윈스턴 처칠은 보수당의 외교위원회에서 영국의 대외 정책 방향을 확실히 밝혔다. 즉, 전통적으로 영국은 구주내의 세력균형을 갈망하여 어느 나라든 압도적인 강국 출현을 원하지 않는다는 것이다. 그래서 프랑스가 전후(戰後) 구주대륙에서 너무나도 강대해질 것을 두려워하여 독일을 보호하는 정책을 표방하게 된 것이다. 또한 미국도 영국의 정책에 동조하여 독일을 지원하게 되었다. 그러므로 독일의 부흥은 자연스러운 결과가 된 셈이다.

로카르노 Locarno 조약과 마지노선 구축

독일의 비밀재군비(秘密再軍備)가 연합국의 감시로 인해 많은 제약을 받게 되자 독일은 연합국의 감시 소홀을 유도하기 위해 외교공세를 펴 1925년 10월 스위스의 로카르노에서 중요한 조약을 체결했다.

- 독일과 벨기에, 프랑스 국경지대의 영토상 현상 유지 및 상호불가침(不可侵)
- 라인란트 비무장 지대에 대한 베르사이유 조약 준수
- 폴란드와 체코와 프랑스 사이에 개별적 특별협정

프랑스는 이 조약에 의해 독일의 도발에 대한 공포로부터 다소 안도감을 갖게 되지만 1927년 이후 독일과의 국경지대에 "마지노"선을 구축했다.

연합국 감시단 철수

독일은 로카르노 조약 다음해인 1926년에 국제연맹에 가입, 평화무드를 조성함에 따라 독일의 재군비를 감시하던 연합국의 군사 관리위원이 1927년 1월 철수를 했다.

로카르노 조약 이후 구주의 평화는 절정에 달한 것처럼 보이나 사실상 이때 독일은 급속도로 부흥을 이룩하여 제2차 세계대전을 준비하고 있었던 것이다. 독일은 1933년 10월 군축회의와 국제연맹에서 탈퇴하고 1936년 3월 16일 재군비 선언을 공식화했다.

▲ 로카르노

▲ 1925년 10월 5일 스위스의 로카르노에서 개최된 회의에서 독일, 영국, 프랑스 등 대표단들

|히틀러의 등장과 전쟁에로의 길|

히틀러 Adolf Hitler 의 등장과 나의 투쟁

히틀러는 1889년 성(姓)도 제대로 알려지지 않은 보잘 것 없는 오스트리아의 한 세관원의 아들로 태어났다. 초등학교를 졸업하고 실업학교로 진학했지만 성적이 불량하여 중퇴를 당했다.

18세에 고아가 된 히틀러는 그 후 10년이 넘는 청년기를 거치는 동안 일정한 직업도 없이 부모의 유산과 고아 연금 등으로 생활했으며, 그림엽서를 그리는 등 하급 예술가로서 길을 걷기도 했다. 그는 이 시기에 신문과 잡지 등을 탐독했으며, 젊은이들이 모이는 독서클럽에 나가 역사와 민족 문제 등의 주제로 난상토론을 즐겼다. 그의 독선적 성격은 이때 자리를 잡았다. 1913년 뮌헨으로 이주를 한 그는 이듬해 제1차 세계대전이 일어나자 바이에른 군에 자원 입대했다. 전투에서 전공을 세워 철십자 훈장을 받았으며, 전쟁이 종식된 후에도 계속 군에 남아 특유의 웅변술로 정치선전 임무를 수행했다.

히틀러는 1919년 군에서 제대하여 나치스의 전신인 독일 노동당에 입당한지 3년만인 1922년 당수(黨首)가 되었고, 베르사이유 조약 폐기와 반유대주의를 제창했다. 1923년 11월 8일 오후 8시, 히틀러가 나치 돌격대원 300명을 이끌고 뮌헨 교외의 한 맥주홀에 난입해서 천장을 향해 총을 쏘며 "혁명은 시작됐다!"고 외쳐댔다.

▲ 히틀러가 쓴 "나의 투쟁"

루덴돌프 Ludendorff 장군과 결행한 이 뮌헨 반란(Beer Hall putsch)은 결국 실패했는데 이때 히틀러는 5년 형을 받고 란츠베르크 교도소에 수감되었다. 이 기간을 이용해서 그는 반(反) 유대인과 반(反) 마르크스주의의 논리를 다듬었다.

히틀러에게 있어서 아리안족은 선택받은 천재 민족이었고 유대인은 기생동물이었다. 1924년 12월 그가 출소했을 때는 이미 국민적 영웅이 되어 있었다. 이때 히틀러는 자신의 생각을 루돌프 헤스에게 받아쓰게 해서 1925년 7월 18일, 자서전 "나의 투쟁(Mein Kampf)" 제1권을 출간했다. 본래 제목은 "허위, 우열, 비겁에 대한 4년간의 투쟁"이었지만 보다 강렬한 인상을 주자는 출판사 사장의 권유로 제목을 바꾸었다.

그해 연말까지 1만 여권이 팔렸지만 히틀러가 권력을 장악하고 "나의 투쟁"을 나치의 바이블로 삼았을 때는 거의 2천만부나 팔려나갔다. 히틀러는 이 책에 이런 말을 넣었다. "대중들은 작은 거짓말보다는 큰 거짓말에 더 잘 속아 넘어간다."

1925년 2월에 나치스(國民社會黨 : National Socialist Party)를 창당했다.

히틀러의 수상 취임과 정권장악

1929년 세계 공항과 더불어 독일은 극도의 경제적 궁핍에 처하게 되었고, 이로 인해 보다 강력한 지도자를 원하게 되어 1932년 7월의 선거에서 나치당은 제1당으로 등장하게 되었다. 1933년 1월 30일 히틀러는 수상의 자리에 앉았으며, 1934년 8월 2일 힌덴부르크 대통령의 사망으로 사실상 일인독재의 정권을 장악하게 되었다.

▲ 힌덴부르크와 히틀러

히틀러와 "생활권(生活圈 : Lebensraum)" 철학

이 철학의 핵심(核心)은 "지구상에는 인력(引力)이 작용하는 중심적(中心的) 지역이 있는데, 이곳을 장악하는 종족(種族)이 지구상의 지배권을 장악할 수 있다."는 것이다. 중심지역에 생활권(生活圈)을 마련한다는 것은 경제적 측면에서 "자급자족(自給自足 : Autarkie)" 체제를 달성한다는 것이다.

이 철학은 본래 영국의 학자 맥킨더 Halford Mackinder 의 "대륙중심의 지정학(地政學)"에서 카알 하우스호퍼 Karl Haushofer 가 착안한 허울 좋은 정신적(精神的) 무기로써 히틀

▲ 맥킨더

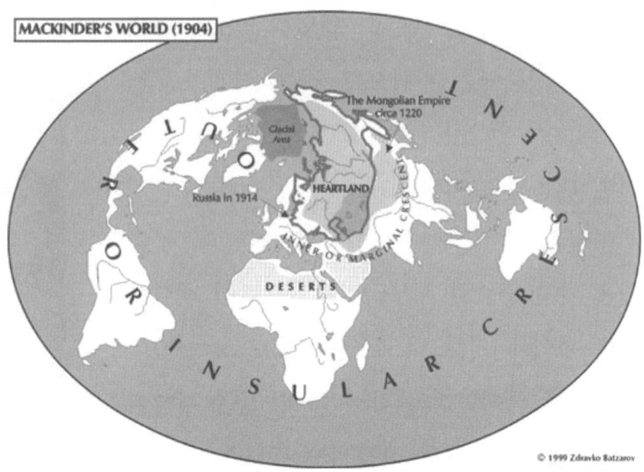

▲ 대륙중심의 맥킨더의 세계

러가 이를 이용하여 당시 세계 공황에 편승, 1932년 7월의 선거에서 압승(壓勝)을 거둔 것이다.

히틀러의 단계적인 전쟁준비

1934년 1월 폴란드와 불가침 조약을 체결함으로써 대(對)독일 봉쇄선(封鎖線)의 일익인 폴란드를 프랑스에게서 박탈했고, 러시아에 대비, 동부 국경 방위에 전력할 수 있었다.

독일에 귀속 : 1935년 1월, 국민 투표에 의해 환부(還付)가 결정되어 상실되었던 영토인 짜르 Saar 탄전지대를 회복했다.

1935년 3월 16일 히틀러는 베르사이유 조약의 군축조항 폐기 및 재군비를 공식선언함으로써 세계는 경악했으나 실상 프랑스, 영국, 이탈리아 등 제국들은 공허한 항의만 일삼았을 뿐 무력으로 인한 실력행사가 없었기 때문에 히틀러에게는 연합국의 결속을 시험해 보는 좋은 계기가 된 것이었다.

1935년 3월 10일에 이미 독일의 공군상 괴링은 영국의 "데일리 메일"지의 기자에게 독일의 공군 보유를 정식으로 발표했었다. 1935년 3월 16일 히틀러는 징병제도를 다시 공포하고 육군의 평시 병력을 12개 군단(24개 사단) 약 50만명으로 한다는 법을 공포했다.

제1차 세계대전시 기동력(機動力)이 화력(火力)앞에서 좌절되고 말았기 때문에 교착(膠着) 상태를 벗어날 수 없었다. 이로 인해 신속한 기동력을 바탕으로 하는 기계화전(機械化戰)이론인 전격전(電擊戰 : Blitzkrieg)의 이론 태동된 것이다.

▲ 독일 공군상 괴링

라인란트 Rhineland 는 연합국 진영과 독일간에 가장 중요한 서부국경지역으로서 베르사이유 조약에 의해 비 무장중립(非武裝中立)이 결정되어 국제연맹의 감시 하에 있던 지역이다. 이 지역에 대해 히틀러는 또다시 연합국간의 결속을 시험해 보기 위해 1936년 3월 7

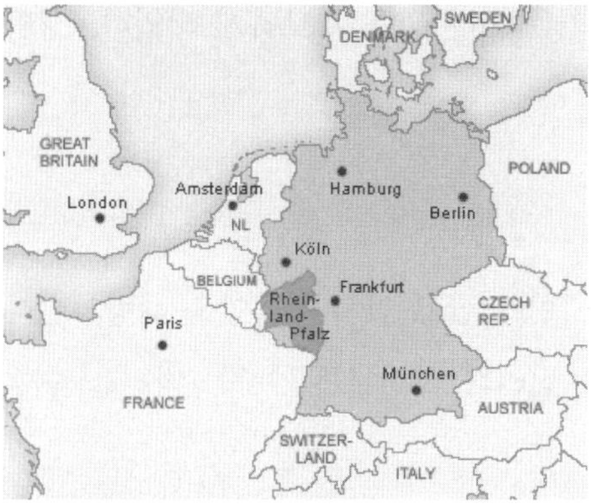

▲ 라인란트의 위치

▲ 라인란트

일, 프랑스가 소련과의 상호 원조조약을 했다는 구실로 라인란트에 독일군을 진주시켰다. 독일군이 라인란트에 들어 왔을 때 프랑스는 단독으로 대항조치를 강구하지 못하여 영국에게 독일에 대한 조치를 의뢰하게 됨으로써 허울 좋은 연합국의 결속을 히틀러에게 재확인시켰다.

3국 동맹(同盟)의 결성

1936년 10월, 11월에 독일, 이탈리아, 일본과의 사이에 삼국 동맹을 결성했다. 독일이 오스트리아, 체코를 침공시 이탈리아의 중립을 보장하고, 일본은 동부전선에서의 러시아 견제토록 했다.

오스트리아 합병(合併)

1938년 3월, 독일군은 경고도 없이 오스트리아를 침공하여 비인 Wien 을 점령하고 오스트리아를 무혈합병(無血合併)했다. 이 때 프랑스는 내각위기(內閣危機)의 혼란 속에 있었으며, 영국은 손을 쓰지 못했고 미국은 무

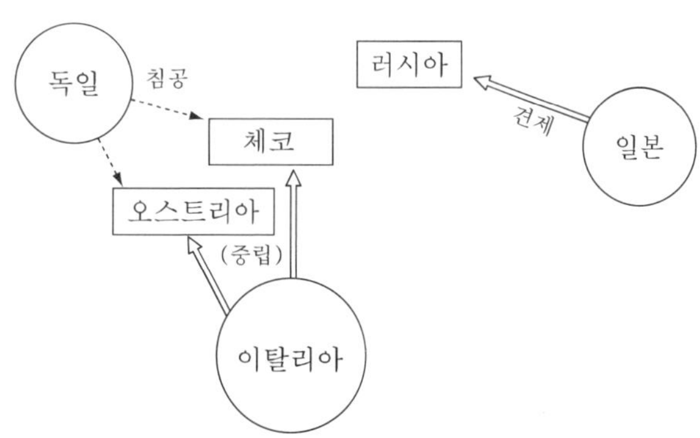

관심했다. 이로써 독일은 커다란 인적(人的), 물적(物的) 자원을 확보하게 되었다. 생활권 철학을 하나씩 실천해 가고 있는 것이다.

쉬데텐Sudeten 합병

1938년 9월, 독일과 체코 국경에 연한 쉬데텐 지방에 살고 있는 독일인을 해방시킨다는 명목 하에 합병해 버렸다. 합병시 독일 공군은 심리적으로 위협을 주는 작전을 수행했다.

▲ 보헤미아(Bohemia) 외곽을 둘러싸고 있는 쉬데텐(검은 띠 부분)

체코 강점(强點)과 독·소 불가침 조약

1938년 9월 29일, 영국, 프랑스, 독일, 이탈리아의 4국은 뮌헨협정을 체결했다. 영국과 프랑스는 독일이 체코에 최후통첩을 한 상태에서 전쟁의 와중에 휩쓸려 들지 않기 위해 독일에게 사실상 체코를 양도하는 조치를 취하게 되어 파멸 당한 체코는 독일에 의해 강점당했다.

체코 내의 40개 사단과 병기공장을 인수하는 큰 수확을 거둔 히틀러는 1939년 8월 23일, 소련과의 사이에 불가침 조약을 체결하고, 1939년 9월 1일 폴란드 침공에 나섰다.

열강들의 정세

이탈리아

제1차 세계대전시 연합국측에 가담한 이탈리아는 전후 전승국(戰勝國)으로서의 대우를 받지 못하자 반공(反共) 운동으로 등장한 뭇솔리니 Beuits Mussolini 의 파시스트 정권은 독일의 나치스와 맥락을 같이했다. 1935년 12월 5일 이탈리아는 무방비(無防備) 상태의 국제연맹 회원국인 이디오피아를 침공했고, 이디오피아는 누구의 도움도 받지 못한 채 1936년 5월 5일 무너지고 말았다. 국제연맹은 일본(日本)의 만주 침략시에도 그 무능함을 보여주었는데 이디오피아 침공시에 다시 이를 입증했다.

스페인

1931년 새로 탄생한 공화정부(共和政府)는 무력하였으며 공산주의적 도전을 받고 있었다.

1936년 7월 18일, 우파(右派)의 무력반란(武力叛亂)이 발생했는데 소련은 반란군을 지원하고 영국과 프랑스는 스페인 정부를 지원하여 이른바 국제적 내란(內亂)이 되어 버렸다. 이 내란에서는 4만의 이탈리아군과 항공기 및 전차로 구성된 독일군, 소련의 항공기 등이 참전하여 신무기(新武器)와 신전술(新戰術)의 각축장이 되었다.

1939년 3월 28일 반란군의 승리로 종식되었다.

일 본

1918년 9월 18일 만주침략(滿洲侵略)을 계기로 1937년 7월 7일 중일전쟁(中日戰爭), 1937년 12월 12일 미국포함(砲艦) 파나이 Panay 호 침몰사건, 7월 11일 블라디보스톡

▲ 미국포함 파나이호의 침몰

Vladivostok 부근의 소련과의 충돌사건 등 수많은 국지전쟁(局地戰爭)을 수행하면서 기회를 엿보고 있었다.

소 련

소련은 1926년 스탈린의 집권이후 강력한 군사대국으로 발돋움 했다.

1939년 8월 23일, 독일과 불가침 조약을 체결하여 세계를 놀라게 했다.

이 조약은 독일과 소련이 폴란드를 분할한다는 것과 소련에게 동부 발트지역에의 행동의 자유를 허용한다는 내용이 핵심이었다.

조약체결 전 미국의 루즈벨트는 7월 5일 스탈린에게 친서를 보내어 "소련이 만약 독일과 손을 잡으면 독일이 프랑스를 점령하자마자 곧바로 소련으로 침공할 것이다"라고 경고를 했었다.

미 국

해군력은 상당한 수준에 올랐으나 육군은 1920년 국가방위법(國家防衛法 : National

▲ 1939년 5월 22일, 베를린에서 이탈리아와 독일이 강철의 서약을 하고 있는 가운데 히틀러가 지켜보고 있다.

▲ 총사령관 카이텔(가운데)

▲ 육군 참모장 할더

▲ 4군 사령관 클루게

Defense Act)에 의해 대량 감축되어 대단히 취약했다.

유럽의 정세를 관망하면서 고립(孤立)주의적 태도를 취하였고, 윌슨이 제안한 국제연맹에도 가입하지 못했다. 1939년 1월 12일 루즈벨트가 항공기를 포함하여 약간의 군비(軍備)를 증강했지만 미약했다.

개전(開戰) 당시의 독일군 편성 (1939. 9)

국방부총사령부 OKW

총사령관 : 히틀러(Hitler)
참 모 장 : 카이텔(Keitel)
작전부장 : 요　들(Jodl)

*참모부는 일반참모형태 전술집단, 보급모집단, 개인참모로 구성

육군총사령부 OKH

총사령관 : 브아루힛쉬(Bravchitsh)
참 모 장 : 할더(Halder)

남부집군단 : 룬드쉬테트(Rundstedt)

8군 : 블라스코비츠(Blaskowitz)
10군 : 라이헤나우(Reichenau)
14군 : 리스트(List)

북부집군단 : 복크(Bock)

3군 : 쿠에흘러(Kuechler)
4군 : 클루케(Kluge)

*삼각편제(三角編制)로 구성
*120개 사단, 150만명

해군총사령부 OKM

총사령관 : 뢰더(Rader)
잠수함대사령관 : 되니츠(Donitz)

공군총사령부 OKL

총사령관 : 괴링(Goring)

제1항공대 : 케셀링(Kesserling)
제4항공대 : 로르(Rohr)

*대공포(對空砲)부대 및 낙하산부대
*4,000기의 항공기

OKW : Ober Kommando der Wermacht
OKH : Ober Kommando der Heeres
OKM : Ober Kommando der Marinz
OKL : Ober Kommando der Luftwaffe

※독일군의 특징

군비재선언후 개전당시 550만명 이상 동원가능

- 전투의지의 왕성(旺成)
- 지휘관의 전술 · 전략적식견 우수
- 항공기 · 전차 등 장비의 우수
- 보급체제 등 전쟁수행능력 완비
- 스페인내란 및 오스트리아, 체코침공으로 실전(實戰)능력 배양

42 젝트의 비밀 재군비秘密再軍備

베르사이유 조약에서의 독일의 군비제한(軍備制限)

육군

총병력 10만명
장　교 4천명
보　병 7개사단
기병(騎兵) 3개사단

해군

총병력 1만 5천명
전함(戰艦) 6척
경순양함 6척
구축함(驅逐艦) 12척
어뢰정(漁雷艇) 2척
잠수함 보유 금지

공군

군용(軍用)비행기
제조 및 보유금지

참모본부 철폐
(參謨本部)
(General Staff)

• 전쟁물자 제조제한
(戰爭物資)
병기, 탄약, 전차

라인강 동방50km
이내 군사시설
(軍事施設)철폐

징병(徵兵)제도
폐지
지원병(志願兵)
제도 채택

복무령한
(服務年限)
장교 25년
사병 12년

독일의 남방과
동방 국경지대
요새시설(要塞
施設)현상유지

종전의 $\frac{1}{8}$수준에도 못미치는
국가방위군(國家防衛軍 :
Reichswehr) 유지(維持)

젝트(Hans Von Seecht)의
비밀 재군비
• 1920~1926 참모총장
• 2차세계대전 10년전 은퇴
3년전 사망

|비밀 재군비|(1920~1934년까지 계속, 히틀러의 전쟁 발판제공)

병 력

2중(二重)의 목적을 가진 간부화(幹部化)된 정예군(精銳軍)

상위직역할담당

- 병사 —임무부여→ 부사관
- 부사관 —임무부여→ 초급장교
- 장교 —임무부여→ 대부대지휘숙달

장교선발(選拔)

대학(大學) 졸업자중 귀족(貴族) 및 구군벌 가문(舊軍閥家門) 자제

↓

4년 6개월 훈련후임관, 임관후 훈련 및 자격 시험(낙제시 해임)

사병선발

- 17세 기준, 지원병(志願兵) 제도
- 종교, 사회적위치, 직업, 정치적신분 등 고려

신전략이론(新戰略)

공격(功擊)위주의 기동전략(機動戰略)

항공기

차량화부대

협동작전(協動作戰) 가능성시험 :
브라우횟취(Branchitsch), 1924년

전 차

전차(戰車) 부대의 전술적운영 :
구데리안(Heinz Guderian), 1924년
풀러(J.F.C Fuller), 리델하트(Liddell Hart) 드골(De Ganlle)의 이론적 기초를 구데리안이 완성

참모본부의 존 속

총참모부(總參謀部)의 기능을 정부(政府) 각 부처에 이관(移管)

군무(軍務)일반(一般) → 국방성(國防省)의 군무국(軍務局)

문서보관, 전사(戰史)연구 → 국가문서실(國家文書室)

지형연구(地形硏究) → 내무성(內務省)

군철도관리(軍鐵道管理) → 교통성(交通省)

정보업무(情報業務) → 외무성(外務省)

*외무성에서 국방군의 참모장교들이 민간인(民間人)신분으로 활동

*참모본부요원양성이해 우수후보자 2년간 군사학교교육 및 교육 우수자 국방성 전입

전략이론 연구기관

"슐리펜 백작협회(伯爵協會)"라는 위장(僞裝)단체조직

예비군의 확보

연금국(年金局)관할하 인력자원(人力資源)자료수집

예비군 역할수행 (豫備軍)

- 경찰(警察) : 보안대(保安隊)로 불리워 군전투력 보강
- 노동군(勞動軍)Arbeits Kommando
  단기계약에 의해 군에 종사하는 민간인
  노동자 5~8만여명

공군(空軍)의 훈련

수많은 항공기조종사들은 민간항공사(民間航空社)에서 비행 훈련을 받음

군사전문가의 위탁훈련(委託訓練)

베를린공과(工科)대학에서 장교들의 과학기술 적용연구

일본, 중국, 남미제국, 발틱제국, 소령등지에 파견 현지장비 조작능력과 군사교리 연구

소령과의 관계밀착

소련영토내에서 금지된 군사훈련 및 무기획득을 목표로 함

- 1920년말 국방성내에 러시아특별국(特別局)Sondergruppe Russia 설치
- 베를린과 모스코바에 산업촉진사(産業促進社)G · E · F · U 설치

독일 ⇄ 밀접한 상호교류 ⇄ 소련

동원(動員) 체제완비

- 군의 보급 및 국가경제력 동원대비, 국무성내에 동원국(動員局)설치
- 국내 및 국외 동원체제확립(오스트리아, 스위스, 스페인, 네델란드 등)

* 이러한 비밀재군비에 대해 연합국측은 사실상 알고 있었는데 일정한 선을 넘지 않는 범위내에서는 사실상 묵인(默認)했다고 할수 있다.

▲ 젝트

▲ 구데리안

|젝트의 과오(過誤)|

1929년대 당시 상황은 민주화(民主化)의 거센 바람이 일던 때였는데 귀족자제나 구 군벌 가문의 자제 등을 장교로 우대한 것은 시대 역행적 조치였고 이로 인해 국가 안에 또다른 군국(軍國)을 형성하여 후일 "나치즘"의 탄생을 유발시켰다.

군사교육이 지나치게 기술적인 합리성만을 강조하여 군의 기능적(技能的)인 필요성은 교육되었으되 사회와 역사, 정치전반에 관한 융통성 있고 포괄적인 안목(眼目)은 결여되어 있었다.

정보(情報)와 행정(行政)분야가 작전 분야의 종속물로 사용되어 2차 세계대전 패전원인의 하나로 분석되었다.

▲ 베르사이유 조약에 의해 군사훈련이 금지되자 자전거에 종이로 바른 모의 전차로 훈련하는 독일군의 모습. 소련의 초청으로 소련 영토 내에서 훈련 시에는 소련제 실제 전차를 사용했다.

▲ 나무로 만든 대포를 끌고 훈련을 하고 있는 독일군의 모습

43 전격전電擊戰의 핵심

|수행방법|

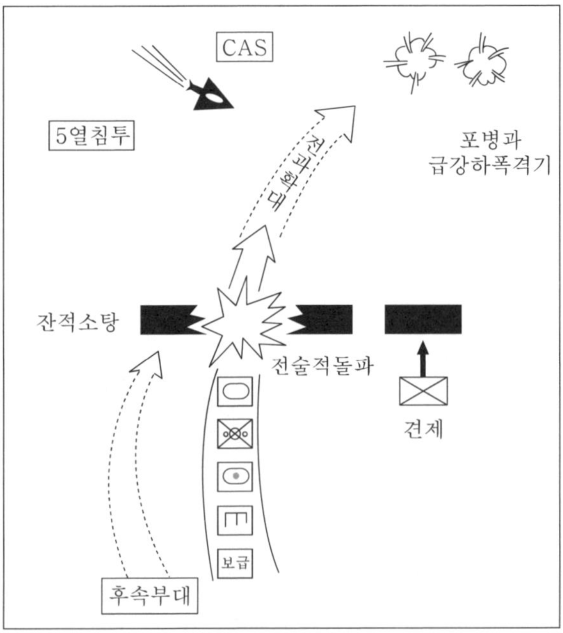

5 열	• 적의 후방에 투입, 정보수집, 민심교란, 전의(戰意)상실유도
공 군	• 기습적 일격으로 제공원 장악 • 적후방 지휘시설, 통신, 보급소 예비군 동원체제 타격 • 심리적 충격
돌파부대	• 단일팀(Team) 편성 • 전차, 자주포, 차량화보병, 공병, 병참지원부대 • 돌파구 형성
전과확대	• 기갑부대가 신속히 침투 • 돌파구 확장 및 적주력 차단 · 포위 • 급강하폭격기 화력증원
소탕작전	• 보병이 기갑부대에 후속전진하여 포위된 작전소탕

• 전격전의 핵심 : 적에게 심리적인 충격을 주어 "마비(痲痺)" 시킨다

전격전의 요결 : 3S

기 습 Surprise	속 도 Speed	화력의 우위 Superiority

|전격전의 출현배경|

전격전의 출현은 기갑사단의 편성과 독립운용 개념의 정립에서부터 비롯되었다. 제1차 대전 이후 유럽을 풍미한 보병과 포병에 의존하는 방어지상주의의 전략사상은 전차를 단순히 방어에 필요한 무기로만 사용했고 역습시에도 보병을 화력으로 지원하는 수준을 벗어나지 못했다. 이때 영국의 "풀러" 장군, "리델하트" 대위, 독일의 "롯쯔" 대령, "구데리안" 소령, 프랑스의 "드골" 대령 등이 나타나서 기존의 관념을 깨기 시작했다.

▲ 전격전의 주역들. 독일의 급강하 폭격기 스투카

▲ 스투카와 판져 전차사단

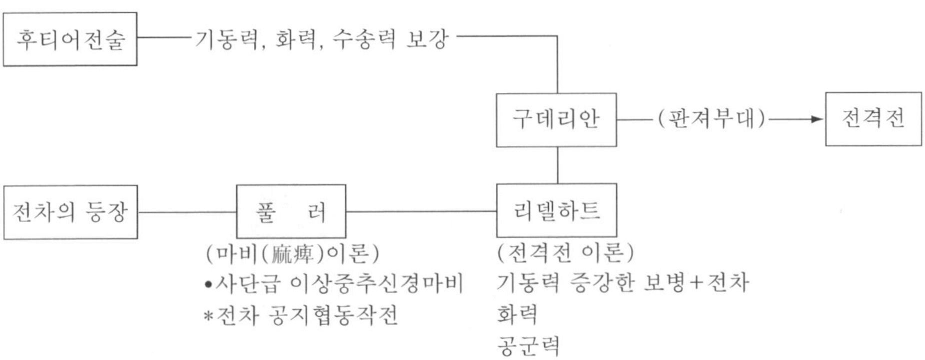

"공군은 적의 공군력, 지휘기구, 병참선을 포함한 전술적 목표를 공격하며, 지상부대는 여러 곳을 공격하여 약한 부분을 돌파한 후 공군의 지원을 받는 기갑부대로 적의 최소예상선, 최소 저항선을 따라 주야로 깊숙한 종심타격을 가한다. 지휘관의 독창적 지휘, 보급 및 수리 부속품의 수 일분 휴대, 오열(五列)의 활동과 공수부대의 동시운용, 대용목표를 갖는 작전선 선택" 등으로 요약할 수 있다. 이러한 혁신적인 이론에 대해 당시

군의 수뇌부는 고정관념에 사로잡혀 비웃고 있었다.

구데리안이 1922년 일반참모부에서 근무할 당시 차량화 부대 운용에 대해 관심을 가졌고 패전으로 인한 독일군의 군비제한 상황 하에서는 진지전을 탈피하여 기동전에 의존해야 함을 착안하여 연구 중, 기동전에서의 병력 방호문제에 봉착, 풀러, 리델하트의 이론에서 그 해답을 찾기 시작했다.

▲ 구데리안

특히 리델하트가 적병참선에 대한 종심 깊은 타격을 위해서는 전차와 장갑보병무대로 구성된 기갑부대의 운용을 강조한 점에 큰 감명을 받고, 차량화 부대의 운용개념을 공세적으로 전환시키는 것을 구상했다.

제1차 세계대전 중에 제5기갑사단 소속 무선통신부대의 지휘관으로 근무했던 구데리안은 제1차대전의 패인을 분석하고, 리델하트를 위시한 혁신적인 이론을 적용한 모의 전차훈련을 통해서 전차 단독이나 보병과의 협동작전은 결정적 성과획득에 미흡함을 깨닫고, 보병·포병·공병·통신이 기동력을 증강하여 전차에 종속될 때 비로소 전차의 최대 위력을 발휘할 수 있다고 확신했다.

▲ 히틀러, 구데리안

구데리안은 무뚝뚝한 성격에다 자기 생각을 거침없이 내뱉는 직설적이고 솔직한 군인이었다. 그는 히틀러에게 늘 충성을 다하면서도 때로는 그와 의견이 대립되어 불이익을 당하기도 했다. 구데리안의 주장은 1933년 수상이 된 히틀러가 절대적으로 지지하게 되어, 1935년 10월 15일 전격전의 요체인 3개 판져 사단이 탄생되었다.

처칠은 후일 “우리들의 발명한 전차가 오히려 우리들의 패배 원인이 되었다.”라고 회고 했다. 기갑부대의 독립적 편성과 종심깊은 타격, 기동화된 제병과의 협동작전은 실전에서 엄청난 효과를 가져 온 전격전이 된 것이다.

섬멸전과 전격전의 개념 차이

구 분	섬멸전	전격전
작전목적	적부대의 파괴 · 살상	충격 · 마비
작전목표	적부대 자체	중추신경
전례	1차대전	폴란드 · 대불 · 발칸 · 포클랜드 · 중동전

“파괴”하는 것이 아니고 “마비(痲痺)”시킨다.

전격전의 이론을 제공했던 풀러(J .F. C. Fuller)

영국군 소장 풀러는 구데리안보다 10년 선배가 된다. 풀러는 제1차 세계대전에 참전하면서 적진 돌파작전이 가장 중요한 승리의 요인임을 확신했다. 1916년에 처음으로 탱크라는 무기를 소개받고 탱크만이 성공적인 돌파작전 수단임을 확인했다. 1916년 12월, 영국 탱크부대가 최초로 창설되었을 때 그는 선임 일반 참모로 근무하다가 중령으로 진급했다. 그는 또한 영국 최초로 집단적 탱크공격을 창안하여, 이 공격방법으로 독일 전선을 돌파하여 1917년 11월 20일 깡브레 전투에서 승리를 거두었다.

▲ 풀러 소장

이 탱크전이 기갑전 시대의 개막을 열었고, 탱크는 비로소 중요한 전투무기로 등장했다. 구데리안은 제1차 세계대전 종식 후 현역으로 잔류한 4000명의 독일 장교 중 한 사람으로 평화시에 독일 군대 육성의 역할을 맡았다.

히틀러가 권력을 장악하자 그는 인상적인 탱크전의 시범을 보고난 후에 1934년 구데리안이 건의한 탱크 대대의 창설을 허가했다.

구데리안은 히틀러의 권력을 등에 업고 1930년대에 탱크부대인 판져 panzer 부대를 급속히 확장했고, 풀러의 기계화전 이론을 뒷받침하여 독창적인 전격전 전략을 완성시켰다. 1939년 구데리안은 "판져, 주목하라!"는 전략이론서를 펴냈다.

▲ 영국 죠지 국왕과 함께 탱크부대 시범을 보고 있는 풀러 일행

44 폴란드Poland 전역

|배 경|

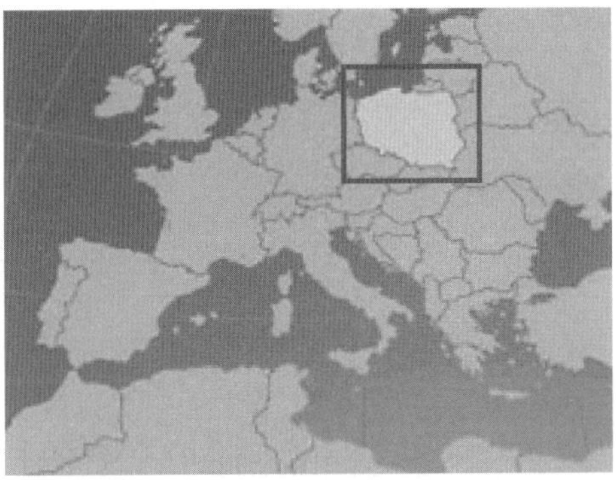

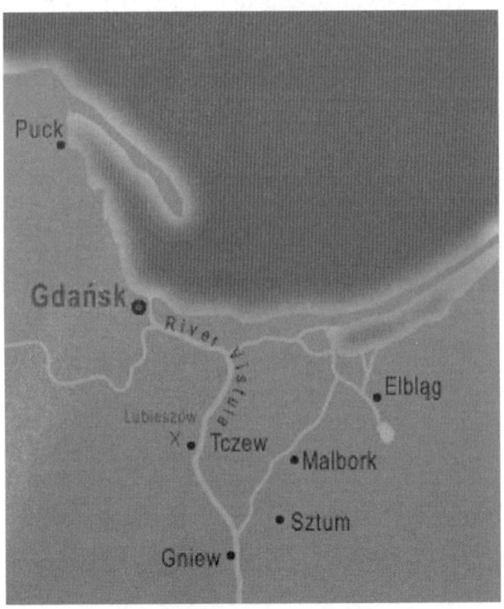

▲ 지도 왼쪽 중앙에 보이는 그단스크(Gdansk)는 독일어로 단찌히(Danzig)이다.

제1차 세계대전 이후 베르사이유 조약하에서 과거 독일 영토였던 서독일 본토와 동프러시아 사이를 격리시키고 있는 회랑지대(回廊地帶)와 국제 연맹 관할의 자유도시 단찌히 Danzig 가 실질적으로 폴란드의 장악하에 들어갔기 때문에 독일 국민들의 염원은 바로 이것들을 다시 되찾는 것이었다.

히틀러는 본격적인 전투를 치루기 전 독일국방군의 실력을 시험해 보기 위해 단기간의 결전 시험장으로 폴란드를 택했다.

▲ 폴란드 그단스크(독일명 단찌히)의 오늘날 모습

폴란드 공격을 결심한 이유

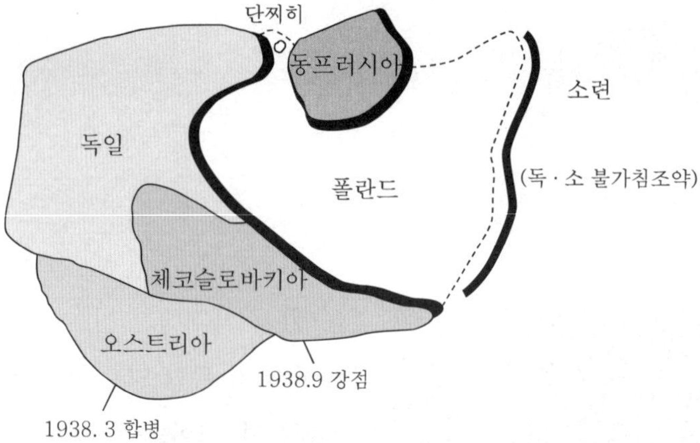

<폴란드를 향해 입을 벌린 형상>

독일의 동부전선은 소련과 불가침조약으로 안전이 보장되었다. 또한 폴란드는 3면이 전략적 포위상태에 인데다 영국과 프랑스의 전쟁준비 미비로 신속한 대응이 곤란했다.

만일 영국 · 프랑스의 공격 있을 때는 서부 방벽(Westwall : Siegfried)에서 저지가 가능할 것이다. 그러나 프랑스의 마지노선 Maginot Line 은 너무 완강하여 독일로서는 공격이 어려웠지만 장차 루마니아 · 유고슬라비아 · 헝가리 작전에 도움이 될 것이므로 동부전선의 신속한 승리가 요구되었다.

독일군의 선제공격 이유

독일은 영국과 프랑스의 대독일 경제봉쇄에 직면하여 이를 타개하는 방법으로 내선(內線)의 이점을 최대로 활용하고 선제공격으로 나갈 것을 계획했으며, 1933년 9월 1일 06 : 00시에 선전포고(宣戰布告) 없는 기습공격을 감행했다.

▲ 폴란드 공격을 역설하고 있는 히틀러

폴란드 작전지역의 특징

폴란드의 북부는 비교적 평탄한 지역인데다 당시는 초가을(9월, 10월)이기 때문에 땅이 건조하며 강이 얕으므로 역시 기계화 부대의 기동에 매우 유리했다.

폴란드의 북(北)은 발트 해에 접하게 되어 독일군의 잠수함에 의해 장악될 수 있고, 남(南)은 헝가리 등 독일 지배하에 있으므로 폴란드는 사실상 고립된 상태에서 영, 불의 직접적인 지원이 어려운 실정이었다.

▲ 폴란드를 공격하는 독일군

|경 과|

독일군의 작전계획(슐리펜의 고전적 전략개념에 입각)

섬멸전(殲滅戰) 사상에 입각한 2중 양익포위

- 1차 포위 : 바르샤바 동쪽에 집중하여 나레브-비스툴라-산강(江)선에서 포위 섬멸
- 2차 포위 : 1차 포위 실패시 비스툴라-산강 후 방고지인 브레스트 리토부스크 지방에 재차 포위 섬멸

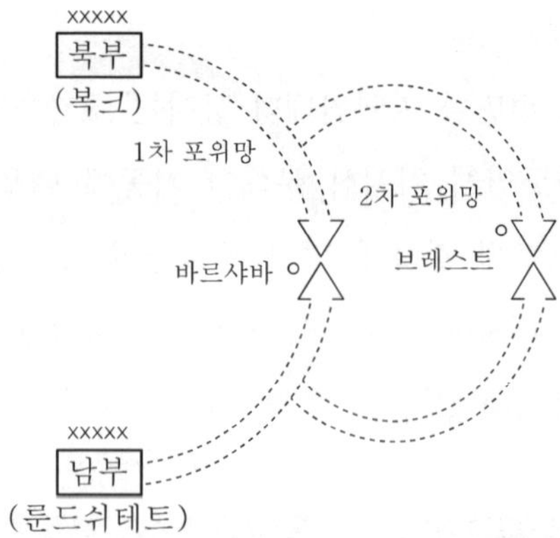

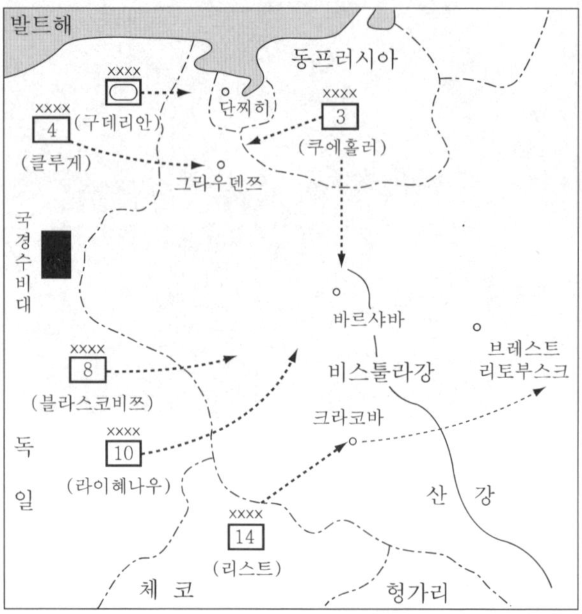

▲ 단찌히로 들어가는 독일군

각 군의 임무

• 북부집단군

제3군 : 주력을 바르샤바에 투입, 남부의 제10군과 연결. 일부를 서부 회랑지대로 진격시켜 적 소탕 후 전 병력을 바르샤바로 진격. 2차포위시는 제4군과 연결하여 브레스트로 진격

제4군 : 그라우덴쯔 방면으로 진격 회랑지대 차단, 제3군 일부와 합류 바르샤바로

진격, 제3군과 합류 후 브레스트 진격

- 남부집단군

제8군 : 남방담당 제10군의 좌익 보호, 바르샤바 방향 진격

제10군 : 바르샤바 방향 진격 제3군과 연결작전

제14군 : 크라코바 공업지 점령, 동진하여 루마니아로부터의 병참선차단, 브레스트 방향으로 북진 2차 포위

- 공군은 제공권 장악, 교통통신망 파괴, 군수산업시설 파괴, 지상 작전 지원이 임무였다.
- 해군은 폴란드해안 봉쇄, 단찌히 및 기디니아, 헬을 공격 제압하여 독일과 동프러시아 간의 해상 통로를 확보하는 것이었다.
- 영·불 공격에 대비 서부방벽 선에 보병 및 경비행대(輕飛行隊)배치, 해군의 대부분은 북해와 대서양 지역에 배치했다.
- 제5열(列)부대는 후방 교란이 임무였다.

폴란드의 방어계획

▲ 바르샤바의 옛 건물

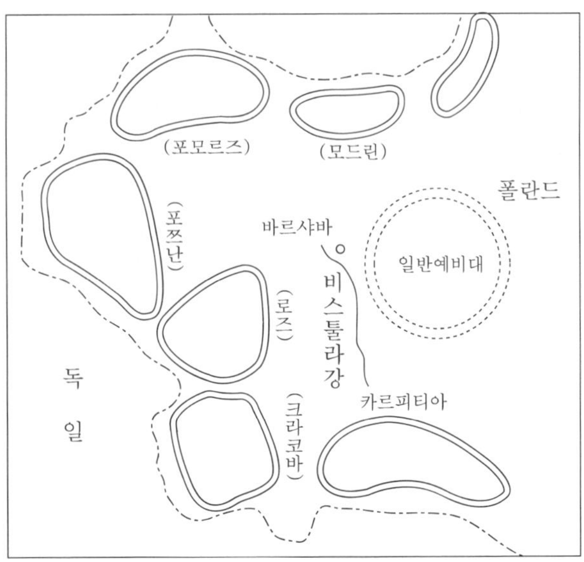

가장 양호한 방호선인 나레브-비스튤라-산강 선을 포기하고 대부분의 인구가 밀집한 산업지대인 서부지역 국경선 일대에서 6개 집단으로 일선형 배치를 계획했다. 그리고 장차 동원될 일반예비대는 바르샤바 주변에 집결하여 방어(그러나 독일 공군의 공습과 5열 활동으로 사실상 예비대 편성은 불가능했다)했다.

독일군의 공격(3단계로 구분)

● **제1단계 : 돌파** ; 1939.9.1~9.5

선전포고 없이 기습공격(9.1. 04 : 40)을 감행했다. 그리고 독일 공군은 폴란드군 비행장을 폭격하여 폴란드 공군을 거의 파괴했고, 5열에 의해 지휘시설을 파괴했고, 지휘체제를 마비시켰으며, 폴란드 장교로 변장하여 후방을 교란시켰다.

제14군은 9월 5일 크라코바 및 노비 사크츠 점령하고, 제10군은 개전 초 체스토츠바를 점령했으며, 9월 3일에는 제16기갑군단이 라돔스코를 점령했다. 폴란드군은 로즈 방

▲ 폴란드 침공을 위해 국경의 바리게이트를 제거하는 독일군

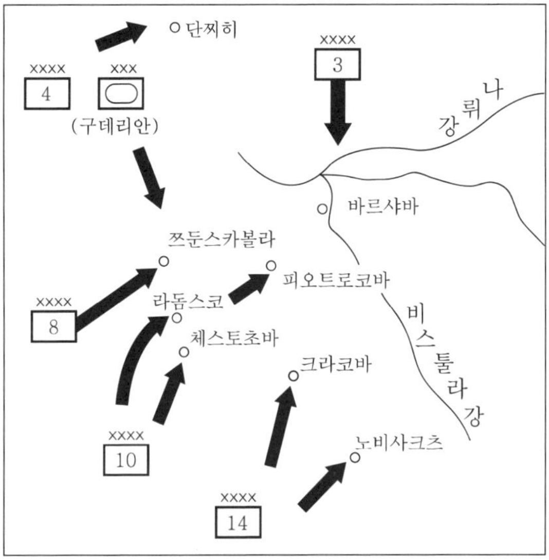

면으로 철수했다. 5일간 70마일을 전진하여 피오트로코바를 점령했다. 제8군은 9월 5일 쯔둔스카볼라를 점령했으며, 제4군은 구데리안 Guderian 의 제19기갑군단과 주력 제2군단이 회랑지대를 절단하여 9월 5일 비스툴라강을 도하하여 폴란드군 2개 사단과 1개 기병여단 포위섬멸하고 25,000명의 포로를 획득했으며, 제1군단은 단찌히를 점령했다.

제3군은 폴란드의 완강한 저항으로 9월 1일과 2일 야간에 주공의 진로를 변경했으며, 프르자스니츠 방향으로 진격하여 9월 3일 점령하고, 나뤄강 및 키에카시까지 도달했다.

● **제2단계 : 전과확대(戰果擴大)** ; 1939.9.6~9.14

폴란드군은 독일군의 전격전에 의해 후퇴를 거듭했다.

독일 제14군의 판져사단과 제4경기갑 사단은 2일간 75마일 돌진하여 라돔과 자로슬로바 교두보점령했고, 제1산악사단은 사노크에서 폴란드군을 산강(江) 이동(以東)으로 철퇴시켰다.

이로써 독일군은 양호한 폴란드의 방어선인 산강선을 돌파하는 전략적 성공을 거두었고 동(東)갈 리시아 방면의 진로를 개방시켰다. 독일 제14군은 트럭을 이용하여 9월 12일에는 산강 이동에서 적의 퇴로를 차단했다.

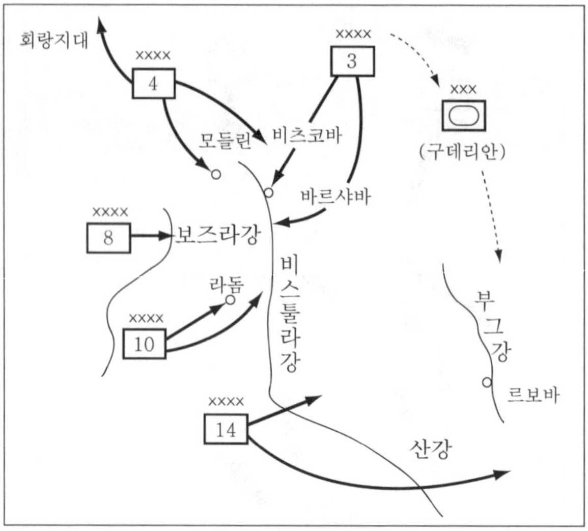

제10군은 제16기갑군단 정면의 돌파성공으로 피오트로코바와 바르샤바간의 대로(大路)가 개방되어 기계화 부대의 기동성을 마음껏 발휘했다. 9월 8일에는 바르샤바 남부 교외까지 진격했고, 9월 9일에는 1개 기갑사단과 1개 차량화 보병사단이 수도를 공격하기에 이른다.

▲ 전격전으로 밀고 들어오는 독일군을 막고 있는 재래식 폴란드 기병대의 모습

▲ 전형적인 전격전으로 바르샤바를 향하는 독일군

기갑부대 단독의 시가지 공격은 결국 좌절되는데, 도시나 강력한 요새지는 기갑부대는 우회하고 차량화 보병이나 보병부대가 소탕(掃蕩)해야 한다는 교훈을 남겼다.

9월 8일에는 트볼렌과 라돔을 점령하고 폴란드군 퇴로차단에 성공했다. 이는 폴란드군을 남부와 북부전선을 차단하는 전략적인 성공이었다. 9월 9일에는 라돔의 폴란드군이 항복하고 60,000명의 포로, 143문의 포, 38대의 전차를 획득하였다.

제8군은 브주라강선 공격시 과소평가한 폴란드군에게 많은 손실을 입게 되고 오히려 폴란드군의 9월 11일 총공세로 9월 12일에는 독일군이 브주라강선에서 다시 후퇴하게 된다.

제10군의 차량화사단은 로르 방면으로 전용(轉用)되고, 새로운 보병부대를 공수(空輸)하여 항공기의 지상전 지원으로 전용(轉用)했다.

이러한 조치로 9월 14일 폴란드의 반격 저지에 성공하고 가까스로 위기를 모면했다. 제4군의 일부는 회랑지대를 소탕하고, 주력은 브주라강선에 진입하여, 제2군단은 바르샤바 북방 비스 초그로드와 모들린을 점령하고, 독일군 예비대가 포젠 지방을 점령했다.

제3군은 9월 7일 바르샤바 북방의 유일한 방어선인 나레브강선에 진입하고, 9월 9일 부그강을 도하하여 철수하는 폴란드군을 추격했다.

9월 14일 수도를 포위하자 폴란드 정부는 남부의 르보바로 천도(遷都)하고 부그-산강선에 신방어선 형성을 기도했다. 이에 구데리안 기갑군단이 이를 차단하기 위해 신속히 남하했다.

● **제3단계 : 섬멸(殲滅)** ; 1939.9.15~9.28

▲ 바르샤바를 폭격하는 스투카

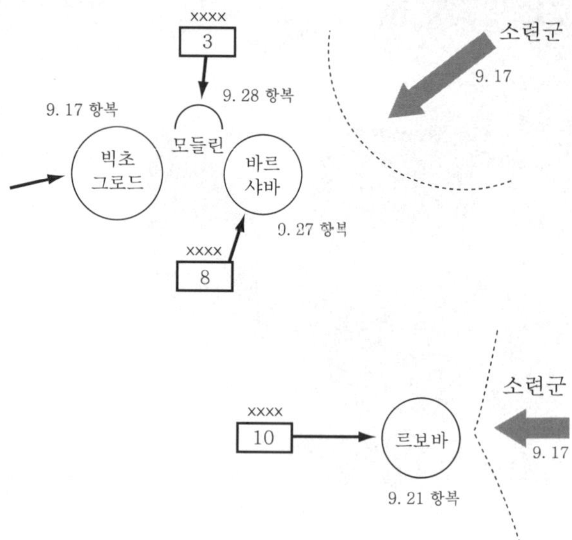

폴란드군은 독일군에 의한 퇴로(退路)차단으로 포위된 채 와해 직전 상황까지 치닫게 된다. 9월 17일, 소련군이 동부로부터 진격함으로써 폴란드군은 배후의 기습공격으로 완전히 혼란 상태에 빠져 버렸다. 9월 19일, 쿠트노 지역의 소탕(掃蕩)으로 독일군은 폴란드군 100,000명의 포로를 획득했다.

9월 21일로, 임시수도 르보바가 독일군 제10군에 의해 함락되었다.

바르샤바와 모들린에 대해 포격과 공군의 폭격을 집중하여 9월 26일 제8군이 바르샤바를 점령하고, 9월 27일 폴란드군은 항복했다.

*바르샤바와 모들린에서의 폴란드군은 기아(饑餓)와 장티푸스의 만연(蔓延) 등으로 극한상황에 이르러 항복(降伏)하고 말았는데, 독일군과 소련군에 대항하는 수천명의 게릴라들은 여전히 최후의 항전(抗戰)을 계속했다.

▲ 바르샤바 거리에서 격려하는 히틀러

결 과

폴란드군은 손실이 약 100만명(포로 45만명) 발생했고, 독일군은 손실이 약 43만명이 되었다.

9월 28일, 독일과 소련 사이에 변경우호협정(邊境友好協定)이 체결되었고, 이로써 폴란드의 분할이 확정되었다.

▲ 파괴된 바르샤바와 올드 타운

▲ 바르샤바 필스츠스키 광장에서 독일군이 승전 행진을 하고 있다.

|분 석|

독일군의 승리요인

최초 작전계획과 작전결과가 일치되었는데 그 이유는 병력의 수, 훈련, 사기, 장비, 지휘 등에서 독일군은 폴란드군을 압도하였고, 제5열의 적극적인 활약으로 정확히 적의 급소를 강타할 수 있었다. 이로써 공격우위(攻擊優位)의 확신을 가지게 되었고, 전격전 전술의 미비점을 보완시킬 수 있었으며, 히틀러로 하여금 자칭 군사적 천재(軍事的天才)로 확신케 했다.

폴란드군의 패인

무기와 장비가 구식(舊式)이었으며, 독일군의 전격전에 의해 지휘체제가 마비되었고, 계획된 동원(動員)이 불가능하게 되어 지리적(地理的) 불리점과 함께 대패(大敗)했다. 기갑부대는 도시나 요새지역은 우회(迂廻)하고 도보부대가 소탕해야 한다는 교훈을 도

▲ 폴란드의 아우슈비츠(Auschwitz) 수용소

출되었고, 기동성 있는 공격력에 대해 선방어(線防禦)는 무력(無力)했으며, 전략(戰略)공군과 전술(戰術)공군의 정확한 임무 인식이 미흡했다.

폴란드에 있는 악명높은 아우슈비트 수용소는 1942년 6월에 첫 폴란드 정치범이 수용된 이후 1945년 1월 연합군에 의해 해방되기 까지 약 5년간 400여만 명이 희생되었다. "노동이 자유하게 하리라"는 문구가 쓰여 있다.

45 발칸Balkan 전역

대영작전에 실패한 독일은 발칸지역과 북아프리카 일대, 그리고 소련에 대한 공격계획에 착수했다. 때마침 이탈리아의 뭇솔리니는 독일군의 영향력을 의식하고 이탈리아의 세력권을 확보하기 위해 역시 발칸지역에 대해 관심을 집중하고 있었다.

|이탈리아의 북아프리카 공략|

1904년 8월 이디오피아에 주둔했던 이탈리아군은 영국령(領) 소말리랜드 Somaliland 에서 영국군을 공격하여 수단의 갈라바트와 카잘라, 케냐의 모얄을 점령했다.

9월 중순에는 이집트를 공격하여 시디바라니에 전진기지를 설치했다.

뭇솔리니는 지중해 연안에 세력권을 확보하기 위해서 그 전제조건으로 대영작전 기지가 필요했고 그러기 위해서는 이집트에서의 영국군을 구축해야만 했다.

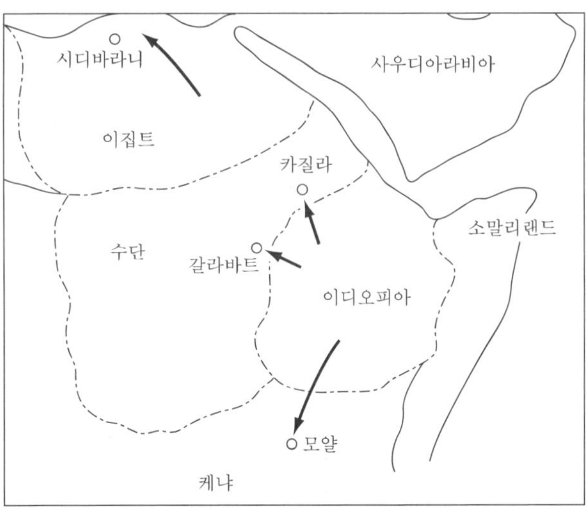

|이탈리아의 그리스 침공과 실패|

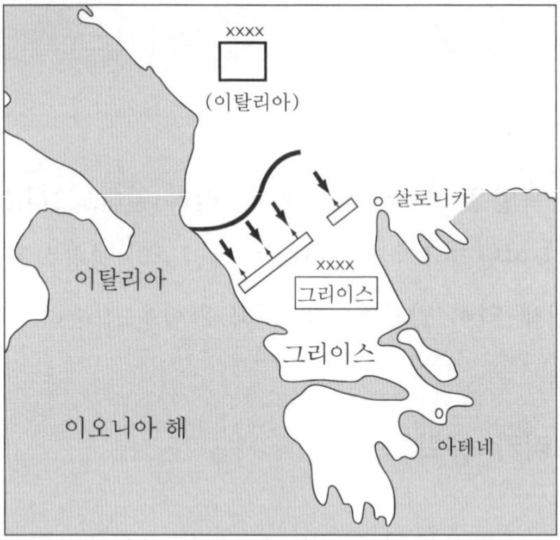

뭇솔리니는 먼저 유고를 점령하여 전략적인 이점을 차지하려고 했으나 히틀러의 반대로 그리스를 침공했다.

이탈리아군은 9월에 알바니아를 점령한 쁘라스카 Visconti Prasca 장군 휘하 162,000명(10개 사단)을 투입, 1940년 10월 28일 침공을 개시했다.

주공을 아테네 Athens 로 조공을 살로니카로 지향한 초기전투에서 이탈리아는 4개 공격지점에서 큰 돌파구를 형성하는 등 성공을 보였으나 3주일후인 11월 18일경에 그리스군의 우수한 산악전술에 휘말려 막대한 손실을 입고 고전하게 되었다.

그리스군은 배후역습과 이탈리아군의 병참선을 차단하는 등 적극적인 전투 활동으로 12월 9일 이탈리아군의 좌익이 철수하고 1941년 3월 1일에 전 전선이 소강상태에 빠지기도 했다. 뭇솔리니는 군사령관을 두 번씩이나 경질시키면서 재차공격을 가했으나 겨울철의 추위와 그리스군의 철통같은 항전으로 다시 실패하고 말았다. 설상가상으로 1940년 11월 11일의 타란토 Taranto 해전과 1941년 3월 28일의 마타판곶 Cape Matapan 해전에서 영국 해군에게 궤멸됨으로 인해 그리스 침공 실패와 함께 이탈리아의 체통은 땅에 떨어지고 말았다.

▲ 타란토 해전에서 침몰하는 이탈리아 군함

▲ 마타판곶 해전에서 파괴된 이탈리아 군함

그리스군의 승인(勝因)

장비의 부족에도 불구 산악지형을 교묘히 이용 산악전투를 효과적으로 수행했고, 그리스인의 조국수호 정신은 비록 열세한 조건에 처해 있었더라도 이를 극복할 수 있었다. 또한 영국군이 제공권(制空權)과 제해권(制海權)을 장악하고 있었다.

|독일의 유고 · 그리스 침공|

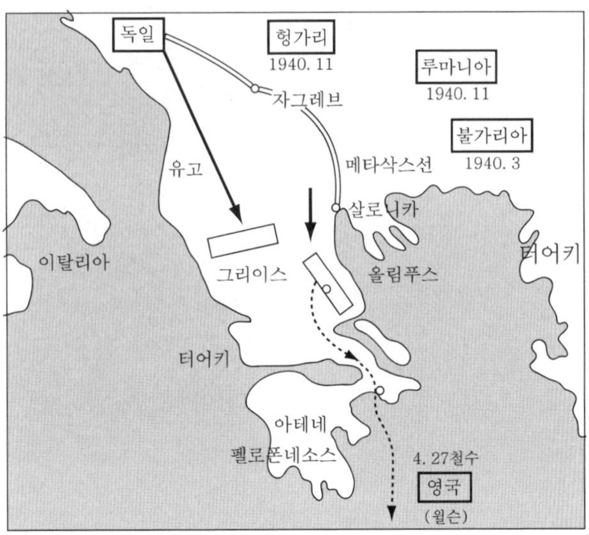

독일은 헝가리와 루마니아를 1940년 11월에 거의 반강제적으로 동맹국측에 가입시킨 후 1941년 3월 1일에 불가리아, 3월 25일에 유고슬라비아를 동맹화(同盟化)하려 했다. 그러나 유고는 조약체결 2일후 시모비크 Simovic 장군이 쿠데타를 일으켜 친독정권(親獨政府)인 폴 Paul 정권을 무너뜨리고 피터 Peter 국왕의 신정부를 수립하여 독일에 대항했다. 이에 히틀러는 단 10일 이내 유고 작전 계획을 완성하여 1941년 4월 6일 공격을 개시했다.

유고군은 부족한 장비 대신에 험준한 지형과 천연의 지리조건을 최대한 이용하기로 하고, 100만의 구식편제 병력과 윌슨 Sir H. M. Wilson 장군 휘하 영국군 62,500명의 지원을 받아 전투에 임했지만 조기에 통신망이 붕괴되어 지휘통제체제가 마비되었고, 자그레브 방면의 크로아티아인 부대의 배반 등으로 인해 4월 17일 항복하게 되었다. 이 전투로 유고는 334,000명이 포로로 잡혔는데 독일군은 불과 558명만이 피해를 입었다.

▲ 항복하고 있는 유고군

독일은 유고를 공격한 4월 6일, 그리스를 침공하여 4월 9일 살로니카를 점령했다. 영국군은 올림프스 산 방향으로 후퇴했으며 이후 테르모필레 Thermopylae 부근까지 퇴각했다. 그리스군은 4월 21일 주력부대인 제1군이 항복했고, 4월 23일에는 전 그리스군이 독일군에게 항복했다. 이때 영국군은 아테네와 펠로폰네소스를 통해 5일간 철수를 완료했다.

독일군의 "Flying Start" 전술

"목표탈취에 필요한 최소한의 병력만 집결되면 즉각 공격을 실시하고, 후속부대가 집결 완료되면 이를 기동시켜 선두(先頭) 공격부대를 초월전진(超越前進)하여 그 다음 목표를 공격하는 전술"이었다. 비록 축차 투입의 공격방법이었지만 독일군의 뛰어난 기동력과 우세한 화력은 이의 약점을 보완하고 기습을 달성할 수 있었고, 험악한 산악지형에서도 독일군의 전차부대는 그 위력을 십분 발휘했다.

독일군의 크레타섬 작전

크레타 Crete 섬의 전략적 가치

크레타 섬을 확보하면 발칸반도 내의 독일군 중요기지를 보호하고 영국군이 대독(對獨)폭격기지로 사용하는 것을 방지하며, 아드리아해 Adriatic Sea 로 부터 에게해 Aegeam Sea 에 이르는 독일 동맹군의 항로(航路)를 보존할 수 있다. 또한 영국의 지중해 함대와 수에즈운하에 대한 독일군의 공격기지가 될 수 있으므로 터키를 비롯한 근동(近東)의 중립제국에게 영향을 주어 동맹국측에 가담을 유도할 수 있을 것이다.

소련침공에 관심을 집중한 히틀러는 공수작전(空輸作戰) 위주로 크레타섬을 점령할 계획으로 5월 20일 공격을 개시했다. 영국은 크레타섬 사수가 불가능함을 인식하고 독일군의 공격 수일 전에 대부분의 항공기를 이집트로 철수시켰다. 독일군은 말레메, 카니아 Khania, 레팀논, 헤라클레이온 등 4개 비행장을 집중적으로 폭격했고, 제7공수사단의 낙하산병을 투입하였으며 글라이더 부대를 착륙시켰다. 영국군은 의외로 완강히 저항하여 독일군에게 피해를 주었으나 공격개시 3일 만에 말레메가 점령되었고, 해상에서는 독일 공군에 의해 영국군의 지중해 함대가 크게 패하여 크레타섬을 철수하게 되는 상황에 이르렀다.

크레타섬안에 고립된 영국군은 5월 20일과 29일 양일간 헤라클레이온 지역에서 철수한 병력과 31일 야간에 말레메와 카니아 지역에서 철수한 병력이 남부의 스파키아 Sfakia 에서 선박을 이용 이집트의 알렉산드리아로 철수했다. 이때 레팀논 지역에 잔존한 부

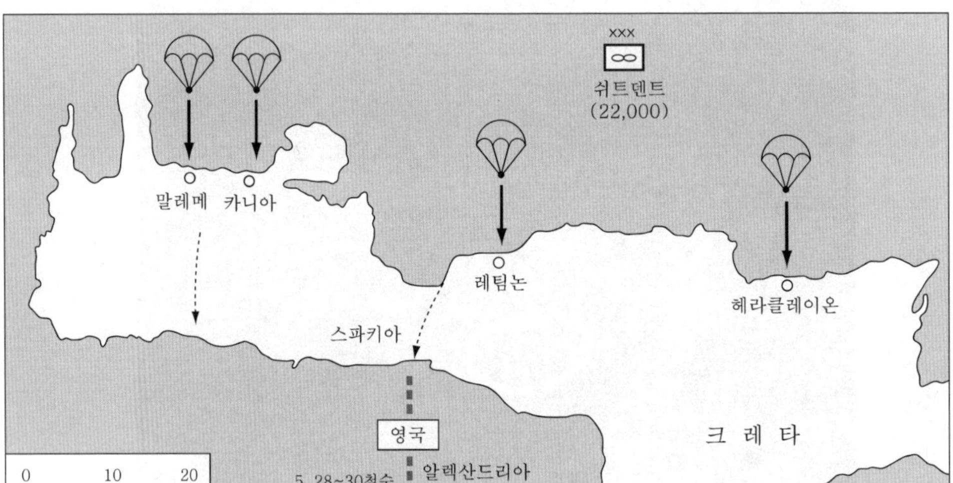

▲ 스파키아(Sfakia)

대는 철수로가 차단되어 항복하고 말았다.

|크레타섬 작전의 의의 및 분석|

원거리 도서를 공수원정군(空輸遠征軍)이 점령한 최초의 작전이었지만 예상외의 독일군 손실로 공수작전의 신빙성이 의심되었다.

히틀러는 지상군의 예상외의 손실과 제6사단의 붕괴를 보고 다시는 공수작전을 생각하지 않게 되어 이후 독일군의 공수부대 발전에 많은 지장을 초래했고, 항공지원 없는 함대의 취약성이 재 입증되었다.

비행장 등 중요시설 철수시는 이를 무력화(無力化)해야 한다. 히틀러는 크레타섬에 소규모의 수비대만 잔류시키고 공군을 비롯한 대부분의 병력을 대소 작전(對蘇作戰)에 전환시킴으로 인해 다시 영국은 동지중해 일대를 장악하게 되었다.

46 미국의 참전과 연합군의 전략

|미국의 참전|

미국은 제2차 세계대전 초기 중립국으로 고립주의 노선을 견지했다. 1935년 5월 이탈리아가 이디오피아를 침공하자 중립법(中立法)이라 하여 교전국에 대한 군수물자의 판매와 지원을 금지하는 법을 공포했고, 1936년 7월 스페인 내란 이후에는 국가간의 전쟁에서 뿐만아니라 내란에도 이 중립법을 적용시키는 등 철저한 중립을 표명했다. 그러나 일본이 1937년 7월에 중국을 침공하자 루즈벨트는 그해 10월 방역(防疫) 연설에서 독일과 이탈리아, 일본을 침략국으로 비난하고 평화 애호국을 지키기 위한 국민적 단결을 호소했다.

독일이 급속한 속도로 프랑스를 장악하는 등 유럽에서 그 기세를 뻗치자 미국은 양양함대 설립법(兩洋艦隊設立法)과 선발징병법(選拔徵兵法)을 제정하여 전쟁에 대비하는 한편 영국에 대해서 민간 차원에서 각종 무기의 대여, 50척의 구축함 인도 등 지원을 통하여 서서히 반전국의 대열에 들어섰다.

1941년 1월 6일, 루즈벨트는 연두교서(年頭教書)에서 산업의 전시 체제 전환, 연합국에 대한 무기대여법 제정 등을 발표하고, 언론의 자유, 종교의 자유, 결핍으로부터의 자유, 공포로부터의 자유라는 유명한 4대 자유를 주창했다.

5월 27일 무제한 비상사태를 선언하고 6월에 독일과 이탈리아의 미국 대사관을 폐쇄한 후 7월에는 미군을 아이슬란드에 진주시켜 독일군의 침공에 대비하기에 이르렀다.

한편 1941년 10월 일본에서는 도조(東條)내각이 성립되어 본격적인 전쟁준비에 박차를 가했다. 미국은 11월 26일 일본군의 중국철퇴(中國撤退), 삼국동맹(三國同盟)의 폐기를 요구하는 헐 노우트 Hull Note 를 일본에 제안하니 일본은 이에 맞서 12월 1일 개전을 선언했다. 이것이 태평양 전쟁의 시발이다. 미국이 독일과 이탈리아에 정식으로 선전포고를 함으로써 세계대전으로 치닫게 되었다.

|연합군의 전략방향|

일본의 진주만 기습 직후 연합국은 최초로 세계전략의 여러 문제를 논의하기 시작했다. 처칠과 루즈벨트는 ARCADIA 회담 이후 영·미 양국간 장차 계속적인 전략계획수립과 협조를 위해 연합참모본부(聯合參謀本部)[CCS : Combined Chiefs of Staff]를 결성했다.

CCS는 영·미의 국가원수와 3군 참모총장, 기타 연합국의 대표자로 구성되며 통합작전(統合作戰) 전략을 수립하고 통합작전시 지휘관을 선정하며 각국 작전책임과 권한을 규정하는 제 역할을 수행하도록 했다. 1941년 12월 최초 회담에서부터 1945년 7월까지 10회에 걸쳐 연합국 수뇌들은 기본전략방침을 결정했고, 워싱턴의 CCS에서는 이를 기초로 하여 세부전략계획을 발전시켰으며, 각국의 JCS(Jointed Chiefs of Staff : 합동참모부)에서는 각국의 실정에 맞추어 보다 세분된 전략 및 전술 계획으로 실행화 했다.

최초의 회담에서 연합군의 전략방향을 선독일(先獨逸) 후일본(後日本)으로 결정했는데 그 이유는 다음과 같다.

첫째, 일본의 진주만 기습으로 미국은 해군력을 상실하게 되어 일본과의 조기결전이 불가능하다.

둘째, 영국은 지리적으로 일본보다 독일에 근접해 있으므로 독일이 급한 과제였고 소련 역시 나치즘과의 갈등으로 독일이 우선이다.

셋째, 일본은 독일에 비해 전쟁물자(戰爭物資)생산에 더 많은 시간이 소요될 것이다.

넷째, 독일군을 동부전선에 고착시키기 위해서는 소련군의 역할이 절대적인데 1942년까지 소련이 그 역할을 수행하기 위해서는 미국의 원조가 절대적으로 필요했다. 그런데 기회주의자인 스탈린의 상투적인 수법은 소련이 처음부터 비협조적 태도로서 끝까지 연합국들을 괴롭히게 된다.

47 소련 · 핀란드 전쟁

|배 경|

독일의 폴란드 침공양상을 본 소련은 독일군이 생각 이상으로 막강한 것을 인식하고 독 · 소 불가침조약에 대해 의구심을 가지게 되었다. 그래서 독일군이 폴란드를 정복하기 직전 마지막 시기에 소련도 폴란드를 공격함으로써 폴란드를 독일과 분할 점령하게 되어 완충(緩衝) 지역을 확보했다. 그러나 스탈린은 이것으로 만족하지 않고 보다 광대하고 안전한 완충 지역을 원하게 되어 라트비아 Latvia · 에스토니아 Estonia · 리투아니아 Lithuania 를 상호방위협정(相互防衛協定)이라는 명목 하에 합병(合併)해 버렸으며 핀란드까지 소련의 수중에 넣으려고 했다.

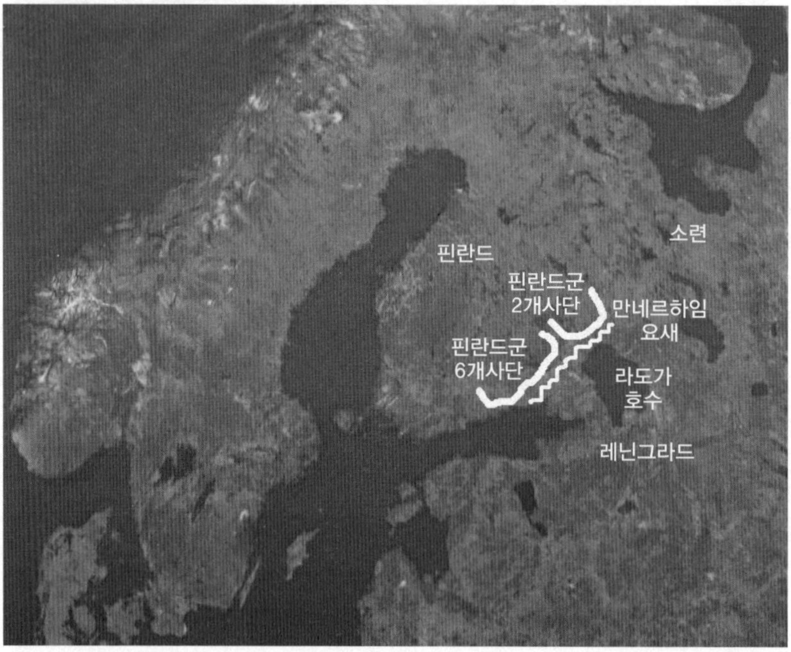

그리하여 핀란드에게 소련의 해공군기지로 항고 Hango 항(港)을 30년 간 조차(租借)하고, 핀란드만(灣)의 4개의 섬을 할양(割讓)하고, 북해 연안의 리바키 Rybachi 반도를 할양할 것을 요구했다. 또한 레닌그라드 북쪽의 카렐리아 Karelia 지협(地峽) 할양 등을 요구했는데, 핀란드는 협상을 원했으나 스탈린은 1939년 11월 30일, 선전포고도 없이 헬싱키 Helsinki와 비이푸리 Viipuri를 공격했다.

▲ 순록을 타고 이동하는 핀란드 스키부대

|경 과|

핀란드 작전지역의 특징

핀란드는 대부분이 군사작전을 방해하는 울창한 삼림과 무수히 산재한 호수 및 늪지 등 천연적인 자연장애물로 구성되어 있다. 아북극지방(亞北極地方)의 한냉성 기후에다 국토의 51%가 삼림지역이며 국토의 15%가 호수, 늪지(6만개)였다.

370만의 인구 중 90%가 남부 공업지대에 거주하였고 소련 국경지대는 대부분 삼림지대이며, 국토는 보드니아 Bothnia 와 라도가 Ladoga 를 연결하는 선으로 남북으로 양분(兩分)되어 있었다.

핀란드의 병력과 배치

1939년 11월 30일 개전시 동원된 현역(現役)군 30만명(정규사단 7개, 예비사단 6개), 민간방위군(民間防衛軍) 10만명, 여성보조대원(女性補助隊員) 10만명으로서 구식장비밖에 없었으나 천연의 자연장애물을 이용한 방어훈련은 잘 되어 있었다. 카렐리아 지협에 구축한 마네르하임 요새는 야전축성(野戰築成)으로 연결된 거점(據點)으로 핀란드군 총사령관 마네르하임 Baron Carl G.E Mannerheim 은 이 지역에 6개 사단을, 라도가 Ladoga 호수 북편에 2개 사단을 배치했으며 기타 부대는 예비로 보유했다.

▲ 마네르하임

◀ 라도가 호수

▲ 마네르하임 선의 참호에 있는 핀란드군

▲ 마네르하임 선의 장애물을 개척하고 있는 소련군

소련군의 병력 및 작전계획

▲ 소련군 사령관 티모셍코

소련군은 티모셍코 Semyon K. Timoshenko 장군 지휘하 100만명의 병력(4개군), 1,000대의 전차와 800대의 항공기를 투입했다.

소련군은 핀란드군을 얕잡아보고 압도적인 병력의 우세로써 조직적인 계획 없이 침공했다.

수오무살미 전투와 모티 Motti 전술

초기전투에서 소련군은 공중공격에 나쁜 기상과 졸렬한 전술로 인해 목표달성에 실패했으며, 제5열의 활동도 핀란드인을 동요시키지는 못했고, 눈이 덮힌 마네르하임 Mannerheim 요새 공격에서도 막대한 손실만 입고 실패했다.

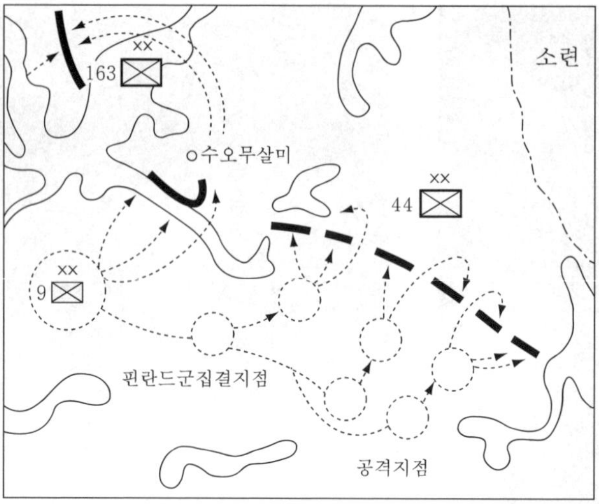

핀란드군의 피트카란타 Pitkaranta 반격에서 소련군 1개 사단과 1개 전차여 단이 항복했다. 쿠모 Kubmo 지역에서 포위당한 소련군 제54사단은 거의 섬멸 당했고, 수오무살미 Suomussalmi 전투에서는 대격전이 벌어졌다.

▶ 수오무살미

모티 전술

모티 motti 란 말은 장작용 나무토막을 패기 위해 쌓아둔 것을 의미하는데, 핀란드군이 천연의 삼림지대에서 주로 임업(林業)에 종사하는 그들 특유의 환경에 부합되게 발전시킨 전술이다. 소련군 1개 사단을 약 10개의 모티에 의해 조각낸 뒤 각개격파 하는 전투 방식이다.

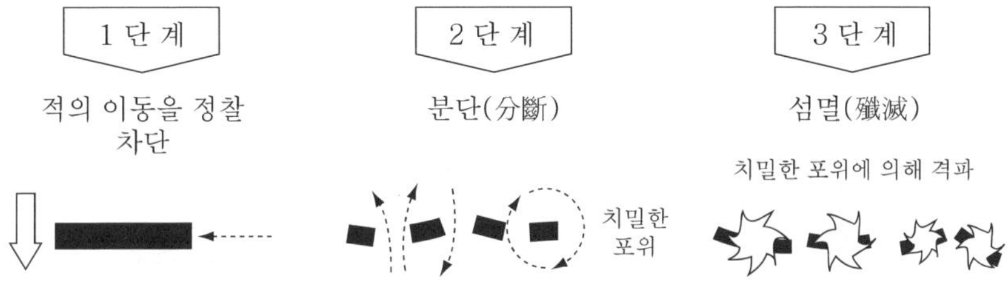

▲ 핀란드군이 유기된 소련군 전차들을 돌아보고 있다

소련군 2개 사단(제163 및 제44사단)은 1개 사단 미만의 핀란드군에게 3:1의 병력우세에도 불구하고 수오무살미에서 핀란드군의 모티 전술에 의해 산산조각된 채 1940년 1월 5일 거의 섬멸당했다. 소련군은 전사 및 동사자(凍死者) 27,500명, 포로 1,500명, 전차 50대의 손실이 있었고, 핀란드군은 전사 900명, 부상 1,770명이었다. 핀란드인은 수오무살미에서의 승리를 하나의 기적이라고 생각했다. 적보다 3분의 1도 채 되지 않는 병력으로 자군보다 거의 30배에 달하는 소련군 희생자를 낳았기 때문이다. 한 시대에 들어와 이처럼 일방적인 전멸로 끝나는 전투는 사실상 없었다.

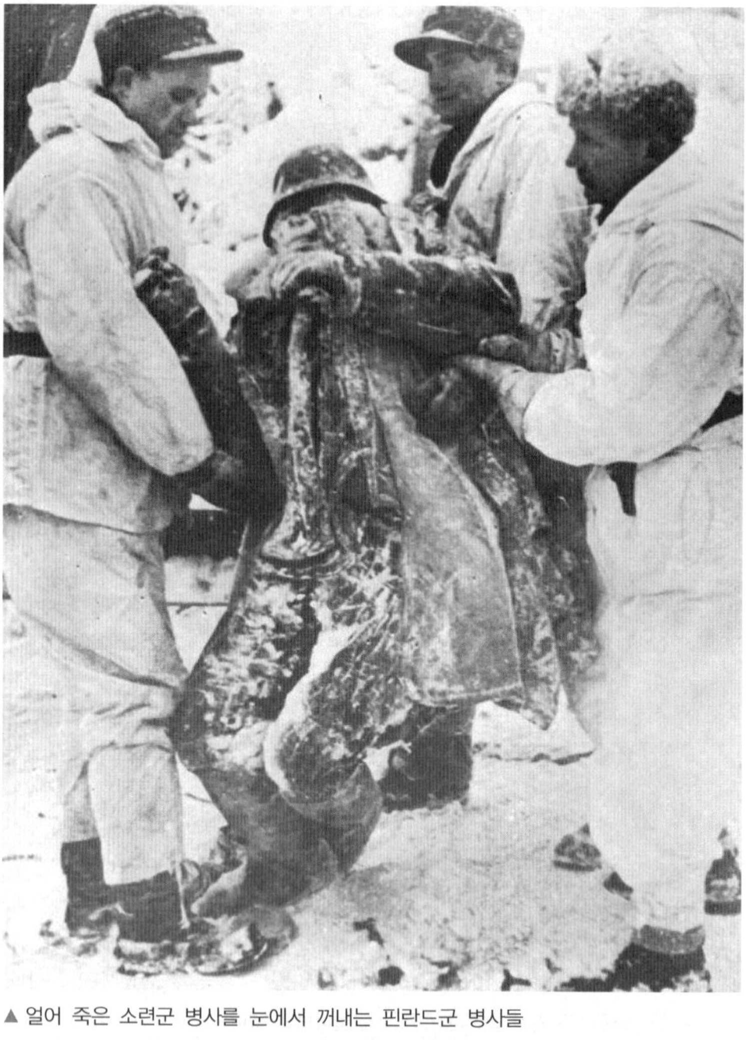

▲ 얼어 죽은 소련군 병사를 눈에서 꺼내는 핀란드군 병사들

카렐리아 지협(地峽)전투 및 핀란드군의 항복

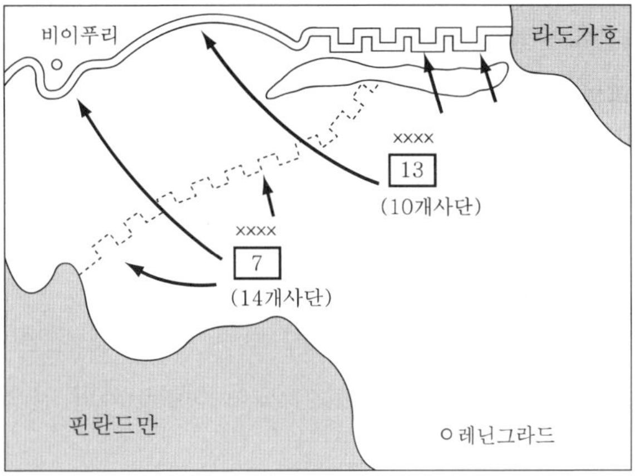

소련군은 계속되는 패전으로 1940년 1월 공격을 중지했으며, 전 국경지역에 걸친 종전의 공격계획을 수정, 카렐리아 지협 방향에 압도적인 병력을 집중투입하기로 결심하고 2월 1일에 소련군은 총공세를 개시했다. 1일 30만발의 포병포격, 대규모의 공중 공격, 전차에 롤러를 부착한 지뢰지대 개척 등의 맹공으로 핀란드 군은 3월 1일 비이푸리 외곽까지 후퇴했고, 3월 6일 모스크바에 대표를 파견하여 항복함으로써 3월 12일, 전투가 종식되었다.

전투결과

핀란드군은 전사 및 실종 25,000명, 부상 43,500명의 손실이 있었고, 소련군은 전사 200,000명(추정)이나 되었다. 미국인을 포함한 외국 의용군(義勇軍) 11,500명이 도착했으나 훈련부족으로 전투에 투입되지 않았고, 프랑스와 영국의 원정군 10만명도 중립국인 노르웨이, 스웨덴의 통로제공 반대로 투입되지 못했다.

|분 석|

핀란드 국민의 총력전이 병력의 열세를 극복

핀란드군은 소련과의 전쟁을 예상하여 모든 자원과 인력을 동원했고, 전 국민은 천연의 자연조건을 잘 이용하여 혼연일치가 되어 소련군의 대군(大軍)과 싸워 비록 초기전투일지라도 승리를 거둘 수 있었다.

적을 과소평가하여 세밀한 작전계획 미흡

소련군의 초기전투 실패는 적을 얕잡아 봄으로써 세부적인 작전계획이 미흡했던 까닭이다. 차후 소련군은 이 교훈이 전화위복이 되어 히틀러와의 전쟁시에 크게 덕을 보게 된다.

2원화된 지휘체제와 정치장교

1937년 소련군부의 대숙청(大肅淸)으로 지휘부의 역량이 미흡했고, 정치장교의 지나친 월권 행위로 지휘체제가 2원화됨으로써 많은 혼란을 초래했다.

48 노르웨이, 덴마크 전역

|배 경|

1940년 4월 9일부터 시작된 독일군의 노르웨이와 덴마크 침공은 몇 가지의 뚜렷한 목적을 가지고 행해졌다.

첫째는 철광석(鐵鑛石)의 확보이다.

독일의 철광석은 주로 70%가 노르웨이와 스웨덴에서 수입된 것이다. 서부 스웨덴의 키루나 Kiruna 에서 생산된 철광석은 노르웨이의 나르비크 Narvik 항(港)까지 철도로 운반되어 그곳에서 독일 본토까지 선박수송 편을 통해 운반되었다. 발틱해의 동계 결빙 문제로 독일로서는 이같은 경로가 유일한 철광석 보급로이다. 그래서 독일의 입장에서는 만약 영국 해군이 노르웨이나 덴마크를 장악하게 된다면 이러한 철광석 보급로가 차단당하는 난관에 봉착되는 것이다.

둘째는 대독봉쇄(對獨封鎖)에 대한 타개책(打開策)이다.

제1차 세계대전시 연합국에 의해 해안 봉쇄를 당하자 독일은 고전을 면치 못했다. 이에 히틀러는 연합국의 대독봉쇄에 대한 타개책으로 미리 노르웨이 해안을 장악하려고 한 것이다.

셋째는 해 · 공군의 전진기지의 설치이다.

이 지역에 해 · 공군의 전진기지를 확보함으로써 영국 본토에 압력을 가하고 영국 공격의 발판으로 삼기 위해서였다. 이러한 목적 하에 1940년 2월초 노르웨이 침공계획에 착수했고 2월 21일에는 팔켄호르스트 Nikolaus Falkenhorst 대장을 사령관에 임명했다.

▲ 팔켄호르스트

|경 과|

노르웨이의 방비태세

전통적인 중립 국가로서 1세기 동안 전쟁이 없었던 노르웨이는 육군의 상비군(常備軍)이 14,000명뿐이었고 경무기로 무장되어 있었다. 공군은 구식 항공기로 50대에 불과했으며 해군력은 극히 미미했다. 영국이 노르웨이의 중요성을 인식하고 노르웨이 해역에 기뢰(機雷)를 부설코자 출동한 4월 8일은 공교롭게도 독일군의 공격예정일이었다.

독일군의 침공

독일군은 육군 11개 사단(15만명)과 2개의 함대 및 10,000대의 항공기(500대는 수송기)를 투입했다. 1940년 4월 9일 하루 만에 덴마크를 정복하고, 이어서 노르웨이의 6개 항구에 대한 상륙작전을 성공시켰다.

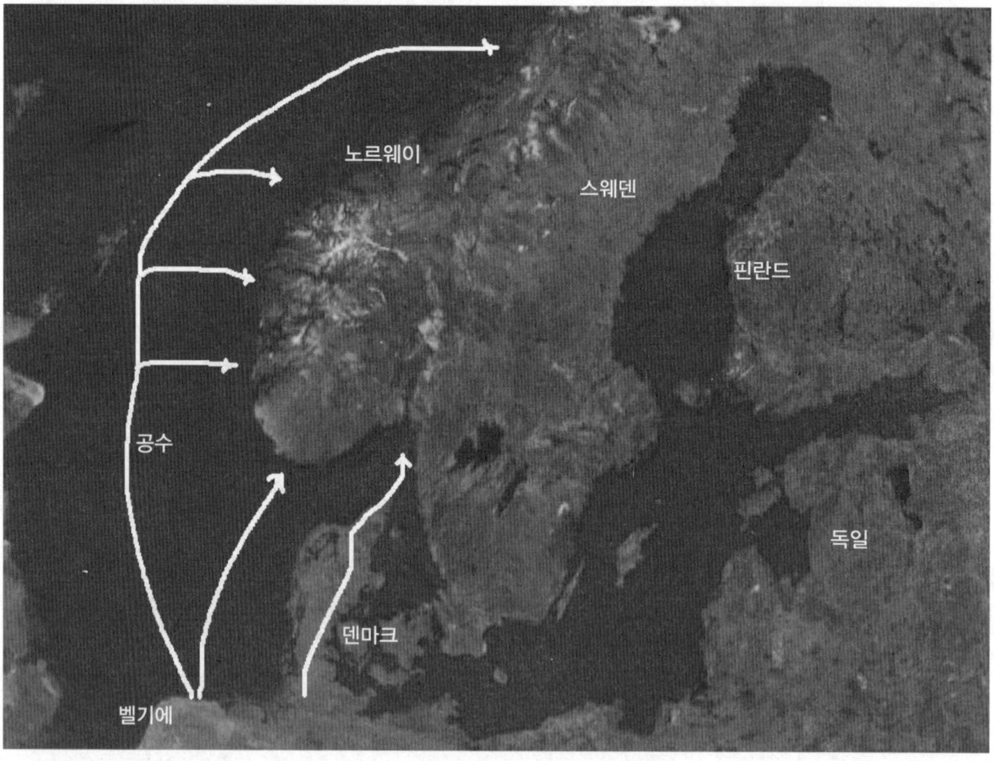

▲ 1940년 4월 6일 노르웨이로 출발하기 위해 순양함 아드미라 히퍼호에 승선하는 독일군

노르웨이군의 오슬로 Oslo 선전(善戰)

4월 8일 야간, 오슬로로 향한 독일군 상륙 부대는 오슬로 입구 오스카르스보르그(Ft · Oscrarsborg) 해안포대의 포격을 받아 대파(大破)되었다. 이 전투로 여유를 가진 노르웨이 국왕과 정부는 북방으로 탈출했다. 이로써 노르웨이 항전은 예상외로 2개월을 끌게 되었다.

본래 독일군의 계획은 오슬로를 점령하여 국왕과 정부지도자를 나포하고 노르웨이 나치당 당수인 키슬링 Vidkun Quisling 으로 하여금 괴뢰정부를 수립하려고 했었다. (키슬링은 전후 재판에서 사형 당했다.)

▶ 독일군은 후일 침몰한 장소에 위령탑을 세워 "총통과 조국을 위해" 전사한 천여명의 블뤼헤르호 수병을 위로했다.

▲ 오슬로 항에서 파괴된 독일 중순양함 블뤼헤르

치열한 해상전

해상에서는 영국 해군과 독일 해군 사이에 제1차 세계대전이후 가장 치열한 전투가 벌어졌다.

▲ 1940년 4월 10일과 13일, 영국군의 나르빅항 공격 때 침몰된 독일 보급선. 이때 독일군은 10척의 구축함과 300여명의 수병들이 수장되어 해상묘지라 불리었다.

노르웨이군의 강력한 저항

크리스찬산드 상륙부대는 최초 노르웨이군의 반격으로 일시 후퇴했는데 다시 급습(急襲)으로 점령하고, 기타 상륙지역에서는 순조롭게 진격했으나 나르비크와 오슬로 지역에서는 강력한 저항으로 피해를 입었다. 팔켄호르스트 장군은 해상 및 공중으로 노르웨이의 각 지역에 병력을 계속 투입했으며, 트론트하임과 남부 노르웨이 간을 연결하는데 초점을 맞추었다.

영 · 불 연합군의 증원과 실패

영 · 불 연합군은 독일군보다 먼저 트론트하임 Trondheim 을 탈환함으로써 독일군을 분리한 뒤 각개 격파하기 위해 4월 18일부터 23일까지 남소스 Namsos 와 안달슨 Andalsnes 지역에 약 30,000명을 상륙시켰다. 그러나 압도적인 독일군에 의해 대패(大敗)하여 5월 3일 철수했다.

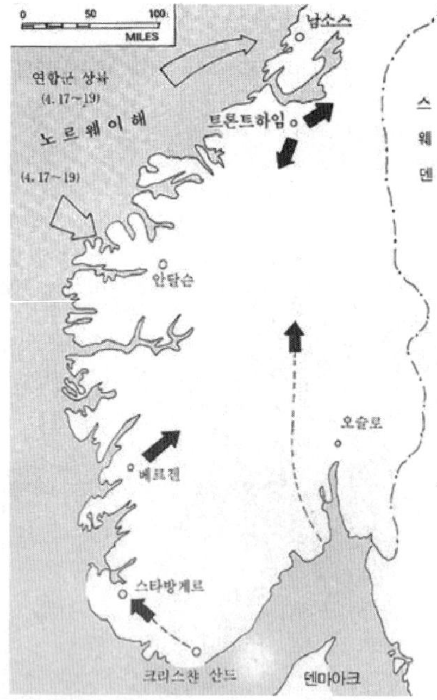

나르비크 Narvik 선전(善戰)과 노르웨이의 항복

남부 노르웨이지역은 5월 5일을 기하여 전투가 종식되었고, 북부의 나르비크에서는 연합군의 증원으로 나르비크를 탈환하는 등 선전(善戰)했으나, 때마침 프랑스 전역이 위험해짐에 따라 6월초 연합군이 철수하게 되어 6월 9일 노르웨이군은 항복했다.

|아침식사 전에 무너진 덴마크|

▲ 나르비크에 떨어지는 독일군 낙하산병

독일군이 덴마크에 도착하기 20분전인 1940년 4월 9일 아침 5시 20분, 덴마크 주재 독일 대사 세실 폰 렌테는 잠자는 덴마크 외무장관 페터 무크 박사를 깨워서 독일의 노르웨이 침공시 통로 제공에 대한 최후통첩을 요구했다.

덴마크 외무장관은 항의를 하면서도 독일의 요구조건을 전부 수락하게 되어 독일군은 무혈로 덴마크로 진주하게 되었다.

바로 전날 독일의 함부르크로 생선을 운반했던 덴마크의 한 트럭 운전수는 덴마크 국경을 향해 진

▲ 덴마크 코펜하겐 항구로 독일군을 승선한 상선과 이들을 구경하고 있는 코펜하겐 시민들

군하고 있는 50 km에 달하는 독일군 보병부대를 보고 즉시 본국에 알렸지만 아무도 관심 갖지 않았다. 적진 배후에 낙하산 부대가 작전하기는 전사에 처음 있는 일이었다.

치밀한 계획을 세웠던 독일군은 최후통첩을 전달하기에 바쁘게 해상으로, 공중으로, 육지로 전격적인 진입을 하여 순식간에 덴마크 전역을 점령했다. 아침 식사도 하기 전에 덴마크는 무너졌다.

|노르웨이 전역의 분석|

히틀러는 노르웨이의 정치군인인 나치 신봉자 키슬링 Vidkun Quisling을 매수하여 노르웨이 내정을 교란시키고 노르웨이의 항전태세를 혼란케 하는 역할을 수행하게 했다. 이는 반정부 음모를 꾸며 정권을 장악하게 한 후 스스로 자기에게 굴복하게 만드는 전략이었다.

▲ 나치 신봉자 키슬링

전역의 결과 독일군은 사기가 충천했고, 철광석 보급로를 확보할 수 있었으며, 해·공군 전진기지를 획득함으로써 이곳에서 발진하는 항공기와 잠수함은 그 후 끊임없이 연합군을 괴롭혔다.

이색적인 심리작전으로, 독일군은 폴란드 전역 당시 비참한 폭격장면을 찍은 필름을 덴마크와 스칸디나비아 국민에게 공개하여 공포심을 조장하고 전의를 상실케 했다.

항공력에 의해 엄호되지 않았던 영국함대는 독일공군에 의해 심대한 피해를 입게 되었다. 전쟁이 끝나자 키슬링은 노르웨이 당국에 의해 총살형을 당했다.

그러나 독일군에게는 심각한 속사정이 있다. 독일 정부가 비밀로 했기 때문에 은폐되어 있었지만 사실 독일군은 노르웨이 전역에서 엄청난 해군력을 잃었다. 1940년 6월, 당시 독일군의 해군 함대는 중순양함 1척, 경순양함 2척, 구축함 4척만이 온전했고 나머지 함대는 대파되어 수리에 수 개월이 소요되었다. 1940년 9월, 계획된 영국 본토 상륙에 차질이 발생한 이유가 바로 여기에 있었다.

노르웨이 전역에서 영국의 작전 실패로 챔버린이 사직하고 처칠이 수상 겸 국방상이 되었다. 처칠이 수상이 된 5월 10일은 공교롭게도 히틀러의 서부 대공세의 날이었다.

▲ 군마로 포를 끌고 노르웨이의 마을을 지나고 있는 독일군 포병부대

49 독일군의 프랑스 작전

|배 경|

영국과 프랑스는 1939년에 독일에 대해 선전포고를 했지만 이른바 "가짜(Phony) 전쟁"을 계속해 오면서 미비한 전쟁준비에만 소극적으로 매달렸다. 가장 큰 병폐는 당시 지배하고 있던 방어제일주의 사상에 만연되어 공격 경시풍조에 젖어 있었던 것이다. 즉 진지를 버리고 먼저 뛰쳐나오는 편이 지게 될 것이라는 제1차 세계대전식의 전쟁개념에 얽매여 있었기에 독일에 대한 선제권 장악에 대해서는 전혀 무관심했다. 프랑스는 독일 국경지대에 마지노선 Maginot Line 을 구축하고 독일군의 어떠한 공격에도 끄떡없을 것이라는 환상에 사로잡혀 있었다. 히틀러는 핀란드전역 후 영·불에 대해 화평을 제의했지만 묵살 당했다. 1940년, 완전한 준비를 갖춘 독일군은 5월 10일 123개의 사단을 서부전선에 투입했다. 그 후 프랑스군은 6주 만에 궤멸당하게 된다.

작전지역의 특징

◀ ▲ 아르덴느 위치와 뮤즈강

▲ 독일군의 표적이 되었던 아르덴느 삼림지대

룩셈부르크와 벨기에의 동남단에 아르덴느 Ardennes 삼림지대가 있다. 험악하고 울창한 아르덴느 삼림지대는 하천에 의해 절단되어 있어 도하가 불가능하다고 인식되어 왔다. 또한 삼림지대에는 급류인 뮤즈강이 흐르고 있다.

벨기에 동북방의 하천은 잡다한 운하 구조에 의해 서로 연결되어 있어 방어 장애물, 또는 수송로로서 중요한 역할을 했다. 이중에서 앙트워프 Antwerp 와 에벤 에마엘 Eben Emael 을 연결하는 알베르 Albert 운하는 매우 중요했다.

밀집된 인구지역인 작전지역은 도로망과 철도로 연결되어 있는데 철도는 자동차 수송에 의존하는 독일군보다 연합군에게 유리했다.

▲ 오늘날의 알베르

▲ 에벤 에마엘 요새에서의 알베르 운하. 다리가 파괴되어 있다.

|경 과|

연합군의 작전계획

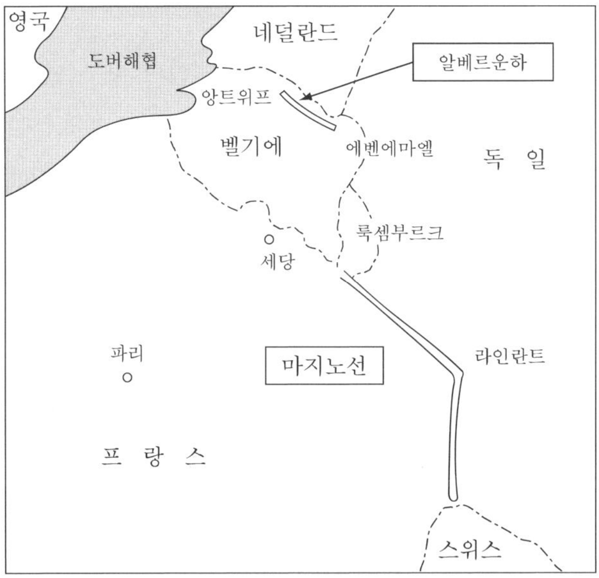

요새에 의한 방어전략

스위스 국경지대로부터 몽메디 Montmedy 에 연결된 마지노선에서 독일군의 공격이 지연되는 동안 국내에서 병력을 동원하여 전투에 임한다는 것이다. 벨기에와 프랑스 국경지대의 요새는 사실상 제대로 연결되지 못하여 띄엄띄엄 구축되어 있었고, 아르덴느 삼림 배후지역에는 전혀 요새가 구축되지 않았다. 이러한 마지노선에 대해 드골 De Gaulle 장군은 강력히 통박하면서 기계화 부대의 창설과 공격위주의 사상을 강조했지만 인정받지 못했다.

E 계획(Plan E)

벨기에와 네덜란드가 중립을 고집하게 되자 연합군은 방어계획에 고심하게 된다. 독일군이 마지노선 정면공격은 회피할 것이라고 판단하고 영·불연합군은 독일군 공격이전에 벨기에와 네덜란드에 방어준비를 하려 했던 것이다. 1939년 9월, 연합군의 작전계획은 결국 프랑스만을 방어하는데 국한시킨다. 만약 벨기에가 침공당하게 되면 지원군을 에스코 Escaut 강 선까지 파견할 계획이었다. 이것이 E계획이다.

D 계획(Plan D)

주방어선을 앙트워프로부터 디일 Dyle 강을 따라 내려와 나무르근방에서 뮤즈강과 연결되는 이른바 디일 선 Dyle Line 으로 하되, 벨기에군은 와브르에, 와브르와 나무르간의 소위 "젬블루 틈새 Gembloux Gap "는 프랑스군의 기계화 제1군이, 예비인 제7군은 예비로 하여 연합군 좌후방에 보유시키며, 프랑스 제9군은 나무르와 세당간을, 제2군은 세당과 마지노선 사이에 배치하는 계획을 D계획이라 했다.

브레다(Breda) 변경안(變更案)

D계획을 일부 변경하여 프랑스 제7군을 브레다까지 진출시켜 독일군의 진격을 측면에서 강타하도록 하는 계획이다. (이 계획에 의거 프랑스 제7군이 기동중 독일군이 개시한다.)

투입된 연합군의 전력은 총병력 133개 사단(프랑스군 92개, 영국군 10개, 벨기에군 22개, 네덜란드군 9개)에 비행기 1,400대였다.

연합군의 계획은 소극적이었으며 독일군의 진격에 따라 결정되는 불완전한 계획이었다.

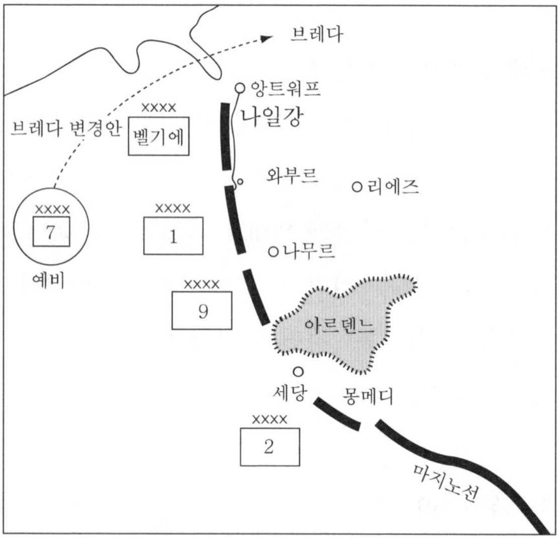

독일군의 작전계획

▲ 만쉬타인

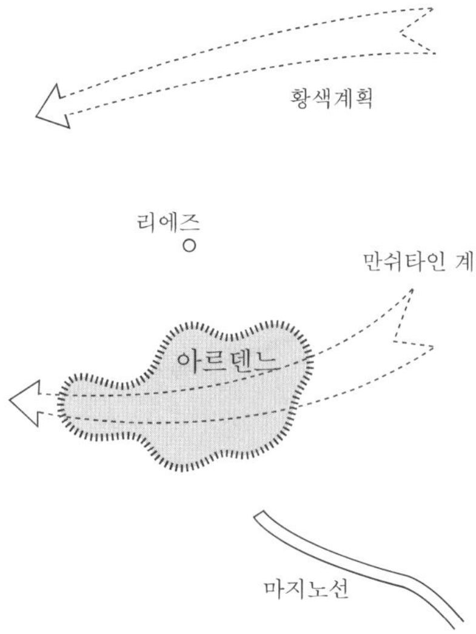

슐리펜 계획의 재현(再現) 황색계획(黃色計劃)과 만쉬타인 계획

네덜란드에 대한 공격은 지형적으로 볼 때 서부 유럽으로부터 분리되어 있으므로 별도의 전역으로 분리한다. 남은 지역을 보면 리에즈를 중심으로 남북으로 양분되어 주공을 리에즈 북방에 두느냐 아니면 리에즈 남방에 두느냐 하는 문제에 봉착했다.

독일 최고사령부(OKW)는 1차 세계대전 당시의 슐리펜 계획에 입각하여 리에즈 북방에 주공을 둘 것을 결심했다(황색 계획).

A집단군 참모장 만쉬타인 장군은 강력하게 리에즈 남방 아르덴느 방향에 주공을 지향할 것을 주장했다. 군 수뇌부의 반대에 부딪쳤으나 히틀러가 이를 승인했다.

만쉬타인의 견해

리에즈북방은 이미 연합군이 예상하고 있는 지역이기 때문에 기습을 달성할 수 없고 북방으로의 진격은 강력한 영국군과 부딪치게 된다. 또한 성공되더라도 연합군이 후퇴만 할 뿐 섬멸은 불가능하다. 일반적으로 기동 불가능하다고 생각하고 있는 아르덴느 삼림지대를 통한 공격으로 기습달성은 가능하다.

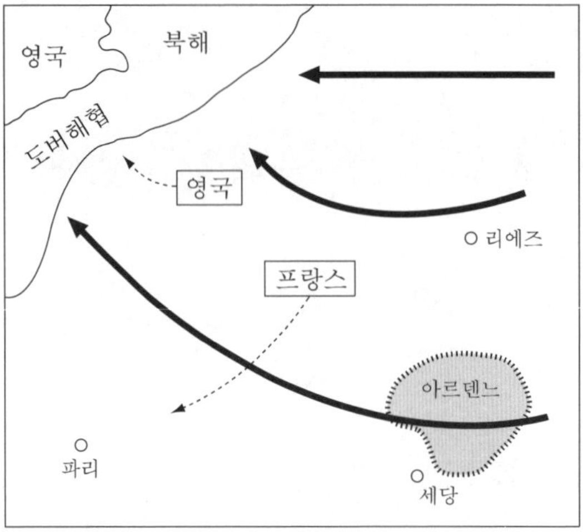

돌파성공 후·불 연합군 분리가 가능하고 주공이 세당Sedan을 도하하여 돌파하면 프랑스군은 파리를 방어하기 위해 노력할 것이며, 영국군은 병참선차단을 방지하기 위해 해협 방향으로 관심을 가질 것이다. 이때 북부 벨기에 지역에서 연합군 배후를 통한 기동으로 연합군의 병참선 및 주력을 차단 섬멸할 수 있다.

독일군의 최종공격계획

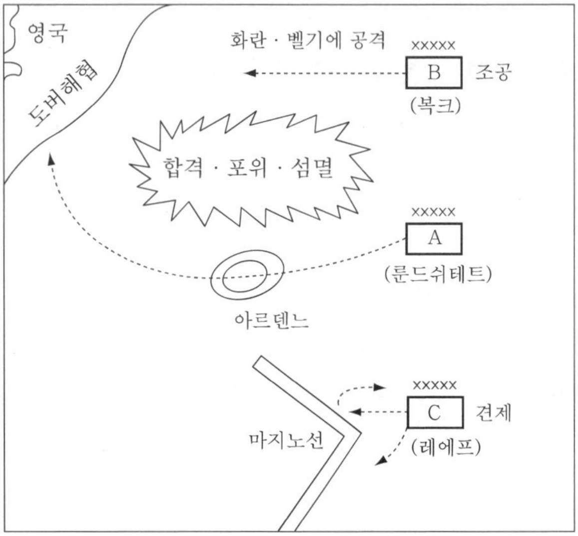

제1단계 작전

B집단은 네덜란드·벨기에 공격하고, C집단군은 마지노선 정면에서 견제작전 수행하며, A집단군은 주공으로 아르덴느 삼림을 돌파하여 해안까지 진격함으로써 솜므Somme강 이북의 연합군을 차단, 포위하고 B집단군과 협격하여 섬멸한다.

제2단계 작전

B집단군을 솜므강 하류에서 남서쪽으로 진격하고, A집단군은 파리동부를 돌파하여 프랑스군을 마지노선 배후로 밀어붙여 C집단군과 협격·섬멸한다.

▲ 마지노선의 요새들

제1단계 프랑드르 전투(5.10~6.4)

침투(浸透) : 5.10~5.16, 네덜란드 점령

1940년 5월 9일 자정, 독일공군이 네덜란드 비행장을 공습하고 낙하산 부대가 로테르담과 헤이그에 낙하했다. 5월 10일, 주공부대가 브레다, 로테르담을 향해 진격하여 네덜란드군을 포위했다. 5월 11일, 피일선(Peel Line)이 붕괴되었다. 5월 12일, 독일 기갑사단이 그레브선 침투에 성공했다.

▲ 독일군에 의해 파괴된 네덜란드 로테르담의 시가지

5월 13일, 앙트워프가 함락되었고, 프랑스군은 브레타로 철수했다.

5월 14일, 네덜란드 여왕이 영국으로 도피했으며, 네덜란드는 항복했다.

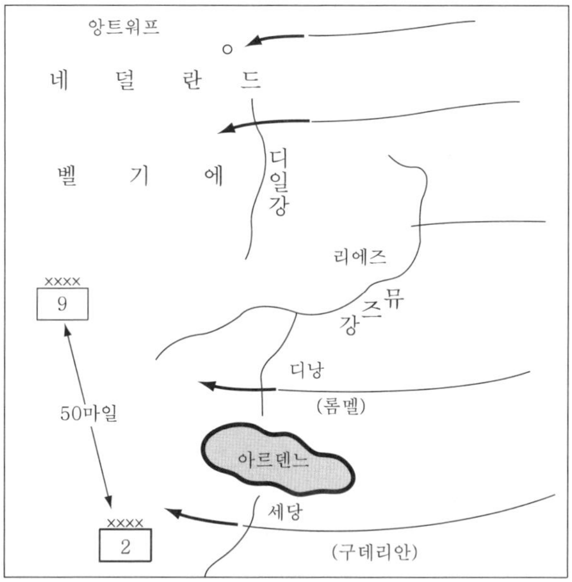

벨기에 함락

5월 10일 새벽 4시, 독일 공군이 벨기에 비행장을 공습했고, 독일 B집단군이 리에즈에서 공격을 개시했다. 낙하산부대는 에벤에마엘 요새를 점령하고 알베르 교량을 확보하여 기갑부대가 리에즈와 디일선 방향으로 진격하는데 기여했다.

영・불군은 5월 12일 반격을 개시했으나 5월 15일 독일군은 디일선에 도달했다. 연합군의 정예 35개 사단은 나무르와 앙트워프 사이를 방어하고 있었는데 이 지역으로 독일군의 주력이 공격할 것으로 오판했기 때문이다. 그러나 예상을 뒤엎고 아르덴느 삼림지역으로 침공하여 그곳의 프랑스 제2군과 9군을 붕괴시켰기 때문에 에스코강 서쪽으로 철수준비를 했다.

▲ 벨기에군은 퇴각하면서 다리를 끊어 놓았다. 그러나 독일군은 급조 목제 다리를 만들어 건넜다.

▲ 독일군에게 포로가 된 벨기에군의 모습

아르덴느 삼림지대의 주공부대

▲ 연합군 총사령관 가믈렝

주공의 독일 A집단군은 기갑부대를 선두로 하여 신속히 전진했다. 최선봉의 구데리안 장군의 기갑군단은 파죽지세로 진격하여 5월 13일 뮤즈강에 도달하여 세당 부근에서 급강하폭격기(急降下爆擊機)와 전차 및 자주포의 지원 하에 적군의 눈앞에서 부교(浮橋)를 설치하고 야간을 이용 도하를 감행하여 5월 14일 새벽 전군단이 도하에 성공했다.

이 무렵 제4군 소속의 로멜 Rommel 장군은 제7기갑사단을 지휘하여 구데리안 보다 빠른 시간인 13일 저녁에 디낭 Dinant 부근에서 도하하여 그 능력을 과시했다.

독일 A집단군의 돌파성공으로 프랑스 제2군과 제9군 사이에 약 50마일의 간격을 형성, 연합군의 D계획이 무산되었다. 5월 12일, 연합군 총사령관 가믈렝 Gamelin 장군은 예비대로 하여금 아르덴느 지역 투입을 명하였으나 시기를 놓치고 말았으며 5월 15일, 프랑스 제6군으로 하여금 프랑스 제2군과 제9군의 간격 약 50마일을 엄호하도록 명령했다.

▲ 급강하폭격기

돌파(突破) : 5.16~26

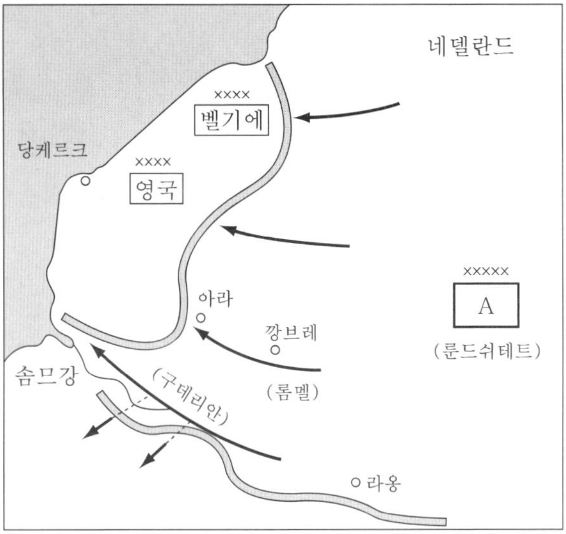

▲ 로멜

독일군은 5월 18일 솜므강에 연한 페론뉴 Peronne 에 도달, 5월 19일 아미엥 Amiens, 5월 20일 아베비일 Abbevill, 5월 21일에 불로오뉴 Boulogne 를 장악함으로써 영국군의 병참선을 차단했고 프랑스군을 남북으로 분단시켰다.

▲ 다음 행선지를 지도로 보는 독일군 오토바이 부대

5월 17일과 19일에 걸쳐 라옹 Laon 부근에서 드골의 신편 제4기갑사단은 반격작전을 시도했으나 부분적인 성공으로 끝나고 말았다.

5월 19일 연합군 사령관 가믈렝 Gamelin 장군이 해임되고 웨이강 Weygand 장군이 임명되어 남북으로 분리된 부대를 연결하기에 골몰했다. 5월 20일 로멜은 아라 지역을 공격하여 영국군을 분쇄했다. 5월 21일 구데리안은 솜므강을 도하, 교두보를 확보했다.

▲ 피란을 하고 있는 프랑스 사람들

당케르크 철수작전 : 5.21~6.4

영국의 고트 Gort 경은 영국군을 해안 쪽으로 철수시켰다. 이것으로 웨이강은 그의 계획을 포기할 수밖에 없었으며 패전의 책임을 영국군에게 전가하게 된다. 독일군이 이때 오스땅 Ostend 을 점령하게 되니 북부전선의 연합군은 당케르크 Dunkerque 퇴로만이 남았다.

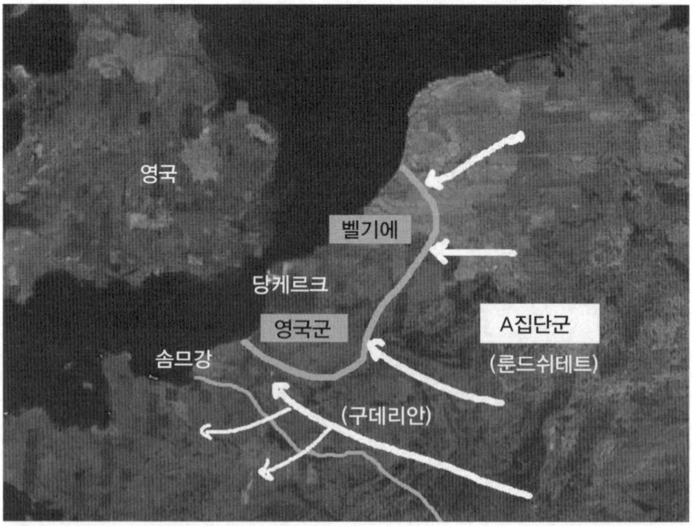

▲ 오늘날의 당케르크

벨기에군이 악전고투(惡戰苦鬪) 끝에 28일 항복하자 이제르 Yser 방면이 개방되어 영·불군은 극도의 위기에 처해 당케르크를 통한 철수작전을 계획했다. 좁은 해안지대에 수십만의 철수부대가 집결했고, 적절한 은폐물이 없는데다가 독일공군의 맹렬한 폭격과 좁혀오는 독일군의 포위망으로 그야말로 풍전등화의 위기에 처해졌다.

히틀러의 공격중지 명령 : 5월 24일

히틀러는 독일군을 당케르크 전방 10마일 지점에서 정지시켜 3일간 지체시키는 기이한 명령을 하달했다. 그 이유는 아직도 완전히 밝혀지지 않았지만 몇 가지를 추정하여 보면, 늪지가 많은 이 지역에 기계화 부대 투입은 비효과적이라는 것과 차후 작전을 위해서 기갑부대 확보가 요구되었으며, 공군의 공격만으로도 충분히 연합군을 궤멸시킬 수 있다고 장담한 괴링 Goring 의 주장 때문이었을 것이다. 또 다른 이유로 히틀러의 심중에는 영국군의 완전한 궤멸을 원하지 않았을 것이라는 추측도 하고 있었다.

5월 28일부터 6월 4일까지 영국군 224,000명, 프랑스군 및 벨기에군 113,641명 등 총 338,226명이 당케르크를 통해 영국 본토로 철수했다. 이때 장비는 거의 그대로 두고 오게 되어 영국 본토는 무방비 상태에 빠졌다.

▲ 당케르크를 탈출해온 영국군이 하선을 준비하고 있다.

▲ 당케르크에서 살아남은 영국군이 군복 대신 담요를 덮고 이동하고 있다.

제2단계 프랑스 전투 : 6.5~6.25

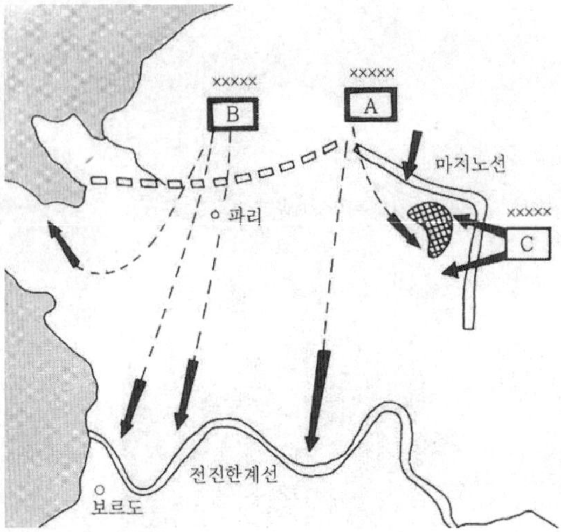

절반의 병력을 상실한 프랑스군은 마지노선 좌단으로부터 영국 해협에 이르는 광대한 무방비지역에서 독일군을 맞아야 했다. 6월 9일, 독일 A집단군은 파리동방 랭 Reims 부근에서 구데리안의 기갑부대를 앞세우고 맹렬히 진격, 6월 12일에는 이 지역을 돌파하고 물밀듯 밀어붙였다.

이탈리아는 6월 10일, 프랑스에 선전포고하고 남부 프랑스 국경 지대에서 공격해 옴에 따라 프랑스는 사면초가의 위기에 처해졌다. 6월 14일 파리가 함락되자 프랑스 수상 레이노 Reynaud 는 보르도 Bordeaux 에 피난한 정부를 다시 북아프리카로 피난시키며 전쟁을 계속하기로 결의했다. 처칠도 이에 동의하나 프랑스 내각은 뻬땡 Petain 의 주도하에 휴전을 모색했다.

6월 17일 구데리안군은 마지노요새안의 프랑스군 500,000명을 포위했고, 마지노요새 정면에서 견제작전을 수행했던 C집단군이 전면공격에 들어가자 프랑스군이 붕괴됨으로써 레이노가 사퇴하고 이어 비시정권의 뻬땡이 수상이 되었고 6월 22일 휴전에 임했다. 제1차 세계대전 종식당시인 1918년 11월 프랑스의 포쉬 장군이 독일군의 항복을 받았던 꽁삐에뉴 Compiegne 숲속의 열차 안에서 이번에는 프랑스가 독일에게 항복조인을 했다.

▲ 마지노 요새를 둘러보는 독일군

▲ 총알을 맞은 독일병사

▲ 전형적인 V자를 그리는 처칠

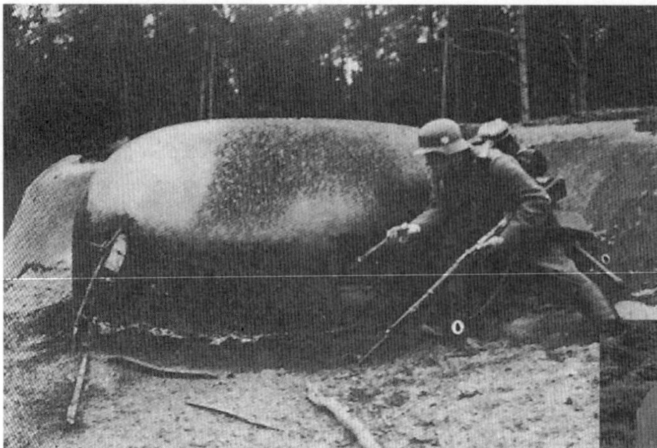

▲ 마지노 요새에서의 전투장면

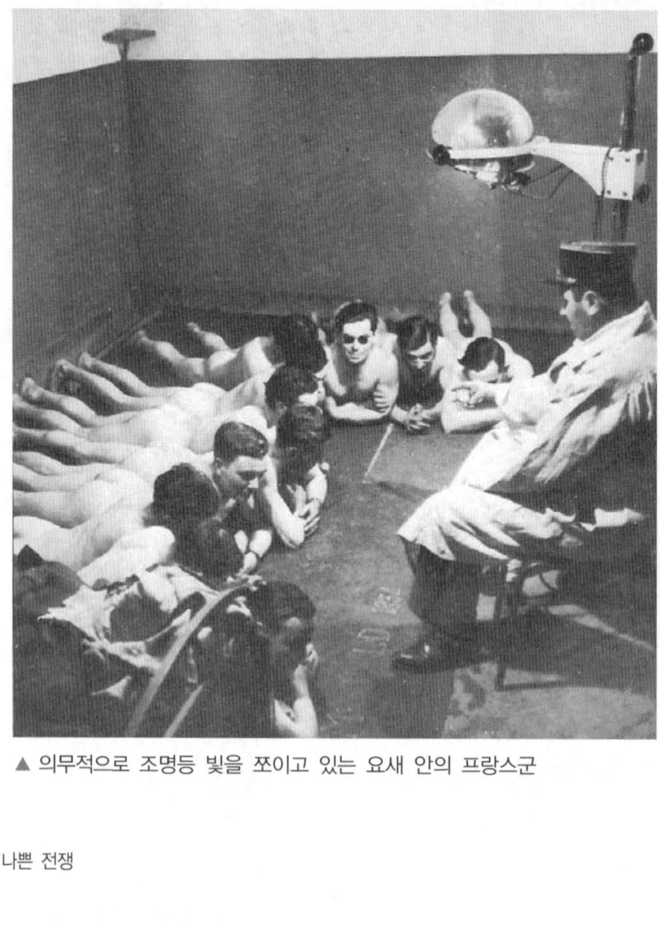

▲ 의무적으로 조명등 빛을 쪼이고 있는 요새 안의 프랑스군

전투결과

46일간의 전투에서 독일군 전사 27,000명, 실종 18,000명, 영국군 전상자 68,000명, 프랑스군 전상자 123,600명, 포로 20만명이 발생했다.

▲ 개선문을 통과하고 있는 독일군의 행렬

|분 석|

독일군의 승인

아르덴느 삼림지대를 통한 기습작전의 성공과 완벽한 전격전의 수행, 전투력의 집중, 공정 부대 및 5열의 활동, 공중우세권 장악 등으로 요약된다.

프랑스군의 패인

마지노선에 대한 과신으로 수동적 전쟁준비와 방어제일주의 사상, 주공판단 실패, 전차를 단순히 보병지원용으로 사용했고 분산운용했으며, 연합군간의 협조체제가 미흡했다. 전차는 분산 운용하지 말고 사단급 이상 부대로 독립적으로 집중 운용해야 한다는 교훈을 남겼다. 에벤 에마엘 Eben Emael 요새에 80명의 공정(空挺)부대원들이 기습낙하하여 1,200명을 항복시켰다. 이처럼 공수부대의 효과적인 운용이 중요시되었다.

▲ 프랑스 파리로 들어온 독일군의 전차부대

50 대영對英 작전

|배 경|

프랑스를 함락시킨 히틀러는 득의만만하여 영국에 눈길을 돌렸다. 영국군은 당케르크 철수시 많은 장비를 버리고 왔기 때문에 군사적으로 불리한 위치에 있었다. 그러나 히틀러에게 있어서도 영국 본토를 상륙하여 공격하는 일이 쉽지만은 않았다. 그래서 영국에게 "대륙에서의 독일의 자유행동"을 인정만 해준다면 전쟁을 종식한다는 취지의 화평(和平)제의를 했다. 그러나 처칠은 6월 4일 당케르크 철수상황을 하원에 보고한 후에 독일과의 전쟁에 대해 단호히 대처할 것을 표명했다. "비록 유럽 대부분의 국가가 독일군의 지배하에 들어갔다 하더라도 우리는 결코 굴복하지 않겠다. 우리는 최후까지 결전한다. 우리는 프랑스에서 싸우고, 바다에서 싸우고, 공중에서 싸우며, 해변에서 싸우고, 상륙지점에서 싸워서 영국을 지킬 것이다. 만약 우리 영국의 대부분이 정복되고 기아에 허덕일지라도 우리는 영국 해군의 호위를 받으며 항전을 계속할 것이다.

7월 19일 히틀러의 화평제의에 대해 7월 22일 영국 외상 해리팩스는 제의를 거부하고 항전의 뜻을 분명히 밝혔다. 히틀러는 그의 화평제의를 이렇게 호소했다.

"나는 지금 영국으로부터 전쟁을 계속할 것이라는 외침, 그것도 국민의 외침이 아닌 일부 정치가들의 외침을 듣습니다. 나는 그 정치가들이 전쟁의 결과에 대해 어느 정도 이해하고 있는지 의심이 됩니다. 만약 영국에서 전쟁에 패하게 되면 캐나다에 가서라도 끝까지 싸우겠다고 합니다. 여러분, 나를 믿어주세요. 나는 전 국민을 파멸로 몰아넣는 몰지각한 정치가에게 깊은 혐오감을 느낍니다. 나는 파멸은 물론 상처도 주고 싶지 않습니다. 처칠씨는 내말을 들어야 할 것입니다. 나는 왜 이 전쟁을 계속해야 되는지 그 이유를 알 수 없습니다."

이러한 히틀러의 제안에 대해 단 1시간도 되지 않아 영국은 "노-"의 답신을 보낸 것

▲ 영국 해안을 관측하고 있는 독일병의 모습

이다. 그날 밤 히틀러의 화평제안연설에 대한 영국의 차갑고 단호한 반향은 독일국민 사이에 숨길 수 없는 절망감으로 퍼지게 했다.

|경 과|

독일의 대영(對英)작전계획

"Sea Lion (See Lowen)" 작전

영국 본토 상륙에 앞서 공군작전을 성공시켜 제공권을 장악하고, 잠수함 및 공군에 의해 영국 봉쇄와 도버해협의 제압을 우선으로 한다는 개념이다. 작전기간을 8월 13일부터 10월말로 하였으며 2,700대의 항공기를 준비하고, 1일 전투에 1,500~2,000대의 출격이 가능토록 했다.

▶ 타워브리지 상공의 기구는 적기의 기총소사를 막아준다.

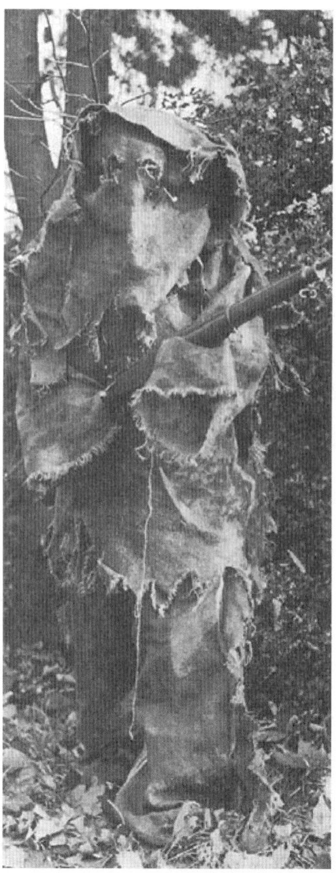

◀ 삼베 누더기를 걸치고 위장한 영국시민군

▲ 폭격기와 이를 엄호하는 엄호 전투기의 대형

제1단계 작전(8.10~8.18) 독일 공군의 전술적 과오

500대의 비행기가 출격하여 영국의 동남부 해안도시 및 호송선단, 비행장, 항공기 생산 공장, 레이다 기지 등을 무차별로 폭격했다. 독일의 급강하폭격기는 당케르크 작전 시 엄호 전투기의 필요성을 인식하여 내륙 깊숙이 침투하는 작전은 실시하지 않았고 장거리 전투기는 내륙 목표를 야간에 공격했다. 독일군의 엄호전투기는 폭격기보다 절대수가 부족했고 또한 5,000내지 10,000피트 상공에서 엄호를 했기 때문에 영국 전투기는 이를 교묘히 이용하여 일부의 전투기로 엄호전투기를 견제하고 대부분의 전투기로 폭격기를 집중 공격하여 큰 피해를 입혔다. 이로써 독일 폭격기의 대부분에 해당하는 급강하폭격기는 전장에서 철수하게 되었고 영국 수송선, 항구, 비행장 파괴 작전은 실패했다.

독일군의 해안침공에 대비하여 영국군은 바다 밑에 파이프를 설치, 석유를 뿜어 해면을 덮은 후 화염 방사기로 점화시켜 불길을 치솟게 했다. 후일 중동전에서 이스라엘이 이 방법을 구상한다.

▲ 속이 빈 콘크리트제 부력 탱크 안에 바닷물을 채우고 영국 해협에 가라앉혀서 해상방공포대를 설치했다.

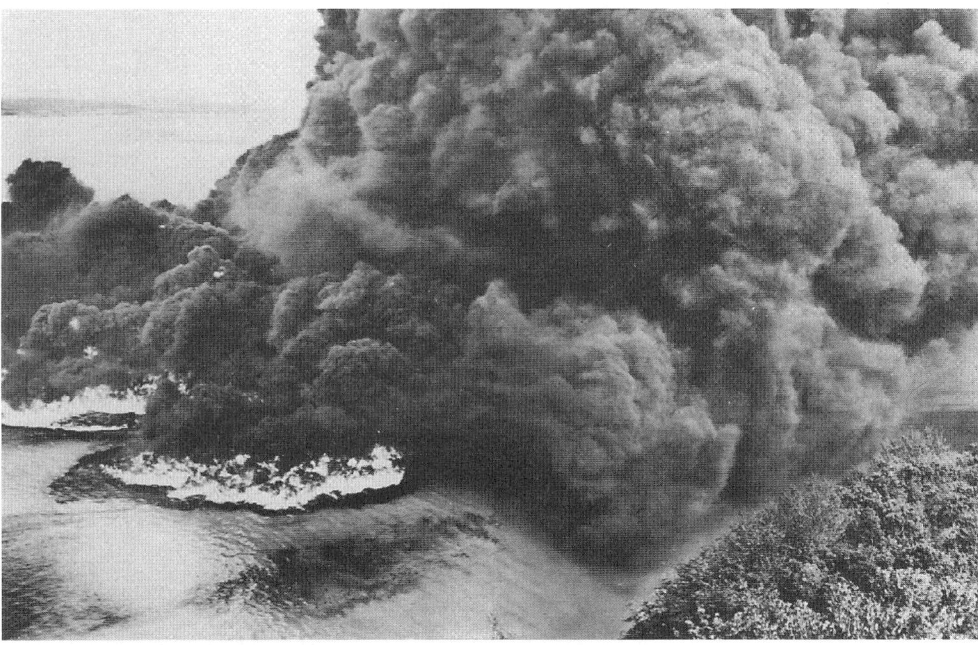

▲ 기름을 태워 관측 시야를 가리고 있다.

제2단계 작전(8.24~9.5) 구사일생의 영국 공군

독일은 공군전술을 수정하였는데 공격 목표를 항구지역으로부터 영국 남동부지역의 내륙 항공기지로 전환했으며, 소규모 폭격기 편대로 편성하여 영국 공군의 견제공격을 방해하며 저공 비행을 엄호하는 전술로 나섰다. 영국 조종사들은 계속되는 출격에 지쳐 영국의 전투기사령부(Fighter Command)는 위기에 빠졌다. 그러나 영국 전투기사령부가 궤멸 작전에 돌연 독일 공군은 공격을 중지해 버렸다. 독일 공군의 공격중지는 영국 공군이 베를린을 공습하는 작전 때문이라 한다. 파멸 일보 직전에서 영국 공군이 살아남게 된 것이다.

제3단계 작전(9.7~9.30) 런던 공습

영국공군이 파멸직전에까지 간 것을 몰랐던 히틀러는 영국 공군이 행한 베를린 공습에 대한 보복으로 런던 공습에 나섰다. 독일 공군은 영국의 대공포화를 피하기 위해 15,000~20,000피트 고도에서 공격했으며 런던의 유서 깊은 건물과 유적들을 파괴했다. 월 15일 하루동안 독일공군기 500대중에 185대가 파괴되었다. 이후 독일 공군은 야간 공격으로 전환했다.

▶ 독일 공습에 의해 무너지는 런던의 세인트 피터 대성당

▲ 파괴된 런던의 중심부

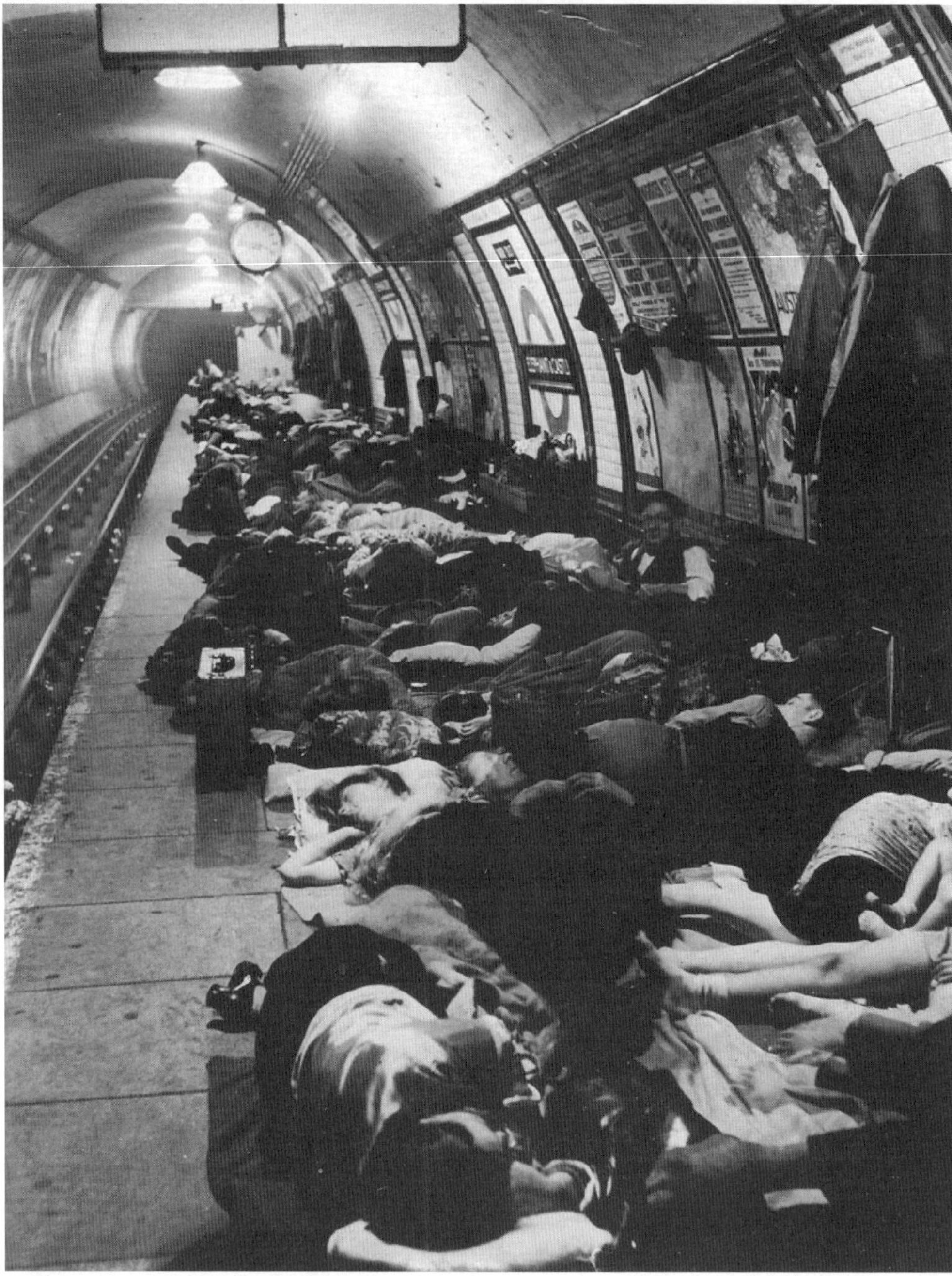

▲ 공습을 피해 지하철 갱도에 피신해 있는 런던 시민들

제4단계 작전(10.7~10.31) 영국의 승리

9월 17일, 히틀러는 대영전투의 실패를 인정하고 발칸 작전을 위해 항공기를 전용하기 위하여 대영공군 작전을 무기한 연기했다. 그러나 갑작스런 공격 중단으로 위신을 실추시키고 싶지 않았던 독일 공군은 밤을 이용하여 런던을 중심으로 한 도시지역에 공격을 계속했지만 영국은 꿋꿋하게 잘 견디어 냄으로써 위기를 극복하였다. 작전결과는 독일군의 총 손실이 항공기 2,357대였고 영국군의 총 손실은 항공기 790대였다.

|분 석|

영국의 승인

영국전투기 스피트파이어 Spitfire 는 회전반경이 작고 상승능력과 화력이 우수하여 독일전 투기인 메서쉬미트 Messerschmidt-109 에 비해 우수했다. 영국은 레이다 시설로 독일군의 공격을 미리 간파하여 선제권을 장악하는 기술적 기습 techological surprise 을 달성했다. 또한 영국 조종사들의 우수성과 애국심이 영국을 위기에서 구했다.

독일 공군은 비행장을 공격하지 않고 선박이나 항구 그리고 런던 등 도시를 공격하는 전략적 실책을 범하였다. 독일은 공군의 결정적인 문제점은 사용을 지상군의 지원임무에 한정했고 독자적 임무를 부인해 왔기에 제공권 장악에 대한 전략적 안목이 부족한 것이었다.

▲ 영국의 스피트파이어

▲ 독일의 메서쉬미트

전략적 차원에서의 분석

국가 차원의 전략에서 처칠은 전쟁의 목적을 분명히 했다. 우선 영국의 존속을 기하는데 목적을 두고, 단독으로는 독일을 이길 수 없기 때문에 미국으로부터 전폭적인 지원을 받기로 했다. 이를 위해서는 영국이 결코 이 전쟁을 포기하지 않고 결사항전 하겠다는 단호한 의지를 미국에게 보여주는 것이 필요했다. 히틀러와 타협을 할 수도 있었겠지만, 그것은 민주주의가 전제주의에 굴복하는 것을 의미하기 때문에 처칠은 이를 거부했다.

작전 차원에서는 히틀러의 화평 제안을 거부하고 영국본토침공을 저지하기 위해서는 우선 독일 공군의 공격을 차단할 필요가 있었고, 그를 위해서는 영국본토 상공의 제공권을 철저하게 지키는 수비위주의 전쟁이 요구되었다. 그래서 취한 전략이 바로 방공전을 위주로 한 전략적인 지구전이었다. 독일공군의 공세한계점을 노린 것이다. 이를 위해 우선 레이더를 중심으로 한 조기경계 네트워크를 구축하고, 이에 요격전투기, 고사포, 탐조등 등을 조합한 강력한 방공전의 시스템을 만들었다. 공방의 원리로 보면 대체로 공자가 유리하겠지만, 수세측에 선 영국은 적을 조기에 발견하고, 자국의 영토 상공이라는 지리적인 이점을 최대한 살림으로써 전쟁의 주도권을 잡고자 했다.

전술적 차원에서 매우 특이한 것은 지상에 있는 지휘소가 전투기의 조종사를 직접 통제했다는 것이다. 이것은 지상 지휘소와 조종사 간에 무선전화가 기술개량에 의해 가능해졌기 때문인데, 처음 실시하는 이 시도에 대해 처음에는 조종사들이 강력하게 반대했었다. 그런데 결국은 이 시도는 매우 효과적이어서 공중전에서 영국군이 승리를 거두게 되었다. 영국군은 조기경계 시스템으로 레이더의 이점을 최대한 활용했다. 영국의 존망이 걸린 방공전에 승리하기 위해서는 레이더 기지 등의 시설을 지키는 것이 우선이 되기 때문에 이에 모든 역량을 집중했었다. 또한 독일공군의 호위전투기에는 스피트파이어로 대항했고, 독일공군의 폭격기에는 허리케인으로 공격하게 한 것도 주효했다. 스피트파이어와 허리케인은 요격전투기로서 매우 뛰어난 성능을 발휘했다.

이렇게 국가전략 차원으로부터, 작전 차원, 그리고 전술 차원에 이르기까지 일관된 기조로 통합된 이 전략의 수행으로 영국은 독일군을 물리칠 수 있었다. 이런 영국의 전략을 한마디로 표현하면 "지켜 냄으로써 공격했다."고 할 수 있었다.

51 독일군의 소련침공

|배 경|

히틀러는 그의 저서 "나의 투쟁(Mein Kampf)"에서 "우크라이나의 곡창지대, 우랄의 지하자원, 코카사스의 유전(油田), 시베리아의 삼림 자원 등 풍부한 자원을 독일 민족번영의 토대로 삼기 위해 소련을 정복해야 한다."라고 하면서 그의 강력한 야심을 표명했다. 이른바 "생활권(生活圈 : Lebensraum)"의 확보를 위해 몸부림을 치고 있었다. 1939년 8월 23일 독·소 불가침조약을 체결하여 독일로서는 서부전선 작전시 배후로부터의 위협을 제거하였고 소련 입장에서는 전쟁준비에 필요한 시간을 획득하게 되었다.

그런데 왜 히틀러가 소련을 침공하여 양면전쟁(兩面戰爭)을 감수했는가? 첫째는 경제적인 이유로, 그의 저서에서 밝힌 바 풍부한 자원을 확보하기 위해서이며, 둘째는 사상적인 이유로, 나치즘 Nazism 과 볼쉐비즘 Bolshevism 의 대립, 셋째는 가장 큰 이유인 군사적(軍事的)인 측면으로, 소련의 급속한 군사력 팽창에 대한 위협을 제거함으로써 육군의 예산절감이 필요했다.

▲ 할더

영국의 막강한 해군력에 대항하기 위해서는 육군의 예산을 절감하여 해군력 증강에 투자해야 했었고, 영국은 미국의 본격적인 원조로 인해 급속히 군사력을 증강시켜 나가고 있었기 때문에 독일 입장에서는 서부나 동부 어느 쪽이든 먼저 손을 써야 했는데, 영국은 본토방어에 급급하고 있었고 프랑스는 붕괴되었기에 일단 서부전선은 당분간 위협이 적을 것으로 판단, 신속히 소련을 함락시키면 양면 전쟁을 피할 수 있다고 생각하여 소련침공을 결정한 것이다. 독일 육군참모총장 할더 Halder 는 대소(對蘇)작전이 8~10주

이내에는 종결될 것으로 보았다. 나폴레옹의 러시아원정 악몽을 망각한 것이다.

바바롯사 Barbarossa 계획

1940년 12월 히틀러의 훈령(訓令) 제21호로 하달된 소련침공계획이다.

제1단계 작전 : 2중 침투(二重浸透)에 의한 포위(包圍)작전으로 러시아군을 국경지대에서 포착 섬멸

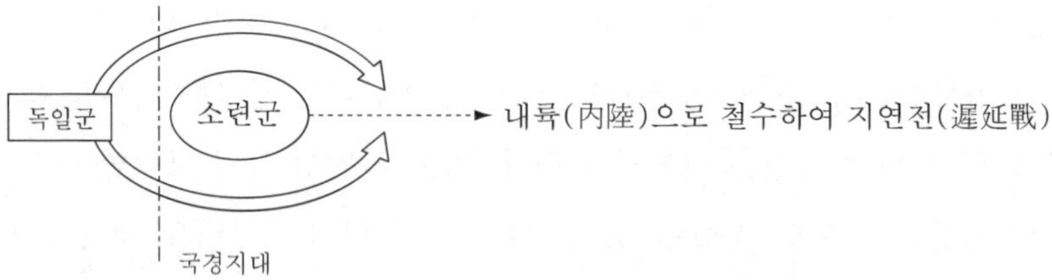

▲ 1941년 6월, 소련 공격 직후에 폴란드 동부의 부크 강을 건너는 독일군 전차

제2단계 작전 : 급속한 진격으로 소련본토에서 소련 공군이 독일본토에 대한 폭격작전을 수행할 수 없는 거리까지 점령

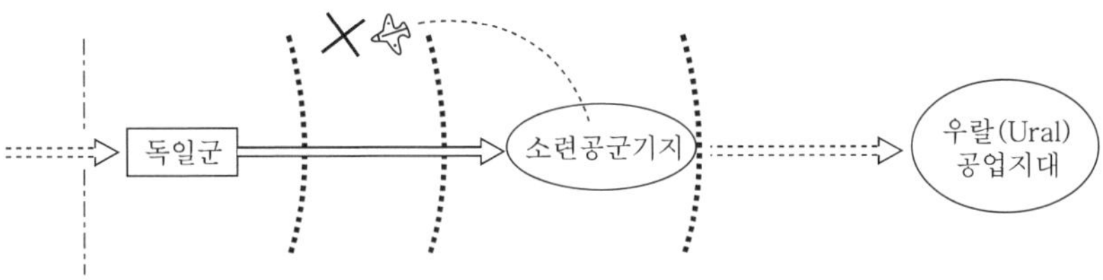

볼가(Volga)강 카짠(Kazan) 아창겔(Archangel)

독일군의 최종목표는 볼가강→카짠→아창겔까지 확보하며 필요시 공군을 이용 우랄공업지대를 파괴

"바바롯사"라는 명칭은 붉은 수염이라는 뜻으로, 12세기 동방 정책을 추진했던 프로이센의 왕 프레드릭 1세의 턱수염에서 유래되었다.

소련 공격개시일인 1941인 6월 22일은 과거 나폴레옹이 1812년 6월 22일 모스크바 원정을 떠난 날이었다.

소련 작전지역의 특징

대부분이 황야 지대로 병참지원이 곤란했다.

지세(地勢) 및 기후조건, 침공군에게 불리하였다. 드니에페르 Dnieper, 도네츠 Donets, 돈 Don, 볼가 Volga 의 4대 강과 소택지, 모스크바에서 민스크 Minsk 간의 삼림지대는 기계화부대 기동에 제한, 대륙성 기후로 극심한 기온의 격차와 봄에는 진흙탕, 여름에는 진흙탕이 1인치 이상의 먼지로 바뀌는 건조기, 가을에는 다시 우기로 진흙탕이 되며, 겨울에는 혹심한 추위가 거의 반년이나 계속된다. 진흙탕이 없는 건조기의 여름과 겨울에

만 작전이 가능하나 일조 시간이 짧아 작전에 많은 제약을 준다.

▶ 파리의 나폴레옹 관을 보면서 모스크바 공격을 다짐하는 히틀러

▲ 원수에 오른 다섯 명의 소련 장군들. 앞줄 맨 왼쪽이 기계화종심이론을 만든 천재적 전략가 투하체프스키인데 1936년 스탈린에 의해 숙청되었다.

소련군의 전력(戰力)과 계획

소련의 적군(赤軍 : Red Amy)은 1918년 3월 군사인민위원장에 임명된 트로츠키 Trostsky 에 의해 창군(創軍)되었다. 스탈린의 5개년 경제계획에 따라 군수산업의 발달로 부대는 기계화되었으며, 1939년 평시 징병제(平時徵兵制)를 채택하여 근대화된 정규군을 육성했다.

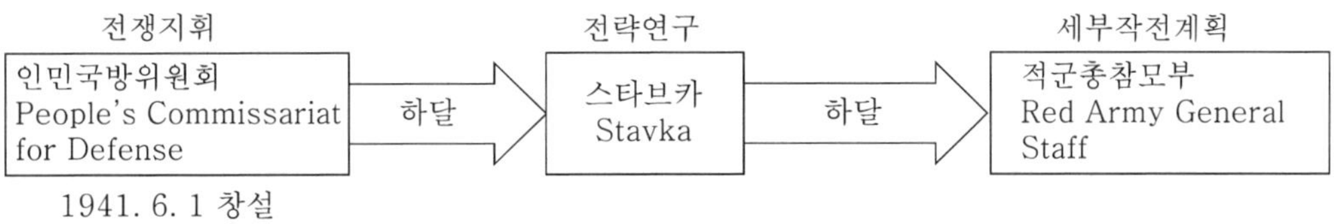

적군(赤軍)의 제도적 특징

정치위원(政治委員) Commissar	적군 창설 당시 트로츠키가 제정군대(帝政軍隊)의 장교를 감시할 목적으로 만듬
빨치산조직 Partisan	1941년 7월 3일 스탈린의 "조국해방전선"선언에 기초, 정규군과 협동작전, 기본단위는 여단(旅團), 모스크바전투에서 본격적인 활동개시, 준정규군

소련군의 규모는 203개 보병사단, 46개 기갑 및 기계화여단, 동원가능한 예비군 1,200만명 전차 2,000대, 항공기 7,500대였고 간부들의 전투경험이나 훈련 및 작전능력이 독일군에게 뒤졌다.

예비군의 동원과 전쟁준비를 위해 "시간"이 필요했으며, 광대한 국토를 이용하여 독일군의 예기(銳氣)를 둔화시킨 뒤 준비한 공격력을 집중하여 일제히 반격을 취한다는 전략개념으로 양보한 공간은 초토화(焦土化 : Scorched Earth)시킨다는 "공간(空間)을 팔아서 시간(時間)을 얻는다."는 계획이었다.

스탈린은 독일의 맹방(盟邦) 일본과 1941년 4월 13일 불가침조약을 체결함으로써 독일과의 작전에만 전념할 수 있게 되어 시베리아 병력을 서부전선으로 이동할 수 있게 되었다.

독일주공 (예상)			
	북	서북전선군 (西北戰線軍) North-West Front	• 브로쉴로프(Voroshilov) 원수 • 32개 사단
	중앙	서북전선군 (西北戰線軍) West Front	• 티모셍코(Timoshenko) 원수 • 47개 사단
→	남	서남전선군 (西南戰線軍) South-West Front	• 부데니(Budenny) 원수 • 69개 사단

독일군의 계획과 신전술(新戰術)

당시 독일군의 전투력은 총 205개 사단 중 대소작전 투입병력은 기갑사단 19개, 기계화사단 12개를 포함한 총 148개사단, 전차 3,350대, 포 7,184문, 차량 600,000대, 말

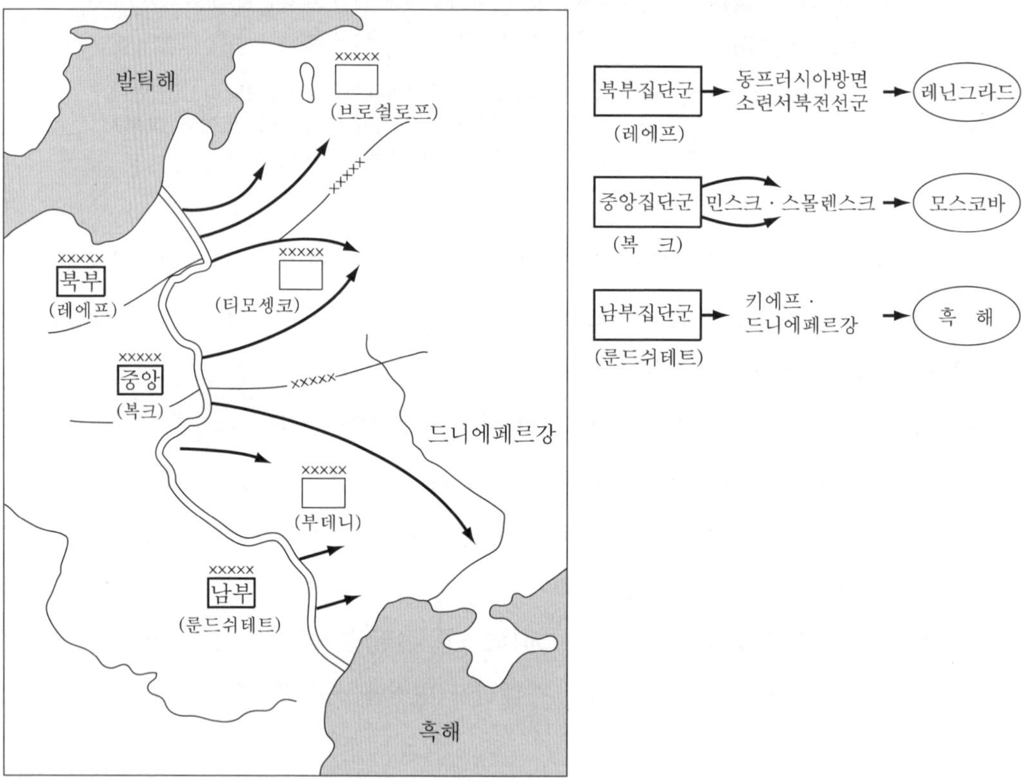

▲ 우크라이나의 도시 폴타바에 있는 보르스클라강을 건너는 독일군

625,000필, 항공기 2,500대 ; 훈련과 장비면에서 소련군압도, 긍지와 자부심 그리고 사기도 왕성했다. 히틀러와 군 수뇌부 간의 견해차이로 개전초 주공방향(主攻方向)을 정하지 못했다. 즉, 히틀러는 남쪽의 우크라이나를, 군 수뇌부는 모스크바 직행을 원했다.

쐐기와 함정(Keil und Kessel : Wedge and Trap) 전법

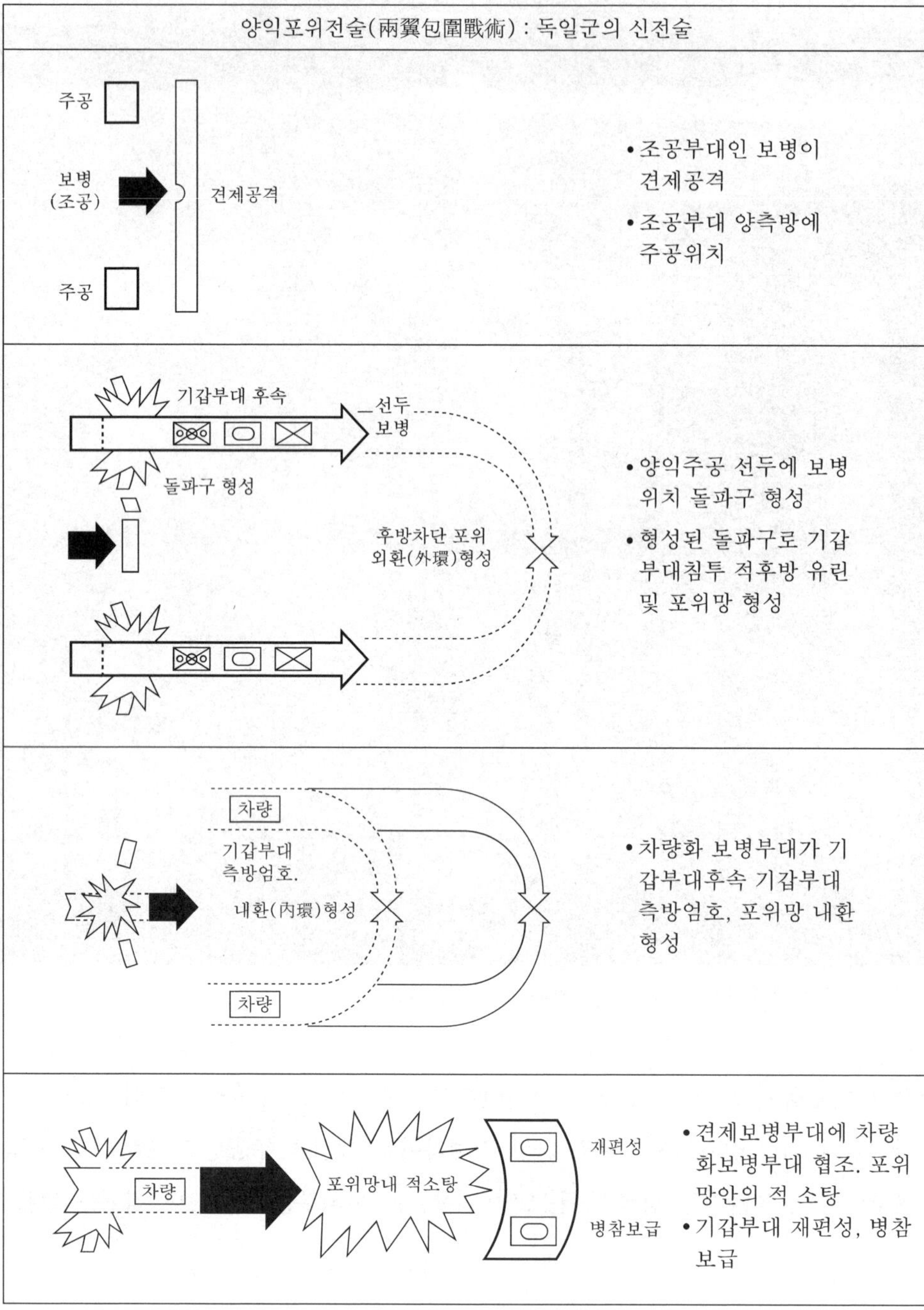

|경 과|

국경지역 전투

1941년 6월 22일 새벽 3시, 129년 전 나폴레옹이 러시아를 침공했던 그날, 1년 전 프랑스가 꽁삐에뉴 숲속에서 항복문서를 서명했던 그날, 독일군은 소련에 대한 공격을 개시했다. 소련군의 지연전과 우천으로 진격이 지연되었으나 제1기갑군은 키에프 외곽까지는 진격했다. 소련군 주력부대는 드네프르강을 건너 철수했고 미처 철수하지 못한 잔류부대는 우만 부근에서 격파되었다.

전형적인 Keil und Kessel 전술로 3개의 대 포위망을 형성, 18일 동안 40마일을 진격했다. 모스크바 통로가 개방되었지만 키에프 돌출부에 의해 남측면의 위협, 보급 추진 악화로 인한 병참 사정악화, 부대의 재편성 소요 등으로 9월 초순까지 6주간 정군(停軍)

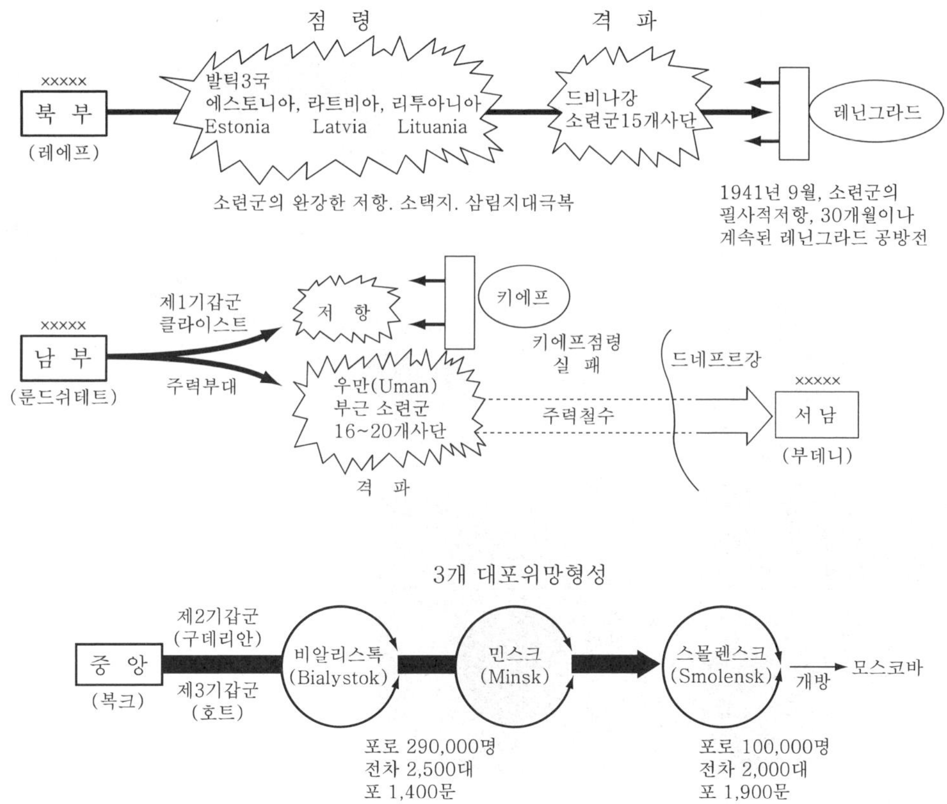

했다. 10주간의 국경지역 전투로 소련군 100만명의 인명손실과 독일군 45만명의 인명 손실을 내고 내륙지역으로의 침투에는 성공했으나 국경지역에서 소련군 주력을 포착 섬멸하고자 하는 계획에는 실패했다.

키에프 Kiev 포위전

독일은 주공방향에 대해 군수뇌부는 모스크바 (볼가강에서의 조직적 저항 종식 가능) 방향을 주장하였으나 히틀러는 우크라이나(자원확보, 소련군의 항공기지 제거) 지방의 키에프에 대한 공격명령 하달(1941년 8월 21일)했고 8월 25일, 구데리안 부대가 기동을 개시했다.

9월 16일 루브니 Lubny 에서 제1기갑군과 제2기갑군 합류(合流), 포위망 형성하고 9월 19일 키에프 함락시켜 9월 26일 소련군이 항복함에 따라 포로 665,000명, 전차 890대, 포 3,700문 획득했다.

▲ 오늘날의 키에프

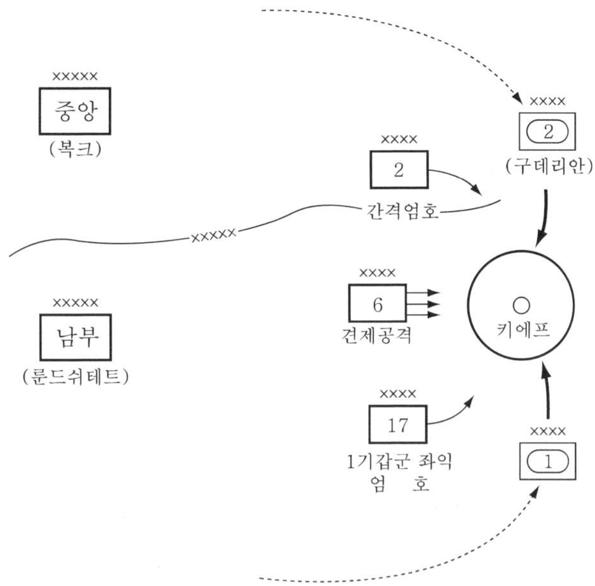

키에프 포위전의 결과

1개월의 지연전으로 소련군은 모스크바에 대한 방어선을 강화했고, 대부분 공업시설을 우랄 Ural 이동(以東)으로 철수시켰다. 무풍부한 인적자원을 가진 소련군의 입장에서 볼 때 영토와 병력을 양보하고 가장 귀중한 시간을 획득할 수 있었다는 관점에서 볼 때 독일군은 전술적으로는 성공했으나 전략적으로는 크게 실패한 결과를 초래했다. 그러나 히틀러는 이를 깨닫지 못하고 크게 기뻐했다.

모스크바 전투

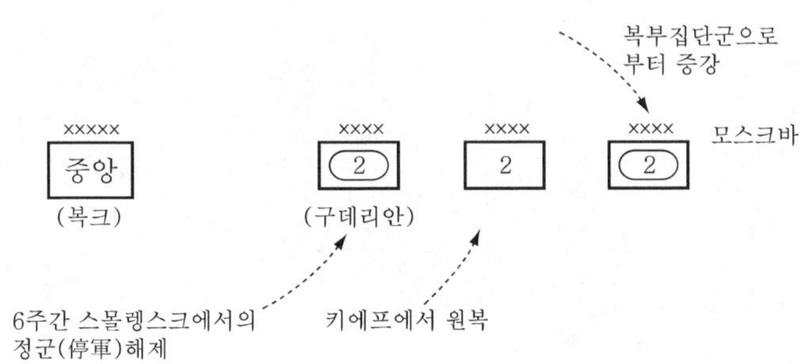

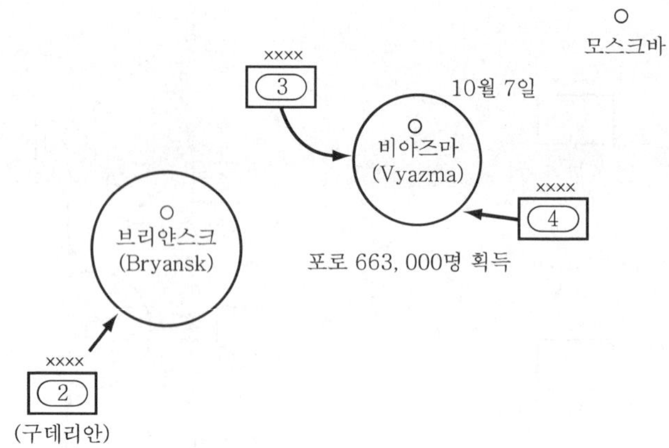

히틀러는 키에프 포위전의 승리로 우크라이나 방면의 위협이 제거되자 모스크바 대공세를 시작했다. 양익포위를 개시하여 이 포위작전의 성공으로 모스크바로의 통로가 개방된 듯 했으나 악천후가 밀어닥쳤다. 갑작스러운 기온 급강하에 대한 동계작전을 준비 못한 독일군은 동장군(冬將軍)과 진흙장군(General Mud)으로 인해 극심한 고통을 당한다.

철수(撤收)건의

▲ 모스크바 공격을 위해 포장된 포탄을 트럭에서 내리는 독일군 병사들

연장된 병참선의 보급악화, 소련군의 끈질긴 저항과 병력증강으로 피로에 지친 독일군의 진격속도가 크게 떨어지자 브라우힛취와 할더는 히틀러에게 부대의 철수나 봄까지의 공격중 지를 건의했다. 그러나 혹한이 닥치기 전에 모스크바를 점령할 목적으로 히틀러는 최종공세를 명했다.

타이푼 Teifun 작전

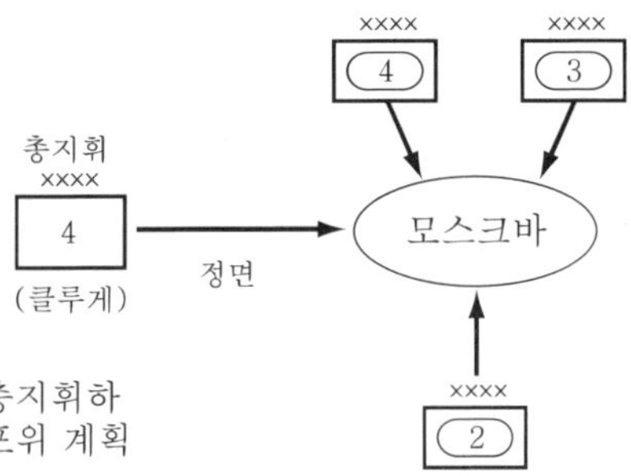

클루게의 총지휘하
모스크바 포위 계획

11월 15일 독일군 공격을 개시하여 11월 25일 독일 제4기갑군은 모스크바에서 볼가강으로 연결되는 운하선(運河線) 도달한다. 독일 제2기갑군은 툴라 Tula 를 우회하여 남쪽에서 압박하고 독일 제4군은 모스크바 최종 방어 관문인

▲ 독일군의 공격을 막고 있는 소련군

나라 Nara 강선으로 진출(모스크바와 15마일거리)한다. 그러나 영하로 떨어진 혹한 속에 독일군은 추위와 불면증으로 고전을 면치 못했으며 부동액이 준비되지 못한 전차와 차량은 기동이 불가능할 단계에 이르렀다. 이런 와중에 소련군은 점차 병력을 증강하게 되었고 독일군은 나라강선에서 지쳐 멈추게 되었다.

소련군의 반격과 독일군의 철수

▲ 주코프

12월 6일 오전, 주코프 Georgi K Zhukov 장군의 서부전선군 West Front 100개 사단은 총반격을 개시했다. 독일군 육군총사령관 브라우힛취 등은 즉각 철수를 건의했으나 히틀러는 계속 진격할 것을 명령했다. 혹한과 장비의 부실로 전력이 약화된 독일군은 전 전선에서 서서히 붕괴되기 시작했다. 대규모작전에 익숙하지 못한 소련군의 공격과 독일군의 기술적인 견제공격 및 축차적 철수로 1942년 2월 중순까지 약 2개

▲ 소련군에게 포로가 된 독일군

월 반에 걸친 철수 작전 끝에 독일군은 최초의 출발선으로 물러서게 되었다. 3월이 되어 전 전선은 교착 상태에 다시 빠졌다.

히틀러의 인책 단행

승인하지 않은 모스크바 철수작전을 이유로 제2기갑군 사령관 구데리안 장군과 제4기갑 군 사령관 회프너 Hoeppner 장군을 파면하고, 북부집단군 사령관 레에프 원수와 남부집단군 사령관 룬드쉬테트를 경질했으며 육군총사령관 브라우힛취 원수를 해임시켰다. 12월 19일부터 히틀러는 직접 육군총사령관이 되어 지휘하게 되었다.

독일군의 대소작전 실패요인

첫째, 정치적(政治的)요인으로, 전체주의(全體主義) 제도하의 소련은 무진장한 자원과 인력을 동원할 수 있었으며 특유의 선전(宣傳)방법으로 자본주의에 대한 저항의식을 고취시킬 수 있었다. 반면에 히틀러는 볼쉐비키 제도의 역량을 과소평가했으며, 피정복자에 대한 가혹한 처우는 그들의 반항심을 촉발시켜 빨치산 활동에 가담케 했다. 소련과 일본간의 불가침조약 체결 저지의 실패로 소련이 마음 놓고 시베리아의 대부대를 모스크바로 전용하게 했다.

둘째, 경제적 요인으로, 1928년부터 소련은 계획경제를 단행하여 공업화에 성공했고, 독일은 자원이 제한된 상태에서 신장된 병참선으로 인해 전쟁 지속 능력이 결여되어 있었다.

셋째, 소련군은 주로 농민들로 구성되어 있어 전통적인 복종심과 인내심이 강했고, 신앙에 가까운 국토 애착심은 독일군의 침략을 허용치 않았던 것이다. 독일군은 3~4개월의 단기결전을 기대했기 때문에 동계작전준비가 전혀 되어있지 않아 초기 국경지역 전투에서 소련군의 주력부대를 격멸시키지 못함으로써 장기전으로 연결, 고전을 면치 못했던 것이다. 또한 중대한 과오는 군 수뇌부와 히틀러간의 주공방향에 대한 이견(異見)이다. 모스크바와 우크라이나, 레닌그라드는 어차피 거리상 각각의 독립된 작전이 수행될 수밖에 없었는데 마지막까지 주공방향에 대한 합치를 보지 못했다. 게다가 키에프 작전 성공 직후 6주간의 중앙 집단군 정군(停軍)은 소련군으로 하여금 모스크바 방어선을 강화시키게 했으며 실제로 모스크바 공격 시에는 완강한 방어선이 형성되어 있었다.

넷째, 동장군(冬將軍), 진흙장군, 소택지(沼澤地), 황야 등은 히틀러를 러시아 원정시의 나폴레옹화(化)했던 것이다.

모스크바 전투의 결과

1941년 11월말까지 소련군은 400만~500만명의 인명피해를 입었으며, 석탄생산량의 2/3, 철광과 망간광의 3/4, 인구 3,500만을 포함하고 있는 지역을 상실하는 대 피해를 입었다. 독일군은 1942년 4월말까지 157만 여명의 인명피해를 입었다.

▲ 비행기에서 본 소련군의 포로 행렬

독일군의 하계공세(夏季攻勢)

히틀러는 1942년 5월, 지령(指令) 제41호(Directive No.41)를 하달하고 전년도의 패전을 만회하여 전쟁의 주도권을 장악하려 했다. 독일군의 공세계획은 4단계로 구분되어져 있다.

제2군과 제4기갑군이 쿠르츠크 양익포위, 돈Don 간 만곡부(彎曲部)의 북부지역을 소탕하고 제2군을 보로네쯔에 보내 북방 방호, 제4기갑군은 남하시킨다. 하르코프 방면에서 북진하는 제6군과 제4기 갑군이 합류하여 새로운 포위망 형성하여 제4기갑군과 제6군이 제2단계 작전 후 남동쪽으로 진격, 북동쪽으로 진격하는 제17군과 제1기갑군 합류, 돈강 만곡부내의 전 소련군 소탕한다.

제3단계 성공 후 스탈린그라드와 코카서스로 진격기간중 남부집단군을 해체하여 7월 7일 A집단군을 편성, 리스트의 지휘 하에 두고 새로이 편성된 B집단군은 복크를 해임하고 바이크스를 사령관으로 임명한다.

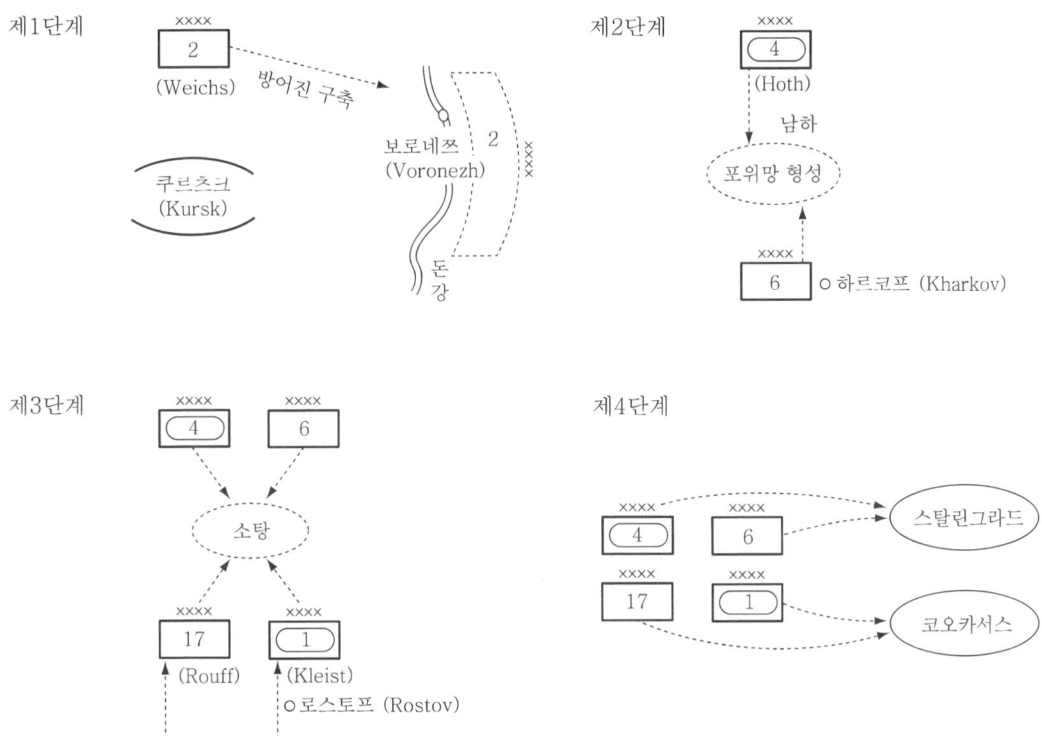

세바스토폴 공격

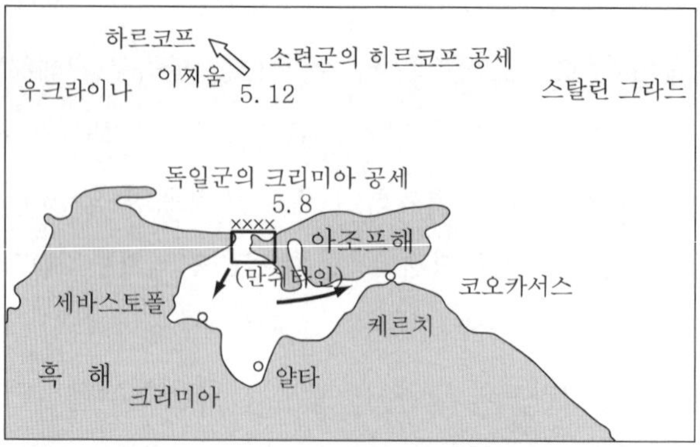

독일군은 하계공세를 위해 예비작전으로 크리미아의 세바스토폴을 공격했다. 세바스토폴 Sevastopol 을 공격한 목적은 크리미아를 점령함으로써 흑해를 장악하기 위해서였다. 1942년 5월 8일 케르치를 공격하고 이어서 6월 7일부터 세바스토폴을 공격했는데 완강한 요새지로 편성되어 있음으로 해서 독일군은 치열한 포격전을 벌여야 했다.

거대한 독일군의 대포

독일군은 세바스토폴 방어선을 돌파하기 위해 3종의 거대한 대포를 동원했다. "칼"과 "가마"와 "도라"라고 부르는 이 대포들인데, 특히 도라 포는 포신의 길이가 32 m나 되고, 구경이 80 cm나 되어서 포병이 몸을 구부려서 그 속에 들어가 손으로 화약 찌꺼기를 제거할 수 있었다. 도라 포에 딸린 부품을 운반하기 위해서 60량의 철도화차가 필요했으며, 포탄 한 발을 장전하기 위해서는 1,500명의 포병이 20분 동안이나 여러 가지 일을 해야만 했다. 유지와 보안을 위해서는 무려 4,120명이나 필요했다.

세 종의 거포들은 세바스토폴을 향해 가공할 포격을 했으며, 이들 포탄은 단단한 암반을 27 m나 뚫고 들어가 폭발했기 때문에 소련군의 무기 탄약고가 폭발하기도 했다.

천명의 소련군 옥쇄

독일군의 무자비한 대포 공격에도 불구하고 소련군들은 잘 견뎌냈다. 특히 막심 고르키 1세라고 불리는 강철 콘크리트 요새에서는 1천명의 소련병들이 끝까지 사수하여, "우리는 자폭하려 한다. 안녕히 계시라!"고 하는 메시지를 전투사령부에 보내고 마지막 60명이 남을 때까지 옥쇄 항전을 펼쳤다.

독일군은 크리미아 지역을 7월 2일에야 점령할 수 있었다. 이때 크리미아군 97,000명을 포로로 획득했다. 크리미아의 점령으로 독일군은 이곳에 공군기지를 설치할 수 있었다.

◀ 세바스토폴 공략에 나선 독일군의 구경 60 cm "칼" 거포

▶ 세바스토폴 공략에 나선 독일군의 구경 80 cm의 "도라" 거포

▲ 세바스토플 시내를 맹폭하는 폭탄과 포탄들. 독일 장군 만쉬타인은 이 광경을 "아군의 중포탄과 폭탄이 터져 암석과 흙이 구름처럼 솟아 올랐다"고 말했다.

소련군의 하르코프 공세

▲ Charkw(하르코프)

소련군은 독일군이 크리미아를 공격하는 동안 5월 12일, 북쪽은 하르코프 북쪽의 상부 도네츠 강을 도하하였고, 남쪽은 이찌움 Izyum 돌출부로부터 하르코프 Charkw 방향으로 공격해 갔다.

소련군은 각 군에 100대 이상의 전차를 동원하여 공세기세를 유지함으로써 초기전투에서 독일군을 격퇴시키기 시작했으나, 독일군은 다시 제6군과 제1기갑군으로 협격(挾擊)하여 전세를 뒤엎고 소련군 240만 명의 포로를 획득했다.

▲ 오늘날의 하르코프

독일군의 하계공세 개시

독일군은 하르코프 전투에서의 승리를 발판으로 하여 6월 28일 하계공세에 돌입했다. 6월 30일, 독일 제6군이 공격하여 7월 7일 독일 제4기갑군과 합류함으로써 제2단계 작전을 성공시켰다. 기간 중 남부집단군을 해체하여 7월 7일 A 집단군을 편성하고 리스트의 지휘 하에 두고 새로 편성된 B집단군은 복크를 해임하고 바이크스 Weichs 를 사령관으로 임명했다.

7월 9일부터 개시된 제4단계 작전에서 남쪽 로스토프 Rostov 방면의 위기를 모면코자 히틀러는 제1기갑군과 제17군을 계획과는 다르게 남방으로 진격시키게 되는데 이로써 돈강 만곡 내의 소련군 차단에는 실패했고 7월 22일까지 만곡부 일대를 점령했을 뿐이었다.

제4단계 작전과 히틀러의 실책

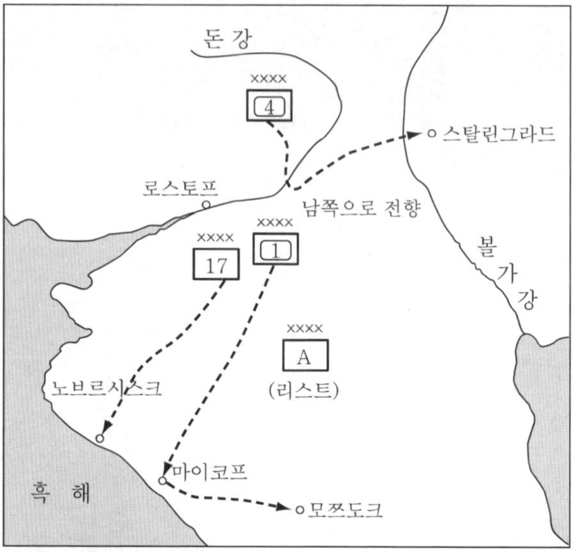

돈강 만곡부에서 독일 제4기갑군과 제6군은 스탈린그라드로 진격하게 계획되어 있는데 히틀러는 독일 제1기갑군이 로스토프 방면에서 고전하고 있어서 제4기갑군을 남쪽으로 전향(轉向)시켜 이를 지원케 하는 대 실책을 범하고 말았다.

약 2주일 후 독일 제4기갑군이 스탈린그라드에 되돌아왔을 때는 이미 소련군은 철통같은 방어선을 형성하고 있었고 제4기갑군은 유류 부족으로 난관에 빠지게 되었다.

코카서스로 진격한 A집단군은 로스토프 동쪽을 경유하여 유전지대인 마이코프 Maikop 를 점령하고 모쯔도크 Mozdok 까지 진격했으나, 코카서스의 험준한 지세와 소련군의 초

▲ 소련군 대전차 부대가 총신이 긴 대전차총을 들고 출격식을 하고 있다.

토화(焦土化)에 의해 유류가 고갈됨으로써 더 이상 전진을 하지 못한 채 현 전선 고수에 급급하게 되었다.

스탈린그라드(Stalingrad) 격전(激戰)

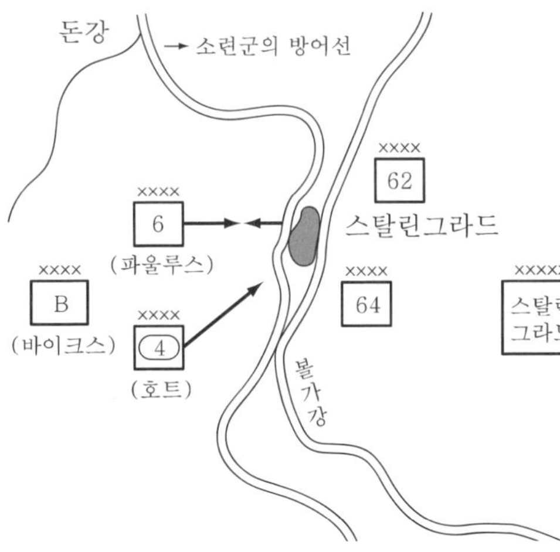

클라이스트가 지휘하는 독일 A집단군이 코카서스로 진격하고 있는 동안 스탈린그라드로 향하던 독일 B집단군은 유류와 탄약의 부족으로 전진이 지체되었지만 8월 23일 독일 제6군이 볼가강변에 도달했고 독일 제4기갑군은 스탈린그라드 25마일 전방까지 육박했다.

9월 말부터 치열한 스탈린그라드 시가전이 시작되었고 독일군은 부족한 병력을 충원하기 위해 루마니아, 헝가리, 이탈리아 등 동맹군 병력을 차출하기에 이른다.

소련군은 스탈린그라드 뒤편의 볼가강을 독일군에게 허용하지 않기 위해 필사의 방어전을 펼쳤으며 독일군은 1마일 폭의 볼가강 때문에 포위공격을 할 수 없어 대규모의 손실을 허용할 수밖에 없는 정면공격만 되풀이했다.

▲ 돈강을 도하하고 있는 독일군

▲ 돈강 일대에서 버려진 소련군 전차. 해바라기는 스탈린그라드에서 말먹이로 재배되었다.

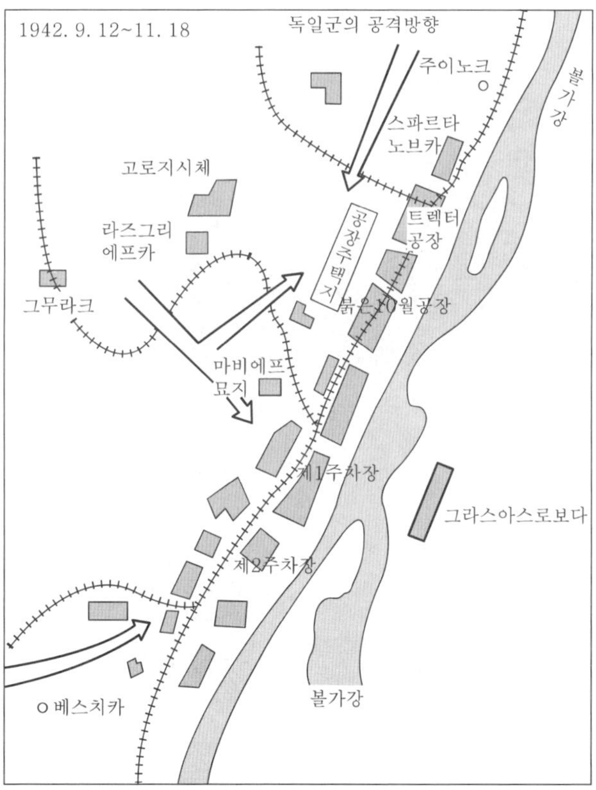

히틀러는 오기를 발동, 스탈린그라드라는 이름에 대한 증오심으로 필사적으로 정복하려 했고, 스탈린도 이에 맞서서 필사의 방어를 계속했다.

세계인의 이목이 스탈린그라드에 집중되자 히틀러는 양측 방의 전선에서 병력을 전용하여 어떤 희생을 치루더라도 스탈린그라드를 함락하려고 몸부림을 쳤다.

1942년 8월, 독일군이 공격을 시작했을 때 스탈린그라드에 살고 있었던 50만명의 시민들의 생활은 순식간에 파괴되었는데, 처음 2일간에는 독일군의 폭격으로만 4만명이 죽었다.

스탈린그라드의 시민들은 치열한 전투 중에도 장갑차 150대, 전차 200대를 생산하는 등 "스탈린그라드는 수비대만 있을 뿐 주민은 없다."는 말을 입증해주었다.

스탈린그라드의 시가전 양상은 실로 참혹하기 이를 데 없었다. 총구와 총구가 서로 맞닿을 거리까지의 근접전이 계속되었고 독일군과 소련군이 상·하층에서 서로 교전하는 등 치열한 전투가 벌어졌다.

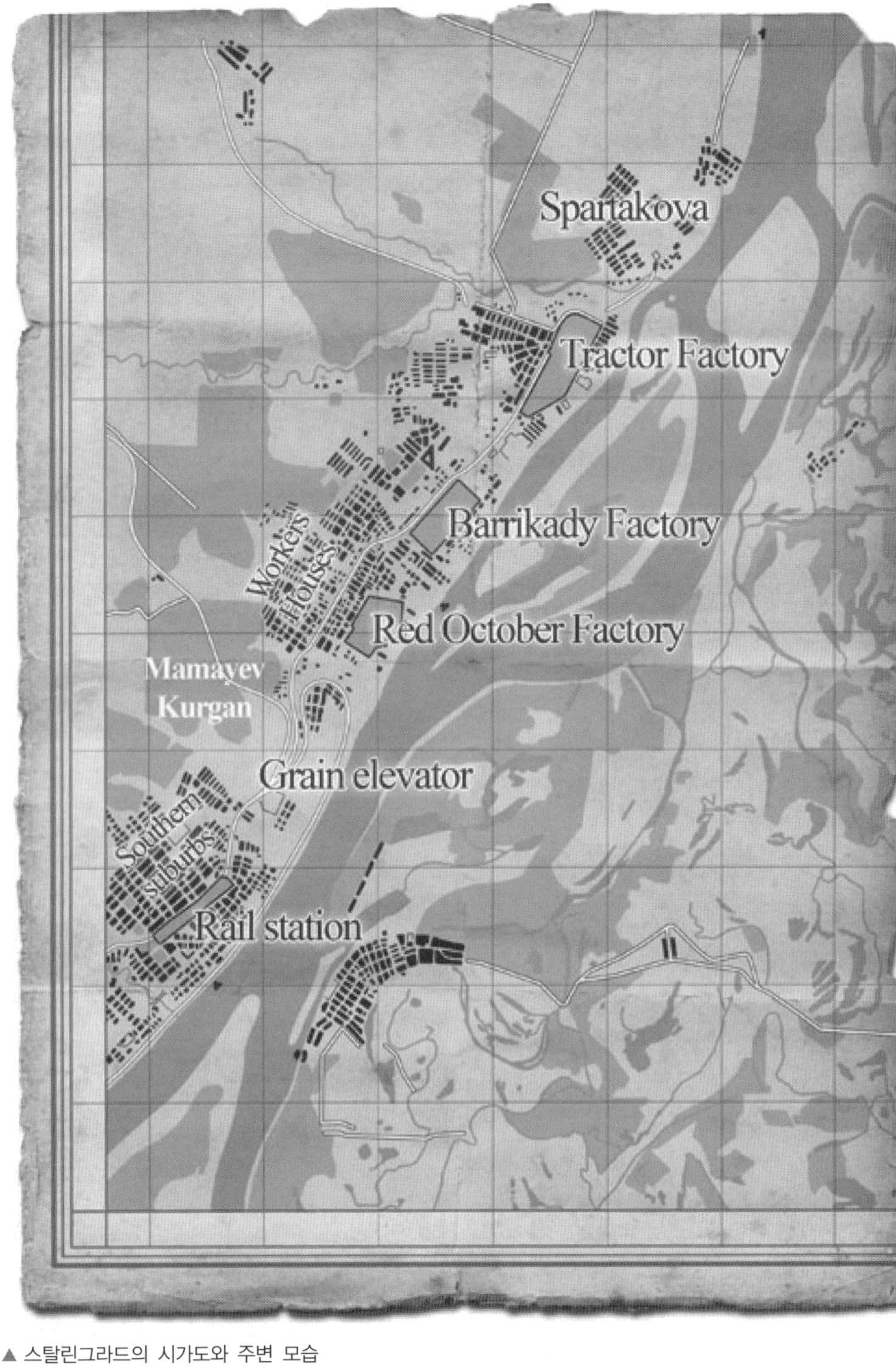

▲ 스탈린그라드의 시가도와 주변 모습

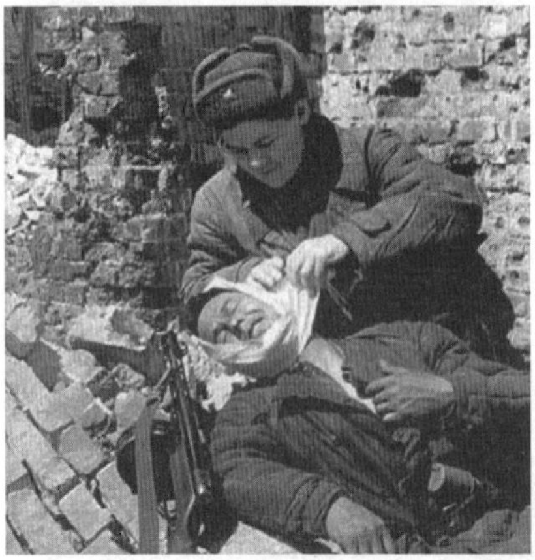

▲◀▼ 스탈린그라드 전투의 여러 장면들

▲ 파괴된 건물로 오르는 소련군

▲ 치열한 근접전을 하고 있는 소련군

소련군은 추이코프 Chuikov 장군의 전략에 의해 부대를 소규모로 분산조직(分散組織)하여 독일군의 약점을 이용 근접전을 시도하도록 한 것이다. 생존자의 증언으로 이때의 근접전 상황을 짐작할 수 있다. "우리는 반 지하실의 작은 창문에 중기관총을 설치하고, 비상용 탄약인 마지막 탄대를 그 옆에 놓았다. 나는 최악의 사태가 발생했을 때 그것을 쓰기로 작정했다. 각기 6명으로 편성된 두 개의 팀이 3층과 다락방으로 올라갔다. 그들의 임무는 벽을 부수어 돌덩어리와 통나무를 준비했다가 독일군이 접근하면 그것을 사정없이 던지는 것이다."

▲ 지휘소에서 작전을 지시하고 있는 추이코프 장군

마마예프 언덕 쟁탈전

스탈린그라드시의 중심부에 위치하고 있는 마마예프 언덕은 시가를 훤히 들여다 볼 수 있는 감제고지이다. 아무리 추이코프의 근접전이 위력을 발휘했어도 이 언덕을 둘러싼 쟁탈전은 112일간이나 계속되었고, 끊임없는 포격 때문에 깊은 눈도 녹을 지경이 되었다. 1943년 1월 26일 소련군이 마침내 마지막 깃발을 꽂을 수 있었는데, 훗날 추이코프는 "고개의 주인이 몇 번이나 바뀌었는지 아무도 알 수 없다."고 했다.

▲ 스탈린그라드시가를 훤히 볼 수 있는 중앙의 마마예프 언덕을 마지막으로 점령한 소련군

회심의 대반격

▲ 소련군 총사령관 주코프 장군

이때 소련군 최고사령부의 주코프 Zhukov 장군은 대반격을 위해 야간행군으로 비밀리에 강력한 예비대를 돈강 만곡부에 연하여 스탈린그라드 양측방에 집결시켰다. 스탈린그라드 수비대에 대해서는 최소한의 병력증원으로 독일군의 병력을 흡수하고 기타 가능한 모든 병력을 결정적인 시기에 결정적인 집중을 달성하기 위해 집결시킨 것이다.

11월 19일 주코프 장군의 대반격(大反擊)이 개시되었다.

서남 전선군 South-West Front 과 돈 전선군 Don Front 이 북방에서, 스탈린그라드 전선군 Stalingrad Front 은 남방에서 독일군의 양측방을 향해 노도와 같이 밀어붙였다. 돈 전선군과 스탈린그라드 전선군이 11월

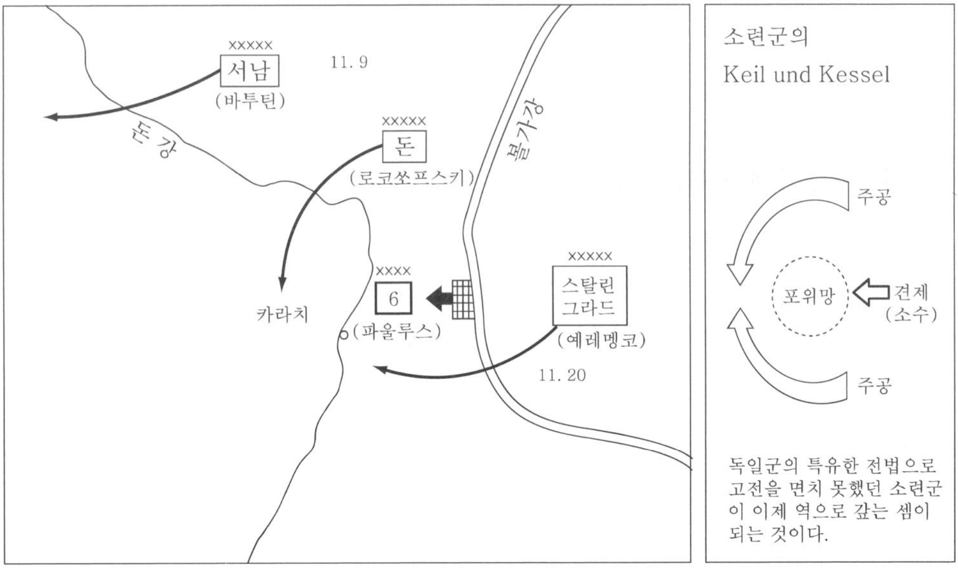

▲ 지휘 중인 파울루스 제6군 사령관

▲ 카라치

22일 카라치 Kalach 에서 합류함으로써 거대한 양익포위가 성공되어 독일 제6군과 제4기갑군의 절반정도인 280,000명을 포위망 속에 가두어 버렸다. 이른바 스탈린그라드에서의 칸나에 전투라 할 수 있었다. 포위망 안에 갇힌 파울루스 제6군에게 히틀러는 최후의 항전을 명령했다.

동계돌풍작전(冬季突風作戰)의 실패

히틀러는 포위된 제6군을 구원하기 위해 가장 신임하는 장군 중 한 명인 만쉬타인으로 하여금 돈 집단군을 편성 구원에 임하게 했다. 만쉬타인은 독일 제6군이 포위망 안에서만 머물지 말고 서쪽방향을 향해 돌파를 시도하면 돈 집단군과 연결하여 구출이 가능하다는 판단 하에 이를 히틀러에게 건의했는데 히틀러는 볼가강에 대한 집착으로 절대로 제6군을 움직이지 못하도록 했다. 결국 만쉬타인은 일방적인 공격으로 12월 12일 진격을 개시, 12월 19일 예하 제4기갑군이 스탈린그라드 포위망 35마일 전방까지 진입했다.

▲ 훗날 "잃어버린 승리"를 집필한 만쉬타인

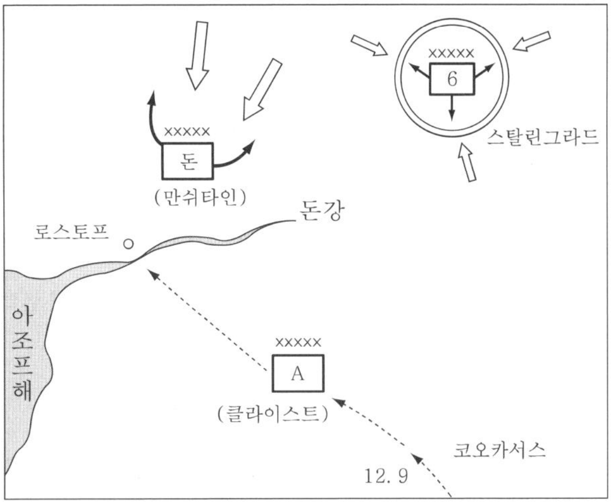

포위망내의 독일 제6군은 야간에 만쉬타인이 구원부대의 불빛을 볼 수 있었다고 했는데 만쉬타인은 훗날 당시를 회고하면서 히틀러가 만일 만쉬타인이 건의한 제6군 돌파작전을 승인만 했었다면 제6군은 구출되었을 것이며 그토록 처절한 결과는 발생되지 않았을 것이라 했다. 소련군이 엄청난 기세를 발휘하여 만쉬타인군을 밀어붙이는 바람에 만쉬타인군은 다시 서쪽으로 후퇴하고 말았다.

독일군의 새로운 위기와 선전(善戰)

만쉬타인의 돈 집단군이 계속적인 후퇴로 만약 로스토프를 소련군이 먼저 점령한다면 코카서스에서 작전중인 클라이스트의 A집단군이 후방차단이 되는 위기에 처하게 될 것이다. 때문에 만쉬타인은 로스토프 전방에서 끈질긴 소련군의 공격을 저지했고 히틀러의 승인을 받은 A집단군은 12월 29일을 기하여 로스토프로의 철수를 단행했다. 히틀러도 제6군의 고난을 간과하고 있었던 것은 아니었다. 1월 1일에 그는 "스탈린그라드 요새의 용사들에게"라는 제목으로 보잘 것 없는 메시지를 보내기도 했다. "제6군 용사들에게 고함. 제6군 구출을 위해 모든 수단을 다하고 있다."

1943년 2월 1일, 강행군 끝에 독일 A집단군은 로스토프를 점령하여 극적으로 소련군의 덫에서 벗어났다. 거리상으로 볼 때 소련군과 로스토프는 약 50마일 인데 반해 독일 A집단군과는 무려 약 350마일의 거리를 두고 있었기 때문에 이 철수작전의 성공은 실로 기적에 가까웠던 것이다. 이는 로스토프 전방에서 사력을 다해 소련군의 공격을 저지한 만쉬타인군과 스탈린그라드 포위망 내에서 추위와 기아에 시달리면서 끝까지 소련군을 물고 늘어진 독일 제6군 파울루스의 공로라 할 수 있을 것이다.

독일 제6군의 극한상황

고립된 상황에서 약 7배에 가까운 압도적인 소련군을 상대로 필사의 저항을 하고 있던 파울루스의 제6군은 독일 A집단군을 무사히 철수시키는데 기여한 후 서서히 붕괴 직전으로 치닫고 있었다.

독일 공군사령관 괴링은 공중보급을 통해 제6군을 지원해 주겠다고 했지만 제6군의 22개 사단이 필요한 물동량 일일 600톤에 비해 1/7선에도 미치지 못하는 80만 톤만이 겨우 지원될 뿐이었다. 그것도 1월 24일 이후에는 전혀 보급이 이루어지지 않아 제6군

▲ 포위된 독일 제6군에게 물자를 보급하기 위해 착륙한 하인켈 폭격기로부터 짐을 내리는 독일군

은 최악의 기아 상태에 빠지게 되어 말(馬)을 잡아먹고 살아있는 생물을 샅샅이 뒤져 주린 배를 채워야 했다.(죽어서 파묻었던 말의 뼈를 파내어 물이 많이 있는 국(watery soup)을 만들어 먹었다.) 심지어 사람의 뇌수까지 파먹는 일도 있었다. 거의 하복차림의 독일군 장병들은 영하 30여도의 혹한에서 하루에도 수백 명이 죽어 갔다.

1943년 1월 10일 대규모의 소련군이 공격하여 1월 24일에는 독일 제6군을 양분시키는 사태에 이르자 만쉬타인은 히틀러에게 파울루스의 항복을 허가하도록 건의했지만 허사였다. 히틀러는 "항복은 있을 수 없다. 전원이 최후까지 싸우라!"는 무전지령을 스탈린그라드에 날렸다.

제6군사령부는 만쉬타인에게 다음과 같은 보고를 올렸다. "스탈린그라드 시내는 그야말로 가공할 상황임. 치료도 받지 못하는 부상병 2만명, 폐허 속에서 피난처를 찾고 있음. 이밖에 거의 같은 수의 아사 직전인 동상 환자 및 낙오병의 대부분은 무기를 갖지 않음. 전투 중에 무기를 잃었음. 시 전역이 맹포격을 받고 있음."

▲ 항복하고 호송되는 파울루스 제6군 사령관

히틀러의 마지막 지령은 다음과 같다. "항복은 허용하지 않는다. 제6군은 최후의 1명, 최후의 1발까지 진지에 남아 용감한 인내력을 발휘하여 방어선을 확보하고, 서구 세계의 구제를 위해 역사에 길이 남을 공헌을 해야 한다."

히틀러는 1월 30일 파울루스에게 원수(元帥) 칭호를 부여했다. 지금까지 그 어떠한 전쟁에서도 항복한 독일의 육군 원수는 단 한 사람도 없었다. 히틀러는 그것을 노린 것이다. 기타 장교 117명에게도 진급을 시키는 등 일단의 조치를 취한 후 최후까지 독전할 것을 엄명했다.

1943년 1월 31일 오후 5시 45분, 제6군 사령부의 통신병은 최후의 통신을 날렸다.

"소련군이 우리 지하호 입구까지 닥쳤다. 우리는 지금 장비를 파괴중이다. 본 통신국으로부터의 통신은 이제 불가능!"

수 분후에 소련군 전차대의 표도르 엘첸코라는 젊은 중위가 병사 2명을 대동하고 우니베르마크 백화점 지하 제6군 사령부에 들어왔다. 그리고 옆방에서 파울루스와 만났다. 엘첸코 중위가 말했다. "자, 그러면, 이것으로 끝났소." 파울루스와 참모장 슈미트는 소련군 참모의 차에 실려 남쪽으로 호송되었다. 2월 2일 오전 독일 제6군은 완전히 저항을 중지했다.

24명의 장군이 포함된 독일군 포로 91,000명은 영하 30도의 동토 위를 모포 하나만을 걸친 채 시베리아로 끌려갔다. 불과 2개월 전 280,000명의 독일 제6군이 91,000명으로 줄어들었고 그것도 마지막까지 생존하여 조국 독일에 돌아온 인원은 6,000명에 불과했다.

히틀러는 파울루스가 원수의 계급으로 자살하기를 바랐으나 투항하자 독일군인의 영웅적인 전투행위에 명예를 실추시켰다고 대단히 분노했다. "싸울 용기가 없으면 자기가 상황을 뜻대로 다루지 못했다는 것을 인정하고 깨끗하게 자결하는 것이다. 옛 무장들이 싸움에 지고 나면 자살했던 것처럼 파울루스도 또한 자결했어야 했다. 고대 로마의 바루스 장군은 게르마니아에서 패배했을 때 자기 노예에게 명령했지 않은가. 자! 나를 죽이라고." 기진맥진한 제6군 병사들에게 왜 자살하지 않았느냐고 묻자, "체력이 없으면 자살도 못한다."고 대답했다.

스탈린그라드의 피해

스탈린그라드의 피해를 정확히 계산할 수 없으나 대략 가옥 41,000동, 공장 3,000동, 병원 또는 학교 113곳을 포함한 시의 99%가 잿더미가 되었다. 인적피해도 역시 부정확하지만, 독일군 30만, 루마니아군 20만, 이탈리아군 13만, 헝가리군 12만으로 추정되며, 소련군도 약 75만명이 희생되었다. 스탈린을 기념한 스탈린그라드는 오늘날 볼고그라드 Volgograd 라 부른다.

▲ 완전히 파괴된 스탈린그라드의 모습과 외곽에 쌓인 시체들. 전쟁을 참관했던 흐루시쵸프는 "다시는 보고 싶지 않다."고 했다.

스탈린그라드 시가전 교훈

- 추이코프 Chuikov 는 공지합동작전과 보전협동공격의 약점을 이용 근접전투로서 독일군의 협동작전을 거부했다. "피아간의 거리는 수류탄 투척거리 보다 멀어서는 안 된다."
- 적절한 건물지역 방어의 편성으로 독일군을 흡수 소멸시켰다. 1층 : 대전차포, 2층 : 기관총, 3층 이상 및 지하 : 보병잠복
- 몰로토프 칵테일(화염병)과 파괴된 건물을 이용 전차 27개를 파괴하는 전과를 올렸다.

- 독일군은 스탈린그라드 시가지를 정면에서 공격함으로써 대규모 피해를 자초했다.
- 독일군은 북부 공장지대와 마마예프 묘지일대를 점령하였으나 볼가강 서안의 확보에만 주력함으로써 소모전에 의해 자멸되었다.
- 소련군은 주민을 잘 이용하여 첩보획득 및 전달과 진지구축에 성공했다.
- 독일군은 주로 공중폭격으로 파괴된 도로를 통해 기동하는 과오를 범했다.
- 독일군은 축차적으로 건물지역을 소탕했으나 소련군의 소규모 역습으로 많은 피해를 입었다.
- 하수구, 터널, 무너진 건물 속으로 수시 이동하면서 소총, 수류탄, 화염병, 총검 등을 사용한 육탄전이 실시되었는데 소련군은 군·민 합동으로 혼연일체가 되어 독일군을 시가지로 흡수 소멸시켜 나갔다. 총력전 태세의 중요성을 입증해 주었다.

▲ 무기를 만들기 위해 온갖 고물을 모으고 있는 스탈린그라드 시민들

만쉬타인의 반격작전과 전선의 소강(小康)

스탈린그라드에서의 승리에 이어 소련군은 계속적인 공세로 하르코프 Kharkov 를 점령하고 드네프르강선에 육박했다. 도네츠 만곡부의 독일군이 다시 차단될 위기에 빠지자

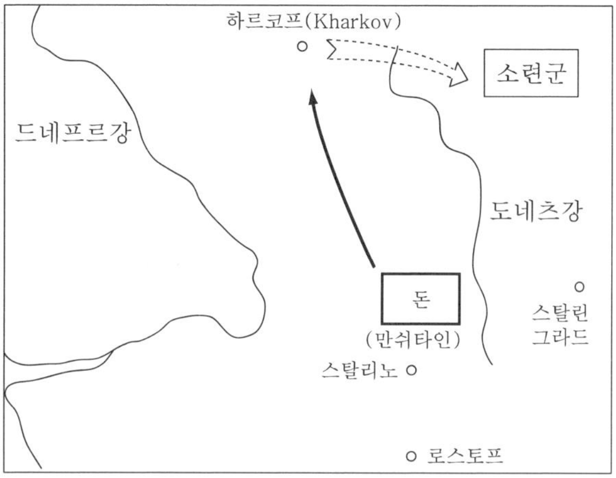

▲ 오늘날의 하르코프

히틀러는 현 전선 사수와 하르코프 쟁탈을 명령했다. 이때 만쉬타인은 히틀러의 명령을 무시한 채 호기를 포착하여 일대반격을 시도하기 위해 준비하고 있었다.

2월 20일 소련군이 진격을 중지하자 만쉬타인은 적기를 포착, 2월 21일을 기하여 스탈리노 Stalino 방면에서 일대 기습적인 반격을 시도했다. 소련군은 기습을 당하여 대혼란속에 도네츠강선 이동으로 후퇴하고 말았으며 불과 1주일만에 전차 600대, 포 1,000문을 빼앗기고 하르코프를 내주었다.

만쉬타인은 1 : 8의 병력 열세에도 불구하고 탁월한 전략적 식견으로 엄청난 성과를 달성했으나 너무나 차이가 나는 병력의 열세로 인해 더 이상의 진격이 불가능하여 공격을 중지했다. 그리고 곧 해빙기(解氷期)가 도래하여 전선은 다시 소강상태로 접어들었다.

쿠르스크 Kursk 전투

독일군은 1941년 6월 22일 바바롯사 계획에 따라 주조공 구분 없이 3개의 목표(레닌그라드, 모스크바, 스탈린그라드)를 향하여 공격을 개시했었다. 그러나 소련은 광활한 영토와 험준한 작전지역, 기온변화가 극심한 계절적 이점을 이용, 1942년 8월 24일 스탈린그라드에서 독일 제6군의 항복을 계기로 전체적으로 공세로의 전환이 가능하게 되었다. 1943년까지 소련군은 500개 사단이라는 최대 규모의 부대로 증편했고, 최고사령관 스탈린의 휘하에 바실레프스키가 참모총장, 스탈린그라드의 영웅 주코프가 군사령관에 임명되었다.

1943년 초여름, 해빙기의 소강 상태에서 어느 정도 전투력을 회복한 독일군은 다시 동부전선에서의 주도권을 확보하기 위해 하계공세를 준비했다. 히틀러의 관심은 쿠르스크의 돌출부 주변에 집중되었는데, 이 돌출부내의 소련군을 섬멸하여 소련군 전선에 간격을 형성한 뒤 이 간격을 통하여 종심깊이 침투한다면 전세는 역전될 것으로 판단한 것이다.

쿠르스크는 지리적으로 모스크바에서 남쪽으로 500 km 떨어진 중앙아시아의 평원 지역으로 여기에는 오스콜강과 세임강이 지대를 관통하고 있다. 이 도시는 지하에 대량의 자철광이 매장되어 나침반이 제멋대로 놀아 "쿠르스크 이상자기"로 알려져 있으며, 인구는 약 12만명이 되는 소련의 평범한 도시였다.

치타델 작전 Op. Citadel

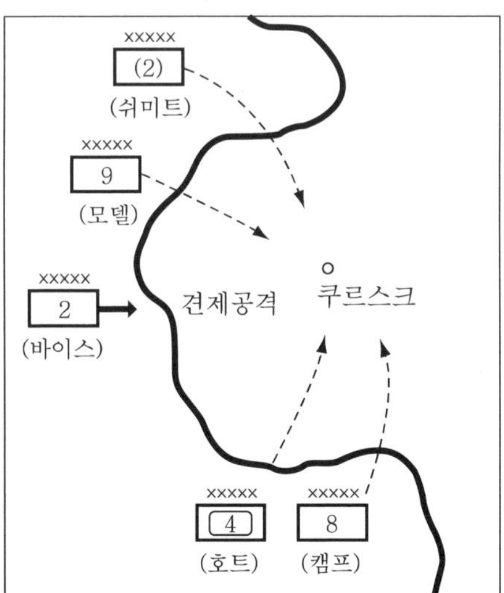

2개군은 북쪽에서 공격하고 2개군은 남쪽에서 공격하며 1개군은 중앙에서 견제공격을 실시하여 돌출부를 차단, 소련군을 포위 섬멸할 계획이었다. 시타델이란 말은 독일어로 "손잡이"라는 뜻인데, 독일 지역으로 돌출된 지형의 모양이 마치 손잡이처럼 생겼다 해서 붙여진 이름이다. 당시 병력은 독일군이 1,514,000명이었고 소련군은 2,640,000명이었다. 화포는 독일군이 16,600문이었고, 소련군은 52,500문이었다. 전차(자주, 돌격포)는 독일군이 5,000대였고 소련군은 8,200대였다.

전체적으로 독일군과 소련군의 전력비는 약 4대 6으로서 소련군이 약간 우세했다. 북아프리카의 상황이 악화되어 독일군은 예비병력 차출이 불가능했다. 상황을 분석한 독일군 수뇌부는 동부전선에서 예상되는 소련군의 하계공세에 대처하기 위해서는 보다 융통성이 확보되는 기동방어를 실시하여 소련군을 최대한 살상하고 축차적인 후퇴로 전선을 단축할 수 있는 선까지 물러서야 한다고 히틀러에게 건의했지만, 히틀러는 오히려 쿠르스크 돌출부를 제거함으로써 얻어지는 240 km의 전선단축과 예비병력 확보에 초점을 두고 치타델 작전을 명령했다.

소련군의 종심방어(縱深防禦)

1941년과 1942년에 걸쳐 독일군의 Keil und Kessel 전법에 휘말린 소련군은 점차 독일군의 종심 깊은 돌파구형성 작전에 대비한 방어방법을 터득하기 시작하여 쿠르스크 돌출부 방어전에서 그 진가를 발휘했다. 소련군은 독일군의 주력은 물론 예비군까지도 쿠르스크에 흡수하여 소진케 한 후 역습을 취할 계획 하에 40~75 km에 걸친 종심 깊

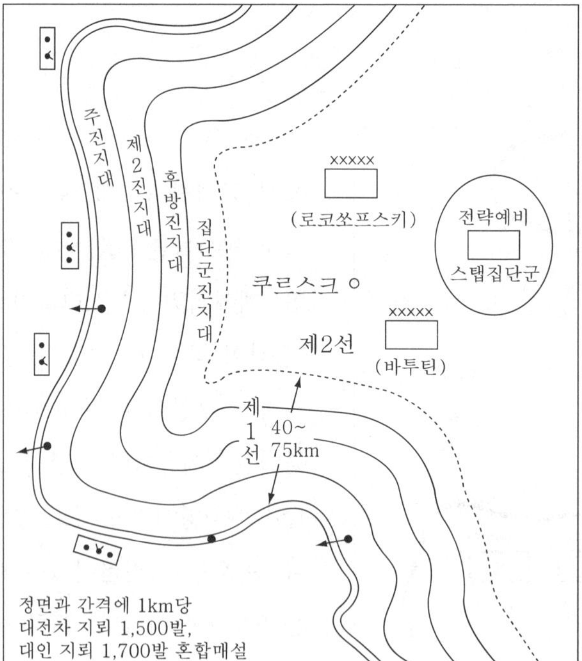

은 방어지대를 구축한 것이다.

독일군의 주공 예상정면에 주력을 종심 깊게 배치, 제1선은 3개의 방어지대로 편성하고 제1선 전 지대 후방에는 집단군 진지대를 2선 또는 3선으로 편성하며, 다시 그 후방에 스탭 집단군(전략예비)이 점령할 예비진지대를 편성했다.

각 진지대의 방어 편성은 강력한 대전차 거점과 지뢰지대로 구축, 각 대전차거점에 3~5문의 대포, 5정 가량의 대전차화기, 2~5문의 박격포 1개 분대, 소대규모의 공병과 보병 1개 분대로 편성된 전투단위를 배치했다.

※ 소련군은 정보망을 통해 독일군의 쿠르스크 공세를 미리 알고 이에 대비해 철통 같은 방어태세를 준비하여 독일군의 공격을 기다리고 있었던 것이다.

독일군의 신 전법 : 전차의 쐐기전법

만슈타인은 종래의 기갑돌파 전법으로는 완강하고 종심 깊은 소련군의 방어조직을 파괴할 수 없음을 인식하고 전차의 쐐기전법을 발전시켰다. 이 전법에 의거 만슈타인은 호트의 제4기갑군에 최대의 기갑사단을 할당하여 6개의 기갑 사단으로 편조, 소련군 정면 약 50 km에 집중적으로 투입하는 계획을 세웠다.

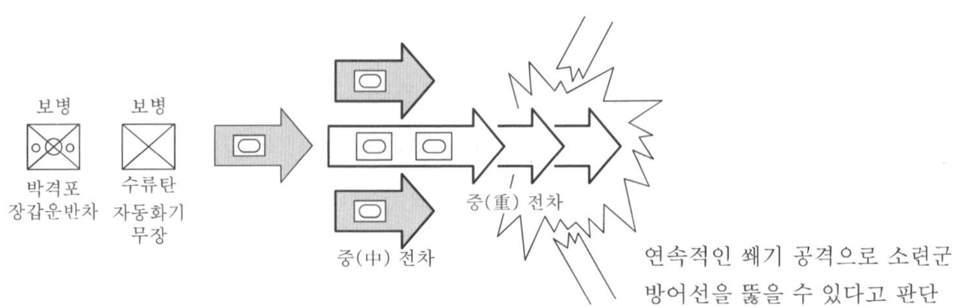

독일군의 공격과 실패

7월 5일 독일군은 치타델 작전을 개시하여 최초 3일간은 순조로운 진격을 했으나, 7월 9일 북쪽에 독일 제9군이 저지당했고, 남쪽의 독일 제4기갑군도 더 이상의 진출이 불가능했다. 독일군은 예비대까지 동원하여 파상공격(波狀攻擊)을 감행했으나 철통같은

▲ 치타델 작전이 시작되었던 1943년 소련군은 전차, 자주포 등을 포함하여 약 5,000대를, 독일군은 전차, 돌격포를 합하여 약 3,000대, 도합 8,000여대가 대격전을 벌였다.

소련군의 방어선 앞에는 무력했다. 소련군은 기관총사격으로 보병과 전차를 분리키시고 맹렬한 포격으로 작전지휘체계를 마비시켰다. 독일군은 악전고투 끝에 제1 진지대를 돌파했지만 제2 진지대 전방의 지뢰지대로 인해 심대한 피해를 입은 채 진퇴양난의 위기에 처하게 되었다.

독일의 공격이 둔화되자 소련군은 보로네시 방면군의 4개군과 스탭 예비대에서 증원된 제5친위군을 7월 12일 프로호로프카-야코브레보-트마로프카 방면으로 반격을 개시했다. 이에 따라 사상 최대의 대전차전이 벌어졌는데 여기에 참전한 소련군의 전차는 T-34형으로 약 850대, 독일군은 SS기갑군단(하우자)의 전차 700대로 그중에는 신형인 티이게르 전차도 약 100대 포함되어 있었다. 이처럼 1,550대의 전차가 프로호르프카 일대에서 혼재되어 사상 최대의 전차전을 했다.

독일군의 신형 전차 티이게르는 강력한 포를 가지고 있었지만 근거리에서는 그 성능을 십분 발휘하지 못했고, 오히려 소련군의 T-34 전차가 유리했다. 이 전투에서 양군의 피해는 각 300대씩으로 비슷했으나, 아직 소련군의 제5친위군은 500대 이상의 전차가 남아 있었고, 하우자의 SS기갑군단은 약 350대 정도밖에 남아 있지 않게 되어 독일군 측이 그 피해가 컸다. 이때 소련군이 전략예비를 기동시켜 역습을 단행하자 13일 히틀러는 전면 퇴각명령을 내렸다.

▲ 1,550대의 전차들이 혼재되어 싸웠던 프로호르프카 전투

소련군의 총공세

연합군이 3일전인 7월 10일 시칠리아 섬에 상륙작전이 실시됨에 따라 히틀러는 치타델 작전의 중지를 결정하고 결국 7월 17일에 작전이 완전히 종결되었다. 쿠르스크 전투 승리의 여세를 몰아 8월 5일에는 오렐, 8월 23일 하르코프를 점령하였고 9월에는 드네프르강을 연한 4개의 교두보를 확보했다.

11월말까지는 북쪽의 벨리키루키Velikiye Luki 로부터 남쪽의 흑해에 이르기까지 광대한 전선에서 곳곳에 공세를 계속하여 11월 6일에는 키에프를 탈환했으며, 11월말까지 우크라이나의 절반을 회복했고, 북쪽에서는 1939년 이전의 국경지대까지 접근하고 있었는데 잠시 동안 다시 소강상태에 빠졌다.

쿠르스크 전투의 결과와 분석

쿠르스크 전투는 사상최대의 전차전이었으며 이 전투의 실패로 독일군은 도망자의 신세가 되고 말았다. 이 전투에서 독일의 만쉬타인군은 133,000명의 인명손실을 입었다.

소련군은 포병을 적절히 활용하여 방어시에는 대전차 전투의 핵심적 존재로 기여했고, 공격시에는 적의 방어조직을 파괴하는데 결정적으로 기여했다. 소련군이 최종적으로 완성한 종심방어 전술이 그 효과를 최대로 발휘했다.

독일군은 최초 1943년 4월 15일 치타델 작전으로 수립된 계획을 5월 3일 공격개시일로 선정하여 공격을 시도했는데, 소련군의 우수한 정보망(루시이 스파이망)에 걸려 기습달성에 실패했다.

치타델 작전에서 소련군과 독일군은 합하여 약 8,000대라는 경이적인 수자의 전차와 장갑차, 돌격포가 동원되었는데, 소련군은 상대적인 전투력 우세를 달성했다. 북부지역에서는 소련군과 독일군은 병력면에서 6 : 4, 포병은 2 : 1(5,000문 : 2,359문), 전차는 1.2 : 1(1,120대 : 960대), 남부지역에서도 병력면에서 6 : 5, 포병은 2 : 1(5,780문 : 2,500문), 전차와 자주포는 1 : 1(1,304대 : 1,500대)로 소련군이 전반적으로 상대적인 우세를 달성했다.

전투근무지원능력 면에서 소련군은 인적, 물적 자원 면에서 월등한 수준에 있었다. 쿠르스크 전투에 투입된 독일군은 1,514,000명인데 반해 소련군은 2,640,000명으로 양적으로 2배 가까운 수준이었다. 소련군은 전선으로 물자를 초기보다 10배나 빨리 보급할 수 있었다.

1944년 소련군의 7대 승리

● 그1 ; **레닌그라드(Leningard) 해방전**(1.5~3.1)

소련군은 레닌그라드 외곽지를 2년 이상 장악하고 있던 독일군의 북방에 대해 공격을 가했다. 고보로프 Govorov 장군의 레닌그라드 전선군은 레닌그라드 서방 교두보지역에서, 메레츠코프 Meretskov 장군의 전선군은 볼코프강지역에서 공격을 개시하여 1월 19일 나브고르드를 함락하고, 3월 1일까지 모스크바와 레닌그라드간의 철도를 해방시켰으며, 독일의 북부집단군에 에스토니아 국경 부근까지 철수시켰다.

▲ 레닌그라드 전투 그림

◐ 그2 ; 우크라이나 해방전(1.29~4.12)

북쪽에서의 승리보다 사실상의 주 전장은 우크라이나지방이다. 12월에서 1월말까지의 긴 탐색전 끝에 1월 29일 소련군은 독일군 제8군의 정면인 우크라이나 전선으로 집중공격을 시도했다. 2월 3일 코르순 계곡에 독일군 8개 사단을 차단, 고립시켜 약10만명을 전사 또는 포로로 만들었다.

3월 6일 소련군은 오뎃사와 르보브간의 철도를 차단했고, 3월 10일에는 우만에 있는 독일군의 대규모기지를 점령했다. 이때 후베 Hube 의 독일 제1기갑군은 탁월한 능력을 발휘하여 대부분의 병력을 구출했고, 약 1개월간이나 소련군을 묶어둠으로써 동방에 떨어져 있는 독일군의 전멸을 방지하는 혁혁한 공을 세웠다.

4월 12일 소련군이 드네프르강에 도달하게 되어 서부 우크라이나가 해방되었다. 이후 소련군은 부대 재편성을 하게 되어 소강상태에 빠지게 된다. 히틀러는 방어전에 있어서는 현지사수가 제일이라는 원칙론을 주장하며 기동전(機動戰)의 대가인 만쉬타인과 클라이스트 장군을 3월 30일부로 해임하고 모델과 쉬르너 Schorner 를 임명했다.

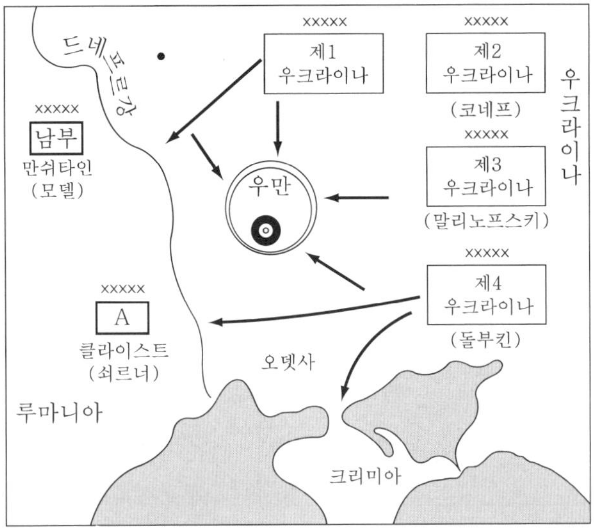
xxxxx
제1
우크라이나
xxxxx
제2
우크라이나
(코네프)
드네프르강
우크라이나
xxxxx
남부
만쉬타인
(모델)
우만
xxxxx
제3
우크라이나
(말리노프스키)
xxxxx
제4
우크라이나
(톨부킨)
xxxxx
A
클라이스트
(쇠르너)
오뎃사
루마니아
크리미아

▲ 우크라이나 해방전 그림

● 그3 ; 크리미아 Crimea 해방전(4.8~5.9)

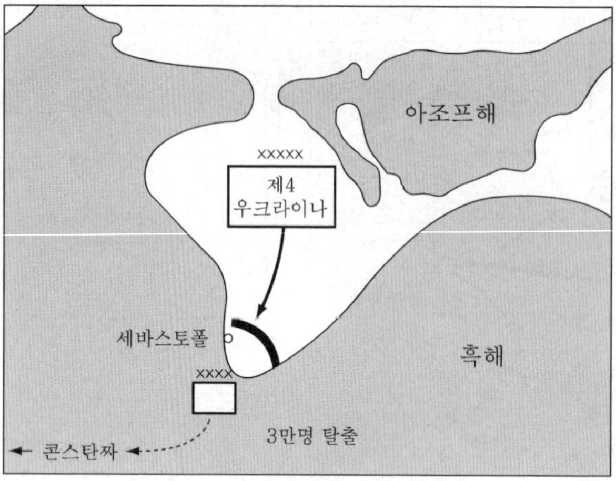

크리미아에 있던 독일군은 5개월간에 걸쳐 소련군의 공격에 대비하고 있었다. 4월 8일 소련의 제4우크라이나 전선군은 페레코프 Perekop 지협(地峽)의 독일 제17군을 공격하여 4월 16일에는 세바스토폴 Sevastopol 로 몰아 붙였다. 5월 중순까지 버텼던 독일군은 결국 루마니아의 콘스탄짜 Constanza 까지 바다를 통해 철수해야 했는데, 소련군 항공기의 무자비한 공격과 선박의 부족으로 65,000명중 불과 30,000명 미만이 탈출했다. 그리하여 5월 9일 세바스토폴은 해방되었다.

● 그4 ; 핀란드 해방전

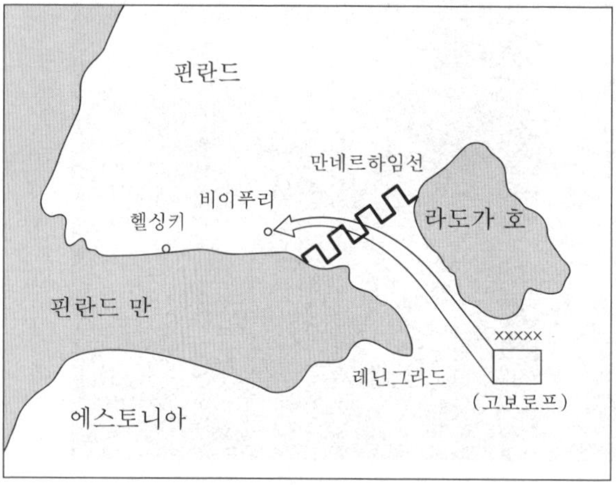

레닌그라드를 해방했던 고보로프 전선군은 6월이 되자, 핀란드군의 마네르하임 Mannerheim 선을 공격하여 이를 돌파하고 비이푸리 Viipuri 를 점령하여 레닌그라드 북방의 위협을 제거했다.

● 그5 ; 백(白)러시아(Belorussia) 해방전(6.22~8.)

6월 22일과 23일 사이에 주코프의 제1 및 제2백러시아 전선군 Belorussian Front 는 보브뤼스크 Bobruisk 방면에서, 바실레프스키 Vasilevski 의 제1발틱 전선군 및 제3백러시아 전선군은 비테브스크 Vitebsk 방면에서 공격을 단행했다.

7월 3일, 민스크를 포위하고 7월 18일 폴란드 국경을 돌파하여 7월 23일 루블린을, 7월 28일에는 브레스트 · 리토브스크 Brest-Litovsk 를 점령했다.

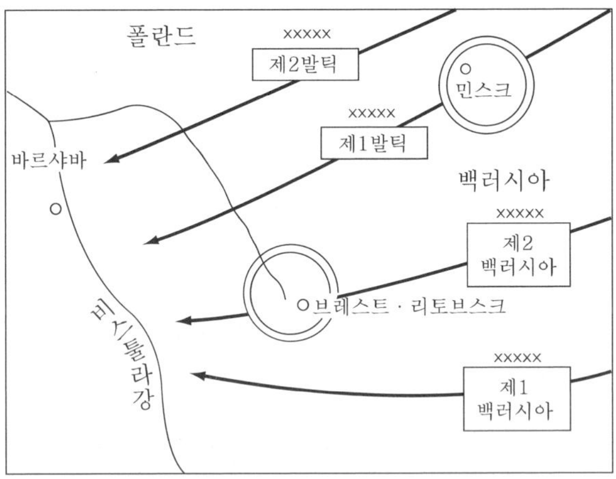

▲ 오늘날의 브레스트 · 리토브스크

기간 중 독일군은 38개 사단중 25개 사단이 궤멸(潰滅)되는 대참사를 당했다.

8월 초순에 소련군은 바르샤바 전방의 비스툴라강선에서 공격을 멈추었는데, 독일 북부집단군의 필사적 저항과 아울러 소련군의 병참문제와 피로누적이 그 하나의 이유이긴 하지만, 가장 큰 이유는 폴란드 내부의 지하조직을 통한 강력한 민중 봉기 때문이었다.

폴란드인의 봉기는 독일군에 의해 무자비하게 탄압당했는데, 탄압할수록 더욱 그 저항은 거세어졌기 때문에 소련군은 비스툴라강선에서 그저 구경만하면서 독일군이 자멸하기를 기다린 것이다.(공산주의자들의 이 상투적인 수법은 그들의 세계적화 목표 달성을 위해 어떻게 교묘히 국가들을 이용하고 있는지 잘 보여주는 예가 되는 것이다.)

그6 ; 발칸반도 해방전(8.2~12.30)

8월 2일 아침, 소련 제2 우크라이나 전선군과 제3우크라이나 전선군은 연합하여 독일의 남부 우크라이나 집단군 Friessner 을 공격했다. 남부 우크라이나 집단군은 독일군과 루마니아군으로 혼합 편성되었는데, 소련군은 루마니아군 정면을 집중 공격하여 루마니아군을 붕괴시키고 말았다.

8월 25일에는 키쉬네프 Kishnev 를 포위하여 독일군 16개 사단을 격파하고 60,000명의 사상자와 110,000명의 포로를 획득했다. 8월 25일 루마니아는 휴전을 선언하고 총부

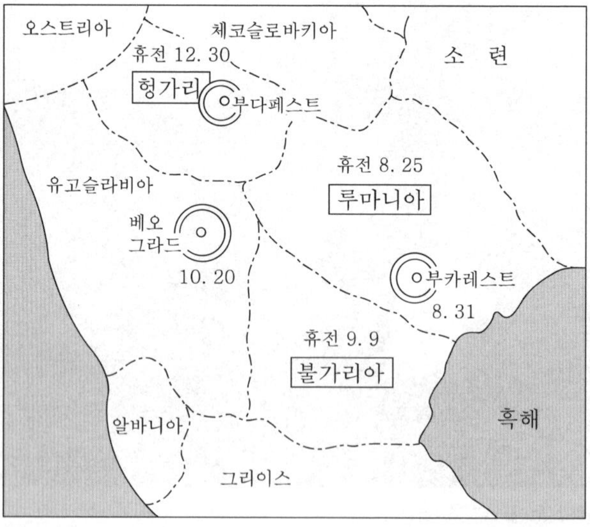

▲ 오늘날의 부카레스트

리를 어제의 맹방 독일을 향해 돌려 선전포고를 하게 되었다.

8월 30일 소련군 발칸 최대의 유전지대인 플로에스티 Ploesti 를 정복하고 8월 31일에는 부카레스트 Bucharest 를 함락시켰다.

9월 9일 불가리아가 소련과 휴전하고 독일에 대해 선전포고를 했다. 9월말 소련군은 유고슬라비아와 헝가리에 대한 공격을 시도하여 10월 20일 베오그라드 Belgrad 를 점령했다. 11월 소련군은 부다페스트에 육박하나 헝가리 동맹군의 완강한 저항으로 진격이 지체되었다. 12월 30일 헝가리가 독일에 대해 선전포고를 하게 되었다.

그7 ; 발틱 해안국가 해방전

백러시아 해방 직후 소련군은 발틱 해안의 여러 나라를 공격하여 독일의 북부 집단군에게 섬멸적 타격을 가했다. 이로써 소련군은 1944년도에 들어서 크게 7개 전역에서 큰 승리를 거두었다.

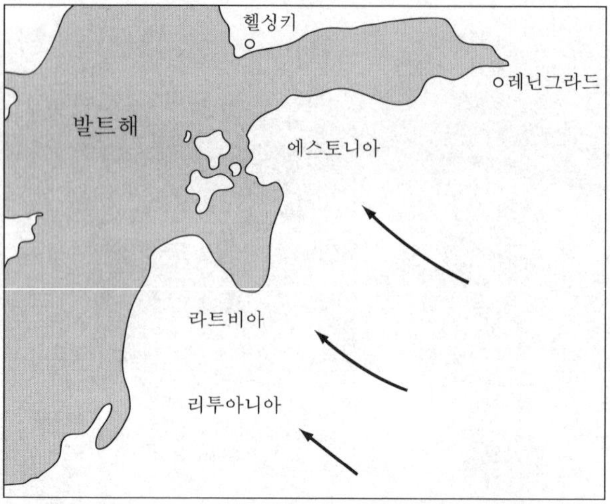

독일의 침공에서 소련 승리 이유

스탈린은 초기 대숙청과 서방국의 독일 침공경고를 무시한 큰 실수에도 불구하고 최후의 승리를 쟁취한 가장 큰 이유는, 소련 국민에게 애국심을 불러 일으켰으며 기필코 조국을 수호할 수 있다는 확신을 심어주었기 때문이다.(스탈린은 국민들에게 공산주의에 대한 충성이 아닌 소련국가에 대한 충성심을 효과적으로 호소했다.) 반면 히틀러는 독일군 수뇌부와 독일국민들을 무시하고 광적으로 독단행동에 의해 전쟁을 이끌어갔다. 히틀러는 궤멸직전까지에도 그 잘못을 깨닫지 못했고 또한 인정하려 하지 않았다.

52 북아프리카 전역의 초기전투

|북아프리카 전황|

북아프리카와 중동이 지니는 전략적 가치는 3개 대륙을 잇는 지리적인 위치로서, 육로로 구라파에 이르는 중요한 접근로와 지중해 항로 및 수에즈Suez운하를 통제할 수 있으며 터키를 비롯, 중동 중립제국의 향방을 결정할 수 있다.

코카서스, 이란, 이라크 등지의 유전(油田)지대를 확보할 수 있고, 연합국의 소련무기대여 경로인 페르샤만 통로 통제할 수 있으며, 독일군 후방을 공격할 수 있는 양호한 발판을 제공할 수 있다.

▲ 로마 베네치아 궁전 발코니에서 수많은 군중을 향해 영국과 프랑스에 선전포고를 하는 뭇솔리니

히틀러가 소련 작전에 매달려 있는 동안 이탈리아의 뭇솔리니는 북아프리카의 이집트 방향으로 침공을 개시했다.

프랑스의 항복이후 영국은 단독으로 중동지역의 책임을 맡게 되었으나 당케르크 철수작전 이후 영국 본토 방위에 급급하여 카이로Cairo의 영국군 사령부에는 100,000명이, 이집트에는 2개 사단이 배치되었다.

이탈리아의 그라찌아니Graziani 원수는 9월 5개 사단을 이끌고 이집트를 공격하여 영국군을 퇴각시키고 9월 16일에는 시디 바라니Sidi Barani를 점령했다.

그 후 약 3개월여의 소강상태 동안 영국군 총사령관 웨이벨Wavell 대장은 1개 기갑군단을 증

▲ 리비아 사막에서의 이탈리아군. 이들은 본격적인 전투가 시작되자 곧 무너졌다.

강 받아 12월 9일 반격을 개시하여 이탈리아군 후방으로부터 맹공을 가했다. 이탈리아군은 대혼란에 빠져 퇴각하기 시작했고, 12월 11일 시디 바라니를 점령, 1월 22일 토부룩 Tobruk을 탈환한 후 2월 5일 베다품 Bedda Fomm에서 이탈리아군의 퇴로를 차단하여 이탈리아 제 10군을 2월 7일 항복시켰다.

웨이벨은 2개월만에 씨레나이카 Cyrenaica 전역을 석권했으나 영국군은 소말리랜드 방면의 위협증대와 발칸지역에서의 독일군 침공으로 영국군의 병력을 그리스로 차출해야 했기 때문에 웨이벨은 진격을 중지하고 씨레나이카를 방어하기에 이르렀다.

사막의 여우 로멜(Erwin Rommel)의 등장

웨이벨의 반격으로 이탈리아군이 위기에 빠지자 뭇솔리니는 히틀러에게 지원을 독촉했다. 히틀러는 마지못해 2개 기갑사단을 파견하는데 그 지휘관이 로멜이었다. 로멜은 이미 1940년 프랑스 침공전에서 제7기갑사단을 지휘하여 창의적이고 대담한 기동전을 수행하여 그 능력을 유감없이 발휘했었고, 이때의 능력을 인정받아 아프리카 독립군단의 사령관으로 파견된 것이다.

▲ 사막의 여우 로멜

1941년 2월 13일 트리폴리에 도착한 로멜은 상황의 급박함을 직시하고 영국군의 방어태세가 강화되기 전에 기습공격을 구상했다. 3월 22일 로멜은 엘 아게일라 El Agheila 전면의 영국군에 대해 기습적인 공격을 가하여 영국군을 대혼란에 빠지게 했고, 4월 3일 벵가지 Benghazi를 점령, 4월 11일 토부룩을 포위하기에 이르렀다. 웨이벨은 토부룩 사수를 결의하고 호주 제9사단과 제18여단에게 임무를 부여했다.

로멜은 4월 13일부터 5월 4일까지 세 차례의 대공세를 시도했으나 토부룩 요새는 완강히 버텼다. 로멜은 토부룩을 확보해야만 보급선과 후방 안전이 확보됨으로 토부룩을 장기포위하기에 이르렀지만 토부룩의 영국군은 구출될 때까지 무려 7개월간이나 버티게 된다.

▲ 리비아의 토부룩 항구는 북 아프리카의 중요한 거점이었다.

로멜의 유인전술

1941년 6월 11일 웨이벨이 공격하자 로멜은 교묘히 이를 격퇴시켰다.

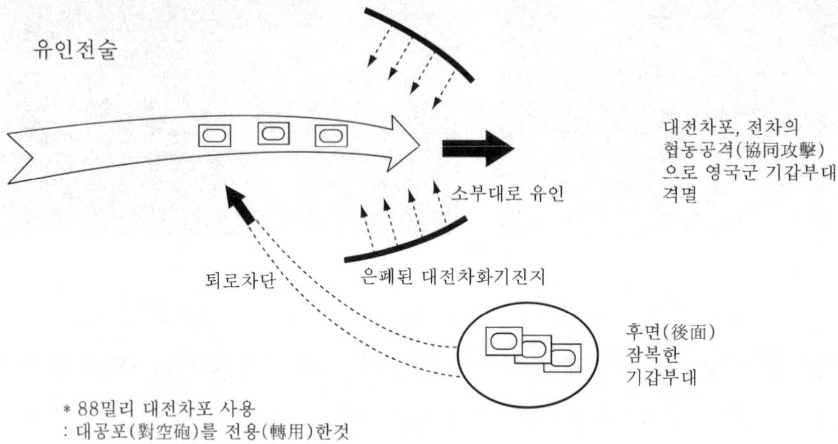

오친렉 장군의 부임

▲ 오친렉

1941년 7월 5일 웨이벨 대장이 인도방면으로 전임(轉任)되고 후임으로 오친렉 Auchinleck 장군이 부임했다.

크루세이더 작전(Op·Crusader)

9월 18일, 종래의 서부사막군(西部沙漠軍 : Western Desert Force)은 제8군(Eighth Army)으로 개편되고 커닝햄 Alan Cunningham 중장이 사령관에 임명되었다. 말타섬 전진기지를 확보한 영국의 해·공군이 끊임없이 독일군의 보급수송 선박을 침몰시키자 로멜군단은 심각한 보급란에 빠졌다.

5개월간의 소강상태를 이용, 충분한 전투준비를 갖춘 오친렉은 11월 18일 로멜을 공

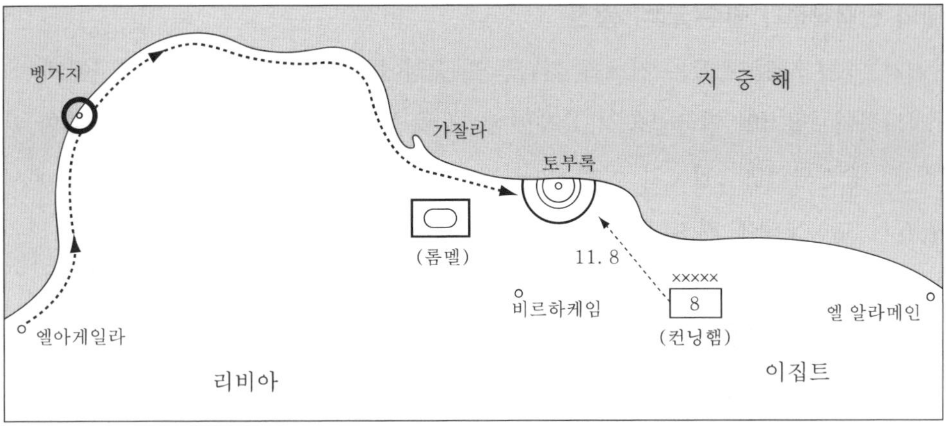

격하나 대패하고 말았다. 오친렉은 커닝햄을 해임하고 리취 Neil M. Ritchie 소장을 후임으로 임명, 12월 5일부터 맹공을 가하자 12월 10일 토부룩은 7개월간의 포위에서 구출되었다.

로멜은 악화된 보급사정으로 더 이상 견디지 못하여 퇴각의 길로 들어섰고, 12월 24일 오친렉은 전 씨레나이카를 다시 장악하여 크루세이더 작전을 종결시켰다.

▲ 모래에 빠진 전용차를 밀고 있는 로멜

▲ 방풍 안경과 마스크로 모래를 막는 영국군

로멜의 반격작전과 원수(元帥) 승진

1942년 1월 21일 로멜은 전세를 가다듬고 승리에 도취되어 방심한 영국군에게 반격을 개시하여 2월 4일 영국군을 가잘라 Gazala로 축출시켰다. 로멜은 벵가지 탈환후 원수(元帥)로 승진되었고 2월 4일 이후 양군은 가잘라-비르하케임 Gazala-Bir Hacheim선에서 4개월간의 교착상태에 빠졌다.

▲ 원수로 승진한 로멜이 히틀러에게 받은 원수장(元帥杖)을 쥐고 있다.

53 가잘라Gazala - 베르하케임Bir Hachiem 전투

|배 경|

가잘라 지역에서 4개월간 양군은 교착 상태에 빠졌는데 이 기간동안 영국군은 가잘라 Gazala로부터 비르하케임 Bir Hacheim에 이르는 약 40마일에 약 50만개의 지뢰(地雷)를 매설하고 철조망으로 강화했다. 영국군은 성능이 뛰어난 미군의 그란트 전차 200대를 비롯하여 약 900대의 전차를 보유하고 있었고, 독일군은 이탈리아 전차 240대를 포함한 약 500대의 전차를 보유하고 있었다.

로멜은 전력의 열세를 극복하기 위해 약 50여문의 88밀리 대전차포와 전술상의 우위를 적절히 이용하기로 했다. 시간이 지날수록 로멜은 불리해짐을 간파, 선제공격을

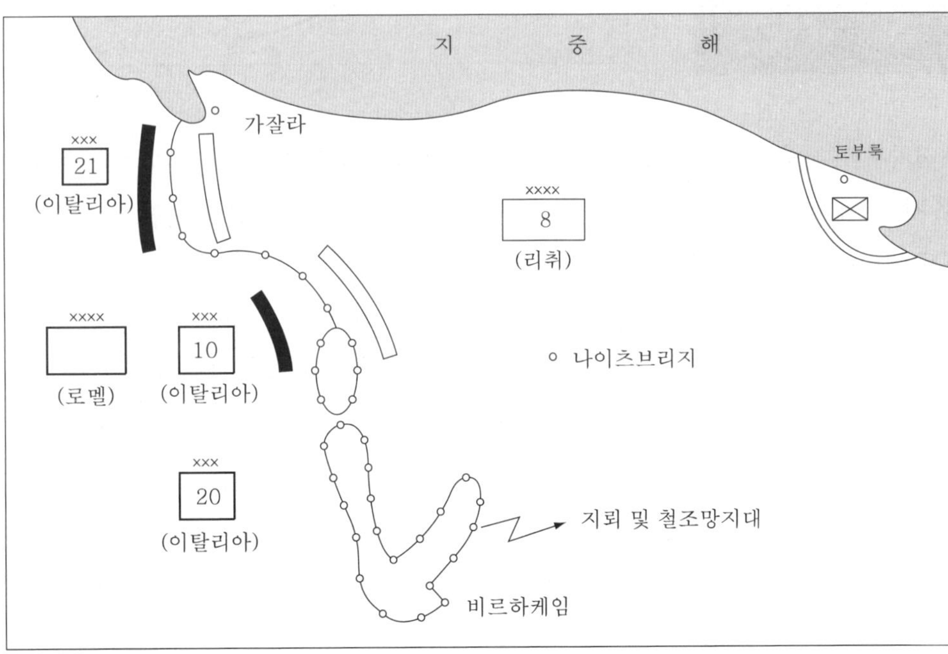

결심하게 되어 일명 나이츠브리지 Knightsbridge 전투라 부르는 가잘라에서의 전투를 시작했다.

|경 과|

로멜의 선제공격

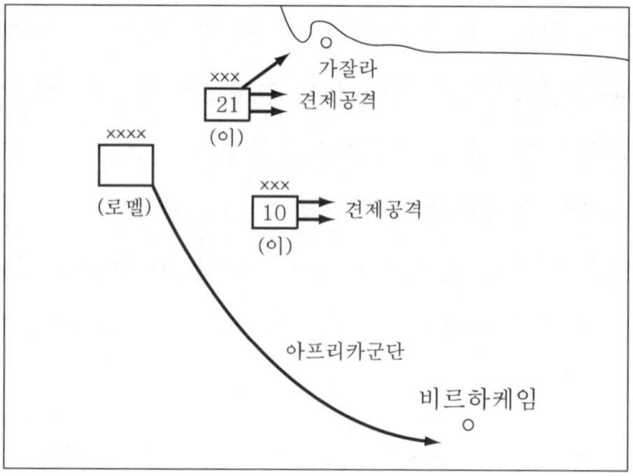

대전차포와 전차의 협동공격으로 영국군 기갑부대를 격멸시켰으며 5월 26일, 이탈리아의 제21, 제10군단으로 하여금 견제 공격을 실시, 로멜의 주공인 것처럼 기만작전을 수행했고, 초저녁에는 기계화 부대를 가잘라까지 진격시키기도 했다.

밤 10시에 로멜의 정예 아프리카 군단은 대규모 우회기동으로 비르하케임 좌익으로 쇄도해갔다. 로멜의 기도를 예측한 영국군은 강력한 기갑 부대를 남방에 대기시켜 놓았기 때문에 3일간 격렬한 전차전이 벌어졌다. 시간이 경과함에 따라 병참 사정이 악화되고 설상가상으로 영국의 사막공군(Desert Air Force)의 폭격으로 로멜은 고전을 면치 못했다. 로멜은 이에 철수를 결심하고 아프리카 군단을 서쪽으로 이동시키고 있었는데 때마침 독일 제10군단이 지뢰지대에 2개의 통로를 개척하고 그 동쪽으로 돌출부를 개방시켰다.

로멜은 즉시 호기를 포착하여 일부 기갑부대를 그곳으로 철수시켰으며 부대의 재보급도 실시하게 됨으로써 공격을 계속할 수 있었다. 돌출부의 모양이 마치 가마솥과 같이 생겼기에 영국군은 이를 "가마솥 Cauldron"이라 불렀다.

가마솥의 형성

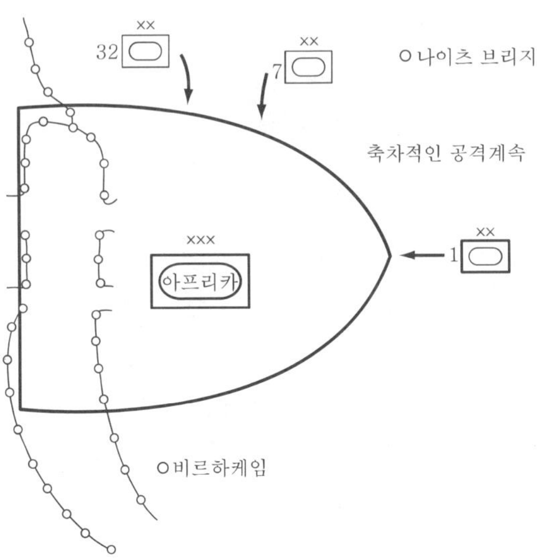

▲ 가마솥

▲ 비르하케임 전투에서 돌격하는 프랑스군. 그러나 이들은 독일군에게 항복하고 말았다.

5월 30일부터 돌출부에로의 철수가 시작되었는데 이때 나이츠브리지 부근에서는 약 2일간에 걸쳐 치열한 전차전이 벌어졌다. 6월 1일, 아프리카 군단의 제90사단 및 이탈리아의 트리에스트 사단은 남쪽으로 기동하여 비르하케임을 포위하고 14일간의 대격전 끝에 프랑스 제1여단을 항복시켰다.

▲ 나이츠브리지에서의 영국군

가마솥에서의 전투와 영국군의 철수

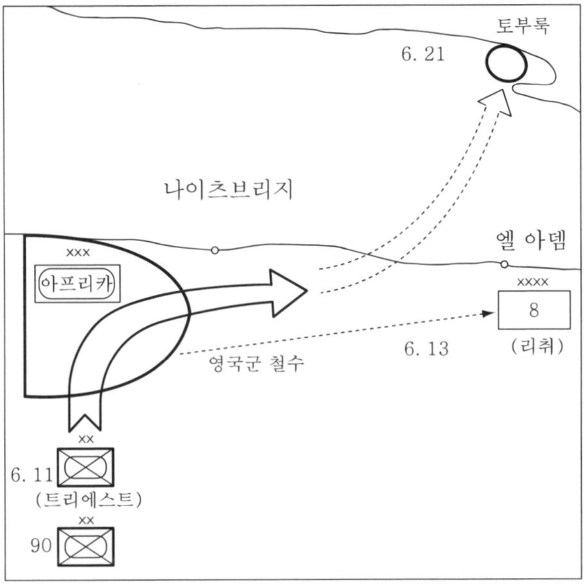

영국군 사령관 리취는 이탈리아 제21군단의 가잘라 공격을 무시하며 가마솥지역에 대해 6월 5일까지 축차적인 공격을 시도했으나 로멜은 이미 보급선을 확보하였으며 점차적으로 병력을 증강할 수 있었다.

6월 11일, 독일 제90사단과 트리에스트 사단의 연결이 성공되자 가마솥지역의 영국군을 격파할 수 있었으며, 영국군은 나이츠브리지를 경유 엘 아뎀 방향으로 철수해야 했다. 이때 영국군은 겨우 65대의 전차만을 보존한 채 무참히 궤멸되었으며, 6월 13일 밤을 기하여 2주일간의 가잘라·비르하케임 전투는 로멜의 승리로 끝났다.

6월 21일 로멜은 영국군 저항의 상징인 토부룩을 정복하고 막대한 보급물자를 획득했다.

|분 석|

가마솥 돌출부에 대해 영국군은 축차공격을 계속하였기에 많은 피해를 입고 결국 실패하고 말았다. 영국군의 기갑부대는 보병의 엄호 없이 단독으로 공격하게 됨으로써 대전차포에 의해 대량의 손실을 입었다.

기간 중 독일군 전차부대가 연료 부족으로 잠시 동안 기동불능의 상태에 이르자 영국군은 호기를 놓치지 않고 결정적인 공격으로 많은 피해를 입혔는데 곧 바로 전과확대로 연결시키지 못하고 영국군 지휘관들 사이에 의견만 분분했다. 즉, 보병부대 지휘관은 독일의 기갑부대에 대해서 공포심을 느끼고 보병부대에 배속된 전차를 내놓으려고 하지 않았기 때문에 기갑부대의 집중운용이 불가능했다. 이로써 독일군은 다시 숨 돌릴 여유를 찾음으로 회생하게 되었다.

영국군의 기갑부대는 다른 병과로부터 "겁보"라는 모욕을 당하게 되는 반면 포병부대는 탁월한 전술과 대량 화력의 집중으로 로멜 아프리카 군단의 돌진을 저지하여 궤멸직전의 영국군 부대들에게 재편성의 기회를 줄 수 있었기에 그 역할과 가치를 인정받았다.

▲ 제3의 적이었던 가잘라 일대의 거대한 모래 폭풍

54 알람할파^Alam Halfa^ 전투

|배 경|

독일군의 승승장구

1942년 여름, 독일은 상승 가도를 달리고 있었고 반면 연합국은 절망감에 사로잡혀 있었다. 히틀러는 코카서스로 진격하고 있었으며 북아프리카에서는 로멜이 쾌승(快勝)을 거두고 있었다. 1942년 6월 하순, 루즈벨트와 처칠은 제2차 워싱턴 회담을 개최하여 서부유럽 상륙의 시기가 너무 이르다고 논의하고 대신 가을에 북아프리카에 병력을 증원하여 전세를 만회하기로 결의했다.

▶ 사막의 생쥐 몽고메리

사막의 생쥐(Desert Rat) 몽고메리의 등장

중동지역 사령관 오친렉의 후임에 알렉산더 Harold G. Alexander 대장을, 제8군 사령관 리취의 후임에 몽고메리 Bernard L. Montgomery 중장을 각각 임명했다.

몽고메리는 제8군을 인수한 후 부대 재정비에 박차를 가했다. 그는 부하와의 일체감(一體感) 조성을 위해 노력했고 철저한 훈련과 사기진작, 장병들의 복지향상, 지휘관들의 부대지휘기법 교육 등을 통해 로멜의 악몽으로 피폐해진 제8군을 서서히 회복시켜 나갔다.

사막공군사령부(砂漠空軍司令部)와 제8군 사령부를 한 지역에 위치시킴으로써 공지합동작전(空地合同作戰)에 만전을 기했고 로멜의 아프리카 군단에 대응할 수 있는 기갑예비군단을 별도로 편성했다.

▲ 몽고메리

▼ 알람 할파 전투에 투입된 독일군의 판저Ⅲ 전차

보급전(補給戰 : Battle of supply)

7월과 8월은 소강상태로서 실로 보급전의 계속이었다. 영국군은 나날이 증원되어 부대를 강화시키는 반면 독일군은 신장된 병참선을 충족시켜줄 아무런 지원을 받지 못하게 된다. 히틀러가 오로지 스탈린그라드와 코카서스 방면에 몰두하게 되어 로멜의 지원요청을 묵살하고 만 것이다. 제해권과 제공권마저 연합국에 의해 장악되어 있었기에 로멜은 더 이상 시간을 지체하는 것이 불리함을 인식하고 영국군에 대한 선제공격을 생각했다.

|경 과|

몽고메리의 전투준비

몽고메리는 부하들에게 로멜의 신화적(神話的) 두려움을 불식(佛拭)시키기에 노력하는 한편 로멜의 공격에 대비한 전투준비에 착수했다.

몽고메리는 로멜이 영국군의 약한 남측면을 돌파우회(突破迂廻)할 것으로 판단하여 해안에서부터 콰타라 저지(低地)까지 보병부대를 배치하고, 그 남쪽에 제7기갑사단을 배치했으며, 알람할파 능선을 요새로 구축하여 2개 전차여단을 배치했다. 중요접근로에는 지뢰와 탄막으로 보강했다.

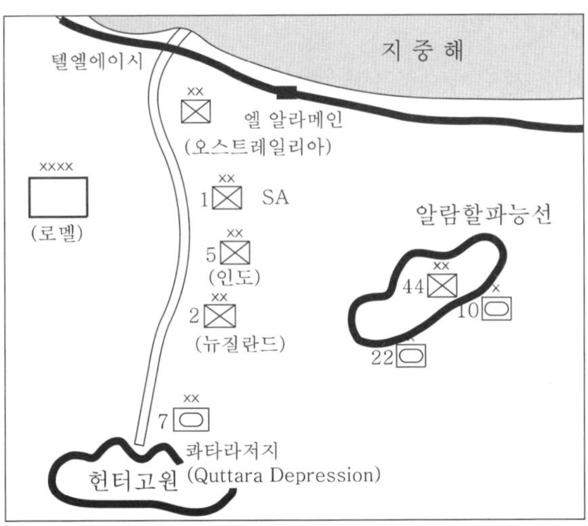

로멜의 선제공격

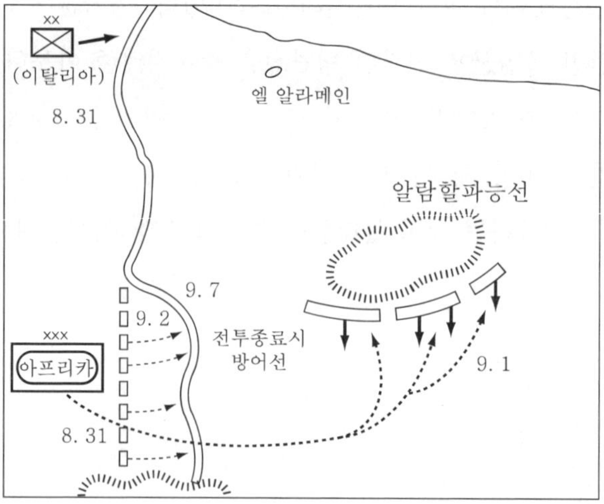

로멜의 작전계획은 이전의 가잘라-비르하케임 전투시와 동일한 방식이었다. 로멜은 8월 31일 야간에 해안 일대와 루뷔셀 구릉 지대에 이탈리아군으로 하여금 견제공격을 시켰으며 그의 아프리카군 주력은 영국의 약한 남부에 대해 맹공을 가하게 했다.

몽고메리는 로멜군을 맞아 광활한 사막을 회피하고 병력을 진지 내에 잠복시켜 독일군으로 하여금 함정에 빠지도록 유인했다. 영국공군의 맹렬한 공중공격과 완강한 지뢰지대의 위력 앞에 독일군은 악전고투를 계속했으며, 영국 제22기갑여단의 돌연한 출현으로 전진이 완전 중지되었다.

로멜군은 연료마저 소진되자 9월 1일 제15사단으로 하여금 마지막 국부적 공격을 감행케 했으며 알람할파 능선의 정면에서 저지되고 말았다. 9월 2일, 로멜군은 3일간의 알람 할파 능선 공격의 실패를 자인하고 병참선차단의 위기에 봉착, 철수하기에 이르렀다.

몽고메리는 그의 별명에 걸맞게 신중한 태도로 로멜군의 추격을 중지하고 9월 7일에 이전의 방어선 정도에서 전투를 종식시켰다.

▲ 독일군에게 포로가 된 영국군

55 엘 알라메인 El Alamein 전투

|배 경|

엘 알라메인 전투의 서전인 알람할파 전투에서 몽고메리가 승리함으로써 북아프리카의 주도권은 로멜로부터 몽고메리에게 넘어갔다. 영국 본토에서는 11월로 예정된 북아프리카 상륙 작전을 위해서 몽고메리가 조속히 반격을 취해 줄 것을 요망했지만 몽고메리는 충분한 전력 확보를 위해 공격을 개시하지 않았다. 그동안 막대한 량의 전쟁 물자를 보급 받고 미군의 신형 셔먼전차 수백 대가 증강되는 등 모든 면에서 로멜군을 압도해 나갔다. 또한 로멜군을 기만하기 위해 콰타라 Quattara 저지 일대에 거대한 물탱크를 설치하고 수많은 위장 차량을 배치하는 등 면밀한 작업을 실시했다. 이때 특기할 만한

것은 보급지원 물자를 공격개시 전까지는 후방에 대기시켜놓았다가 공격직전에 즉시 투입될 수 있도록 준비한 것이다.

|경 과|

몽고메리의 작전계획

몽고메리는 지금까지 남방에 주공을 둔 것과는 정반대로 북방에 주공을 두기로 계획하고, 남쪽에서는 제13군단을 조공으로 하여 독일 제21기갑사단을 견제케 하고, 주공인 제30군단을 정면공격케하며, 제10기갑군단은 제30군단을 지원케 했다.

몽고메리는 독일군이 매설한 지뢰지대와 완강한 방어지대를 돌파하기 위해서는 월광이 밝은 날 야간공격을 해야 한다는 판단 하에 공격 개시일을 기다리던 중, 10월 6일에 와서 10월 23일을 공격 일자로 확정지었다.

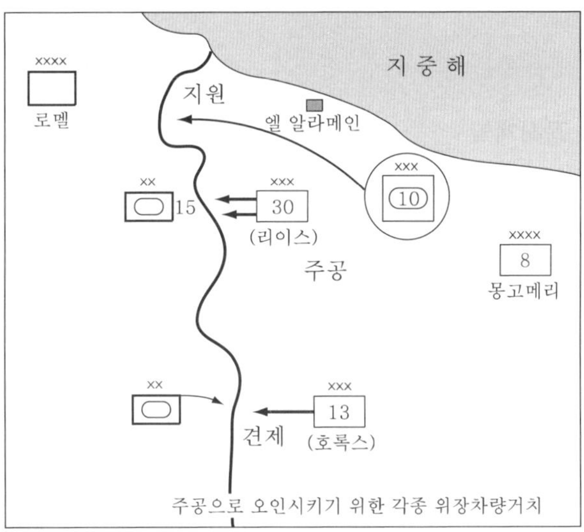

▲ 엘 알라메인의 해변

몽고메리의 단계적 공격계획

몽고메리는 이 계획을 위해 중령(中領)이상 전 장교를 대상으로 직접 교육시켰다.

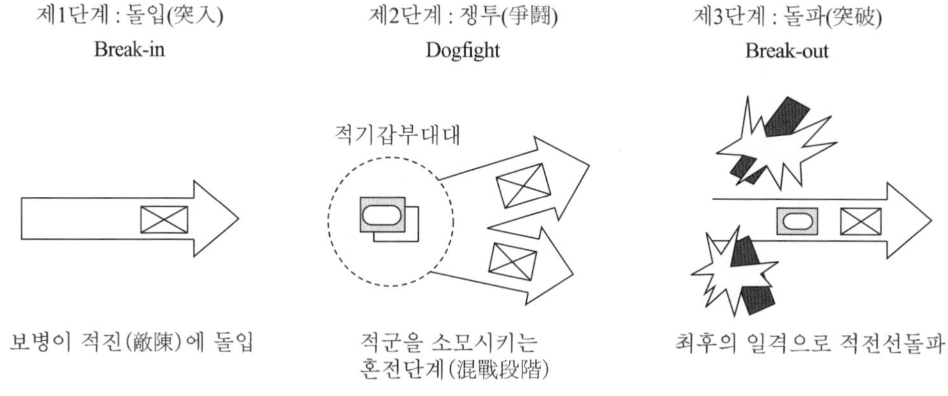

몽고메리의 공격

● 제1단계 작전

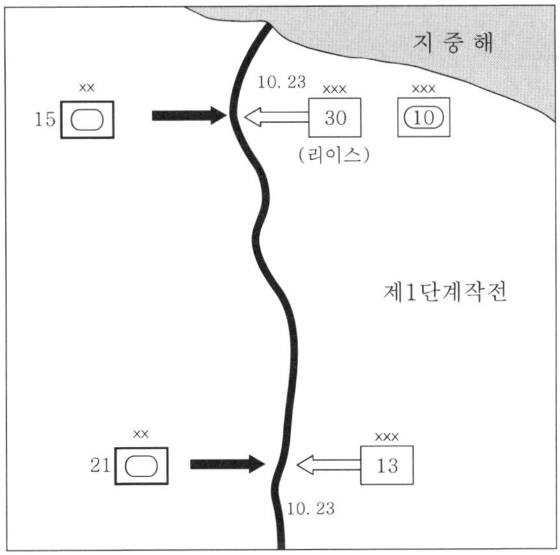

영국군의 대반격은 1942년 10월 23일 21시 40부터 20분간의 치열한 공격준비 사격 후에 시작되었다. 영국 제30군단은 불과 7마일의 정면에 4개 사단을 투입하여 집중공격을 가했고, 개척된 통로를 통해 제10기갑군단을 진입시켰다.

로멜군은 최초의 충격에서 어느 정도 회복되자 영국군의 진입로에 포화력을 집중시키고 독일 제15기갑사단으로 반격했다.

남쪽의 영국 제13군단은 초기전투에서는 승리했으나 완강히 저항하는 독일 제21기간사단 때문에 피해가 계속되어 공격을 일단 중지했다. 이로써 몽고메리의 제1단계 작전이 종료된 것이다. 이 당시 로멜은 간장과 혈압의 지병을 치료하기 위해 휴가를 얻어 제머링 Semmerimg에서 요양(療養) 중이었다(9.23～10.25).

▲ 전력을 다해 공격하고 있는 영국군 기갑부대

◐ 제2단계 작전

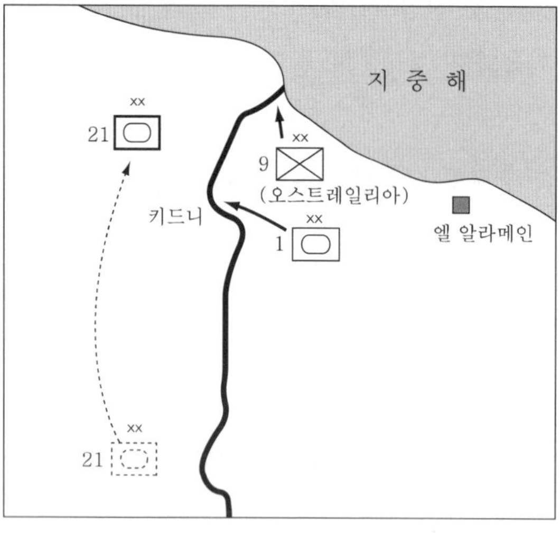

몽고메리는 제1단계 작전성공의 여세를 몰아 제2단계인 쟁투(爭鬪 : Dogfight)에 들어갔다. 영국 보병부대는 공군과 포병 및 기갑부대의 완전한 지원을 받으면서 순조로운 진격을 했다. 10월 25일 몽고메리는 오스트레일리아 제9사단을 북쪽 해안으로, 제1기갑사단은 키드니 방향으로 전진시켰다.

제9사단은 10월 26일부터 29일 사이에 해안 근방까지 도달했으나 제1

기갑사단은 키드니 언덕에 도달하자 요양지에서 급히 복귀한 로멜의 완강하고 사력을 다한 역습에 고전을 하게 되었다. 10월 26일 밤, 로멜은 제21기갑사단을 북쪽으로 이동시켜 10월 27일 전투에 투입시켰다.

제3단계 작전

몽고메리는 로멜의 제21기갑사단 북진에 대비 제7기갑사단을 북진시킴과 동시에 제3단계 돌파 단계에 들어갔다. 제1기갑사단을 철수시키고 뉴질랜드 제2사단을 예비로 두는 등 전반적으로 부대를 재정비하여 진내전(陣內戰)이 10일간 계속될 것으로 판단하고

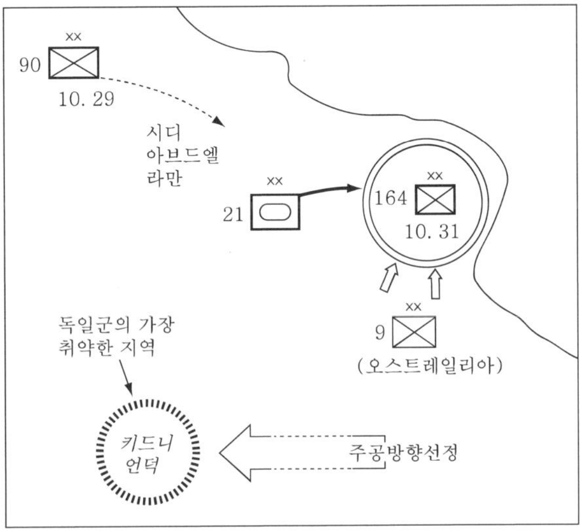

본국에서의 우려를 무시한 채 마지막 최종 공세를 준비했다.

10월 29일, 독일 제90사단이 시디아브드엘라만 주변에 집결되고 있음을 간파한 몽고메리는 키드니 언덕 일대를 최종적인 돌파구로 선정했다. 10월 31일 오스트레일리아 제9군이 해안에 도착하여 독일 제164사단을 포위하는데 성공하나 독일 제21기갑사단의 지원에 의해 독일 제164사단의 주력은 탈출하고 말았다.

최종공세와 로멜의 대패

엘 알라메인 전투의 최종국면은 11월 2일 01 : 00시에 시작되었다. 예비대였던 뉴질랜드 제2사단은 강력한 탄막을 따라 전진하여 하나의 진로를 개척하는데 성공했다. 이어서 제9기갑여단의 지원을 받아 교두보를 확보했다. 그러나 이때 제2사단은 잘 훈련된 로멜의 대전차 방어망 휘말려 75% 이상의 큰 손실을 입고 현지 고수에 매달렸다.

몽고메리는 제1기갑사단을 격전중인 교두보로 이동시켰고 로멜도 이에 맞서 제15기갑사단을 이 지역에 투입시킴으로써 2일간의 치열한 전차전이 벌어졌다. 독일 제21기갑사단의 일부 부대와 이탈리아 기갑군이 연결에 성공함으로써 일단 봉쇄에는 성공하나 로멜군은 돌이킬 수 없는 대 손실을 입게 된다. 그날 저녁 로멜은 불과 35대의 전차 밖에 보존되지 못했던 것이다.

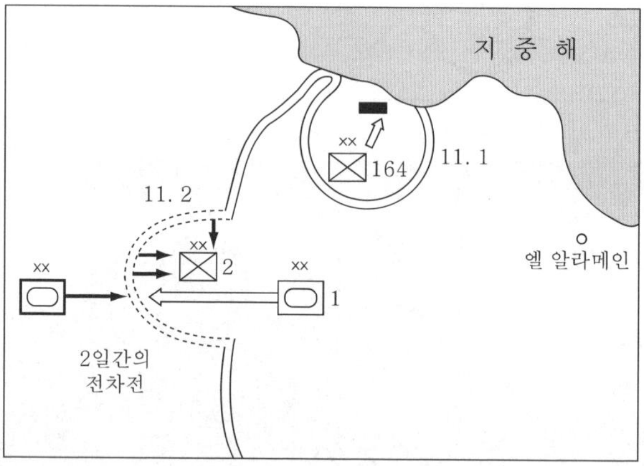

로멜의 철수

11월 2일 로멜은 패배를 자인(自認)하고 철수를 결심하고, 남쪽의 이탈리아군 부대는 그날 밤중으로 철수하여 알람할파 전투 이전 선으로 퇴각했다. 11월 3일, 로멜은 히틀러에게 전면 철수를 건의하지만 현지고수를 명받았다.

11월 3일밤, 몽고메리는 키드니 언덕에 대한 공격을 명하여 11월 4일 돌파에 성공했다. 돌파구에 제7, 제10기갑사단, 제1기갑사단 및 뉴질랜드 제2사단을 투입시켜 돌파구 확장에 주력하니 11월 4일 15시 30분, 드디어 로멜은 히틀러의 명령에도 불구하고 전면 철수를 명령하게 되었다.

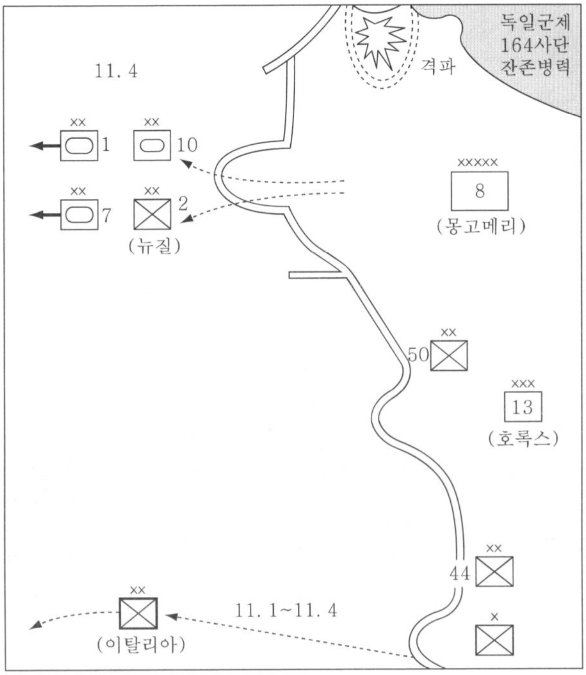

▲ 백병전으로 돌입하는 영국군

▲ 치열한 전차전을 하는 동안 영국 보병이 전차에 의지하고 있다.

몽고메리의 끝없는 추격전

로멜이 독단으로 철수를 단행하자 2일후 히틀러에 의해 공식적인 철수 승인서가 하달되었다. 때를 놓친 무의미한 명령이 된 것이다. 로멜은 질서정연한 퇴각을 실시하여 12월 23일 엘 아게일라에서 3주 동안 휴식을 취했으나 몽고메리의 끈질긴 추격에 의해 다시 부에라트 Buerat 선까지 퇴각 당했고, 1943년 1월 23일에는 트리폴리까지 점령당했다. 몽고메리군은 3개월 동안 1,400마일을 추격하여 로멜군을 피로와 공포 속으로 몰아넣었던 것이다. 로멜은 11월 8일에 있었던 연합군의 북아프리카 상륙작전(op.Torch)으로 인해 배후의 위협을 느껴 튜니지아 Tunisia 로 철수하여 마레트에 포진했다. 철수기간 중 로멜은 단 한번도 그의 예하부대를 함정에 빠뜨리지 않고 고스란히 보존했다.

▲ 로멜이 철수할 때 사용했던 통로

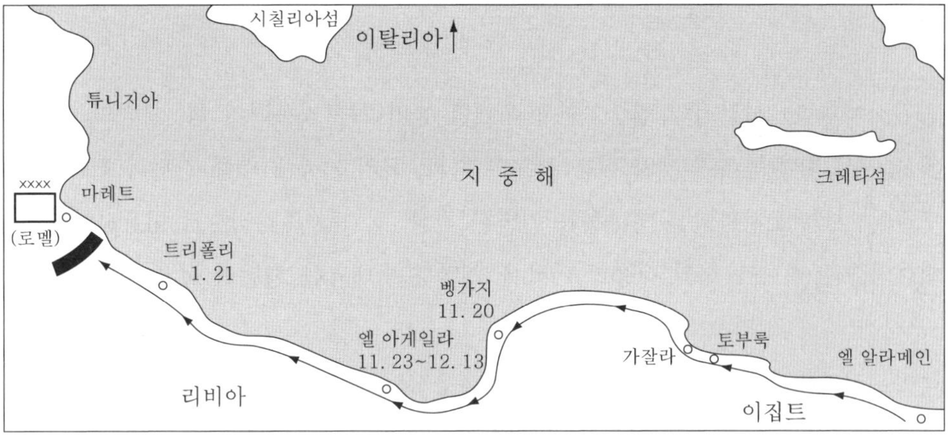

▲ 하늘에서 잡은 몽고메리의 로멜군 추격전

|분석|

공간적이 아닌 시간적인 집중, 숫적 우세를 능가하는 기동력의 힘, 기습의 수단으로서의 유연성, 병참능력에 제약 받는 사고의 타파, 적의 기동에 대해 간접적 접근에 의한 주도권의 장악, 고정관념을 타파하는 기발한 착상, 호기를 즉각적으로 이용하는 결단력, 최대한의 기동력으로 적의 대응할 여유를 박탈하는 대담한 행동력 등은 로멜의 천재적인 군사적 재능을 말해주는 것이다.

북아프리카에서 영국군은 초기에 기갑부대를 분산 운용함으로써 각개격파를 당했고, 완강한 방어선을 돌파하기 위해서 전차를 무모하게 돌진시킴으로써 로멜군의 대전차 화망에 흡수되어 수많은 손실을 입었다.

산악지형의 견고한 방어진지에 잠복한 적을 격멸할 수 있는 수단은 대량의 전차가

▲ 엘 알라메인 전쟁 기념관

▲ 엘 알라메인의 전쟁기념관

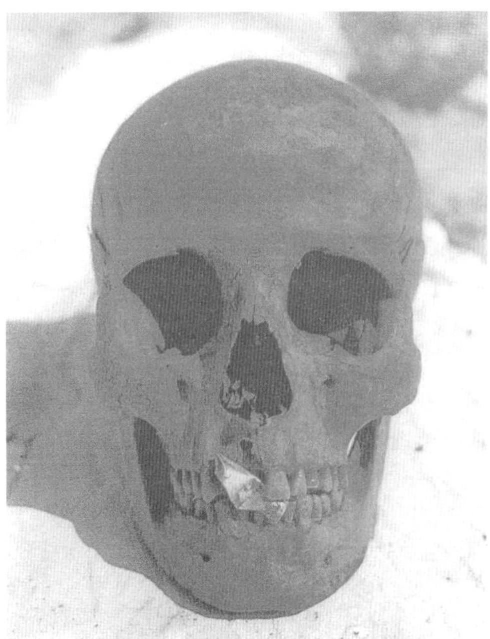

▶ 엘 알라메인 격전지 에서 발굴된 해골

아닌 포병의 집중포화라는 것이 입증되자 영국과 미국의 기갑부대 운용개념이 달라졌다. 1943년 이후 기갑 사단의 역할이 보병부대가 적 방어 진지 돌파에 성공하면 전과확대나 추격전을 수행하는 것으로 규정되어 진 것이다.

"로멜이 있는 곳에 기적(奇蹟)이 있다."라는 신화(神話)는 "하나의 철십자 훈장보다는 한대의 전차와 휘발유를 다오."라는 로멜의 절규(絶叫)속에 사라져 버렸고, 처칠은 "엘 알라메인 이전에 우리에게는 승리가 없었고 엘 알라메인 이후에 우리에게는 패배가 없었다."라고 했다.

이 승리로 해서 동맹군의 중동(中東) 접근 위협이 제거되었고 연합군의 사기는 크게 고양되었다.

56 토오취 작전Op · Torch

|배 경|

북아프리카 상륙 작전 실시여부에 대해서는 그동안 수많은 논란이 있었는데 1942년 7월, 루즈벨트는 합동참모본부(JCS)에 연합군의 상륙작전에 관한 암호명인 "토오취(Torch)" 작전에 관한 최종실시 결정을 하달했다.

연합군이 토오취 작전을 실시하는 목적은 몇 가지로 요약된다.

첫째, 지중해 병참선을 안전하게 확보한다.

둘째, 북아프리카의 장악으로 중동 지역에서의 동맹군 위협을 제거한다.

셋째, 소련 전선에 대한 압박을 완화시키기 위해 북아프리카 지역으로 동맹군의 힘을 분산 시킨다.

넷째, 다카르 Dakar에 있는 독일군 잠수함 U-boat기지를 제압한다.

다섯째, 북아프리카 지역에서 활동하는 프랑스 레지스탕스의 활동 영역을 보장해준다.

연합군은 제1차 워싱턴 회담(아카디아 회담)에서의 결의한 바 역사상 최초의 연합군 사령부(聯合軍司令部 : Allied Force Headquaters)를 구성했다. 각기 자기나라의 이익을 우선으로 하려는 의도 때문에 많은 진통을 겪게 되지만 대체로 합의된 상태에서 영미(英美) 2중 보직(二重補職) 체제의 연합군사령부 구성을 완료했다. 총사령관에는 지휘구조의 특성상 인화를 중시하여 이에 걸 맞는 아이젠하워 Eisenhower 중장을 임명했다.

▲ 알제리 해안을 정찰하고 있는 연합군 비행기

연합군사령부의 편성

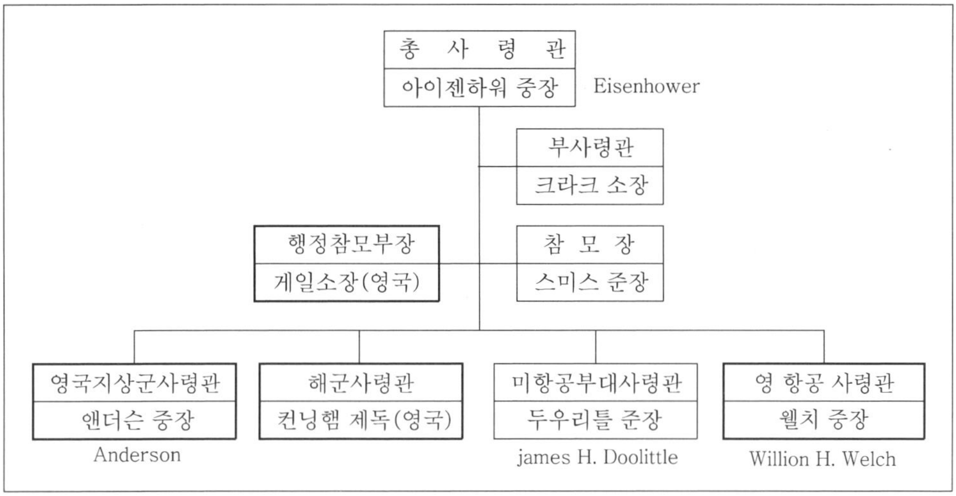

작전의 핵심(核心)

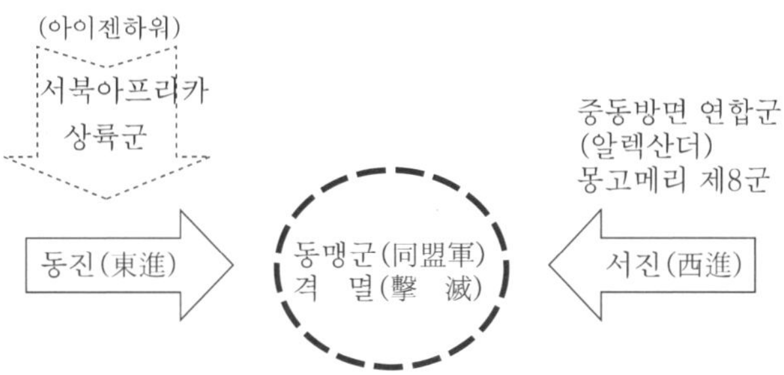

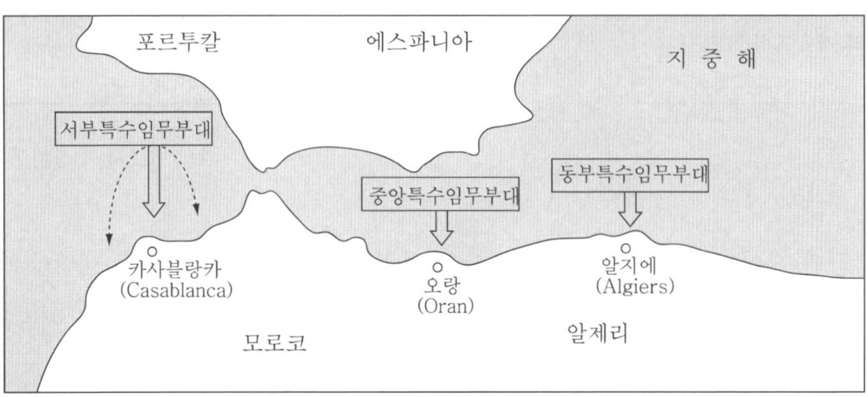

연합군의 상륙계획

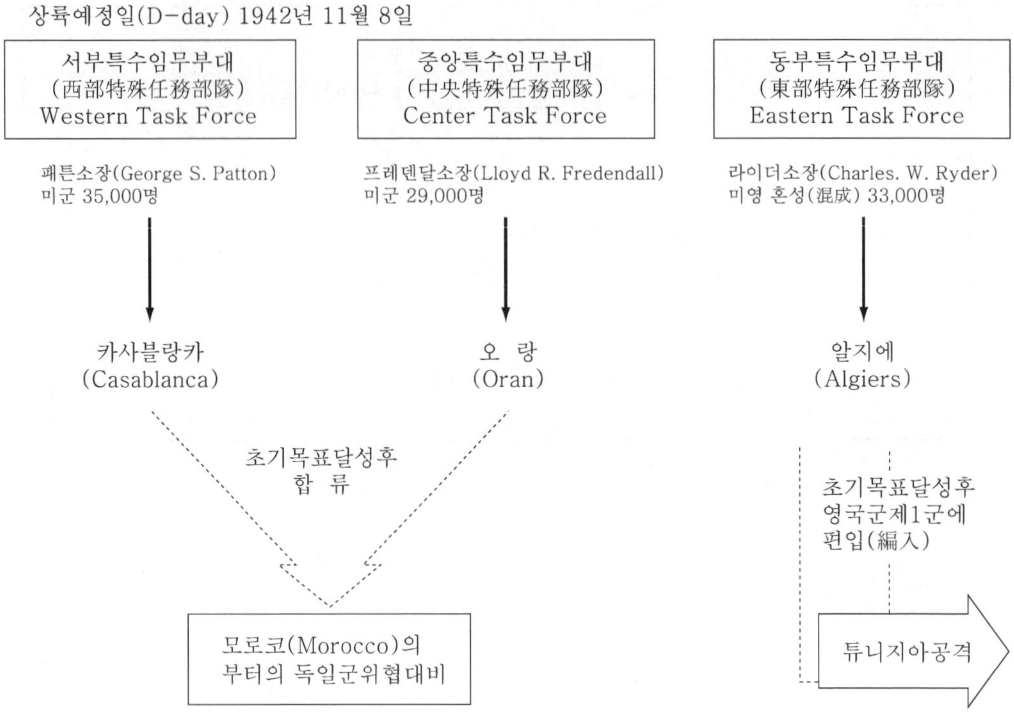

당시 북아프리카지역의 프랑스인의 성향

제 1 파(派)	제 2 파(派)	제 3 파(派)
드골(Charles De. Gaule) 장군의 자유프랑스 지지파	프랑스해방운동(French Liberation Movement) 지하조직파 ; 앙리지로(Henri Giraud) 장군 지휘	빼땡(Pétain)의 비시정부(Vichy French) 지지파; 다를랑(Jean Darlan)제독 지휘

* 프랑스의 장래를 위해서 독일과의 협조를 주장하는 파

연합군은 북아프리카 프랑스인의 대부분을 차지하고 있는 친독(親獨)세력인 다를랑파에 대해 대단히 염려했으며 이를 완화하기 위해 앙리지로 장군의 프랑스 해방운동과의 비밀 교섭을 가진 바 있다.

|경 과|

상륙작전 개시

1942년 11월 8일 새벽, 계획대로 3개의 연합군특임(特任)부대를 북서 아프리카 해안에 상륙시켰다. 초기작전의 목표는 주요 항구를 점령하고 주변 비행장을 장악하는 것이다. 함재기(艦載機)에 의한 항공지원은 예정대로 최초 공격시 지원되었다. 해군의 함포 지원은 영국과 미국해군 각각 실시했다.

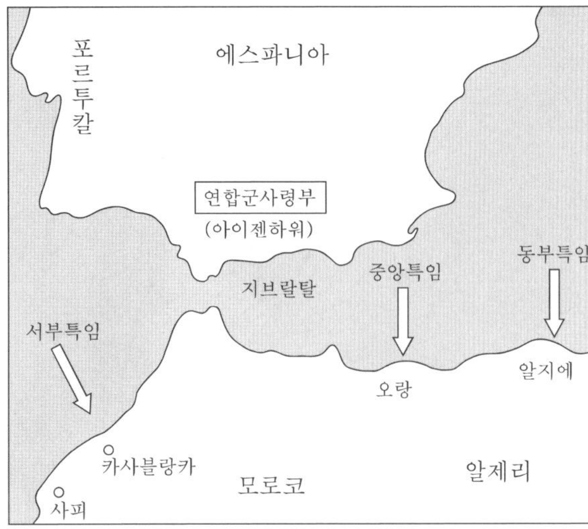

▲ 카사블랑카

아이젠하워는 병참선이 알지에에 건설될 때까지 연합군사령부의 지휘소를 지브랄탈에 두었다. D+3일 미 제12항공여단과 영국공군은 지브랄탈에서 오랑으로 기지를 이전했다.

▲ 북아프리카로 가기 위해 상륙용 주정을 타려고 수송선에서 내리는 미군들

서부 특임(特任)부대의 상황(카사블랑카 상륙)

패튼의 서부특임부대는 3개 지역으로 구분하여 04 : 00에서 06 : 00시 사이에 공격했다. 프랑스 식민지군(植民地軍)의 강력한 저항으로 고전했으나 하몬 Harmon 장군은 10월 15일에 사피를 장악, 교두보를 확보하고 기갑부대를 진입시켰다. 기갑부대는 마라케시 Marrakech로 진격하여 프랑스식민지군을 11월 9일 격퇴시켰다.

11월 10일 제47전투단에게 사피를 방위시키고 제2기갑 사단의 B전투단을 카사블랑카로 진격시켜 11월 11일 마자간 Mazagan을 점령했다. 카사블랑카 동방 14 km 지점에 상륙하여 카사블랑카를 배후에서 포위하기로 되어있는 제3사단은 해안포대와 비행기의 공격에 의해 대혼란에 빠졌으나 미 · 영국의 함포사격으로 무사히 페달라에 상륙했다.

제60전투단은 해군의 적극적인 지원으로 리오테항을 점령했다. 저항이 가장 심했던 카사블랑카는 11월에 총공격을 계획했으나 때마침 친독(親獨)파인 다를랑의 지시로 이 지역 방위사령부가 항복하게 되어 무혈점령(無血占領)하게 되었다. 다를랑은 뻬땡의 지시를 받았다고도 하는데 확실하지는 않다.

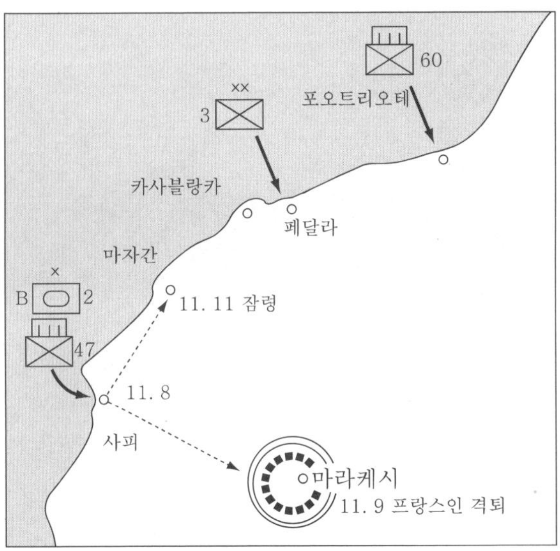

▲ 작전을 의논하고 있는 패튼과 아이젠하워

▲ 연합군에게 심문을 받고 있는 프랑스 병사. 비시정부에 충성하기로 작정했던 장교가 더러 있었다.

중앙 특임부대의 상황(오랑 상륙)

중앙과 동부 특임부대는 지중해로 진입하여 상륙지점보다 훨씬 동쪽으로 이동하는 것처럼 기만했기 때문에 동맹군들은 상륙지점을 말타 트리폴리, 수에즈로 오판했다. 프

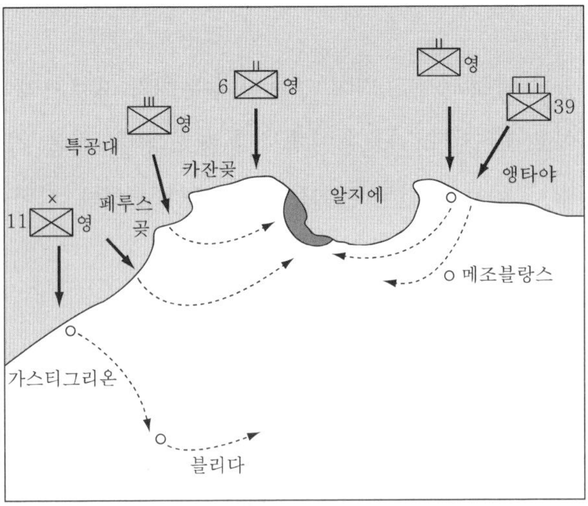

▲ 오랑에 진입한 미군 부대

레덴달 소장의 중앙특임부대는 11월 8일 01시 35분에 상륙을 개시하여 제1사단의 3개 전투단이 르안달루스 Les Andalouses와 아르조우 Arzew를 장악했다. 2개의 기갑부대는 로우르메 Lourmel와 타파로우이 Tafaraoui 비행장을 점령하고 라세니아 Lasenia로 진격했다. 03 : 00시, 오랑에 대한 공격에서 2대의 소형선단은 포화로 침몰되었고 생존자는 포로가 되었다.

타파로우이 비행장에 낙하하기로 되어 있는 공수부대가 세브크라에 투하되는 과오를 범했다. 11월 9일, 아르죠우와 타파로우이에서 프랑스식민지군을 격퇴한 후 오랑을 포위하자 11월 10일 12시 30분 조건부 항복(條件附降服)을 하게 되어 오랑을 장악했다.

동부 특임부대의 상황(알지에 상륙)

▲ 알제리 해안으로 하륙된 고사포를 미군들이 해변으로 옮기고 있다.

일시적이지만 알지에의 프랑스인은 연합군에 대해 호의적이었기 때문에 동부 특임 부대는 순조롭게 알지에에 상륙했다. 비시 정부의 추종자들은 11월 8일 10 : 00시에 겨우 자체의 통치권을 회복했다. 연합군은 19 : 00시에 이 지역을 완전 평정했다. 비시군의 사령관인 다를랑 제독이 알지에에 거처하고 있었기 때문에 그를 쉽게 나포할 수 있었고, 다를랑을 통해 북아프리카의 전 프랑스식민지군의 저항을 중지시켰다. 이때 다를랑에게 북아프리카 지역의 프랑스 최고 통치권을 약속했다.

|분석|

불과 3일만의 전투를 통해 연합군은 미군 전사 770명, 영국군 전사 20명, 미군 부상자 1,050명, 영국군 부상자 60명의 손실을 입었지만 북아프리카의 대부분을 획득하는 승리였다. 10만 이상의 병력과 285척의 함선, 수백 대의 항공기가 단일합동참모부(單一合同參謀部)의 지휘아래 일사불란한 작전을 수행하여 통합 및 상륙작전에서의 신기원을 이루었다. 노르망디 상륙작전에 좋은 전례를 제공했다.

▲ 북아프리카에서의 패튼 장군

57 Overlord 계획과 노르망디 상륙작전

|배 경|

독일과의 전쟁을 위해서 통합지휘(統合指揮)의 중요성을 인식하고 1941년 12월, 제1차 워싱턴 회담에서 합의된 바 연합참모부(Combined Chiefs of Staff)와 합동참모부(Jointed Chiefs of Staff)가 창설되었다. 미국과 영국이 주관이 되어 일련의 전략회담이 계속되어 오다가 1942년 4월 런던회담에서 라운드업(Round Up) 작전이라는 구주대륙(歐洲大陸) 상륙에 대한 계획이 수립되었다.

1943년에 실시하기로 되어있는 라운드업 작전은 북아프리카 상륙작전인 토오취 작전

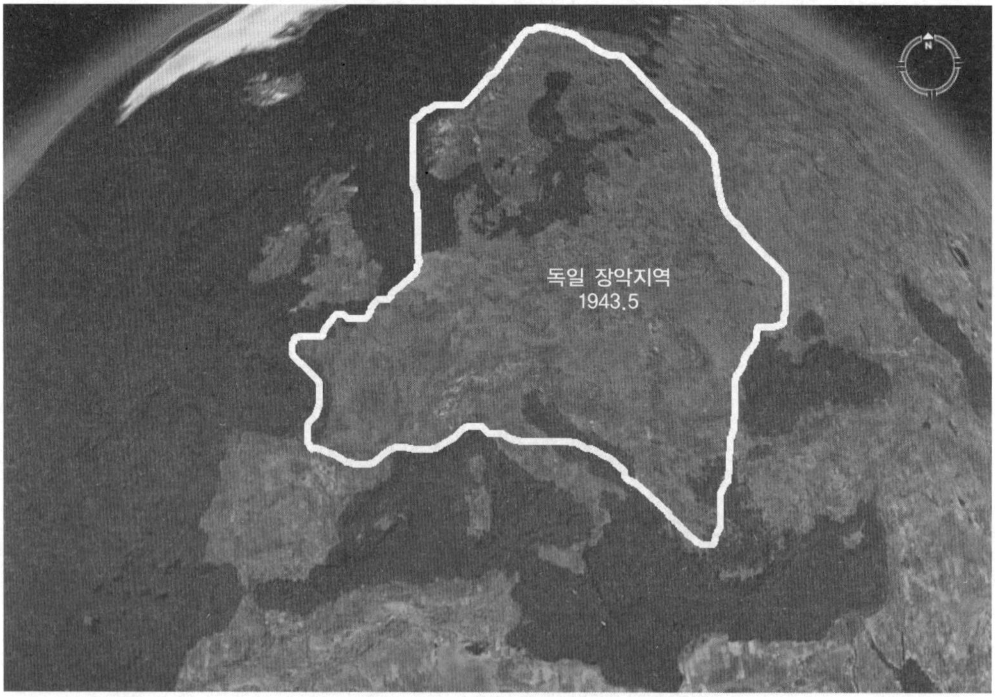

(O p · Torch)으로 인해 연기되었다가 1943년 1월 카사블랑카 Casablanca 회담에서 다시 구체화되었다. 1943년 5월 제3차 워싱턴 회담(트리덴트 : Trident)에서 라운드업 작전은 "오우버로드(Overlord) 작전"이라는 암호명칭으로 바꾸어 부르게 되었다. 이 작전을 위해 편성된 참모본부 COSSAC(Chief of Staff to the Supreme Allied Commander)가 이전에 이미 런던에 설치되었었다. 연합군의 북아프리카 상륙작전이 성공되자 독일군은 양면전쟁을 강요받게 되어 전황은 독일에게 매우 불리해졌다.

도버 해협에서 활동하는 독일 잠수함의 위협과 막대한 상륙물자와 병력을 수송할 선박의 부족으로 어려움을 겪고 있는 상황 하에서도 1943년 8월 제1차 퀘백 Quebec 회담에서 오우버로드 작전에 대한 개략계획이 확정되었다. 노르망디 상륙작전이 성공되면 독일군으로 하여금 구주지역에서의 제2전선 형성에 따른 양면전쟁을 강요할 수 있다. 합동참모본부는 오우버로드 작전을 위한 견제작전으로 남부프랑스에 대한 상륙작전을 건의하게 되었고, 1943년 11월, 카이로 Cairo 회담에서 남부 프랑스 상륙작전인 안빌 Anvil 계획이 승인되었다.

▶ 아이젠하워에게 공습 때 빨리 입을 수 있는 방공복을 자랑하고 있는 처칠

1943년 12월, 테헤란 회담에서 스탈린의 동의를 얻음으로써 구주대륙에 대한 연합군의 상륙작전이 완전한 합의에 이르렀다. 이때 COSSAC가 연합원정군 총사령부(聯合遠征軍總司令部 : SHAEF ; Supreme Headquaters Allied Expeditionary Force)로 개편(改編)되었고 총사령관에 아이젠하워 대장이 임명되었다.

노르망디(Normandy)를 상륙지역으로 한 이유

노르망디는 강풍을 차단할 수 있고 해안에서의 대부대 수용이 가능하며 내륙으로의 통로가 양호할 뿐만 아니라 독일군의 방어태세도 비교적 미약하다는 장점이 있다.

상륙지역을 선정시 고려한 사항

자연적 조건 (自然的)	항구의 수용능력(收容能力), 점령 후 내륙(內陸)으로의 통로, 강풍, 간만의 차이, 해 · 공군의 지원거리
인위적 조건 (人爲的)	적의 방어태세의 강약

최초 6개의 상륙지역 고려

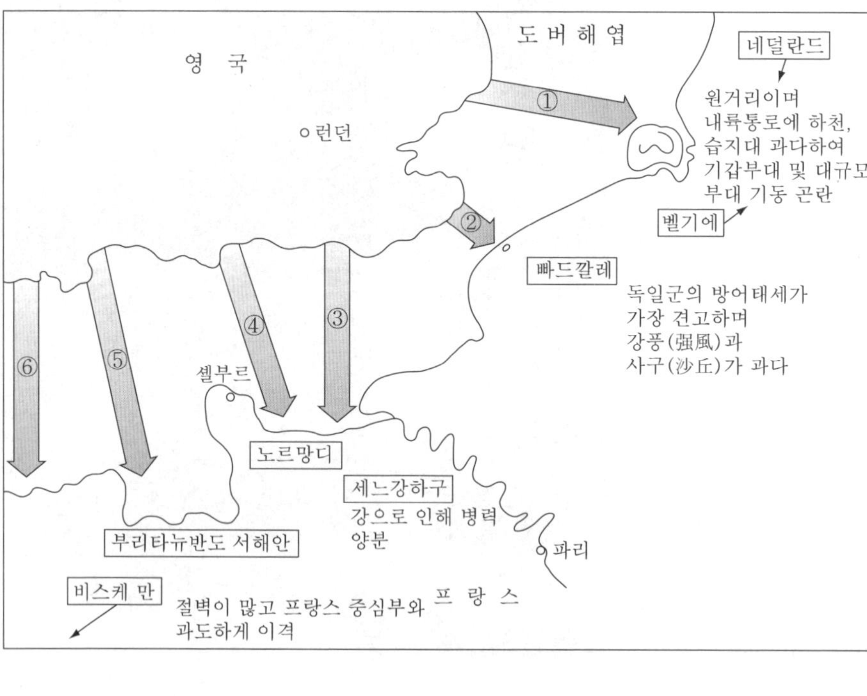

▲ 노르망디의 해안

Overlord 계획의 세부단계

제1단계 예비(豫備)단계	상륙실시전에 독일군의 조직적(組織的)인 저항능력을 박탈(剝奪)하고 전쟁수행자원을 고갈시키기 위해 전략폭격(戰略爆擊)을 실시하고 상륙군(上陸軍)의 훈련과 상륙예정지에 대한 기만(欺瞞)방책을 실시한다. 참고로 전략폭격에 의해 1944년 5월중 900량 이상의 기관차와 16,000량 이상의 화차가 파괴되었다.
제2단계 준비(準備)단계	상륙부대가 영국의 여러 항구에서 승선(乘船)하고 있는 동안 공중폭격으로 철도 및 교량등을 파괴하여 까엥(Caen)지역을 중심한 노르망디 지역을 증원할 수 있는 독일군 예비대의 이동을 저지한다.
제3단계 상륙공격(上陸攻擊)단계	노르망디 해안 상륙지역에 대해 항공폭격 및 함포사격을 실시하고, H-6시부터 8개 공수사단을 투하하여 양측방을 엄호(掩護)하며 최초 7개사단이 노르망디해안에 상륙한다. 독일군을 북부지역에 고착시키고 상륙지점을 오인시키기 위해 빠드깔레(Pas de Calais) 지역에 견제공격(牽制攻擊)을 실시한다.
제4단계 교두보(橋頭堡)확장단계	미군은 셀부르를 점령하고 영국의 진격에 맞추어 남족 쌩・로(St・Lo)방면에 교두보를 확장한다. 영국군은 쌩・로와 까엥선의 남측 및 까엥(Caen) 동남부의 교두보를 확장한다.
제5단계 근거지(根據地)확보단계	• 세느강과 루아르(Loire)강선까지 진출하여 독일 심장부로의 진격에 필요한 병력과 물자를 집적(集積)한다. D+90일까지는 제5단계가 종료될 것이다. • 당시 프랑스내 활동하고 있던 레지스탕스들에게 작전개시일자를 알리는 방법으로 BBC 방송을 통해 프랑스 시인 폴 베르레느의 "가을의 시"첫번째 두 번째 구절을 방송하기로 했다.

* **베르레느의 시** 1, 2 **구절**

"가을날의 비오롱의 한숨, 몸에 스며드니 오직 슬프다."

독일군의 방어계획

서부전선 독일군 총사령부(OBWest ; Oberbefehlshaber West) 사령관인 룬드쉬테트 원수 예하에, 서부유럽 해안을 담당한 로멜의 B집단군과, 비시정권과, 남부지중해를 담당한 블라스코비쯔(Blaskowitz)의 G집단군이 있었다. 그러나 룬드쉬테트와 로멜은 방어계획에 대해 서로 다른 의견을 가졌다. 로멜은 제공권을 뺏긴 상황에서는 전략예비의 이동이 불가능하다는 판단 하에 기동방어를 반대했으며 가용한 모든 수단을 다 동원하여 해안선에서 적의 상륙을 저지해야 한다고 강조했다.

“전쟁의 승패는 해안에서 결정될 것이며 그것도 첫날 24시간이 될 것이다.” 가장 긴 하루(The Longest Day)

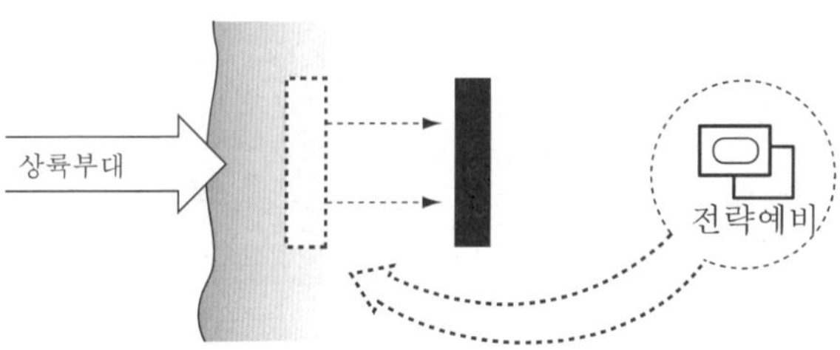

룬드쉬테트의 전략적(戰略的) 기동방어(機動防禦)

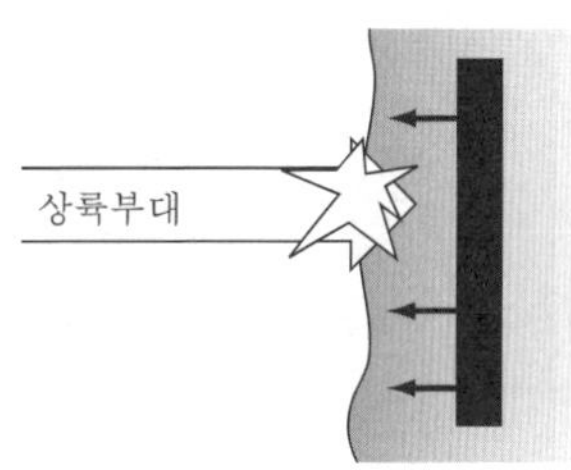

로멜의 전술적(戰術的) 선방어(線防禦)

대서양 방벽(大西洋 防壁 : Atlantic Wall)

히틀러는 로멜의 견해를 지지하고 해안에서의 강력한 방어준비를 실시했다. 해안은 지뢰 · 철조망 · 수중장애물 · 인공습지 · 항목(抗木) 설치 등으로 연합군의 상륙을 저지토록하고 중요 항구의 보루화(堡壘化), 포대와 각종 화기진지는 콘크리트화 했다. 기동전(機動戰)의 명수 로멜이 오히려 선방어(線防禦)를 채택했다는 것이 아이러니컬하다. (로멜은 오히려 기동전의 대가였기에 기동방어의 불가함을 한 차원 넘는 수준에서 꿰뚫어 본 것이다.)

대서양 방벽의 길이는 약 2,500마일에 달했다. 히틀러는 동부전선에서의 전투가 장기전으로 갈 가능성이 짙어지자 서부전선을 안정시켜야겠다는 판단 하에 로멜의 주장에 동조하여 대서양 해안에 거대한 방어전선을 구축한 것이다.

▲ 대서양 장애물을 둘러보고 있는 로멜 일행

상륙작전 당시 양군의 군사력 및 상황

연합군은 39개 사단을 비롯, 병력 287만 6,000명, 함선 5,300척, 항공기 12,000대를 보유했다. 연합군은 1942년 봄 BOLERO라고 하는 군수기구의 통제 하에 방대한 보급품을 축적했으며 1944년 2월 20일부터 6일간 이른바 Big Week기간 중 독일 항공기공장에 대한 집중폭격과 맹렬한 공중전을 통해 제공권을 장악했다.

1943년 카사블랑카 회담에서 전략공군의 임무를 "적극적인 파괴와 독일의 군사시설 및 경제 조직을 파괴시키고 독일국민의 사기를 꺾어 저항의지를 완전히 분쇄하는 것"이라고 규정하여 이의 실행을 그 이후 계속해왔고 경이적인 기여를 했다.

독일군은 상륙부대 저지의 임무를 띈 룬드쉬테트 예하에 58개 사단이 가용했으나 질적으로 그렇게 우수하지는 못했다. 독일군의 가장 큰 문제점은 공군력의 열세와 전략예비대의 부족이었다. 약 400대의 비행기중에서 조종사의 부족 등으로 실제 전투에 임할 수 있는 비행기는 절반에 불과했으며, 전략예비대로는 10개 기갑사단 가운데 해안지역에 고정 배치된 7개 사단을 제외하면 3개 기갑사단만이 가용했던 것이다.

▲ 노르망디 상륙작전시 연합군 수뇌부
앞줄 가운데가 연합군 최고사령관 아이젠하워(미), 그 오른쪽이 지상군 총사령관 몽고메리(영), 왼쪽은 테더 공군 총사령관(영), 뒷줄 왼쪽이 브래들리 제2군 사령관(미).

◉ 연합군 구성

국가별 \ 사단별	보병사단	기갑사단	공수사단	계
미 국	13	5	2	20
영 국	9	4	1	14
캐나다	2	1		3
프랑스		1		1
폴란드		1		1
계	24	12	3	39

◉ 독일군의 배치상황

전선별	육군사단	작전항공기(대)
러 시 아	140	1,040
프랑스 및 군소국가	58	1,100
이 탈 리 아	23	260
발 칸 지 역	26	210
덴 마 크	5	50
독 일 본 토	13	1,440
계	265	4,100

◉ 서부전선 독일군의 5개사단 구성

구 분	사 단 별			
	기갑	보병	해안방어 및 교육	계
서부전선총사령부(룬드쉬테트)	2		2	4
B 집 단 군 (로 멜)	3			3
1 5 군 (살 무 드)		6	11	17
7 군 (돌 만)		7	7	14
G 집 단 군 (블 라 스 코 비 츠)				
1 군 (케 발 레 리)	1	1	3	5
1 9 군 (소 덴 스 테 른)		3	4	7
O B W 예 비 및 네 덜 란 드	4		4	8
계	10	17	31	58

▲ 대서양 방벽

노르망디 상륙일자의 결정과정(1944년 6월 6일)

상륙일자 및 시간 결정시에는 주간과 야간의 선택과 간만조의 차이, 조류의 상태가 문제시된다. 노르망디 해안의 조류는 만조 후 3시간 만에 다시 간조가 될 뿐만 아니라 간조시 조류의 속도가 빠르기 때문에 인원을 상륙시킬 때 여유가 없다. 만약 간조시에 상륙을 하게 되면 상륙정이 해안과 너무 많이 이격되어 있음으로 해서 상륙부대는 노출된 해안지대의 적의 위협 하에 이동해야 한다. 만조시의 상륙을 대비하여 이미 독일군은 해안장애물을 설치했기 때문에 피해를 감수해야 한다.

▲ 아이젠하워가 최후의 결정을 내린 포츠머드 근방에 있는 사우드윅 하우스에 설치된 최고사령부 본부

모든 조건을 고려하여 결정된 상륙시간은 만조전 3시간전에 만조후의 주간이 1시간 있는 시기를 택하게 되었다. 상륙일시는 6월 4일에서 7일 사이에 월광이 가장 양호하고 조류의 상태가 조건에 맞는 날이라 판단된 6월 4일로 결정했다. 6월 4일, 기상조건이 좋지않다는 예보에 의해 6월 5일로 다시 연기했다. 6월 5일 03시 30분, 태풍에 가까운 폭우가 쏟아지자 아이젠하워는 긴급회의를 소집하여 기상 담당 최고책임자인 J.M 스태그 대령에게 기상 전망을 보고 받았다. 6월 5일 오후 늦게부터 6월 6일 오전까지 기상이 좋아질 것이라는 보고를 받은 아이젠하워는 역사적 결단을 하게 된다.

만약 다시 연기를 한다면 또 한달을 기다려야 하며 아울러 겨울이 닥쳐와서 작전기간이 줄어들고 상륙군의 사기침체와 상륙작전에 대한 비밀누설 우려가 있기 때문에 6월 6일로 D-데이를 결정한 것이다.

이 때의 결심과정을 지켜본 스미드 Walter Bedell Smith 준장은 다음과 같이 회고했다. "침묵은 5분간 흘렀으며 아이젠하워 장군은 회의실 소파에 앉아 있었다. 나는 일찍이 그와 같은 역사적인 결심을 내릴 때 지휘관의 고독을 그토록 실감나게 느껴보지 못했다.……드디어 그는 얼굴을 들고 가볍게 말했다. '자, 갑시다!'"

▲ 런던 최고사령부의 사령관 집무실에서 1주일 전에 부임한 아이젠하워가 시계를 보고 있다.

▲ 노르망디 일대를 폭격하기 위해 출격한 연합군 폭격기

|경 과|

5개 지역에 대한 상륙 계획

브래들리 Omar N. Bradley 중장의 미 제1군은 유타 Utah 및 오마하 Omaha에 상륙하고 뎀프시 Miles C. Dempsey 중장의 영 제2군은 골드 Gold, 주노 Juno, 소오드 Sword에 각각 상륙하기로 예정했다.

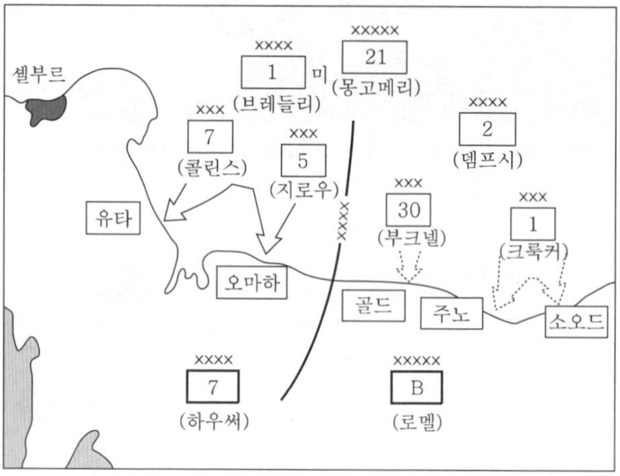

기선을 제압한 공격준비사격

1944년 6월 5일, 영국 공군 폭격사령부의 중폭격기 1,133대가 자정부터 새벽까지 셸부르와 세느강 사이, 르아브르 포대에 대해 5,900톤의 폭격을 실시했다.

6월 6일 상륙개시일 하루 동안 연합군은 총 13,000회의 출격에 최초의 8시간 안에 10,000톤의 폭탄을 퍼부었다.

공수사단(空輸師團)의 활약

6월 6일 01시 30분부터 미 제82 및 제101 공수사단은 유타해안 서방에 낙하했다. 미 제82사단은 메르데레 Merderet 강의 교량들을 선점, 셸부르항의 공격에 대비하고 제101

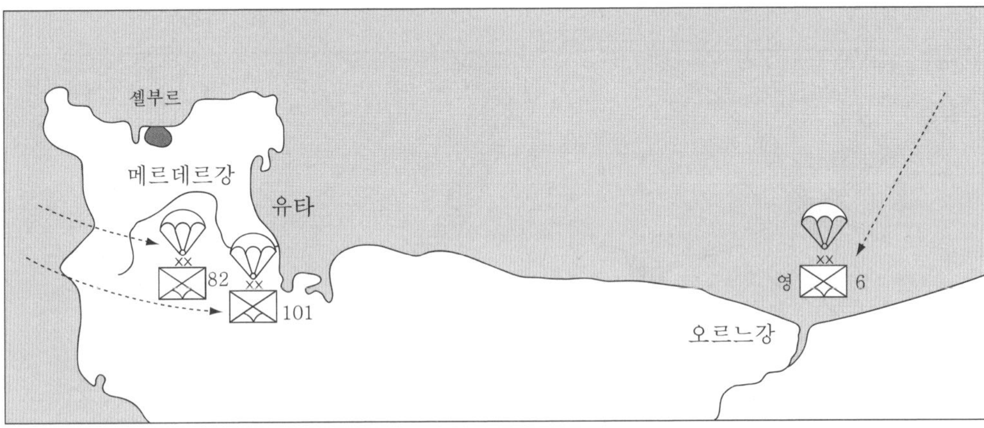

▲ 출발하기 전에 101공수사단 장병들을 방문하여 격려하는 아이젠하워

공수사단은 유타해안의 독일군의 반격을 저지하여 제4사단의 상륙엄호를 하게 했다.

까엥시 동방에 투하된 영 제6 공수사단은 오르느Orne강의 교량을 선점하여 상륙군의 좌익을 엄호토록 했다. 이들은 강풍으로 인해 다소 어려움을 겪었지만 훌륭히 임무를 수행했다.

유타(Utah)해안 상륙작전(미군)

6월 6일 일출 직후인 05시 50분 요란한 함포사격과 함께 미 제4사단은 미리 침투한 공수부대의 활약에 힘입어 06시 30분의 상륙으로부터 불과 3시간 만에 교두보를 확보했다.

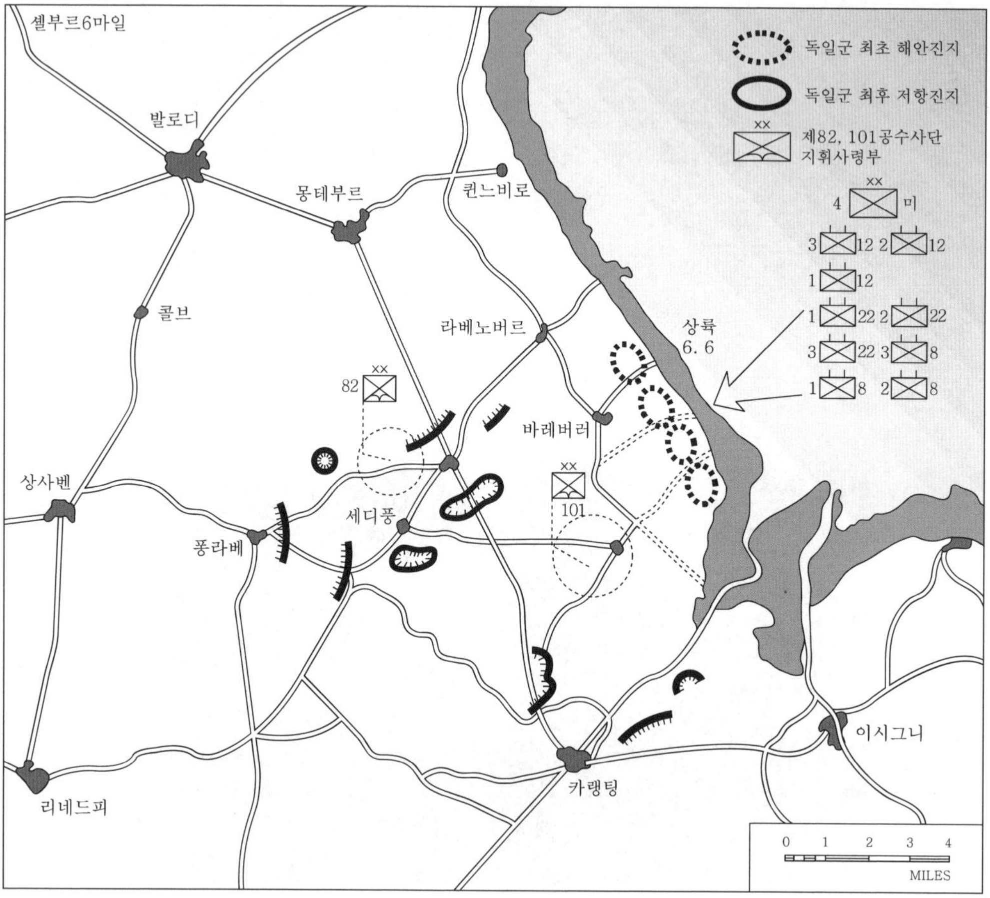

▲ 유타 해안으로 상륙하는 모습

오마하(Omaha) 해안 상륙작전(미군)

미 제1사단의 오마하 상륙은 독일군의 강력한 방어시설과 그 일대에서 훈련 중인 독일 제352사단의 즉각적인 반격으로 수많은 희생자를 발생시켰다. 높은 파도와 독일군의 집중포화로 인해 뒤죽박죽된 상륙부대는 악전고투 끝에 전투공병대의 역할에 힘입어 야간에 이르러서야 겨우 교두보를 확보했으며, 3,000명의 사상자가 발생했다.

▲ 오마하 해안

▲ 빗발치는 총탄을 뚫고 오마하 해안에 상륙하고 있는 연합군

골드(Gold), 주노(Juno), 소오드(Sword) 해안 상륙작전(영국)

영국군의 상륙은 약 1시간 뒤인 07시 20분경에 시작되었으며 예상보다 경미(輕微)한 저항으로 계획된 지역에 당일 상륙했다.

연합군의 상륙성공과 교두보의 확장

각 상륙지역에서 확보한 교두보를 연결시키기 위한 작전을 실시했으며 D+6일까지 병력 326,574명, 차량 54,186대, 보급품 104,428톤 등의 후속부대와 물자를 양륙시켰다. 로멜이 주장한 선방어(線防禦)는 이렇게 하여 무참히 깨어지고 말았다. 6월 27일에는 셸부르를 점령하고 7월 18일에는 쌩로St·Lo를, 24일에는 까앵을 점령함으로써 Overlord계획의 제4단계인 교두보 확장이 성공적으로 달성되었다.

독일군의 상륙저지 실패원인

연합군의 압도적인 전투력에 의해 독일군은 상륙을 저지하는 데 사실상 실패를 했지만 몇 가지의 뚜렷한 다른 요인도 찾을 수 있다. 즉 상륙지역의 오판으로 인해 즉각적인 예비대투입 및 타 지역에서의 병력전용에 실패하여 노르망디에 병력을 집중시키지 못했다. 독일군은 상륙예상지역이 빠드깔레가 될 것으로 굳게 믿고 있었다. 1940년 영국이 당케르크 철수의 쓰라린 경험이 있기 때문에 당케르크 바로 우측에 위치한 깔레에서 그날의 참패를 보복하려고 할 것이라는 판단에서였다. 그리하여 노르망디에 상륙한 그날 조차도 그 상륙병력은 연합군의 20% 미만 밖에 안 될 것이라는 오판을 했던 것이며 상대적으로 깔레 지역에는 독일군 제15군 예하 19개 사단을 노르망디 상륙 6주후까지도 묶어두어 버린 결과를 초래했다.

제공(制空)·제해권(制海權)의 상실이다. 연합군은 1,000대 이상의 미군 중폭격기가 주간에, 1,000대 이상의 영국군 중폭격기가 야간에 전략목표를 공격했으며 일일 4,000회 이상 출격이 가능했다. 독일군은 일일평균 300~350회 출격에, 그것도 독일전선의 후방 방어시설 정찰임무에만 국한되었다. 해군 역시 영국에 기지를 두고 독일군 U-boat 작전을 무력화시켰으며 완전히 제해권을 장악했다.

▲ 골드 해안에 상륙한 영국군을 지원하기 위한 보급품 수송선과 트럭

전략예비대의 절대 부족이다. 노르망디가 주공임을 판단한 후에도 전략예비대가 부족하여 투입할 수 없었다. 상륙부대가 상륙을 성공하기 위해서도 물론 필요하겠지만 상륙부대를 저지하는 데 있어서도 보병 부대는 절대적인 역할을 한다. 당시 독일군은 보병부대가 부족하여 끝까지 고전을 면치 못했던 것이다.

|분 석|

공수부대 운용으로 상륙지역 후방에 대한 기습낙하로 중요지점을 선점하고, 적의 후방을 교란하며, 지휘시설을 파괴하는 등의 제 활동을 상륙부대에 지대한 공헌을 했다. 그러나 적후방에 직접 투입함으로써 피해가 컸으며, 상륙부대와 가능한 신속하게 연결작전을 해야 했다.

상륙해안에 배치된 적 진지를 완전히 분쇄(粉碎)하지는 못했다하더라도 함포사격으로 상륙군을 지원하는데 매우 효과적이었다. 또한 상륙초기의 기갑부대는 다소의 피해에도 불구하고 상륙군에게 필수불가결의 힘을 부여했다.

58 코브라Cobra 작전

셸부르항을 점령당한 후 룬드쉬테트와 로멜은 연합군을 저지하기 위해 세느강 선으로의 철수를 히틀러에게 건의하나 히틀러는 이를 기각하고 룬드쉬테트를 7월 3일부로 해임시켰다. 7월 17일에는 로멜이 공중폭격에 의해 부상을 입고 전선을 떠나자. 독일군은 클루게Kluge의 겸직에 의해 지휘되나 7월 20일 히틀러 암살미수사건이 발생되자 히틀러는 주위 측근들을 불신하게 되었고 모든 군사작전을 독단에 의해 이끌어 나갔다. 연합군은 상륙지역에 대해 교두보를 확보하고 내륙으로의 진격을 시작했다. 프랑스 내

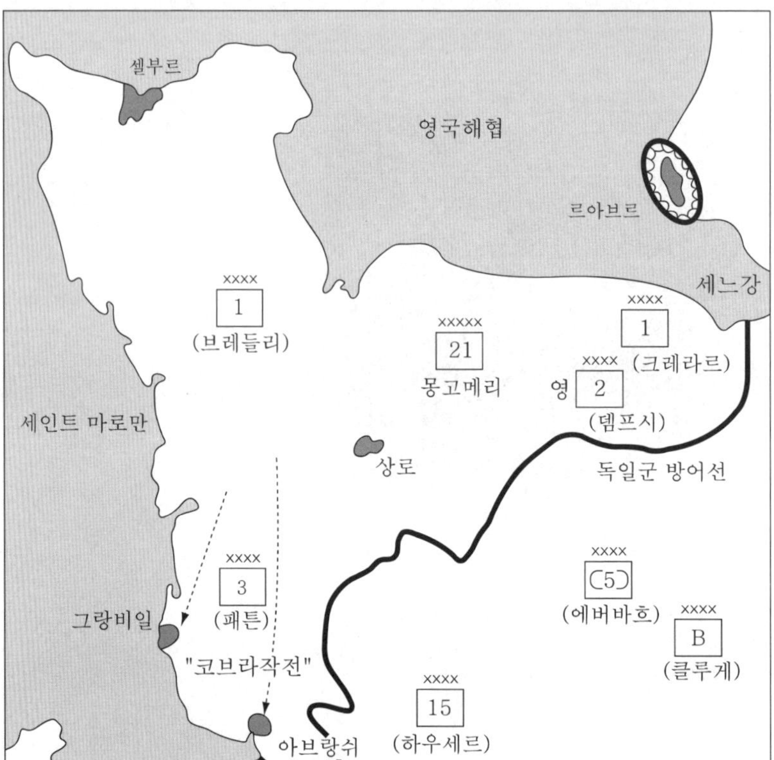

륙으로의 돌파작전을 "코브라(Cobra)"라는 명칭을 붙여, 공중폭격과 제1군의 지상공격으로 간격을 형성하고 그 사이를 패튼의 제3군이 코브라처럼 튀어나가기로 했다. 계획은 성공하여 7월 말에 그랑비일 Granvilles과 아브랑쉬 Avranches를 점령함으로써 세느강과 파리 방면의 진출로를 개방시켰다.

▲ 아이젠하워를 기다리고 있는 패튼. 그 오른쪽이 6. 25 전쟁시 활약했던 워커 장군

59 럭키 스트라이크Lucky Strike 작전

코브라작전이 성공적으로 끝난 8월 1일, 브레들리는 핫지스Courtney H. Hodges 중장에게 제1군의 지휘권을 넘기고 제1군과 제3군으로 신편된 제12집단군을 지휘했다. 같은 날 패튼은 진격을 계속하여 8월 3일에는 렌느Rennes를 점령함으로써 브레타뉴 반도의 목을 잡았다. 이때 아이젠하워는 최초의 Overlord 계획을 일부 수정하게 되는데 셸부르항을 점령시 이미 독일군이 초토화한 것을 경험삼아 제8군단만을 브레타뉴 방면으로 진격시켜 브레타뉴 반도 내 항구를 장악하게 하고, 기타 주력 3개 군단은 패튼의 지휘하에 동쪽으로는 급선회하여 세느강 이서 지역을 조기 확보하는 것이다. 이른바 럭키 스크라이크 작전은 패튼의 돌풍과도 같은 기세로 8월 8일에 100마일이나 이격된 르망Le Mans을 점령했다. 수정되기 전 패튼의 임무는 브레타뉴 반도를 소탕하고 브레스트Brest항을 비롯한 여러 항구들을 장악하는 것이었다.

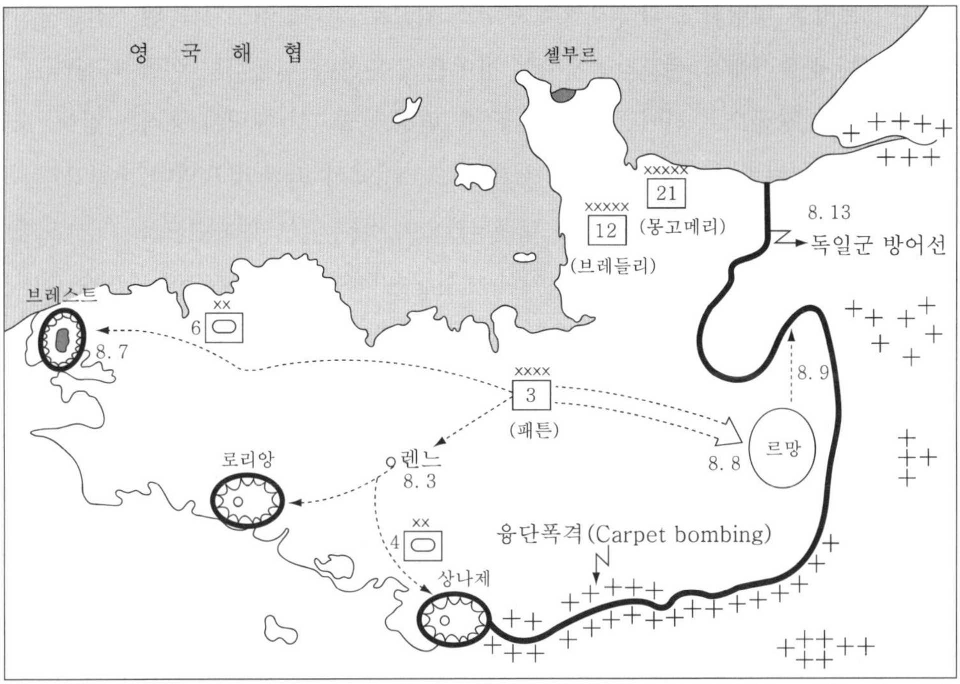

영 국 해 협
셀부르
XXXXX
21
(몽고메리)
XXXXX
12
(브레들리)
8. 13
독일군 방어선
브레스트
XX
6
8. 7
XXXX
3
(패튼)
8. 9
르망
8. 8
로리앙
렌느
8. 3
XX
4
융단폭격(Carpet bombing)
상나제

60 팔레에즈Falaise-아르장땅Argentan포위전과 파리 해방

패튼이 르망을 점령하고 파죽지세로 프랑스 땅으로 밀려들어오자 독일 B집단군사령관 클루게는 히틀러에게 세느강선에서의 방어를 건의하나 히틀러는 이를 묵살하고 에버바흐 Eberbach 장군으로 하여금 특수기갑군을 편성, 8월 7일 새벽에 공격을 감행, 모르뗑 Mortain에서 아브랑쉬로 진격시키려 했으나 모르뗑에서 좌절되고 만다. 8월 17일 클루게 장군은 모델 Walter Model 원수와 교체되었으며, 클루게는 베를린으로 가는 도중에 자살하고 말았다. 독일군의 공격을 저지한 연합군은 패튼군을 아르장땅 방면으로 북상시켰다. 동시에 캐나다 제1군을 팔레에즈로 진격시킴으로써 팔레에즈와 아르장땅을 포위했다. 연합군 27개 사단이 독일군 19개 사단을 짓밟아버리는 대 포위전이 실시되었고, 독일군은 아르장땅과 팔레에즈 사이의 약 15마일의 간격을 통해 필사적으로 탈출했다. 이 포위전에 의해 독일군은 50,000명의 포로와 10,000명의 사상자를 남겼다. 이제 독일군은 세느강선에서의 방어를 포기하고 독・불 국경선까지 후퇴했으며, 8월 25일 14：00시 파리 Paris가 해방되었다. Overlord 계획에서의 예정일보다 10일이나 앞선 성과였다. 파리 해방 전 프랑스 방위군과 치열한 시가전이 있었으며, 미 제4사단과 프랑스 제2기갑사단이 이를 지원했다.

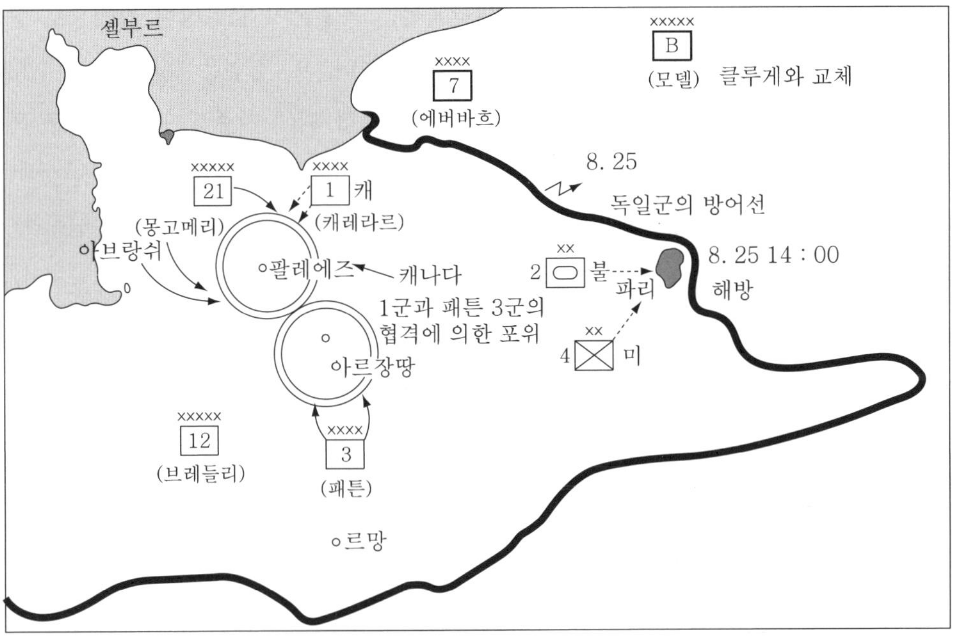
셸부르
XXXXX
B
(모델) 클루게와 교체
XXXX
7
(에버바흐)
8. 25
독일군의 방어선
XXXXX
21
XXXX
1 캐
(캐레라르)
(몽고메리)
아브랑쉬
팔레에즈
캐나다
XX
2 불
파리
8. 25 14 : 00
해방
1군과 패튼 3군의
협격에 의한 포위
XX
4 미
아르장땅
XXXXX
12
(브레들리)
XXXX
3
(패튼)
르망

61 안빌Amvil 상륙작전

Overlord 작전수행기간 중 남부프랑스 해안에서는 독일군이 노르망디 방면으로 증원되지 않도록 견제를 목적으로한 상륙작전이 실시되었다. 이 작전은 "Anvil 작전" 또는 "Dragon 작전"으로 명명되었고, 독일군을 묶어두는 역할 외에 지중해의 여러 항구 특히 마르세이유 Marseille를 통한 연합군의 병참선 확보에 그 목적이 있었다. 패취 Alexander M. Patch 중장의 미 제7군 예하 제6군단(Truscott)은 1944년 8월 25일 08 : 00시를 기하여 칸느 Cannes와 투울롱 Toulon 사이에 상륙했다. 이때 그 지역의 독일 제19군은 제노아 Genoa 지역으로서의 상륙을 예상했기 때문에 큰 저항 없이 상륙했다. 타시니 Tasigny의 프랑스 부대는 서진(西進)하여 8월 18일 투울롱항과 마르세이유항을 탈환했고 미군 사단은 9월 3일 리용 Lyon을 확보한 후 9월 11일에는 아이젠하워군과 연결했다. 9월 15일, 미 제7군과 프랑스 제1군은 데버어스 Devers 중장의 제6집단군으로 개편되어 아이젠하워 휘하에 들어갔다.

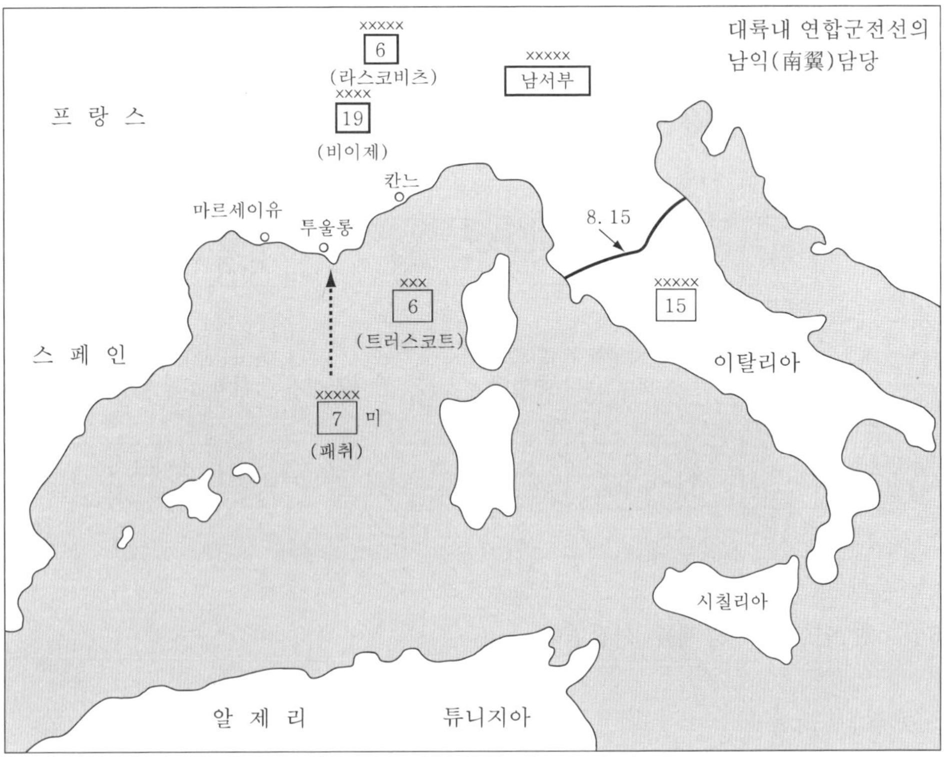
대륙내 연합군전선의
남익(南翼)담당
XXXXX
6
(라스코비츠)
XXXX
19
(비이제)
XXXXX
남서부
프 랑 스
칸느
마르세이유
투울롱
8. 15
XXX
6
(트러스코트)
XXXXX
15
스 페 인
이탈리아
XXXXX
7
미
(패취)
시칠리아
알 제 리
튜니지아

62 서부방벽West Wall으로의 진격

노르망디 상륙작전 완료후 연합군은 세느강선에서 3개월간 정비를 하면서 부대의 재편성과 병참문제를 해결하려고 했으나 의외로 독일군이 약화되었고, 추진하는 작전이 성공됨에 따라 그 여세를 몰아 독일 국경선을 향해 계속 진격하기로 했다.

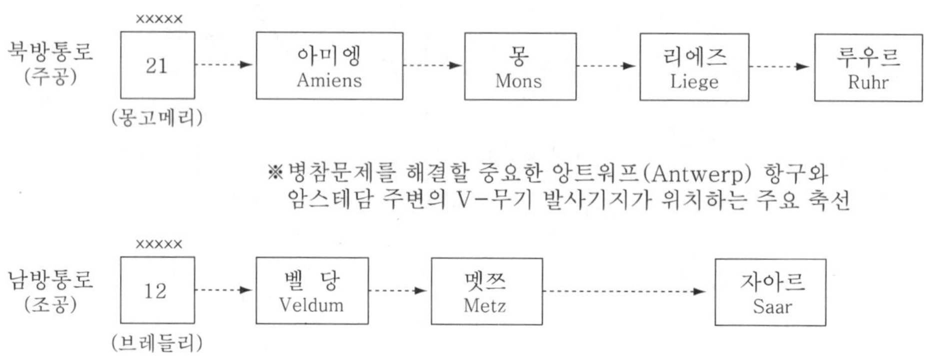

8월 6일 연합군이 공세를 시작했다.

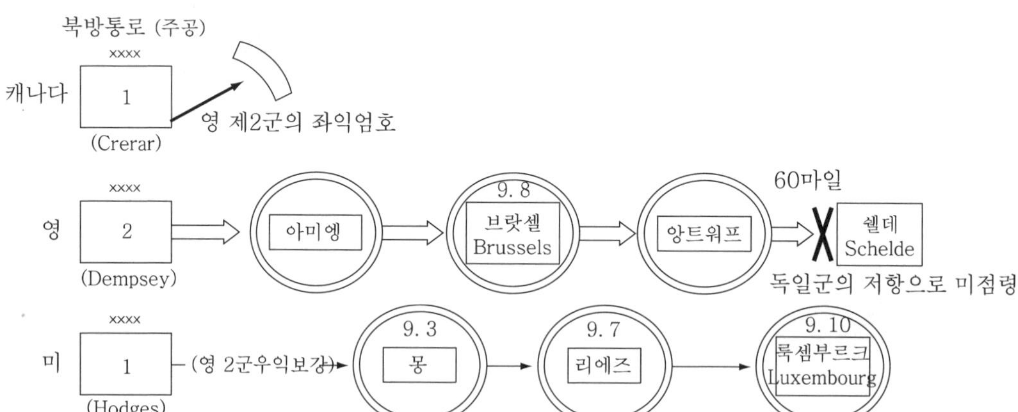

몽고메리 예하 영국 제2군 주공은 캐나다 제1군의 엄호를 받으면서 순조롭게 앙트워프를 점령했다. 우익을 보강하기 위해 증원된 미 제1군은 룩셈부르크를 해방했다. 조공방향의 패튼 제3군단은 파죽지세로 진격하여 9월 7일 멧쯔 남방의 모젤 강에 교두보를 확보했다.

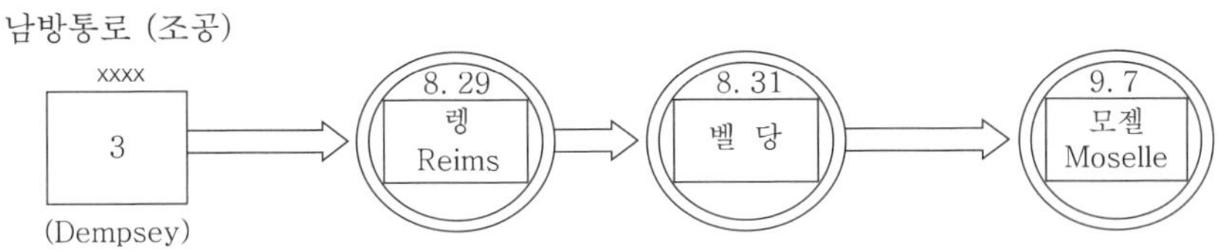

독일군 최후의 보루 서부방벽(西部防壁 : West Wall : Siegfried Line)

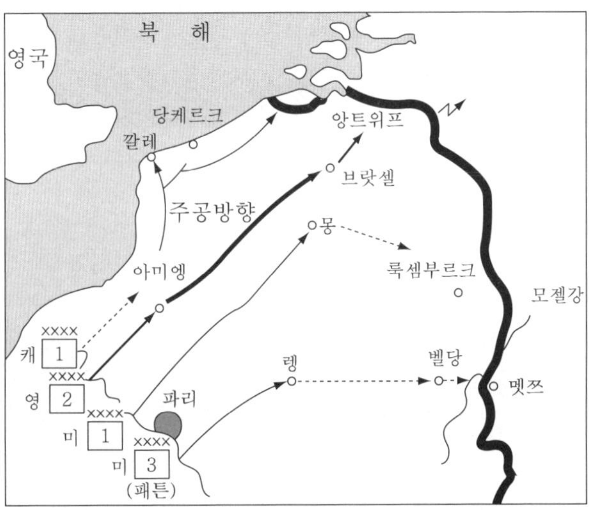

독일군은 스위스 국경으로부터 라인강 하류 네덜란드와의 국경까지 연결된 서부방벽에 대해 마지막 희망을 걸고 있었다. 1939년에 히틀러가 구축한 이 방벽은 수백 개의 콘크리트 방카와 대전차용치장애물(對戰車齒障碍物 : Dragon's teeth)등 강력한 방어시설로 요새화되었고 종심이 3마일이나 되었다.

히틀러는 9월 5일 룬드쉬테트를 다시 최고사령관에 임명했다.(룬드쉬테트는 가장 프

▲ 서부방벽. 지그프리드 라인에 선 처칠, 몽고메리 일행

러시아 군인다운 철 같은 군인으로 평가되었던, 신사적인 태도와 함께 당대의 가장 우수한 노장이었다.)

지급수송작전(至急輸送作戰 : Red Ball Express)

당시 연합군의 가장 큰 난관은 500마일이나 이격된 전방 전투부대에 대해 여하히 병참물자를 수송해 주느냐의 문제였다. 1개 사단이 일일 전투시 소요되는 물량은 600~700톤이나 되었고 매월 교체품목은 소총 36,000정, 박격포 700문, 전차 500대, 차량 2,400대와 포탄은 8백만 발이나 되었다.

이 문제를 해결하기 위해 지급(至急) 수송 작전이 전개되었는데, 리J·C·H Lee장군의 지휘 하에 북프랑스의 모든 항구로부터 전쟁물자가 약7천대의 트럭에 의해 일일 20시간씩 일방통행으로 운전병만 교대하면서 계속 전방으로 추진되었던 것이다. 당시 수송트럭은 조그마한 붉은색 불을 켜고 다녔고, 이 붉은색 불은 아군임을 확인하는 신호로 사용되었다. "Red Ball Express"라는 명칭의 유래이다. 이렇게 비상수단을 사용하여 보급물자를 수송했으나 소요에는 미치지 못했다.

▼ 레드 볼 익스프레스 작전에 투입된 연합군

▲ 1945년 봄, 연합군의 진격으로 포로가 된 독일군

63 Market-Garden 작전

북방으로의 우회결심

보급란을 해소하기 위한 앙트워프항의 개방과 네덜란드에 위치한 V-무기 기지의 제거목적 외에 서부 방벽을 돌파함에 있어서 방어망이 비교적 허술한 북방으로의 우회를 결심한 몽고메리는 라인강 대안의 교두보 확보작전에 나섰다.

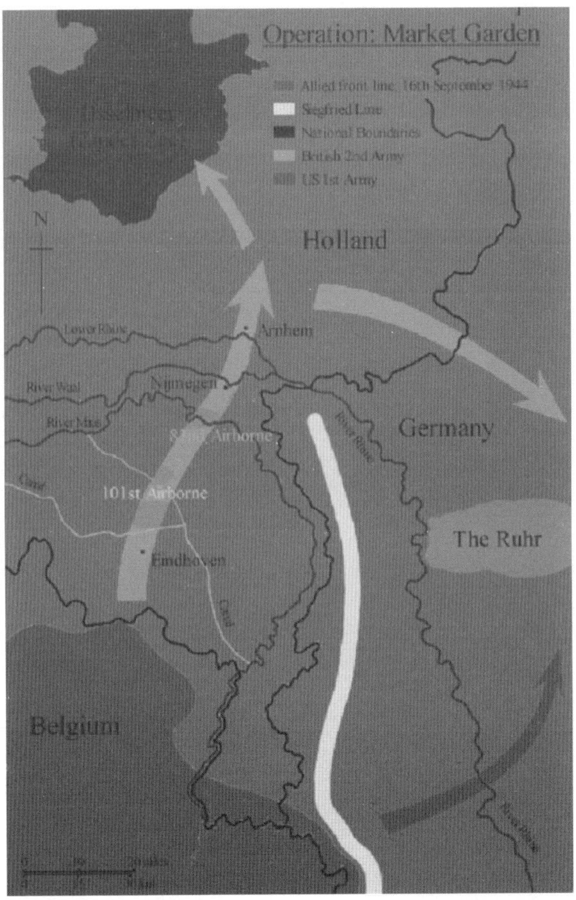

Market-Garden 작전계획

공수부대와 연결하여 서부방벽 우회, 북부독일 평원으로 진출하여 루우르 지대를 북방으로 포위하는 것이다.

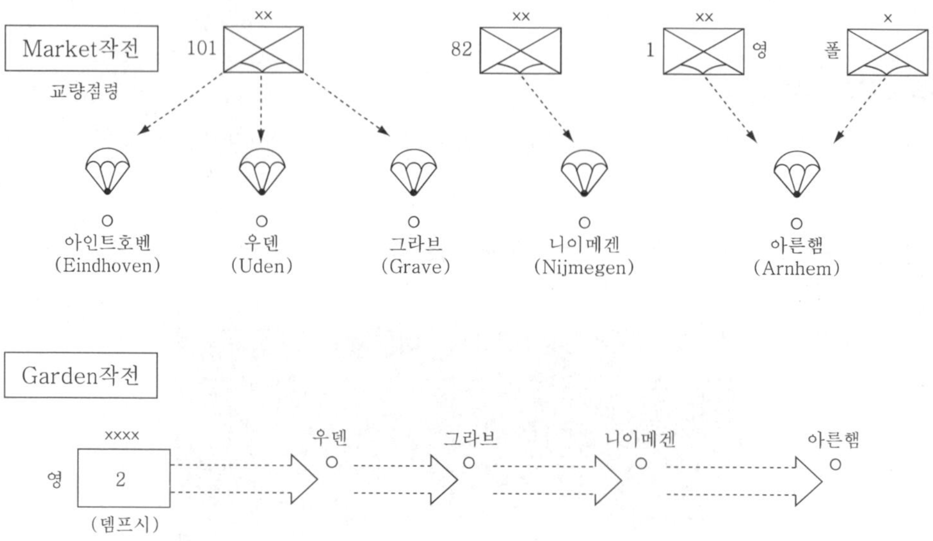

작전실시와 실패

9월 17일 14 : 00시, 작전은 개시되어 미 제101사단과 미 제82사단은 기습적인 공수투하로 교량점거에 성공하여 영 제2군과 합류했다. 그러나 아른헴에 투하하기로 되어있는 영 제1사단은 목표지역과 과도히 이격되어 투하했으며, 때마침 그 지역에서 재편성 중이던 독일 제9 SS기갑군단에 의해 궤멸당하여 아른헴 점령에 실패했다.

영 제2군은 니이메겐에서 강력한 독일군의 저항으로 진격이 지연되었다가 아른헴에서 저지당하고 말았다. 제2차 세계대전 중에서 가장 큰 공수작전은 이렇게 해서 실패했다.

▲ 피아격전이 벌어졌던 아른헴 교량

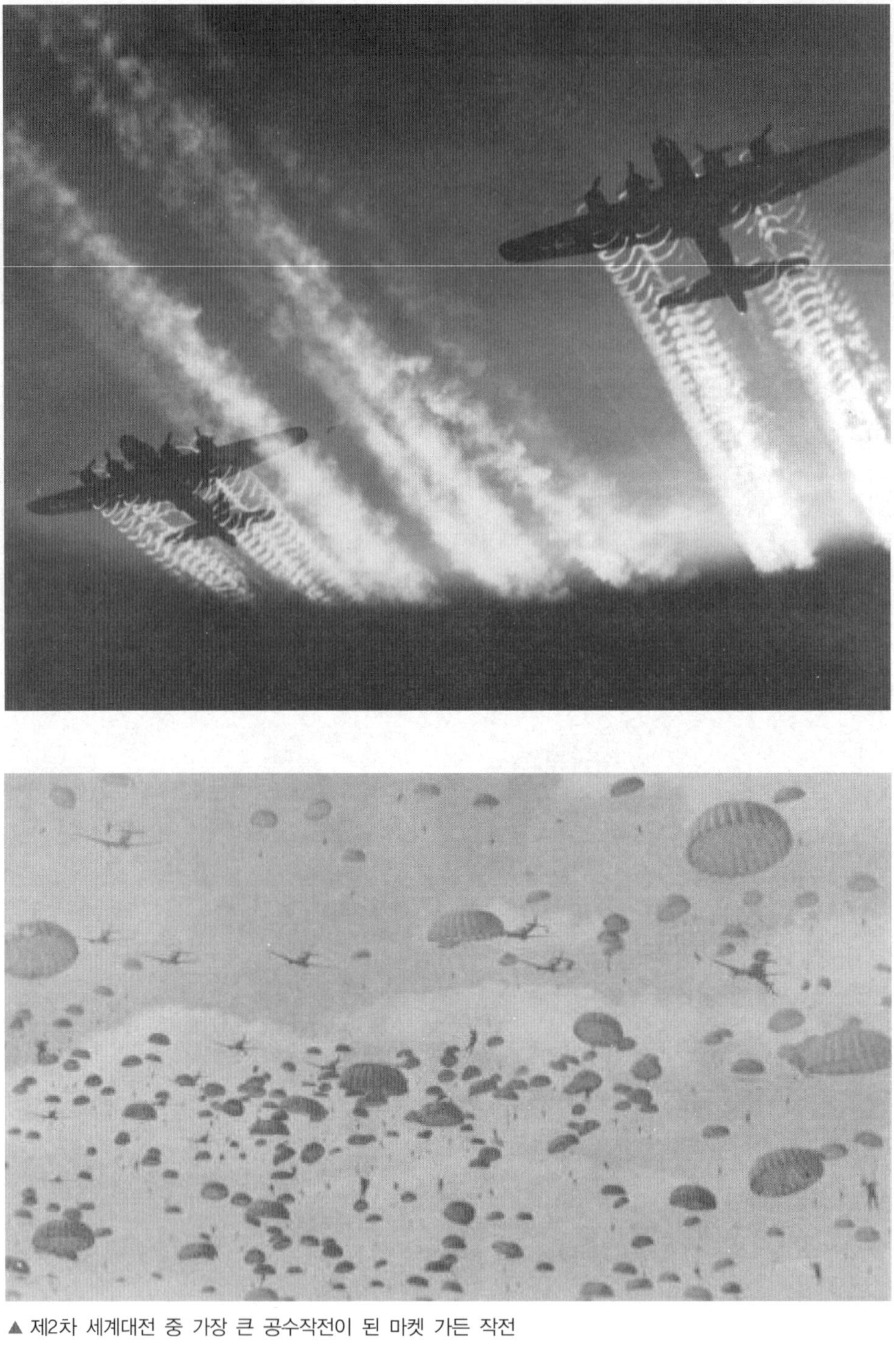

▲ 제2차 세계대전 중 가장 큰 공수작전이 된 마켓 가든 작전

▲ 아른헴 교량을 중심으로 마켓 가든 작전의 주무대가 된 지역

전선의 교착

Market-Garden 작전의 실패로 인해 연합군의 추격전은 더 이상 진행되지 못한 채 10월이 되자 다시 전선은 교착상태에 빠졌다. 몽고메리는 심각한 보급난을 해소하기 위해 10월 6일 쉘데에 대한 공격을 시작하여 약 1 개월의 격전 끝에 겨우 장악했으나, 쉘데 하구일대의 기뢰 때문에 11월 28일에야 앙트워프항이 개방되었고, 이 항구를 통해 매일 25,00톤의 보급품이 양륙됨으로써 연합군은 다소 숨통이 트였다.

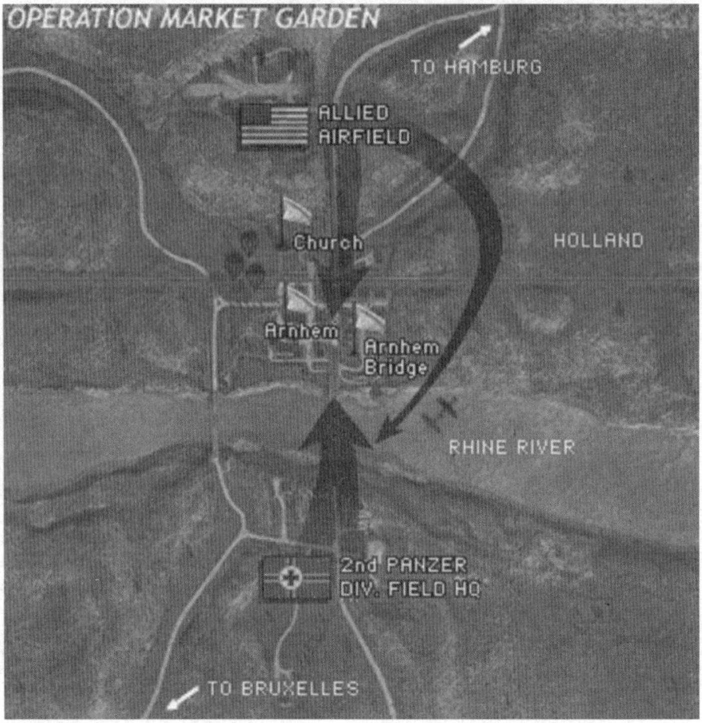

Market-Garden 작전의 실패 원인

독일군 중앙부를 가로질러 65마일의 회랑지대를 고수해야하는 무리한 요구, 일기불순으로 인한 공중지원의 불가, 독일 제9 SS기갑군단의 출현으로 아른헴 점령실패 등을 실패 요인으로 들 수 있다.

▲ 마켓 가든 작전 참전 용사들

64 발지Bulge 전투

|사상 최대의 수공작전|

1944년 10월, 히틀러가 최후의 도박을 했던 발지 전투가 벌어지기 2개월 전에 네덜란드의 스헬데 하구에서 사상 최대 규모의 수공 작전이 벌어졌다. 연합군은 노르망디 교두보에 상륙한 이래 연전연승을 거두면서 독일 본토를 향해 북쪽과 동쪽으로 급한 진격을 계속했다. 이에 따라 연합군의 보급선은 길게 늘어나서 이미 한계점에 도달했다.

연합군 각 사단은 일일 평균 500톤의 군수물자를 필요로 했는데, 약 560 km 후방인 셀부르로 부터 트럭 수송으로 운반할 수 있었던 물량은 일부에 불과했다. 연합군은 제1급 항구로 스헬데 항구를 지목했다. 1944년 10월초, 캐나다 제1군이 스헬데 하구로부터 독일군을 구축하기 위해 공격을 가할 때, 독일군은 제방을 폭파하여 저지대를 물로 채워버렸다.

▲ 독일군의 수공작전으로 둑이 터져 안으로 물이 들어가고 있는 장면

▲ 물바다가 된 마을을 지나고 있는 네덜란드 주민들

▲ 스헬데 하구 소탕작전 동안 네덜란드 플러싱 부근에 영국군의 상륙용 주정들이 접안하고 있다.

연합군의 역 수공작전

캐나다 보병부대가 스헬데 하구 양편에서 독일군을 구축하여 그들을 뒤쫓고 있는 동안에 연합군도 독일군에 대해 수공작전을 펼쳤다. 연합군의 수공작전은 최종 목적지인 발헤렌섬의 독일군을 수장시키려는 것이었다. 10월 2일에 미군 공군기는 지역 주민들에게 전단으로 홍수 경보를 내렸다.

이튿날, 영국 공군 폭격기 259대가 발헤렌섬 서단에 있는 거대한 제방을 길이 70 m에 걸쳐 폭파해버렸다. 섬 안은 당장에 약 2 m의 수심으로 홍수가 일어났고, 독일군 포병 진지는 물에 잠겼다. 그러나 높은 호안에 구축된 대구경포는 건재했다.

캐나다 제1군의 거세게 저항하는 독일군의 공격을 막아가며 전진을 계속했다. 마침내 10월 31일 캐나다군은 발헤렌의 독일군 방어진지를 공격하기에 이르렀다. 11월 1일 밤에 영국 특공대 2개 부대가 발헤렌섬 해안을 습격함으로써 스헬데 하구를 에워싼 공방전은 최고조로 달했다.

마침내 11월 3일, 캐나다 제1군과 영국군이 합류하게 되었고, 스헬데 하구는 연합군의 손에 들어왔다. 여기서 독일군 수비대 4만 1000명이 포로가 되었다.

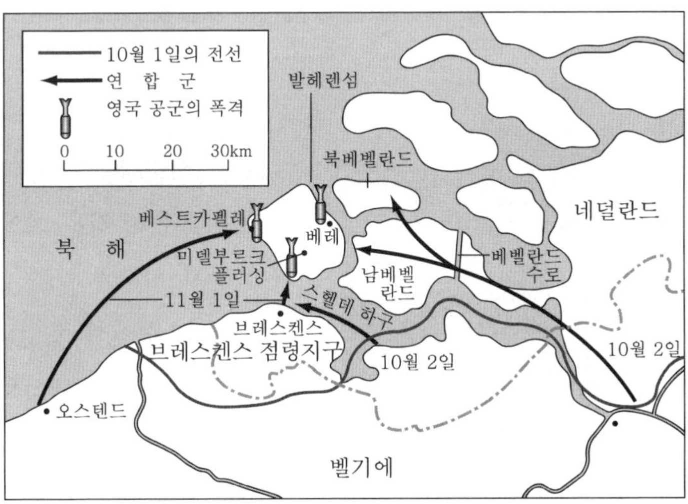

|독일군의 아르덴느 침공|

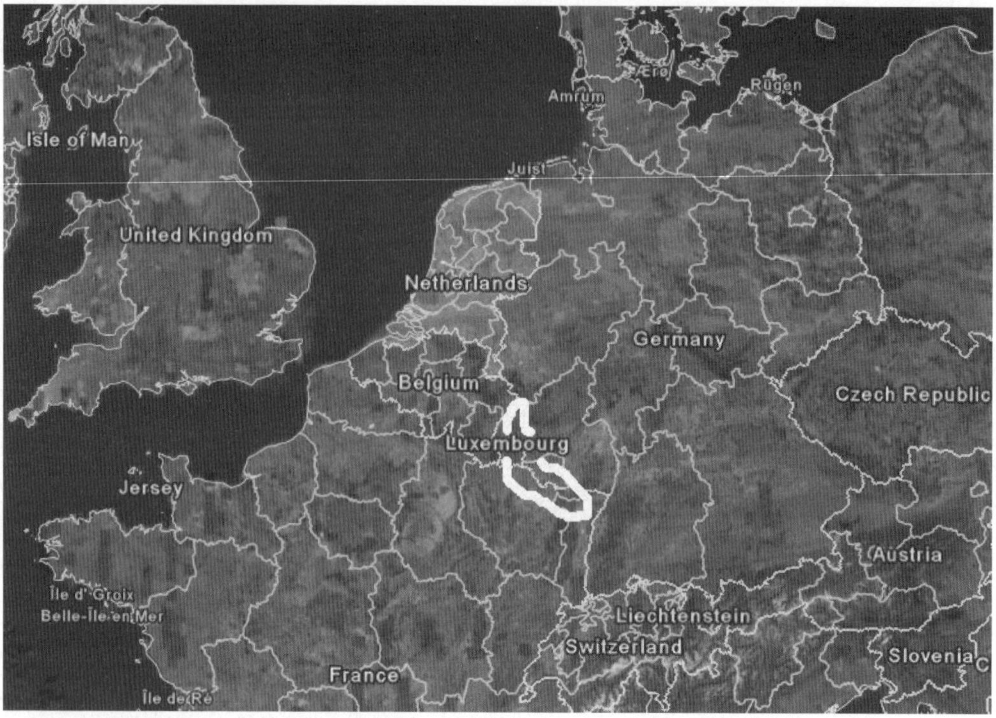

12월 16일, 독일군이 갑자기 아르덴느 방면에서 공격을 가해왔는데, 히틀러는 당시 상황에서 볼 때 동부전선은 비스툴라강 선에서 소강상태에 빠져 있으며 이탈리아 방면에서도 고딕 선에서 교착된 상황을 감안하여 전반적인 전세를 역전시키고자 마지막 카드를 아르덴느 지역에 던진 것이다.

히틀러가 아르덴느를 택한 이유

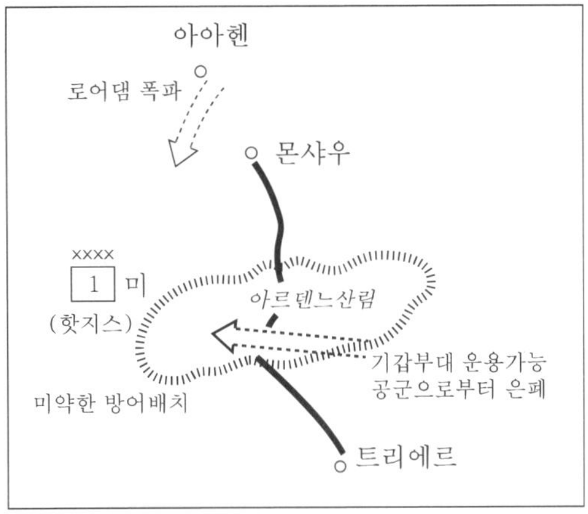

몬샤우 Monschau로부터 트리에르 Trier 사이의 약 75마일 거리에 미 제1군 예하 4개 사단만이 배치되어 있음으로 해서 타지역에 비해 병력배치가 대단히 미약하다는 것과 독일군이 아르덴느 정면으로 기동하는 동안 양익으로부터 보호를 받을 수 있다는 장점이 있었다. 즉 북방의 아아헨 Aachan에서는 로어 Roer댐을 폭파함으로써 연합군을 저지할 수 있으며, 남방은 자아르 요새 지대로 인해 방어가 가능하다고 본 것이다.

또 다른 이유로는 비록 아르덴느 지역이 험하지만 대규모 기갑부대의 기동이 가능하며 울창한 삼림은 부대를 은폐시켜주어 제공권을 장악한 연합군 공군의 공격을 막아준다는 것이다.

▲ 아르덴느 삼림

|독일군의 작전계획|

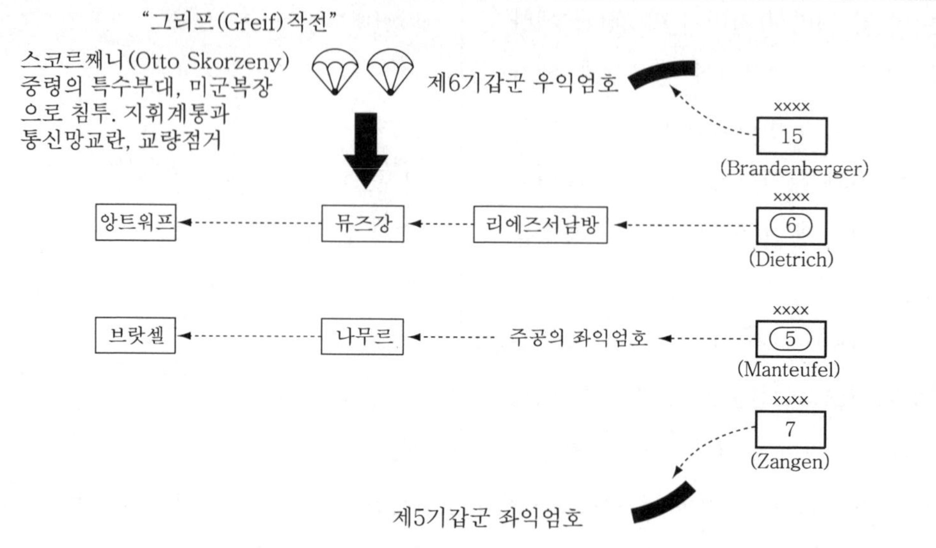

- 최종목표 앙트워프를 점령함으로써 바스토뉴-브랏셀-앙트워프를 연결하는선 이북의 연합군 차단(遮斷) · 섬멸(殲滅)
- 11월중 아르덴느 동쪽에 2개 기갑군과 2개 군으로 편성된 25개 사단 집결

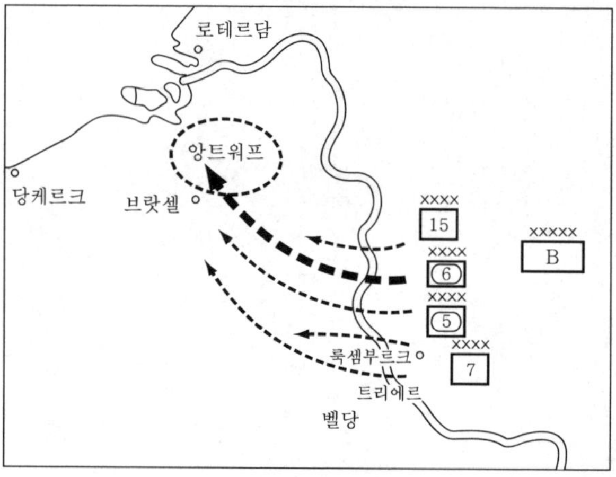

공격일은 연합군의 공군이 활동을 할 수 없는 불순한 일기가 닥칠 때로 하고 임시로 11월 26일에서 28일 사시의 하루를 정했다(실제는 12월 16일에 실시됨). 공격방법으로 보병이 최초돌파, 기갑부대가 전과확대를 담당하도록 했다. 룬드쉬테트는 먼저 아아헨을 공격할 것을 건의했으나 기각 당했다.

독일군 병력은 비교적 충분했으나 약 10주간의 훈련을 받은 신병들이 대부분이었고 기갑 부대의 예비 수리부속품은 절대적으로 부족한 상태였다. 그러나 룬드쉬테트는 자신 있는 태도를 보이며 "우리는 지금 도박(賭博)을 하고 있다. 그러나 패배하지는 않을 것이다."라고 했다.

▲ 히틀러와 함께 선 특수부대장 스코르쩨니 중령

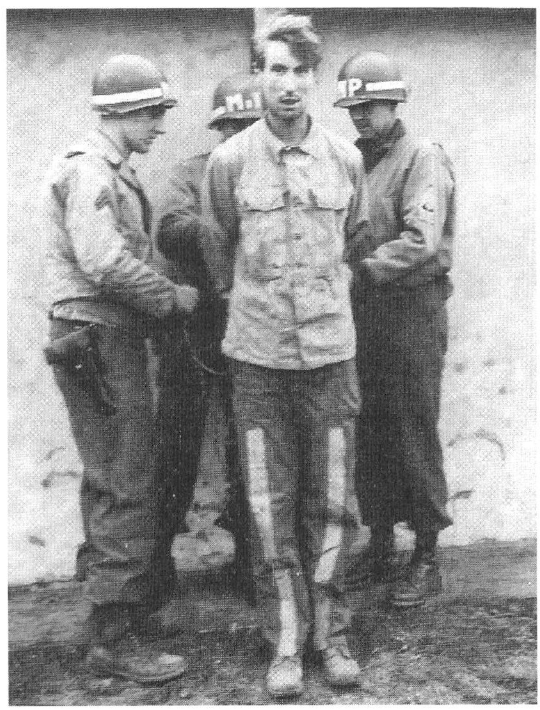

▲ 미군 헌병들에게 처형당하는 독일 특수부대원

독일군의 기습공격

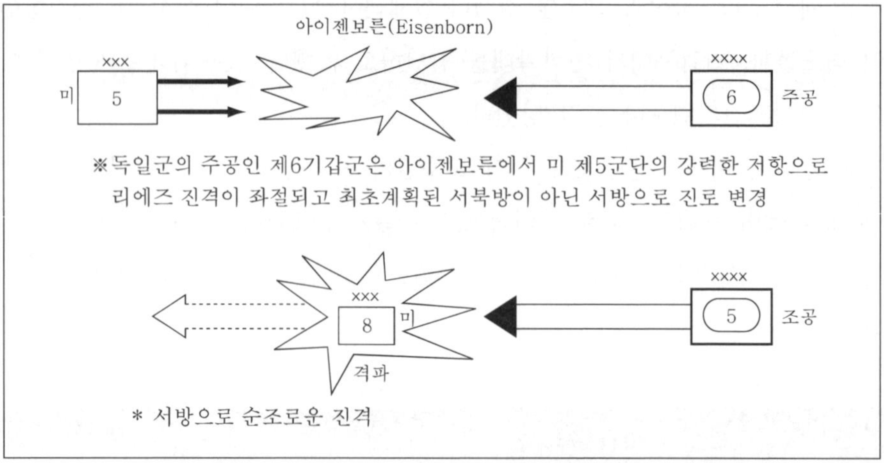

연합군의 대처

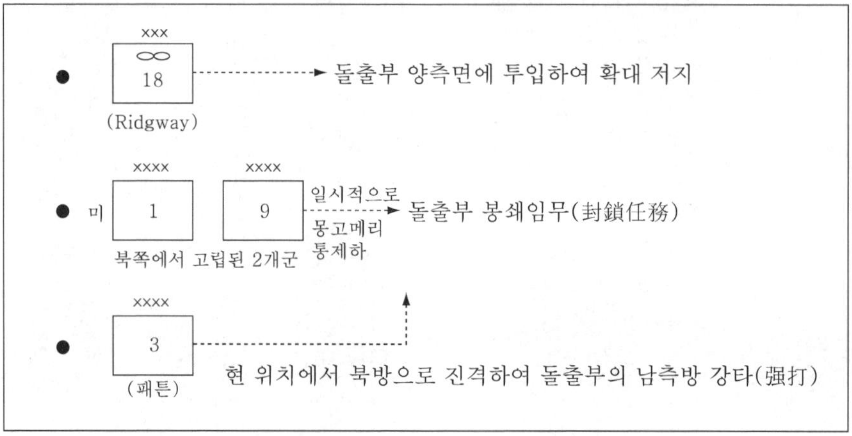

|쌩비트와 바스토뉴 격전|

교통의 요지인 쌩비트 St. Vith에서의 격전으로 독일군은 그들의 시간계획이 완전히 어긋나게 되었으며 바스토뉴 Bastogne는 연합군에 의해 끝내 고수되었다. 12월 23일부터는 맑은 날씨가 계속되어 5,000대 이상의 연합군 항공기가 독일군을 강타했다. 12월 26일에는 패튼 예하부대인 미 제4기갑사단이 바스토뉴 포위망내의 제101공수사단을 구원했다. 이런 상황에 접하여 룬드쉬테트는 히틀러에게 철수를 건의하나 기각 당했다.

바스토뉴 탈환작전과 독일군의 철수

히틀러는 돌출부를 유지하기 위해서는 바스토뉴의 확보가 필수적인을 인식하여 바스토뉴 탈환작전을 지시했다. 12월 30일, 간밤에 내린 흰눈에 조화되도록 흰 페인트칠로 장비를 위장한 패튼 제3군은 제8군단으로 하여금 바스토뉴 동북방으로 진격시켰다. 독일군은 바스토뉴를 탈환할 최후의 노력으로 모델 원수가 직접 제1SS기갑사단을 지휘하기로 했다.

미 제101공수사단은 독일군의 공격을 성공적으로 저지시켰고 주도권은 제8군단에게 있었다. 12월 31일 하루에도 무려 17회의 독일군의 공격이 계속되었으나, 포 1,000문의 지원을 받는 제8군단에 의해 번번히 좌절되고 말았다. 미군의 단결력을 과시한 대표적 전례라 할 수 있다. 히틀러는 1945년 1월 8일 전면적인 철수를 지시했다.

▲ 눈 덮힌 아르덴느 일대

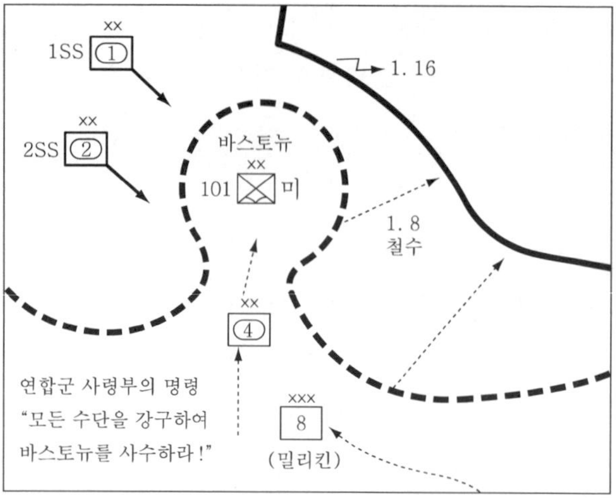
1SS ①
2SS ②
1. 16
바스토뉴
101 미
1. 8
철수
④
연합군 사령부의 명령
"모든 수단을 강구하여
바스토뉴를 사수하라!"
8
(밀리킨)

BASTOGNE

▲ 바스토뉴의 미군 전차

▲ 파괴된 쌩비트를 바라보고 있는 미군 지휘관

◀ 1945년 1월 1일, 앞줄 왼쪽부터 괴링, 히틀러, 하인쯔, 구데리안 등이 작전을 논하고 있다. 7일 후에 히틀러는 전면 철수를 명령했다.

돌출부제거와 독일군의 패배

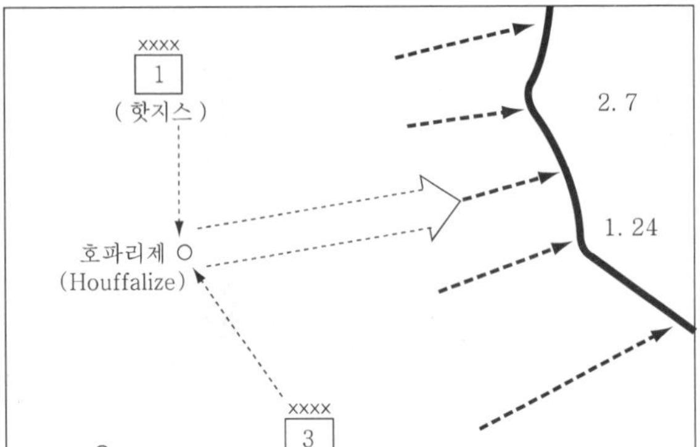

1월 3일, 바스토뉴에서 북진한 패튼의 제3군과 호파리제로 향해 남진한 핫지스의 제1군이 1월 16일 호파리제에서 합류하게 됨으로써 돌출부는 두동강이 났으며 곧이어 1월말까지 돌출부를 완전 제거하여 독일군 반격 이전 선까지 밀어붙였다.

독일군은 1월 12일부터 시작된 소련군의 동계공세로 인해 혼란에 빠졌으며, 이를 대비하기 위해 제6기갑군을 전용하게 되자 순식간에 독일군은 붕괴하고 말았다.

▲ 전선사령부 지휘소에서 룬드쉬테트

독일군의 실패요인

▲ 발지전투 책자

히틀러의 도박에 가까운 마지막 카드에 비해 병력이 절대적으로 부족했다. 또한 유류의 부족과 기계화 부대의 부속품과 수리공이 부족했으며 조기에 제공권을 상실했다.

연합군의 바스토뉴 사수로 인한 보급지원에 난관이 있었다. 대부분 10주 미만의 훈련을 받은 신병으로 구성되었고 예비대 투입의 실책도 따랐는데, 예비대인 독일 제2 SS기갑군단을 히틀러의 명령에 의해 고전중인 주공 제6기갑군에 투입함으로써 조공인 제5기갑군에게 비춰진 마지막 희망을 깨뜨려 버린 것이다. 모델과 룬드쉬테트는 조공인 제5기갑군에 예비대를 투입하여 공격기세를 유지하려고 했었다.

|분석|

연합군은 76,980명 손실, 독일군은 70,000명의 사상자, 50,000명의 포로, 전차 600대, 항공기 1,600대 손실을 입었고 독일군 예비대가 완전히 소멸되었다.

히틀러의 마지막 회심의 일격이 실패됨에 따라 충격적인 절망감을 독일에게 주었고, 이 전투로 약 6주일 간 연합군의 공격을 지연시켰다.

▲ 폐허가 된 바스토뉴 시가지의 모습

65 라인란트 Rhineland 작전

|연합군의 작전계획|

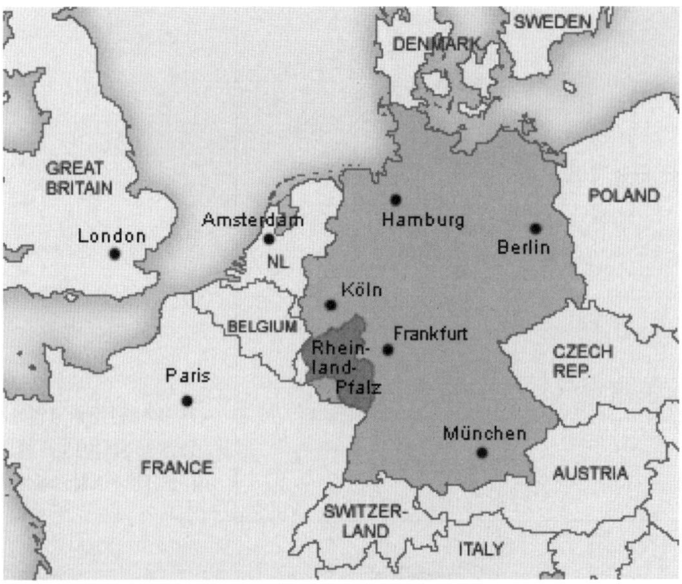

연합군은 로어몽 Roemond 삼각지대와 콜마르 Colmar 돌출부를 제거함으로써 전선을 어느 정도 안정시켰다. 그 후 연합군은 라인강을 도하한 후 루우르 지역을 포위하기 위한 라인란트 작전을 계획했다.

제1단계(Grenade작전) : 캐나다 제1군과 미 제9군이 뫼르스에서 합류한다.

제2단계(Lumberjeack 작전) : 미 제1군은 로어댐을 점령하여 라인강 하류작전에 기여, 미 제3군은 라인강에 도달한다.

제3단계(Undertone작전) : 제6집단군은 1 · 2단계 말기에 로레인 Lorraine 지방의 서부방벽을 돌파하고 팔라티나테 Palatinate 지방을 석권한다.

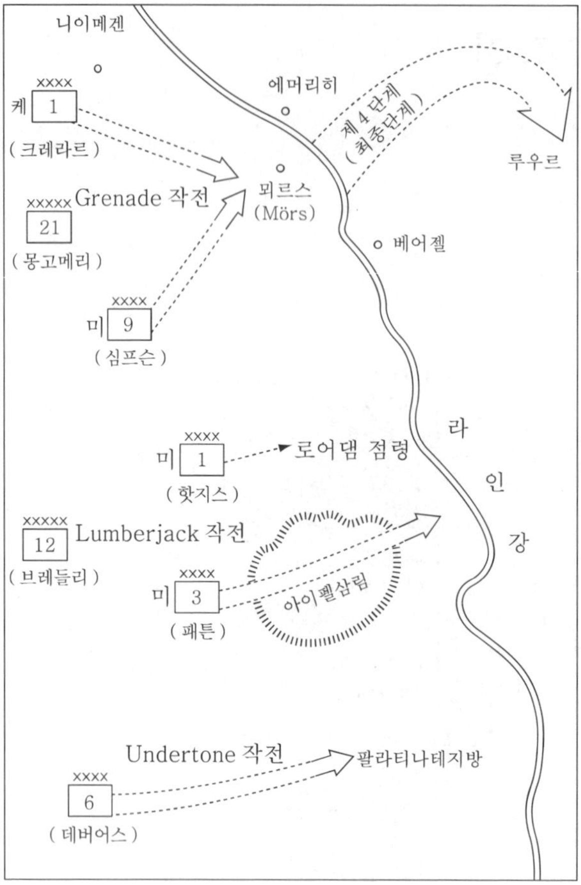

▼1945년 2월 4일에서 11일 간 흑해 연안의 얄타에서 처칠(왼쪽), 루즈벨트(가운데), 스탈린(오른쪽)이 전후 국제 질서의 재편을 논했다.

제4단계(Plunder작전) : 연합군이 라인강선에 도달할 시기에 몽고메리군은 에머리히 Emmerich와 베에젤 Wesel 사이에서 라인강을 도하하여 루우르 지방을 북방으로 부터 포위한다.

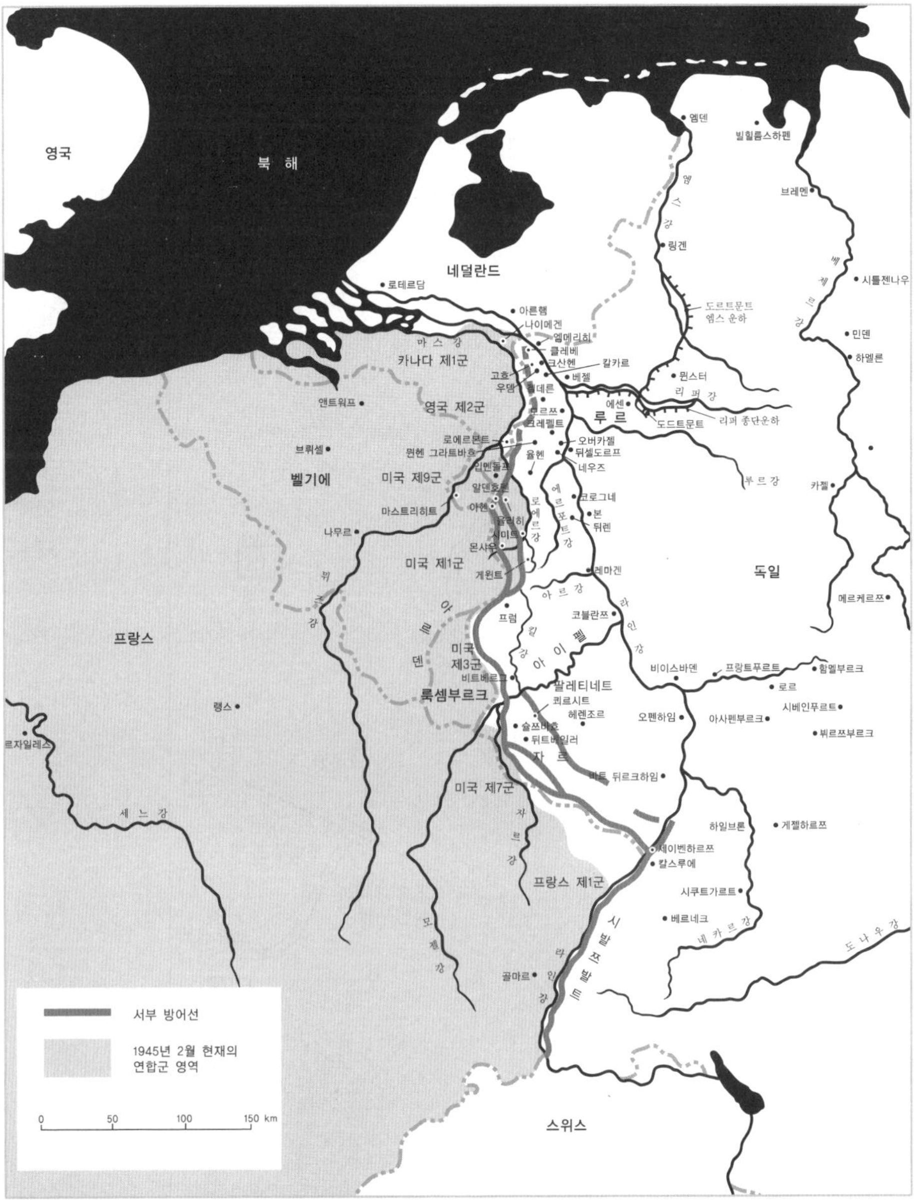

▲ 1945년 2월 당시 연합군과 독일군의 대치 상황

|연합군의 총진격|

1945년 2월 8일 연합군은 공세를 시작하여 각 단계별 작전에 돌입했다. 제1단계 작전에서는 독일군이 미리 로어댐을 폭파한 관계로 인해 미 제9군이 계획된 시일내 로어강을 도하하지 못했다. 그러나 3월 2일에는 뒤셀돌프 Dusseldorf 일대에 도달하게 되었다.

미 제1군 예하 제9기갑사단은 3월 7일 오후경 레마겐에서 아직 폭파되지 않은 루덴돌프 Ludendorff 철교를 장악하는데 성공하여 라인강 동안에 최초의 교두보를 확보했다.

독일군은 루덴돌프 철교를 폭파하기 위해 신예 ME-262제트전투기와 수뢰(水雷)등 갖은 수단을 총동원했지만 실패하고 말았다. 미군은 루덴돌프교를 점령한 뒤에 공병대가

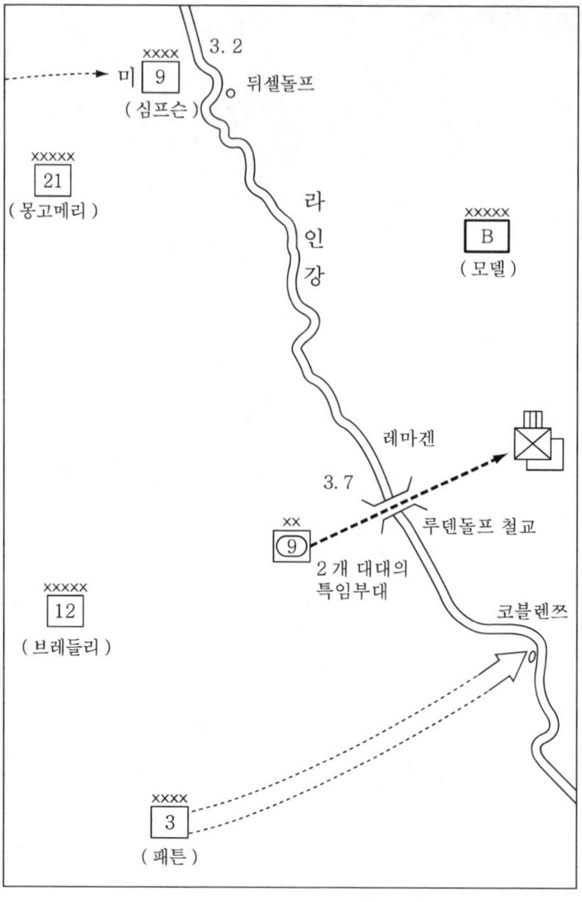

24시간 동안 폭파로 부분적으로 파괴된 교량을 수리했지만 결국 10일후인 3월 17일에 교량이 무너져 내렸다.

▲ 공병대가 수리했지만 결국 무너졌다.

이로써 독일군의 생명 줄인 라인강 방어선에 구멍이 뚫리게 되었고 이 구멍을 통해 독일군의 심장은 서서히 죽음에 이르게 된 것이다. 히틀러는 격노하여 룬드쉬테트를 해임하고 케셀링 원수를 임명했다.

제3군 패튼은 3월 11일까지 아이펠 일대를 유린하고 제6집단군의 목표지역인 팔라티나테까지 휩쓸었으며 3월 22일에는 오펜하임Oppenheim에서 라인강을 도하하는 등 실로 경악할만한 돌파력을 과시했다. 3월 20일을 전후로 연합군은 라인강선에 도달하는데 성공했다. 이 전투에서 독일군 25만 명이 피해를 입었다.

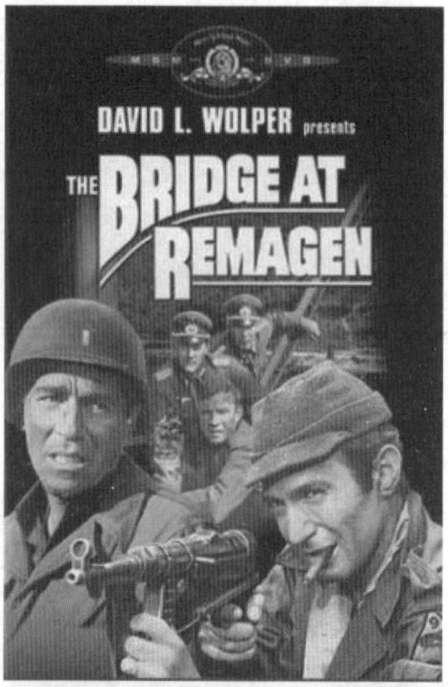

▲ 1945년 3월 7일, 맨 먼저 루덴돌프교를 돌진하여 건너간 알렉스. A. 드리빅 중사.

▲ 루덴돌프 교가 무너지자 미리 설치한 부교를 통해 강을 건너는 연합군

66 루우르Ruhr 포위전

|연합군의 라인강 도하||

아이젠하워는 주공을 라인강 하류에 두고 도하를 개시했다.

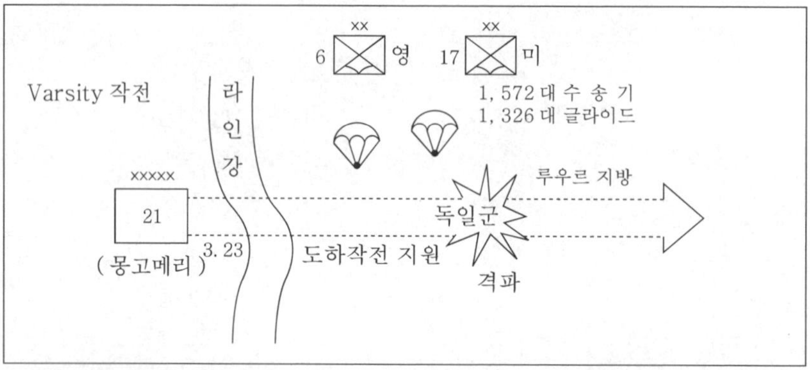

|루우르 대포위전과 모델의 자살|

최초 루우르지방을 북방으로부터 포위 하려던 계획을 변경하여 미 제9군과 제 1군을 립쉬타트 Lippstadt에서 합류시켜 지름 80마일, 총면적 4,000평방마일의 거대한 포위망을 형성했다(4월 1일 부).

남과 북에서 조여간 연합군이 4월 14일 루우르 포위망 Ruhr Pocket 중심부인 하겐 Hagen에서 합류함으로써 소탕전은 종식되었다(4월 18일부 종식). 생포된 독일군은 32만 5천명에 달했으며, 모델원수는 두이스부르크 Duisburg 숲속에서 자살했다.

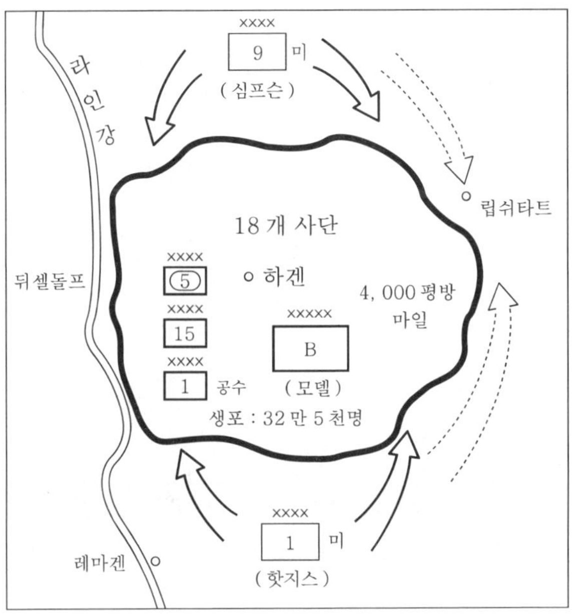

|마그데부르크와 라이프찌히의 점령|

포위망 소탕 동안 미 제9군은 4월 12일에 마그네 부르크 Magdeburg, 미 제1군은 4월 18일에 라이프찌히 Leipzig를 점령하여 독일군을 남북으로 분단시켰다. 연합군은 파죽지세로 밀고 들어가 하루 20~30마일의 진격속도를 보였다.

▲ 루우르의 포로수용소에 모여있는 독일군

67 히틀러의 최후와 대전의 종식

|히틀러의 발악적 저항|

연합군의 무조건항복 요구를 끝까지 거부한 히틀러는 최후의 순간까지 발악적 투쟁을 계속했다.

엘베강 선에서 아이젠하워는 소련군의 도착을 기다리지 않고 진로를 변경하여 티롤 지방으로 진격시켰다.(엘베강을 도하하여 직접 베를린으로 진격시키지 않은 이유에 대해 후일 논쟁의 대상이 되었다.)

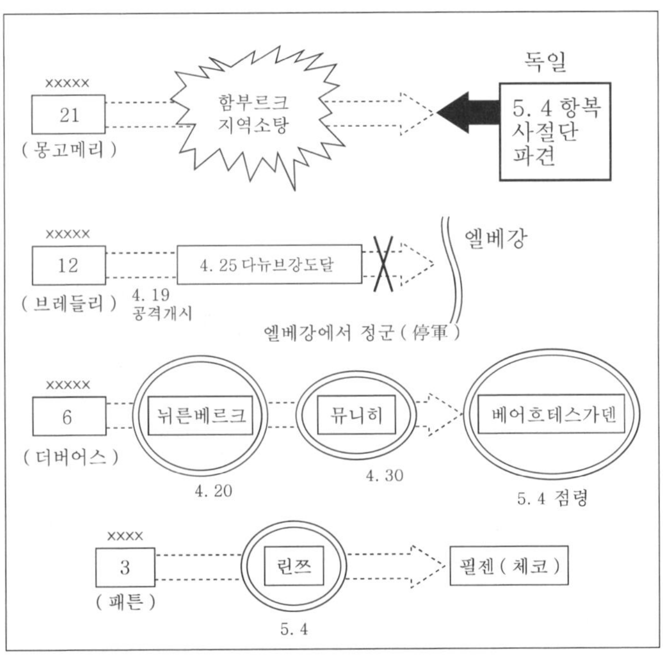

독일군 장군 포로 획득

그동안 조공이었던 미 제6군은 4월 29일 전투에서 90만명 이상의 포로를 획득했고 특히 괴링 원수, 룬드 쉬테트, 리스트 원수 등을 포로로 했다.

소련군의 베를린 포위

4월 24일 소련군은 베를린을 완전포위하고 10일간의 소탕전을 실시했으며, 4월 30일 히틀러가 자살하고, 5월 2일 베를린 수비대가 항복했다.

◀ 1945년 4월 28일 이탈리아 밀라노의 롤렛토 광장에서 거꾸로 매달린 채 죽은 뭇솔리니(왼쪽에서 세번째). 그 오른쪽이 뭇솔리니의 정부 클라라 페탓치. 이들이 죽은 지 이틀 후에 히틀러도 죽었다.

▶ 히틀러 암살미수 사건의 현장

▲ 히틀러 암살 미수 현장

▲ 죽기 마지막 전날 결혼한 브라운과 최후의 잔을 들고 있는 히틀러

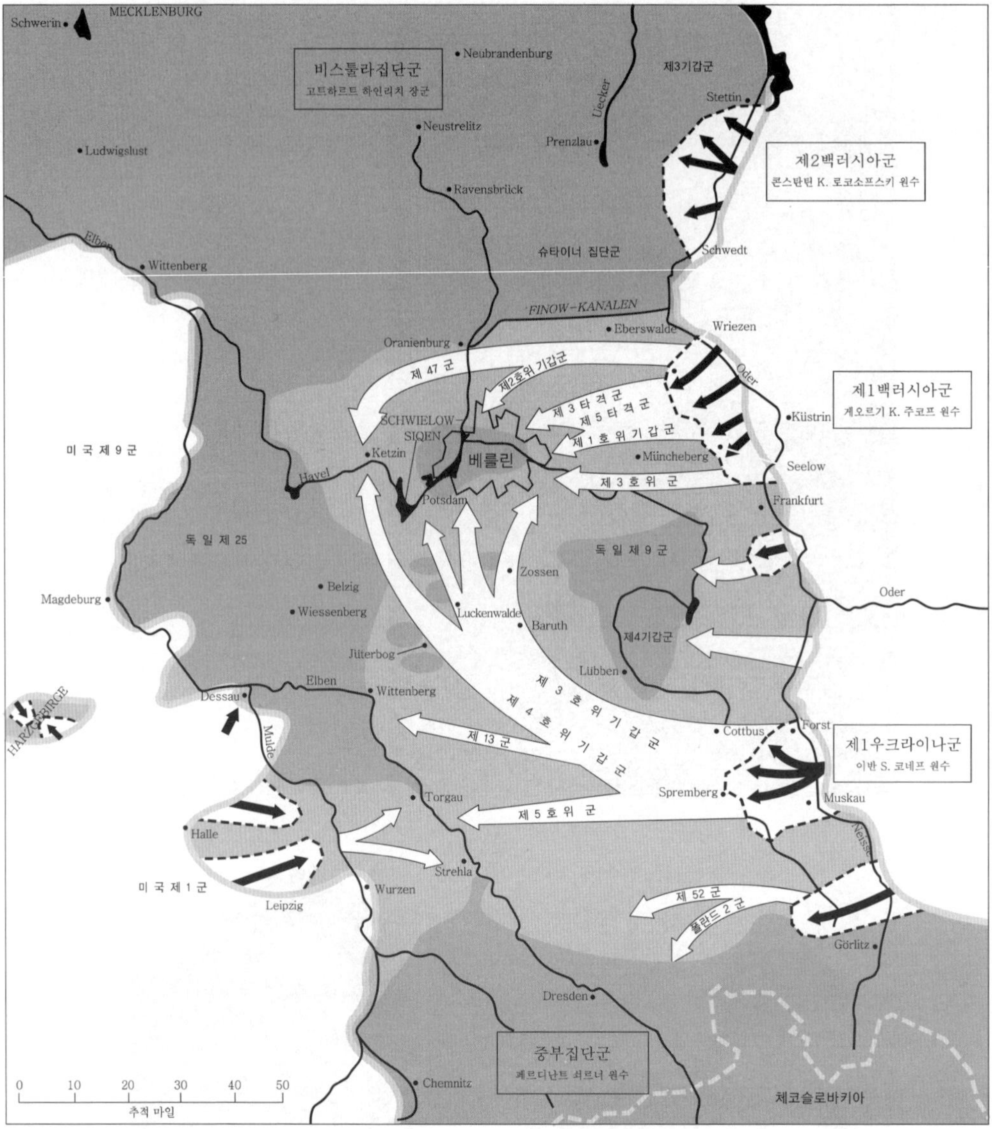

▲ 소련군의 베를린 포위작전

▲ 베를린을 코앞에 두고 있는 소련군의 진격 모습

▲ 미군보다 먼저 베를린에 진입한 소련군

▲ 1945년 4월 30일, 소련군이 베를린 국회의사당 꼭대기에 소련기를 꽂고 있다.

|독일의 항복|

히틀러의 후임자로 지명된 되니쯔Donitz 제독은 요들Jodl을 파견, 랭Reims에 있는 아이젠하워사령부에서 무조건 항복문(無條件降伏文)에 서명(署名)케 함으로써 5년 8개월의 긴 전쟁이 구주에서 막을 내렸다. 이 때가 1945년 5월 7일 02시 41분이었으며 그 이튿날인 5월 8일을 연합국은 전승기념일(戰勝記念日 : V-Eday ; Victory in Europe)로 정하여 축제분위기를 조성했다.

▶ 항복 서명을 하는 요들

◀ 히틀러의 후임자 되니쯔

▲ 히틀러가 마지막까지 지휘했던 지하 벙커의 지휘소

히틀러는 초기 전투 당시 폴란드 전선에 한 번 나가보고는 6년의 전쟁 동안 한번도 전선에 나가지 않았다. 책상 사색가인 그는 살을 도려내는 칼바람 현장의 감각을 느끼며 지휘하지는 못했다.

68 태평양 전쟁의 배경

|노구교(蘆溝橋) 사건|

1937년 7월 7일 야간, 북경(北京)에서 북쪽으로 약 25마일 떨어진 유서 깊은 노구교 부근에서 야간 기동훈련중인 일본군과 이 부근에서 주둔하고 있던 중국군 사이에 총격전이 벌어졌다. 이 사건은 곧바로 중일 전쟁(中日戰爭)으로 번져 6년 이상 계속되었고 이것이 실질적으로 대전(大戰)의 시발이 되었다.

▲ 마르코폴로의 견문록에 나오는 중일전쟁의 시발점이 된 노구교. 다리를 점령한 일본군의 모습

▲ 아치형 교각 11개와 140개의 기둥, 486개의 사자상이 새겨져 있는 노구교

노구교는 길이가 266.5 m, 너비가 9.3 m이며, 모두 백석(白石)으로 되어 있다. 마르코 폴로는 견문록에 "강에는 멋있는 다리가 걸려있다. 아마 세계에서도 드물게 보는 아름다운 다리일 것이다."고 기록했다. 1933년 5월, 일본은 중국과의 군사협정을 통해 만주국을 장성선(長城線)까지 확장했는데도 더욱 욕심이 생겨 화북(華北)지역을 노리게 되었다. 화북 지역은 풍부한 자원이 있었기에 일본은 어떤 계기를 마련하여 이를 기화로 침공을 감행함으로써 이 지역을 집어삼키려 했다.

1937년 7월 7일 밤, 중국주둔의 일본군 1개 중대가 북경의 한 교회에서 야간공격 훈련을 하고 있었다. 밤 10시 30분 경 훈련이 종료되려는 순간 어느 병사의 오발로 기관총의 공포를 발사하였다. 이 공포소리 직후에 남쪽 방향에서 수발의 실탄사격이 가해졌다. 일본군 중대장 시미즈는 즉각 부하들을 집합시켜 보니 신병 한 명이 행방불명이 되었다(그 신병은 20분후에 나타났다). 이 상황을 보고받은 일본군 연대장은 이튿날인 7월 8일 새벽 4시 23분에 중국군에 대한 공격을 명령했다.

讀賣新聞

蘆溝橋の日支激戰

我軍龍王廟を占據

鹿内准尉戰死 野地少尉負傷

期限付停戰決定

撤兵せずば斷乎膺懲

再び砲聲

城内で交渉

札付の抗日軍隊

冀察擾亂計畫行爲

我軍用電線をも切斷

이 사건이 바로 1945년 8월까지 계속된 중국과의 전면전쟁의 발단이다. 일본의 신문에서는 현지에 있었던 중국군 제29군을 "악명 높은 군대"라고 지칭하고 중국군의 만행을 규탄했다. 후일 국가주석인 된 중국공산당 유소기(劉少奇)가 일본군과 장개석군과의 전쟁을 유도하기 위해 송철원 예하의 제29군 부사관들을 부추겨서 노구교 사건을 일으켰다고도 한다.

중일전쟁(中日戰爭)

일본은 근대화된 장비와 훈련으로 무장된 30만의 정규군과 일본장교에 의해 지휘되는 만주인 및 몽고인 부대 15만명과 예비군 약 200만명을 보유하고 있었다. 이에 비해 장개석의 중국군은 200만 정도의 병력을 보유하였으나 무장을 갖춘 병력은 불과 10만명 미만이었고, 해군과 공군력은 전무한 상태로 외부로부터 보급지원을 받고 있었다. 일본군은 주공(主攻)을 만주국(滿洲國)으로, 조공(助攻)을 상해(上海)로 하여 공격을 시

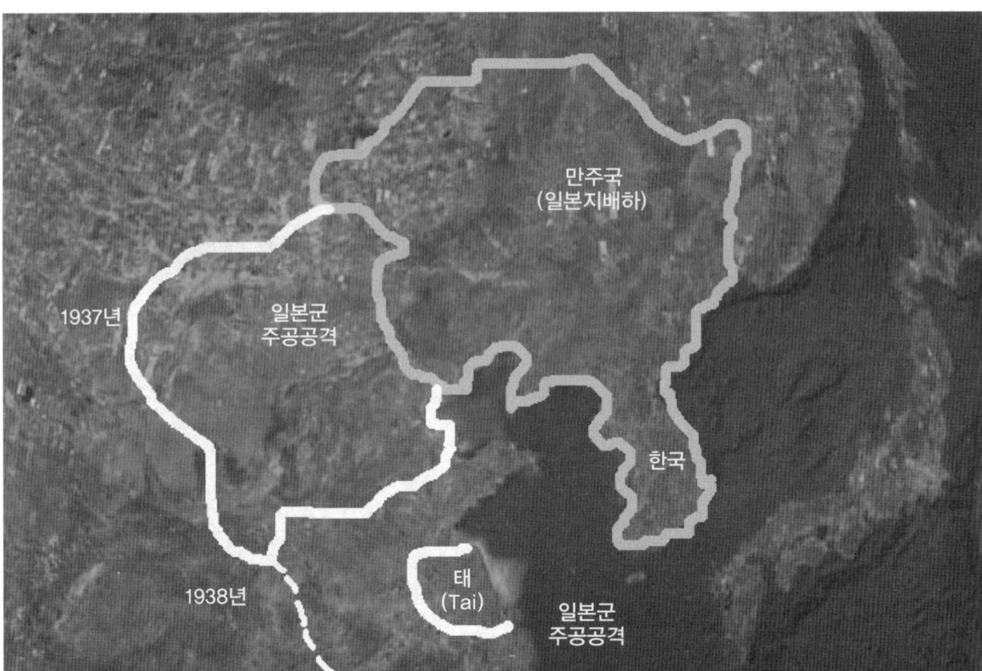

도했다.

8월에 시작된 상해 전투에서 중국의 정예 제88사단의 선전(善戰)으로 일본군은 고전을 했으나 결국 상해를 점령했으며 태(太 : Tai)호를 도하하여 12월 13일 남경(南京)을 탈취했다. 일본 공군은 쉴새없이 중국의 주요 도시들에 대해 폭격을 가했다.

1938년 4월 7일 중요한 교통의 요충지인 서주(徐州)를 공격, 화북(華北)의 북지방면군(北支方面軍)과 화중(華中)의 중지방면군(中支方面軍)의 남북협격(南北挾擊)으로 이를 탈취했으며 지금까지의 양정면 작전을 종결하고 중국군의 주력을 포위 섬멸하는 작전에 들어갔다. 서주 작전에 이어 한구(漢口 : Hankow)에 대한 공격을 계속, 8월 하순 4개 방면에 대한 공격으로 한구 방어선을 무너뜨리고 일본군은 한구를 손에 넣었으나 중국군이 중요산업 시설 등을 완전 초토화(焦土化)시키고 후퇴했기 때문에 일본군은 보급문제가 해결되지 않아 대체로 이 선부터는 전진이 거의 이루어지지 않았다. 장개석은 5개월간의 혈전 끝에 수도인 한구가 피탈되자 수도를 다시 중경(重慶 : Chungking)으로 옮겼다.

▲ 중국 점령 과정에서 학살을 자행하고 있는 일본군의 모습

▲ 장개석

일본군은 1938년 말까지 중국의 중요지역을 장악했지만 중국 내의 게릴라의 활동, 일본군이 보여준 비인도적(非人道的)인 만행에 따른 주민들의 적개심 등으로 인해 더 이상 진척이 없었고, 상대적으로 미국이 장개석군을 적극 지원하게 됨으로써 1939년에 넘어오면서 부터 일본군은 최소의 병력으로 해안지대 등 주요한 전략적 요충지를 장악하여 중국에 대한 보급로를 봉쇄하는 경제적 봉쇄전술로 전환하게 된다.

▲ 만리장성을 점령한 일본군

|대동아공영권(大東亞共榮圈)|

일본은 대 중국전쟁이 장기화되고 한계점에 도달하자 이를 타개하고자 1931년 만주 침략시 부터 꿈꾸어 오던 이른바 "대동아공영권"(The Greater East Asia Co-Prospenity Sphere)이란 주장을 내세워 남방침략을 계획했다.

|ABCD 경제봉쇄망(經濟封鎖網)|

미국은 일본의 야망을 억제하기 위해 1941년 미국 내의 일본 재산을 동결시키고 군수품의 대일 수출규제를 통해 압력을 가했다. 일본은 1940년 중국을 봉쇄할 목적으로 북부 프랑스령 인도지나(印度支那)를 점령하고 있었는데, 이러한 침략행위를 규탄하기 위해 미국 · 영국 · 중국 · 네덜란드는 소위 ABCD 경제 봉쇄망을 구성했다. 일본은 자원 조달을 위해 미국과 협상했으나 실패했다. 1941년 새로 일본 수상에 취임한 도조(東條)는 전쟁을 통해 남방 자원지대를 확보하고 나아가 일본의 세력권을 확장시키려 했다.

▲ 도조 히데끼

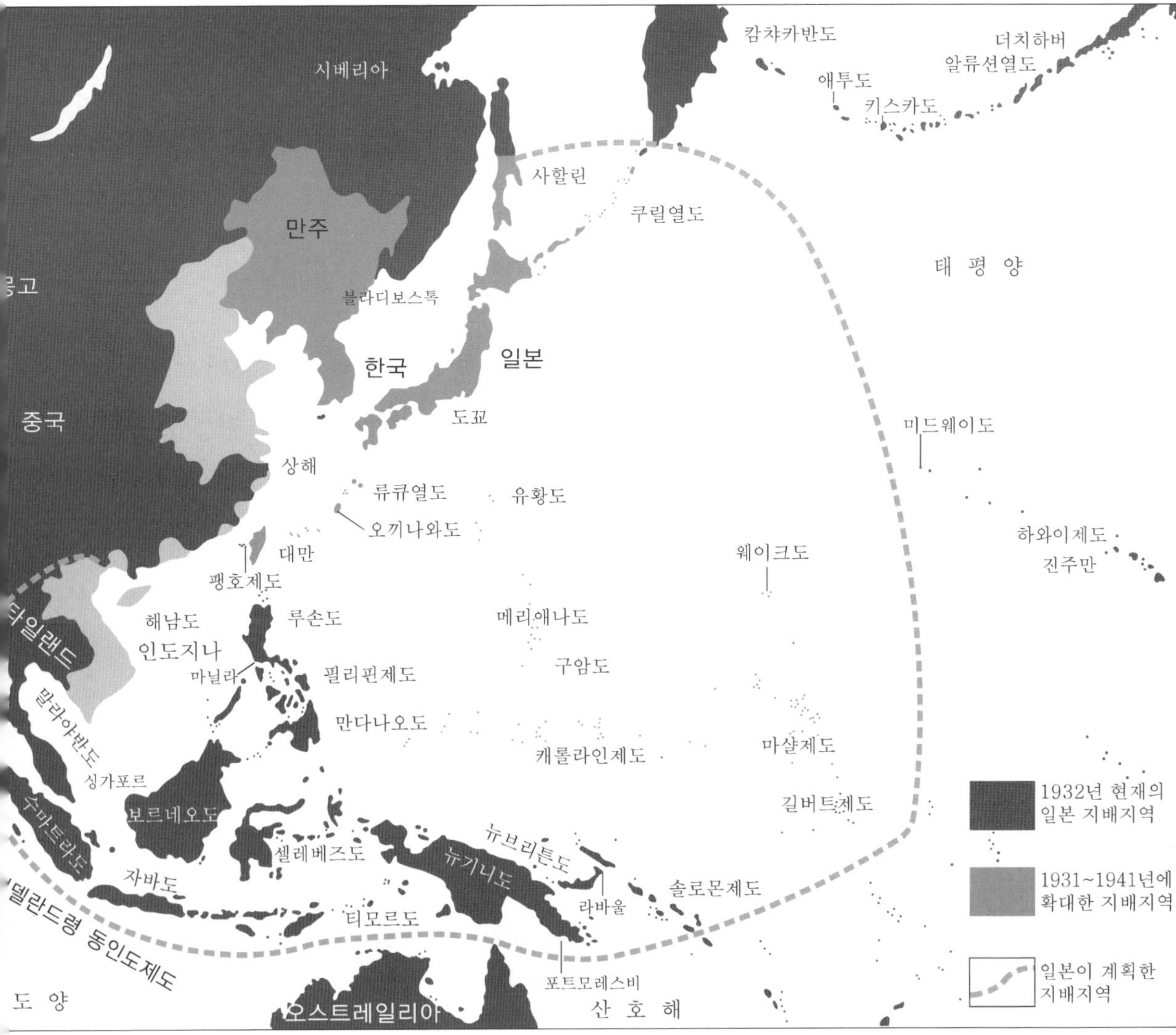
시베리아
캄차카반도
더치하버
알류샨열도
애투도
키스카도
사할린
쿠릴열도
만주
몽고
태 평 양
블라디보스톡
한국
일본
중국
도쿄
미드웨이도
상해
류큐열도
유황도
오끼나와도
하와이제도
진주만
대만
웨이크도
팽호제도
타일랜드
해남도
루손도
메리애나도
인도지나
마닐라
필리핀제도
구암도
말라야반도
만다나오도
캐롤라인제도
마샬제도
싱가포르
보르네오도
길버트제도
수마트라도
셀레베즈도
뉴브리튼도
뉴기니도
솔로몬제도
자바도
라바울
티모르도
네덜란드령 동인도제도
포트모레스비
도 양
오스트레일리아
산 호 해
1932년 현재의 일본 지배지역
1931~1941년에 확대한 지배지역
일본이 계획한 지배지역

69 일본의 전쟁계획

|일본의 양자택일(兩者擇一)|

일본은 미국의 일본에 대한 경제봉쇄와 ABCD봉쇄망에 의해 전쟁의 필수물자인 고무・석유・주석 등의 원료 수입이 불가능했다. 일본은 국수주의적(國粹主義的) 팽창야망을 포기하거나, 전쟁을 일으켜 남방 자원지대를 확보하는 양자택일의 기로에 서서 후자를 택하게 되었다. 일본은 물론 자신의 전쟁역량이 열세하다는 것을 잘 알고 있었고 이를 극복하기 위해서는 신속하고 결정적인 타격을 전제로 해야 했다.

|유럽정세|

유럽에서는 프랑스와 네덜란드가 독일군에 의해 정복당했고 영국은 아프리카에서 고전을 하고 있었으며 소련도 독일군에 의해 정신없이 패하고 있었다. 극동에서 전쟁을 일으킬 수 있는 시기는 1941년 말이라는 판단이 섰다. 일본을 직접적으로 저지할 수 있는 국가는 미국 뿐인데 미국은 유럽의 전쟁에 뛰어들어 무기를 대여하고 있었으나 2개의 전쟁에 대비할 만큼의 전시체제는 되어있지 않아서 태평양전쟁에 투입하기 위해서는 장기간이 소요될 것으로 판단했다.

|일본의 전쟁계획|

신속하게 극동에서 미・영・불의 근거지를 제거하고, 중국 장개석군을 굴복시키며, 독일과 이탈리아와 제휴하여 영국을 격파하며 미국과는 전쟁의지를 말살시킨다. 일본의 목표는 연합군의 패망이 아닌 대동아공영권(大東亞共榮圈)의 확보에 국한된 제한적

마모전(制限的 磨耗戰)이었다.

일본의 대본영(大本營)에서 작성한 전쟁 기본계획

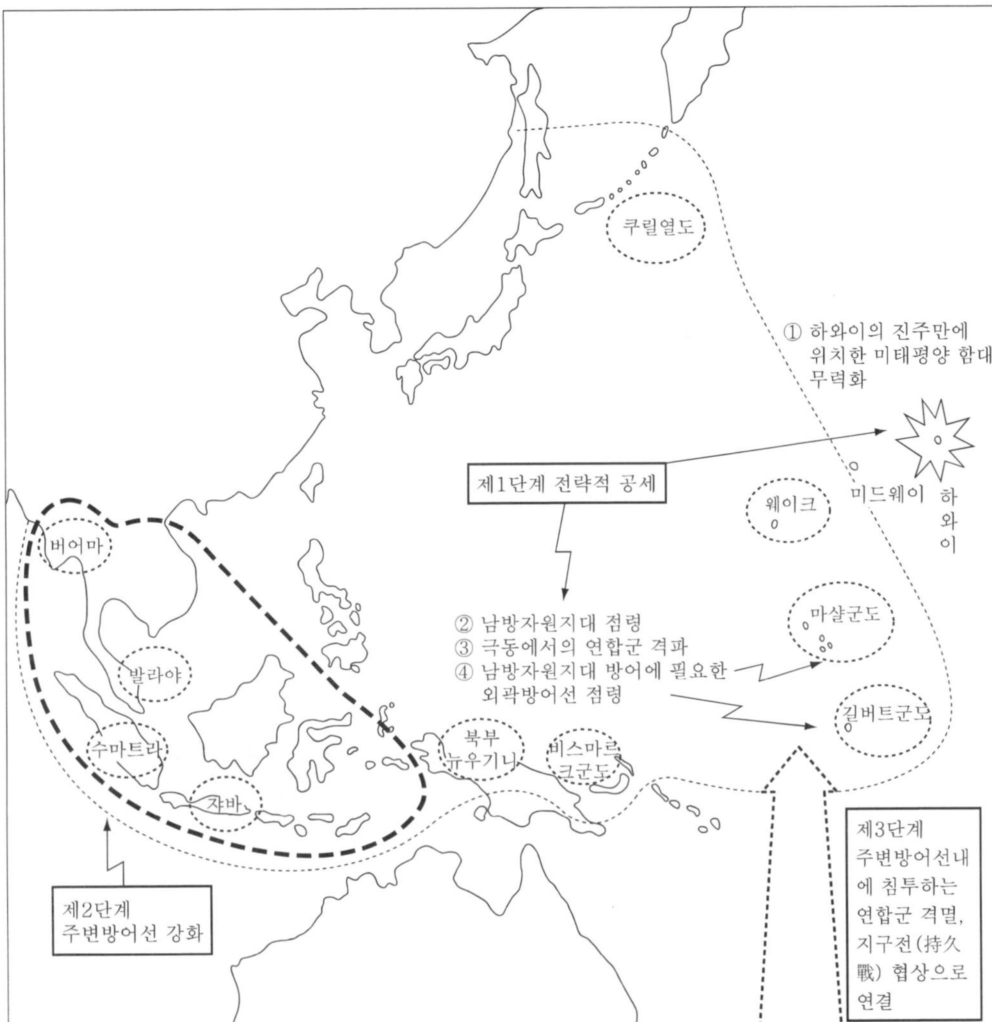

|일본과 미국의 전투력|

중일 전쟁 기간인 4년 6개월 동안 전쟁에 익숙해진 일본군은 1941년 12월 7일 현재, 240만의 정규군과 300만의 예비군, 7,500대의 항공기와 230척의 주력 함선을 보유했다. 또한 지리적으로 전쟁에 유리한 나라들을 점령하고 있었다. 미국은 훈련미필자 100만명을 포함하여 150만명을 보유하고 있었고, 항공기 1,157대, 전투함 347척, 수송선 총 1,000만톤을 보유하고 있었다. 그러나 많은 전쟁물자가 유럽방면에 투입되고 있었기에 충분한 상태의 전쟁준비는 되어있지 않은 상태였다.

|일본의 전쟁지도체제(戰爭指導體制)|

군부(軍部)의 독립된 통수권(統帥權)

일본 국내 사정은 의회 및 정당정치에 대한 불신으로 일본국민은 오로지 일본군부에 국운을 맡기게 되었다. 육・해군의 참모총장이나 군령부 총장(軍令部總長)은 직접 일본 국왕에게 재가를 얻어 전쟁을 지휘하게 되었다. 정치권의 간섭은 일체 받지 않았다.

▲ 수상 겸 육상인 도조 히데끼와 말레이 방면 4명의 야전군 사령관(중장)

대본영(大本營)

대본영은 청일전쟁과 노일전쟁, 중일전쟁부터 제2차대전까지 3차례에 걸쳐 설치된 일본국왕 예하 육·해군의 최고통수기관이다. 통수권이 독립됨으로 인해 국무(國務)와 이원화체제가 되었는데 이를 통합적으로 조정 통제하기 위해서 대본영정부연락회의(大本營政府連絡會議)를 설치했다. 전쟁말기에는 최고 전쟁지도회의(最高戰爭指導會議)라 개칭하여 총리(總理)도 참가시켰다. 종전시까지 작전계획과 전쟁수행에 대한 절대적인 권한을 행사했다.

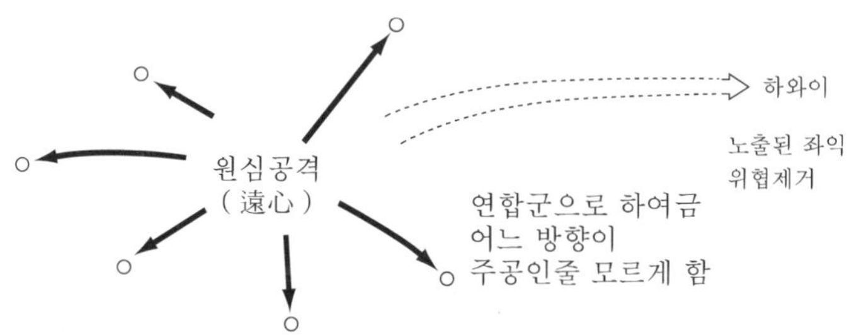

※ 진주만과 괌 · 홍콩 등 멀리 떨어진 사방의 적에 대한 공격으로 전략적(戰略的) 배치 및 내선상(內線上)의 이점을 최대 이용한 기습공격으로 단기결전이 요구되었다.

|태평양지역의 특성|

작전지역이 섬으로 구성되어 병참선은 해상 및 공중 수단을 통해 유지되어야 한다. 이를 위해 해·공군 기지 확보가 시급한데 실질적으로 기지에 적합한 섬들은 극히 제한되어 있다. 해상 수송로를 이용할 경우 장시간이 소요되므로 장기계획이 요구되며 섬 지역의 특성에 비추어 최초 상륙작전, 정글전투 등에 요구되는 특수장비 확보와 특수훈련, 각 개인의 전투능력 발휘가 중요시되었다. 또한 해군과 공군의 역할이 중시되고 육군과의 연계성 있는 통합작전 능력이 요구되었다.

야마모토는 러일전쟁에 참전했고, 1919년 4월부터 1921년 7월까지 미국 보스턴에 유학을 했다. 미국을 누구보다도 잘 알았던 그는 어쩔 수 없이 미국과 전쟁을 하려면 우선적으로 진주만을 기습해야 승산이 있을 것이라고 주장했다.

▲ 야마모도 이소로꾸(山本五十六 : 1884~1943)

70 진주만[眞珠灣] 기습

|하와이의 군사적 역할|

하와이의 진주만 Peal Harbor에는 전략타격부대(戰略打擊部隊)인 미 태평양 함대의 기지가 있으며 극동을 향해 즉각적인 투입이 가능한 유일한 곳이다. 만약 이 함대가 무력화된다면 극동지역에서 일본군의 공격에 대해서는 사실상 무방비상태가 될 것이다.

하와이에 주둔하는 미국군은 쇼오트 Short 장군 지휘하에 있는 59,000명의 지상군과 킴멜 Kimmel 제독 지휘하에 있는 태평양함대에 전함 9척, 항모(航母) 3척, 중순양함 2척, 경순양함 18척, 구축함 54척, 잠수함 22척이 있었으며, 항공기는 육·해군 통합 450대가 있었다.

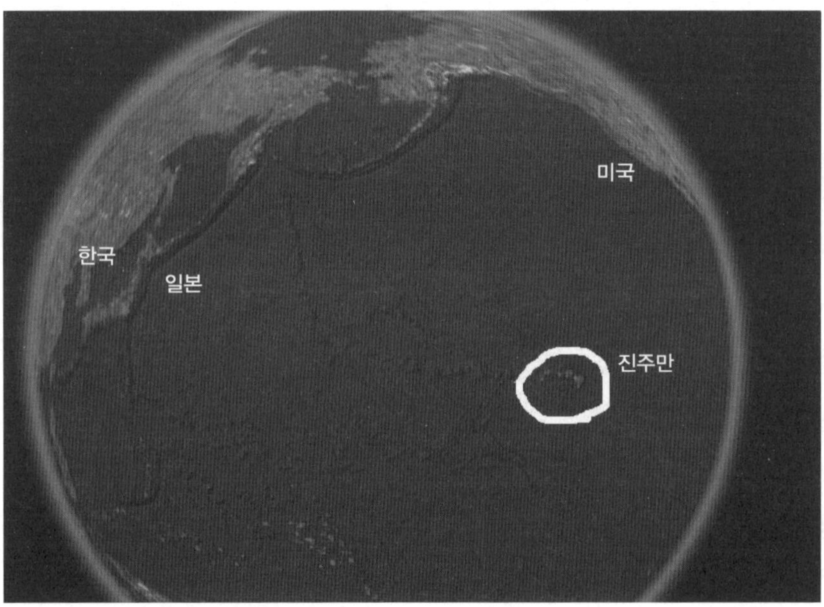

▲ 중앙이 하와이 방어지휘관 킴멜 해군대장

▲ 육군지휘관 쇼오트 육군중장

하와이 공격에 대한 논쟁

일본군이 남방자원 확보를 위한 공격시에 일본군을 직접적으로 위협할 대상이 하와이에 있는 미 태평양함대이다. 일본연합함대 사령관인 야마모도는 미 함대가 공격할 때까지 기다리지 말고 선제 기습공격을 감행하여 진주만에서의 활동근거지를 제거해 버리자는 주장을 강력히 피력했다.

이에 대해 일본의 해군본부에서는 남방작전에 병력을 집중해야 하며, 진주만 공격시에 따르는 연료보급의 난점과 기습달성의 불확실성, 만약 이 태평양함대가 선제공격을 감행하더라도 반드시 일본해군이 일시에 궤멸된다고는 볼 수 없다는 이유를 들어 야마모도의 주장에 대해 정면으로 반대하는 입장을 폈다.

야마모도는 계속하여 하와이 공격을 주장하면서 남방작전의 지속적인 성공을 위해서는 필히 하와이가 일본의 수중에 장악되어야 한다는 의견을 내세웠다. 1941년초 야마모도의 하와이 공격안(案)이 채택되어 소위 "Z"작전이 계획되었다.

"Z"작전계획

제1항공함대의 모함 6척이 기간(基幹)이 된 기동함대로 하와이의 미 태평양함대 공습 10일전 일본 출발, 북방접근로 이용, 오아후 Oahu 도 북방 200여마일 부근에서 약 400대

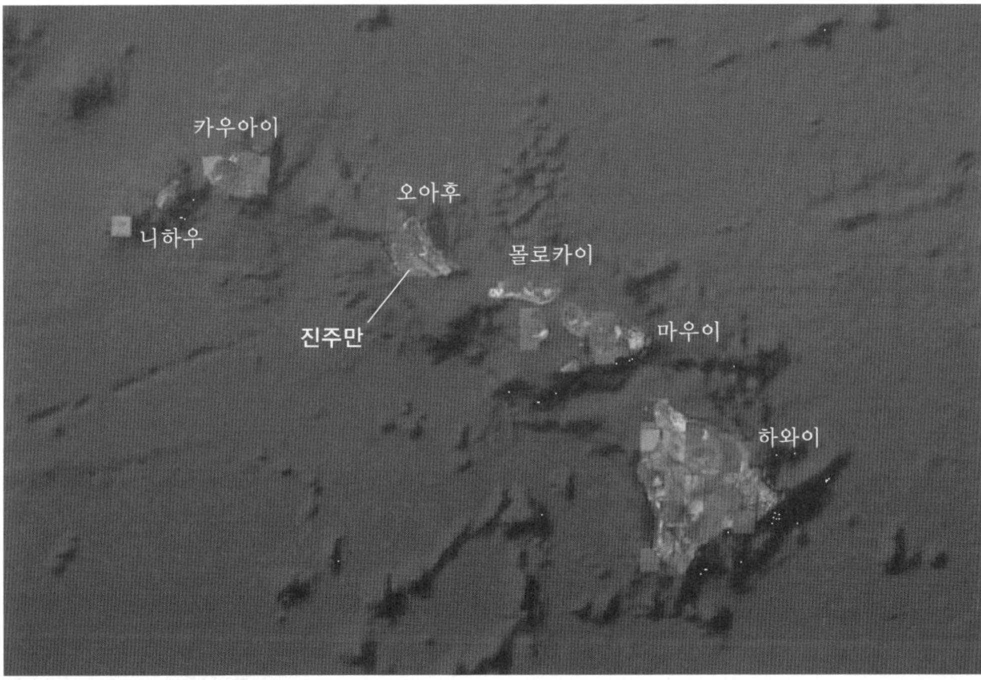

의 함재기(艦載機)로 진주만에 정박 중인 미 태평양함대를 기습적으로 공격하며 잠수정(潛水艇)의 공격도 병행하는 계획이다.

하와이의 미군 방어태세

통합지휘체제의 불비(不備)

선독일(先獨逸)전략이 채택됨으로써 태평양지역은 방어태세에 들어갔다. 하와이는 육군과 해군이 각각의 지휘계통에 의해 방어되었고 필요시에 서로 협조하도록 되어있기 때문에 통합된 방어태세가 되어있지 않았다.

조기경보체제의 미흡

미 해군은 오아후도 해역 700마일에 대한 대공초계(對空哨戒), 미 육군은 해안 20마일 이내에 대한 대공경계를 책임지고 있었고, 북방항로에 대해서는 경계가 소홀했으며 명확한 육·해군의 책임한계가 없었다. 육군은 9개의 대공경보용 레이다를 운용하고 있었는데 장비고장과 요원의 부족으로 계속적인 가동이 불가능했다.

육해군 지휘관의 실책(失策)

워싱턴으로부터 11월 27일 대일전쟁(對日戰爭) 임박에 대한 경보를 하와이 주둔 육·해군 사령관이 동시에 접수했지만 이를 무시하고, 육군지휘관은 일본인에 대한 폭동진압을 위해 대공포부대를 집결시키는 어리석음을 범했고, 해군지휘관은 장병들을 외출시키는 지경에까지 이르렀다. 그들은 서로 서로를 굳게 믿고 있었던 것이다.

|진주만 기습공격|

11월 26일, 제1항공함대는 나구모(南雲)중장 지휘하 함재기 414대를 적재한 6척의 항모, 전함 2척, 중순양함 2척, 경순양함 2척, 구축함 9척, 잠수함 3척, 유조선 8척의 규모로 히또가뿌에서 출발했다. 3,500마일에 달하는 긴

▲ 나구모

◀ 태평양의 파도를 넘어 진주만으로 향하고 있는 항모 가가(加賀)

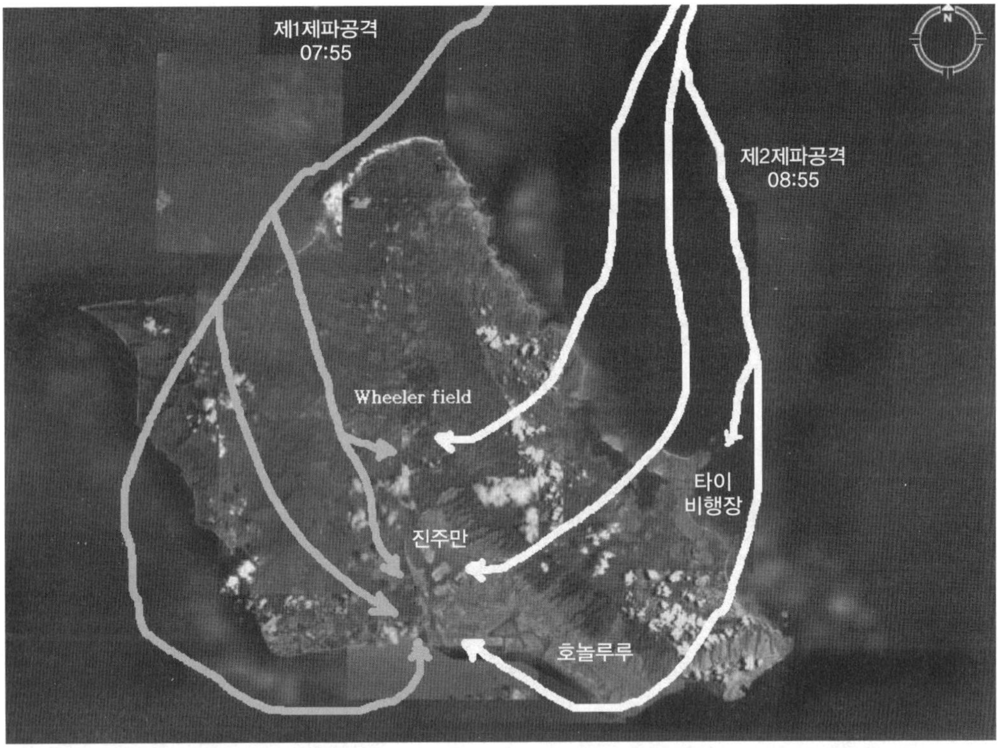

항로에서 발각되지 않기 위해 북방항로를 택하였으며 인도해역의 말라야 방면에서 기동훈련을 실시, 세계의 이목을 집중시켰다.

개전일로 정한 12월 7일 06 : 00시 하와이 북방 275마일 지점에서 공격의 제1제파 183대의 함재기가 갑판을 떠났다. 07시 55분, 제1제파의 기습공격이 미 함대에 대해 실시되어 큰 손실을 입히고 08시 25분에 종료되었다.

이어진 제2제파의 공격은 급강하 폭격기와 수평폭격기로 구성된 171대의 함재기가 오아후 동쪽으로부터 엄습했다. 09시 45분, 모든 공격을 완료한 일본기는 진주만을 이탈하여 13시 30분 모함에 탑재하여 신속히 귀항의 길에 올랐다.

▲ 1941년 12월 7일 새벽, 일본 항모에서 0식(零式) 함상전투기를 발진시키고 있는 장면

▲ 진주만

▶▲ 진주만을 공격하고 있는 일본 제로기

Honolulu Star-Bulletin 1st EXTRA

(Associated Press by Transpacific Telephone)

WAR!

SAN FRANCISCO, Dec. 7.—President Roosevelt announced this morning that Japanese planes had attacked Manila and Pearl Harbor.

OAHU BOMBED BY JAPANESE PLANES

SIX KNOWN DEAD, 21 INJURED, AT EMERGENCY HOSPITAL

Attack Made On Island's Defense Areas

Hundreds See City Bombed

Names of Dead and Injured

Schools Closed

Editorial

▶ "전쟁! 일본전투기에 의해 오하우가 폭격당하다!"
세계에 제일 먼저 진주만 기습을 알렸던 호놀룰루 스타 불레틴 신문 호외. 이 신문사는 공격 받은 현장에서 불과 11 km 떨어져 있었다. 보통 일요일은 휴간이었지만 그날따라 편집자인 라일리 알렌이 출근했었다. 그는 이날 기자와 인쇄공들을 급히 수집해서 4차례나 더 호외를 날렸다.

▲ 일본군의 폭격에 의해 폭발하는 미군 구축함 쇼의 화약고

▲ 호놀룰루의 루날리오 학교 교정은 순식간에 간이 병원이 되었다.

|진주만 공격 결과|

2시간에 걸친 일본기의 기습적인 공격에 의해 발생한 피해는 다음과 같다.

미군

사상자는 해군이 전사 2008명, 부상 710명, 해병대는 전사 109명, 부상 69명이었고, 육군은 전사 218명, 부상 364명 시민은 사망 68명, 부상 35명이었다.

함선의 상실은 전함(애리조나, 오클라호마), 표적함(유타), 구축함(캐신, 다운즈)이 침몰되었으나 인양된 함선은 전함(웨스트버지니아, 캘리포니아, 네바다)이 있고 피해를 입은 함선은 전함(테네시, 메릴랜드, 펜실베니아), 순양함(헬레나, 호놀룰루, 롤리) 구축함(쇼), 수상기 모함(커티스) 공직함(베스탈) 등 이었다.

항공기

육군 : 파괴 96대 손상 128대, 해군 : 파괴 92대, 손상 31대

일본군

31척의 함선과 공습에 참가한 353대의 항공기 중에 항공기 손실 29대, 대형 잠수함 1척 및 특수 잠항정 5척뿐이었다. 인명 피해는 사망자 64명에 불과했다.

미국은 진주만에 항공모함을 한척도 정박시키지 않았다. 웨이크섬에 엔터프라이즈호, 미드웨이섬에 렉싱턴호, 샌디에고에 사라토가호를 위치시켜 항공기 수송작전에 임하고 있었던 것이다.

|일본의 진주만 기습성공 요인|

일본은 일요일을 공격일로 택했고 평화를 위장한 협상기간을 이용함으로써 시간적인 기습을 성공시켰다. 말라야지역에 세계의 이목을 집중시키면서 북방항로를 택함으로써

▲ 일본 해군의 단좌 전투기 "영전(零戰)". 태평양 전쟁 초기에 제공권을 장악하는 데 큰 역할을 감당했다.

방향상(方向上)의 기습을 성공시켰다. 사상최초의 도양(渡洋)기습이었고, 종래의 거함거포(巨艦巨砲)위주의 전함은 항공모함에 의해 그 주도권을 상실했다.

무전사용을 일절 금지하여 완전한 기도비닉(企圖秘匿)을 달성했다. 또한 적극적인 첩보활동으로 진주만에 대한 상세한 정보를 획득했다.

|일본의 성과 및 실패|

전술적인 면에서 태평양 제해권 장악에 성공했으나 전략적인 차원에서는 미국 국민에게 전 역량을 집중하여 일본타도의 길로 들어서게 하는 기폭제 역할을 하게 되어 커다란 실패를 자행한 셈이다.

▲ 진주만 기습공격을 크게 보도한 에반스빌레 프레스지

"**진주만을 상기하라!** (Remember the Pearl Harbor)"

▲ 각급 부대 지휘관에게 수여한 천황의 칼

71 홍콩Hong Kong 함락

홍콩의 방어 태세

영국은 1841년에 홍콩을 획득하여 국제적인 무역도시로 발전시켰다. 영국의 입장에서 홍콩은 반드시 지켜져야 할 전초기지(前哨基地)라고는 고려하지 않았으므로 6개 대대의 병력만 배치하고 있었다. 홍콩의 해안포 29문은 대부분이 바다를 향해 거치되어 상륙작전에 대비하고 있었다. 홍콩 수비대의 항공기는 불과 6기였고 해군은 구축함 1척, 어뢰함 8척, 포함 4척이 전부였다.

일본의 홍콩 공격

12월 8일 04 : 00시, 일본의 지나파견군(支那派遣軍)예하 제23군의 제38사단(+)이 육로를 통해 3개 방면에서 공격을 개시했다(바다를 택하지 않았음). 12월 24일 영국군은 급수보급이 두절되고 일본군의 공격으로 크게 타격을 입자 크리스마스날 영국 수비대 사령관 말트비 Maltby 소장은 일본군에게 항복하고 말았다. 18일만의 결전으로 일본군은 위세당당 했던 영국수비대 거의 전원을 궤멸시켰고 일본군은 2,754명만이 피해를 입었다.

▲ 거의 전멸이 된 홍콩 전투에서의 영국군의 모습

72 말라야Malaya 전역

말라야에서의 영국군 방어태세

말라야는 고무・주석・망간 등 전략자원의 보고(寶庫)이며 인도네시아로의 중요 접근로이다. 반도의 남단에 위치한 싱가포르Singapore는 영국 극동세력의 아성(牙城)이다. 말라야 반도에는 영국의 퍼어시벌Percival 중장 예하 약 80,000명이 주둔하고 있었으며 전투 가능한 비행기 158기와 1척의 전함, 1척의 순양함을 보유하고 있었다. 퍼어시벌은

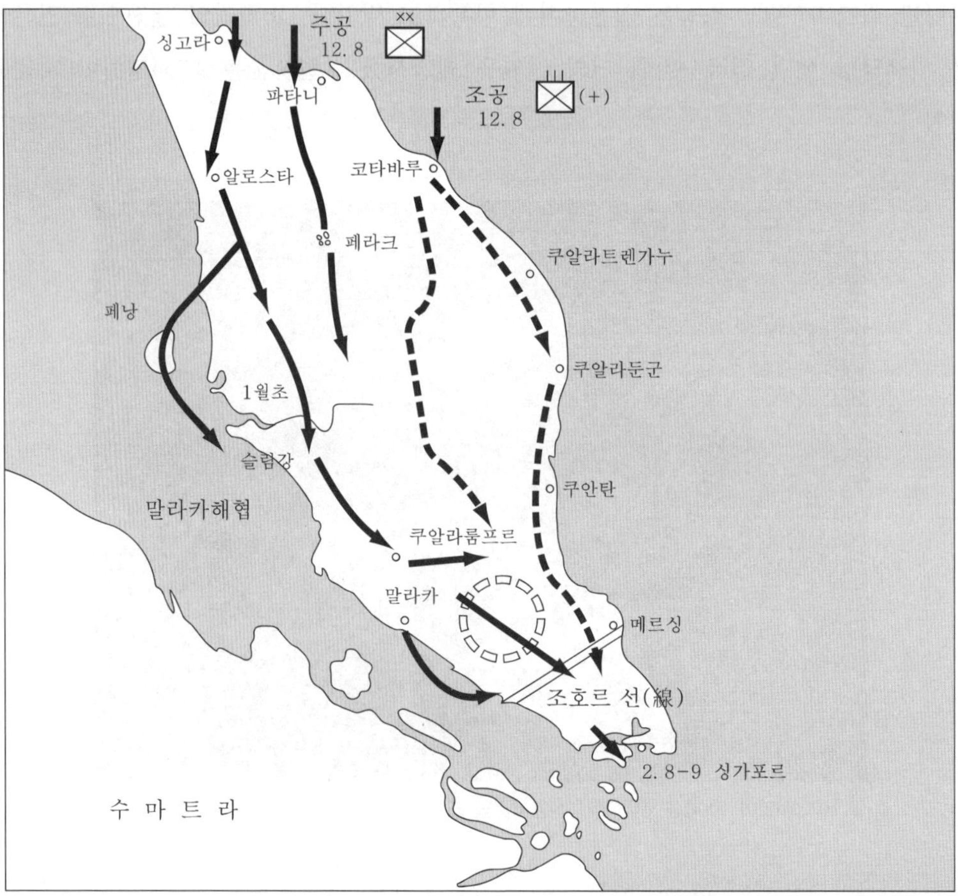

일본군이 바다로 공격해올시 싱가포르에서 능히 저지하리라 믿고 있었기에 정글전투 등 육로에서의 특수전에 대해서는 전혀 대비하지 않았다.

일본군의 공격

일본군은 야마시다(山下奉文)중장의 제25군(4개 사단)과 제2함대 및 400여 대의 항공기를 투입하여 싱가포르가 아닌 반도 북부로부터 12월 8일 공격을 개시하여 3일만에 제공권을 장악하였으며, 싱고라 Singora, 파타니 Patani, 코타바루 Kota Bahru에 상륙한 지상군은 파죽지세로 영국군을 격파해 나갔으며, 12월 10일 이후 영국군은 제대로 저항도 못하고 후퇴만을 거듭했다. 지트라 Jitra의 저항선에서는 일본군의 전차와 포병에 의해 제압당했고, 캄파르 Kampar의 저항선에서는 일본군의 소단정(小丹艇)에 의한 측방공격으로 무너졌다.

다음해 1월초, 영국군은 슬림강으로 후퇴하여 쿠알라룸푸르 선에서 방어를 시도하려 했으나, 1월 6일 야간에 일본군 1개 전차중대가 영국진지를 돌파하여 20마일 후방의 도

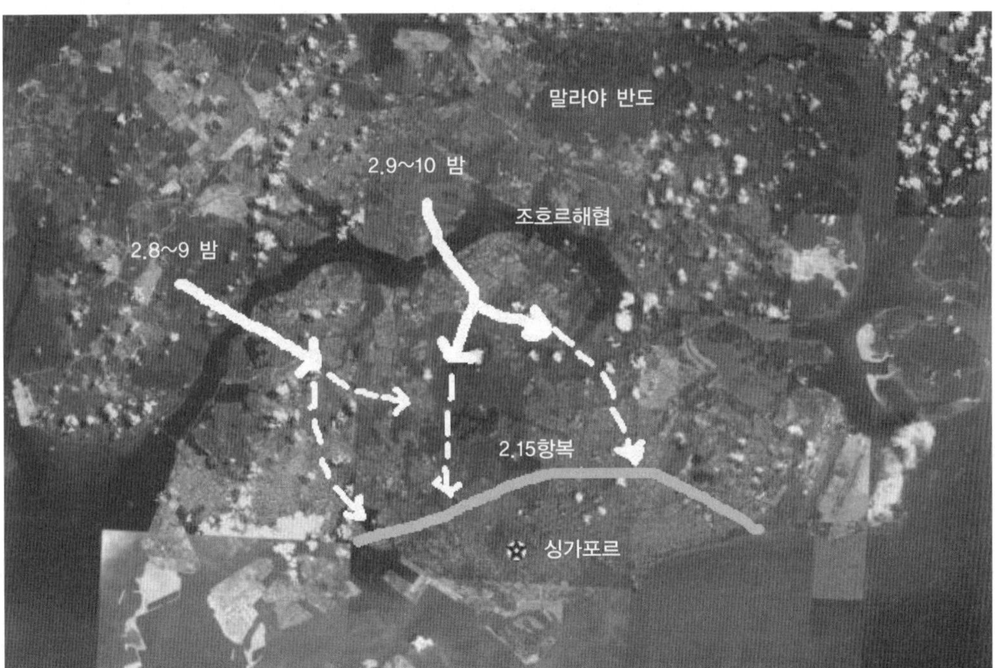

로와 교량을 점령해 버리자 영국군 제11사단은 후방을 차단당하여 와해되었고, 1월말 죠호르선을 포기, 싱가포르로 철수했다. 일본군은 약 1,000 km의 말라야반도를 불과 50일만에 장악하게 된 것이다.

싱가포르 공략에 들어간 일본군은 2월 8일, 포병과 항공기로 싱가포르를 공격했으며 말라야 반도와 싱가포르 사이의 죠호르 수도(水道)를 도하단정(渡河丹艇)을 이용하여 도하에 성공했다. 일본군 30,000명에 비해 더 많은 병력을 보유한 영국군은 훈련부족과 사기저하로 인해 일본군에게 압도당하여 2월 15일 싱가포르가 함락되었으며, 퍼어시벌 장군은 일본군 사령관 야마시다 중장에게 무조건 항복을 하고 말았다. 싱가포르 함락은 곧바로 미안마와 불령 인도지나의 정복으로 이어졌으며 영국의 100년에 걸친 동양지배의 상징인 싱가포르는 일본의 손아귀에 장악되어 그 종말을 고했다.

말라야 전역에서 구사한 일본군의 전술

● **침투(浸透) 및 우회전술(迂廻戰術)**

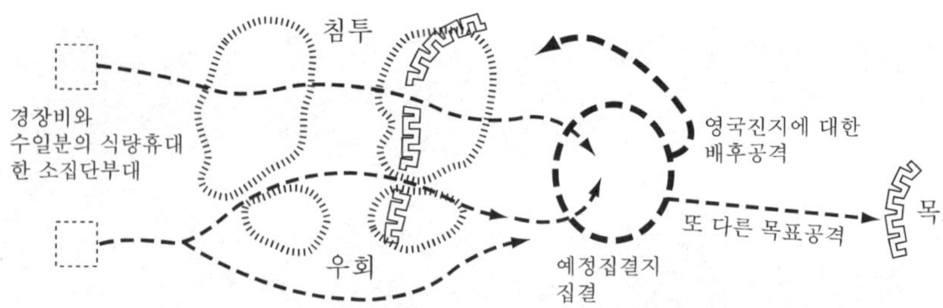

● **정글에서의 전차운용과 자전차(自轉車)부대의 활용**

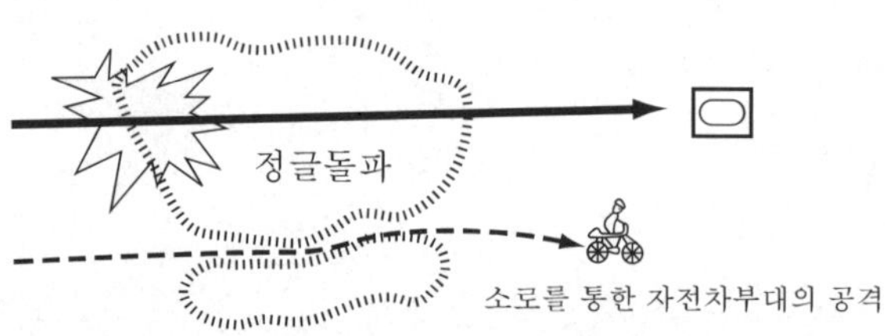

*포병사용 제한되는 정글지역에 대한 항공기의 근접지원

*우회나 침투 불가능시 해안을 통한 우회상륙(迂廻上陸)

영국군의 패인

정글전에 대해 전혀 훈련이 없었으며 제공·제해권이 조기 상실되었고 불필요한 지역에 병력을 분산 방어하는 실책을 범했다.

▲ 영국군 사령관 퍼어시벌 장군과 그가 항복하는 모습

73 필리핀 전역

맥아더(Douglas MacArthur)와 필리핀

▲ 맥아더

필리핀은 약 7,000개의 섬으로 구성되어 있으며 남지나해에 이르는 동방접근로를 통제하는 중요한 위치에 있다. 1898년 미서(美西)전쟁 결과 미국의 식민지가 되었는데 1946년까지는 필리핀을 독립시킨다는 법안이 1934년에 가결되었다.

1935년 맥아더 장군은 필리핀 자치정부(自治政府)의 군사고문(軍事顧問)으로 파견되었다. 아이젠하워도 소령 계급으로 맥아더 휘하의 참모로 근무하고 있었다. 맥아더는 1941년

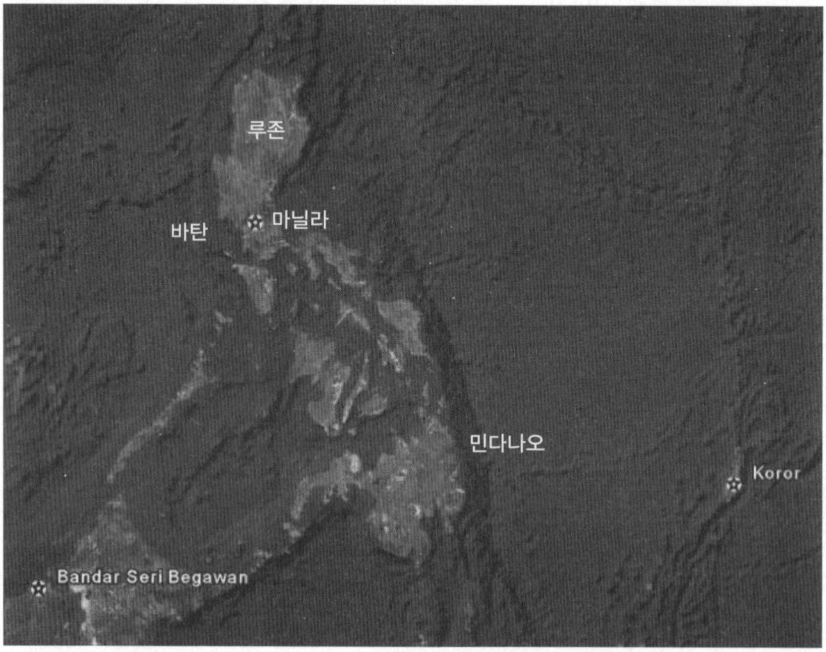

대일관계가 악화되자 6월 26일 미 극동지상군(美極東地上軍 : USAFFE ; United States Army Forces in the Far East)을 창설하여 일본과의 전쟁에 대비했다. 필리핀의 병력은 미군 13,500명을 포함하여 130,000명이 되었고 전투가능한 전투기 142대를 보유하고 있었다.

맥아더의 필리핀 방어계획 "오렌지 3호(War Plan Orange-3)"

맥아더는 이 계획에 의거 루존이외 지역에는 미군을 배치하지 않았으며, 1941년 1월부터 바탄반도에 방어진지를 구축하고, 마닐라만 입구의 4개 도서도 요새화했다.

***레인보 5호(Rainbow 5)**

구주전쟁직후 미・영군 수뇌부에 의해 합의된 이 계획은 필리핀을 포기한다는 내용이 시사 되었는데 맥아더의 강경한 반대에 의해 이를 일부수정, 필리핀을 방어하는데 공식합의 하고 전쟁준비에 박차를 가한 것이다.

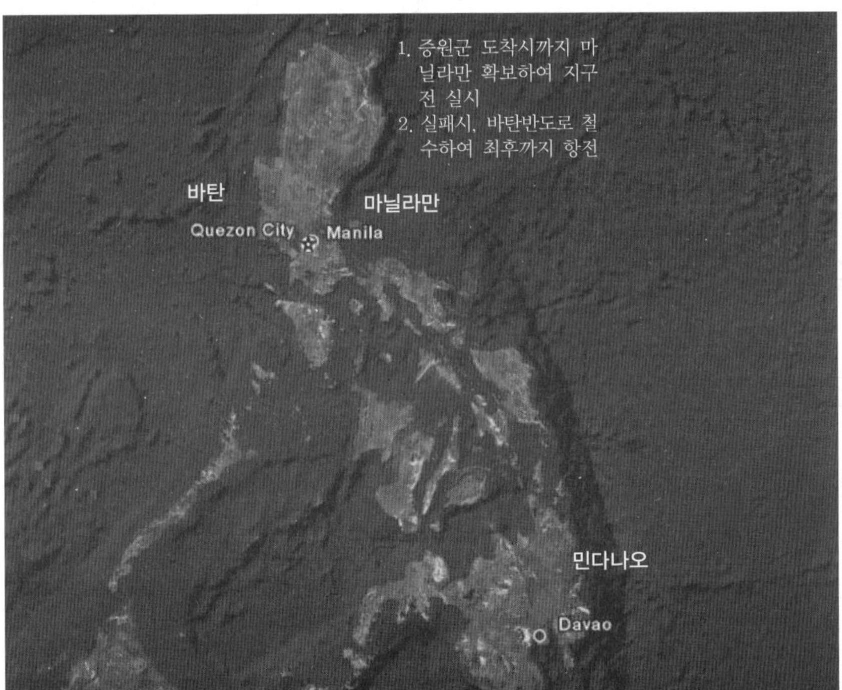

|일본군의 공격계획|

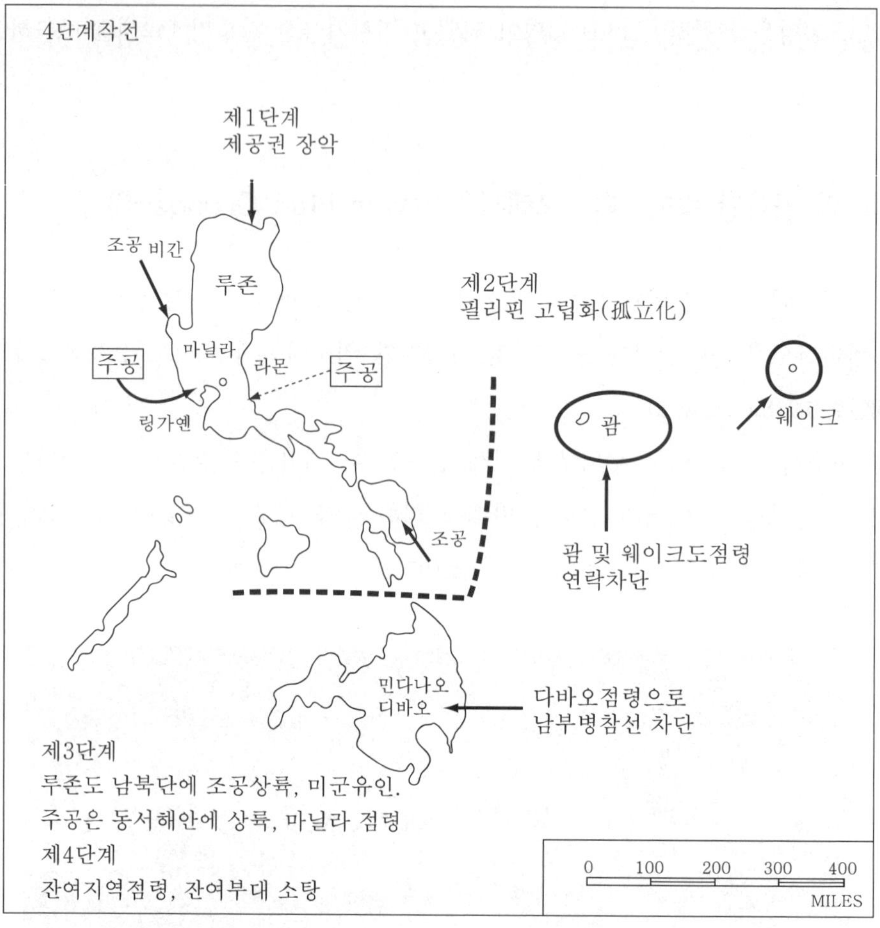

|일본군의 공격개시|

12월 8일, 일본 항공기는 루존도의 비행장을 비롯하여 중요기지를 공격함으로써 미군 항공기를 대파시켰다. 12월 10일 일본군의 조공부대가 아파리 Apari와 비간 Vigan에 상륙하여 비행장을 건설하기 시작했고, 12월 12일에는 또 하나의 조공부대가 남부 루존의 레가스피 Legaspi에 상륙했다. 12월 18일부로 루존도에 항공기지를 완료한 일본군은 즉

▲ 루존

시 제공권을 장악하고 주공부대가 12월 23일 서해안의 링가옌 Lingayen 만에, 12월 24일 동해안의 라몬 Lamon 항에 상륙하여 즉각 마닐라로 맹진격하여 1월 2일 마닐라를 점령했다.

맥아더는 산악과 밀림으로 이루어진 바탄반도에서 결전을 꾀하고자 1월 7일까지 바탄으로의 철수를 완료했다. 철수과정에서 북부 루존 부대는 5개의 저지선에서 일본군을 저지하기 위한 성공적인 지연전을 실시한 결과 남부 루존 부대가 1월 2일 무사히 바탄반도로 철수했다.

일본군 사령관 홈마는 마닐라 점령 후 세력인 제48사단을 쟈바 Java 방면으로 이동시켰다. 일본군 제16사단의 일부와 제65독립혼성여단의 병력으로 15,000명의 미군이 포함된 필리핀군 80,000명을 바탄에서 공격하게 된다.

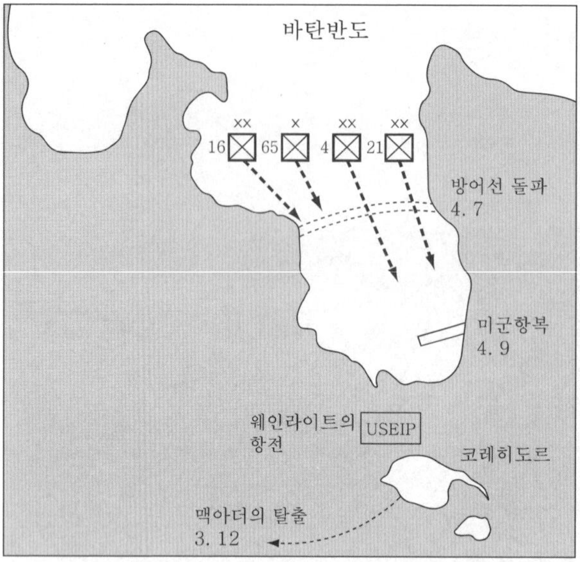

▲ 코레히도르 섬에서 미군이 사용했던 함포

필리핀군은 일본군의 공격을 막아내고 맥아더의 지휘하에 질서정연하게 있었다.

홈마는 1월 21일 서부해안 방향에 돌파구를 형성했으나 예상외의 강경한 저항에 부딪쳐 장기포위전에 돌입했다. 세계의 이목이 바탄반도에 쏠리게 되자 홈마는 포위망에 가둔 필리핀군을 일거에 격하하기 위해 총공세를 준비했다.

워싱턴 당국에서는 맥아더를 희생시킬 수 없어 철수를 종용하나 맥아더는 끝까지 남겠다고 선언했다. 이 무렵 미군은 극한의 기아상태로 말과 나귀를 잡아먹는 지경에 이른다. 3척의 선박으로 식량과 보급품을 추진하려고 시도했으나 일본군의 포위망에 걸려 극히 일부만이 양륙(揚陸)될 수 있었다.

맥아더는 서태평양지역 사령관으로 임명되어 3월 12일 밤, 그의 가족과 몇 명의 참모를 대동하고 어뢰정(PT boat)편으로 코레히도르를 탈출, 민다나오 섬에서 B-17기를 이용, 호주로 향했다.

보병 30,000명, 포 200문, 전차 50대, 항공기 100대를 증강한 일본군은 3월 31일 총공세에 들어갔다. 맥아더의 후임 웨인라이트 중장은 4월 9일 바탄반도에서 미군 54,000명이 항복하자 코레 히도르로 철수하여 1개월간 더 버티면서 최후의 항전을 계속했는데, 5월 6일 코레히도르의 함락으로 포로가 되었다.

▲ 필리핀 전투가 한창일 때 코레히도르 섬에서 회담하는 맥아더와 필리핀 대통령 퀘존

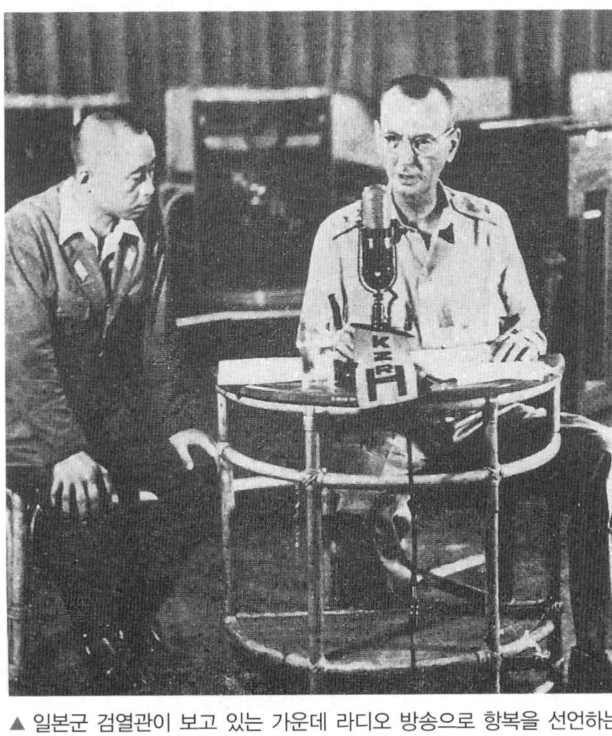

▲ 일본군 검열관이 보고 있는 가운데 라디오 방송으로 항복을 선언하는 미국의 필리핀군 사령관 웨인라이트

|필리핀 전역의 결과|

일본군은 전진기지는 확보했으나 차기 공격계획에 크게 차질을 빚었고, 미군은 5개월이라는 시간을 얻게 되어 반격작전의 계기를 마련했다. 홈마 중장은 필리핀 전역에서 비록 승리를 했으나 곧 해임되어 일본으로 소환되었고, 웨인 라이트 중장은 포로의 몸으로 지내다가 1945년 일본군이 바귀오 Baguio에서 항복조인시 깡마른 몸으로 배석하게 된다. 그는 코레히도르섬에서 끝까지 저항했던 당시의 눈빛을 간직하고 있었다.

▲ 27일간 버텨왔던 필리핀군과 미군은 결국 코레히도르도에서 항복했다.

74 미얀마 Myanmar, 옛 버마 침공

일본군은 미얀마를 점령함으로써 서익(西翼)을 방호하고, 풍부한 곡창지대와 유전지대를 확보하려 했다. 또한 연합군의 대중국(對中國) 보급로인 미얀마통로(Butma Road)를 차단하고 이를 통해 인도 방면으로의 공격발판을 삼으려고 했다. 미얀마에는 미얀마인과 인도인으로 편성된 훈련이 부족한 부대 뿐 기타장배는 거의 없었다. 일본군은 제15군 예하 제33사단 및 제55사단 약 35,000명이 투입되었다.

1942년 1월 16일 일본군은 타일란드 쪽에서부터 공격을 개시했다. 영국군은 허튼 T.J. Hutton 중장의 지휘 하에 대항했으나 역부족으로 조기에 붕괴되었다.

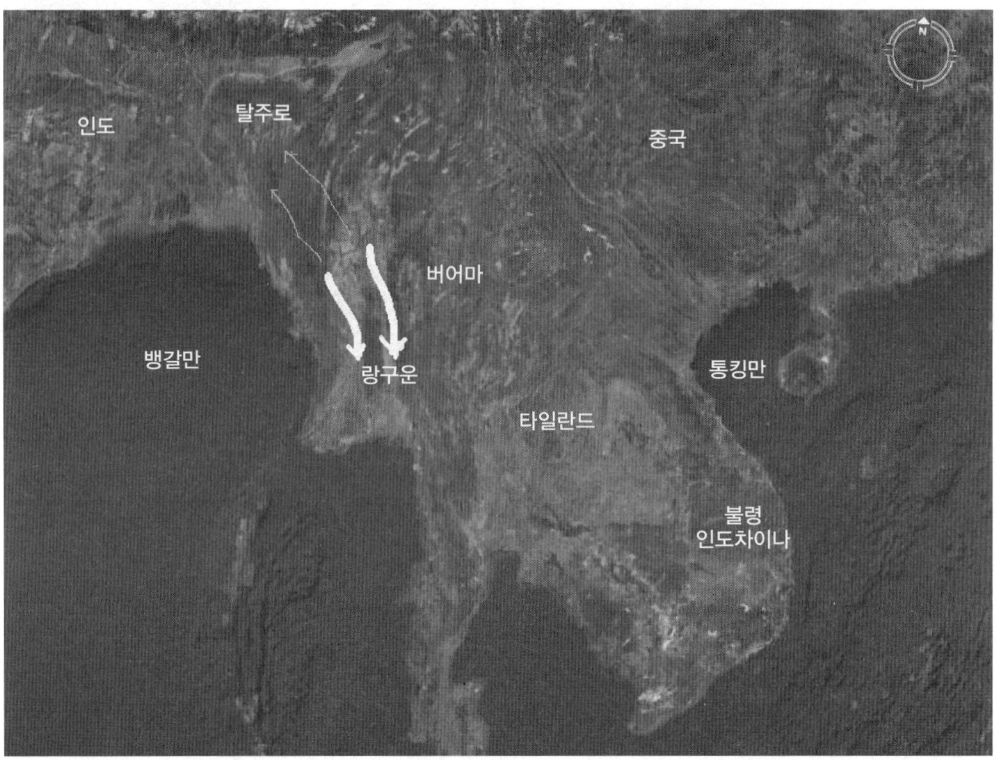

장개석 총통의 미국인 참모장인 스틸웰 Joseph W. Stilwell 소장은 중국 제5군 및 제6군을 이끌고 일본군의 침공에 대항했으나 결국 임팔 Imphal로 패주했다.

영국군은 치열한 교전 하에 대부분의 병력이 만달레이를 통해 철수했으며, 허튼 중장의 후임 알렉산더 대장도 잔여 영국군을 거느리고 친 Chin 산맥을 넘어 임팔로 철수했다. 중국군 제5군의 대부분은 레도 Ledo를 통해 철수했다.

5월 20일, 일본군은 미얀마를 완전 장악했다.

▲ 미얀마의 정글에서 작전 중인 미군의 모습

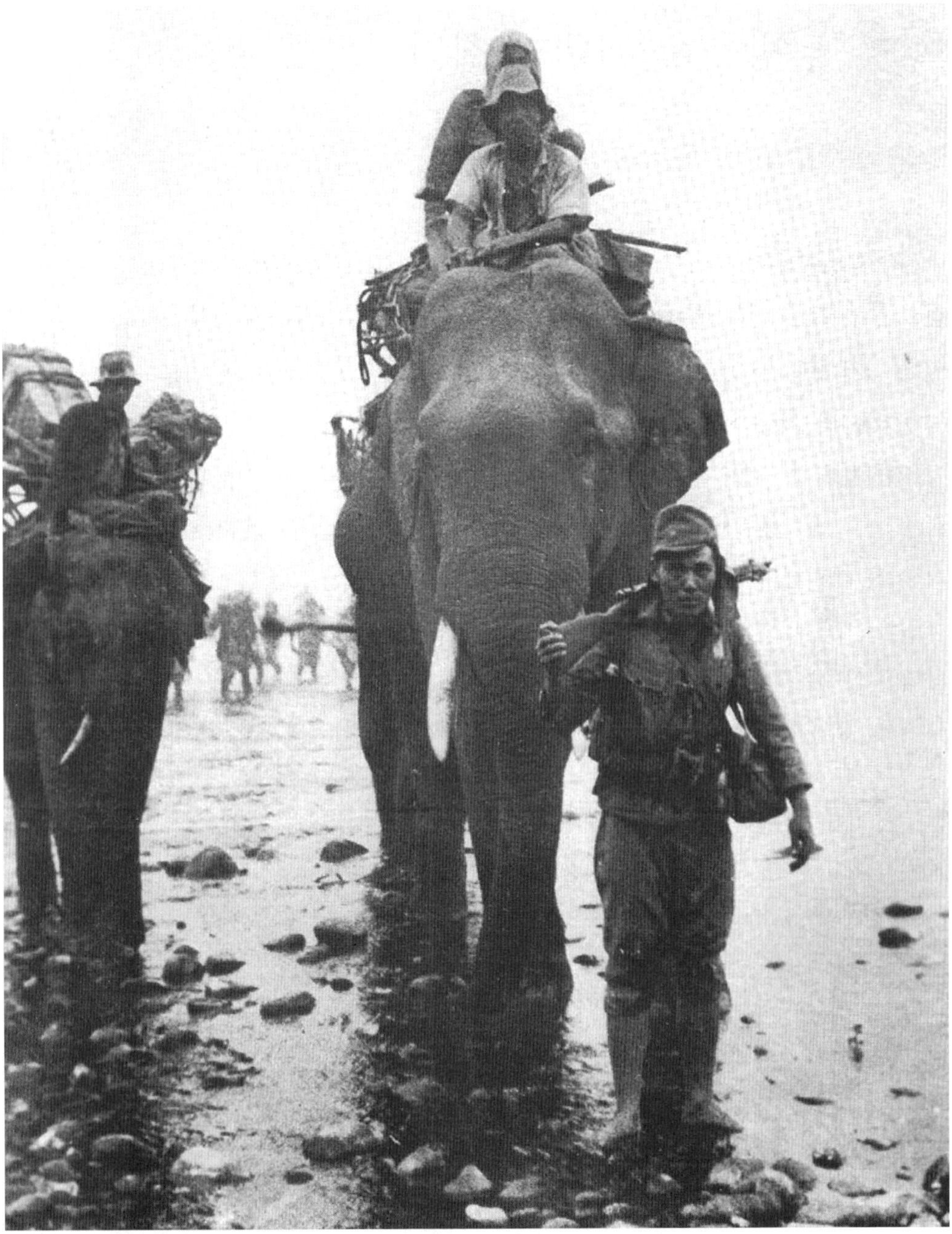

▲ 미얀마 전역에서 코끼리를 이용하여 이동하는 일본군

75 남방 자원지대의 장악

네덜란드령 동인도제도(Netherlands East Indies ; 인도네시아)는 수많은 섬들로 구성되어 있으며 약 3,000마일의 폭을 갖고 있다. 가운데 자바 Java섬 외에는 내륙통로조차 없는 실정이다. 석유 · 고무 및 기타 전략물자 등의 보고(寶庫)로서 일본군의 남방공략(南方攻略)의 최종 목표였다.

1941년 12월 23일 ARCADIA(워싱턴)회담에서 약정된 바, 1942년 1월 10일 미 · 영 · 화(和) · 호(濠) 통합사령부(ABDA Command)가 자바에 설치되었고, 웨이벨 Wavell 대장이 이를 지휘했다.

일본군은 제16군이 주력이 되어 1월 11일 공격을 개시했다. 말라야와 필리핀에서 활약했던 양개부대가 자바에서 합류 작전을 펴기로 하고 차례로 보르네오 Borneo, 셀레베스 Celebes, 몰루카 Molucca, 티모르 Timor 등지의 섬들을 점령했으며, 수마트라의 팔렘방

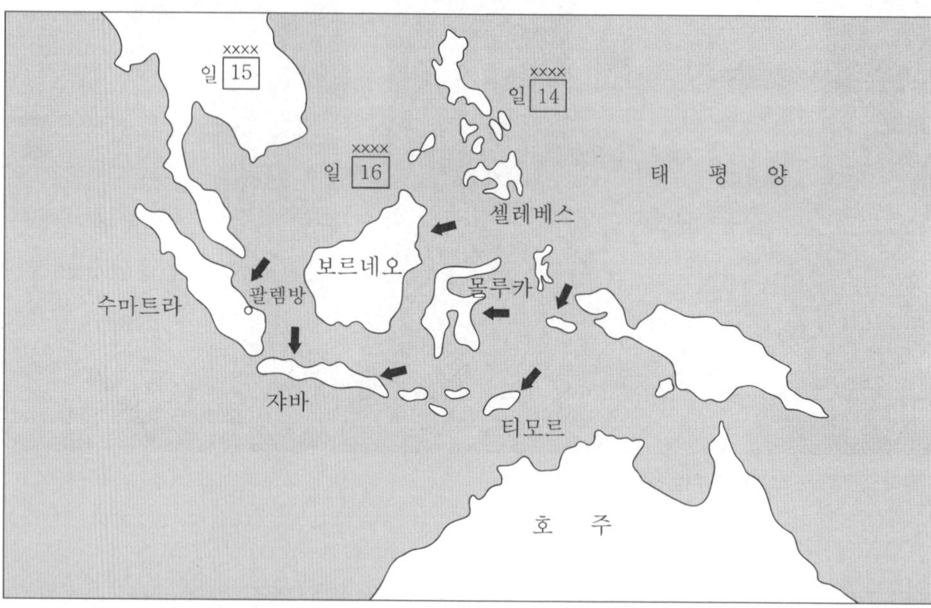

Palembang에는 공수부대를 투하하여 이를 장악했다. 2월 27일 자바 해전에서 연합군 해군이 격파되었고, 자바는 포위된 채 2월 28일 일본군의 상륙으로 네덜란드군은 3월 9일 항복했다. 이로써 일본군은 그들의 숙원이었던 남방 자원지대를 장악하는데 성공했다.

와조전술(蛙跳戰術)

이또오(伊藤)소장이 만다나오로부터 보르네오, 셀레베스 방면으로 공격시 내륙통로가 거의 없는 도서(島嶼)지역 작전에 적합한 전술로 개발한 것으로, 강점(强點)을 점령함으로써 기타지역은 저절로 제압되도록 한다는 전술이다.

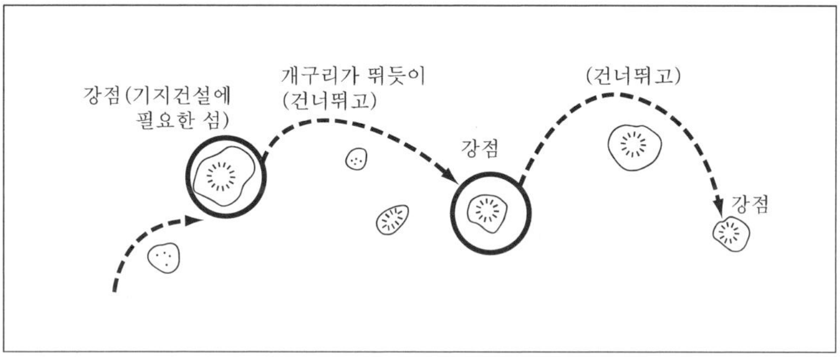

▲ 화려한 훈장을 가슴에 단 일본 국왕이 백마를 타고 군대를 사열하고 있다.

- 목표지역에 대한 해·공군공격
- 지상군이 상륙하여 기지건설
- 항공기 추진, 국지적인 제공. 제해권 장악
- 다음 목표에 대한 해·공군 공격, 지상군은 보급 및 재편성

*솔로몬 전투에서 미군의 우회전술과 반대되는 작전. 우회전술은 적의 약점만을 골라 점령한다.

76 일본군의 마지막 남태평양 공세

|연합군의 책임지역 구분|

연합군은 1942년 3월말, 각국별로 전략책임지역을 설정하여 일본과의 장기전에 대비했다.

태평양지역 (미국)	중 국 지 역 (미국)	인도양·중동지역 (영국)
•서남태평양 : 맥아더 대장 •태평양해양 : 니미츠 해군대장 •남 부 지 구 : 고믈리 해군대장	•장개석 총통, 참모장 스틸웰 소장	웨이벨 대장

|Arc Line|

호주에 있는 맥아더군은 병참선을 유지하고 장차 반격의 발판으로 삼기 위해 Arc Line을 설정, 제도서(諸島嶼)를 기지화 하는 계획에 따라 맥아더는 파푸아 Papua의 포오트 모레스비 Port Moresby를 항공기지화 했다.

▶ 1943년 뉴우기니 섬에 상륙하는 미해병대

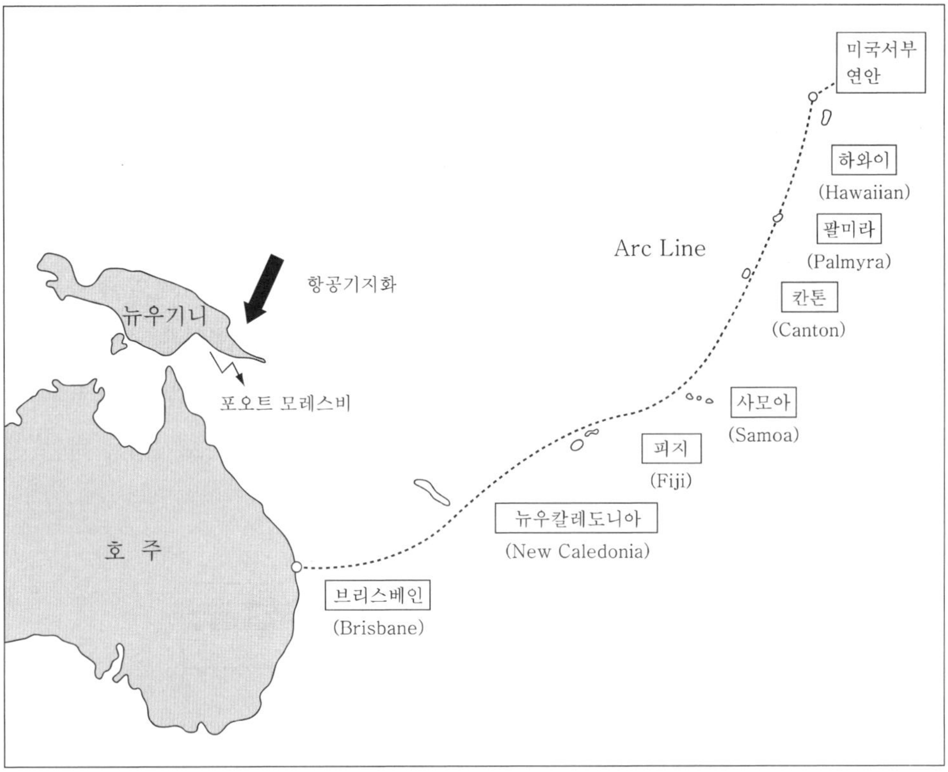

|일본군의 공격|

1941년 12월 하순부터 남태평양에 대한 공세를 취하여 1942년 초 비스마르크군도(群島)의 라바울Rabaul을 점령했다.

"MO" 작전

본래 일본군은 남방 자원지대를 확보하는데 목표를 두고 전쟁을 개시했었는데 이외의 대 성과로 인해 본래의 계획을 변경시켜 솔로몬 군도와 포오트 모레스비를 점령하는 "MO" 작전을 개시했다. 이 작전의 성공은 Arc Line을 차단시킬 수 있고 호주에 대해 결정적인 위협을 가할 수 있다.

5월 3일, 남부 솔로몬의 툴라기Tulagi를 점령한 후 포오트 모레스비를 공격하기 위해 항모부대와 수송선단을 산호해(珊瑚海)로 이동시켰다. 일본 함대의 공격기도를 간파한 미군은 항모특수임무부대(航母特殊任務部隊)를 출동시켜 이에 대비했다.

|산호해(珊瑚海) 해전(the Battle of the Coral Sea)|

5월 8일 아침, 양 함대가 30마일 거리를 두고 서로 시계(視界)밖에서 항공기만에 의한 치열한 해전을 치렀다. 이 전투로 인해 미국은 항모 1척, 구축함 2척의 침몰과 항모 1척 피탄(被彈), 항공기 손실 74기, 전사자 543명의 피해를 입고, 일본은 경항모 1척, 구축함 3척 침몰과 항모 1척 피탄, 항공기 손실 80기, 전사자 1,074명 등 대체로 미국과 대등한 피해를 입었다. 일본은 이 전투로 인해 포오트 모레스비를 포기해야 하는 전략적 패배를 맛보았다.

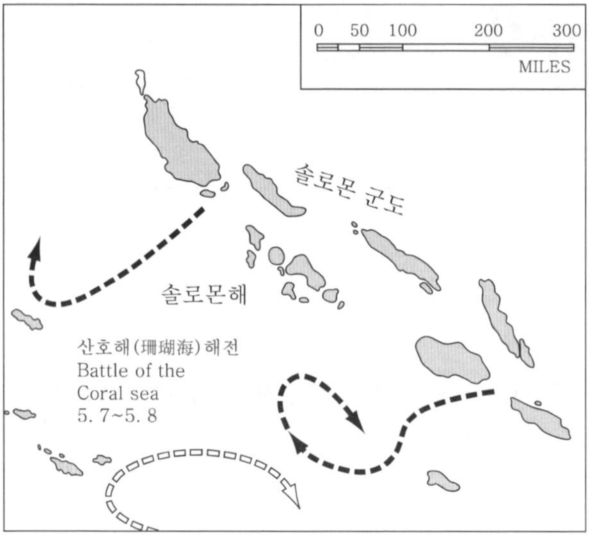

▲ 일본군에 의해 침몰된 미군의 렉싱턴호의 선원들이 배에 기어오르고 있다.

▲ 산호해 해전에서 미군의 폭격을 피하는 일본군함들

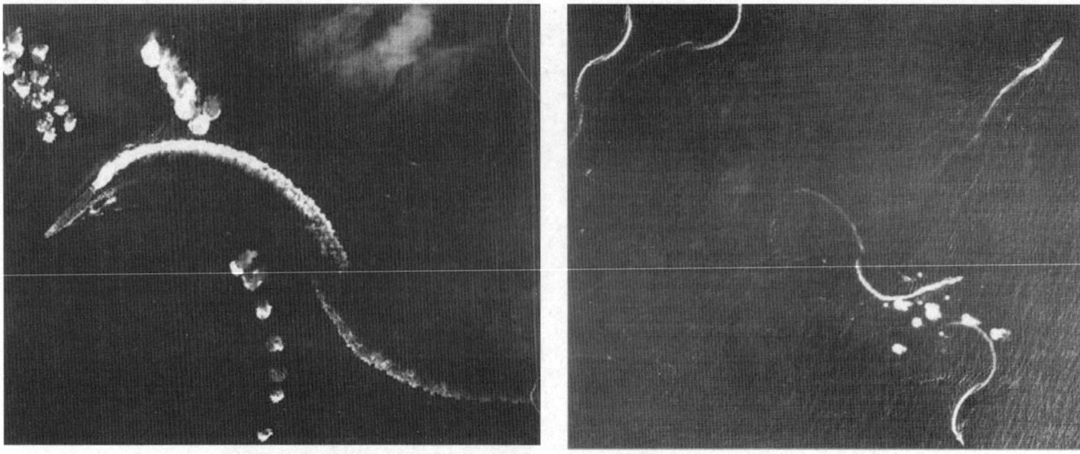

▲ 산호해 해전에서 미군의 폭격을 피하는 일본군함들

▲ 산호해 해전에서 일본군의 공격으로 침몰되는 렉싱턴(Lexington)호

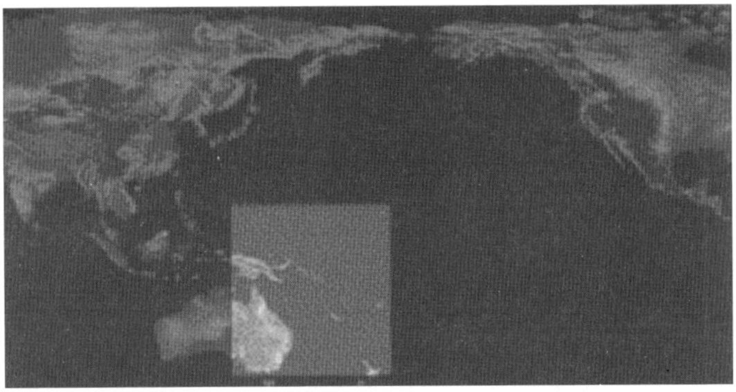

▲ 산호해 해전의 이모저모

77 미드웨이[Midway] 해전

|두우리틀(James H. Doolittle) 중령의 동경공습|

1942년 4월 18일, 두우리틀 중령은 미항모 기동함대에서 발진한 16대의 B-25중거리 폭격기를 지휘하여 동경공습을 실시했다. 폭격의 피해는 크지 않았으나 일본 국민에게 주는 심리적 충격은 대단한 것이었다. 항모 호오넷[Hornet]호는 일본근해 650마일 동방지점까지 접근했었다.(어떤 기록에는 당시의 공습이 일본인에게 큰 영향을 주지 못했고 다만 야마모도에게는 충격적이었다고 했다.)

▲ 동경을 폭격했던 미국의 항모 호오넷(Hornet)호

▲ 두우리틀(오른쪽)

▲ 동경을 향해 발진하는 장면

|미드웨이섬 공격계획|

수도의 방위가 취약한 것을 인식한 일본해군은 야마모도 연합함대 사령관의 판단하에 공백지대인 미드웨이섬을 공략하기로 했다. 미드웨이섬을 장악한다면 일본토(日本土)를 방호할 수 있고 미 태평양함대를 결전으로 유인할 수 있다는 것이다. 일본해군은 알류우산 Aleutian 방면으로 양공(陽攻 : Feint)을 취하고 주력함대는 미드웨이로 향했다.

▲ 미드웨이로 향하는 일본의 가가 항모

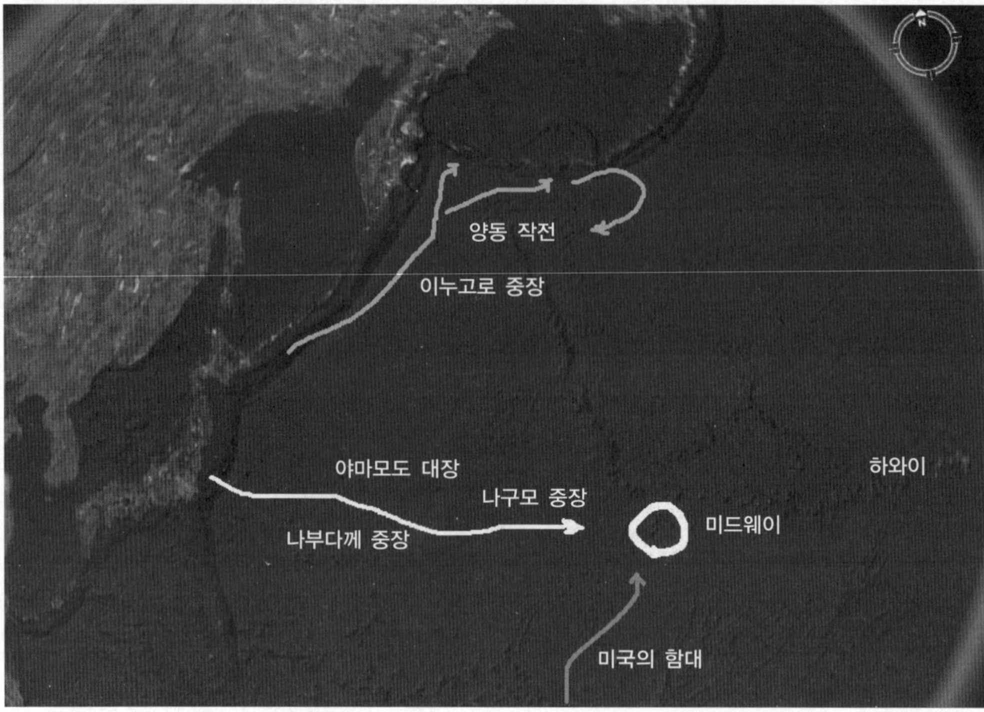
양동 작전
이누고로 중장
야마모도 대장
나구모 중장
나부다께 중장
미드웨이
하와이
미국의 함대

|일본 함대의 발진|

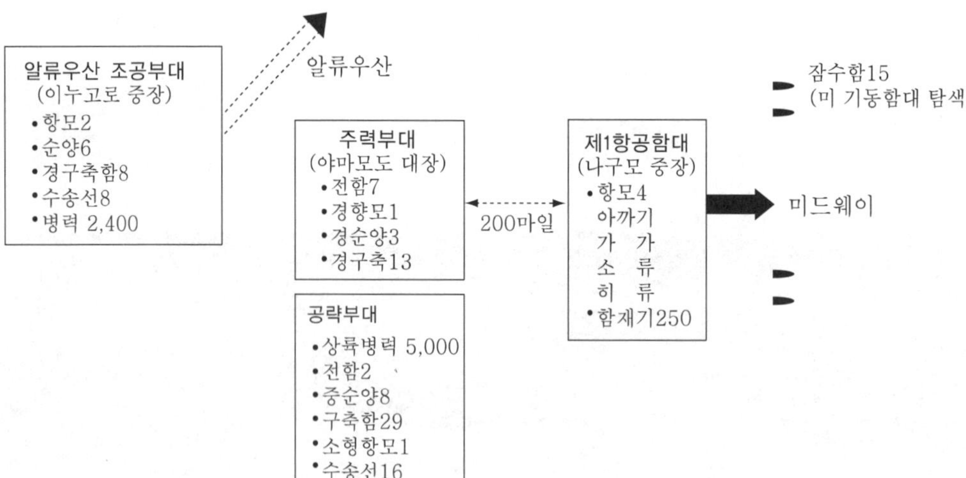
알류우산 조공부대
(이누고로 중장)
•항모2
•순양6
•경구축함8
•수송선8
•병력 2,400
알류우산
주력부대
(야마모도 대장)
•전함7
•경항모1
•경순양3
•경구축13
200마일
공략부대
•상륙병력 5,000
•전함2
•중순양8
•구축함29
•소형항모1
•수송선16
•경순양2
제1항공함대
(나구모 중장)
•항모4
아까기
가 가
소 류
히 류
•함재기250
잠수함15
(미 기동함대 탐색)
미드웨이

|암호해독과 미국의 대처|

미국은 일본의 암호를 해독하여 일본의 공격목적, 일본 함대의 개략적 편성, 접근 방향, 공격실시 일자를 알고 있었으며, 니미츠 제독은 전 해군력을 미드웨이로 집결시켜 일본군의 공격에 대비했다. 미군의 전력은 항모 3 : 함재기 225 엔터프라이즈 Enterprise, 호오넷 Hornet, 요오크타운 Yorktown, 순양함 8, 잠수함 25, 구축함 14이었다.

▲ 니미츠 제독

▲ 미드웨이 암호를 해석한 로시포르 중령

|미드웨이 결전|

엄격히 무전을 통제하면서 미드웨이로 향하던 일본 제1항공함대에서 공격예정일 6월 7일의 4일전인 6월 3일에 커다란 문제가 발생했다. 짙은 안개로 선두함대인 아까기 뒤에 따라와야 할 가가, 히류, 소류 함대가 보이지 않았던 것이다. 참모들 사이에 무전을 칠 것인가 말 것인가에 대해 심한 논쟁을 벌이다가 결국 안개가 걷히고 잃어버렸던 함대의 모습을 되찾기 불과 1시간 전에 무전을 쳐버리고 말았던 것이다. 그 결과 사방에서 빈틈없이 도청망을 펴놓고 기다렸던 미국 함대에게 그 위치를 포착당하고 말았다.

6월 4일 06시 30분, 일본 함대기 108대가 미드웨이 기지를 덮쳤다. 그러나 미리 대비한 미군에게 피해를 주지 못했다. 당시의 항공모함은 캐터펄트에 의해 함대기를 날려 보내는 것이 아니라 비행갑판의 전장(全長)을 이용하여 활주함으로써 날아갈 수 있었기 때문에 발함과 착함이 동시에 이루어질 수는 없었다. 그래서 공격대는 제1차 공격대와 제2차 공격대로 구분하게 된다. 제1차 공격 후 일본군은 다시 제2차 공격을 준비하기 위해 전 함대기에 폭탄을 장착(裝着)하기 시작했다. 거의 제2차 공격대의 준비가 완료되는 순간에 일본 정찰기로부터 미 항공모함 발견의 신호를 접수했다. 다시 2시간에 걸쳐 폭탄을 어뢰로 치환하게 되는데 이때 돌연 미 항공기가 출현했다.

▲ 미드웨이 섬의 활주로를 공격하고 있는 일본 함재기

▲ 미드웨이 섬

▲ 일본기의 공격으로 파손된 미 항모 요오크타운

◀ 격침되는 일본순양함 미꾸마

일본의 아까기 · 가가 · 소류 항모는 대파되었고, 6월 5일 미 잠수함의 어뢰 공격에 의해 대파된 이들은 완전히 침몰했다. 잔여 히류 항모에서 출격한 함대기는 요오크타운호를 대파시키고 이어서 일본잠수함은 이를 격파 · 침몰시켰다. 히류 항모도 역시 미군의 엔터프라이즈호에 의해 침몰되었다.

|미드웨이 해전의 결과|

야마모도는 6월 4일 하루의 결전에 의해 나구모의 전 함대가 침몰되자 미드웨이 작전의 실패를 자인하고 철수했다. 이로써 일본은 동쪽으로의 팽창이 저지되었고 조기종전의 꿈은 사라졌다. 미드웨이 해전을 계기로 태평양의 판도는 미국 측에 유리하게 전개되어갔다.

일본군은 전쟁초기의 연승에 의한 자만과 방심, 암호 사용 미흡 등의 원인으로 작전에 실패했는데 만약 미드웨이 작전에서 성공했다면 태평양에서 항공모함을 보유하는 유일한 국가가 되었을 것이고 그 위력은 엄청났을 것이다.

야마모도는 미드웨이 작전 성공 후 피지, 사모아, 뉴카레도니아섬 등을 차례로 점령하고 마지막에 하와이를 점령할 예정이었다. 그러나 그 후 일본군은 과달카날 섬을 중심으로 한 끝없는 소모전에 말려들어가게 되었고, 야마모도가 격추되어 전사할 때 태평양 전선은 극도의 혼란 상태에 빠졌다.

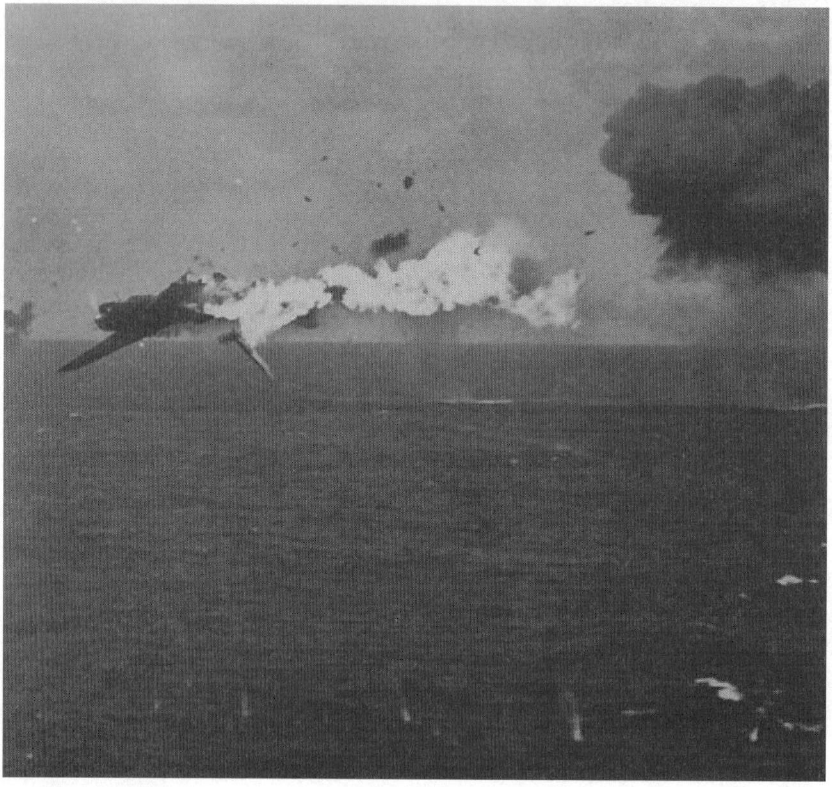

▲ 격추되는 일본 함재기

78 과달카날Guadalcanal 전투

|과달카날섬 고립|

1942년, 일본군은 미드웨이 해전에서 대패하자 곧바로 과달카날 섬에 상륙하여 비행장을 건설하기 시작했다. 과달카섬에서의 항공작전은 Arc Line을 차단하게 되므로 미국은 즉각 이에 대처했다.

1942년 8월 7일, 미 제1해병사단은 반데그리프트Alexander A · Vandegrift 지휘하에 툴라기와 과달카날에 기습상륙을 감행, 그날부로 툴라기를 점령했고, 이틀 만에 과달카날을 점령하여 과달카날섬의 비행장을 "헨더슨"(Henderson)비행장으로 명명했다.

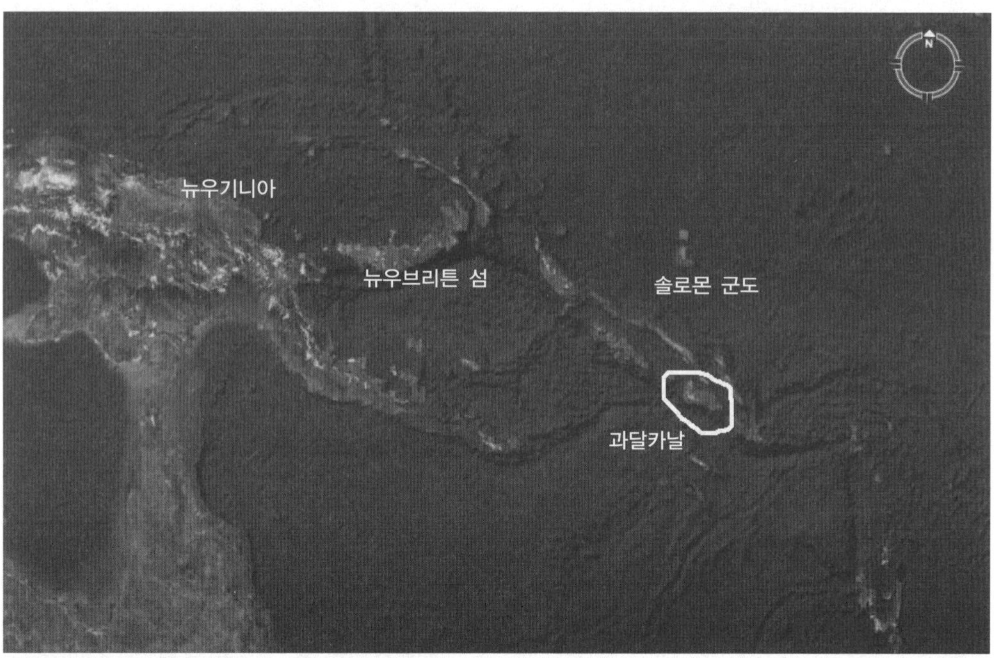

8월 8일 야간, 일본기가 사보Savo 앞바다에서 미국의 중순양함 4척을 침몰시키는 "사보도 해전"이 벌어졌다. 이로 인해 미 함대는 철수했고 과달카날에는 상륙한 미 제1해병 사단만이 고립된 채 감량 급식을 하면서 비행장을 건설, 일본군의 공격에 대비했다.

일본 군부는 과달카날에 대한 미군의 작전은 무력정찰 정도의 것으로 판단했고, 기껏해야 1,000명 정도 일 것이라 과소평가 했다.

|일본군의 공격|

괌도로부터 구축함에 의해 급송(急送)되어온 이찌기 대좌 휘하 1,000여명은 8월 18일 밤, 과달카날의 타이부Taivu에 상륙했다. 미군을 과소평가하여 후속부대의 도착을 기다리지 않고 즉각 공격에 임하였으나 전차를 대동한 미군에 의해 측방포위를 당해 거의 전멸되었다.

▲ 과달카날

▲ 과달카날의 일본군 대포

|에드슨 능선 전투(Battle of Edson's Ridge)|

일본군은 이른바 "동경특급(東京特急 : Tokyo Express) 작전을 통하여 가와구찌 소장 예하 약 6,000명과 보급품을 과달카날섬에 집결시킬 수 있었다. 9월 12일밤, 헨더슨 비행장에 맹공을 가하여 비행장까지 돌입하는 진전을 보이다가 미군의 사력을 다한 저항으로 14일 격퇴 당했다.

|일본군의 3차 공세|

10월 11일 밤, 미국 함대는 에스페란스곶(Cape Esperance)에 정박중인 일본 함대를 대파시켰다. 이로 인해 일본군은 대규모 상륙군투입에 지장을 받았지만 하꾸다께 중장

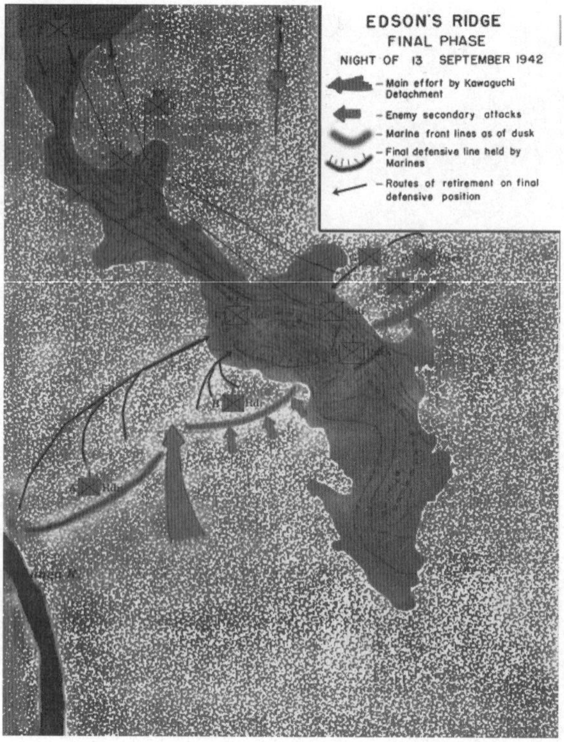

의 제17군은 10월 24일 전면공격을 시도했다. 격전의 48시간이 계속되었고 육군 1개연대의 지원을 받은 미군이 승세를 잡아 일본군을 서서히 붕괴시켜 나갔다.

|할제이(W. Halsey) 제독과 해전|

▲ 할제이

고믈리의 후임인 할제이 제독은 10월 26일밤 산타크루즈 Santa Cruz 앞바다에서 일본 함대와 일대 격전을 벌이게 되는데 이 해전에서 호오넷호가 침몰되고 엔터프라이즈호와 사라토가호가 대파되었다. 그러나 일본 함대를 격퇴하는데 성공하여 과달카날에 상륙한 일본 지상군을 지원하려는 기도를 좌절시켰다. 이로 인해 일본군은 극심한 보급란에 빠졌다.

11월 12일부터 3일간, 일본군은 대 함대를 동원하여 마지막 공세를 시도했다. 할제이는 과달카날 해전의 대승으로 과달카날 연해에 대한 제해·제공권을 완전히 장악했다.

|과달카날 전투의 종식|

미 제1해병사단과 교체한 미 제14군단은 1943년 1월 4일부터 거의 1개월이 넘는 기간동안 소탕전을 실시하여 6개월에 걸친 과달카날 격전을 종식시켰다.

|과달카날 전투의 결과와 분석|

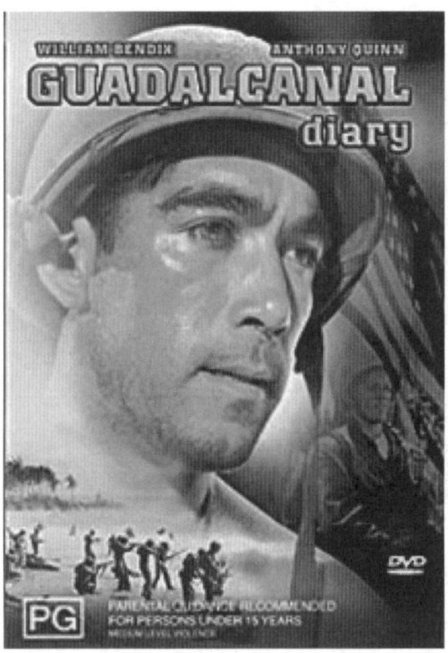

일본 해군은 적극적인 철수작전으로 2월 1, 4, 7일의 3일간 11,000~13,000명의 병력을 철수 시키는데 성공했지만 전반적으로 전사 14,800명, 병사(病死) 9,000명, 포로 1,000명의 손실을 입었다. 이에 비해 미군은 전사 16,000명, 부상 4,245명의 손실을 입었다.

과달카날 전투는 일본 해군의 최초 주요 패전이었다. 전략·전술적으로 일본군은 축차공격을 실시했고, 해상승리를 끝까지 유지하지 못했으며, 초기 장악된 제해·제공권을 제대로 활용하지 못했다. 미군은 과달카날 전투의 승리로 Arc Line을 지킬 수 있었고 다시금 제해·제공권을 장악하여 총반격의 계기를 만드는 결정적인 전기가 되었다.

79 파푸아 Papua 지역

| 일본군의 "L호 작전" |

일본군은 포오트 모레스비를 탈취하고자 1942년 7월 22일 도미 따로호리이 소장 지휘하 4,400명을 고나 Gona에 상륙시켰고, 7월 28일에는 코코다 Kokoda에 도달함으로써 불과 포오트 모레스비와는 35마일 거리를 앞두고 있었다.

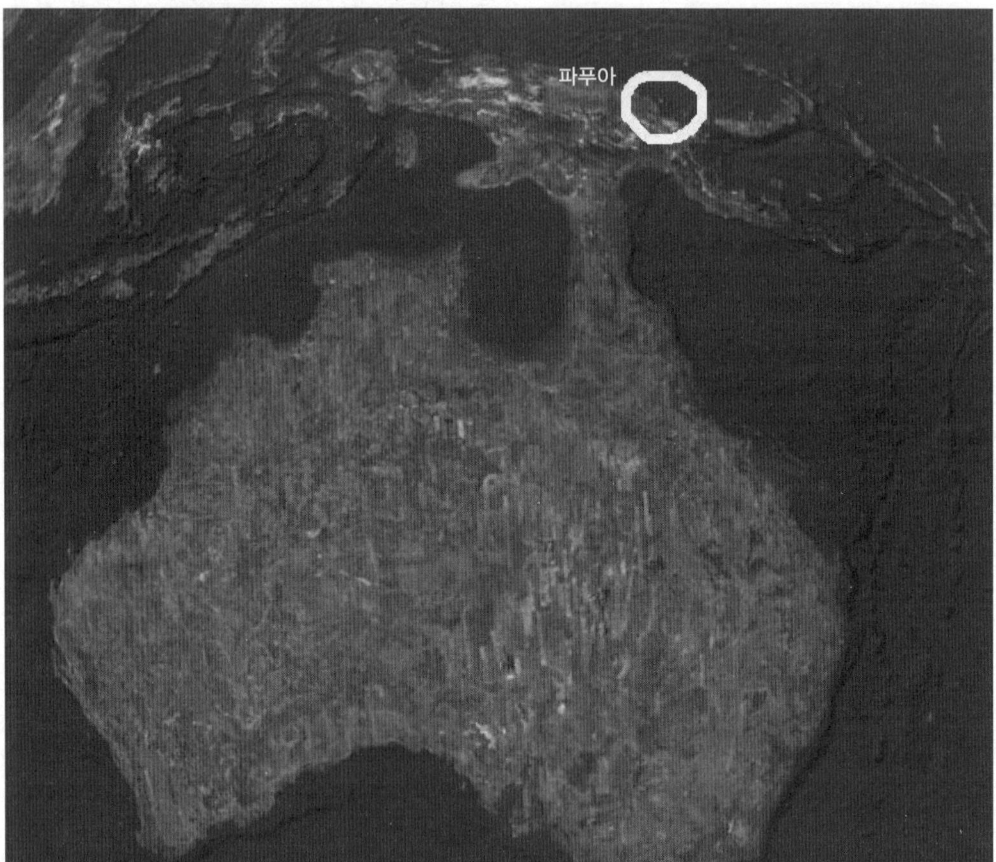

맥아더의 공수작전(空輸作戰)

급박한 상황에서 맥아더는 호주 제7사단을 공수로 긴급낙하, 일본군의 남하를 차단하고 고나의 일본군 해상통로에 공중공격을 가했다. 두 달 이상의 사투를 통해 미군은 11월 하순 일본군을 고나와 부나지구로 몰아넣었다. 고나와 부나의 요새지에 들어간 일본군은 최후의 항전을 했으나 6주후인 1943년 1월 2일에 부나가 함락됨으로써 최악의 기아상태에 빠진 일본군은 항복하고 말았다.

파푸아 전역의 결과 및 의의

일본군은 약 13,000명이 희생당했으며, 미·호주군은 미군 2,334명이 질병에 의해 불구자가 되는 외에 8,546명이 희생되었다.

최초의 공수작전이었다는 것과 개전 후 최초로 공세작전에 의해 일본군을 패배시킨 의의를 가졌고, 이 전투를 통해 일본군 방어편성의 강점과 그것의 격파방법을 터득했다는 교훈을 얻게 되었다.

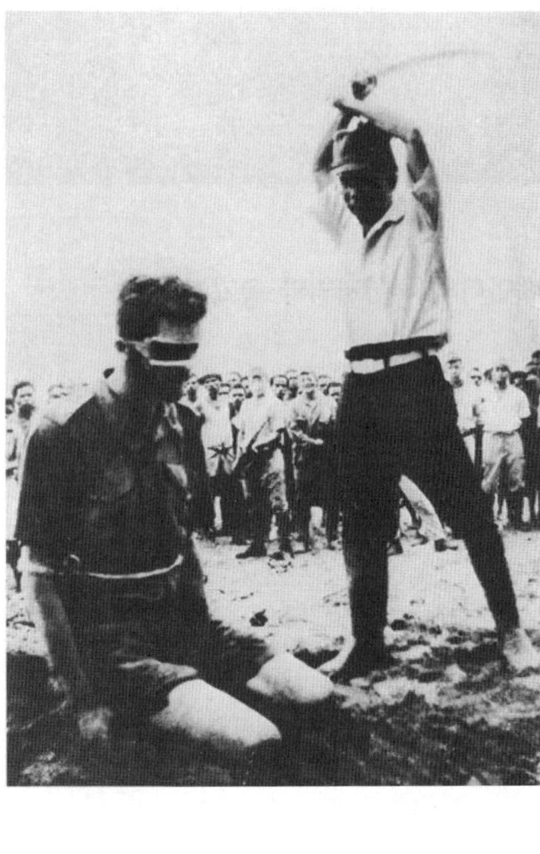

▶ 1942년 뉴우기니아에서 생포된 오스트레일리아 군 조종사의 목을 치는 일본군

80 솔로몬 Solomon 소모전

|맥아더의 통합지휘와 공격계획|

1943년초, 맥아더는 남태평양 지구의 육·해군을 통합지휘하게 되었다.

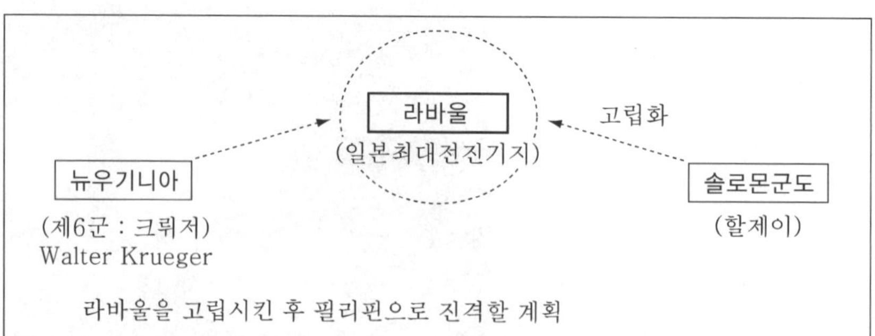

|일본군의 방어 계획|

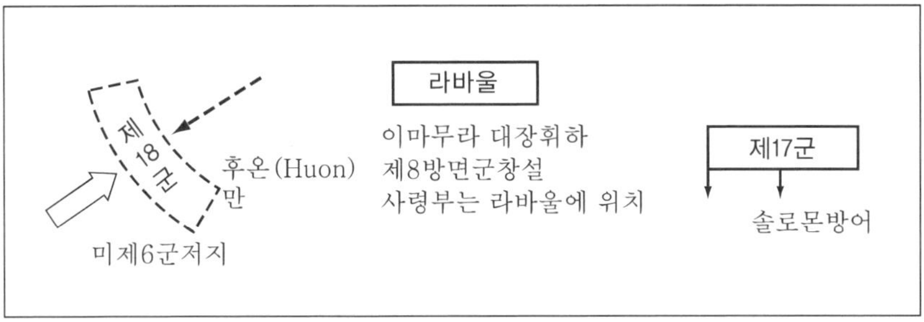

|맥아더의 공격|

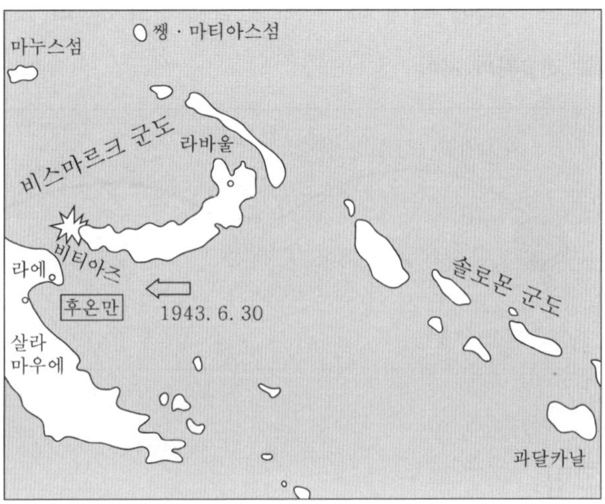

와우 Wau에 제6군 일부를 공수 투하시켜 라에 Lae와 살라마우에 Salamaue 지역의 일본군에 대해 공격을 시도했으나 완강히 저항했다.

비티아즈해협에서 일본군 대선단이 격침되어 일본 제18군은 라바울로부터 고립되었다.

일본군 사령관 이마무라는 솔로몬 방어에만 전념했고, 고립된 일본 제18군은 극심한 기아에 허덕이면서 4월 초순부터 9월 말까지 미군과 숨가쁜 격전을 계속했으나 10월 중순 정글전은 종식되고 미군은 후온만 일대를 장악했다.

|할제이군의 북상과 우회전술|

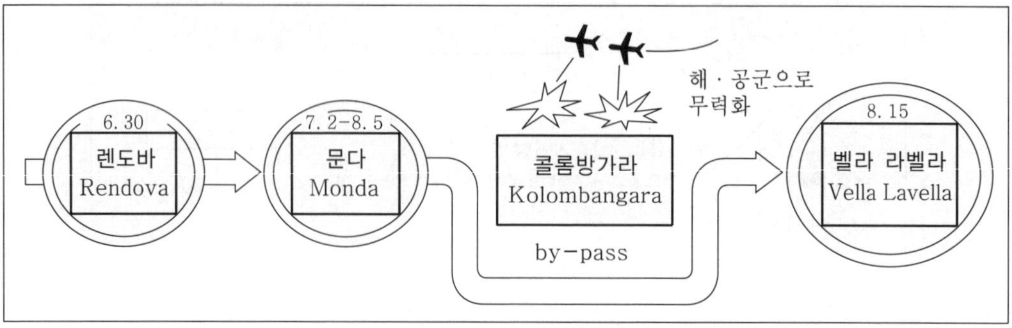

맥아더와 니미츠의 전술로서 비교적 수비가 약한 주변지역을 점령하여 기지를 건설하고 우회한 적의 강한 거점에 대해 해 · 공군으로 무력화시켰다.

● 일본의 와조(蛙跳) 전술과의 차이

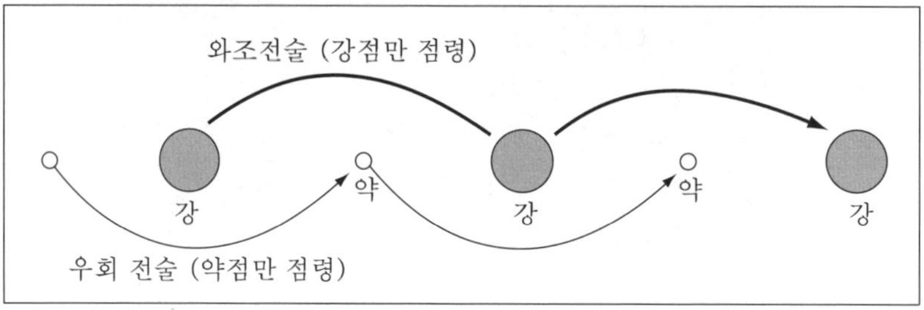

|미군의 라바울 고립|

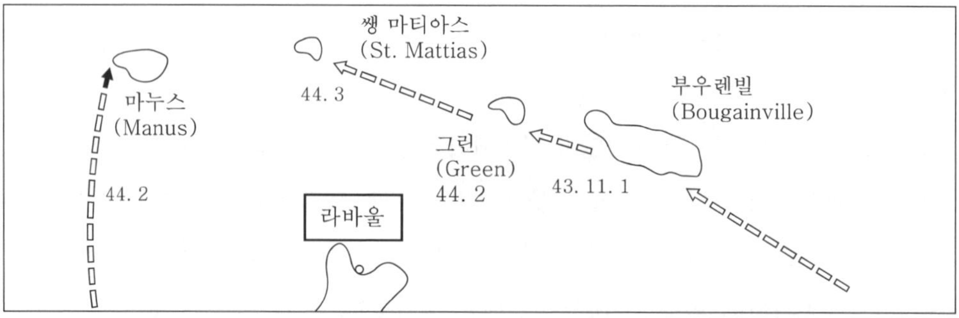

우회전술을 구사하여 파죽지세로 서북상의 섬들을 차례로 장악하여 마침내 1944년 3월 중순, 라바울을 고립하는데 성공했다.

|솔로몬 전투의 결과 및 분석|

라바울 고립 작전에 투자한 시간은 거의 1년이 넘었다. 이 전투에서 야마모도가 1943년 4월 16일 부대시찰을 위해 라바울로부터 부인Buin으로 공중 이동 중 미리 탐지한 미군기에 의해 격추당해 전사했다(야마모도는 세부적으로 계획된 시간계획표에 의해 거의 1분도 어김없이 정확히 행동했다고 한다.

일본 정예병력은 솔로몬 격전에서 대부분 소모되었고, 해군 항공기 7,600대가 격파됨으로써 이후로 일본군은 항공기의 공중엄호를 받을 수 없었다. 미군은 진격을 계속하여 1944년 9월 15일에는 필리핀의 문턱인 모로타이Morotai도를 점령했다.

▲ 물구나무 서기를 즐겼던 야마모도

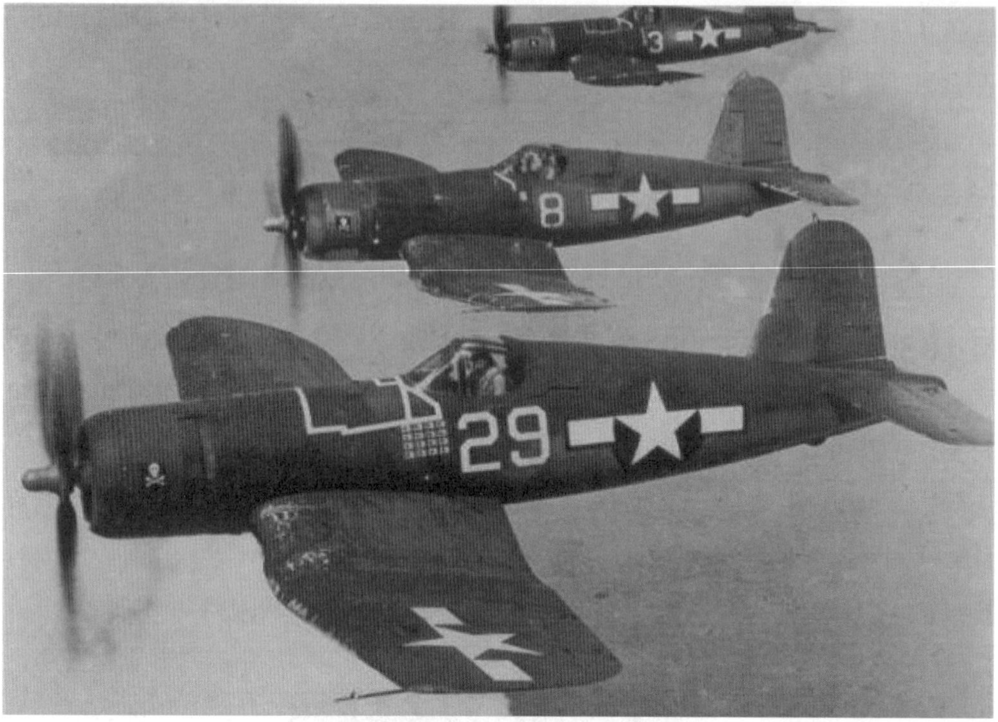

▲ 라바울에서 미군기에 의해 파괴되는 일본 함선

81 마리아나Mariana 전역일명 필리핀해전

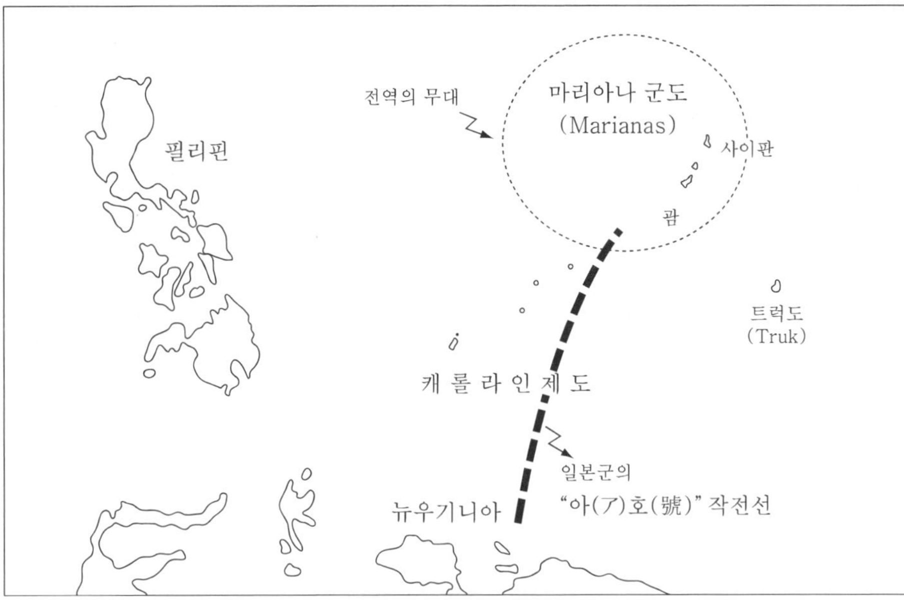

|마리아나군도의 전략적 가치|

중앙태평양의 요충지로서 일본이 이를 상실한다면 태평양 병참선이 차단되며 중앙태평양 최대의 기지인 트럭Truk도(島)가 고립된다. 미군은 일본 본토를 직접 공격할 수 있는 B-29 폭격기의 기지를 얻게 된다.

▲ 트럭도

|일본군의 "아(ア)호(號)"작전|

고가 제독은 기존의 전함(戰艦)중심에서 항모(航母)중심으로 개편하여 미 기동함대에 대비했다. 티니안 Tinian 일대에 항공기 1,644대를 배치했고, 신편(新編) 제31군에 도서수비 임무를 부여했다.

연합함사령관(고가제독)

제1기동함대(오자와제독)

제3함대(항모)	제2함대(전함)

▲ 티니안의 위치와 티니안의 전경

|니미츠의 기습공격|

미군은 6월 11일 최초의 기습공격후 6월 15일 제5해병군단이 사이판에 상륙했다. 이즈음 뉴기니아 방면에서는 맥아더가 견제공격을 가하고 있었기에 일본군은 티니안도의 항공기 480대를 할마헤라Halmahera도로 이동시켰고, 제1기동함대는 타위타위Tawitawi에 고정시켜둠으로써 마리아나군도는 텅 비워 두었던 것이다.

|Outrange 전법|

미군이 사이판에 상륙하자 오자와의 제1기동함대는 마리아나 해역으로 이동했고, 미군은 스프루언스Raymond A · Spruance 제독의 제5함대를 사이판 서쪽 200마일에 미리 대비시켰다. 미군함대의 위력이 오자와를 2배나 능가했기 때문에 일본은 함재기 항속능력의 우수성을 이용하여 미군기의 항속거리 밖(Outrange)인 350마일 거리에서 출격했다.

▲ 스프루언스 제독

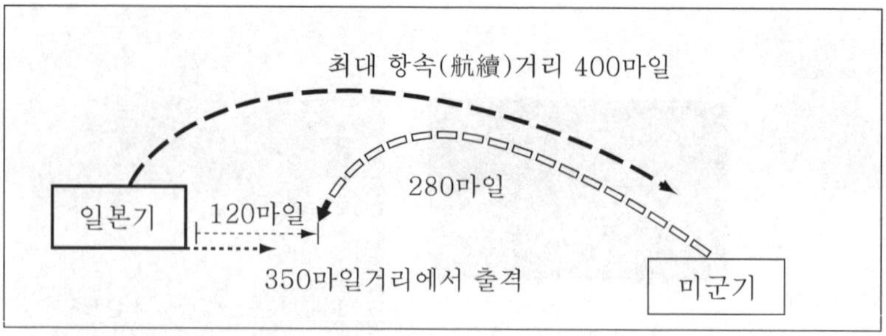

|마리아나의 거위사냥|

6월 19일 새벽, 일본기 250대가 출격했는데 미리 레이다로 이를 포착한 미군은 마리아나 해상에서 거의 대부분을 격추시켰으며 이후 4회에 걸친 공중전에서 일본군은 400대의 비행기를 잃어버렸다.

|일본함대의 궤멸과 해전의 종식|

스프루언스 제독은 6월 20일 서진을 계속하던 중 15시 40분경 일본의 오자와 함대를 포착하고 216대의 함재기를 출격, 항공엄호를 받지 못한 오자와 함대의 항모 3척을 격침하고 기타 선박들을 대파시켜 패주케 했다.

마리아나 군도 내에 고립된 일본군은 절망적인 싸움을 계속하다가 미군이 7월 21일 괌도(島), 24일 티니안에 상륙하자 조직적인 저항이 종식되었고, 니미츠가 9월 15일 팔라우 Palau에 기지를 설치함으로써 맥아더군의 필리핀 공략을 도울 수 있었다. 일본군은 신병들로 구성된 조종사들의 전투경험 부족과 미군의 우수한 레이다 기술에 의해 마리아나에서 패전의 잔을 마시게 된 것이다. 도조내각은 7월 18일부로 총사퇴했고 고이소(小磯) 내각이 들어섰다.

▲ 1941년 태평양을 지나고 있는 미국의 엔터프라이즈(Enterprise)

▲ 사이판의 해안 포대

82 레이테Leyte 전역

일본군의 첩호작전(捷號作戰)

마리아나 해전의 실패로 일본군은 필리핀-대만-류구(琉球)-본주(本州)-북해도- 쿠릴열도를 연결하는 최종 방어선을 결성하고, 이 선내에 침투하는 미군에 대해 집중적으로 대비한다는 계획을 수립했다. 남방자원지대와 일본 본토를 연결하는 필리핀은 가장 중요한 지역으로 일본군은 제4방면군(方面軍)을 창설하여 이를 방호케했다.

구로다 중장은 지연전과 루존도에서의 결전을 주장하여 항공결전(航空決戰)주의의 일본 대본영에 의해 해임되고 야마시다 대장이 필리핀 방어를 책임지게 된다.

|미군의 "Musketeer 작전"|

▲ "나는 돌아올 것이다." 필리핀 잡지의 표지

맥아더는 필리핀을 공략하기 위해 제1호 작전으로 민다나오 상륙, 제2호 작전으로 레이테에 상륙한다는 계획을 세웠으나 할제이군이 예상외로 일본군을 격파해 나가자 곧바로 10월 20일 레이테에 대한 상륙을 결정했다.

1944년 10월 20일 항모 17척, 기타 선박 720척이 레이테를 엄습했고, 10월 21일 132,000명의 병력과 200,000톤의 보급물자를 양륙(揚陸)했다. 레이테 수비대인 일본군 제35군 예하 제16사단은 곧 내륙으로 퇴각, 야마시다에게 4개 사단을 증원받아 치열한 공방전을 벌였다.

|일본 해군의 작전계획|

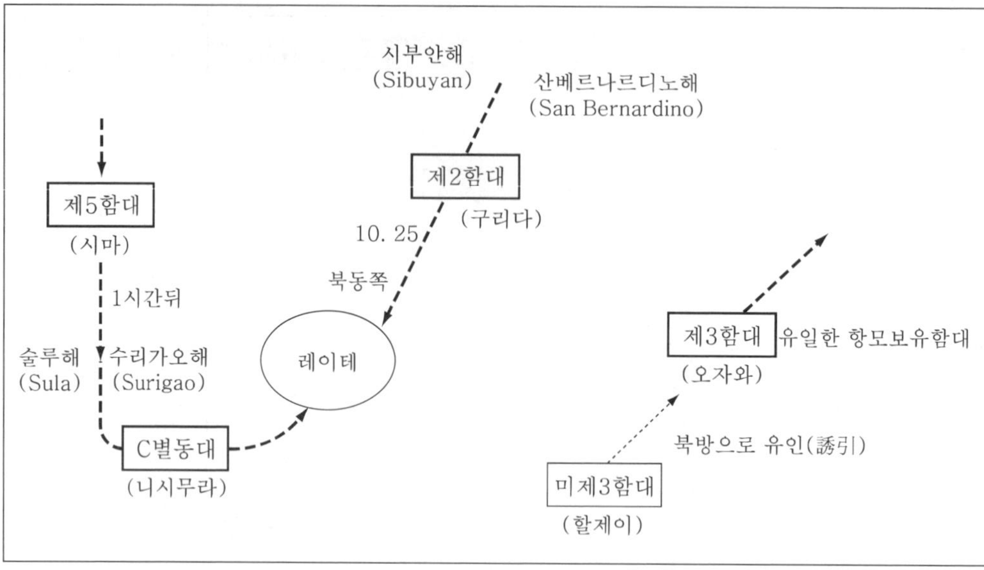

※ 이 계획에 의해 레이테 해전은 3개 구역에서 벌어졌다.

◀ 일본본토 방어를 위해 미군의 필리핀 진입을 저지할 계획을 입안했던 도요따(豊田) 대장

|수리가오(Surigao) 해전|

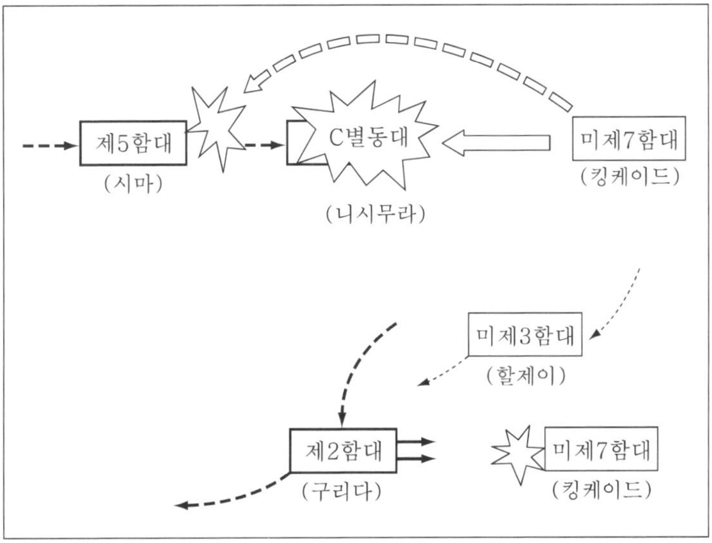

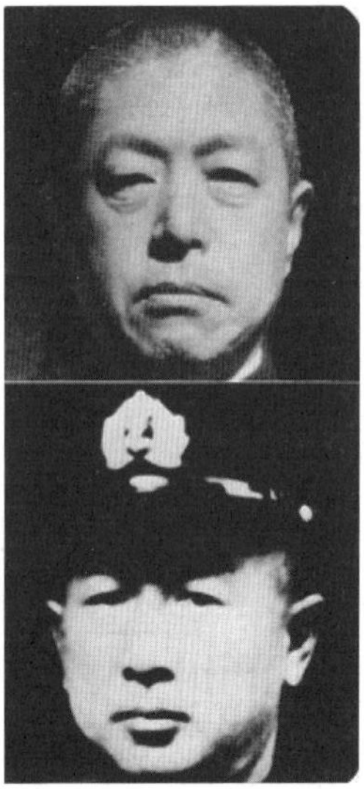

▲ 시마(위)와 니시무라(아래)

수리가오 해협에 진출한 일본군 C별동대는 02 : 00시경 잠복대기 중이던 미 제7함대에 의해 전멸당하고 후속 제5함대도 대파되어 패주했다.

구리다의 제2함대는 미군의 잠수함 공격과 할제이의 제3함대의 공격을 받고 서쪽으로 후퇴했으나 25일 아침 사마르 동남해안에 다시 진입하여 수리가오 해전 후 방심하고 있는 미 제7함대에 대해 기습공격을 가했다.

혼란에 빠졌던 미 제7함대가 반격의 태세와 미 제3함대가 다시 남하하게 되자 구리다의 제2함대는 급히 후퇴하게 되었다.

|엥가노(Engano) 해전|

일본 오자와 제3함대는 25일 아침 미 제3함대를 엥가노 원해(遠海)까지 유인하는데 성공하여 하루 동안 견제하는데 성공했으나 압도적인 항공력에 의해 전멸되었다. 이어서 미 제7함대의 구원요청에 응한 미 제3함대는 퇴각중인 제2함대를 시부얀해에서 대파시켰다.

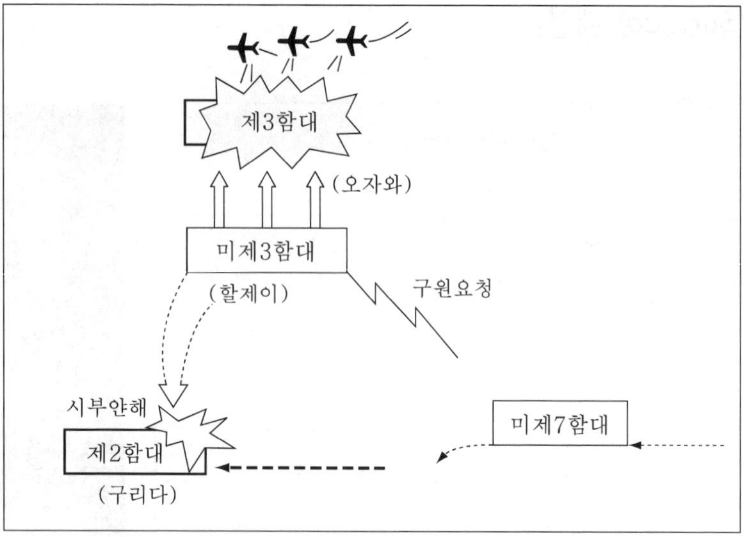

|가마가제(神風) 특공대의 등장|

▲ 오오니시 사령관

1944년 10월 19일, 일본의 제1항공함대 사령관인 오오니시 다끼지로 중장은 루존섬에서 열린 작전회의에서 특별한 명령을 하달했다. 250 kg의 폭탄을 지닌 제로생 전투기 요원들에게 자살 특공의 임무를 준 것이다.

13세기에 일본을 몽고군의 침략으로부터 구한 태풍의 이름을 따서 "가미가제(神風) 특별공격대"라고 명명했다. 424명의 대원이 출격하여 16척의 함선을 격침시키고, 80여척에 큰 피해를 주었다.

▲ 1944년 11월 25일 레이테 해전에서 미 해군의 에섹스 항모를 향해 돌진하는 가미가제 특공대

▲ 지휘관으로부터 마지막 잔을 받고 있는 가미가제 특공대원

|레이테 해전의 결과 및 분석|

▲ 필리핀 국민에게 "나는 돌아왔다"고 말하는 맥아더

일본 해군의 손실은 항모 4, 전함 3, 중순양함 6, 경순양함 3, 구축함 11척이었고, 미 해군의 손실이 경항모 1, 호송항모 2, 구축함 3척이었다.

일본 해군은 이후 대규모 해전이 불가능했다. 맥아더군의 레이테 상륙은 일본군의 남방 자원지대와 일본 본토 사이에 큰 쐐기를 박은 결과를 가져왔다.

▶ 불침의 전함 무사시가 미군의 폭격으로 역사에 사라지고 있다.

83 미얀마 최종공세

|경 과|

미얀마 전선은 1943년 가을까지 소강상태를 유지했다. 1943년 1월, 카사블랑카 회담에서 미얀마 탈환을 결의한 바가 있었는데, 이에 따라 인도의 아쌈(Assam)-히말라야-중국의 운남고원에 이르는 "Air Hump Route" 공중보급로를 개설했다.

1943년 8월, 동남아사령부(SEAC ; Southeast Asia Command) 창설에 합의하고, 연합군 통합지휘체제 하에 마운트바텐 Mountbatten 제독이 사령관, 장개석의 참모장인 스틸웰 중장이 부사령관을 겸직했다.

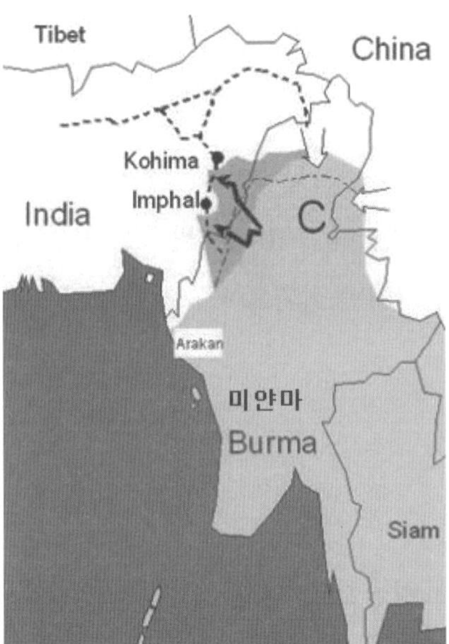

1943년 10월, 스틸웰 중장은 중국군 2개사단과 메릴 유격대를 지휘하여 미치나 Myitkyina 방향으로 진격했다. 그러나 완강히 저항한 일본군은 이듬해 3월 15일부터 오히려 임팔 Imphal과 코히마 Kohima를 포위하여 스틸웰의 병참선을 위협했다.

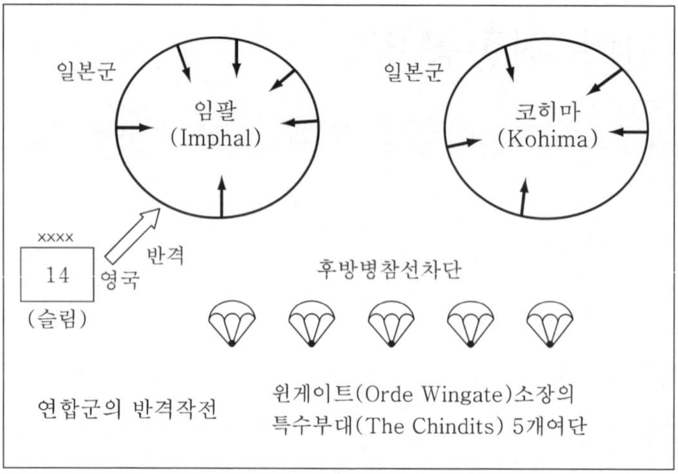

그러나 결국 원시적 보급에 의존한 일본군은 7월초 철수하게 된다.

임팔 전투의 실패로 일본군은 미얀마에서 주도권을 상실했다. 북방의 스틸웰군은 계속 남진을 거듭하여 중국과의 육상 보급로를 개통하려고 했으나, 스틸웰은 중국의 장개석과 관계가 악화되어 10월 18일 해임되어 귀국했다. 후임인 웨드마이어Albert C. Wedemeyer는 중국 방면만 담당하게 되고, 미얀마는 설탄Daniel I. Sultan 중장의 신편된 인도·버마 전구사령부가 담당했다.

1944년 12월말 연합군은 북부 미얀마를 장악했고, 1945년 1월 7일에는 라쉬오Lashio 북부의 완팅Wanting을 점령, 레도통로Ledo Road를 개통했으며, 1945년 5월 3일 공수 투하된 영국군이 랑구운시를 점령했다. 이로써 미얀마전역이 종식되고 5월 이후 소탕전에 돌입했다.

|분 석|

일본군은 미얀마에서 연합군을 장기간 견제하는데 성공했고, 연합군은 주로 공수(空輸)수단으로 병참문제를 해결함으로써 결정적인 승리를 가져왔다.

▲ 장개석의 참모장 스틸웰 중장

▲ 스틸웰의 후임 웨드마이어 중장

84 루존[Luzon] 동굴전[洞窟戰]

| 일본군의 방어계획 |

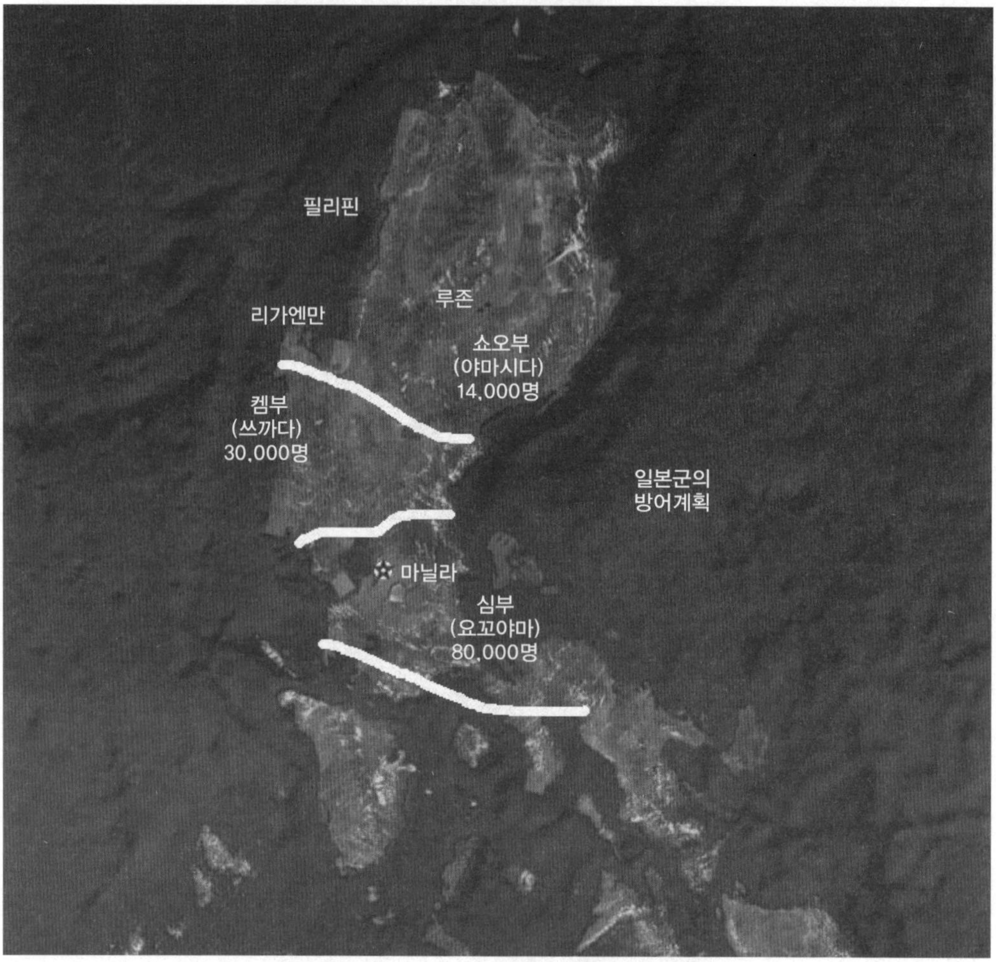

|맥아더의 공격|

맥아더는 필리핀을 탈환함으로써 지난날의 쓰라린 패배를 갚음과 동시에 남지나해를 비롯한 서태평양 일대를 효과적으로 장악하려고 했다. 1944년 12월 15일, 민도로Mindoro를 점령하여 전진기지를 만들었고, 할제이의 미 제3함대로 하여금 대만 일대에 공중폭격을 강화한 다음, 제7함대의 지원 하에 최정예 제6군(Krueger)을 공격부대로 선정하여 중부 루존의 링가옌Lingayen만으로 상륙하는 계획을 세웠다.

일본군은 야마시다 대장의 지휘 하에 예하부대를 3개 지역으로 구분, 지구전을 계획하고 총 250,000명으로 150대의 항공기가 지원했다. 1945년 1월 4일, 850척의 미군 함대는 레이테를 출발했으나 일본의 신풍(神風 : 가미가제)특공대에 의해 전함 17척이 격침되고 20척이 대파되었다.

1945년 1월 9일 09시 30분 미 제14군단은 링가옌을 급습하여 쉽게 교두보를 확보했

▲ 바탕가스 일대에 강하하는 미 제11공수사단

고, 미 제8군은 레이테와 민다나오 방면에서 조공을 실시했다. 1월 29일 미 제11군단은 산 안토니오San Antonio 근교에 상륙했고, 1월 31일에 미 제11공수사단이 바탕가스Batangas) 일대에 강하하여 마닐라를 향해 북진했다.

마닐라 시가전이 한 달간 계속되었고, 3월 4일 미군은 마닐라를 점령했으나 모든 일본군은 미리 계획된 루존의 산악동굴진지로 철수하여 본격적인 지구전이 시작되었다. 일본군은 동굴과 험악한 지형을 이용하여 결사적으로 저항했으나 낮에는 미군이 불도저와 화염방사기를 동원하여 일본군이 은거하고 있는 진지를 이 잡듯이 수색하며 소탕해나갔는데, 밤에는 일본군이 야습과 약탈로 미군을 괴롭혔다. 7개월에 걸친 루존 지구전은 일본군 전사자 170,000명이란 엄청난 피해를 남기고 종식되었다. 호랑이 장군 야마시다는 악조건 속에서도 맥아더군을 7개월간이나 묶어둠으로써 맥아더로 하여금 오끼나와 작전에 불참하게 했던 것이다.

그 후 2월 6일부터 계속된 필리핀 남부지역에 대한 작전에서 일본군은 미군의 2개 포위망 속에서 기아와 쉴새 없는 공습과 싸우면서 8월 15일까지 버티었다. 일본의 항복에 의해 필리핀 전투는 종식되었는데, 종전 그날까지도 약 100,000명의 일본군이 항전을 계속했었다. 필리핀 전 전투를 통해 일본군은 약 450,000명이 사상되었고, 맥아더군은 약 62,000명의 사상자를 냈다.

▶ 루존에 상륙하는 맥아더

▶ 선상에서
지휘하는 맥아더

▲ 루존도를 점령한 미군부대

LUZON
Philippine
Sea
South
China
Sea
CENTRAL LUZON
VISAYAS
Sulu
Sea
MINDANAO
MALAYSIA

▲ 맥아더와 루존

85 유황도 이오지마 혈전

|유황도(硫黃島)의 전략적 가치|

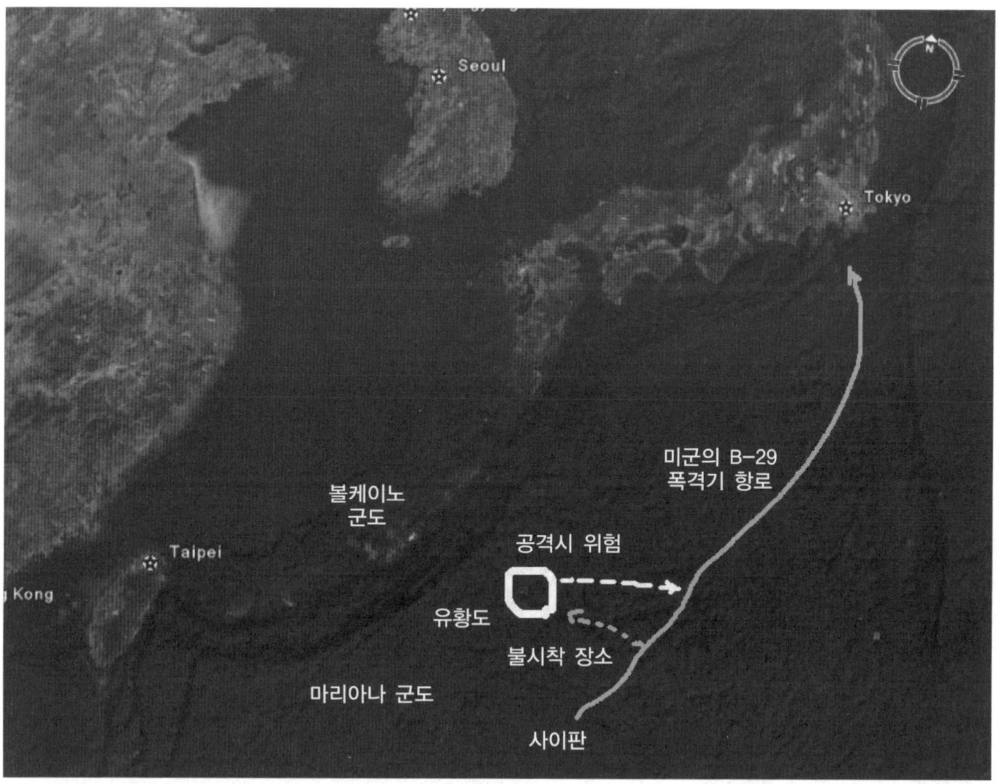

유황도는 동경(東京)에서 약 720마일 떨어진 8평방마일에 불과한 조그마한 섬으로, 온통 유황으로 덮혀 있으며 물도 없고 식물과 새도 없는 불모(不毛)의 섬이다. 유황도를 장악하게 되면 일본의 입장에서는 마리아나의 미군 B-29기가 동경 공격시 중간 지역에서 위협할 수 있고, 미군의 입장에서는 B-29를 엄호할 수 있으며 불시착(不時着) 장소로

도 이용할 수 있다. 그러므로 피아가 절대적으로 양보할 수 없는 중요한 섬이 되었다.

|일본군의 옥쇄전술(玉碎戰術 : Suicide Tactics)|

구리바야시 중장 휘하 제109사단 약 23,000명은 "일인십살(一人十殺)"의 구호를 걸고 목숨을 건 옥쇄전술을 준비했다. 1944년 8월부터 섬 전체를 벌집과 같은 동굴진지, 교통호, 특화점(特火點)으로 만들어 놓았으며, 대부분의 동굴 진지는 포격에도 끄떡없이 견딜 수 있도록 35피트 이상의 두께로 구축했다. 1945년 2월까지 유황도에 2개의 비행장을 건설했고 세 번째 비행장을 건설 중에 있었다.

▲ 옥쇄를 다짐하는 구리바야시 중장과 참모진

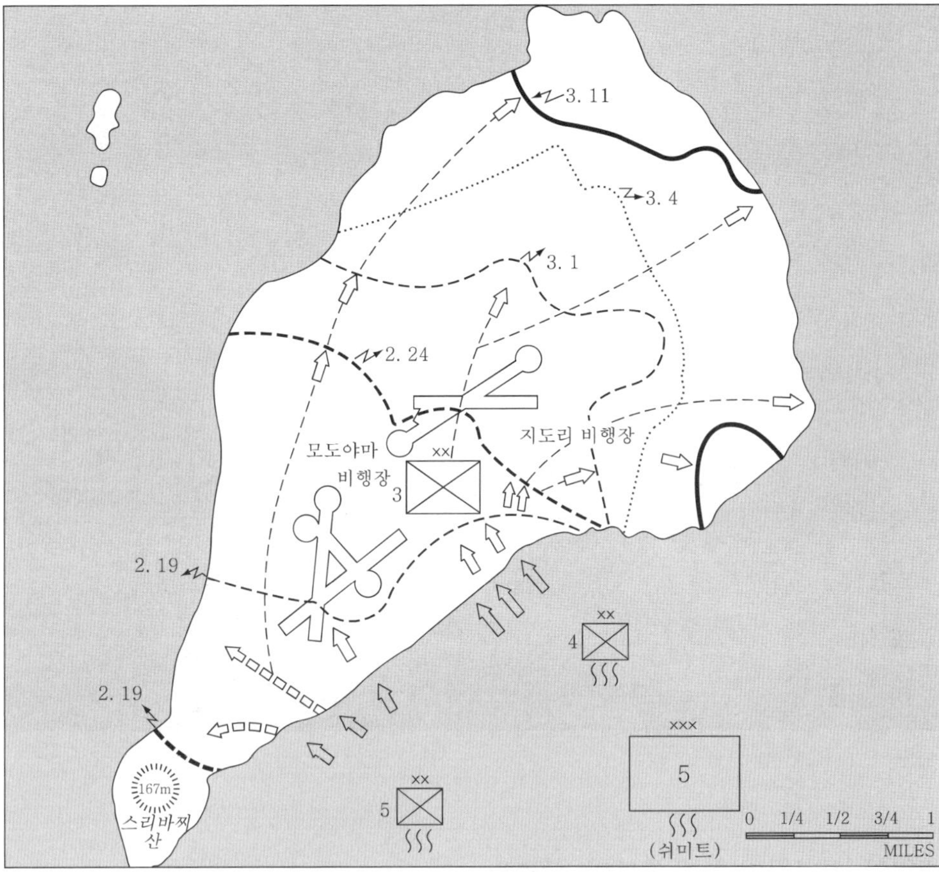

▲ 유황도 해변을 기어오르는 미 해병대. 로켓탄을 발사하고 있다.

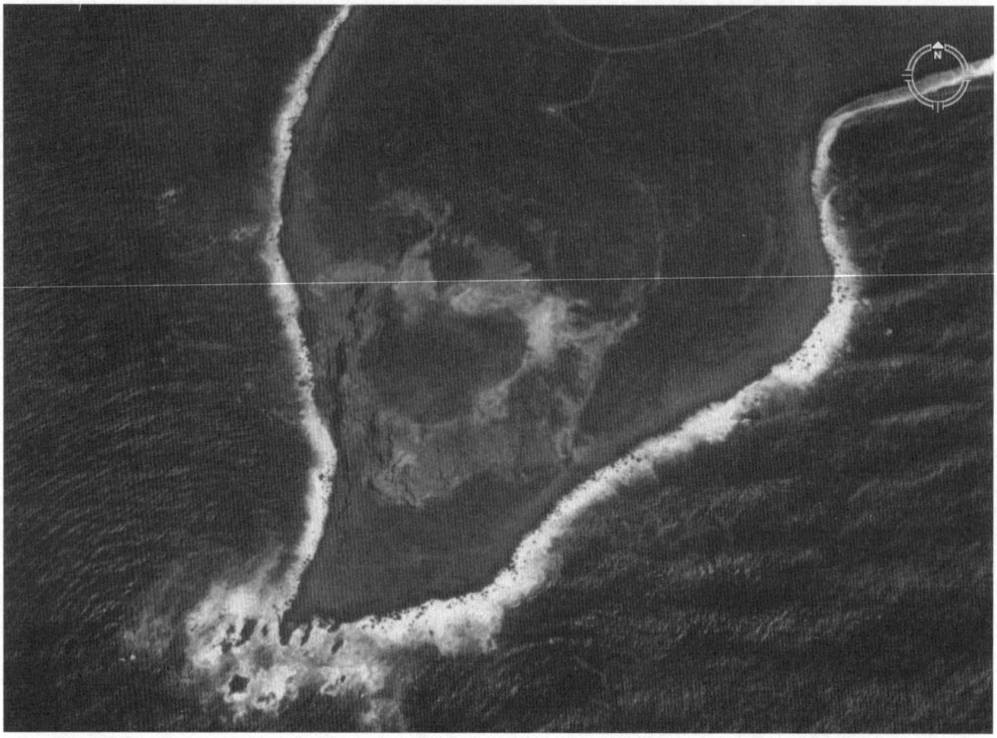

▲ 유황도

|6개월의 준비사격과 유황도의 상륙|

쉬미트 Harrt Schmidt 소장의 제5해방군단(3개 사단)은 스프루언스의 제5함대의 지원을 받아 1945년 2월 19일 09 : 00시, 제4 및 제5해병사단이 제1파로서 유황도의 남안에 상륙했다. 이미 6개월간에 걸친 치열한 준비포격과 상륙 3일전부터 주야를 가리지 않는 맹렬한 함포사격에 의해 외형상으로 보기에는 일체의 살아있는 물체가 없을 정도가 되어 있었다. 전차는 상륙하며 곧바로 화산회(火山灰)의 진흙탕에 빠져 꼼짝 못하게 되었으나 선발대는 대륙으로 300미터까지 일본군의 일체의 저항도 없이 전진할 수 있었다.

쥐죽은 듯 조용하던 일본군은 스리바찌 산으로부터 갑자기 맹렬한 포격과 함께 역습을 시작했다. 상륙지역의 개활지에 놓여진 미군은 약 1시간가량의 일본군의 공격에 의

해 전투력의 40%에 해당하는 막대한 손실을 입었다. 18 : 00시경 미 해병대는 끈질긴 공격으로 스리바찌산을 고립시켰고, 2월 23일 이 산을 점령하여 공격의 발판으로 삼았으며, 예비인 제3해병사단을 상륙시켜 공격에 가담시켰다.

대부분의 해안이 암벽(岩壁)으로 구성되어 있음으로 해서 피해를 불구하고 정면공격을 반복했으며 동굴 하나하나를 뒤져 나가면서 전진을 계속했다. 1주일간의 혈전(血戰)은 일본군의 불굴의 정신에 의한 옥쇄전술로 인해 포로 216명 외 전원 전사하는 참상을 끝으로 3월 16일부로 종식되었으며, 그 후 21일까지는 부분적인 소탕전(掃蕩戰)에 들어갔다.

|결과 및 분석|

36일 동안 2만 2000명의 일본군 중에서 불과 216명만이 생존했고, 미군 또한 전사자 약 7000명을 포함한 25,851명이 사상되어 동일전장에서 최단 기간 내 입은 최대 피해의 기록을 갱신했다. 전쟁이 끝날 때까지 B-29 총계 2,251대(승무원 24,761명)가 이곳 유황도의 비행장에 불시착(不時着)하여 구조되는 등 값비싼 희생의 대가를 충분히 받을 수 있었다. 미 제5해병 상륙군단의 용기와 불굴의 정신을 유감없이 발휘한 전투였다.

스리바찌 산 정상에 세워진 성조기는 두 번에 걸쳐 세워졌는데, 우리가 보고 있는 그 유명한 사진은 두 번째로 세워질 때 AP 통신기자인 조 로젠탈이 촬영하여 세계에 배포한 것이다. 이때는 완전히 전쟁이 끝났을 때가 아니라 그 후로도 35일간이나 전투가 계속되었다.

"이 한 장의 사진은 일본 제국주의의 패망의 상징이 되었다."

"이오지마 전투의 진정한 영웅들은 거기서 살아 돌아오지 않은 사람들이다."

성조기를 올린 병사 중에 인디언 병사가 포함되어 인디언의 위상을 높이는데 기여를 했지만, 이들 영웅은 만들어진 영웅, 이 사진은 연출된 사진이라는 비난을 받기도 했다. 이 한 장의 사진으로 퓰리처상을 수상했던 조 로젠탈은 2006년 8월 20일에 타계했다.

▲ 어느 병사가 간직한 유황도 성조기 사진

86 오끼나와[Okinawa] 전역

|오끼나와 섬|

약 3개월 가량 지속된 오끼나와 전역은 제2차 대전 최후의 주요 전투였다.

오끼나와[Okinawa]섬은 류구(琉球)열도 중에서 가장 큰 섬으로 길이 65마일, 폭 2~18마일, 면적 약 485평방 마일의 크기를 가졌다.

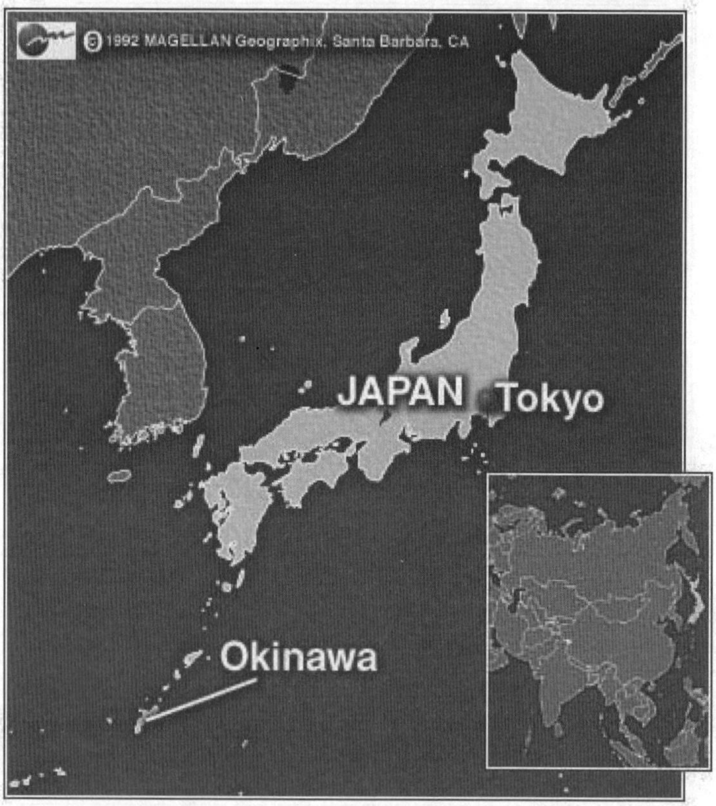

|류구열도 장악에 따른 전략적 이점|

대일침공을 지원할 항구 및 비행장 등 기지 설치가 가능하다. 따라서 중형(中型) 폭격기로 일본 본토를 공격할 수 있고, 일본의 병참선 차단이 가능하다. 이중에서 오끼나와섬은 수개의 비행장을 설치할 수 있는 충분한 공간과 입지조건이 양호한 유일한 섬이며, 양호한 정박지와 대규모 지상군이 주둔할 수 있는 공간이 있는 중요한 섬이다.

|일본군의 전투력 및 방어계획|

우시지마(牛島)중장 지휘 하 제32군 77,000명과 의용군 20,000여명, 대만과 규우슈우 항공기지에 항공기 약 2,000~3,000대가 있었다. 방어계획은 미군의 상륙은 허용하되 미 지원함대를 가미가제 특공작전으로 격퇴시킨 후 고립된 섬안의 상륙군을 격멸하는 것이다.

|미군의 전투력 및 공격계획|

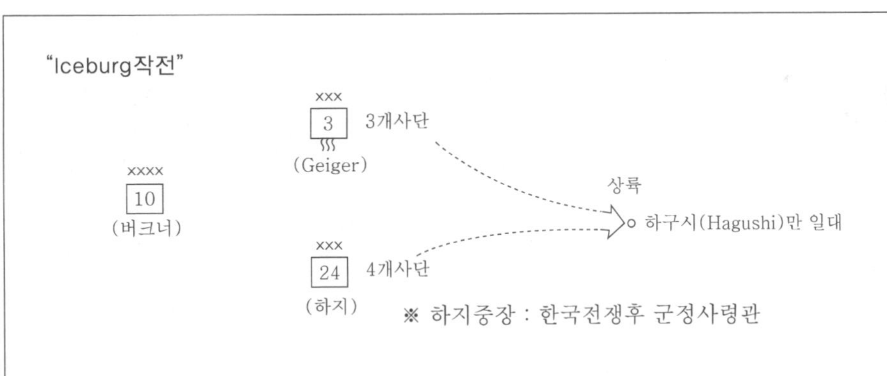

맥아더가 루존섬에서 지구전에 몰입하고 있었기에 니미츠군의 단독작전이 불가피했다. 제5함대 사령관 스프루언스 제독이 총사령관, 버크너의 제10군이 상륙군이 되어 하

구시만 일대에 상륙하고 상륙과 동시에 장차작전을 위한 기지를 건설해야 되는 이중임무가 동시에 부여되었다. 총병력은 전투병력 172,000명, 지원병력 115,000명이었고 공격예정일(D-day)은 4월 1일이었다.

|미군의 공격개시|

3월 18일, B-29와 제5기동함대에서 발진한 함재기에 의해 규우슈우와 대만 일대 비행장을 폭격했다. 3월 26일, 제77사단이 게라마 제도(諸島)를 공격하여 31일에 점령했다. 4월 1일 새벽, 1,300여척의 대선단(大船團)으로 하구시만에 상륙작전을 개시하여, 18 : 00시, 50,000명의 미군이 길이 8마일 종심 3마일의 교두보 확보에 성공했다. 미 제2해병사단의 미나토가와 해안의 양동작전 성공으로 일본군의 판단을 흐리게 했다.

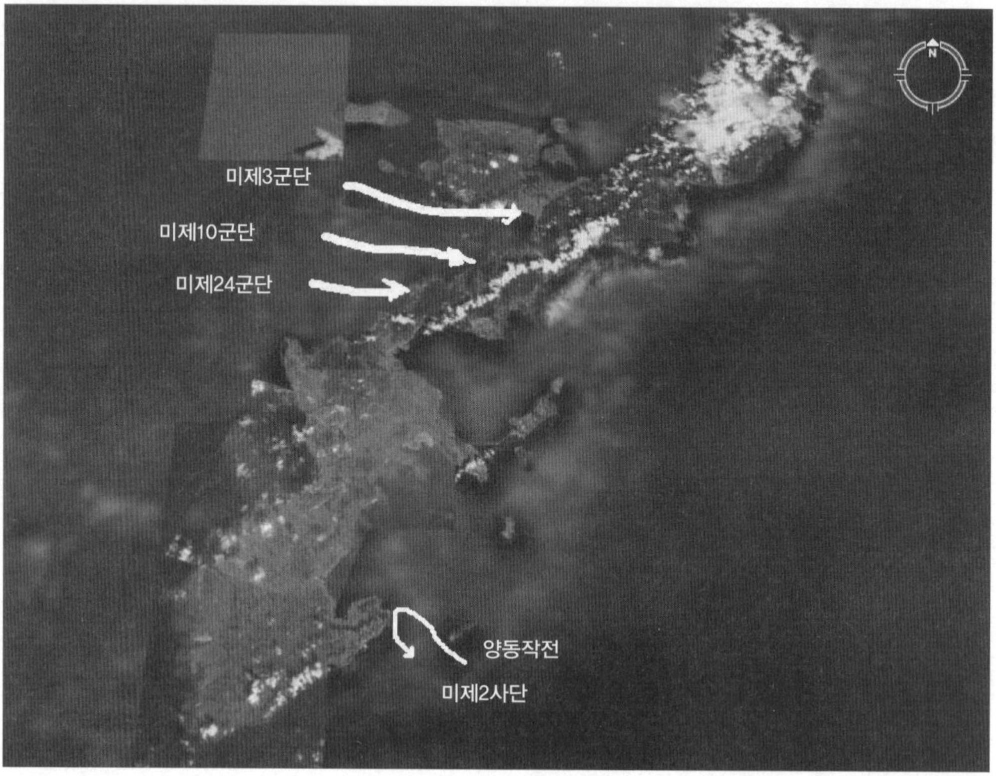

▲ 오끼나와 해변에 양륙한 미군

|가미가제 특공대의 공격|

제1항공함대 사령관 오오니시 해군중장이 1944년 10월 레이테 해전에서 미 제 7함대에 대해 최초의 가미가제 특공대를 사용한 이래 오끼나와 전역을 위해 천호작전(天號作戰)으로 계획된 가미가제 특공대의 활약은 4월 6일부터 본격적으로 미 함대에 대해 실시되어 큰 피해를 입혔다. 4월중 미군의 피해는 선박 침몰 20척, 파괴 157척에 달했고 이는 6월 중에도 계속되었다.

일본해군의 마지막 함대인 제2함대가 편도(片道) 연료만을 적재하고 오끼나와로 향해 출진 중 4월 7일 스프루언스 제독의 항모에 발견되어 전멸됨으로써 일본 해군력은 이로써 종말을 고하게 되니 더욱 가미가제 특공대의 활약에 마지막 실 날 같은 희망을 가지게 되었던 것이다.

▲ 미 항모와 추돌하기 몇 초전의 가미가제 특공대

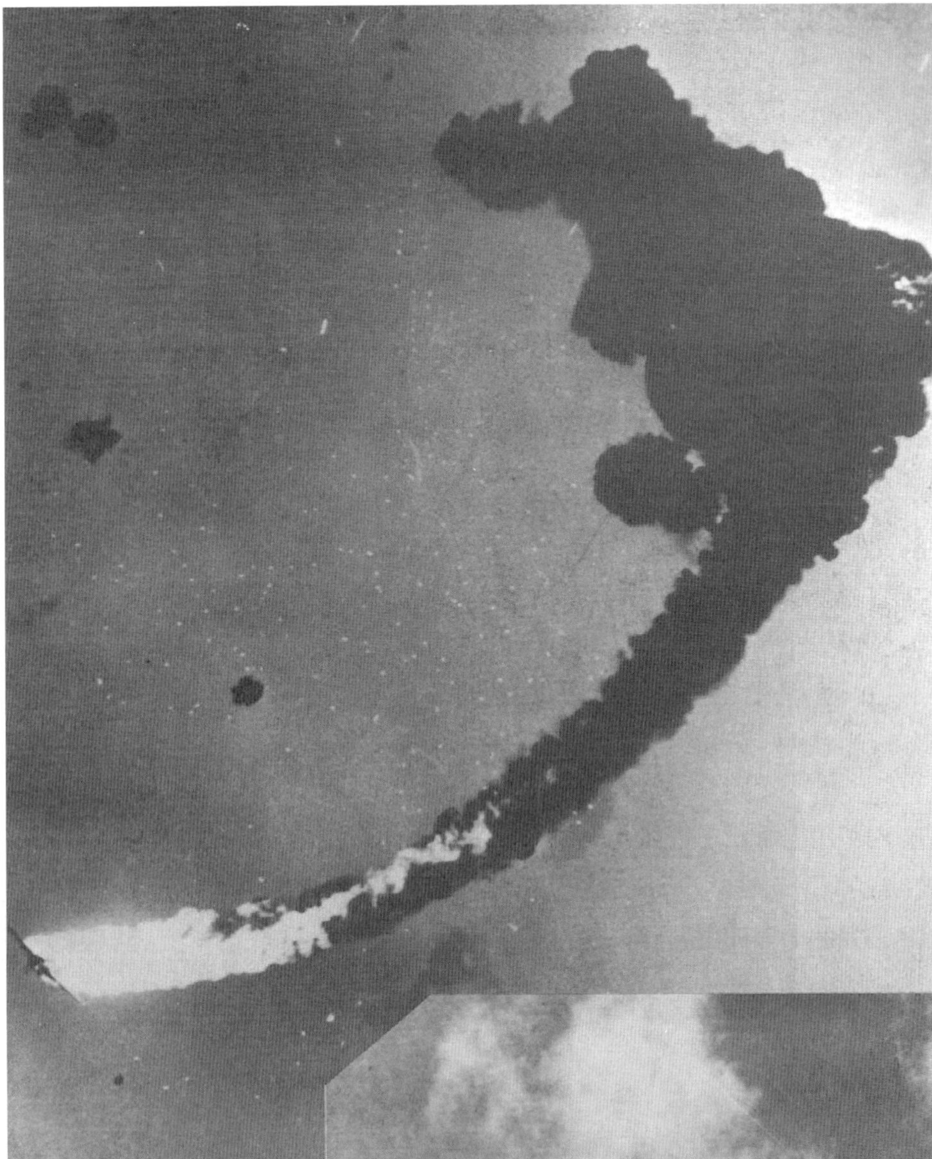

▲ 미 항모의대공포에 의해 격추되어 검은 연기를 뿜으면서 추락하는 가미가제 특공대

▶ 가미가제 특공대가 꼬리에 불을 붙인채 미군 항모에 날아들어 오고 있다.

|북쪽 상황(미 제3군단 해병대의 공격)|

비교적 경미한 일본군의 저항으로 4월 16일에 대규모 비행장이 위치한 이에 Ie 섬을 점령했고, 4월 19일에는 대부분의 북부지역을 점령, 소탕하는데 성공했다.

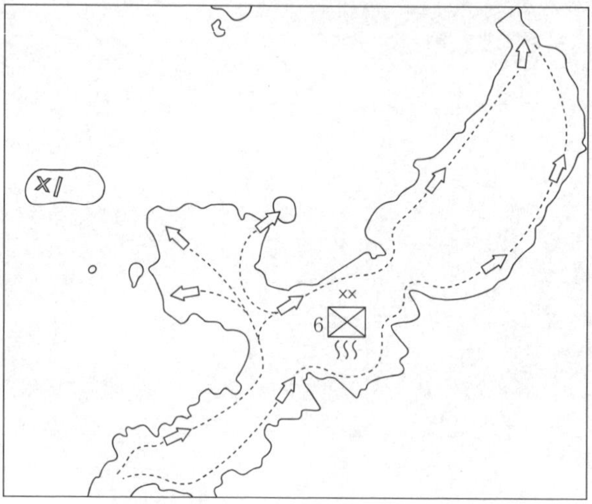

|남쪽 상황(미 제24군단의 공격)|

마찌나도(牧港)선에서의 고전

일본군은 벌집모양의 강력한 동굴진지를 구축함으로써 미군의 네이팜탄, 무반동총 등 신무기를 총동원한 총공세에 의해 무너지기까지의 4월 24일까지 버티었다.

일본육군 최후의 공세

슈우리(首里)선으로 철수한 일본군은 5월 4일 야간을 기해 역습을 실시하였는데, 참혹한 육박전에 의해 일본육군 최후의 공세는 실패로 돌아가고 말았다.

Sugar Loaf 고지쟁탈전

버크너의 제10군은 좌익에 제24군단, 우익에 제3군단을 배치하여 슈우리전 양측면

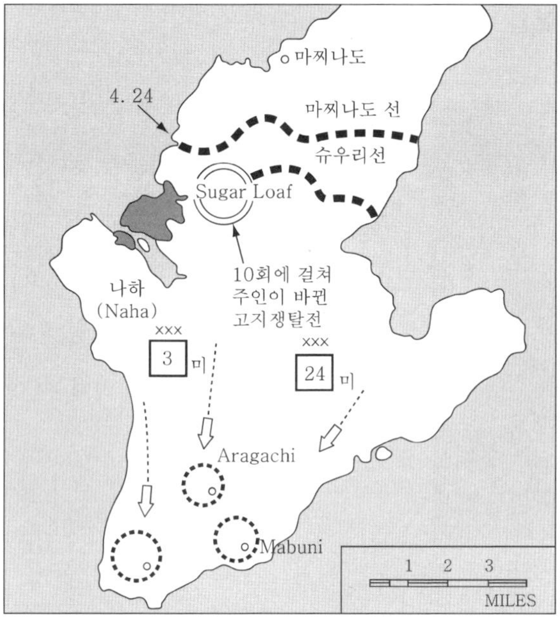

▲ 고지를 샅샅이 뒤지며 소탕하고 있는 미군

돌파를 시도했으나 완강한 일본군의 저항에 의해 고전을 계속했다. 특히 "Sugar Loaf"라 불리는 소고지(小高地)에 대해서는 10회에 걸쳐 주인이 바뀌는 격전이 실시되었으며, 1미터 전진에 1,000명이 희생되는 엄청난 혈전(血戰)이 2주간이나 계속되었다.

|일본군의 집단항복|

▲ 지도를 확인하는 미군 지휘관

5월 23일, 일부 일본군 진지가 붕괴되었고 5월 31일에는 전 방어선이 붕괴되어 일본군은 오끼나와 최남단의 동굴진지에 은거했다. 6월 12일, 이 잡는 듯한 동굴소탕작전에 이어 6월 20일에는 최초의 일본군 집단항복이 시작되었고, 6월 21일부로 오끼나와 전역은 종식되었다.

|오끼나와 전역의 결과 및 의의|

6월 18일, 버크너 중장은 일본군의 포탄 파편에 의해 전사했고 우시지마 일본 중장은 할복자결(割腹自決)했다. 미군의 손실은 49,151명(전사 12,520명), 일본군의 손실은 117,472명(전사 110,071명), 미해군은 격침 36척, 대파(大破) 368척, 일본군의 항공기 손실 7,830기였다. 이 전투의 가장 큰 의의는 일본군의 재기불능을 다시 한번 확고히 해주었다는 것과 일본 본토의 구주(九州)로부터 350마일 권내(圈內)의 지근거리에 거대한 전진 기지를 획득했다는데 있다.

◀ 오끼나와 전투 기념우표

▲ 공중사격으로 지원하는 미 공군기

87 원자탄 투하와 일본의 항복

|전략폭격(戰略爆擊)|

1945년 4월 6일로 미합동참모본부(JCS)는 다음과 같은 지휘책임을 명시했다. 종전시까지 미 전략공군은 일본의 66개 도시에 약 100,000톤의 폭탄을 투하하여 민간인 260,000명이 사망하고, 412,000명이 부상당했으며, 가옥손실 2,210,000동(棟), 이재민 9,200,000명을 발생케 했다.

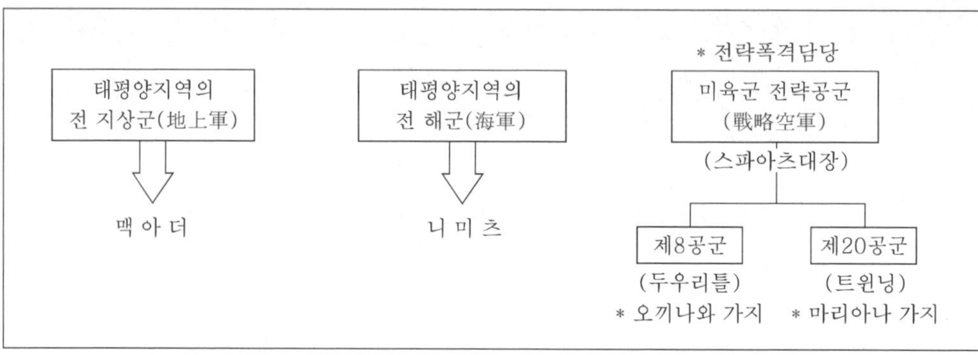

|일본군의 본토 결전계획(本土決戰計劃)|

일본 육군에서는 "작전에서 패배하고 있는 것은 해군이지 육군은 아니다. 아직까지 육군은 본격적인 전투를 하지 않았다."라고 하면서 본토 결전의 의지를 다지고 있었다.

본토 결전의 성공가능성으로 "해상으로의 수송이 불필요하므로 병력집중이 가능하다. 본토에 230만명 이상의 육군부대가 동원될 수 있으므로 총병력면에서는 절대적으로 우세하다. 축성(築城) 등 방어준비를 충분히 할 수 있다. 물자의 보급과 병력 보충이 용이하고 일본군의 정신력은 세계최고이다."등을 들고 있었지만 실제로 장비가 미약했고 훈련수준 또한 대부분 미숙했으며, 특히 식량과 석유가 부족하여 본토 결전의 성공가능성은 희박했었다.

|맥아더와 니미츠의 일본 본토 상륙계획|

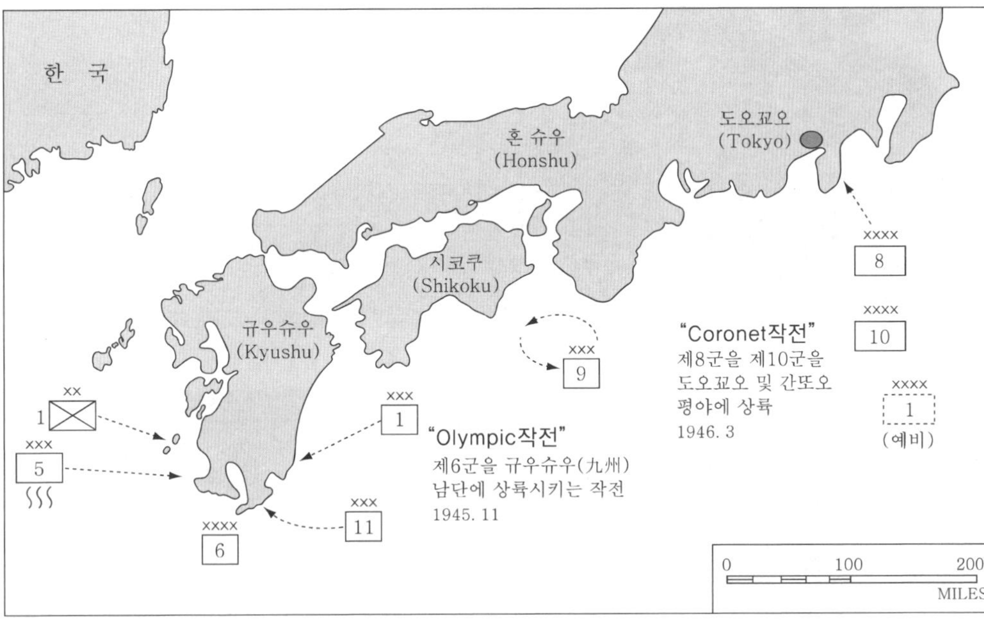

※ 일본이 본토결전을 시도할 시의 대응책으로 나온 작전계획으로 미군의 손실을 100만명으로 예상했다.

▲ 동경 근해에서 침몰한 일본 함대

▲ 철저히 파괴된 동경의 모습

|포츠담선언과 일본의 거부|

1945년 4월 5일, 고이소, 요내우찌 내각이 총사퇴하고 화평을 원하는 스스끼 간따로 해군 대장을 수반으로 하는 신내각이 탄생했다. 6월 26일 일본국왕으로부터 종전의 뜻을 만들어 소련에게 화평에 대한 알선을 의뢰했으나 무응답 상태 하에서 7월 26일 미·영·중·소 4개국에 의한 포츠담선언이 선포되었다. 이 선언의 주요내용은 일본군의 무조건 항복과 일본군의 무장해제, 일본군국주의 제거, 영토의 제한 등이다. 일본정부가 이를 전면거부하기에 이르자 미국은 1945년 7월 16일 뉴멕시코 사막의 알라모고르드(Alamogordo)에서의 최초실험에 성공한 원자폭탄(原子爆彈)사용을 결심했다.

|원자폭탄 투하|

원자폭탄을 실은 B-29 폭격기는 일본본토와 2400 km 떨어진 티니안섬에 위치하고 있었고, 왕복 4,800 km의 항해가 가능했다. 제509혼성비행대대는 티베츠 Paul W. Tibbets 대령의 지휘 하 지난 1년 동안 폭탄투하 훈련을 계속했었다. 폭격목표는 히로시마, 고쿠라, 나가타, 나가사키 등이었다.

히로시마 투하 하루 전날 티베츠 대령은 B-29 조종석 아래에 자신의 어머니의 이름인에 에놀라 게이 Enola Gay를 쓰게 했다.

▲ 에놀라 게이와 제509혼성비행대대원

▲ 티베츠와 에놀라 게이

8월 6일이 오전 2시 45분 이륙한 에놀라 게이호는 티베츠를 포함한 12명의 승무원과 2만 6500리터의 연료, 4.5톤의 "꼬마"(Little boy) 원자폭탄을 안고 있었다. 티베츠 대령은 포로가 되는 등의 상황을 대비해서 승무원 전체에게 나누어 줄 청산가리 캡슐을 가지고 있었다. 오전 8시 13분, 히로시마 지상감시소에서 3대의 B-29가 접근하고 있다고 보고했다.

투하 15초전부터 카운트다운이 시작되어 08 : 15 : 17에 신호가 멈추자 폭격담당 페레비 소령이 "투하!"를 외쳤다.

폭탄이 투하된 지 45초 후에 히로시마는 자주 빛 섬광과 함께 거대한 불기둥, 구름기둥이 하늘을 찔렀다. 그날 오후 2시 58분, 에놀라 게이호는 티니안섬으로 무사히 복귀했다.

트루먼 미국 대통령은 곧 미국과 일본에 처음으로 그 폭탄의 정체를 알렸다. "그것은 원자폭탄이다." 히로히토 일본국왕은 대경실색했으며, 스즈키 수상과 함께 종전을 생각했지만, 육군대신은 그것이 원자폭탄일리 없다며 항전을 관철했다.

▲ 1945년 7월 16일, 뉴멕시코 사막에서 실시된 최초의 원자폭탄 실험 장면

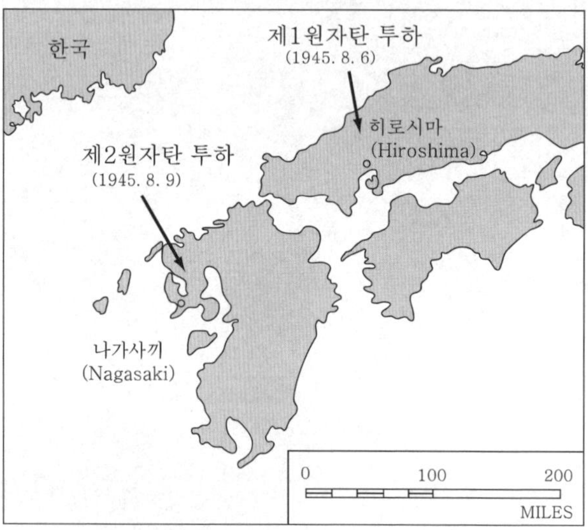

히로시마 원폭투하의 결과로 30만명 히로시마 시민중에 78,000명이 사망하고, 10,000명이 실종되었으며, 37,000명이 부상을 입었다. 히로시마는 60%가 파괴되었는데 TNT 2만톤(B-29 100대분)의 위력이었다.

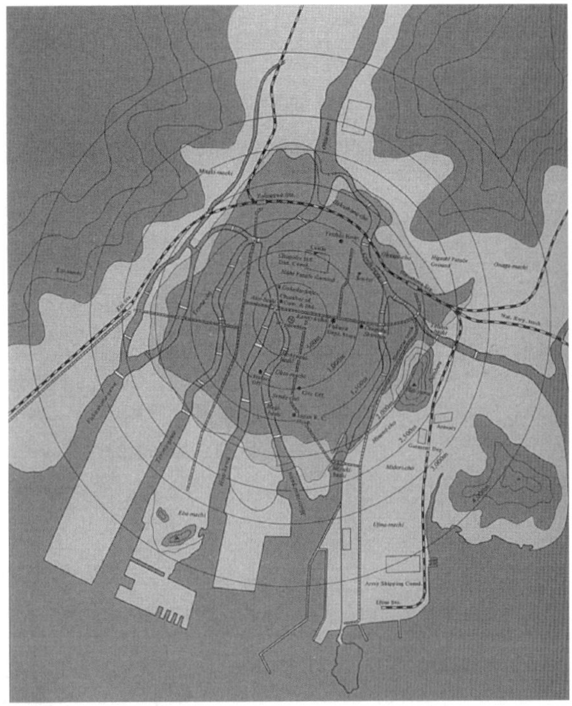

▲ 파괴된 히로시마

▲ 히로시마에 떨어진 "꼬마"
180 cm의 길이에 우라늄 폭탄. 고도 576 m에 이르면 고도 측정 레이더가 부착된 신관의 방아쇠가 당겨지고 기폭장치에 의해 자동적으로 장약이 폭발하게 설계되었다.

▲ 파괴된 히로시마

▲ 1945년 8월 9일 11시 20분, 나가사키에 떨어진 원자폭탄 "뚱뚱보"

억세게 운 나쁜 나가사키

본래 두 번째 목표는 고쿠라였다. 그러나 고쿠라 상공의 구름 때문에 계속 선회하는 중에 회항연료가 부족하자 책임자 찰스 스워니 소령은 "뚱뚱보"(Fat boy)를 나가사키에 투하했다. 연료가 부족하여 엔진을 끈 채 B-29가 오키나와 비행장 활주로에 곤두박질치듯 착륙했을 때 활주로는 3 m가 남아 있었으며, 연료는 겨우 26리터만 남아있었다.

"뚱뚱보"는 플루토늄 폭탄이다. 이 작은 폭탄이 나가사키 시가지의 45%를 날려버렸다. 폭심지(爆心地)로부터 반지름 1 km내에서는 단 한순간 타오른 화염의 열에너지가 너무나 강렬했다. 1초의 몇 분의 1도 안 되는 시간에 사람들은 사라졌다. 전신주, 나무, 옷, 목조건물, 애완동물, 그리고 거리의 전차들은 양초처럼 녹아내렸다.

▲ 뚱뚱보

최초실험에서 3주만에

원자폭탄은 최초 실험에서 실제 투하까지 불과 3주일밖에 걸리지 않았다. 미국 육군 소장 레슬리 그로브스와 핵물리학자 로버트 오펜하이머는 뉴멕시코주 로스앨러모스의 호르나다 사막에서 1945년 7월 16일 첫 실험을 성공리에 마쳤다. 이 소식은 독일 포츠담 근처 바벨스베르크에 머물고 있었던 트루먼 미국 대통령에게 보고되었고, 트루먼은 처칠에게 슬쩍 귀띔했다. 하지만 로스앨러모스에 스파이를 심어 두었던 스탈린도 알게 되었다.

소련군이 만주에 병력을 집결한 상황에서 기선을 잡기 위해 트루먼은 서둘러 투하를 결심했던 것이다. 트루먼은 죽는 순간까지 단 한번도 원자폭탄 투하에 대해 후회를 하지 않았다고 말했다.

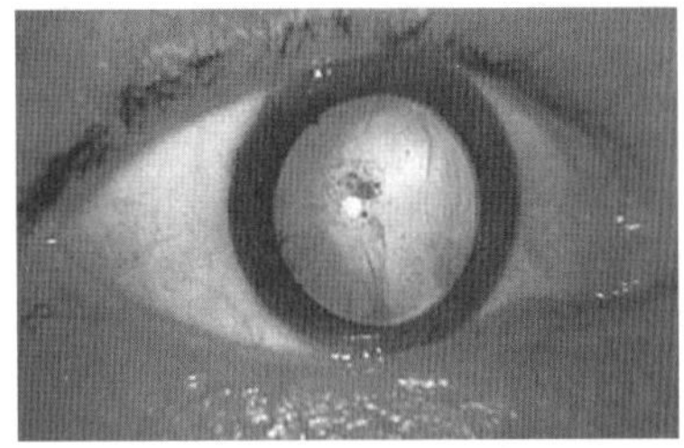

▼ 원자폭탄의 피해자

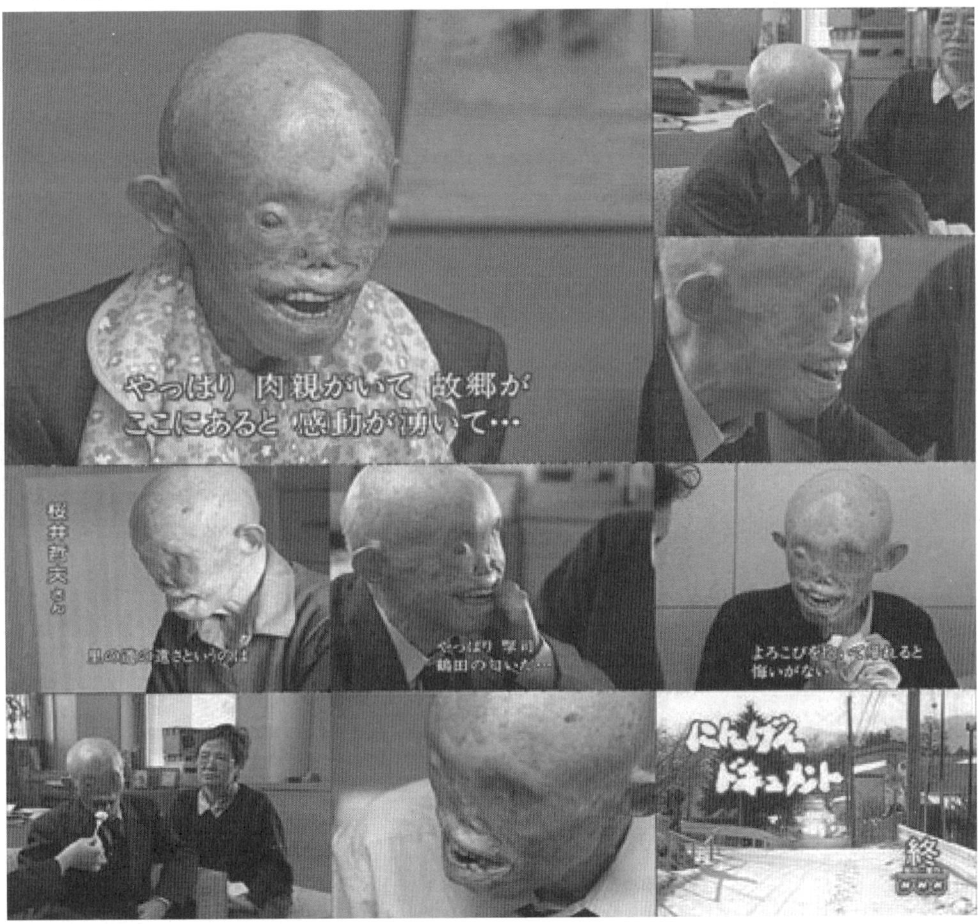

|소련군의 선전포고|

기회를 노리고 있던 소련군은 나가사키에 두 번째 원자폭탄이 투하되기 하루 전인 8월 8일 일·소 중립조약을 파기함과 동시에 대일선전포고를 발하고, 8월 9일 3개 집단군을 만주의 관동군(關東軍)지역으로 진격시켰다.

|일본국왕의 무조건 항복|

8월 10일, 일본정부는 포츠담선언을 전면 수락하고 8월 15일 정오 일본국왕의 육성방송으로 무조건 항복을 수락했다.

▲ 일본국왕의 항복 라디오방송을 듣고 울고 있는 일본 국민들

◀ 히로히토 일본국왕의 육성이 녹음된 직경 25.4 cm의 음반. 판위에는 국왕만이 사용할 수 있는 궁중용어로 된 설명문이 있다.

9월 2일 도쿄 만내에 정박한 전함 미주리 Missouri 호 선상에서 맥아더와 일본대표 시게미쓰, 우메즈 간에 항복조인식이 거행됨으로써 3년 8개월 25일 만에 태평양 전쟁은 종식되었다. 연합군은 이날을 대일전 승기념일(對日戰勝記念日 : V-H day)로 지켰다.

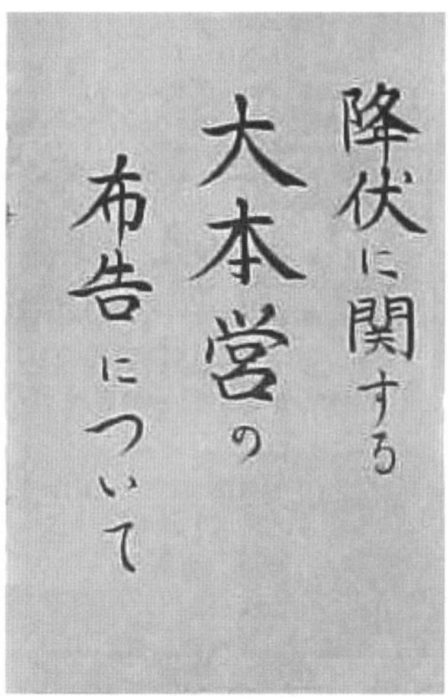

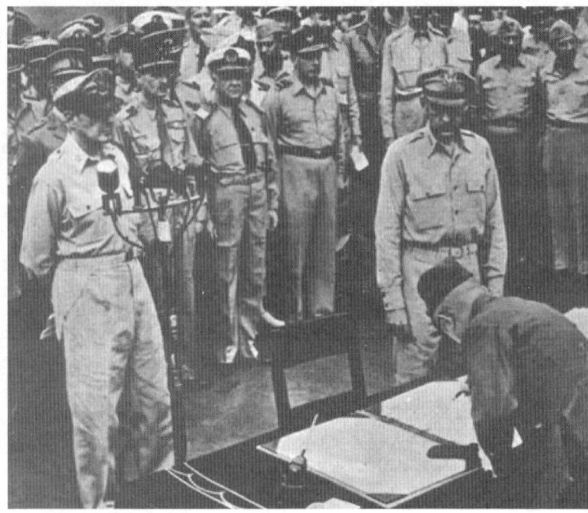

▲ 미주리 함상에서 거행된 일본의 항복조인식에서 맥아더와 우메즈 요새지로 장군

▲ 미주리호

88 일본군의 패전원인 분석

|목표의 원칙 위배|

"목적은 파리, 목표는 프랑스군"이라는 말은 명확한 전략 방향을 제시해 주는 말이다. 즉 전 역량을 어느 곳, 어느 방향에 집중해야 할 것인가를 혼돈됨 없이 규정해주는 것이다. 그런데 일본군은 미드웨이 작전시나 레이테 작전시 등에서 명확한 방향설정이 없는 애매한 전략목적을 가지고 있었다. 미드웨이섬 공략시 미드웨이섬을 지향하면서 동시에 출현하는 미 함대를 격멸하는 것을 목적으로 한, 목적의 이중성을 내포함으로써 미 항모 발견시 미드웨이섬 공략을 위한 제1차 공격대를 우선적으로 수용하고 다시 무장 치환작업을 하게 되어 결과적으로 패배할 수밖에 없었던 것이다.

▲ 일본의 항복 후에 함께 만난 퍼어시벌, 맥아더, 웨인라이트

|단기결전 전략의 실패|

일본은 본래 미국의 적수는 아니었다. 야마모도가 언급한 바 "초기의 반년이나 1년은 승산이 있지만 그 후는 전혀 확신이 없다."라는 단기결전을 지향한 일본군의 전략은 미국의 압도적인 물량과 전력에 의해 무참히도 붕괴되었다. 일본군의 전통적 전투형식은 서전의 결전에서 순식간에 승리를 쟁취하는 기습전법이었으며 잔재주에 가까운 협의의 안목에 치중되어 있었다.

|비현실적이며 감정적인 사고|

일본군은 전투에 임할 시 "천우신조(天佑神助)", "결사적으로 임무를 수행하여 성지(聖旨)를 따르도록 한다." 등 추상적이며 감정적인 사고로 일관함으로써 냉정하고 과학적인 사고를 기조로 한 구체적 · 논리적인 전투행위를 경시했다. 고도의 정신주의가 강조되었고 교조적 전투행위가 되풀이되어 심대한 피해를 입었다. 육상 전투에서 승리의 열쇠는 백병전에 있다는 백병전 사상이 강조되어 온 것도 정신주의적, 감정적 사고의 발상이다.

◀ 1945년 8월 20일자 타임지.
일본을 상징했던 떠오르는 붉은 태양을
노랑색으로 처리하고, X로 지웠다.

|융통성 없는 작전지휘|

통수강령(統帥綱領)을 보면 알 수 있듯이 일본군은 그들의 세부행동까지 규정되어 통제를 받음으로써 일단 하달된 작전방침이나 계획에 대해서는 융통성없이 반드시 관철되어야 했다. 시야의 협소화, 창의력의 고갈화, 사고의 경직화는 그들을 패전으로 몰고 갔다.

|인간관계를 중시한 명령체계|

개인과 조직을 공히 중시하는 "일본식 집단주의"의 영향에 의해 중요한 의사결정시에도 인간관계 면에서의 배려 때문에 많은 경우 지연되는 사례가 빈번했다. 공격중지명령을 하달해야 할 상황에서도 직접적인 중지명령을 내리지 않고 어련히 알아서 중지하라는 눈짓과 표정을 담아 의사전달을 하는 경우가 있었다.

|통합 지휘체제의 불비(不備)|

미국은 개전과 동시에 육・해군의 참모조직을 통활하는 통합참모조직을 조직하여 통합전력을 최대로 발휘함으로써 일본군을 압도했다. 이에 비해 일본군은 육・해・공군의 통합작전에 대한 준비가 거의 전무(全無)했다. 대본영이 조직되었으나 어디까지나 육군과 해군의 독자적인 작전계획이 수립되었을 뿐 통합작전은 이루어지지 않았다.

|학습을 경시한 무모한 전투행위|

실패에 대한 원인분석을 통해 교훈을 도출하여 차후 동일한 실패를 범하지 않도록 하는 일련의 학습활동이 거의 무시되었고, 교조적인 전통에 의해 무모한 전투행위를 계속함으로써 패전과 직결되었다. 미드웨이 해전에서 결정적 타격을 입은 후에도 일본군은 원인분석을 위한 연구회를 개최하지 않았다. 명약관화(明若觀火)하게 실패의 원인을 알고 있는데 재삼 가슴 아픈 얘기를 꺼낼 필요가 없다는 심중에서였다고 한다.(연합함대 사령관중 한사람인 요시다 도시오의 회고)

|창의력을 저해한 교육방법|

일본 군대의 교육기관에서는 "모범 답안"을 기준으로 그 해답의 근사치를 유일한 평가방법으로 택했다. 학생들에게는 교과서나 교관의 강의가 절대적인 기준이 되었으며 일체의 변혁과 창의성, 융통성을 인정하지 않았다. 그래서 암기력이 뛰어난 학생들은 우수한 성적을 거둘 수 있었다.

|결과(結果)보다 과정(過程)중시|

일본군은 전투에서 결과보다는 동기나 과정을 중시했다. 지휘관은 패기와 전투의지를 보고 그를 평가했으며, 비록 실패했더라도 과정에서 지휘관의 의지가 확고했다면 이를 용납했던 것이다. 목소리가 크고 호탕한 지휘관은 어디서나 호평을 받았던 분위기였다.

|의사소통의 단절|

문제의 제기, 아이디어 창출 등에 대한 일련의 발언은 엄격히 제한되어 있었다. 참모부 내에서도 작전과니 정보과니 하면서 폐쇄적인 벽을 만들었고, 청년 장교들의 건전하고 기발한 착상을 마음껏 논의하는 분위기는 독선과 허울 좋은 전통적 권위의식 하에서 묵살되었고 허용되지 않았다.

※ 결국 일본군은 스스로 몰락할 수밖에 없는 제 요인들을 갖추고 있었던 것이다.

89 제2차 세계대전의 총평

연합군의 승인(勝因)

전쟁자원의 절대적 우세

막대한 전쟁물자와 병력의 우세, 미국의 지리적 이점으로 인한 계속적인 물자지원이 가능했다.

영국과 소련군의 선전(善戰)

영국과 소련은 전통적으로 대립관계에 있었으나 독일이라는 공동의 적을 두고 연합함으로써 막대한 인원의 소련군과 책임감이 투철한 영국군은 선전(善戰)할 수 있었다.

연합군의 통합지휘 체제

중요한 전쟁에 접할 때마다 연합참모본부와 합동참모본부를 통한 균형 있는 작전계획의 전개는 승리로 이끌었다.

전략개념의 우월성

독일군은 속전속결로 양면전쟁을 회피하려고 했지만 연합군은 독일군의 전쟁자원의 고갈에 초점을 두었고, 상대적인 물량전(物量戰)을 실시했으며, 독일군을 완전히 무력화시키는데 전략 개념을 두었다.

독일군의 패인(敗因)

가용자원의 부족과 양면전(兩面戰) 실시

전쟁이 지속될 때마다 절대적인 자원의 부족으로 고전했으며, 동서부 전선에서의 양면전의 실시로 연합군의 소모전에 휘말려 들어갔다.

통합지휘체제의 미흡과 전략의 불통일(不統一)

전쟁의 규모가 커감에 따라 절대적으로 통합지휘체제의 중요성이 증대된다. 독일군은 이면에서 히틀러의 독단으로 인해 실패하고 말았다.

히틀러의 독단과 지나친 간섭

히틀러 암살미수사건 이후 히틀러는 전권을 가지고 직접 부대를 지휘함으로써 최고정책 결정자로서의 역할을 등한시했다.

- 연합군의 승인은 바로 독일군의 패인과 직결
- 일본군의 패인은 기 제시된 내용참조

제2차 세계대전의 성격

이데올로기(Ideology)전

민주주의(民主主義) 이데올로기와 전체주의(全體主義)의 대립전이었다.

세계적이며 무제한의 전쟁

1차대전과는 비교가 되지 않을 정도의 엄청난 규모의 전쟁이었으며, 주전장인 유럽외에 세계 지역 어느 곳에서도 전쟁에 휘말렸으며, 핵무기까지 동원하는 등 무제한의 전쟁이었다.

생산력(生産力)의 전쟁

정신력도 중요했지만 장기전은 바로 생산력의 전쟁이었다.

입체적(立體戰)과 총력전(總力戰)

전장의 범위가 확대되어 모든 지역과 공간이 전장화(戰場化)되었다. 또한 전국민이 전쟁수행의 주역이었던 총력전이었다.

과학, 기술의 전쟁

전쟁수행기간 중 급속한 과학기술의 발달은 군사작전면에서도 과학적인 수행방법을 가능케 했다. 2차 세계대전 시는 전쟁수행과정을 연구개발함으로써 그에 적합한 무기체계를 연관시켰다.

전쟁처리 방식의 특이성

2차대전이 이해관계에 의해 발단된 것이 아니고 이데올로기에 의한 전쟁이었기 때문에 "전쟁을 위한 전쟁" "명분(名分)없는 전쟁" "승자와 패자가 없는 전쟁"으로 불리어졌다. 그리하여 전쟁 처리 문제에 있어서 "전쟁범죄(戰爭犯罪)"라는 용어 사용은 대단히 미묘한 느낌을 갖게 했다, 결국 승자에 의한 임의적인 논리(論理)가 적용된 것이다.

|전쟁의 세계사적(世界史的) 의의|

미 · 소 양극체제(兩極體制)의 성립

미국과 소련은 전후 자국의 영향권 확장을 위한 블록 형성으로 양극체제를 이룩했으며 냉전(冷戰)시대를 맞이했다.

식민체제(植民體制)의 붕괴

과거 제국주의(帝國主義)의 소산인 식민체제가 강대국의 공백상태에서 붕괴되었다. 약소국가들의 자주의식(自主意識)이 고취되고 미 · 소의 비호하에 아시아 · 아프리카 지

▲ 스탈린, 트루먼, 처칠

역의 식민지는 대부분 독립하게 되었다.

핵무기(核武器)의 등장

재래식 TNT의 위력과는 비교가 되지 않을 정도의 가공(可恐)할 핵무기가 등장하게 되었고, 이로써 전면전쟁이 아닌 제한전쟁(制限戰爭)의 시대로 돌입했다.

국제연합(UN)의 성립과 평화사상

1차대전 직후 국제연맹의 성립은 각국의 열망과는 관계없이 구속력을 발휘하지 못한 채 2차대전으로 인류를 끌어들였다. 2차대전직후 참혹한 결과를 체험한 인류에게 강력한 평화 사상이 대두되었고 이로써 국제연합(國際聯合)이 탄생되었다.

피해상황

국명 \ 비고	동원된 총병력 (백만)	군인사망	군인부상	민간인 사망	경제적 및 재정적손실 (10억)	비고
미국	14.9	292,100	571,822		350	• 개략적수치임
영국	6.2	397,762	475,500	65,000	150	
프랑스	6	210,671	400,000	108,000	100	
소련	20	7,500,000	14,012,000	10~15,000,000	200	
중국	6-10	500,000	1,700,000	1,000,000	추정불가	
독일	12.1	2,850,000	7,250,000	500,000	300	
이탈리아	4.5	77,500	120,000	40~100,000	50	Ⓐ 유태인 600만명 폴란드인 450만명 포함
일본	7.4	1,506,000	500,000	300,000	100	
기타참전국	20	1,500,000	추정불가	Ⓐ14~17,000,000	350	
총계	100	15,000,000	추정불가	26-34,000,000	1,600	

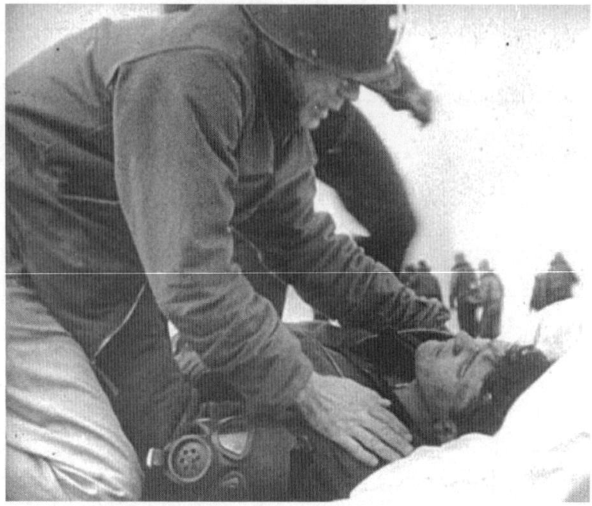

▶ 기도하는
군인목사(chaplain)

▶ 뉴욕의 '타임즈스퀘어'에 실린 승리의 기쁨에 도취되어 수병과 간호원이 키스하는 유명한 장면

6장
베트남 전쟁

"나는 하늘을 우러러 한 점 부끄럼 없이 조국과 군을 위해 젊음을 바쳤고, 베트남전쟁 참전을 통해 오늘의 대한민국으로 성장 발전할 수 있었음을 고해하는 심정으로 증거하고 싶다."

-채명신-

90 베트남 전쟁의 배경

|개 관|

프랑스의 베트남 진주

1858년, 프랑스는 베트남에서 카톨릭 신자가 탄압 당하자 이를 보호한다는 명목하에 베트남에 진주하여 40여 년간 식민정책을 펴오다가 1899년에 월남, 캄보디아, 라오스 등으로 구성된 불령인도지나연방(佛領印度支那聯邦)을 이루었다.

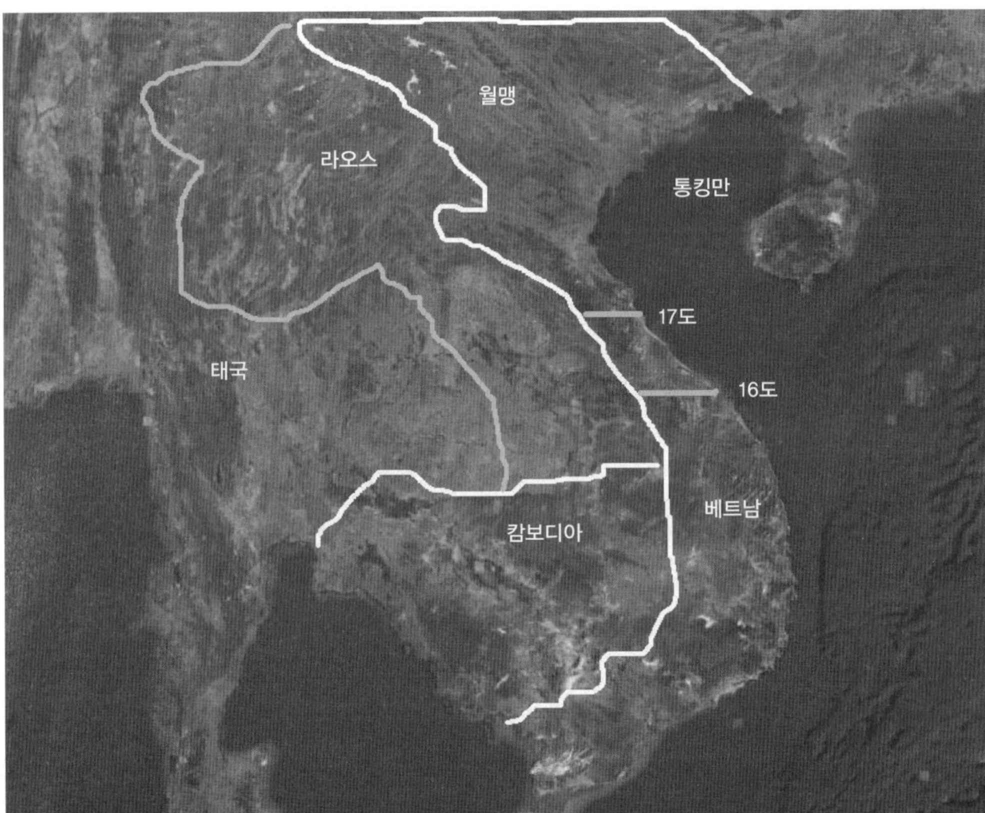

호지명(胡志明)의 공산당(共産黨) 조직

1930년 2월, 영국령인 홍콩에서 호지명을 중심으로 한 공산당이 조직되어 프랑스의 식민 정책에 대항했다.

베트민(Vietminh)의 결성

2차대전 중인 1940년 9월 일본의 침공에 대항하여 "항불(抗佛) 항일(抗日) 통일전선(統一戰線 : Vietminh)"이 중국 유주(柳州)에서 1941년 9월 19일 결성되었으며, 이 베트민은 그 세력을 강화, 1945년 5월경 북부 베트남지역 6개 성을 장악했다.

▲ 호지명

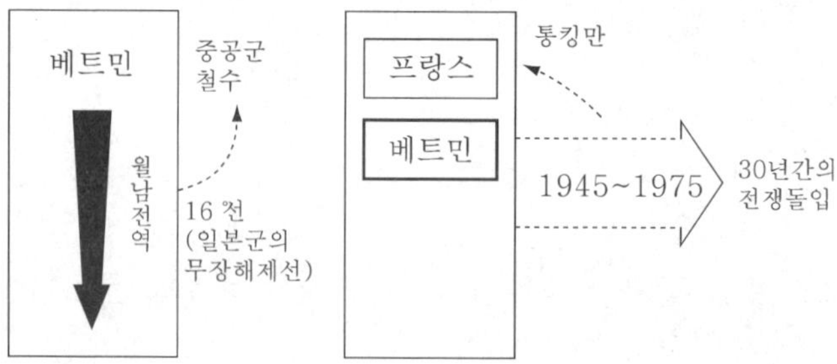

(태평양전쟁에서 일본이 항복하자 베트민의 세력 팽창 : 1946. 2. 16)

(프랑스가 다시 상륙하여 월남 전역에 대한 영향권 확장에 돌입)

91 베트남 전쟁의 단계

|베트남 전쟁 제1단계(1945.9~1954.7)|

프랑스 식민정책과의 투쟁

제1기 : 교두보(橋頭堡) 제거 작전기(除去作戰期) ; 1946.12~1947.3

프랑스군의 상륙을 거부하기 위해 베트남민주공화국군(Democratic Republic of Viet-Nam ; DRVN)은 화포와 18대의 전차, 미제, 프랑스제, 일제무기를 사용하여 정규전으로 대항했으나 실패하고, 모택동의 이론을 이어받은 보・구엔・지압 Vo Nguyen Giap의 지도하에 게릴라전 돌입한다.

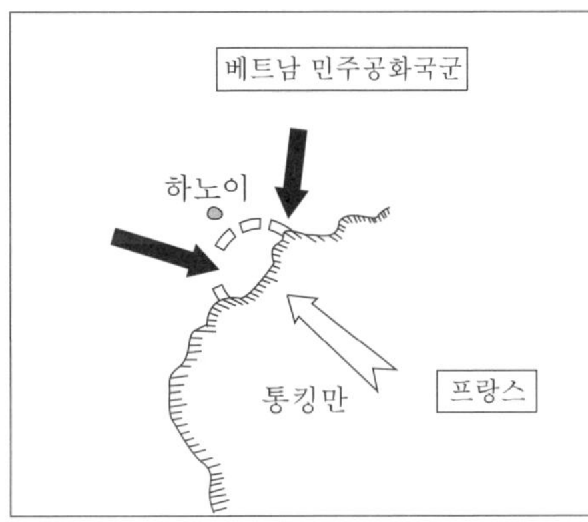

▲ 무바라크 이집트 대통령과 노년의 지압

▲ 보 구엔 지압

제2기 : 통킹만 서북 소탕작전 ; 1947.3~1950.10

▲ 통킹만

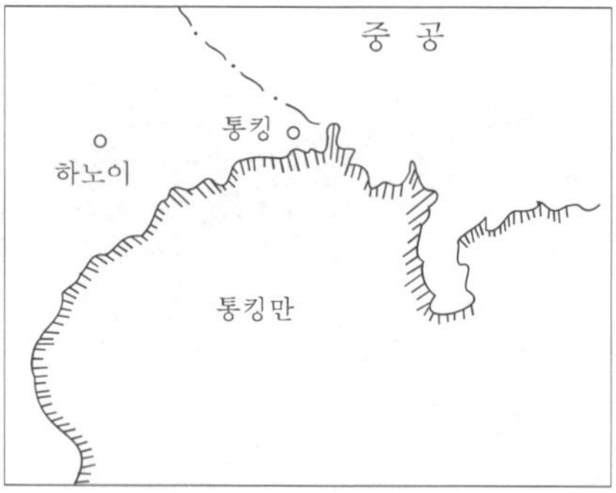

장기소모전을 피할 수 없게 된 베트민은 1947년 3월부터 중공과의 보장된 통로(通路)를 확보하기 위해 제한적인 공격작전으로 통킹만 서북쪽을 소탕했다.

제3기 : 전면공격(全面攻擊)의 실패 ; ~1951.봄

1951년 프랑스의 지배하에 있는 적강 Red River 지역을 소탕하기 위해 번옌 Vind Yen, 마오케 Mao Khe, 다이강 Day River 으로 베트민 수개사단이 진격했으나 압도적인 프랑스군의 위력 앞에 실패했다. 프랑스군은 70,000명이 넘었고 1950년 6월 이후 미국의 무기 원조액이 10억 달러를 초과하여 많은 무기와 장비가 갖추어졌다.

제4기 : 전략적방어(戰略的防禦) 단계 ; ~1954. 봄

소규모의 침투공격 외에는 소강상태를 지속하다가 1953년 겨울 라오스 국경의 공세, 1954년 봄 라오스 남부국경과 남부평원에 대한 공격이 있었으나 대체로 전략적 방어단계였다.

제5기 : 프랑스의 철수와 미국의 개입 ; ~1954.6

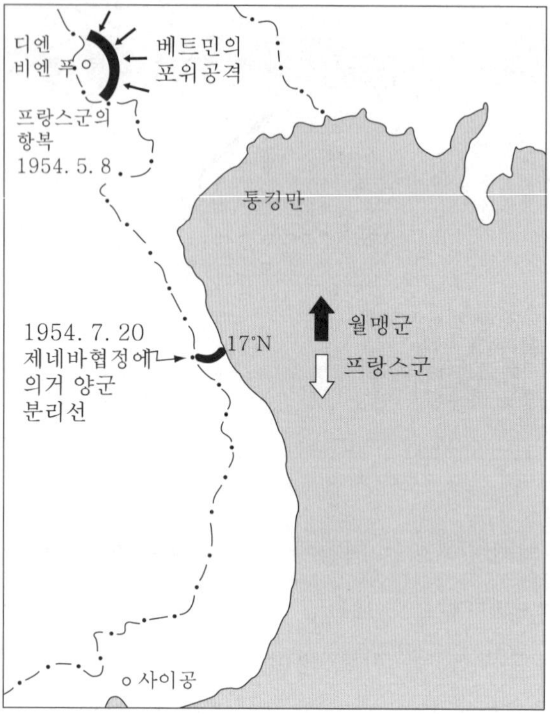

디엔 비엔 푸 전투(1954.3~1954.5.8)

베트민은 전면 반격작전을 개시 프랑스군의 주력을 섬멸하기 위해 디엔 비엔 푸에 대한 공격을 시도했다. 길이 16 km, 폭 10 km의 디엔 비엔 푸 골짜기에 8개 대대의 프랑스군이 방어하고 있었는데, 1954년 3월 베트민은 이들에 대해 약 2개월간의 포위작전을 폈다.

우세한 화력과 적극적인 공중지원에 의해 최초 주도권을 장악했던 프랑스군은 그 후 몬순기후 때문에 공중지원이 부진해지자 베트민에게 생명선인 비행장을 탈취당했고, 좁혀오는 포위망에 더 이상 지탱이 불가능하여 항복하고 말았다.

▲ 디엔 비엔 푸 전투

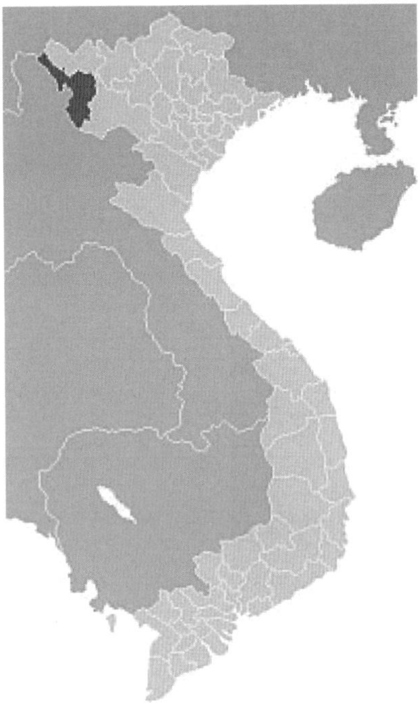

▲ 디엔 비엔 푸 골짜기

제네바 협정과 17도선

프랑스군의 항복으로 세계의 여론은 나쁘게 들끓었고, 1954년 7월 20일 제네바 협정을 체결하여 17도선을 기준으로 월맹군은 이북, 프랑스군은 이남으로 집결하게 되었으며, 1956년 7월까지 남북 총선거를 실시할 것을 조인했다. 프랑스 항복으로 대신 들어선 미국의 아이젠하워 정부는 베트남에서의 총선거를 부인하고 이른바 반공(反共)을 위한 성전(聖戰)에 직접 개입하기에 이르렀다.

|베트남 전쟁 제2단계(1954.8～1973.1) 미국의 본격적 개입|

미국의 개입 명분과 작전개입 단계

미국은 세계전략의 일환으로 베트남 지역에서 공산세력의 봉쇄라는 명분 하에 베트남전선에 뛰어들었다. 한 국가가 공산국가가 되면 그 이웃국가도 차례로 공산국가가 된다는 도미노Domino의 이론에 근거를 둔 미국의 정책은 베트남에서 물러서는 1973년도까지의 18년 동안 크게 두 가지로 구분할 수 있다.

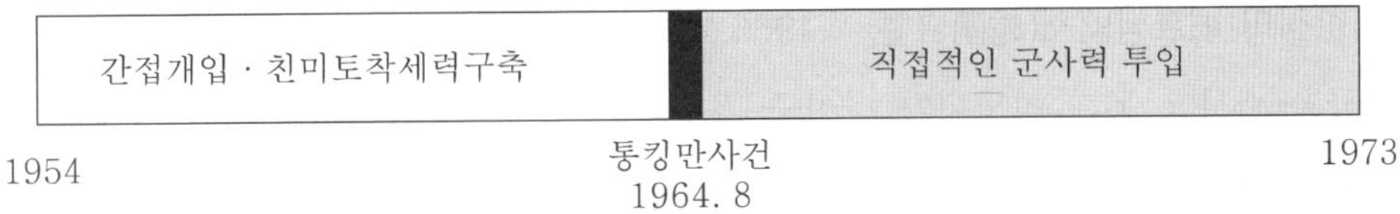

▲ 전쟁에 뛰어든 미국병사들

베트콩의 조직

1956년 7월 총선거가 유산되고 미국의 지원하에 들어선 고딘디엠 정권은 독재와 부정부패, 무능으로 1960년 12월 20일 베트남 민족 해방전선, 즉 베트콩을 탄생시켰다.

케네디의 암살과 미국의 적극적 군사력 투입

1963년 11월 1일 고딘디엠 정권의 붕괴, 1963년 11월 22일 케네디의 암살, 1964년 8월 통킹만 사건을 계기로 베트남에서는 이미 1962년 2월 8일에 설치된 미 군사원조사령부를 중심으로 미국의 적극적인 군사력 투입이 활발해졌다. 월맹도 1962년 2월 16일 제1차 베트콩 회의를 개최한 이래 월맹 정규군과 베트콩 게릴라 병력에 의한 산발적인 공격행위가 가속화되어졌다.

미 국방성의 베트남백서(越南白書) : 1965.2.27

미국은 백서를 통해 하노이가 사이공 정부를 독립국으로 인정하고 베트남에서 공산군 철수에 응할 것을 요구했으나 상반된 견해차이로 무산되고 말았다. 미국과 월맹의 평화회담 제의는 1965년부터 1968년 사이에 있었으나 근본적으로 월맹은 공산화통일(共産化統一)을, 미국은 이의 봉쇄를 주장하게 됨으로써 접근 불가능한 요소였던 것이다.

▲ 학살된 월남의 민간인

파리 평화회담 개최와 미국 개입의 종식(終熄) : 1973.1.28

1968년을 기하여 미국은 지상군이 550,000명에 이르는 최고의 파월수준을 유지했고 계속되어온 부분적인 북폭(北爆)은 중지했다.

그 후 약 1개월간의 탐색 외교 끝에 5월말 파리 평화회담을 개최하게 되었다. 회담은 5년이나 계속되었지만 군사작전이 실시되어 피아 막대한 희생을 가져왔다. 1973년 1월 28일 파리 평화회담에서 정식으로 평화조약이 조인되어 미국 개입의 막을 내렸다.

1972년 10월 8일, 키신저는 19번째의 대서양 횡단 끝에 레둑토와 평화 회담 초안(草案)을 완성했다.

▲ 베트콩의 은신처

① 미국은 베트남의 독립, 주권 및 영토의 보존을 존중한다.

② 휴전은 협정이 조인된 후 24시간 뒤에 그 효력이 발생하며 모든 미군부대는 60일 이내에 베트남으로부터 철수한다.

③ 모든 전쟁포로는 60일 이내 석방한다.

④ 세 당사자에 의해 동일한 비율로써 구성될 행정기구인 국민화합 평화회의를 대비한 기구로서 조직, 발족시킨다.

⑤ 베트남의 재통일은 서서히 평화적 방법을 통하여 수행한다.

⑥ 국제통제 감시위원회(國際統制 監視委員會)를 설치한다.

⑦ 평화를 보장하기 위한 국제회의를 향후 30일 이내에 개최한다.

⑧ 모든 당사자들은 라오스 및 캄보디아의 독립, 주권 및 영토의 안전을 존중한다.

⑨ 미국은 월맹 및 인도지나에 대한 전후 복구사업에 참여한다.

※ 그 후 이 초안은 당사자간에 몇 가지를 수정했으며, 티우 대통령은 미국의 닉슨 대통령에게 평화협정을 수락한다는 서한을 발송했다. 객관적 견지에서 볼 때 파리 협정은 완벽한 것이 못되었지만 미국은 베트남으로부터 철수목적을 달성할 수 있었고 전쟁포로는 복귀되었다. 월맹군은 그대로 베트남에 잔류할 수 있도록 허용된 가운데 베트남

은 계속 자체의 기능을 가진 한 국가로서의 기능을 유지하고 있었다. 한국군은 미군과 같이 철수했다.

|베트남 전쟁 제3단계(1973.2~1975.4.30) 미군철수와 베트남패망|

공산군의 철수조항이 없는 파리협정

1973년 1월 28일 08 : 00시를 기하여 파리협정이 발효됨으로써 명목상으로는 베트남전이 종식된 셈이 되었다. 그러나 북쪽지역에서는 다소의 평화를 누리고 있었지만 남쪽지역은 여전히 군사적인 충돌이 계속되었다. 파리 협정에는 공산군의 철수를 요구한 조항이 없고 미국만 철수하는 조항이 있음으로 해서 공산주의자들은 이를 이용하여 월맹의 대부분 병력을 남쪽에 주둔시켜 장차 정치협상을 유리하게 전개시키고자 했다.

국제통제 감시위원회(國際統制監視委員會)

파리협정에 의해 설치된 위원회는 협정의 실행을 조정 · 감시하는 국제기구로서 캐나다, 인도네시아, 헝가리, 폴란드로 구성되었으나 곧 캐나다는 이란으로 대치되었다. 헝가리와 폴란드 대표들은 간첩행위 등을 통해 공산주의자들을 적극적으로 도와주어 본래의 목적에 벗어난 행위를 계속함으로써 국제기구로써의 권위를 상실하게 되었다.

공산군의 주민장악 기도

공산군은 비무장지대와 밀림지역을 포함한 21개의 군사기지 지역을 장악했고 주민들을 서서히 그들의 손아귀에 넣는 작업을 했다. 공산군들은 그들에게 협조하기를 거부하는 부락에 대해 총격(銃擊)으로 위협했고 가는 곳마다 그들의 기(旗)를 게양하여 국제통제 감시위원회에게 그 지역이 공산군의 통제지역임을 확인 · 기록해 줄 것을 요구했다. 1973년도 초 불과 한 달간의 공격빈도가 대공세가 있었던 1972년도의 2,072건보다 훨씬 많은 2,980건에 달했다.

공산군의 군사적 도발

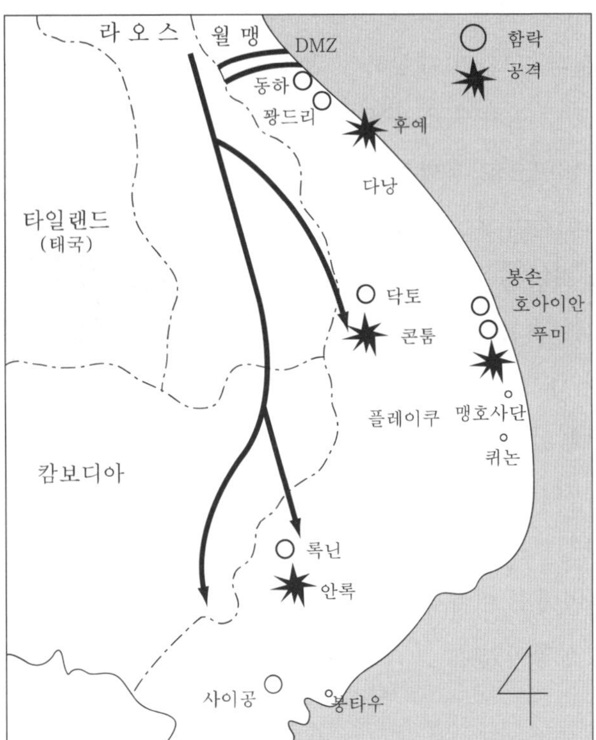
라 오 스
월 맹
DMZ
함락
공격
동하
꽝드리
후예
다낭
타일랜드
(태국)
봉손
닥토
호아이안
콘툼
푸미
플레이쿠
맹호사단
퀴논
캄보디아
록닌
안록
사이공
붕타우
4

1973년 중 공산군은 라오스에 있는 옛 호지명(胡志明 : Ho Chi Mihn) 루트를 연한 전천후(全天候) 도로망을 대폭 확장했으며, 이를 통해 주간에도 200대 이상의 화물트럭을 이용 수많은 병력, 장비, 무기, 물자를 베트남으로 운반했다.

파리협정이후 1년째 되는 시기인 1974년 1월, 베트남 정부군의 발표에 따르면(73년말 현재) 공산군의 휴전위반이 33,500건, 양군의 전사자 합계가 55,000명, 양군의 부상자 합계가 57,000여 명인데 비해 미군이 본격적으로 개입하여 발생한 7년 동안의 전사자가 56,000여 명이었으니 불과 1년만에 얼마나 치열한 격전이 있었는지 짐작을 할 수 있다.

※ 재미있는 것은 공산군측에서 발표한 베트남 정부군의 휴전위반 건수는 무려 300,300회나 된다.

베트남 정부의 마지막 희망과 좌절

▲ 닉슨

베트남정부와 국민은 공산주의자들이 파리협정을 준수해 줄 것으로 믿어 왔으나 무참히도 그들의 희망은 깨어졌다. 그들과 대항하기 위해 확보 가능한 국가영토를 점차 축소하여 보다 협소하고 방어 가능한 지역으로 통합하는 계획을 세웠으나 이 또한 장기간이 소요되므로 많은 문제가 따랐다. 마지막 희망은 미국의 대폭적인 군사원조인데 당시 약 4만 5천명의 젊은 미국인을 희생시킨 베트남전에 대해 미국 내의 여론은 이미 닉슨 대통령의 편에 있지 않았다.

1975년 1월 2일, 3억불의 추가 군원(軍援)을 요구했고, 이 액수는 포드 대통령의 끈질긴 노력으로 1975년 4월 11일에 7억 2천 2백만 불까지 늘어났으나 베트남정부가 소요로 하는 액수의 절반에도 미치지 못했으며, 공산군의 도발행위는 1974년도에 비해 70%나 증가된 급박한 상황이었다.

92 베트남 최후의 날

|베트남 최후의 날|

쿠데타 음모와 신내각 구성

1975년 3월 27일, 지하의 반정부 세력들은 공개적인 집회를 가지고 반정부 감정을 노골화 했다. 이때 쿠데타 음모혐의로 많은 사람들이 체포되었고 티우 대통령은 신내각 구성을 지시했다. 4월 5일 하원의장 구엔・바・칸Nguyen Ba Can이 신임수상으로 취임했다. 4월 8일 신 독립궁(獨立宮)이 폭격당했으며, 이미 강대국들이 월맹(越盟)에게 베트남 통일에 대한 자유재량권을 넘겨주었다는 소문이 나돌고 있었다.

티우 대통령의 사임

베트남군은 월맹군에 의해 계속 퇴각 당했고, 1975년 4월 23일에는 사이공 부근까지 월맹군이 육박하게 되었다. 군사상황이 최악의 순간에 다다르자 티우 대통령을 사임시키고 두옹・반・민Duong Van Mihn장군에게 정권을 양도하여 공산주의자들에게 화평을

▲ 사이공 경찰에게 즉결 처형되는 베트콩

▲ 두옹반 · 민장군

구함으로써 더 이상의 피를 흘리지 않기를 바라는 열화 같은 여론이 들끓었다. 4월 21일 티우 대통령은 하야(下野)를 공표했고, 저녁 무렵 티우 대통령의 고집과 헌법 절차에 따라 대통령직을 민 장군에게 물려주지 않고 부통령인 트란 · 반 · 후옹에게 인계했다. 후옹 대통령은 취임직후 모든 해외여행을 금지시켰으며 외국으로 도망간 군인과 공직자들에 대해서는 30일 이내에 귀국하라는 명령을 내렸다.

후옹 대통령과 민 장군의 관계

공산 좌익계열로부터 지지를 받아온 민 장군은 언제나 대통령이 될 야심을 포기하지 않았다. 공산주의자들은 민 장군이 아니면 정치적 협상을 하지 않겠다고 주장했고, 후옹 대통령은 헌법에 따라서 의회(議會)들의 동의가 없이는 대통령직을 이양하지 않겠다고 맞섰다.

민 장군의 대통령 취임

▲ 만년의 민 대통령

1975년 4월 27일 일요일 오후, 군사상황이 더욱 악화되자 138명의 의원들은 찬성 136, 반대 2의 표결(表決)로 민 장군에게 대통령직을 이양하는 안을 가결했다. 이때 사이공은 공산군 3개 군단 예하 15개 사단에 의해 포위당하고 있었다. 1975년 4월 28일 월요일 17시 30분, 민 장군은 대통령에 취임했다.

"공산주의자들은 베트남 국민들이 공산주의를 싫어한다는 것을 잘 알고 있다. 그렇다고 그들이 베트남국민 전부를 죽여 없앤다는 것은 불가능하기 때문에, 그럴 바엔 협상하는 편이 이익이 될 것이다."라고 민 장군은 말했다.

베트남에서의 탈출

공산주의자들과 화해하여 연립정부를 구성하는 것을 지지한 사람들은 민 장군이 대통령으로 취임하면 24시간 이내에 즉각 휴전이 성립될 것으로 믿고 있었다. 그러나 확고한 반공주의자인 사람들에게는 계속해서 공산군과 싸우거나 아니면 베트남에서의 탈출을 시도해야만 했다.

1975년 4월 14일 미 대사관은 2,000명의 고아에 한해서 미국으로 공수할 수 있는 잠정 허가권을 갖고 있었다. 4월 25일, 미 대사관은 최종적으로 친척을 포함한 탈출범위를 넓혔고 고도로 신변의 위험이 있는 베트남인 5만 명까지도 탈출을 허용했다. 공수(空輸) 탈출은 야간에만 이루어졌는데 4월 29일 공중 탈출작전이 중단되었고 이로써 공식적인 탈출은 영원히 중단되어 버렸다.

▲◀ 필사적으로 탈출하고 있는 베트남 시민들

▶▲ 베트남 최후의 날

4월 29일과 30일 사이 마지막 양일간 헬기와 거룻배를 이용하여 11,600명이 탈출했으며 전체 합하여 13만명이란 숫자가 성공적으로 탈출할 수 있었다.

사이공의 함락과 베트남의 최후

1975년 4월 25일경, 공산군의 선발대가 사이공시 외곽지대에 대한 공격을 개시했다. 4월 27일 야간, 하우기아성(省) 밤코Vam Co강 동쪽을 연하는 진지가 공산군에 의해 함락됨으로써 사이공의 서측방이 노출되었다.

4월 28일 18 : 00시, 새 대통령 민 장군의 이 취임식이 끝날 무렵 3대의 공산군 항공기가 탄손누트 공군기지를 공격했다. 4월 29일 04 : 00시, 총참모부 지역, 탄손누트 비행장, 해군본부가 공산군의 포격을 받았다. 민 대통령은 모든 미국인에게 24시간 이내 베트남을 떠나도록 통보하고 밤새도록 필사적인 철수작전을 폈다. 1975년 4월 30일 10 : 00시, 민 대통령은 전 베트남군에게 전투중지명령을 하달했다.

※ 이로써 지구상에 베트남이라는 국가는 영원히 사라지고 말았다.

패망직전의 월남군

대부분 미군장비였고 미군의 훈련과 지도하에 전쟁을 수행했었다.

육군 : 45만명, 전차 600대(M48, M41전차), 장갑병력수송차 1,000대, 장갑차 400대, 175미리자주포 175문, 155미리곡사포 300문, 105미리곡사포 1,200문

해군 : 4만명, 프리기트함 9척, 초계함 8척, 초계포함 46척, 소해정 7척, 상륙함정 21척, 기타 800척 소형선박 250척, 해병 15,000명(1개 사단)

공군 : 6만명, 전투용기종 509대(F5A지상공격기 4개 중대, A37B전폭기 11개 중대), 헬기 685대

기타 : 지방군 32만5천명, 국민군 20만명, 민병 140만명, 경찰군 1만5천명

|분석 및 평가|

한국군의 참전(參戰)

1965년에 파병(派兵)하여 군단급 작전 4회, 사단급 작전 26회, 연대 작전 186회, 대대급 작전 955회를 수행하고 1973년도에 귀국했다. 19번 도로상의 안케패스 작전은 가장 치열한 전투로 기록되었고, 1966년 라오스 국경지대 둑코Duc Co기지 방어 작전과 1972년 만양 패스 경계 작전 등은 책임지역을 벗어난 한국군 작전이었다.

한국군의 기본목표는 국위선양(國威宣揚), 경제적 기반조성(조국번영 이바지), 전투력 강화・실전(實戰) 체험으로 요약된다.

▲ 맹호부대 주둔지에서 베트남 사람들과 함께 댐 공사를 하고 있는 한국군인

계량적(計量的) 비교

폭탄 소비량

베트남 전역에 2천만개의 폭탄구덩이가 생기고 수세기동안 아무것도 자랄 수 없이 폐허화되었다.

- 태평양전쟁시 일본본토 투하량 16만t
- 6.25전쟁시 한반도 전체투하량 60만t
- 제2차 세계대전시 투하총량 300 t
- 베트남전쟁시 남부베트남 투하량 390만t(공산군과 공산지구에 대한 폭격)
- 호지명루트 투하량 110만t
- 월맹지역 투하량 60만t
- 라오스지역 투하량 50 t
- 캄보디아지역 투하량 20만t

베트남전쟁에서의 인적손실(1960∼1972.2 현재)

- 미군 전사자 4만 4,610명
- 미군 부상자 29만 6,506명
- 베트남군 전사자 13만 5,970명
- 베트남군 부상자 33만 6,043명
- 동맹국 전사자 4,333명
- 동맹국 부상자 1만 367명
- 6.25전쟁 시 인적피해 약 30만명

미국의 실험전쟁(實驗戰爭) 무대로서의 베트남전쟁

미국은 핵무기를 제외한 각종무기를 투입・사용하여 그 효과와 성능을 실험했고 많은 과학자, 기술자가 군사연구에 참가했다. 미국은 과학자, 기술자 총수(總數)의 3분의 1에 해당하는 약 백만 명이 국방관계 연구에 종사했다.

* 핵무기, 대량살상 BC무기, 정보(情報)무기, 일반 전쟁무기, 대반란(大反亂)전쟁용 무기

베트콩의 전략

베트콩은 초기 프랑스와의 전쟁시에 체험한 경험을 토대로 하여 현지의 이점(利點)과 상황에 부합되도록 발전시켜 수세(守勢), 대치(對峙), 공세(攻勢)의 단계를, 혹은 독립되고 혼용된 방법으로 유동성 있는 전략을 구사했다. 주로 수세・대치 단계에서 주민의 선동과 유격전으로 무장세력의 확장에 주력하다가, 여건이 조성되고 역량이 갖추어지면 대규모 정규전(正規戰)과 유격전을 병용(竝用)한 총공세를 감행했다.

베트남전쟁의 패인과 그 성격

공산측에서 보는 베트남전쟁은 “① 외국세력에 의한 식민지 지배의 배제를 목적으로 한 민족해방전쟁(民族解放戰爭) ② 계급투쟁(階級鬪爭)으로서의 인민전쟁(人民戰爭)”의 두 가지 큰 목적을 가진 전쟁이었기 때문에 공산주의의 전략을 이해하지 못하는 서방측에서는 납득이 가지 않는 미묘한 전쟁이었다.

인민전쟁은 "지지 않는 것이 승리"라 한 것처럼 미국은 거대한 초현대적인 군사력을 가지고도 인민전쟁에서 전술적(戰術的)인 승리는 획득했으나 전략적(戰略的)으로는 패배했던 것이다. 베트남 전쟁을 이해하기 위해서는 군사과학(軍事科學), 사회과학(社會科學), 과학기술(科學技術) 등을 총망라한 다각적인 분석이 필요하다. 베트남전쟁은 연합국의 패배로, 미국의 미국식 퇴진(美國式退進) : American way of good-bye)이었다. 패전의 근본원인은 베트남 지도층과 피지배층의 일체감, 즉 국민적 총화(國民的總和 : National Integrity)의 결여라 할 수 있다. 아무리 우수하고 풍부한 무기와 전쟁물자가 있다하더라도 이를 사용하고자 하는 인간의 의지가 결여되면 무용지물이 되고 말 것이며 오히려 그러한 자원들은 적에게 역이용 당하여 적을 도와주는 결과를 초래하게 되는 것이다.

▲ 베트남 사회주의 공화국(Socialist Republic of Vietnam)

※ 베트남전쟁에서 미군은 전과 보고시 허위보고가 만연되어 그들 상관이 듣기 좋아하는 보고가 주종을 이루었고 적 시체수도 엄청나게 과장되어 보고되었다. 또한 미군들의 약 25%가 마약중독에 걸려 있었으며, 직무이탈과 전투거부가 매일같이 일어났고, 1,016명의 장교와 하사관이 그들의 부하에 의해 살해되었다. 가브리엘Richard A · Gabriel은 이러한 비윤리적 상황에 대해 "양심의 위기"라고 경고했다. 베트남전쟁을 통해 미군이 얻은 가장 큰 성과는 바로 "도덕적 가치(진실성)"가 충성과 복종을 상회하는 가장 귀중한 덕목이라는 것을 인식한 것이다

보트 피플의 유서(1978년 12월 무인도에서 발견)

이제는 더 이상 지탱할 수 없을 만큼 지쳤다.
죽음은 두렵지 않다.
그러나 원통하다.

바다, 하늘 뿐!
나는 누구에게 이 혈서를 띄울 것인가?
나의 가족 11명은 모두 공산군의 학정에 쓰러졌다.

혈육은 외아들뿐.

13명의 베트남 동포와 목선에 몸을 실었다.

나의 외아들은 무인도에 도착 13일째 되던 날 고통 속에 운명했다.

그리고, 그리고 내 아들의 시체를 뜯어 먹으며 목숨을 이어온 동료도

모두 죽었다.

호랑이가 무섭다고 하지만 호랑이 굴에 떠밀어 넣은 사람이 더 가증스럽다.

우방, 애국지사, 독립운동가, 지도자 모두

그들 말속에 속아온 우리의 동료가 불쌍하다.

그들에게 속은 우리는 성장하지 못한 13살의 철부지였나보다.

황량한 바다

이제 두렵지 않은 죽음이 다가온다.

그러나 그러나

아, 하나님!

마지막 내 살점을 파내는 피의 절규를 들어주소서.

하늘 아래 이렇게 죽어갈 수 있는지…….

하나님 말하여 주소서!

7장
중동 전쟁

"나는 전투부대 지휘관을 임명할 때는 호랑이형을 반드시 임명했다. 관리와 교육에서 최적이 있다고 하더라도 나는 결코 그들을 임명하지 않았다. 비록 재능 면에서 부하 통솔이 부족하더라도 전장에서 대담하고 용감한 자를 임명했다. 다시 말해서 내가 눈독을 들인 장교들은 최고의 용기를 가진 자들이다."

-모세 다얀-

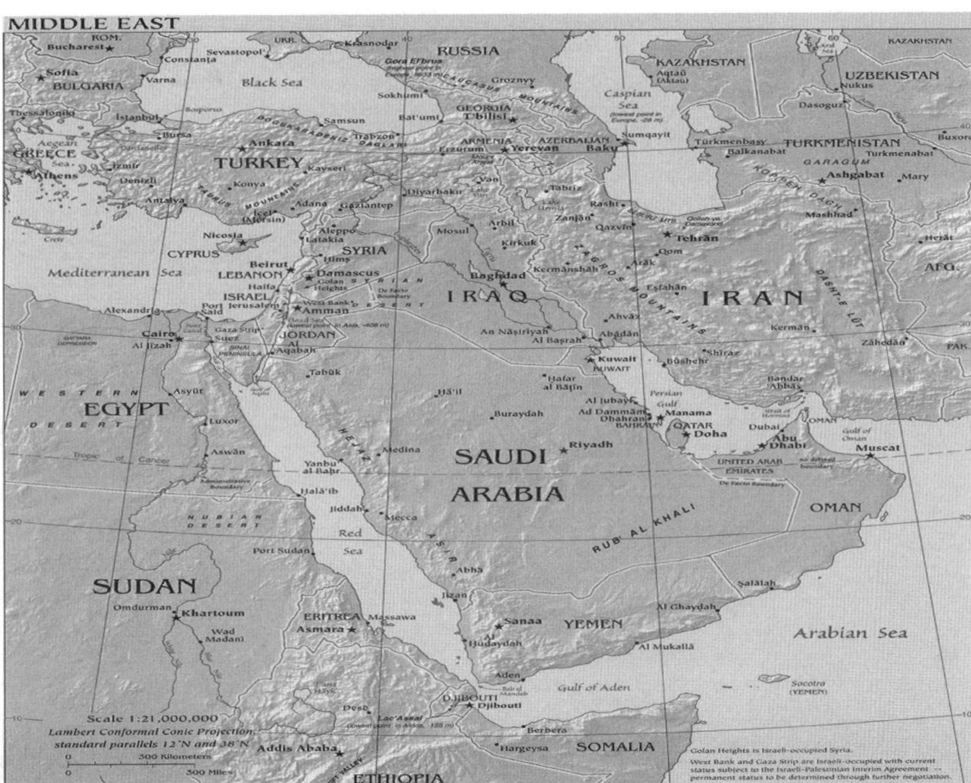

93 중동 전쟁中東戰爭의 배경

|중동 전쟁 발발 전까지의 역사적 · 종교적인 배경|

이스라엘이 세계의 유랑민(流浪民 : Diaspora)이 되기까지

티그리스 · 유프라테스강 사이의 비옥한 지역에서 메소포타미아 문명이 발생했다. 4,000여년전 메소포타미아지방에서 전쟁이 일어나자 유태인의 지도자인 아브라함은 가족을 이끌고 가나안땅으로 불리는 팔레스타인 지방으로 이주하여 정착했다.

아브라함은 이삭을 낳았고, 이삭은 야곱과 에서를 낳아 3대에 걸친 족장 시대를 열었

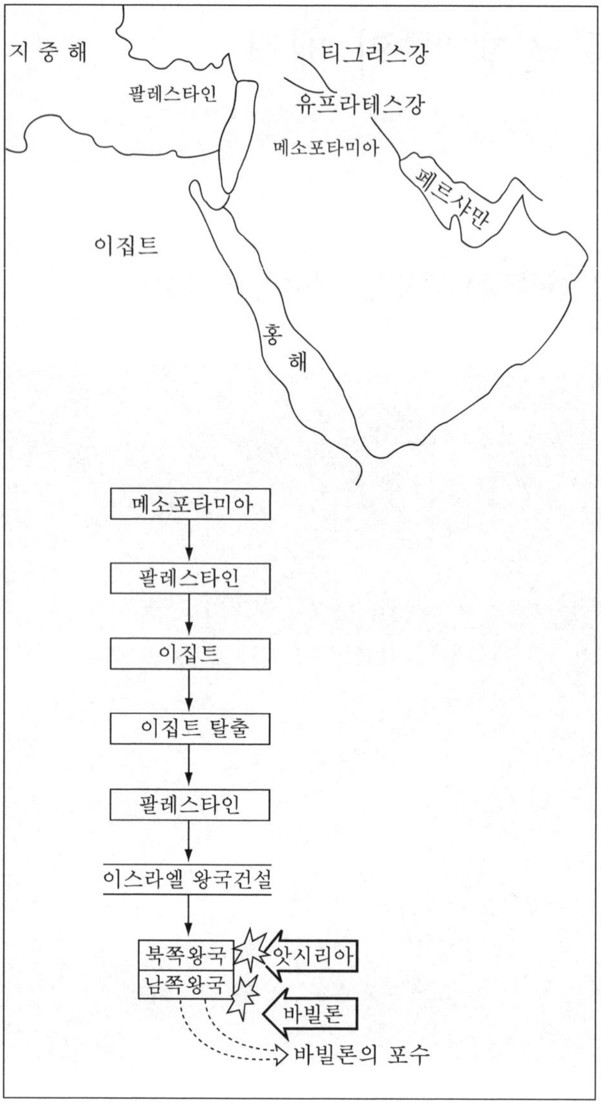

다. 야곱에게는 12명의 아들이 있었는데 그중 요셉은 이집트에 가서 국무총리가 되었다. 야곱은 요셉의 초청을 받아 일족을 이끌고 이집트로 넘어갔다.

이집트에서 야곱의 세력이 확장되자 이집트인은 유태인을 노예로서 가혹하게 다루었다. 모세는 430년 만에 이집트에서 노예 생활을 청산하고, 200여만 명의 유태인 동족을 이끌고 이른바 "출애굽"을 했다. 야곱은 "이스라엘"이라는 다른 이름을 가졌기 때문에 이후로 야곱의 후손들은 이스라엘 민족으로 불렸다.

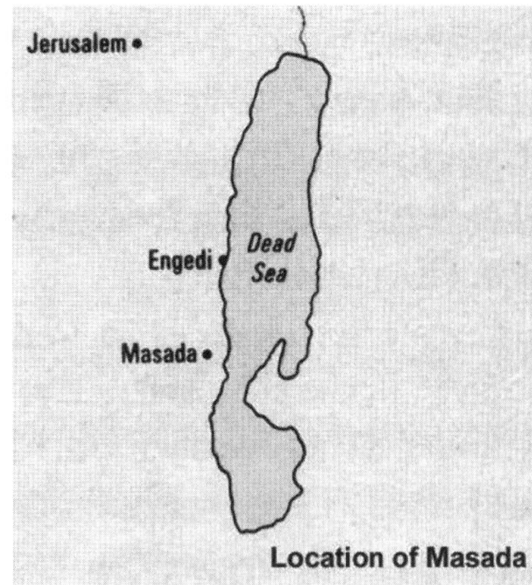

팔레스타인 땅에는 아모리 족속을 비롯하여 7개 원주민들이 살고 있었는데, 이들과 이스라엘 민족간의 전쟁이 계속되었다. B.C. 1020년, 이스라엘의 12부족이 하나로 되어 이스라엘 왕국을 건설했다. B.C. 922년 이스라엘 왕국은 남과 북으로 분단되었고, B.C. 722년에는 10개 부족이 연합된 북쪽 왕국이 앗시리아에 의해 멸망당했으며, B.C. 586년 남쪽의 왕국도 바빌론에 의해 멸망당하고 말았다.

페르샤왕 큐로스(고레스)가 바빌론을 멸망시키자 포로로 잡혀 있던 이스라엘 민족이 팔레스타인으로 귀환했다. 팔레스타인에 다시 정착한 유태인은 페르샤의 속령(屬領)이 되어 유태국가로서의 주권을 인정받지 못했다. 페르샤 제국은 마케도니아의 알렉산더에 의해 멸망되었고 후일 이 지역은 로마제국의 지배 하에 들어갔다.

유태민족은 수차례의 반란에도 실패하고 마침내 A.D. 70년 신전이 있는 수도 예루살렘이 로마의 대군에 의해 포위되었고 대부분 학살되었다. 가까스로 탈출한 유태인은 최후의 결전장인 마사다의 요새에 모였다.

로마 제10군단은 마사다Masada를 포위했는데, 부녀자와 어린이를 포함하여 1,000명도 채 안되는 이스라엘 수비대는 1만 5천 명이 넘는 로마군을 맞아 거의 2년을 버텼다. 로마군은 요새로 올라가는 경사로 흙산을 쌓아 마침내 요새 정상에 도달하기에 이르자 유태인들은 노예가 되기를 거부하여 전원이 자살했다(A.D. 73.4.5). 유태 역사가인 요세푸스에 따르면, 제비를 뽑아 열 명 단위로 목을 베기 시작해서 마지막 남은 한 사람이 다 죽이고 스스로 목숨을 끊었다고 전해진다. 이 얘기는 수로에 숨어 살아남은 부녀자와 어린이 7명에 의해 전해 들었다고 한다.

예루살렘의 함락에 의해 사방으로 흩어져서 살길을 찾은 유태인은 불과 9만 7천 명이었다. 60년 후 다시 로마에 지배당하던 유태 반란군이 바르코크바의 지휘 하에 예루살렘을 탈환하기 위해 공격했으나 로마군에게 궤멸당하고, 이로부터 1,900여년 동안 이

▲ 이스라엘 민족 최후의 항전 장소로 알려진 마사다

산(離散)의 운명이 시작되었다. 팔레스타인 지방은 아랍민족들이 차지하게 되었다.

|시오니즘(Zionism)의 대두|

유태민족은 세계각처를 방랑하면서도 그들은 신(神)에 의해 선택받은 민족이라는 "선민(選民)"의식을 조금도 버리지 않았으며, 언젠가는 구세주 Messiah가 나타남으로써 유태민족에게 약속된 땅인 시온 Zion에 그들의 유태국가를 이룰 수 있다고 믿어왔다.

이와 같은 신앙과 민족적인 열의가 현대의 유태민족주의 운동으로써 시오니즘의 근원이 되었다. 조상의 땅인 "에레쯔 이스라엘"(Eretz Israel, The Land of Israel=팔레스타인 : Palestine)에 유태국가를 세워 민족문화를 이룩하고자 하는 열망이 점차 세계의 유태인에게 확산되어 19세기 후반에 들어서면서부터는 조직적인 시오니즘운동으로 본격화되어 갔다. 이리하여 소수의 유태인들이 팔레스타인으로 건너가서 농경정착촌을 형성하기에 이르렀다.

1894년 프랑스에서 드레퓨스 사건이 일어났고, 같은 유태인기자인 데오도로 헤르쯜Theodor Herz은 이를 계기로 “유태인 국가”라는 책을 펴내어 유태인만의 국가를 이룩 할 것을 호소했던 것이다. 실질적으로 시오니즘운동의 창시자인 그는 44세의 나이로 죽었지만 1897년 제1회 세계유태인 대회가 열리는 것을 계기로 시오니즘은 세계적으로 확산되어 갔다.

|영국의 침략과 맥마혼(Macmachon)선언|

영국은 1882년부터 이집트를 점령하고 1906년 시나이 반도의 요충을 점령했으며, 터키의 오토만 제국으로부터 라파Rafah에서 아카바Akaba에 이르는 시나이 반도 전역을 탈취했다. 19세기말 영국은 오토만 제국의 통치하에 있는 아랍민족과 유태인의 시오니즘에 대해 호의적인 관심을 표명함으로써 중동지역에 대한 주도권을 장악하려했다.

제1차 세계 대전이 발발하자 오토만 제국은 즉시 추축국에 가담하여 중동지역에서 잃었던 영토를 찾으려 했다. 당시 유럽전선에 급급했던 영국은 오토만 제국에 대응하는 수단으로 아랍의 민족

▲ 아라비아의 로렌스

주의 사상을 이용했다.

이집트 주재(駐在) 영국무관 맥마혼(sir Hennry Macmahon)은 아랍인의 정신적 지주인 메카의 종주(宗主) 후세인 Hussein과 소위 "후세인-맥마혼 각서(覺書)"를 교환했다. 각서의 내용은 아랍인이 오토만제국을 공격해 주면 영국은 후세인이 제안한 한계 내에서 아랍민족의 독립을 승인한다는 것이었다. 이른바 "아라비아의 로렌스"가 아랍민족을 지도하여 다마스커스를 장악하고 오토만 제국을 격파했지만, 아랍이 제시한 지역과 영국이 주장하는 지역이 서로 상반되어 오늘날까지 끝없는 논쟁이 되어왔다.

영국은 앞면 요도의 음영 부분(팔레스타인)이 순수한 아랍민족의 것이 아니라고 했는데 당시 이미 2,000여년 동안 그 지역에 거주해온 아랍인들은 경악했으며, 불과 10% 내외의 유태인들에게 그 땅을 돌려준다는 것도 상상할 수 없었던 것이다. 영국의 무책임한 정치적 횡포였다.

|3자 협정과 아랍인의 분노|

1914년 제1차 대전의 발발위기가 가까워지자 독일은 메소포타미아 일대에 대한 우위를 확보하는 대신 프랑스와 영국에게 팔레스타인 일대를 맡기는 정치적 흥정을 했다. 1916년 5월, 이른바 3자 협정이 영국과 프랑스 사이에 체결되어(러시아도 개입)요도에 제시된 지역에 그들의 세력권을 결정했다.

아라비아반도를 제외한 모든 아랍영토를 제국주의(帝國主義)열강들이 임의로 분할 점령하는 것이 계속되었는데 이는 맥마혼 각서에 따라 전 아랍지역에 대한 민족적 독립을 기대했던 아랍인에게는 크나큰 배신행위였던 것이다. 여기서 팔레스타인 지방만은 맥마혼의 주장대로 본래 아랍인의 땅이 아니라는 이유로 제외되었다.

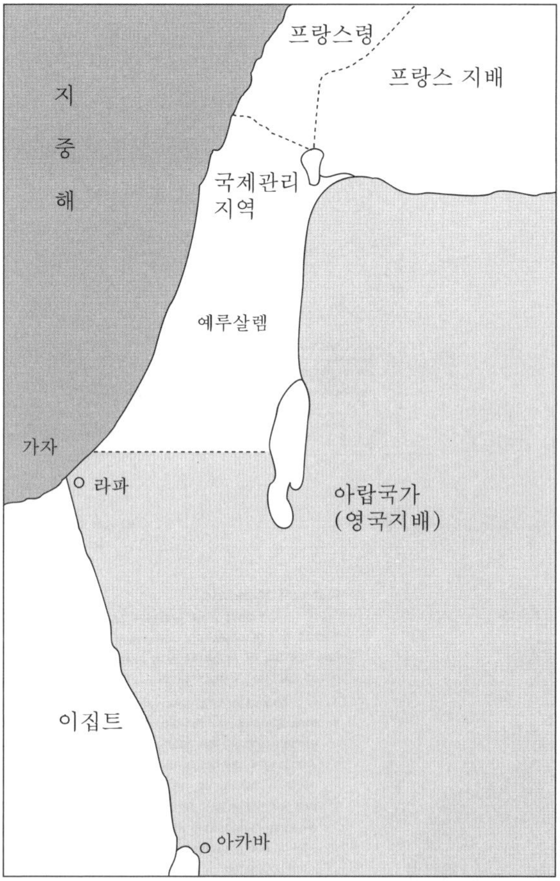

|발포어 선언(Balfour Declartion)과 예루살렘 함락|

1917년 11월 2일, 당시 영국외상 발포어는 성명을 통해 "영국정부가 팔레스타인에 유태인을 위한 어떠한 민족적 모국(民族的 母國)이 건설됨을 호의적으로 보고 있으며 영국은 이를 도울 것이다"라고 밝히고 즉시 군대를 투입, 팔레스타인을 공격하여 12월 11일 예루살렘을 함락시킴으로써 1506년 이래 411년간 팔레스타인을 지배해온 오토만제국의 세력을 완전히 몰아내었다. 영국은 아랍인과 유태인을 교묘히 이용하여 그들의 실속을 차리려고 했던 것이다.

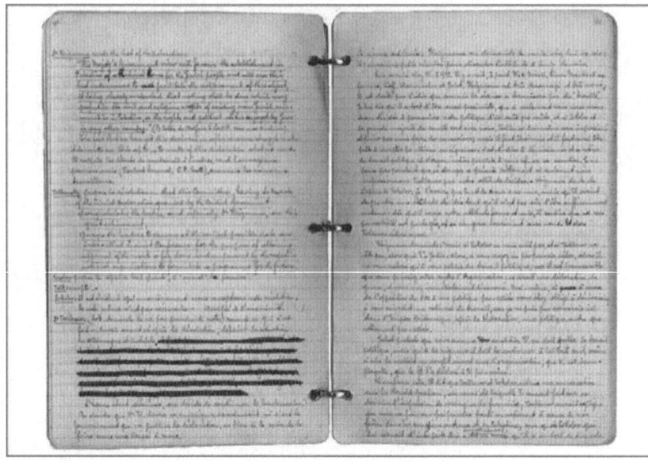

▶ 발포어 선언문이 적힌 프리노트

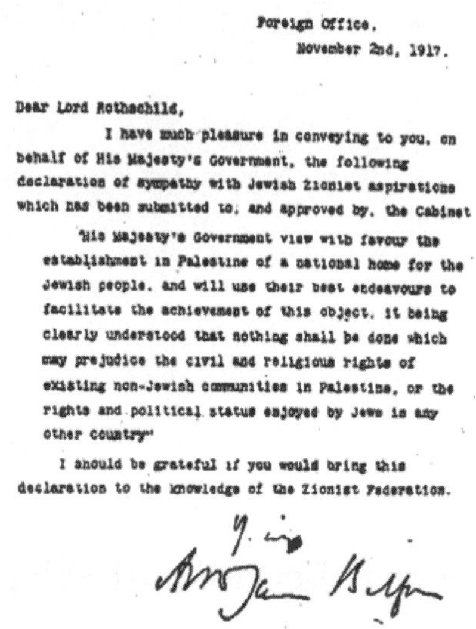

Foreign Office.
November 2nd, 1917.

Dear Lord Rothschild,

I have much pleasure in conveying to you, on behalf of His Majesty's Government, the following declaration of sympathy with Jewish Zionist aspirations which has been submitted to, and approved by, the Cabinet

"His Majesty's Government view with favour the establishment in Palestine of a national home for the Jewish people, and will use their best endeavours to facilitate the achievement of this object, it being clearly understood that nothing shall be done which may prejudice the civil and religious rights of existing non-Jewish communities in Palestine, or the rights and political status enjoyed by Jews in any other country"

I should be grateful if you would bring this declaration to the knowledge of the Zionist Federation.

Yours
Arthur James Balfour

A copy of the original "Balfour Declaration"

▲ 발포아 외상과 발포아 선언문

|히틀러의 등장과 유태인 학살|

제1차 세계대전이 종식되자 아랍인과 유태인은 동시에 영국에 대해 그들의 약속이행을 촉구하게 되어 영국은 난처한 입장에 빠지게 되었다. 이때 히틀러가 등장하여 "세계의 이단자인 유태인은 국가를 전복하려는 음모를 꾸미고, 유태인 이외의 인간들과의 혼혈을 계속함으로써 모든 사람들을 유태인화시키려 하고 있다. 위대한 독일민족의 순혈(純血)과 영광스러운 조국 통일을 지키기 위해 유태인을 절멸(絶滅)하라!"고 명령을 하여 무려 600만 명의 유태인을 학살했다. 이로써 입장이 곤란해진 영국을 살림 셈이 된 것이다.

|영국의 유태인 탄압과 팔레스타인 문제 UN 상정|

급격히 팽창해가는 유태인을 저지하고자 영국은 1946년 6월 29일 이른바 "검은 토요일(Black Saturday)"에 대규모 군사력을 투입하여 지도자급 유태인 3,000여 명을 라파에 구금했다. 과거 소수민족이었던 유태인이 90여만 명에 이르는 대 민족으로 급성장한 것을 두려워했던 것이다. 영국에 대한 국제적 여론이 나빠지자 구금 유태인이 석방되었고, 결국 팔레스타인 문제는 1947년 5월 UN에 상정(上程)되었다. 7월에는 4,500여 명의 유태인이 엑소더스 Exodus 호에 승선하여 팔레스타인으로 집단 이민하는 대사건이 발생했다.

▲ 엑스더스 호를 타고 이른바 "영광의 탈출"을 시도하고 있다.

|UN 분할안의 가결과 영국의 철수|

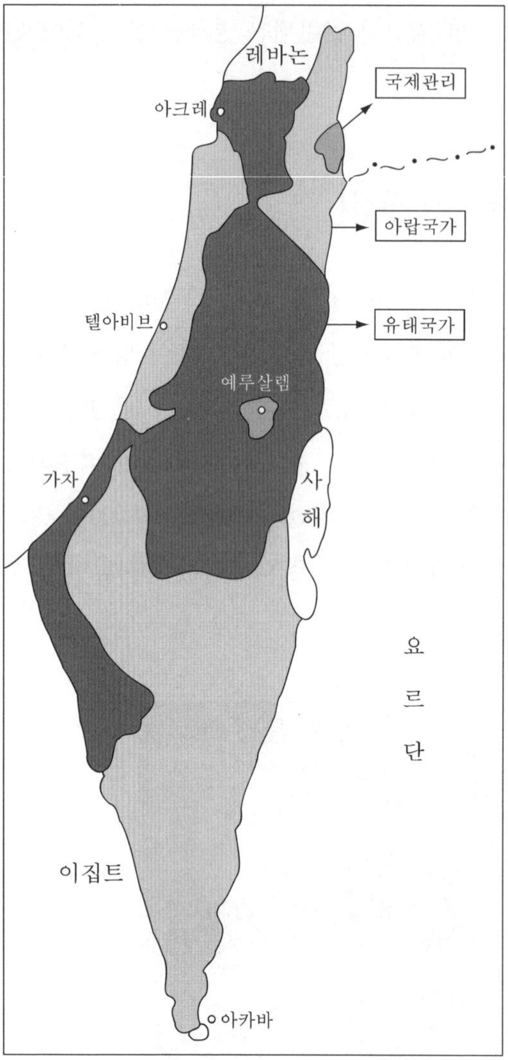

팔레스타인 문제해결을 위임받은 UN은 이 지역과 이해관계가 없는 11개국으로 하여금 UNSCOP(UN 팔레스타인 특별위원회)을 구성하여 논의결과 예루살렘지역은 국제관리 지역으로 하여 별도로 두고 유태인과 아랍인에게 지역을 구분시켜 통치하는 분할안과 분할하지 않고 유태인과 아랍인이 각각의 자치권(自治權)을 인정하는 연방국가(聯邦國家)안을 내놓았다.

UN에 의해 분할안이 최종적으로 가결되자 UN이라는 제3자에 의해 민족의 운명이 좌우된다는 관점에서 매우 못마땅한 아랍인은 이를 적극거부하게 된다. 1947년 11월 29일 가결된 분할안에 의해 영국은 팔레스타인지역에 대한 통치를 종결시켜야 했고 이를 위해 6개월간의 행정적인 시간이 허용되었다. 영국의 철수와 동시에 유태 및 아랍국가가 수립되도록 가결되었다.

|이스라엘의 건국|

영국의 철수로 인해 유태인에게는 2,000여년 동안의 숙원인 유태국가를 수립하는 감격의 순간이었다. 그렇지만 팔레스타인 내의 아랍인에게는 2,000여년 동안 삶의 터전인 땅덩어리를 유태인에게 빼앗겨 버리는 결과가 되어 분할안이 UN에서 가결투표가 있던 날 유태인에 대해 대규모 공격을 감행했다.

영국이 철수하지 않았기 때문에 주변의 아랍인들은 직접 전투개입을 회피하는 대신 재정적 · 정신적 지원을 하게 된다. 유태인에게는 원주민이었던 아랍인에 대한 독립전쟁이 되는 것이다.

1948년 4월 중순, 이스라엘은 전쟁의 와중에서도 벤구리온을 수반으로 하는 잠정적인 국민정부를 구성했고, 5월 14일 16시 30분 텔아비브박물관 홀에서 37명의 국민회의 위원들이 서명한 1,100자의 독립선언거가 벤구리온에 의해 낭독되었다.

"Eretz Israel은 유태민족의 탄생지였다.…"라고 시작된 독립선언서는 "이스라엘 국가는 일어섰다."라고 끝맺음을 함으로써 이스라엘은 국가를 성립시켰다. 세계 유랑민이 된지 1,878년만의 일이요, 최초 시오니즘이 있은 지 51년만의 일이었다.

▲ 1948년 5월 14일 독립을 선언하는 벤구리온 초대 수상 뒤에 이스라엘 건국의 아버지라 불리는 헤르쯜의 사진이 보인다.

94 제1차 중동 전쟁 팔레스타인의 독립전쟁 1948.5.15~1949.2.24

|개전 배경|

1948년 5월 15일 00시 11분, 영국의 팔레스타인 주재 고등판무관 알란 컨닝햄이 해군 구축함으로 하이파항을 떠남으로써 영국은 오랫동안 팔레스타인 지배에 종말을 고했다. 그날 미국 대통령 트루만은 이스라엘을 국가로 인정했고 소련을 비롯한 여러나라가 이를 승인했다. 생활의 터전을 빼앗긴 팔레스타인의 아랍인을 지원하기 위해 주변의 아랍 6개국(이집트, 시리아, 요르단, 레바논, 이라크, 사우디아라비아)은 이스라엘에 대한 공격을 준비했다.

이스라엘은 병력 5만여 명을 동원할 수 있었고 이에 반해 이스라엘 인구의 40배가 넘는 아랍인은 3만여 명 밖에 동원하지 못했다. 그러나 이스라엘은 비행기나 전차를 단 한 대도 보유하지 못했으며 "하가나" Haganah라는 군사기구는 아직 전쟁을 치를 조직적인 준비가 되어있지 않았다.

이스라엘의 군 지도자들은 동서고금의 각종 전사를 탐독하여 비록 교범이 없다 하더

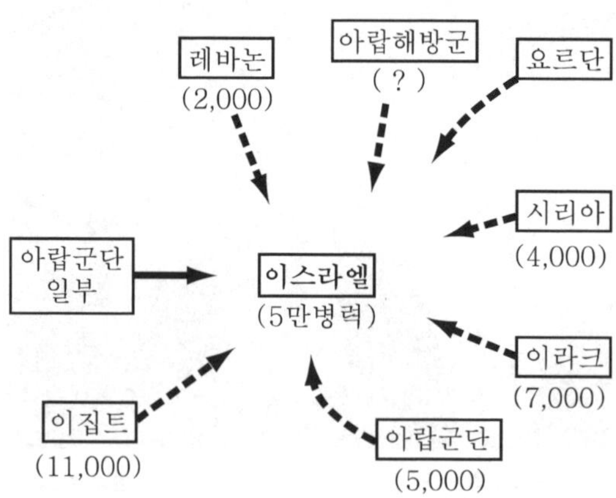

▲ 하가나 부대원들

라도 뛰어난 전략적 식견이 있었고, 이에 반해 아랍 동맹국들은 상호불신과 나태한 전의(戰意), 이스라엘의 과소평가들로 점철되어 통합된 전쟁수행체제가 되어 있지 않았다. 또한 이집트를 비롯하여 각기 국내의 복잡한 문제가 야기되어 이스라엘과의 전쟁에 전념할 수 있는 여건이 되어있지 않았다.

|전쟁요약|

1948년 5월 15일, 이집트 항공기에 의한 텔아비브 폭격에 이은 6월 11일까지의 초기 전투에서 이스라엘은 고전을 면치 못했는데 UN의 휴전강요에 의해 제1차 휴전을 타의 실시하게 되었다. 1개월간의 조건부 휴전기간에 이스라엘은 급속히 항공기와 전차, 야포 등을 해외로부터 끌어 모아 어느 정도 전세를 회복했다. 합의된 휴전기간이 임박한 7월 8일, 이집트의 공격은 이스라엘의 준비된 방어지역에 대해 큰 성과를 거둘 수 없었다.

10월이 되자 이스라엘은 아랍군에 대한 반격작전을 시도하여 파죽지세로 밀어붙이자 1949년 1월 7일 이집트는 휴전을 요구해 왔다. 2월 24일에 이집트와 정전협정(停戰協定)이 체결되어 제1차 중동 전쟁은 종식되었다. 그 후 레바논은 3월에, 요르단은 4월에, 시리아와는 7월에 각각 협정이 체결되었으며 이라크는 병력만 철수시키고 협정에는 조인하지 않았다.

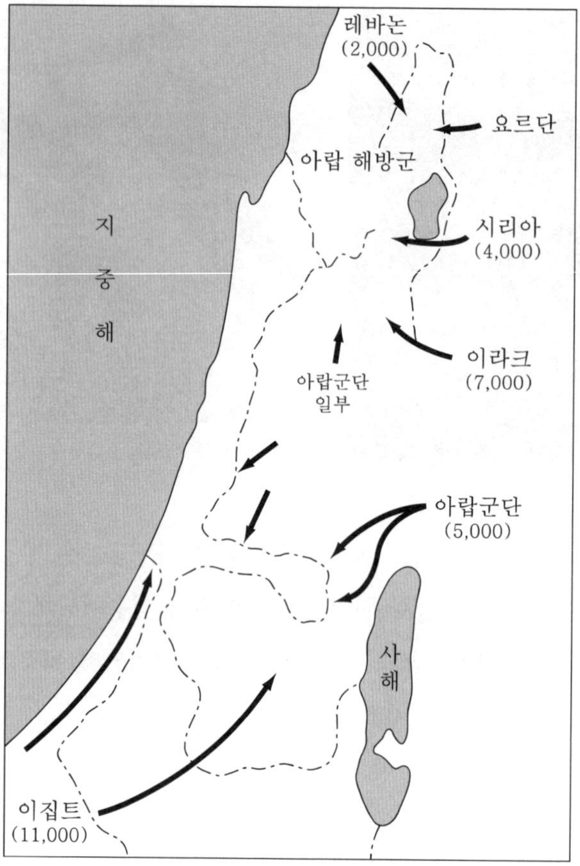

|결과와 분석|

아랍인들은 일거에 유태민족을 궤멸시켜 팔레스타인을 장악할 수 있을 것이라고 큰소리친 당초의 예상과는 달리 시리아와의 휴전조인이 체결된 1949년 7월말까지 무려 14개월간(비록 전투기간은 총 61일이었지만)의 장기전에 말려들어갔다. 이 기간 중에 이스라엘은 4,000여 명의 군인과 2,000여 명의 민간인이 사망했고 전비도 5억불이 소비되었지만 전쟁을 통해 이스라엘 국민은 철저히 훈련되었고, 분할안 당시보다 5,900 km^2의 영토를 확보할 수 있었다.

예루살렘은 이스라엘과 요르단 두 나라의 자국 점령지를 기준으로 나누어졌고, 이스

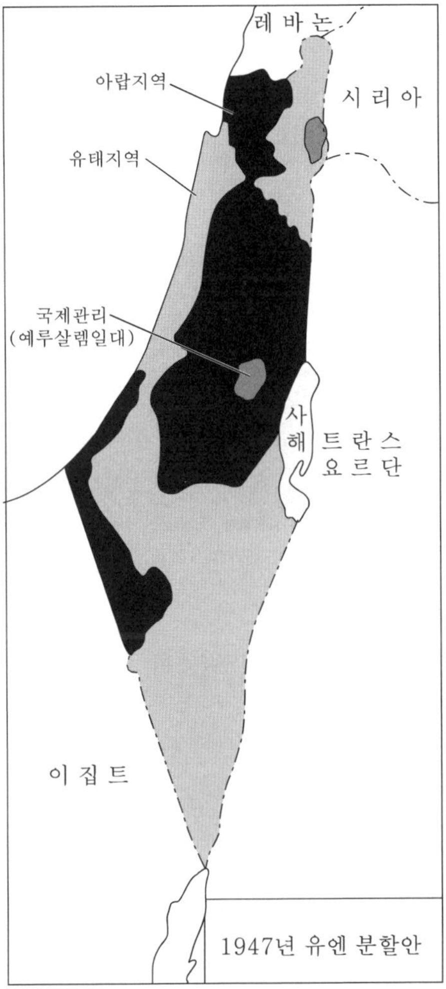

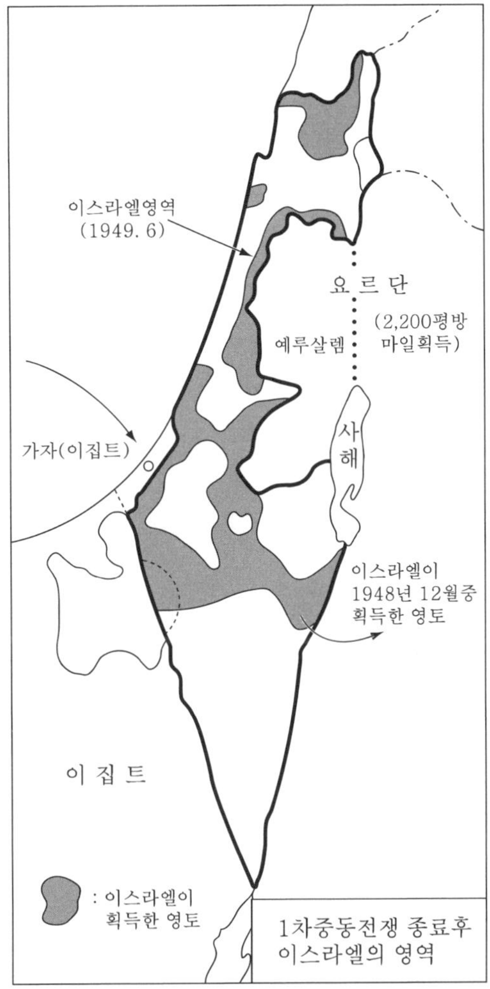

라엘과 이집트, 요르단, 시리아간에 좁은 비무장지대가 설치되었다. 이스라엘은 1949년 1월 하순, 전쟁이 거의 종식될 단계에서 78만여 인구 중 유권자 50만 7천여 명의 총선(總選)결과 114명의 대의원(代議員)을 확정짓고 그중 체임 와이즈Chaim Weizman가 대통령으로, 다비드 벤구리온이 수상으로 추대되었다. 이스라엘은 천만 명 귀국 운동을 벌임으로써 1951년 말까지 150여만 명으로 인구가 불어났다.

당시 조인된 휴전협정은 사실상 평화조약이 아니었고 이스라엘을 둘러싼 아랍의 어느 국가도 이스라엘을 국가로 인정하지 않았으며 언제든 전쟁을 재개할 수 있음을 시사했다.

새로이 확정된 이스라엘 지배권 안에 살고 있던 70여만 명의 팔레스타인 내의 아랍인들은 고향땅을 버리고 요르단에 60%, 가자 지역에 20%, 시리아와 레바논에 20% 정도가 피란을 갔다. 이는 아랍 지도자들에 의해 이루어졌는데 후일 이스라엘이 이들을 인질로 할 것을 우려했기 때문이었고, 또 한가지 이유는 UN 분할안에 대한 불인정을 세계에 알리기 위해서였다. 그러나 이 난민문제는 국제적 골치 덩어리로 남게 된다.

▲ 와이즈만 이스라엘 대통령

제1차 중동 전쟁에서 이스라엘의 승인은 이스라엘 특유의 총화단결과 지도자급의 뛰어난 지휘통솔력이라 할 수 있고, 상대적으로 아랍인은 자체의 내분과 전의 부족으로 월등히 우세한 화력에도 불구하고 패배의 길로 들어서게 된 것이다.

제1차 중동전쟁 개관

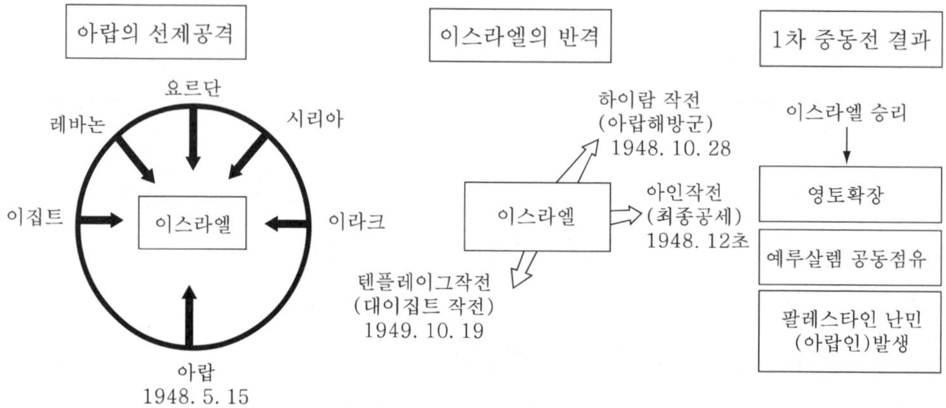

95 제2차 중동 전쟁수에즈 전쟁 : 1956.10.29~11.7

|개전 배경|

제1차 중동전쟁 종식 후 유엔 안전보장 이사회에서는 UN휴전감시단(UNTSO ; United Nations Truce Supervision Organization)을 구성하여 팔레스타인 지역으로 파견했다.

1949년말 이스라엘은 요르단과의 사이에 비밀협상을 체결, 요르단강 서안을 요르단에 통합하고 이스라엘은 아랍난민 구제사업을 위해 전쟁배상금을 지불하며 요르단에게는 지중해의 출구인 하이파Haifa항을 사용하도록 허용한다는 등의 내용을 결의했다. 그러나 이 협상이 인정되면 이스라엘을 정식국가로 인정하는 것이 된다는 아랍측의 반대에 부딪쳤으며, 1951년 7월 요르단 왕인 아브달다 왕이 피살되자 결국 이스라엘과 아랍측간의 최초 평화협상이 깨어지고 말았다.

아랍연맹의 사무총장인 아잠파샤Azam Pasha는 새로이 많은 무기를 획득했으며, 유태인과의 평화는 있을 수 없다고 주장 단시일 내 이스라엘이라는 존재를 말살할 것이라고 호언장담하고 있었다.

수에즈 운하와 나세르

영국과 미국은 소련의 팽창정책을 봉쇄하기 위해 중동지역에 대해서도 방어체제를 강화하기로 하고 중동지역 아랍국가의 협조를 구하게 되었다. 영국은 1955년 가을, 나세르의 요구대로 이집트의 영향력과 지배의 상징이었던 수에즈 운하에 주둔했던 영국군을 완전히 철수시켜 버렸다. 이로써 이집트와 이스라엘을 가로 막았던 안전장벽이 무너지게 되었다. 나세르는 수에즈 운하를 국유화한 후 곧바로 이스라엘의 석유 수송로인 아카바만을 봉쇄해 버렸다.

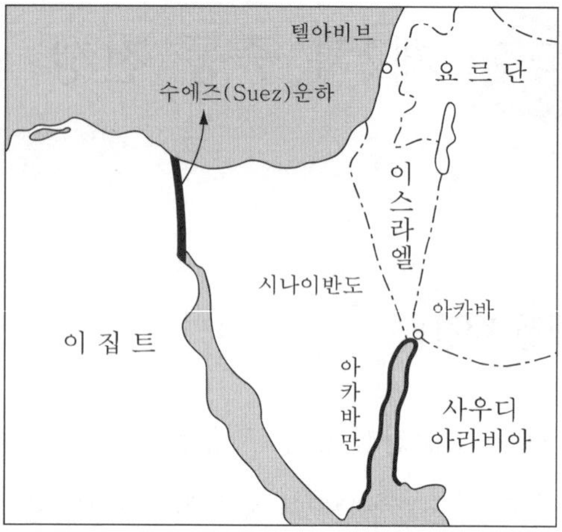

▲ 나세르 이집트 대통령

▲ 수에즈 운하

아카바만의 봉쇄와 항로(航路)봉쇄

아카바만을 통해서 페르샤로부터 100~200만 톤의 석유를 수입하며, 아시아, 아프리카와의 무역출구로 사용했던 이스라엘은 나세르의 조치에 대해 치명적인 타격을 입었다. 또한 텔아비브와 아프리카를 연결하는 항로까지 봉쇄당하자 이스라엘은 개전의 결의를 다지게 되었다.

이집트의 군사력

총 10만여명의 정규군(正規軍)

육 군	공 군	해 군
· 8만명 · 5개사단과 수개독립여단 · 전차 430대 (소련제 T-34 주종) · SU-100자주포 100문 · 대전차포 200문 · 소련제 대포 500문	· 6~8천명 · MIG-15 120대 · 폭격기 70대 · 수송기 60대 * 총괄400여대 조종사와 정비요원 부족으로 실전배치 50%선	· 3~4천명 · 소련제구축함 2척 · 영국제구축함 5척 · 쾌속호위함 2척 · 소해정 4척 · 어뢰정 30척

1956년 6월경 이집트의 국방상은 "이스라엘로부터 위협은 문제되지 않으며, 이집트군은 이스라엘군을 충분히 소멸시킬 정도로 강해졌다."라고 호언(豪言)했다.

이스라엘의 군사력

상비군(常備軍) 5만 5천명, 즉각 동원가능 예비역 약 10만명, 민방위 10만명

육군	4만 5천명, 16개 여단(완전동원시 23개 여단편성) 전차 100대, 자주포 60문, 반궤도차량 400~500대
공군	공군 5~6천명, 110대의 전투기, 20대의 수송기, 구형항공기 90대 * 이 가운데 전투참여 가능 75% 정도
해군	2~3천명, 구축함 2척, MTB 9척, 단정 2척, 수척의 순찰정

1956년에 프랑스로부터 약간의 무기를 구입했고 10월경 영·불이 군사개입을 결정함에 따라 대량의 무기를 획득하여 개전 직전에는 상당한 수준에 도달했다.

|전쟁요약|

1956년 10월 29일 15시 20분, 이스라엘의 제202공수 여단의 제1대대 395명은 16대의 수송기에 탑승, 4개 편대로 구분하여 수에즈 좌단의 이집트 비행장을 중심으로 낙하, 불과 5일만에 수에즈 운하 50마일 지점까지 진출했다.

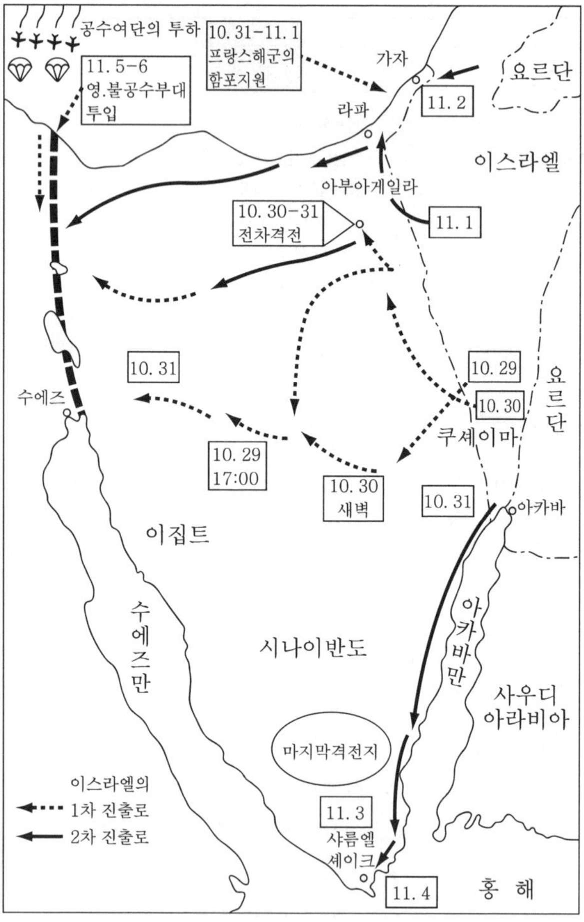

▲ 이스라엘의 주요한 보급항이 되는 아카바 만

나키브 Nakeb, 쿠세이마 Quseima, 움가타프 Um Gataf, 라파 Raf모, 가자 Gaza지역을 차례로 장악한 이스라엘은 시나이반도의 마지막 격전지이며 전쟁목적의 최우선 목표인 아카바 Aqaba만에 대한 공격을 시작 11월 4일 밤, 마침내 샤름엘 셰이크 Sharm El Sheikh에 도달했고 다얀 장군은 이를 쉽게 점령했다.

|제2차 중동 전쟁의 결과와 분석|

영·불 공수부대 2개 대대가 수에즈 운하 지역에 11월 5일 투입했으며, 전 시나이 반도를 장악한 이스라엘에게 원래 지역으로의 철수를 요구했다. 이때 공수부대는 휴전시까지 총 100마일의 수에즈 운하중 불과 3분의 1을 석권할 수 있었다.(11월 3일의 유엔

▲ 골다 메이어 수상

▶ 샤론과 다얀

총회에서 이집트는 유엔의 정전결의에 동의했지만 이스라엘은 피 흘려 점령한 시나이반도를 반납할 수 없어서 이를 거부했던 것이다.)

1956년 11월 6일, 영국과 프랑스가 유엔의 정전협정에 동의했고, 이스라엘도 유엔의 압력과 위협 속에 11월 8일부로 동의하게 되었으며, 점령한 시나이반도를 반납할 것을 결의, 1957년 3월 16일까지 전면철수를 완료했다. 골다 메이어Golda Meir이스라엘 수상은 "이 전쟁 때문에 이스라엘은 전 세계에서 침략자로 지탄받고 있으나 그와 같은 오명에도 불구하고 그것은 틀림없이 성공이다. 왜냐하면 그것은 바로 이 전쟁이 이스라엘을 멸망에서 구했기 때문이다."라고 회고했다.

이스라엘의 요청과 아랍인의 동의로 8개국(인도, 스웨덴, 덴마크, 노르웨이, 콜롬비아, 핀란드, 인도네시아, 브라질)에서 파견된 7개 대대규모의 유엔 긴급군(緊急軍)을 가자, 샤름 엘셰이크, 이집트와 이스라엘국경선에 파견·배치했는데 이 또한 아랍민중의 휴전반대 여론을 무마하기 위해 나세르의 재량권내에 두었기 때문에 실효성이 없었다. 나세르는 이스라엘이 영국과 프랑스와 공모하여 전쟁을 일으킨 제국주의의 도구라는 것을 아랍인들에게 명확히 심어줌으로써 이스라엘이 그들 스스로 자랑했던 승리에 대한 평가를 완전히 뒤엎어 버렸다. 군사적 승리가 정치적 승리를 결정했던 과거의 논리를

제2차 중동전 개관

낫세르의 수에즈국유화와 아카만 봉쇄	이스라엘의 선제공격과 석권	이스라엘의 승리와 시나이 반도의 반납

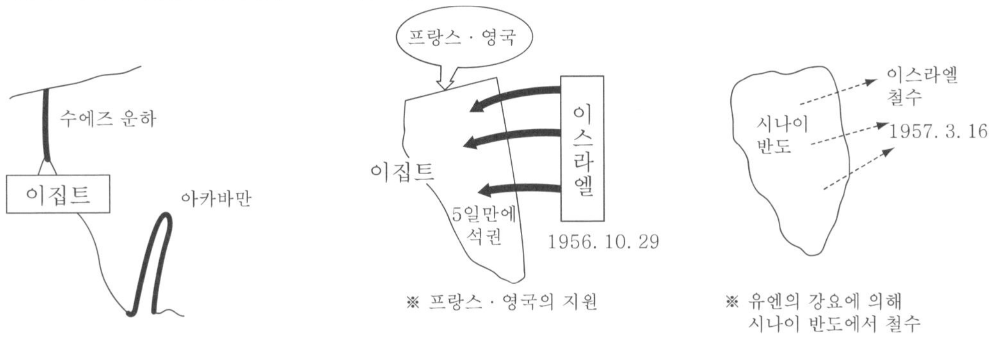

무색케한 2차 중동 전쟁에서, 무책임한 강대국에 의지한 외교전략이 결과적으로 피해를 얼마나 가져다주는지 깨닫게 해준다.

▲ 벤구리온

▲ 벤구리온과 샤론

이스라엘의 극소수 장비손실에 비해 이집트는 전차 120여 대, 대포 300여 문, 4대의 MIG15기를 비롯한 항공기 8대 등의 손실을 입었다. 또한 20여 명의 이스라엘 포로에 비해 수천명의 이집트 포로가 발생되었다. 이스라엘은 불과 100여 시간 내에 무수한 전투를 치루면서 시나이반도 전역을 석권하는 놀라운 역량을 과시했다. 이집트는 전반적으로 사기가 저하되어 있었고 근접전투에 취약했으며 전의가 저조했었다. 지휘관과 병사들은 전투시 철수할 생각부터 먼저 했었고 정상적인 지휘가 이루어지지 않았다.

다얀은 지휘관과 장교의 모범을 요구하여 그들을 항상 부하가 있는 곳에서 가장 위험한 곳에 위치하여 지휘하게 했다. 이 때문에 1명의 여단장과 수많은 지휘관이 전사하게 되나 이것이 바로 다얀의 "정신적 의지력에 의한 전투"로서 이스라엘을 승리케 한 이유가 되었다. 열세한 장비와 화력으로 시나이반도를 공격하기 위해 다얀은 "기습(奇襲)"을 무기로 했으며 적을 "살상(殺傷)"하는데 목적을 두지 않고 적의 "조직 와해(組織瓦解)"에 중점을 둠으로써 아랍인의 증오와 복수심을 경감시키려 했다.

96 제3차 중동 전쟁 6일 전쟁 : 1967.6.5~6.10

|개전 배경|

이집트의 상황

나세르는 아랍민족주의의 기수가 되어 1958년 1월 21일 시리아와 "통일 아랍 공화국"을 설립하고 압도적인 지지 하에 초대 대통령이 되었다. 대통령이 된 후 시리아를 업신여기고 이집트의 이익만을 추구하게 되자 통일아랍공화국 가입을 고려 중이었던 요르단과 이라크가 이를 취소했다.

1961년 9월 쿠데타로 들어선 시리아의 군부가 1963년도에 노골적인 불만을 토로하며 통일아랍 공화국으로부터 탈퇴하기에 이른다. 그 이후 1960년대 후반기에 시작된 제1차 경제 개발 5개년 계획이 실패로 돌아갔으며 1965년 7월부터 시작하기로 된 제2차 5개년 계획이 난관에 부딪쳐 연기되는 등 나세르는 계속적인 불운에 시달렸다.

이스라엘의 상황

1962년대에 이르러 신세대의 성장으로 구지배계층에 대한 도전이 급증했다. 벤구리온의 후임자 애쉬콜은 과거 이스라엘 중심주의에서 세계 유태인 전체의 이해에 관심을 쏟음으로써 벤구리온을 지지하는 모세 다얀과 애쉬콜을 지지하는 골다 메이어 여사 사이에 갈등을 가져왔다. 정치·사회적 문제 외에 경제적 침체상태가 심각하여 1966년에는 경제발전이 중단된 상태에까지 이르렀다.

위기를 극복하기 위해 이스라엘인은 다시 대동단결(大同團結)하여 국운을 개척하고자 했다. 이 시기에 아랍 게릴라들의 이스라엘에 대한 테러행위가 가속화 되었고 군사적 위협이 점점 커지자 이스라엘은 이것을 기화로 하여 국내의 복잡한 문제를 일거에 해결하기 위해 기회를 노리고 있었다. 에쉬콜은 그의 정적인 모세 다얀을 주위의 절대적인 지지로 인해 어쩔 수 없이 국방상(國防相)으로 임명했다.

선제공격(先制攻擊)과 이유

모세 다얀은 6월 3일 "바로 지금은 너무 늦고 또 너무 이르다고 생각한다. 즉 봉쇄를 풀기위한 직접적인 군사행동을 보이기에는 너무 이르고 외교적 교섭을 통해 문제를 해결하기에는 사실상 너무 늦으므로 전쟁은 불가피하여 조속한 시일 내에 전개되어야 한다."라고 하면서 선제공격을 계획했다. 다얀이 제시한 선제공격의 이유는 나세르가 티란Tiran해협을 봉쇄하게 될 것이며 이스라엘은 이를 개방하기 위한 전쟁이 불가피할 것이다. 이 전쟁은 이집트가 초기에 우세할 것이므로 선제 기습공격만이 이를 해결해 줄 수 있다는 것이다.

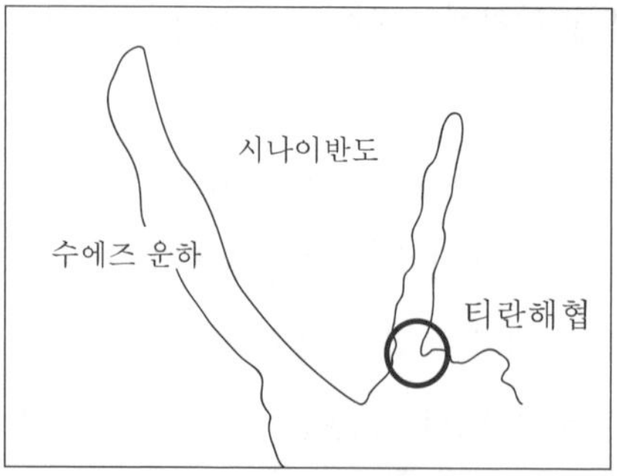

◀ 티란 해협

▲ 6일 전쟁을 지휘하는 모세 다얀

전투력대비

구분 \ 국가별	이스라엘	아랍군계	이집트	요르단	시리아	이라크	레바논
병 력	275,000	438,000	210,000	650,000	70,000	82,000	11,000
부 대	27개 여단	53개 여단	25개 여단	11개 여단	9개 여단	5개 사단	10개 대대
전 차	1,051	2,542	1,200	250	400	650	42
항공기	500	1,100	650	50	160	200	40
함 정	55	136	83	5	24	20	4

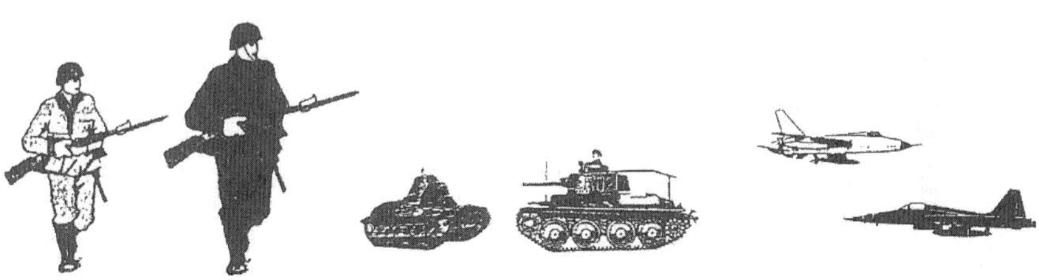

1 : 1.6
이스라엘 아랍
병 력

1 : 2.4
이스라엘 아랍
전 차

1 : 2
이스라엘 아랍
항공기

▲ 소련제 신형 T-54탱크로 시위하는 이집트 기갑 부대

|이스라엘의 전략개념|

이스라엘군의 실태

이스라엘은 1956년의 전쟁에서 얻은 교훈을 충분히 활용했고, 1967년 위기가 닥치자 이미 5월 16일부터 예비군 동원준비를 시작했었다. 전 국민의 적극적인 협조속에 부대 편성을 완료하고 전쟁 연습까지 실시한 상태였다.

전략개념

방위전략(防衛戰略)은 단기간에 결정적 승리가 가능해야 하며 국제여론의 표적이 될 수 있으므로 공세전략(攻勢戰略)을 채택했다.

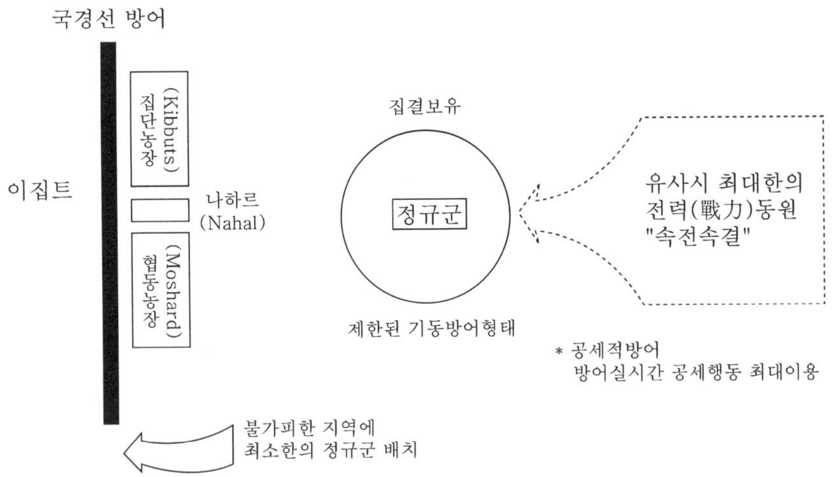

전쟁 수행 원칙

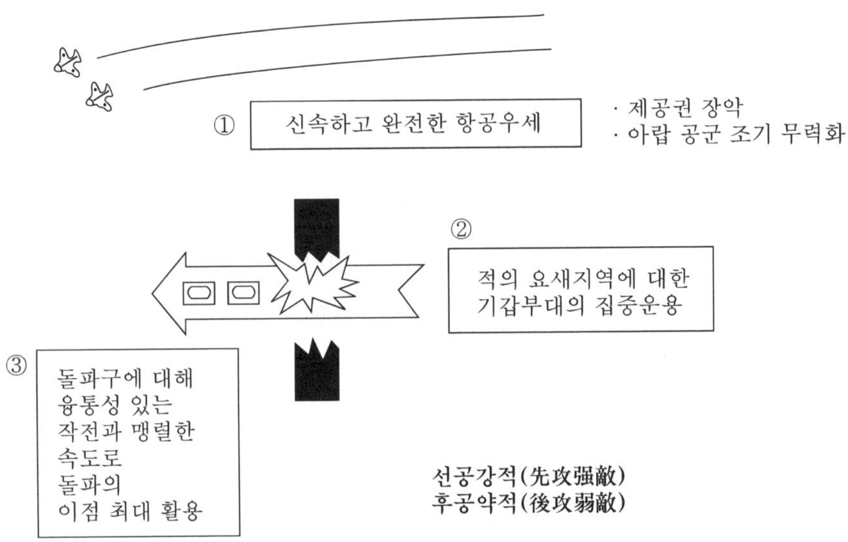

이스라엘의 작전개념 및 부대운용

가능한 최대한 병력을 시나이에 투입하고 충분한 정보의 뒷받침을 받아 6월 5일 침공직전 면밀한 작전계획을 수립했다. 계획은 이스라엘군의 전통에 따라 비르쉐바의 가비쉬 Gavish와 그의 참모들에 의해 수립되었다.

최고사령부 자할 Zahal의 가비쉬에 대한 명령은 시나이의 이집트군을 격파하고, 샤름 엘 셰이크를 점령하여 티란 해협을 확보하는 것이었다. 이 명령의 수행을 위해 자할은 총 11개의 공수여단 중에 3개의 여단, 그리고 보병 4개 여단 등 13개 전투여단과 총 12개의 포병여단 중에서 6개 여단을 가비쉬의 남부사령부에 배속시켰다. 또한 전략지역 방어와 보급지원 등을 위해 제2선 부대는 6개 여단이 가비쉬의 지휘 하에 들게 되었다. 이에 따라 가비쉬는 6만 5천명의 병력과 650대의 전차를 보유하게 되었는데, 가비쉬는 이 병력들로 3개 우그다(Ughda : 이스라엘에는 사단 편제가 없고, 필요에 따라 우그다라고 하는 사단급 특수임무부대를 만든다. 6일 전쟁에서 말하는 사단은 바로 이 우그다를 말한다)와 2개 독립여단을 만들었다.

가비쉬의 작전개념은, 1개 여단으로 네게브 남부의 이집트 부대를 견제하고, 나머지 전 부대를 북동부 전선에 집중시키되 2개 사단으로는 요새화된 적 진지에 대해 칼날같이 좁은 정면에 대한 과감한 밀집공격으로 돌파를 실시했다. 또 다른 사단으로 초월공격을 실시함으로써 일거에 북동부의 이집트군 주력부대를 분쇄시킨 후에 신속히 전과를 확대하고 맹렬한 추격을 감행하여 전 시나이 반도를 점령한다는 것이다.

가비쉬가 부담스러워 한 것은 이집트가 쿤틸라 일대에서 네게브 사막을 관통한다는 사실이다. 이스라엘은 이 지역에 겨우 1개 사단이 있을 뿐이었고, 에일라트에서는 겨우 2개 대대의 병력만이 방어 중에 있었다. 역전의 지휘관들인 탈 Tal과 샤론 Sharon, 그리고 요페 Yoffe가 각각 주요 축선에 사단장으로 임명되었고, 가비쉬는 탈 사단을 이집트 제7사단 전면에, 샤론을 제2사단 전면에 배치했으며, 요페 사단은 그 사이에 투입하여 차단과 초월공격의 임무를 부여했다.

다얀의 “정신력에 의한 공격력”이나 라빈의 “인간 불도우저”의 참된 정신이 여기서 발휘될 것이며, 이스라엘군은 평소에 이를 중심으로 충분히 훈련되었다. 보급도 추가적인 보급지원이 없이 72시간 동안 지속적인 전투를 계속할 수 있도록 각 제대는 72시간분의 연료와 탄약, 그리고 수리부속품 등을 수송하는데 충분한 자체 고유의 수송력을 보유하고 있었다. 만약 72시간을 넘길 때는 수송기 및 헬리콥터로 추가적인 수송을 계획했다.

아랍의 전략개념

아랍군의 실태

아랍군은 방대한 군사력에 비하여 각국별로 전력이 현저하게 차이가 났으며 이를 효과적으로 통합지휘할 수 있는 체제가 되어 있지 않았고 또한 그럴 능력조차 없었다. 사병과 부사관들은 무지와 빈곤 속에서 학대를 받으며 살아온 자들로, 동료의식이 없었으며 장교와의 관계를 특히 고급장성과의 관계에서는 전혀 공감대를 형성하지 못했다.

전략개념

10여 년 동안 사막에 막대한 지뢰지대와 토치카, 지하방카 등 방어시설을 준비한 아랍 측에서는 장기적인 봉쇄를 유지하면서 궁극적으로 이스라엘을 궤멸시키고자 했다.

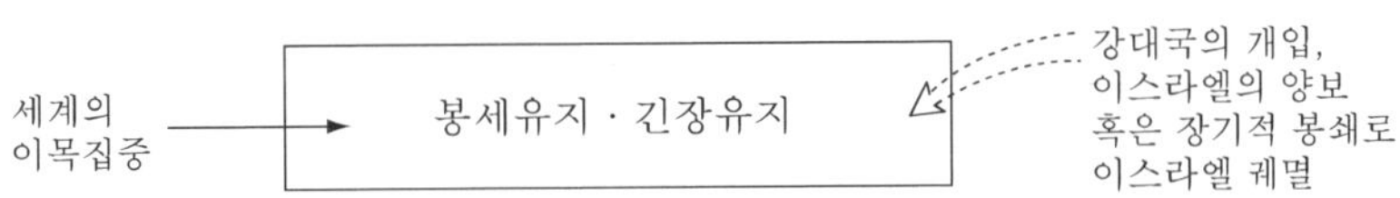

수세공세(守勢攻勢)개념

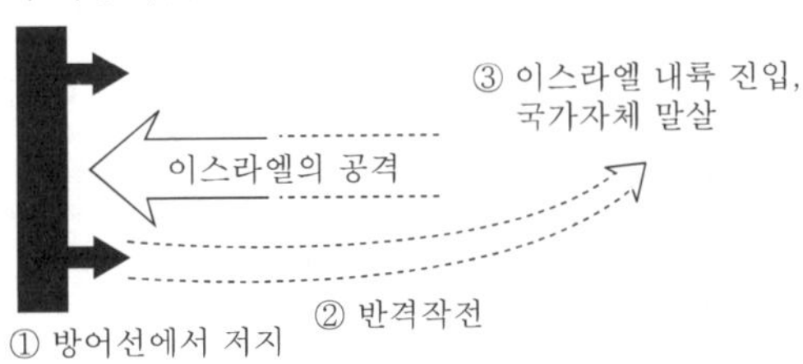

(나) 작전계획

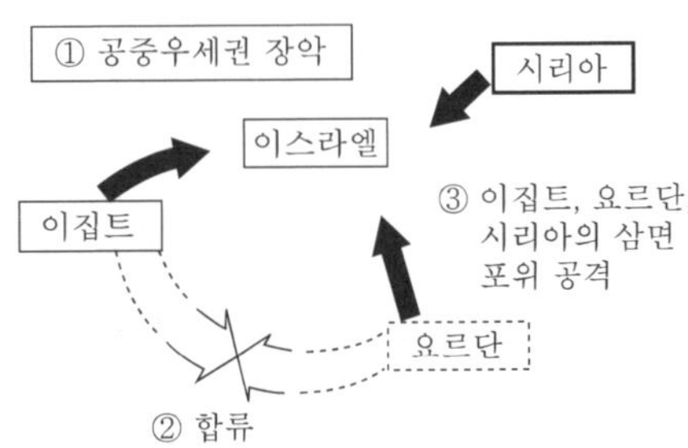

▶ 예루살렘 시내의 어느 촌락안에서 사격준비중인 이스라엘의 바주카포 팀

|전쟁요약|

공군의 작전개념

6일 전쟁에서 중추적 역할을 담당한 이스라엘 공군은 상대적으로 배 이상의 아랍 공군력을 제압하고 조기에 제공권을 장악하는 데 작전의 목표를 두었다. 13개 배행대대 중에 경항공기, 훈련기 및 회전익 항공기를 제외한 전투기는 260대에 불과했으나, 아랍 공군력은 이집트 650대, 요르단 50대, 시리아 160대, 이라크 200대, 레바논이 40대를 보유하고 있었기 때문에 만약 아랍 공군이 4개 밖에 없는 이스라엘 공군 기지를 먼저 공격한다면 이스라엘 공군력은 순식간에 무력화될 수밖에 없는 상황이었다.

이스라엘 공군은 이를 타파하고자 기습 및 선제공격 계획으로 3단계 작전개념을 수립했다. 제1단계는 11개의 주요 이집트 공군기지의 무력화하는 것이고 제2단계는 잔여 공군기지 무력화하는 것이며 제3단계는 지상 및 해상작전지원이었다.

실제 공군작전 경과

1967년 6월 5일 07 : 45시, 지상 공격이 있기 1시간 전에 이스라엘 공군의 선제 공격에 의하여 6일 전쟁은 시작되었다. 10개 편대로 구성된 이스라엘 공군기의 제1차 40여 대는 목표에 도달할 시간을 고려하여 기기에서 출격한 후 거의 몇 분의 시차도 없이 10개의 이집트 공군기지에 대한 동시 공격을 감행했다.

이집트는 하루 동안 MIG-21 90대를 포함한 폭격기 197대, TU-16 30대를 포함한 폭격기 57대를 비롯 총 410대의 항공기가 파괴되었고 그 후 손실은 증가되었다.

기 종	지상파괴	6.5일 중	6.6~6.10	계
MIG-21	163	90	100	253
SU-7	55	12	14	81
MIG-19	40	20	30	90
MIG-15, 17	100	75	95	270
TU-16	30	30	30	90
I-28L	43	27	30	100
계	431	254	299	884

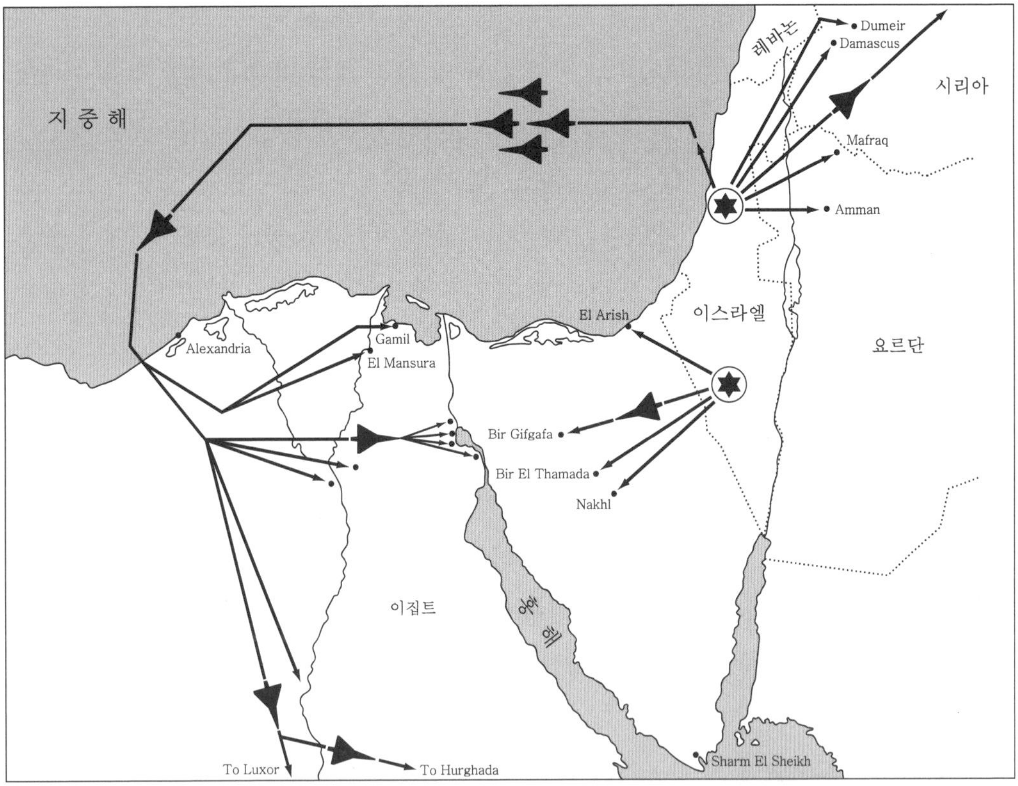
지 중 해
레바논
Dumeir
Damascus
시리아
Mafraq
Amman
이스라엘
요르단
El Arish
Gamil
Alexandria
El Mansura
Bir Gifgafa
Bir El Thamada
Nakhl
이집트
홍해
Sharm El Sheikh
To Luxor
To Hurghada

공군의 기습작전 성공이유

공격개시시간인 07 : 45는 이집트의 공중 감시 및 공중 대기 비행이 가장 적고 수에즈 운하 및 나일강 유역에 아침 안개가 걷히기 시작하는 시간이면서, 이집트 공군 조종사가 가장 많이 대기 위치를 벗어나며, 주요 지휘관 및 정부요인이 출근 도중에 있어서 즉각적인 조치가 어려운 시간대였다. 또한 이 기간은 이스라엘 공군 조종사들에게 충분한 수면시간을 제공하여 제1일 공격에 최대한의 주간 공격시간을 확보하는데 유리한 점이 있었다.

이집트의 대공 감시망과 대공 화력이 가장 미약하고 경계가 소홀한 방향으로 접근할 수 있도록 지중해 및 이스라엘 남부의 네게브 사막을 대우회하는 접근방법을 채택했다.

또한 기도비닉 및 대공 화망을 피하기 위해 지상 또는 해상 10～30 m 이내의 저공 비행으로 접근했으며, 비행간 일체의 무선 침묵을 유지하여 적의 관심을 피할 수 있도록 했다. 또한 최대한의 기습효과를 달성하기 위해 제1차 공격은 11개의 목표상에 같은 시간대에 도착하여 동시에 공격을 감행할 수 있도록 각 편대간의 출격시간을 조정했다.

이스라엘 공군 조종사들은 일일 평균 3～4회 출격할 수 밖에 없는 기록을 깨고, 9～10회의 출격을 함으로써 적 항공기의 수적 우세를 이스라엘 공군은 질적 우세로 극복할 수 있었으며, 재출격 소요시간 역시 이집트 공군의 2～3시간에 비해 이스라엘 공군은 7～9분으로 단축했으며, 가동률에 있어서도 이집트 공군의 50%에 비해 이스라엘 공군은 99%를 확보함으로써 최대한의 항공기를 공격작전에 투입할 수 있었다.

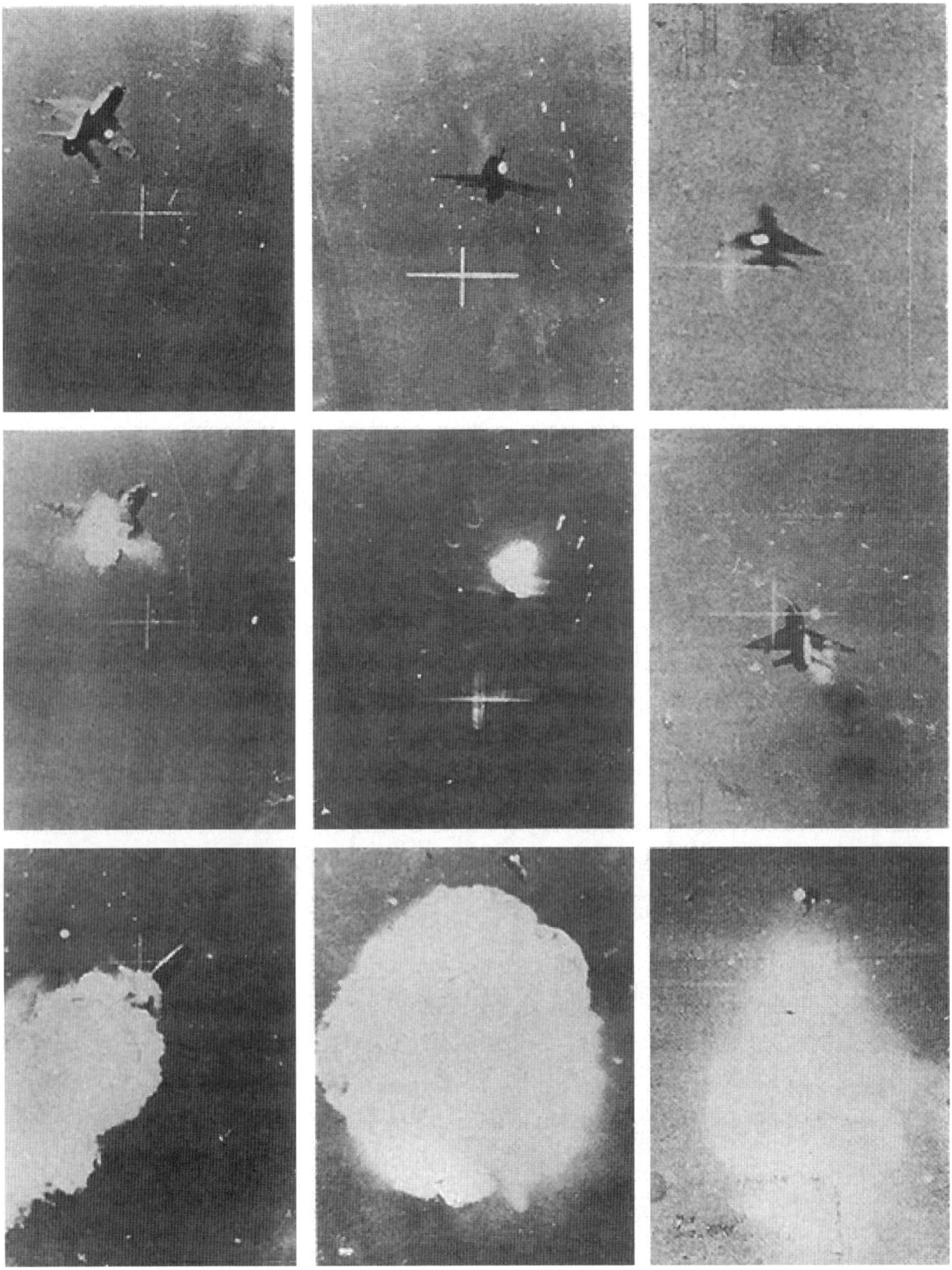

▲ 격추당하는 비행기를 추적한 사진

시나이 반도 작전

중앙축선(주공)은 샤론Sharon사단과 요페Yoffe사단이, 북부축선(조공)은 탈Tal사단이, 남부축선(기만)은 독립여단이 담당하여 공격을 개시했다.

샤론 사단은 움가타프와 아부아게일라 일대를, 요페사단은 이집트군의 예상을 뒤엎고 모래방벽 지역을, 탈 사단은 엘 아리쉬 공항을 각각 돌파·장악하면서 진격을 계속했다.

탈 사단은 수에즈북방 50마일에서 요패사단과 합류했으며 요페사단의 일부는 남부로 진격, 에일라트에서 아카바만을 통해 진격하는 부대와 합류함으로써 시나이 반도를 포위·봉쇄했다.

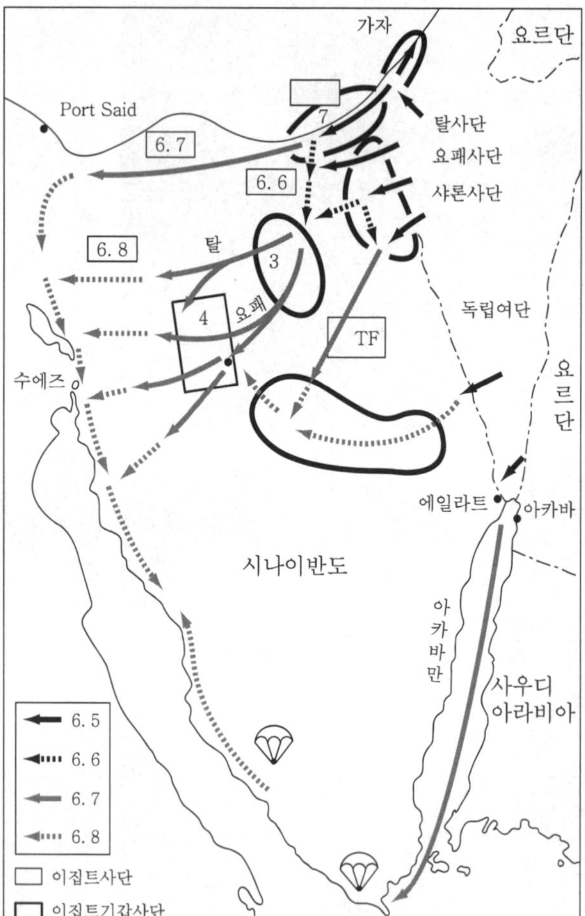

▲ 시나인 반도 전투에서 전장을 관찰하는 이스라엘 지휘관

요르단 작전

요르단은 3면이 이스라엘 영토에 싸여 있으며 예루살렘의 긴 회랑으로 굴곡을 이루고 있어 요르단강 서부지역을 통상 "웨스트뱅크"라고 부르고 있다. 웨스트뱅크에서 예루살렘은 유태교와 기독교, 회교(回教)의 성지(聖地)로서 정치·군사·심리적으로 매우 중요한 곳이다.

요르단 작전에서는 나키스 Narkiss 준장 지휘하에 3개의 예비여단을 투입하였으며, 6월 5일 오후 요르단군의 공격에 역습을 단행하여 6월 8일에는 요르단강까지 진격했다.

예루살렘에 대한 돌파작전은 6월 5일 오후 구르 Gur 대령의 공수여단이 담당, 2개의 공수 보병대대와 전차가 동원되어 치열한 격전 끝에 많은 피해를 입었지만, 이튿날 주요지역을 점령하는데 성공했다.

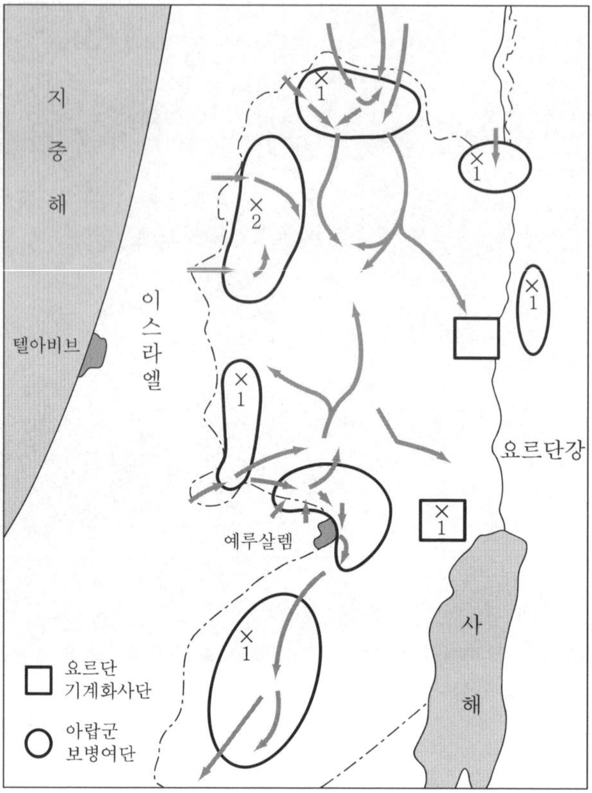

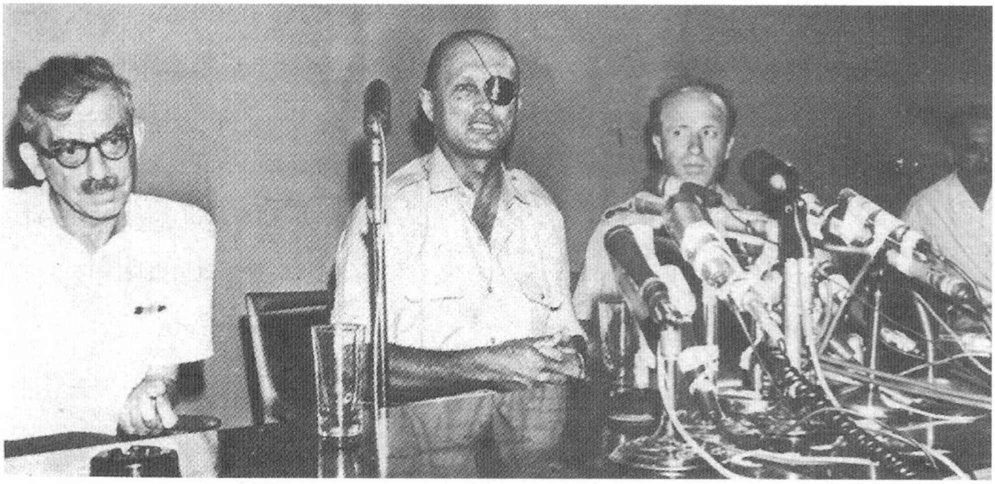

▲ 기자회담 석상의 모세다얀 국방상

시리아 작전

시리아 동측의 골란고원 Golan Height은 급경사와 굴곡된 단애로 구성되어 있으며, 이스라엘 평원을 굽어 내려다보고 통제할 수 있는 중요한 곳으로 군사적 접근이 거의 불가능한 지역이었다. 1948년 전쟁 이래 19년 동안 골란고원은 지하화된 거점, 참호, 각종 장애물 설치, 1야드 두께의 철근콘크리트 방카 안에 대전차포와 야포 배치 등으로 마지노선 Maginot Line보다 더 강력한 요새라고 할 정도의 거대한 요새 지역이었다.

이스라엘의 북부사령관 엘리자르 준장은 6월 7일 공격명령을 수령할 당시에는 1개 보병여단과 2개 전차 대대의 열세한 병력을 유지했지만, 6월 9일 실제 전투가 실시될 때에는 7개의 여단과 더 많은 부대가 증원되었다. 6월 10일 밤 쿠네이트라 Kuneitra를 점령하는데 성공했고 18 : 00시, 시리아의 휴전 동의에 전 중동전이 종식됨으로써 이 전투는 마무리되었다.

▲ 쿠네이트라를 점령하고 있는 이스라엘 전차부대

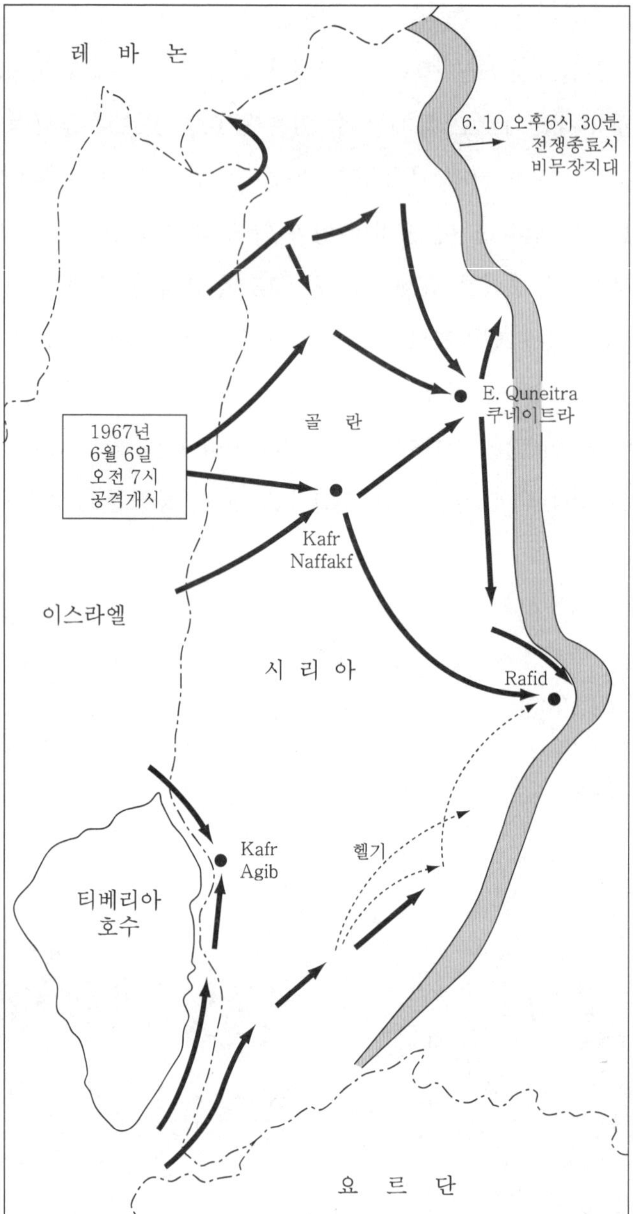
레 바 논
6. 10 오후6시 30분
전쟁종료시
비무장지대
E. Quneitra
쿠네이트라
골 란
1967년
6월 6일
오전 7시
공격개시
Kafr
Naffakf
이스라엘
시 리 아
Rafid
Kafr
Agib
헬기
티베리아
호수
요 르 단

|3차 중동 전쟁의 결과와 분석|

전쟁초기에 아랍은 이스라엘에 대해 승리할 수 있다는 과도한 선전을 했고, 이스라엘의 진격이 너무나 급속했기 때문에 소련은 UN에 대해 휴전을 통한 정전(停戰)압력을 가할 시기를 놓쳐버렸다.

피해상황

<table>
<tr><th colspan="2">국가
구분</th><th>이스라엘</th><th>아랍</th><th>비율(이 : 아)</th></tr>
<tr><td colspan="2">전 사</td><td>689</td><td>19,600</td><td>1 : 28</td></tr>
<tr><td colspan="2">부 상</td><td>2,568</td><td>30,760</td><td>1 : 12</td></tr>
<tr><td colspan="2">포 로</td><td>16</td><td>6,584</td><td>1 : 411</td></tr>
<tr><td rowspan="3">장비</td><td>항공기</td><td>26</td><td>451</td><td>1 : 17</td></tr>
<tr><td>전 차</td><td>86</td><td>990</td><td>1 : 12</td></tr>
<tr><td>함 정</td><td>0</td><td>3</td><td></td></tr>
</table>

불과 6일 만에 이스라엘은 본토 넓이(8천 평방 마일)의 거의 6배에 달하는 4만 7천평방 마일을 획득하는 실로 기적과 같은 전과를 올렸다. 또한 예루살렘을 완전 장악하게 되어 정치 · 심리적 안정을 되찾았다.

이스라엘군의 특성(승인)

예하 지휘관에게 대폭적인 지휘권이양, 최대의 자유재량권을 부여한 분권화 체제, 과학적 사고방식과 현실적으로 긴요한 기술과 지식이 구비되었다. 또한 선제기습과 속도 위주의 각개격파 전략을 수립했고, 탁월한 공군력, 정예의 기갑 부대, 신속한 동원태세, 뛰어난 정보수집체제가 원동력이었다.

▲ 만년의 샤론

▲ 이스라엘군

※ 이스라엘의 지상작전교리는 "HRSH"에 근거한다. "돌파(突破), 추격(追擊), 전차(戰車)에는 전차, 격멸(擊滅)"이라는 히브리어의 머리글자를 모은 것이다.

제3차 중동전 개관

이스라엘의 선제 공격

3개 지역에 대한 작전개시

이스라엘의 승리

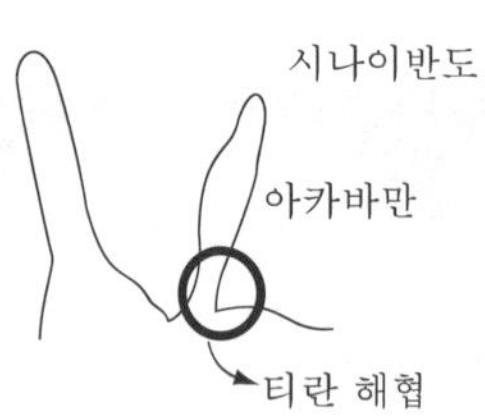

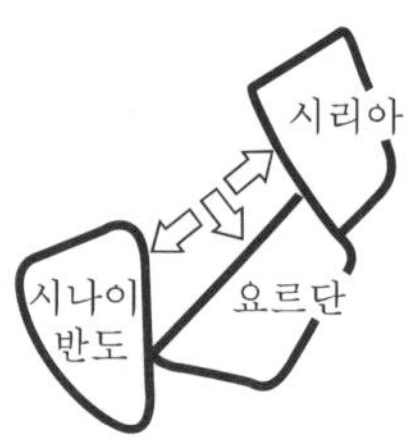

· 본토의 6배 넓이 획득
· 전차 800여대, 차량 수천대 획득
· 예루살렘 장악

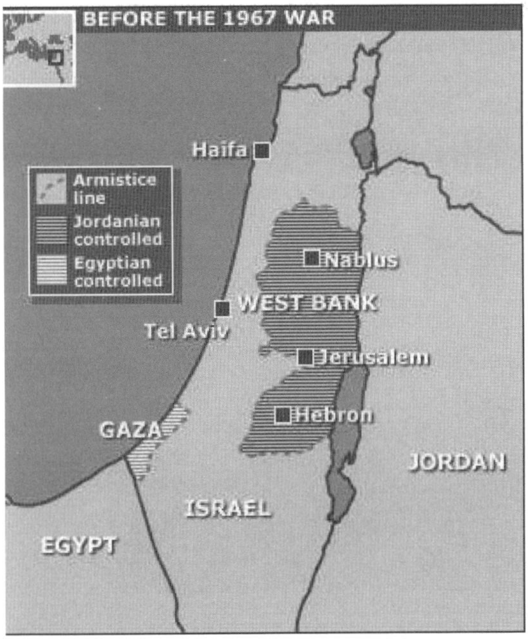

▲ 6일 전쟁 전의 이스라엘 영토

▲ 6일 전쟁 후의 이스라엘 영토. 시나이반도까지 점령했다.

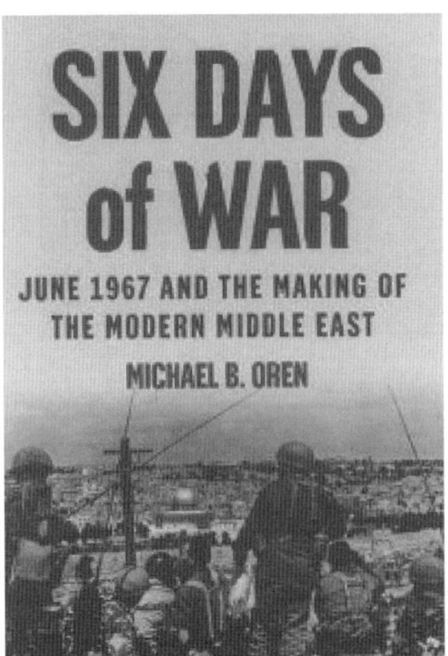

▲ 요르단의 격전지

▲ 6일 전쟁 6년이 지난 시점에서 발굴된 병사의 시체

▲ 시리아의 격전지

97 제4차 중동 전쟁10월(욤키푸르 : Yom Kippur) 전쟁 : 1973.10.6~24

|개전 배경|

나세르의 사망과 사다트(Amwar Sadat)의 등장

▲ 사다트

6일 전쟁 후 골란고원이 이스라엘의 수중으로 들어가자 또다시 수많은 난민이 발생했다. 시리아는 심장부를 내맡기게 되었고, 요르단은 성지 예루살렘을 빼앗겼으며, 이집트는 경제·정치·심리적으로 큰 타격을 입었다. 아랍 제국은 이스라엘에게 패했다는 불명예와 자존심의 실추 때문에 끊임없이 정신적인 고통을 당하고 있었다.

6월 전쟁 직후 나세르는 인책 사임을 했으나 불과 16시간만에 이집트 민중의 절대적인지지 속에서 다시 대통령에 유임되었다. 1970년 9월 29일 00시 15분, 나세르가 심장마비로 52세의 일기로 사망하게 됨으로써 18년간의 장기집권이 종식되었고 온건파인 사다트Anwar Sadat가 대통령으로 취임했다.

전쟁으로의 결단

사다트는 나름대로 평화를 위한 협상 노력을 경주해왔지만 드러나는 성과는 없었다. 미국의 닉슨 대통령은 국무상(國務相)인 로저스와 후임 스터너를 통하여 수차 미국의 적극적인 지원을 사다트에게 제의했으나 이스라엘을 철수시키지 못하는 미국에 대해 실망을 한 사다트는 1971년 10월 1일 모스크바에서 3인의 소련 지도자와 회담하여 이집트의 요구를 충족시킬 정도의 무기지원을 약속받았다.

1971년 말 사다트는 "전쟁으로의 결단"(decision in regard to the battle)을 하게 되나 실제 소련은 약속된 무기원조를 제대로 해주지 못했다. 그 후 미국과 소련은 협상을 통해 "중동의 긴장완화"에 의견을 같이 했고 이스라엘의 점령 지역 현상유지 가능성이 짙어지자 사다트는 1973년 3월 26일 스스로 수상직을 겸임하면서 "전면 대결의 단계는 마침내 불가피하게 되었다."라고 공언했다.

이스라엘의 방심과 교만

이스라엘은 계속된 승리로 인해 아랍군을 멸시하고 스스로의 능력을 과신하게 되는 교만에 차 있었다. 1971년과 1972년에 걸친 평화무드 속에서 방위예산마저 삭감할 정도

전투력 대비

구분 / 국가	인구	병력	예비병력	전차	장갑차	전폭기	헬기	전함
이스라엘	3,200,000	95,000	180,000	1,700	1,450	428	74	49
아랍측	57,900,000	552,000	970,000	4,860	4,725	1,240	332	149
이집트	35,700,000	260,000	500,000	1,955	2,000	620	190	94
시리아	6,700,000	120,000	200,000	1,300	1,000	326	50	25
레바논	3,000,000	14,000	*	120	25	18	14	0
요르단	2,500,000	68,000	20,000	420	400	52	9	0
이라크	10,000,000	90,000	250,000	1,065	1,300	224	69	30

▲ 욤키푸르 전쟁을 취재하는 기자단

가 되었고 인플레 문화와 1973년 4월 10일의 제4차 대통령 선거, 10월 30일의 총선거에 온갖 관심이 집중된 상태였다.

제4차 중동 전쟁의 직접적 원인

UN 휴전안에 대한 쌍방간의 이해 상반, 국제 화해 무드에 따른 휴전의 현상유지 가능성과 아랍의 실지회복 집념, 아랍 제국의 단결력 증대와 석유 무기화 가능성, 소련의 적극적 지원에 의한 전쟁 준비 완료, 아랍측에 대한 동정적인 국제여론 형성의 가능성 등으로 요약할 수 있다.

이스라엘의 전략개념

2·3차 중동전		4차 중동전
공세전략 (선제 기습공격위주)	⇨	수세공세 (적의 제1격 허용)

전환배경

공간완충지역 확보

6일 전쟁을 통해 확보한 광범한 지역은 이스라엘로 하여금 직접적인 위협을 완화시킬 수 있다고 보게 했다.(요르단 강, 수에즈 운하, 시나이 해변, 골란 고원지대)

심리적인 우월성

아랍에 대한 멸시와 과소평가, 이스라엘 자신의 과신(過信) "아랍이 공격해봐야 별 것 아니다."

침략자의 낙인회피

과거 두 차례의 전쟁에서 이스라엘은 국제사회에서 사실상 침략자(侵略者)의 낙인이 찍히게 되었다. 이스라엘 측에서 볼 때에는 생존 또는 자멸(自滅)의 중요한 갈림길에서 선택한 전쟁이었지만 세계는 그것을 용납하지 않았던 것이다. 전후 아랍은 국제 여론에서 크게 동정을 받게 되었다.(제4차 중동 전쟁도 다얀이나 메이어 수상이 미리 정보를 수집, 아랍의 공격의도(攻擊意圖)를 간파했음에도 불구하고 과거처럼 선제공격을 하지 않았다고 한다.)

작전개념

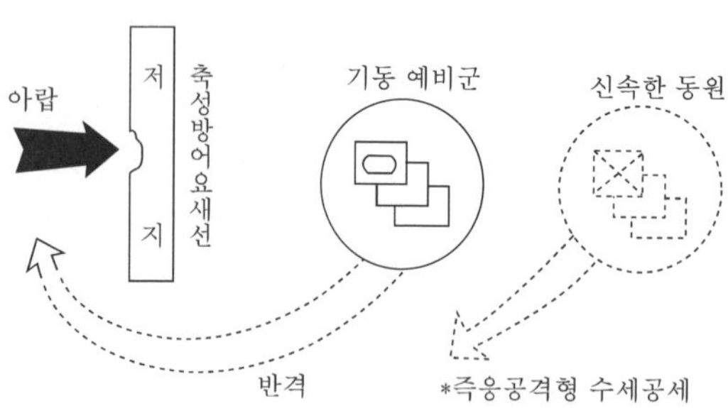

이스라엘은 전통적인 "기계화 작전"과 "축성방어진지"를 이용한 작전을 구사하고 뛰어난 정보기구의 능력과 강력한 상비군, 공군의 능력, 우수한 동원체제를 바탕으로 하여 전쟁에 임했다.

▲ 유대인과 이슬람인의 최고 축제일 욤키푸르

◀ 장갑차부대를 시찰하는 다얀

아랍의 전략개념

전쟁의 목표

피점령지의 회복

최초 시리아측에서는 이스라엘 국가를 소멸시키는 데 목표를 두자고 했으나 사다트의 설득으로 철회했다. 사다트는 정치적인 목표로서 군사력에 의해 이스라엘군을 패퇴시키고 강대국의 도움 하에 이스라엘에게 정치적 양보를 얻어내려는 데 두었다.

이스라엘에 대한 면밀한 분석

사다트와국방상 이스마일은 지난 전쟁들을 교훈삼아 이스라엘을 분석했다.

이스라엘의 강점	항공력의 우세와 기술적인 능력, 고도의 훈련수준, 즉각적인 미국지원
이스라엘의 약점	신장된 병참선, 자만심, 적은인구, 경제적 취약성으로 장기전 불리

전략개념

적의 "제1격 first strike"과 기습방지, 과거전쟁시 부실했던 통합작전 체제의 완비, 병사와 장교의 질향상, 무기활용

작전계획

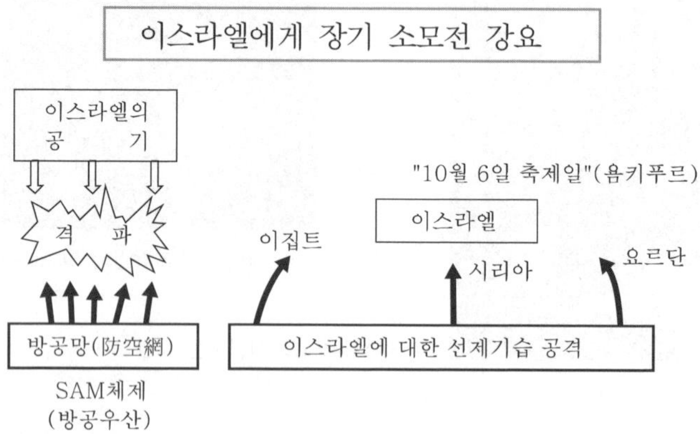

※ 이를 위하여 철저한 기만조치가 이루어졌다. 공격개시일은 10월 6일로 이슬람교와 유태교 최고의 종교적 축제일이었다.(욤키푸르)

▲ 욤키푸르 전쟁에서 이스라엘군

공격개시일(욤키푸르, 10월 6일) 결정과정

1973년 1월부터 아랍방위위원회(Arab defense Council)는 이스라엘에 대한 군사적, 정치적인 전면적 통합행동계획을 작성하고 있었으며, 2월에는 이미 사다트의 지시에 의해 운하를 도하할 수 있는 가장 적합한 날짜를 연구하고 있었다(5월 후반과 9월 또는 10월의 세 날). 5월에는 이스마일 장군이 시리아를 방문하여 보다 상세한 작전계획을 수립하고 작전 명칭을 모하메드 Mohamed가 메카로 진격하던 때(A.D. 623년)의 이름을 따서 바드르 Badr작전이라 불렀다. 그 이후에도 8월의 알렉산드리아 회합을 비롯하여 수차례 회합을 거듭한 결과 작전 개시일을 최종적으로 1973년 10월 6일로 확정지었다.

라마단 Ramadan의 10일째 날인 이 날은 예언자 모하메드가 바드르 작전을 시작하여 10일 후 메카에 진입하여 승리의 나팔을 울린 후 이슬람을 펼치기 시작한 이슬람의 종교적인 축제일이 군사작전을 실행하는 데 있어 운하의 해류가 도하에 적합한 날이고, 달밤이어서 교량가설이 용이했다.

특히 유태교의 종교적 성일인 욤키푸르 Yom Kippur, 즉 속죄일이기 때문에 많은 이스라엘군들이 휴가 등으로 부대를 떠나 있을 것이라는 점이 고려되었다. 그리고 이스라엘군의 입장에서 볼 때 이 날은 이슬람교도들의 성월인 라마단 월이기 때문에 신앙심이 깊은 그들이 설마 이날 공격해 올 것이라고는 생각하지 못할 것이라는 점도 고려되었다. 공격개시시간에 대해서도 많은 논의가 있었지만 결국 14 : 05분으로 결정했다. 그 시간에 공군의 기습공격과 포병의 공격준비사격을 개시하기로 했다.

기습을 위한 아랍의 치밀한 계획

어떤 의미에서 보면, 10월 전쟁의 백미는 아랍의 기습을 위한 기만 행동이라 할 수 있다. 1967년 6일 전쟁 전만 하더라도 이집트는 이스라엘의 제1격을 받은 후에라도 승리는 가능할 것으로 판단했었는데, 막상 결과는 치명적이었다. 그래서 이집트군은 결코 제1격을 허용해서는 안 될 것이며, 특히 기습은 절대로 용납해서는 안 된다고 다짐하고 있었다. 그래서 이번에는 먼저 이스라엘을 공격하기로 작정했는데 이를 위해서 철저히 이스라엘을 속이는 일이 요구되었다.

아랍군의 입장에서 기습이 성공할 수 있을 것으로 확신하는 데는 다음과 같은 이유에서였다. 첫째, 이스라엘군은 극단적으로 자만하고 있다. 둘째, 이스라엘 정치지도자들은 10월말에 있을 임박한 총선거에 정신이 빠져 있을 뿐 동원과 같은 선거에 악영향을 줄지도 모르는 행동은 극단적으로 삼갈 것이다. 셋째, 이스라엘의 관심은 오스트리아에서 발생한 팔레스타인 게릴라의 열차습격사건에 있을 것이므로 아랍의 상황에는 관심이 없을 것이다. 넷째, 이스라엘의 본토는 국경선으로부터 멀리 떨어져 있기 때문에 방심하고 있다. 특히 두 전선을 무려 500 km 이상이나 격리되어 있으므로 이스라엘의 과거의 이점이 되었던 내선 작전을 할 수 없을 것이다.

수 없는 아랍의 동원훈련으로 이스라엘을 완전히 방심하게 만들었다. 1973년에 들어서만도 이집트는 20여회나 예비역들을 동원했고, 대규모 동원만도 1971년말과 1972년 12월, 그리고 1973년 4월과 5월, 그리고 실제로 공격을 개시했던 9월에서 10월 사이에 4회나 실시되었다. 수에즈 운하에 병력을 전개한 것도 무려 41회나 달했다. 시리아 역시 매년 여름이면 골란 고원에 병력을 투입하는 것을 연례행사처럼 했다.

1973년 9월말 "10월 8일 해제될 것임을 전제"로 3개 계층으로 구분된 모든 예비역을 동원했을 때 이스라엘은 아랍이 결코 전쟁을 준비하리라고는 생각할 수 없었다. 일부 전쟁의 의혹을 품었던 이스라엘 사람들도 9월 29일 나세르 추도식에서 사다트 이집트 대통령이 "이집트가 직면한 가장 우선적인 과제는 영토해방이지만 그것은 대화로서 풀기에 충분하기 때문에 반드시 전쟁만을 추구하지는 않을 것이다."라는 말에 의해 그 의혹을 완전히 풀어버렸다.

아랍의 동원 기만계획은 1973년 5월 이스라엘이 정보부의 건의에도 불구하고 동원을 실시함으로써 적지 않은 경제적 손실을 입었었다. 그때의 과오에 대한 반성이 이스라엘 정책지도자들을 괴롭히고 있었던 만큼 더욱 효과적이었다. 실제 공격을 위해 병력을 배치할 때는 공공연한 훈련을 가장해서 투입했다. 9월에 이미 준비명령이 하달 된 후에 10월 1일부터 "타리르(Tahrir) 41"이라는 병력투입훈련이 시작되었는데, 모든 부대는 주간에 공공연히 전선으로 행군하여 운하 주변에 배치되었다가 밤에는 철수했다. 철수 때에는 각 여단 중에서 1개 대대만이 마치 모든 여단이 철수하는 것처럼 요란스럽게 소음을 내며 철수했다.

장비와 군수품도 철저히 기만 작전으로 운하로 집결되었는데, 트럭에 카바를 씌워 밤에 운반되고, 다른 중요한 장비들과 함께 모래 속에 파묻거나 아니면 아무 것도 아닌 것처럼 카바만 씌워 던져두었다. 이 같은 행동으로 이집트는 8개 사단 10여만의 병력과 수만은 전차와 화포를 비밀리에 전선에 투입할 수 있었다.

이집트의 놀라운 기만 성공

이스라엘의 총사령부와 내각에서는 대책 회의를 열어 아랍의 전쟁 가능성을 타진했다. 이때 정보부에서는 아랍이 현 상태에서는 즉각적인 공격을 개시할 능력을 갖추고 있다는 것은 인정했지만 그들이 전쟁에 곧바로 돌입하지는 않을 것이라고 보고했다. 그러나 총참모장인 엘라자르는 상황의 급박함을 인식하고 10월 5일 금요일 아침 독단적으로 정규군에게는 가장 높은 급수인 "C"상태의 정보하달을 결정했다. 이에 따라 남부 및 북부사령부의 각 참모들은 모든 작전계획에 대한 준비와 검토를 실시했다.

엘라자르의 우려와는 달리 10월 5일 금요일까지도 정보부의 판단은 변함이 없었다. 전쟁이 발발하기 하루 전날인 금요일의 정보 보고에 의하면 전쟁 가능성은 아직도 "낮은 것 중에 가장 낮은 상태"에 불과했다. 결국 이 날도 아무런 결론 없이 대부분의 각료들은 명일의 휴일(욤키푸르)을 위해 각자 지방으로 내려갔고, 약간의 불안한 마음을 안고 잠들었다.

그러나 그날 밤 공격이 개시될 것이라는 신뢰할 만한 정보가 접수되어 새벽 05:50분에 다얀의 집무실에서 긴급회의가 개최되었다. 여기서 엘라자르는 공군의 선제공격과 전면 동원을 제의했지만 아직도 상황이 불투명한 상태여서 거부되었다. 아침 8시에 수상 집무실에서 재개된 회의에서는 "적의 선제공격을 기다리고 10만 명의 병력을 동원한다."는 조치를 취했다.

문제는 아랍의 공격개시시간이었다. 이스라엘은 거의 최후의 순간까지 이집트의 의도를 파악하지 못하고 있었고, 공격개시 시간은 끝까지 알지 못하고 말았다. 이는 철저한 이집트의 군사보안 때문이었다. 사다트는 이스라엘의 탁월한 정보능력을 알고 있었고, 6일 전쟁의 실패 이유가 바로 정보 때문이었다고 분석하고 있었다. 그래서 그는 극단적으로 기밀을 유지하기 위해 노력했는데, 카다피는 물론 요르단의 후세인에게도 공격개시 일자를 알려주지 않았으며, 심지어는 아사드와도 최종단계에 협의했을 정도였다.

▲ 지하 방커로부터 급하게 나오는 사다트 이집트 대통령

▲ 6일 전쟁 당시 이스라엘군에 의해 파괴된 시나이 반도 동남단의 이집트 해안포

얼마나 철저하게 보안을 지켰는가 하면 전쟁 후에 이스라엘이 획득한 8천명의 아랍 포로들 중 10월 3일에 전쟁이 있을 것을 알고 있었던 사람은 불과 1명뿐이었고, 95%가 10월 6일 아침이 되어서야 전쟁이 있을 것을 알았다. 18명의 이집트 대령 및 중령 포로들 중에 4명이 10월 4일에, 그리고 1명은 10월 5일에 전쟁을 알았을 뿐이고, 나머지 13명은 전쟁 당일에야 비로소 전쟁 통보를 받았다고 했다.

|시나이 반도 작전|

이집트군의 기습도하

1973년 10월 6일 14시 05분, 시나이 반도 전역에서 갑자기 220대의 항공기가 수에즈 운하를 횡단하여 시나이 반도 깊숙이 들어갔고, 철저히 위장된 대포 2,000문이 포문을 열어 53분간 이스라엘군의 머리위에 포탄을 내리 쏟았다. 그야말로 전격적인 기습작전이었다.

공병부대가 후속해서 부교를 설치한 뒤에 제1제파 8,000명이 도하하여 운하동안의 전초 진지 30여개소를 탈취함과 동시에 이스라엘이 굳게 믿고 있었던 바레브Bar-Lev선을 돌파했다.

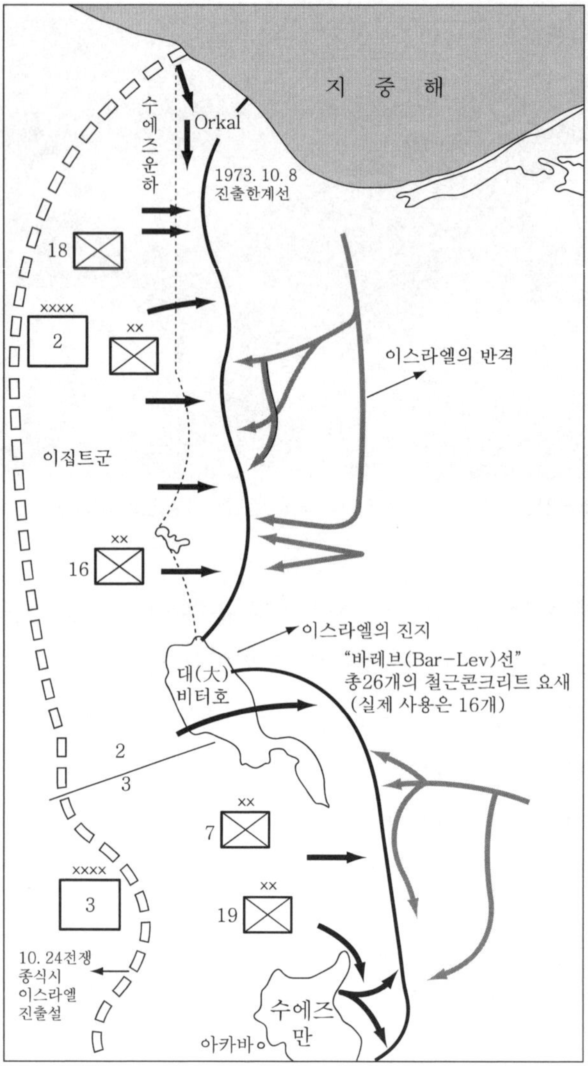

이집트는 소련제 PMP, TPP 등의 도하장비를 이용하여 폭 70 m의 도하지점에 불과 15～30분만에 중부교를 설치했다. H+9시에는 60개의 절통지(絶通地)를 만들어(공병대가 TST 40/7 중수압식 펌프를 사용해서 제방의 모래를 씻어냄) 10개의 중부교와 50개의 문교를 완성하고, H+10시 이후는 야간 유도 표식을 따라 500대의 전차와 SAM이 도하했다. H+24시인 7일 오후에는 보병 3개 사단, 전차 500대, 병력 6만이 도하하여 칸타라, 이스마일라, 수에즈시의 동안 3개소에 종심 15～16 km의 교두보가 설치 완료되었다.

▶ 공병장교의 착안으로 소방펌프를 이용해서 바레브선을 이집트군의 수에즈 도하

▶ 물로 씻어내는 이집트군

▶ 절개된 바레브선

한편 이스라엘군은 6일 오후, 때마침 동원되어온 가비 기갑여단을 북부 지역으로 투입하여 반격하게 하고, 단 기갑여단은 비티 호 남쪽으로 전진 방어하게 하는 한편 제일 먼저 투입되었다가 심각한 타격을 입은 레세프 기갑여단에 좁은 중부지역만 담당하도록 했다. 이스라엘군의 방어 작전이 실패하고 먼저 투입된 부대들이 거의 섬멸을 당할 위기에 있을 때 긴급히 동원된 새로운 부대들이 도착하기 시작했다. 7일 정오 경에는 샤론 사단이 중부지역에 투입되어 레세프 여단도 위기에서 벗어날 수 있었다.

이스라엘의 반격

10월 8일 아침부터 이스라엘군은 일대 반격 작전을 개시했다. 10일에는 퇴역했던 장군들이 현역에 복귀했고, 다얀 국방상과 에라잘 참모총장을 중심으로 수에즈 정면에 대한 차후 작전의 지도에 대해 몽고메리형의 요격전술을 택할 것인가 로멜형의 강습전술을 택할 것인가를 논의했다. 이틀간의 검토 중에 수에즈 운하 서안에 있던 이집트 전차 500대가 북상하고 있다는 정보를 접하고, 강습 전술을 주장한 샤론 장군은 신속히 교두보의 간격을 뚫고 역도하하여 서안 지역에서 기갑 부대 본래의 기동전을 전개해야 한다고 주장했다.

골란고원의 상황이 호전됨에 따라 공군과 기갑 부대를 수에즈 전선에 집중할 수 있었으며, 개전초 미국의 무기 원조 요청은 7일 오후에 일단 거절되었으나, 10일 이후에 시작된 소련의 이집트에 대한 원조와 경쟁하듯이 13일에는 대전차 미사일이 공수되고, 이어서 전자전 ECM용 기재 및 제6함대로부터 펜텀 전투기가 도착했다.

이스라엘이 반격 준비를 진행하는 동안에 이집트군은 10월 14일 06 : 00시에 90분간에 걸친 대규모 공격을 전 전선에 걸쳐 실시했다. 수백대의 전차와 수천명의 부대들은 SAM-6의 엄호하에 주공을 기디 고개로 지향하고, 남북으로 통하는 2개의 군용도로를 돌파하여 미트라-기디-카드미아의 주저항 진지에 근접격전을 전개했다. 교두보 종심 확보와 이스라엘 주저항 진지를 탈취하기 위한 목적이었다.

이스라엘은 모래 뒤에 위치해서 포탑만 내놓은 전차와 대전차 미사일, 공군의 근접항공의 지원을 받으며 이집트의 맹렬한 공격을 성공적으로 저지했다. 참가한 전차는 1942년 10월의 엘 알라메인 전투 당시(1,600대)보다 많은 사상 최대의 기갑 전투였다. 이집트의 총 공격이 실패로 돌아가자 곧 전세가 역전되었는데, 이스라엘군은 그들의 장기인 기동전으로 돌입했다. 이스라엘은 반격을 위한 도하 계획을 수 년 동안 준비한 상태에 있었다. 한 예로서 높은 모래 방벽 중에서 예상 도하지점은 용이하게 돌파할 수 있도록 특별히 그 벽을 얇게 만들어 두었고, 중요한 도하 장비를 운반하기 위한 도로까지 개설해두었었다.

이집트 2군과 3군의 간격 형성

10월 9일 밤 샤론 사단의 정찰대가 이집트 2군과 3군의 전투지경선 일대에 간격을 발견한 이스라엘군은 이곳을 반격 지점으로 결정하고 12일까지 계획을 수립했다.

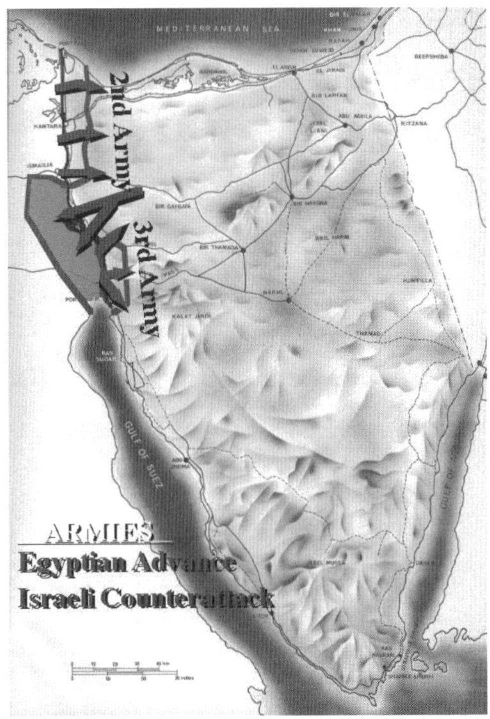

15일 샤론 장군은 300대에 가까운 전차를 보유한 3개 기갑여단과 공정부대를 포함하는 1개 보병여단과 문교 및 도하기재를 장비한 공병부대로 17 : 00시를 기해 반격을 개시했다. 40 km의 간격을 목표로 시속 8 km의 속도로 제2전차여단이 돌진하여 계획대로 대 비터호 북쪽의 분진점까지 도달했다. 16일 01 : 00시에 샤론 장군은 200여 명의 주요 지휘요원들과 함께 도하했고, 03 : 00시에 본격적인 도하가 실시되어 09 : 00시경에는 전차 30대와 병력 2,000명이 도하할 수 있었다. 아침이 되자 도하 이후의 작전방향에 대해 진지한 논의가 있었으나 결국 이집트 제3군을 차단할 수 있는 남진안이 채택되었다.

이집트의 주력인 제2군을 포위하는 북진안이 전술적으로는 타당하지만 북진안은 지형적으로 이스말리아 서측에 있는 농업용 수로의 장애와 1군 및 2군의 대규모 반격에 대비해야 하는 불리점이 있었다. 더욱 중요한 것은, 50 km 앞에 있는 칸타라에서 전투가 끝나지 않았기 때문에 만약 이스라엘이 북진 안을 채택했을 경우에는 포트사이드 방면으로 전투가 확대되어 대규모적인 해전으로까지 확대될 우려가 있었다.

특별히 카이로로 곧바로 향하는 서진안을 택하지 않은 이유는, 중동 전쟁의 특성상 카이로는 성역으로서의 존재가치가 있었기 때문이다. 그래서 이스라엘은 미소의 세력 균형을 적절히 고려하면서 조기타결을 노리는 방향으로 확정했다.

소련은 10일 이후 조기 정전을 원했고, 13일부터 개시된 미군의 공수는 조기 정전을 전제로 한 것이었다. 도하지점에서 부채꼴 모양으로 부대를 돌진시킨 샤론은 계획대로 반격을 감행했다. 16일 저녁에는 이집트의 제2군과 제3군도 조직적인 전투를 시작해서 중국 농원 부근에서 밤새도록 전차의 근접전투가 있었다.

이 전투로 인해 이스라엘군은 16일 밤이 지나도록 부교 가설을 할 수 없어서 예정보다 30시간이 늦은 17일 오후 늦게야 서안의 데벨소알에 중부교가 설치되어 아단의 1개 전차부대가 도하하기 시작, 17일까지 1개 여단 100대의 전차가 도하했다.

18일에는 총 16~18개 여단이 도하했으며, 서안의 병력도 수천 명으로 늘어났고 전

▲ 이스라엘군의 도하

차도 200대가 되었다. 서안의 이스라엘군은 여전히 이집트의 SAM기지 소탕이 주 목표였다. 18일 아침 이스라엘군은 교두보를 넘어 본격적인 전진을 시작했다. 샤론 사단은 이스말리아로 공격하여 이집트 제2군을 압박하고, 야단 사단은 수에즈로 진격하여 이집트 제3군을 포위하기 시작했다.

정전 성립

19일 브레즈네프는 키신저를 초청하여 신속한 휴전의 주선을 재촉했고, 10월 21일 밤 10시에 유엔 안보리가 개최되어 22일 18 : 52분에 정전 결의가 통과되었다. 23일 이스말리아 주변은 조용했으나 수에즈 정면은 정전 결정을 위반한 채 치열한 전투가 계속되었다. 24일 수에즈-카이로 도로가 차단되고, 유엔 안보리의 재차 정전 요구로 전투는 종식되었다. 수에즈는 함락되지 않았지만 정예 이집트 3군은 22,000명의 병력과 300여대의 전차를 보유한 채 고립되어 있었다.

|시리아 작전|

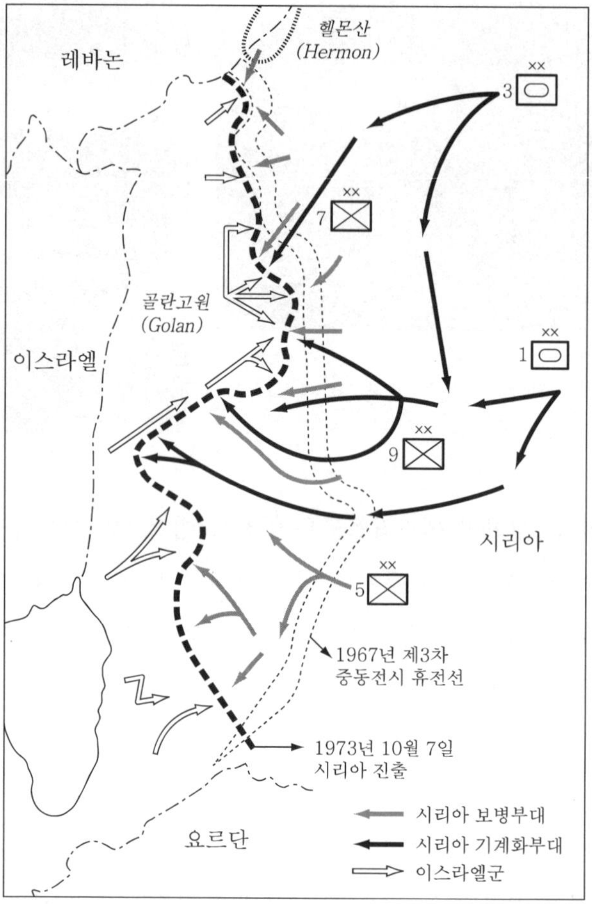

1973년 10월 6일 14 : 00시 무렵, 시리아의 항공기가 이스라엘군의 상공으로 날아들었고 600여문 이상의 대포에 의해 이스라엘군의 전선 지휘소, 전차집결지, 골란 고원 등지에 수많은 포탄과 폭탄이 퍼부어졌다. 55분간의 공격 준비 사격 후 수 백대의 전차와 야포, 항공기의 지원을 받은 시리아의 3개 보병사단이 일제히 진격을 시작했다. 10월 8일 이스라엘군은 시리아군을 격파하기 시작하여 시리아전차 총 1,250대 중에서 약 1,000대를 파괴, 포획했다.

10월 10일, 1967년도의 휴전선까지 도달한 이스라엘은 휴전선돌파에 대한 논란을 벌이다가 메이어 수상에 의해 공격이 재개되었고, 10월 22일 헬몬산이 이스라엘 수중에 들어갔으며, 그 후 소련군의 개입을 우려하여 다마스커스를 포격할 수 있는 위치에서 진격을 멈추었다.

▲ 치열하게 벌어진 시리아 격전

▲ 격전의 현장

|제4차 중동 전쟁의 결과와 분석|

공중전에서 전투기 10대의 손실을 입은 이스라엘 공군에 비해 아랍족에서는 375대의 전투기, 40여대의 헬기를 잃었다. 대공 무기에 의해서는 100여 대의 이스라엘 공군기가 격추되었고 아랍기는 50여 대가 격추되었다. 전차의 손실률은 "아랍 : 이스라엘=10 : 1"이 되었고 최상의 대전차 무기는 역시 전차임을 입증했다.

10월 전쟁 결과 이집트는 시나이 반도로 비록 몇 km 전진했으나 약 22,000명 규모의 3군이 고립되는 상황 하에서 휴전에 임했고, 시리아는 골란 고원 탈환의 목표가 좌절된 채 오히려 다마스커스의 통로를 노출시킨 상황에서 휴전에 응하게 되었다.

강대국 간의 간장완화가 지역적 긴장완화를 보장해 주는 것이 아니고 국지전쟁은 언제든지 발생할 수 있다. 국지전쟁은 세계 세력 균형유지와 강대국들의 기본이익을 위해 항상 제한되었고 강대국 간의 직접적 충돌이 있기 전에 교전 당사자국의 체면유지선에서 휴전이 강요되기 쉽다. 또한 전쟁을 위한 우방국의 지원은, 실질적 상호 이익에 의해

▲ 승리를 기뻐하는 다얀과 지휘부

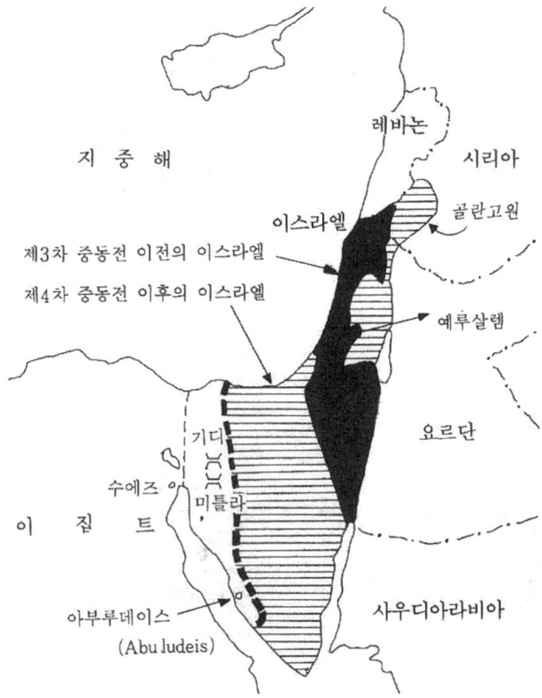
지 중 해
레바논
시리아
골란고원
이스라엘
제3차 중동전 이전의 이스라엘
제4차 중동전 이후의 이스라엘
예루살렘
요르단
기디
미틀라
수에즈
이 집 트
아부루데이스
(Abu ludeis)
사우디아라비아

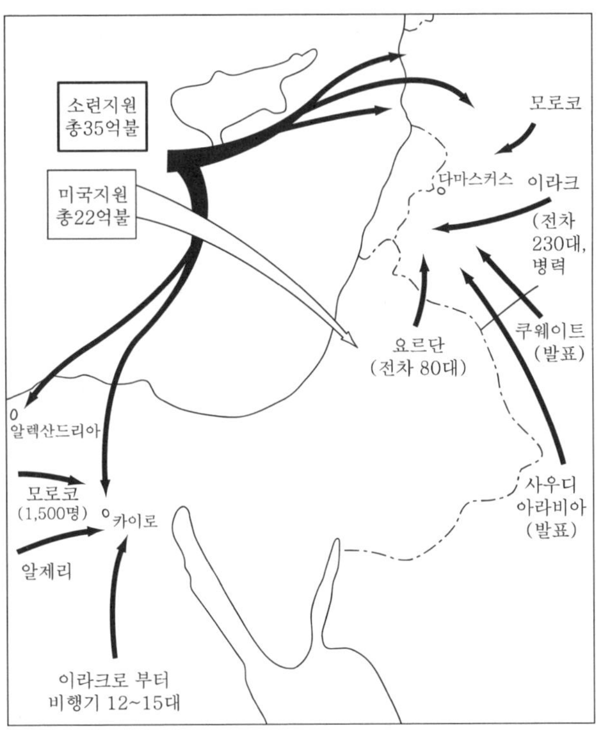
소련지원
총35억불
미국지원
총22억불
모로코
다마스커스
이라크
(전차
230대,
병력
쿠웨이트
(발표)
요르단
(전차 80대)
알렉산드리아
모로코
(1,500명)
카이로
알제리
사우디
아라비아
(발표)
이라크로 부터
비행기 12~15대

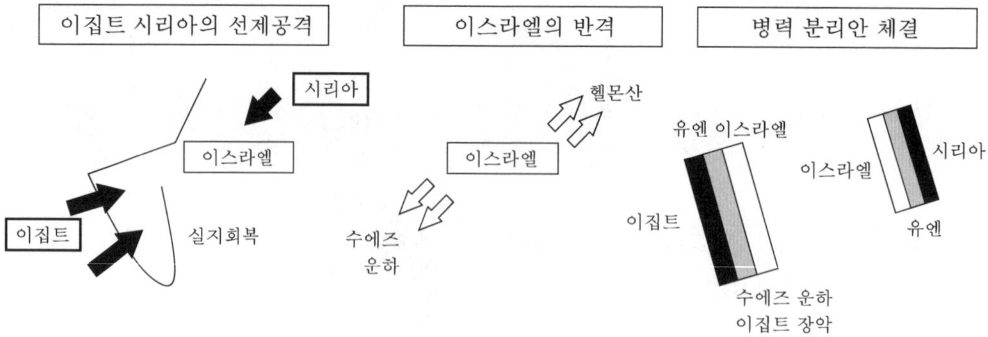

제4차 중동전 개관

명분상의 유대관계 외에는 별 효과가 없을 수 있다.

선제 기습 공격이라 할지라도 그 최초 효과를 극대화시키기 위한 후속조치가 따르지 않으면 효과가 적어진다. 우수한 무기나 장비 못지 않게 이를 효과적으로 운용할 수 있는 인적 요소가 중요하다.

제4차 중동 전쟁은 민족주의적 전쟁과 미·소의 대리전쟁이 어우러진 복합적인 성격을 띈 전쟁이었다. 이 기간 중 미·소를 비롯한 아랍 각국의 지원 양상은 축소된 세계전쟁을 방불케 했다.

|캠프데이비드 협정|

1977년 11월 이집트 사다트 대통령의 전격적인 이스라엘 방문 및 같은 해 12월 베긴 이스라엘 수상의 이집트 방문을 계기로 마침내 1978년 9월 미국의 대통령 휴양지인 캠프데이비드Camp David에서 이집트-이스라엘간에 평화협정이 이루어졌다. 이 협정은 1979년 3월 미국의 카터 대통령이 참관한 가운데 사다트 대통령과 이스라엘 베긴 수상간에 조인되었다. 협정 직후 네 차례의 중동전쟁을 주도해 오면서 아랍세계의 대표자였던 이집트는 아랍 연맹에서 제명되었으며, 카이로에 있던 아랍연맹 본부는 튀니스로 옮겨갔다. 또한 이집트 국내에서도 극렬한 반대시위가 계속되는 가운데 사다트 대통령이 1981년 이슬람 원리주의자에 의해 피살되는 사태까지 발생되었다.

▲ 역사적인 평화조약에 서명한 후 손을 잡고 있는 사다트, 카터, 베긴

이 후 이스라엘은 1982년 6월 레바논에 근거지를 둔 PLO 세력을 제거하기 위해 대규모 침공을 감행해 PLO 및 레바논(레바논 전쟁), 시리아군과 사실상의 전면전을 벌였다. 이 전쟁의 결과, PLO는 레바논에서 근거지를 상실하고 튀니스로 본부를 옮겼고 이후 레바논의 남부와 북부는 각각 이스라엘군과 시리아군이 점령하게 되었다.

8장
현대 전쟁

“평시에 있어서 군의 두뇌를 양성하고 또한 언제나 전쟁에 관해 이를 긴장케 하기 위해서 역사보다 더 훌륭한 교훈이 담긴 풍부한 책은 없다.”

-포쉬-

98 이란 · 이라크 전쟁

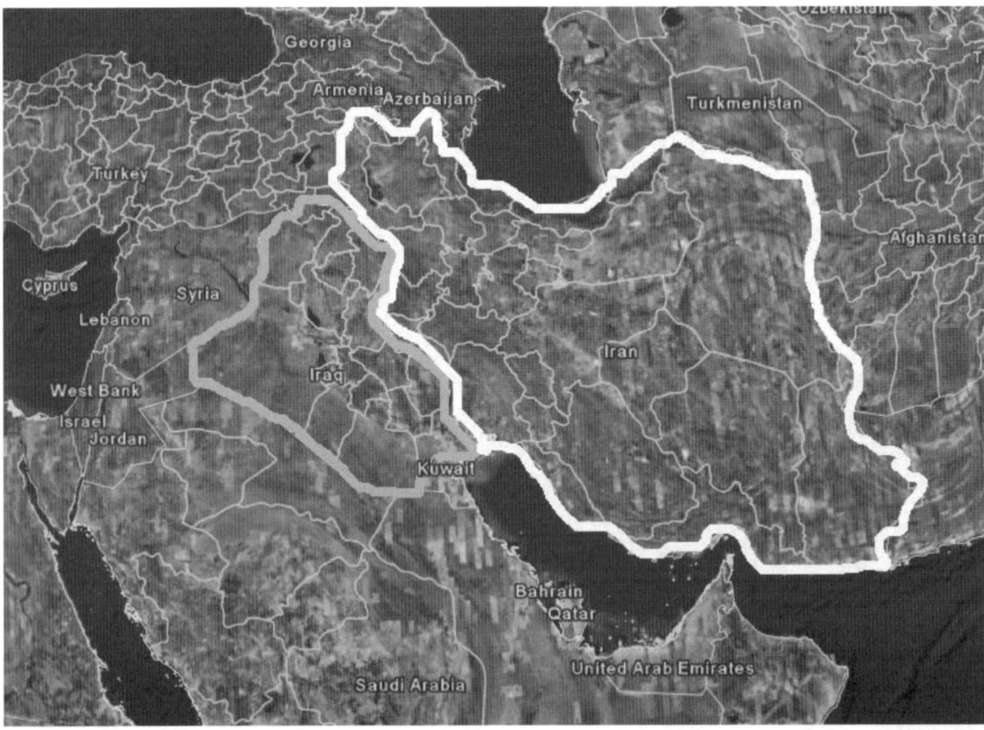

|전쟁 개요|

1980.9.22~1988.7.18(거의 8년간 지속)까지 이란, 이라크 국경지역에서 강대국의 이해관계가 상승 작용하여 이루어진 대표적인 전쟁으로 이란이 6개 사단(4개 독립여단), 62.5만명, 이라크는 12개 사단(3개 독립여단), 52.5만명이 투입된 장기 소모전(8년)으로 무승부(이란 78만, 이라크 20만 사상자 발생)로 끝난 전쟁이다.

1980년 9월 22일 이라크가 전면 공세로 전쟁이 시작될 때만 하더라도 대부분의 서방

군사전문가들은 이라크의 승리가 결정적이며 단기간 내에 끝날 것으로 보았다. 그들은 이란의 약한 군사력이 이라크에 의해 와해될 것이며, 사담 후세인 Saddam Hussein 대통령이 새로운 강력한 지도자로 부각될 것으로 예측했다. 그러나 이러한 예측은 빗나갔다. 이 전쟁은 전쟁 기간과 규모, 그리고 사상사를 비롯하여 물질적 손실 등 전쟁피해 측면에서 볼 때 제2차 세계대전 이후 제3세계 국가들간에 일어났던 가장 치열한 전쟁 중의 하나로 기록되었다.

|전쟁 배경|

역사적 배경

종교상의 대립

▲ 팔레비 이란 왕

회교의 대표적인 종파는 수니파와 시아파이다. 전쟁의 당사국 중 하나인 이란은 시아파를 거의 전 국민이 신봉하고 있는 반면에(이란 국민의 90%가 회교이고 그 중 75%가 시아파), 이라크는 국민 중 대부분의 아랍인들이 시아파와 수니파로 나누어지고, 그 중 시아파가 다수를 차지하는 데 반하여, 지배계층은 대부분이 수니파를 신봉하고 있다. 1979년부터 이란은 그들이 여태껏 통치를 받아오던 "레자 팔레비(Reza Pahlevi)"왕을 종교 지도자인 "호메이니(Ruhollah Khomeini)"옹의 영도 하에 그를 몰아내고 새로운 종교적 광신에 가까운 태도로 국가 재건 및 인접국에 종교혁명을 수출하기 시작했다.

이라크는 그들 정권의 불안정 속에서 소수인에 의한 지배의 형식을 취해오면서 그들의 약점은 여러 가지였지만 특히 지배계층은 수니파이고 국민다수는 시아파를 신봉하는 것이 가장 큰 취약점이었다. 이러한 차제에 이란에서의 시아파에 의한 혁명이 성공하자 이에 따른 시아파 광신자들의 이라크 주민 유도는 가뜩이나 약점 투성이인 후세인 정권에 커다란 위협이 되었던 것이다.

▲ 호메이니 옹

민족주의 대립

이란인은 아랍인이 아닌 페르시아인이다. 따라서 아랍에 속한 이라크와는 인종을 달리하고 있고 양국이 각각의 언어를 사용하고 있다. 양국 모두 한때는 역사에 등장한 강대국이었다. 이라크 내에는 소수 인종문제가 이란보다 더 복잡했다. 이라크 내에는 아랍인 이외에 쿠르드인, 앗시리아인, 쿠르코만인, 루르인, 이란인, 아르메니아인 들이 있다. 특히 쿠르드인은 이라크 인구의 10~20%를 차지하고 있어 이들의 반란을 이란이 은근히 원조함으로써 1958년부터 이라크 중앙정부는 이를 고심해왔었다. 이라크는 이번 전쟁을 일으킬 때, 이라크인들이 이란 내에 가장 많이 살고 있는 이란 남동부 "쿠지스탄Khuzistan"주를 그들 공격의 주목표로 삼았다. 그곳은 세계 최대의 정유시설을 가지고 있는 "아바단Abadan"을 포함하고 있고 이라크와의 국경선에 위치하고 있다.

샤트 알 아랍 수로(Shatt al Arab)의 주권문제

1969년 4월 팔레비 왕은 샤트 알 아랍 수로내의 국경선을 일방적으로 수로 중앙으로 선포하고 제트기와 화물선 1척을 동원하여 수로의 통제권을 확보했다. 이에 대해 당시 군사력이 약한 이라크로서는 대항할 적절한 방도가 없었고, 논쟁은 가열되어 오다가 1975년 "알지에" 정상회담에서 타결을 보게 되었다.

이란은 제1차 세계대전과 제2차 세계대전을 통해 소련과 영국이 각각 점령했던 국가인데 샤트 알 아랍 수로는 1937년에 영국이 그은 이란과의 경계선이었다. 이때 영국은 자국 지배가 확실한 이라크에 유리하도록 경계선을 이란 쪽에다 그음으로써 이 수로를

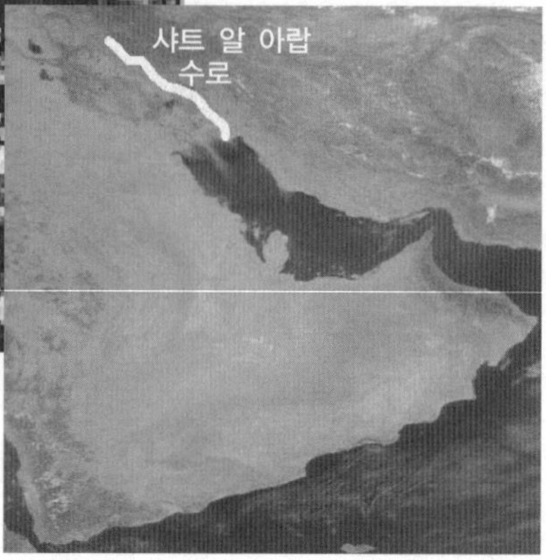

▲ 샤트 알 아랍 수로

통행해야 하는 이란측에 큰 불편을 주었다.

직접적인 원인

1979년 이란에서는 팔레비 왕정이 붕괴되고 호메이니의 이슬람 정부가 수립되었다. 이 혁명으로 이란의 내정은 극도의 혼란에 빠지게 되었으며, 중동에서 막강한 군사력을 자랑하던 이란군은 붕괴 일보직전에 놓이게 되었다. 한편 이라크는 같은 해 1979년 후세인 부통령이 대통령에 취임하게 되었다. 후세인 대통령은 이란의 혼란과 이집트가 중동 세계에 고립되어 있는 정치상황을 파악하여 오랜 세월에 걸친 이란·이라크의 영토분쟁을 해결하고, 이란 시아파의 혁명수출을 방지하면서 이라크가 중동에서 패권 야욕으로 전쟁을 결심하게 되었다.

|전쟁 개관|

이라크의 전쟁목적

이란은 이라크가 주장하는 지상과 해상 영토권을 인정할 것

이란은 민족주의적이고 침략적인 팽창주의의 정책을 중단할 것

이란은 선린관계 원칙을 준수할 것

이란은 아랍측의 3개 섬을 아랍에미리트(U.A.E)에 반환할 것

이라크의 전쟁개념

대가치 목표(Countervalue Target) 대신에 대군사 목표(Counterforce Target)에 중점을 두고 군사력 일부만을 사용하여 한정된 수단과 지역으로 제한전쟁을 한다. 이를 위해 육군의 절반인 5개 사단으로 공격을 하며, 샤트 알 아랍 수로와 쿠지스탄 지역에 한정했다.

▲ 사담 후세인 이라크 대통령

|전쟁 경과|

제1기 : 이라크군의 침공기(1980.9.22~11월)

이란의 석유지대 획득과 남부 평야지대 쿠지스탄주 점령을 목표로 5개 사단으로 공격을 실시했다. 이란은 혁명의 와중에서 무방비 상태에 있었기 때문에 이라크는 쉽게 승리를 거둘 수 있었다. 그러나 전쟁 후 1주일도 안되어 후세인은 9월 28일 대국민연설을 통해 대이란 협상용의를 표명했다. 이는 이라크의 제한전쟁 전략개념에 따른 것이었다. 10월 5일에 이란은 이라크의 제안을 거부했고, 재편성 및 동원, 그리고 반격을 위한 시간적 여유를 가짐으로써 대반격을 준비했다.

제2기 : 이란군의 반격 실패기(1980.12~1981.8)

후제스탄주를 거의 절반을 점령한 이라크군에 대해 이란은 바니사둘 대통령겸 군 최고사령관의 지휘로 1980년 12월에 반격을 개시했으나 실패로 끝났다. 1981년 1월 5일 이란군은 다시 1개 기갑사단, 2개 보병사단, 2개의 혁명수비대를 가지고 수산제르드를 포위중인 이라크군을 기습했다. 불의의 기습을 당한 이라크군은 붕괴되면서 1개 여단이 궤멸되었다. 그러나 대규모적인 전과확대를 달성하지 못했으며, 2~3일후에 이라크군은 증원을 받아 회복되었다.

1981년 1월 10일 이란·이라크 전쟁을 통하여 최초의 본격적인 전차전이 수산제르드 남방에서 벌어졌다. 투입된 전투력은 이란군

이 서방측에서 최강이라고 말하는 치프텐 전차를 주축으로 하는 1개 기갑사단이고, 이라크군은 T-62 전차로 편성된 1개 기갑사단으로 쌍방은 거의 같은 수인 약 250대의 대결이었다.

결국 이란은 반격작전에서 실패했고, 이 과정에서 이란 정규군을 지휘했던 바니사돌이 1981년 6월 전장에서 수세의 책임으로 추궁당했으며 이로 인하여 전쟁 배신자로서 추방당했다.

제3기 : 이란군의 실지 회복기(1981.9.27~1982.6)

9월 27일부터 29일까지 이란군은 Taminal-Aimma 작전을 전개하여 이라크의 아바단 포위망을 풀고 이라크군 기갑사단을 카룬 Karun 강 너머 후방으로 격퇴시키는데 성공했다. 그 후 이란은 아바단에서의 성공을 재빨리 이용하면서 공격 기세를 계속 유지하여, 11월 29일부터 12월 7일까지 예루살렘 작전으로 보스탄 Bostan 지역을 탈환했다.

1982년에 접어들면서 이란군은 3월 22일부터 30일까지의 Undeniable Victory 작전과 4월 24일부터 5월 25일까지 대규모 예루살렘 작전을 전개하여 이라크군을 후제스탄 지역에서 완전히 몰아냈다.

제4기 : 이란군의 이라크 침공기(1982.7.14~1983.1)

1982년 6월 이라크는 여당인 바트당 제9차 대회를 개최하고, RCC(혁명평의회) 바트당 정부와 군의 인사를 대폭 쇄신하고 앞으로 당면하게 될 이란의 침공에 대비했으며, 6월 20일 이라크군은 메헤란 지구를 제외하고는 모든 이란 영토로부터 철수하기 시작했다. 그러나 이란의 최고지도자 호메이니는 7월 13일 이란 지도층의 격렬한 논쟁을 거친 후에, 이란의 전쟁 목적을 단기결전에 의한 "후세인 정권타도"로 확대하고 "이라크에 있는 시아파 이슬람교도의 성지 카르발라 Karbala와 안나자프 An Najaf를 점령하고 예루살렘까지 진군하라!"는 격문을 띄워 7월부터 이라크 영토로 부대를 침공시켰다.

7월 15일에 시작된 라마단 작전에서 이란군은 총 5회의 공격을 시도했는데, 이 공격으로 이란군은 전사 27,000명, 전차 300대의 대규모 손실을 입고 철퇴했다. 이에 대해 이라크군은 전사상자가 약 5,000명이었다. 그 이후 이란군은 살상지대를 정면공격하지

못했다.

1982년 8월 이라크는 페르시아만 북부 해역을 “항해금지구역”으로 선포하고, 이란 최대의 원유 선적지 하르크Kharg섬에 있는 원유 저장고를 공습했다.

1982년 10월 1일 이란군은 중부국경으로부터 직접 이라크의 수도 바그다드를 공격할 목적으로 무슬림 이븐 아킬Muslim Ibn Aquil 작전을 개시했다.

1982년 11월 1일 이라크 남부 메이산(Maysan) 주의 소택지대 알 아마라Al Amarah에서 이란군은 바스라-바그다드간 도로차단을 목표로 무하람Muhararm 작전을 개시했다. 이 작전에서 이란군은 4차례나 공격을 했으나 이라크 영토 깊숙이 침공은 못하고 조그마한 성과밖에는 거두지 못했다.

이란군은 1982년 12월 이후 전투태세를 재정비하여 북부에서 남부에 이르는 전정면에서 6차에 걸친 발파딜 작전을 개시하였으나 화력과 장비의 열세로 철수함으로써 전쟁의 양상은 소모전의 성격을 띠게 되었다.

▲ 헬리콥터에서 내리는 이란군

제5기 : 이란의 장기 소모전(1983.2～1985.3)

라마단 작전과 무슬림 이븐 아킬 작전에서의 연속적인 실패에도 불구하고 무하람 작전은 교착되어 이란의 예측은 명확해졌다. 제5기에는 제1차에서 제7차까지의 발파딜 작전이 중심이 되어 총 14회의 대규모적인 이란군의 공격작전이 감행되었다. 1984년 3월부터는 이라크에 의해 유조선 공격이 본격화되었다. 즉 지상전에서의 전황이 교착상태에 빠지자 이라크는 목표설정을 휴전으로 바꾸고, 이란의 전쟁지속능력을 없게 하여 이란을 휴전교섭의 테이블로 나오게 하기 위해 공격을 실시한 것이다.

1985년 1월 28일 이라크는 다시 주도권을 잡고 1980년 전쟁 초기 이후에 처음으로 공격을 개시했다. 이것은 이라크가 이란보다 우세한 장비를 보유했던 점도 있지만 이란의 소극적인 태도와 이라크의 역습을 물리치지 못하는 이란의 능력을 알게 되자 자신감이 증가된 것이었다. 그런데 1985년 3월 11일 이란은 이전보다 더 대규모적인 바드르 Badr 작전을 돌연히 개시했다. 이 작전은 바그다드-바스라 고속도로를 차단하려는 공세였다. 3월 12일 이라크 공군은 323회를 출격하여 지상공격을 실시했으나 이란군의 진격은 적극적이어서 이라크의 제3기갑사단과 제4사단은 티그리스 강 서편으로 철수하지 않을 수 없었다. 이에 따라 이라크군은 다음 13일에야 비로소 티그리스강 도하에 성공했다.

이란은 3월 12일 북부의 석유도시인 키르쿠국(Kirkuk)을 3월 12일에, 이어서 3월 14일 미명에 바그다드를 공격했는데, 이것이 결국 1988년 2~3월에 쌍방의 수도에 대한 유도탄 공격전의 발단이 되었다.

제6기 : 이라크 남부지대의 공방전 시기(1985.4~1987.4)

1986년 2월 9일 밤, 이란군은 제8차 발파딜 작전을 개시하여 샤트 알 아랍 수로를 다수 주정으로 도하하여 이라크 영토 최남단의 알파우 Al Faw, Fao 반도를 기습공격하여 이라크군을 격퇴하고 반도의 약 100만 평방km를 점령했다. 개전 이래 처음 있는 이란군에 의한 이라크 도시의 점령이었다. 1987년 4월 7일, 카르발라 제8호 작전이 샤람체에서 개시되었는데 이라크군은 만반의 준비를 갖추고 대기했다. 1987년 4월 10일 이라크군은 정예부대를 선발하여 반격으로 전환했다. 11일에는 하이라쓰다 국방장관이 최정예의 전략예비대인 대통령 경비대를 인솔하여 지원에 나섰다. 그런데 4월 12일에는 이란군이 작전목표 달성완료라고 발표하면서 철퇴했다.

제7기 : 이라크의 반격 시기(1987.5~1988.8.20)

1987년 4월에 카르발라 제8호 작전 이후 이란의 본격적인 공세는 중단되었다. 이란. 이라크 전쟁이 유조선 전쟁으로 비화되어 미국을 비롯한 서방국가들이 해협을 통한 원유수송에 어려움을 겪던 차에 이란이 호르무즈 해협의 봉쇄를 시도한 것은 페르시아만 지역의 위기에 불을 붙인 결과를 가져왔으며, 이 지역 위기의 국제화 계기를 조성했다.

1987년 9월 21일에는 기뢰 부설중인 이란함과 미 해군이 교전을 하게 되고, 10월 이후에는 미군 헬리콥터의 이란 함정 격침과 구축함의 이란 해상석유기지 포격, 1988년 7월 3일 미 해군의 빈센스호가 이란 여객기를 격추하는 등 이란에 대하여 유엔의 휴전결의안 수락을 강력하게 요구했다.

이라크군은 1988년 2~4월 쌍방의 수도에 대한 유도탄 대응전에서 이란군을 압도했다. 테헤란 시민 사이에서는 이라크가 독가스 탄두 유도탄으로 공격한다는 소문이 퍼져 공포에 빠졌다. 사실 이라크군은 1988년 3월 하랍자 지역에 독가스 탄두 유도탄으로 여러 차례 공격했다.

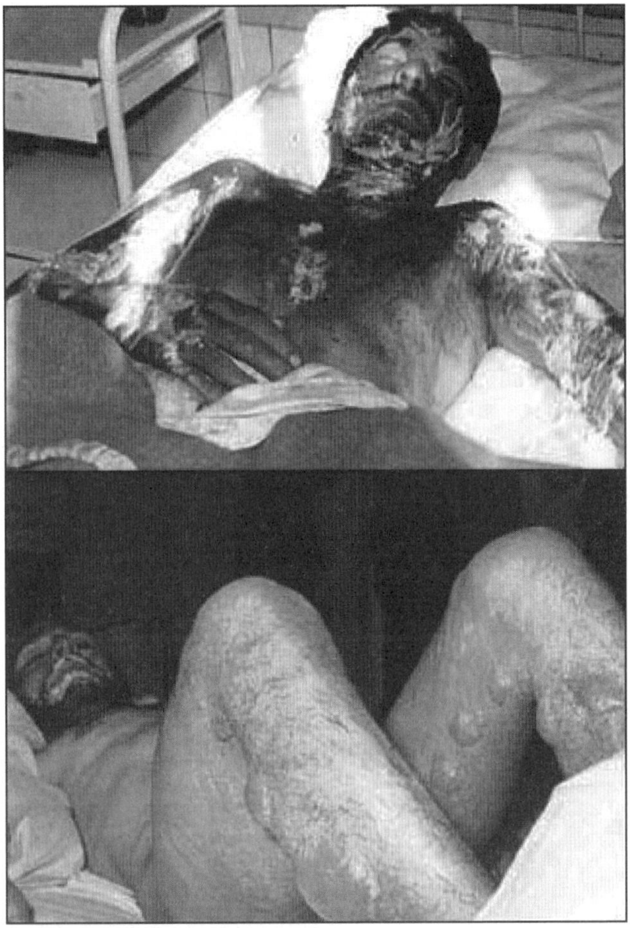

▲ 독가스에 의해 피해를 본 병사

이란군은 1988년 5월말 바스라 동방에 있는 샤람체 지구에서 철수를 하게 되었다. 결국 호메이니는 고통을 안고 1988년 7월 18일 유엔안전보장이사회의 휴전제의를 수락했고, 8년 동안의 소모전으로 치달았던 전쟁을 8월 20일부터 정전했다.

|전쟁 결과|

피해 현황

구 분		이라크	이란
인적피해	전사자	10만명	25만명
	부상자	5만명	50만명
	포로	5만명(이란 억류)	3만명(이라크 억류)
물적피해	전쟁피해	2,516억달러	5,032억달러
	군사비 (연평균)	901억달러 (111억 9천만달러)	493억달러 (61억 2천만달러)
	경제적 손실 (시설피해로 인한 간접 피해)	1,700억달러	918억달러

전쟁의 특징

강대국의 이해관계가 상승작용을 하여 국제화가 된 대표적인 전쟁으로 장기소모전이 되었으며, 치열하고 대규모 피해를 발생시켰다. 쌍방 모두가 전쟁목적을 달성하지 못했으며, 국경선 문제는 잔존했고, 막대한 인명과 재산의 피해로 경제발전이 둔화되었으며, 국민의 불만이 가중되었다.

8년이나 장기전이 된 배경에는 유엔과 강대국들의 지역분쟁 조정기능이 미흡했고, 미국과 소련은 중동 진출 기반 강화를 위해 경쟁적으로 개입했기 때문이다. 또한 지역 내의 국가들이 이라크와 이란의 강대화에 대한 우려로 전쟁의 조기 종결을 바라지 않았다는 점도 들 수 있다. 이런 와중에 무기생산국들은 계속적으로 무기를 공급했다.

99 포클랜드Falkland 전쟁

|배 경|

역사적 영토분쟁

포플랜드는 1592년 영국의 존 데이비스Jhon Davis가 발견했으며, 1690년 영국인 선장인 존 스트롱이 상사의 이름을 따서 "포클랜드"라 명명했다.(남미에서는 이 섬을 "말비나스"라 부르고 있다). 1764년에는 프랑스가 동쪽섬을 차지했다.

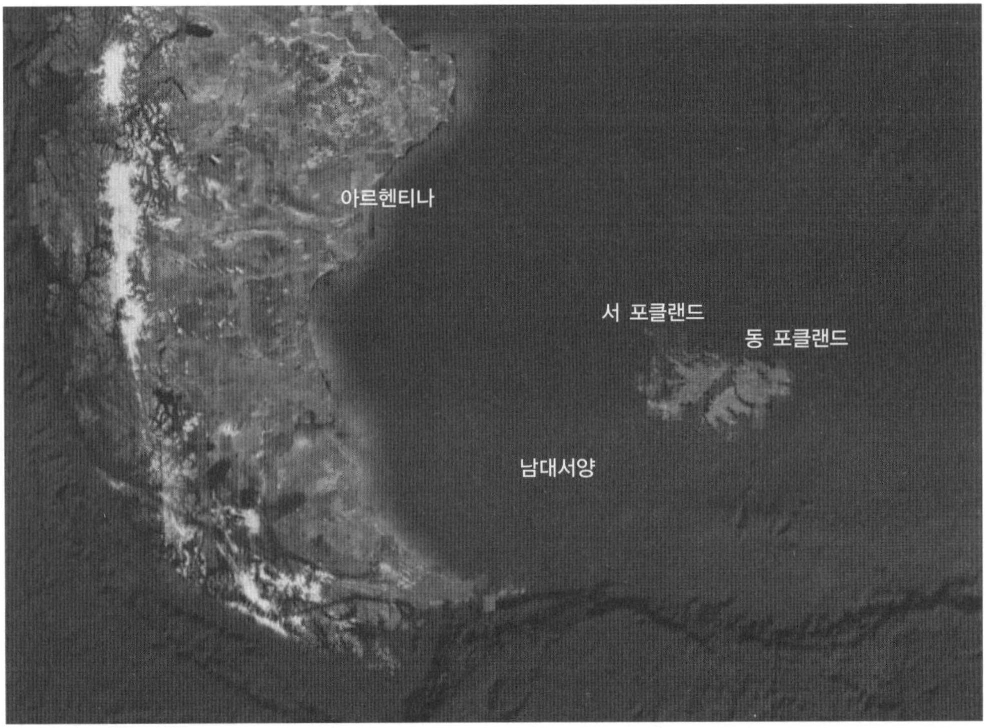

영국과 스페인의 대립

1770년에 스페인이 프랑스로부터 동 포클랜드를 매입하여 살고 있는 주민들을 추방하였다. 그러나 영국은 스페인에 대항하여 수비대를 잔류시켰다.

영국과 아르헨티나의 대립

1816년 스페인의 지배하에 있던 아르헨티나가 독립하자 포클랜드섬의 영유권 계승을 주장했다.

영국의 식민지화 UN 상정

1833년, 영국군이 상륙하여 아르헨티나인을 추방하고, 1892년에는 영국의 식민지로 편입했다. 1964년, 평화적 해결을 위해 아르헨티나가 영유권 문제를 UN에 상정했다. 1966년부터 양국간에 협상이 개시되었고, 1974년에는 2천억 배럴 상당의 석유가 매장되어 있다고 영국이 발표한다. 1976년, 아르헨티나 구축함이 영국함정을 공격했는데 영국 측은 평화적 영유권 이양을 거론했다. 1979년, 아르헨티나는 영국의 무성의와 고의적 지연에 불만을 토로하나 양국간에 평화적 해결원칙에는 합의했다.

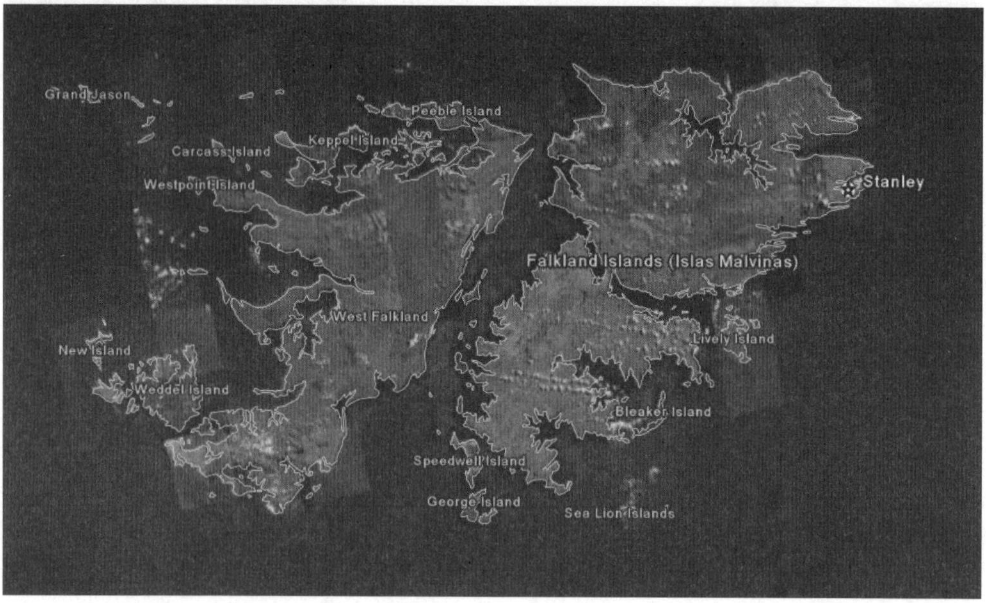

|전쟁의 원인|

아르헨티나의 입장에서는 영국의 강점에 의한 불법 지배라고 주장했고, 영국의 입장에는 최초 발견 이래 포기된 적 없는 합법적 지배라고 주장했다. 아르헨티나는 국내의 정치적 소요와 고 인플레이션으로 인한 경제적 침체, 집권세력에 대한 불만이 누적되어 이를 외부로 표출시켜 국민적 단합 계기 마련의 필요성이 대두되었다.

▲ 갈티에리 아르헨티나 대통령

그러나 영국 수비대는 80명만이 포클랜드에 배치되어 전쟁억제력이 미비했다. 남성우월주의에 젖어있는 아르헨티나는 영국의 수상으로 대처 여사가 취임하자 이를 과소평가하여 전쟁을 결심하게 되었고 침공하게 되면 영국은 적극적인 조치를 하지 않을 것으로 오판했다. 포클랜드는 막대한 원유 매장이 많고 남극대륙으로의 전진기지로서 중요성을 가지고 있어 영토분쟁의 소지가 큰 곳이었다.

▲ 대처 영국수상

군사력 비교

구 분	영국기동함대	아르헨티나
함정	항모 2 경순양함 2 구축함 5 프리기트 7 상륙함 2 핵잠수함	항모 1 구축함 8 프리기트 3 잠수함 3
항공기	씨헤리어 37 씨킹헬기 40 기타 22	미라쥬 21 슈퍼 에땅달 12 스카이 호크 68 기타 114
미사일	Exocet 28기외 178기 어뢰 48	Exocet 28기외 114기 어뢰 66
지상전투력	해병대, 공정대등 9,000명 Scorpion 전차 1개대대 Rapier SAM 1개대대	수비대 12,000명 전차 15대 105미리자주포, APC, SAM

영국은 8,000마일의 병참선을 유지해야 했고 일일 300만 파운드의 전쟁물자가 소요되었다. 전쟁이 시작되자 영국 국방성은 전쟁 경비로 2억 5천만 파운드를 추산했다.

|경 과|

제1단계 : 발단 및 발전기(1982.4.2~4.30)

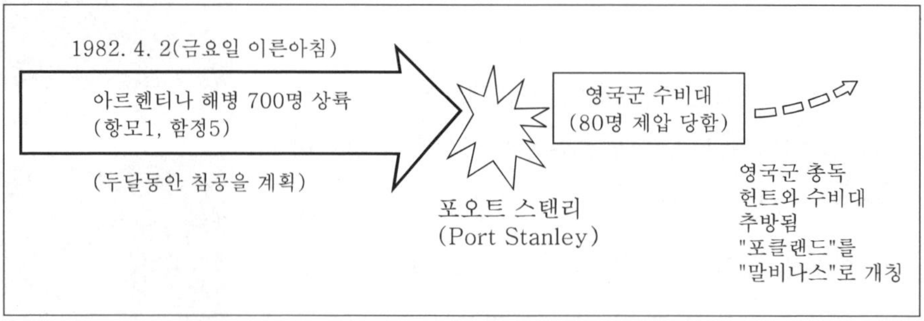

아르헨티나군의 침공으로 전쟁이 일어나자 영국의 외교적 노력에 의해 UN 안보회의가 4월 3일 개최되었고, 10개국이 아르헨티나를 침략자로 규정, 502호 결의에 따라 즉각적인 철수를 요구했다.

"실패란 있을 수 없다. 나는 실패에 대해 얘기하려는 것이 아니고, 영국함대와 우수한 장비 그리고 용감무쌍한 영국군을 믿어 의심치 않는다는 것을 말하려는 것이다. 우리들은 우리들의 이 모든 전문지식과 재능 그리고 기술과 장비를 하나도 남김없이 사용할 것이다. 우리들은 조용히 소리 없이 앞으로 나아갈 것이다. 그리고 성공할 것이다." - 대처 수상 -

4월 3일에 영국 기동함대 43척(항모 2척) 출동했고, 4월 12일에는 포클랜드 주변 해안 봉쇄 선언했다. 대처 수상은 텔레비전 출현(남조지아섬 탈환후) "기뻐합시다, 기뻐합시다!"라고 격려했다.

4월 14일에는 영국 해병 1,000명, 항공기 20대 증파했고, 4월 25일에는 영국 남조지아섬 탈환했다.

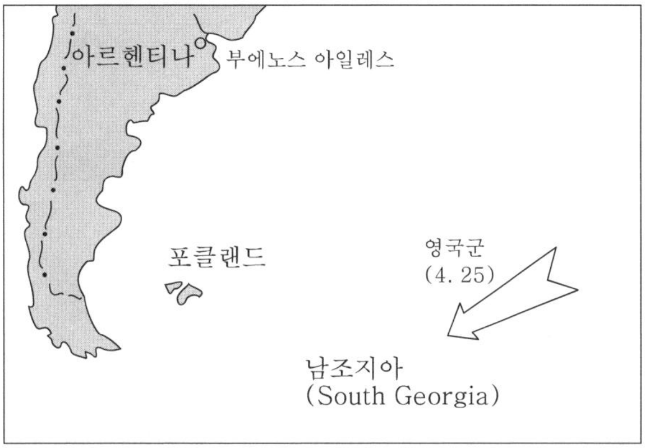

▲ 남조지아섬에서 영국 군함

4월 28일 OAS 아르헨티나지지 결의(결국 EC 블럭간 대립)하자 4월 30일에 유럽 경제 공동체 국가들이 아르헨티나에 대한 수출 제재규약 등을 통해 영국을 지지했으나, 아르헨티나를 최근 친구 관계로 유지했던 미국은 중립적 입장에서 중재를 위해 노력했으나 헤이그의 중재 실패로 영국을 지지하게 된다.

▲ 남조지아섬 탈환 후 항복조인

제2단계 : 제공·제해권 쟁탈기(1982.5.1~5.20)

5월 1일에 본격적인 공격이 시작되어 어센션 섬을 발진한 발칸 Vulcan 폭격기들은 도중에 3회에 걸쳐 공중급유를 받으며 포오트 스탠리 P. Stanley의 비행장을 폭격했고, 또한 항모에서 발진한 씨해리어 전투기들은 다윈 Darwin 및 구스그린 Goose Green의 아르헨티나군 기지를 공격했다. 여기서 영국의 씨해리어와 아르헨티나의 미라지 사이에 최초로 공중전이 벌어졌다. 전투기의 성능은 미라지가 뛰어났으나 전투기량면에서 영국 조종사들이 앞서 이날 전투에서 미라지 4대가 격추되었고 씨해리어는 피해가 없었다.

※무기 제조업자들은 이 전쟁의 승패와 피해에는 관심이 없고 자기가 만든 무기가 어떤 효과를 낼 것인가에 신경을 곤두세웠다. 영국의 타이거피쉬 어뢰, 시스쿠아 미사일, 블로우파이프와 래피어 지대공 미사일, 프랑스의 엑조세 미사일 등이 실전에 처음으로 사용되었다.

5월 2일에는 아르헨티나의 유일한 순양함인 13,645톤의 벨그라노 Balgrano호가 영국의 핵 잠수함 컨쿼러 Conqueror호에서 발사한 어뢰를 맞고 침몰했다. 이 과정에서 368명의

▶ 영국의 전투기 씨헤리어(Sea Harrier)

▼ 아르헨티나 구축함을 공격하는 씨헤리어

승무원이 수장되고 800명은 구조되었다. 이후 아르헨티나 해군의 주력부대는 영국의 핵잠수함을 두려워하여 포클랜드 근해에서 본토 해안 또는 하구로 철수하게 되고 모든 활동을 포기하게 되었다.

5월 4일 아르헨티나 항공기 수퍼에텐다르가 발사한 두 발의 AM-39엑조세 공대함 미사일 가운데 한발이 영국 구축함 쉐필드Sheffield호를 격침시켰다. 1981년 11월에 취역

▲ 영국의 핵 잠수함 컨쿼러 호

▲ 아르헨티나의 벨그라노호와 그 침몰 장면

해서 반년도 안 된 최신형 구축함의 침몰은 세계에 큰 충격을 주었다. 이 사건은 공대함 미사일의 위력을 실감했으며 프랑스의 엑조세 미사일을 선전하는 기회가 되었다.

5월 14일 영국 특공대가 페블섬에 기습상륙(4명 1개조, 48명의 특수 공정대원과 해군 포병 장교 1명, 무선기사 외)했고, 5월 15일 30분간의 기습 공격으로 활주로에 있던 항공기 1대, 레이더 기지, 유류와 탄약 집적소 폭파했다.

5월 20일 영국 해병 특공대 폭스(Fox)만 지역 기습 상륙하여 주도권을 장악했고, 특공상륙부대 증강했다.

※ 영국 상원은 포클랜드에 대해 6차 토론을 하기 위해 모였고(5.20), 대처 수상은 아르헨티나의 갈티에리 대통령과 그의 군사정권에 대해 비난했으며, 영국이 8차례나 협상

▲ 엑조세 미사일을 맞아 침몰하는 영국 쉐필드 호

을 제의했으나 아르헨티나가 거부하여 포클랜드 탈환 작전에 돌입하게 되었다.

▶ 영국 구축함 쉐필트 호를 침몰시킨 아르헨티나 수퍼에텐다르 전투기의 엑조세 미사일

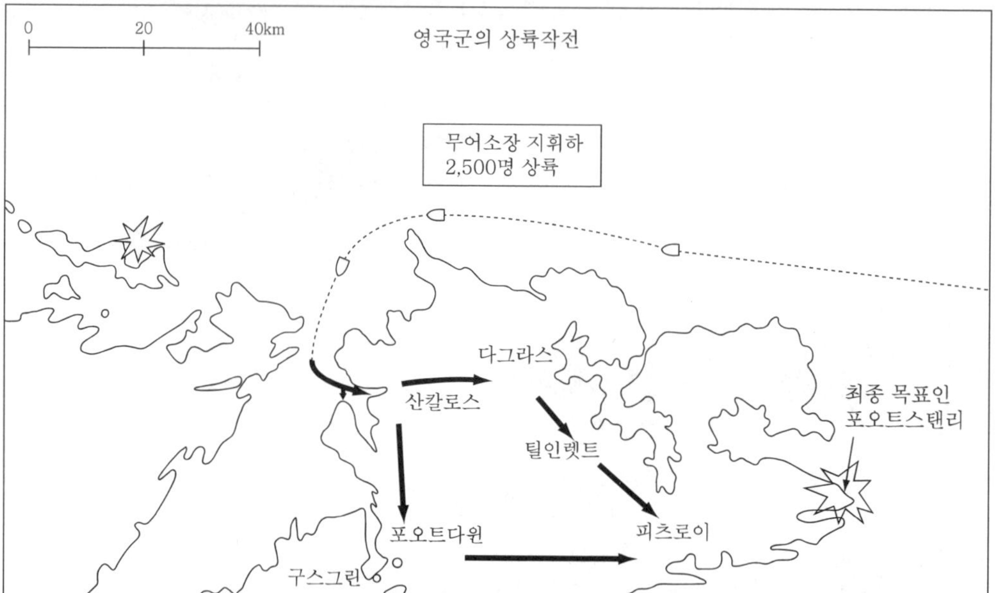

제3단계 : 상륙 및 탈환 작전기(1982.5.21~6.14)

5월 21일 영국 해병대 2,500명이 산 칼로스San Carlos 불과 120여 명의 아르헨티나군이 관측임무수행 중인 기습상륙, 교두보는 확보했다.

※ 노르망디 상륙작전의 축소판과 같았다. 별다른 저항 없이 상륙에 성공한 영국군이 어느 양치기 농부 집을 지나면서 "걱정 마세요, 나는 영국 해병입니다. 집안에 머물면 안전합니다."라고 얘기할 정도로 평온한 가운데 상륙이 진행되었고, 산 칼로스 주민 50여 명과 사진을 찍기도 했다.

▲ 페블섬에 기습상륙한 영국 특공대

▲ 산클로스

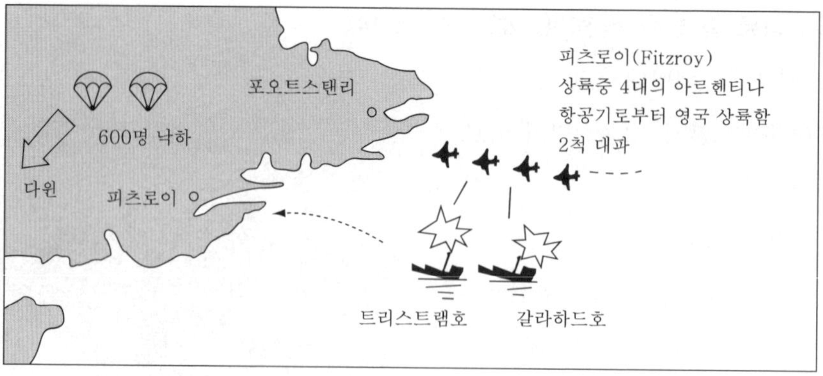

5월 21일 아르헨티나 공군이 영국함대 및 상륙선단을 공격하여 포오트 스탠리에 대한 공중폭격을 위시하여 16대의 스카이호크기와 미라지기가 공습하여 영국 프리기트함 아덴트호를 폭파시켰다. 5월 27일 영국 상륙부대가 교두보 확보, 포오트 스탠리로 진격을 개시했다. 5월 28일 영국 공정대 600명 다윈 Darwin 지역에 강습낙하(강습 당시 아르헨티나군은 1,200명에 달했다)했다.

5월 30일 영국군 3,000명 추가 상륙했고, 6월 8일 영국 상륙함 2척 대파되었다. 6월 14일 포오트 스탠리 외곽 방어선 돌파하여 6월 13일~14일 밤 6시간의 격전 끝에 아르헨티나군 제압, 포오트 스탠리 접근로를 장악했다. 6월 15일 아르헨티나 수비군이 항복(10,600명의 포로 획득)했다.

▲ 포오트 스탠리를 점령한 영국 특공대원

다음은 사령관 무어 소장이 대처 수상에게 보낸 평문 전문이다.

"스탠리항 6월 14일 오후 9시(포클랜드 시간), 동서 포클랜드의 아르헨티나군은 그들의 장비와 더불어 본인에게 항복했음. 아르헨티나 군인의 본국 송환, 이들의 무기 및 장비수집 그리고 탄약회수 등에 관한 절차가 진행 중에 있음. 포클랜드 주민은 이제 그들이 원하던 정부를 다시 찾았음. 여왕 폐하 만세!"

▲ 포오트 스탠리에서 아르헨티나 포로

|결과와 분석|

영국은 포클랜드의 모든 섬을 다시 찾았고 이 전쟁에서 영국군은 255명이 전사했다.

이 전쟁으로 인해 국제기구의 무력함이 노출되었고, 오판에 의한 전쟁 가능성과 전쟁 억제력의 중요성이 인식되었다. 전통적 전쟁요소와 현대적 전쟁요소가 배합되어 운영되었고, 군사력의 중요성을 재인식시켰다. 정치와 전쟁 그리고 협상과 작전의 조화가 적절히 이루어져야 승리를 쟁취할 수 있으며 전쟁의 주체는 역시 인간임을 보여주는 전례였다.

정치적 성격	군사적 성격
비 공산권내 블록대립 선진국 : 개발도상국 대립 구 식민제국 : 신생독립국가 대립 영어권 : 스페인어권의 대립	무기수출국간의 간접전쟁 속전속결전략과 지구전전략 해·공군병참선의 확보가 작전성패의 관건, 현대식 해상·공중전과 재래식 지상전투, 소규모특공대 대규모 군대결

100 레바논Lebanon 전쟁

· 시　기 : 1982.6.6～8.24
· 장　소 : 레바논 지역
· 투입규모 : 이스라엘 : 17.2만명, 전차 3,500대, 항공기 574대
시리아/PLO : 18.5만명, 전차 4,200대, 항공기 227대
· 특　성 : 3군의 치밀한 합동작전, 최신무기와 재래식 무기의 혼합운용
· 결　과 : 이스라엘 승리
이스라엘 340명 전사, 전차 100대, 항공기 4대 피해
시리아/PLO 3,200명 전사, 전차 505 대, 항공기 102대 피해

|전쟁 원인|

레바논은 1947년부터 기독교와 회교간의 종교 분쟁을 계속해 왔다. PLO(팔레스타인 해방기구)는 1964년 1월, 카이로에서 개최된 제1차 아랍 정상회담에서 발족되었다(의장 : 아라파트 Yassar Arafat).

1975～1976년 레바논에서 PLO가 회교도에 가담하여 기독교와의 내전이 발발, 최악의 상태에까지 갔으며 이로 인해 아랍평화유지군 중에서 시리아군 3만명이 레바논에 파견되었고 PLO와 함께 이스라엘의 위협대상이 되어왔다.

1972년 뮌헨올림픽에서 PLO가 이스라엘 선수촌의 습격을 비롯하여 끊임없이 계속되어 온 테러 행위에 대해 이스라엘도 보복전을 감행했으며, 1982년도에 들어서 PLO는 소련으로부터 5천만불 상당의 무기를 도입했다.

▲ 아라파트

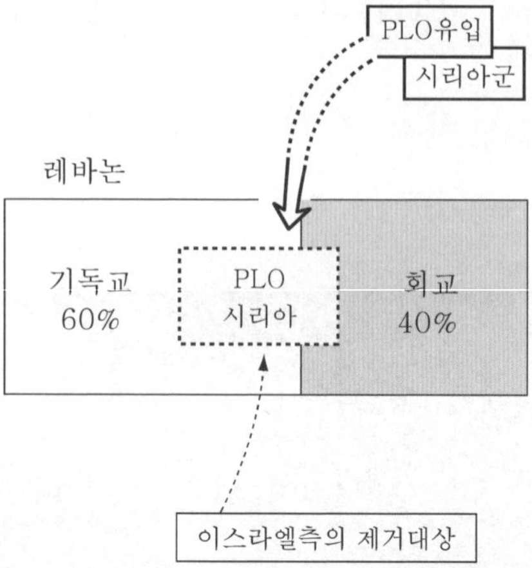

▲ 레바논의 수도 베이루트

▲ 팔레스타인 난민 캠프

그러나 아랍제국들이 "이스라엘 소멸"을 목표로 하지 않고 "제3차 중동 전쟁('67)당시 잃었던 영토만을 되찾는 것"으로 목표를 전환하게 됨으로써 이스라엘은 레바논을 침공하는데 자신감을 갖게 되었다. 1978년 분쟁시 UN의 중재로 이스라엘과 PLO는 휴전을 체결했으나 1982년 6월 3일 주영 이스라엘대사를 PLO의 게릴라가 저격함으로써 휴전협정을 위반했다.

당시 미국은 포클랜드사태에 관심을 집중하고 있었고 소련은 의외로 소극적인 태도로 대처하고 있었기에 이 기회를 틈타 이스라엘은 전격적으로 레바논을 침공할 수 있었다.

|이스라엘의 침공 목적|

레바논에 있는 PLO 본부와 근거지를 완전히 제거함으로써 위협제거하고 레바논 내의 시리아군을 철수시킴으로써 이스라엘을 지지하는 레바논 정부 수립하는 것이었다. 또한 이스라엘 북쪽 갈릴리지역의 정착민 보호 또한 중요했다.

군사력 대비

구분	이스라엘	시리아	레바논
총인구	390만명	880만명	280만명
국방비('81)	73억4천만불	23억9천만불	2억5천3백만불
병력	17만2천명(예비 40만)	24만3천명(예비10만)	2만4천명
육군	병력 : 13만 5천 전차 : 3,500 장갑차 : 4,000	병력 : 17만 전차 : 3,700	병력 : 2만2천 경전차 : 100 장갑차 : 228
공군	전투기 : 574	전투기 : 227	헬기 : 6
해군	잠수함 : 3	프리기트 : 2	초계정 : 12

* PLO : 1만 5천명, 전차 500대, 방사포 300문

레바논내 세력구분

구분	파벌	민병규모(명)	성향
우파기독교	레바논전선	4만~4만5천	반시리아 친이스라엘
	자이언트	4천	친시리아
좌파회교도	국가시리아 사회주의	7천	친시리아
	레바논 바트당	3천	친시리아
	바트 사회당	1천	친이라크
	진보사회당	1만	친소련
	레바논공산당	1만5천	친소련
기타	아말 (시아파회교)	1만	친이란 반공, 반이락

▲ 파괴되는 베이루트 시

|이스라엘의 침공상황(1982.6.6~8.24)|

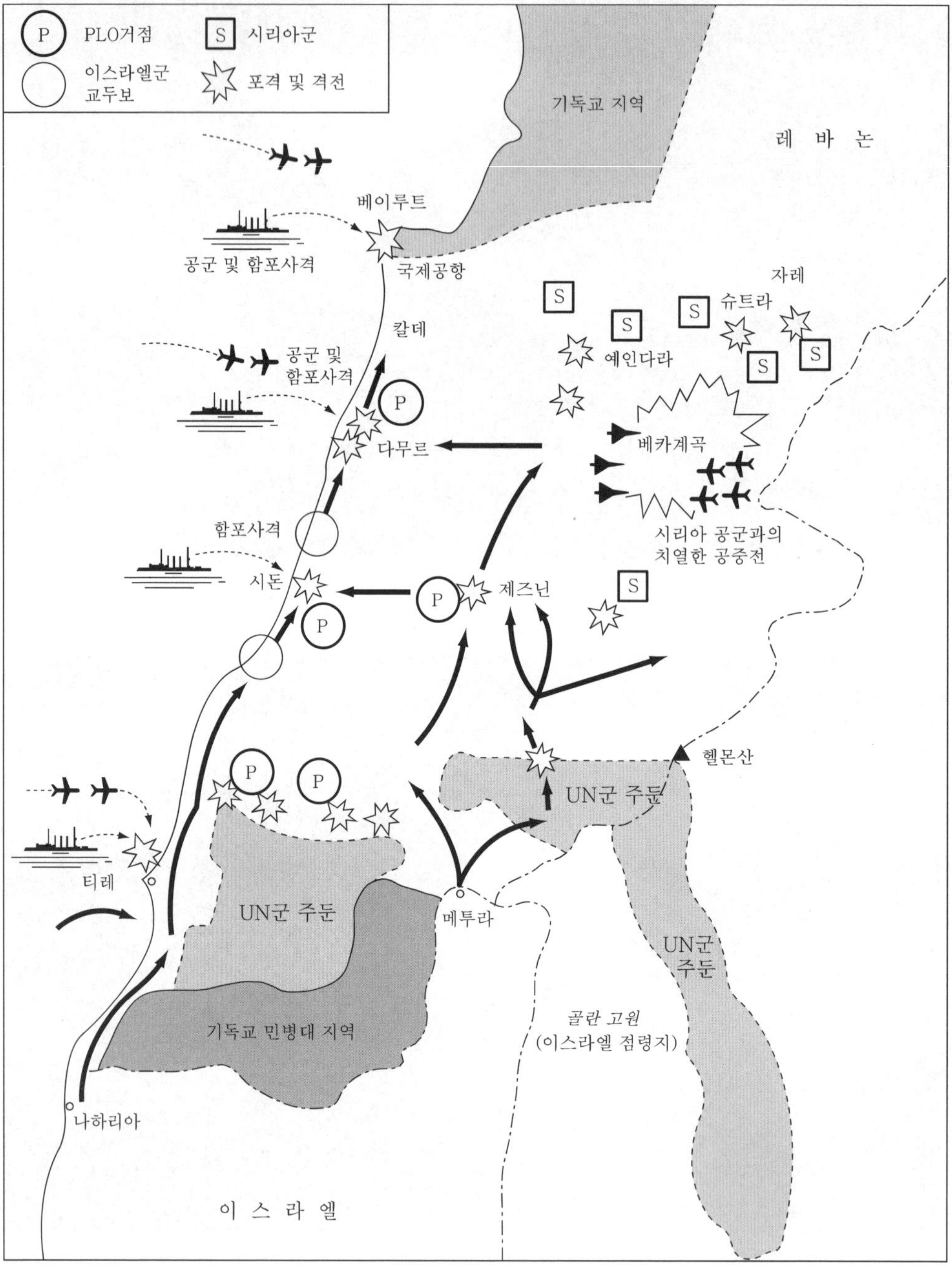

6월 6일에는 5시간의 공중폭격 및 준비포격으로 3개 축선에서 이스라엘군이 진격(육군 2만명, 전차 200대)하자 시리아군은 방어태세에 돌입했다. 티레항에 이스라엘 해병대가 상륙하여 나하리아 축선의 이스라엘군과 합류한다.

6월 7~8일 이틀간 이스라엘군이 국경선에서 40 km 진격하여 해·공군 지원하에 시돈항에 상륙하고 시돈항을 상륙부대와 지상군의 협동공격으로 점령했다. 6월 9일에는 국경선에서 58 km 진격하여 다무르선상까지 진격했다.

시리아군과 베카(Bakaa) 계곡에서 치열한 공중전

구 분		이스라엘	시리아
투입댓수	1차	96	62
	2차	92	44
결 과			20여대격추 SA-6 다수 파괴

6월 10일에도 베이루트 남쪽 3 km 칼데 Khalde 선상 진출하여 시리아군과 PLO군 일부를 포위했다. 제2일차 공중전에서 MIG기 23대를 격추시키고 시리아측에 대해서 철군을 요구했다. 6월 11일에도 이스라엘이 하비브 특사의 중재와 소련의 지원 가능성 그리고 미국의 중동 전면전 확대 우려 등으로 인해 일방적으로 휴전을 통고했다. 6월 11부터 6월 21일까지 이스라엘과 시리아와의 휴전이 성립되었고 이스라엘군은 PLO와 산발적인 포격전을 계속하면서 베이루트를 포위했다.

6월 21일부터 8월 24일까지 이스라엘군이 포위망을 압축하자 PLO는 철수에 합의했고, 8월 21일 다국적 평화유지군의 일원인 프랑스군 선발대가 도착되자 철수를 개시했다. 아라파트의 장이 튜니지에 향발한 것을 마지막으로 하여 PLO는 8월 24일부로 튜니지, 남예멘, 시리아 등 8개국에 분산 철수하게 되었다. 평화유지군은 미국 800명, 프랑스 800명, 이탈리아 500명으로 구성되어 활동을 개시했다.

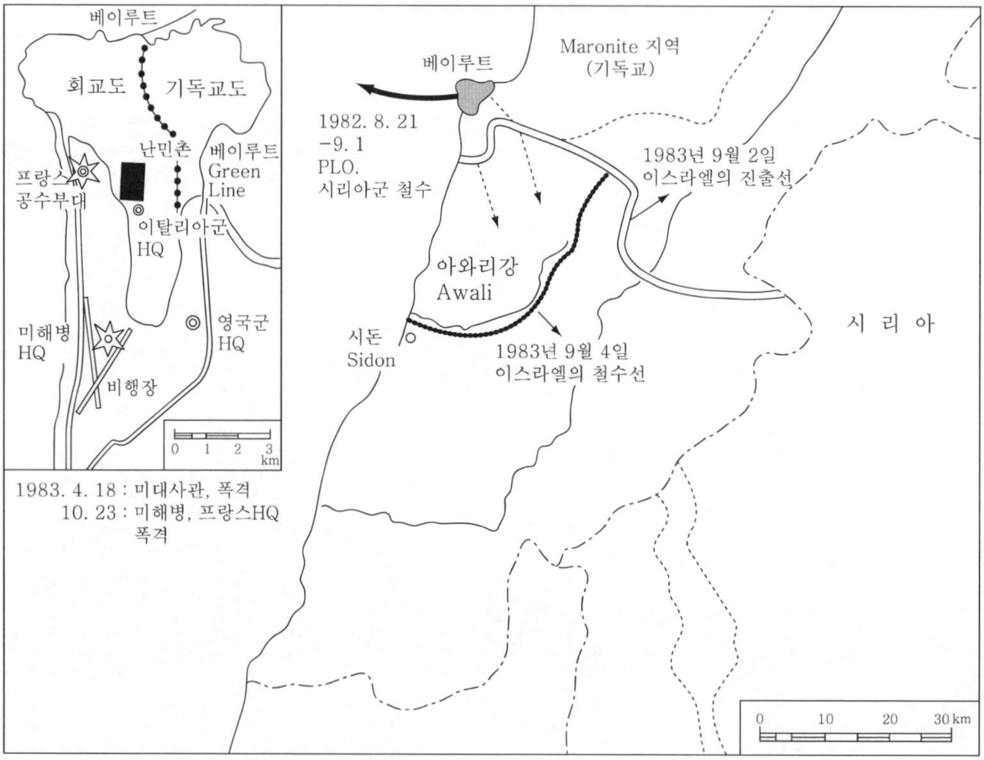

|결과 및 분석|

피해 및 손실

구분	이스라엘	시리아	PLO
병력	전사 340명	전사 1,000명 이상	전사 2,200명 이상
전차	100대	405대	100대
항공기	4대	102대	민항기 2대
전비(戰費)	15억불	미상	미상

전략적 유리한 조건 이용

레바논 전쟁은 이스라엘의 군사적 승리로 정치적 문제를 해결한 대표적인 사례였다. 이스라엘은 제3차 중동 전쟁시 확보했던 시나이반도를 이집트에게 반환함으로써 국경선이 912 km에서 79 km로 감소되어 병력집중이 가능했으며, 이집트와는 평화협정 체결로 남부의 위협을 제거한 상태에서 침공을 개시한 것이다.

이스라엘은 12차례의 휴전과 심리전, 전기 및 급수 공급제한, 증원방지, 사회교란 등 군사·비군사적 수단을 최대 이용했다. 전쟁시마다 중추적 역할을 담당한 공군력을 최대한 이용하기 위해서 건기(4~10월)를 택했고, 캠프 데이비드 협정으로 삼면의 적들 중에서 이집트 방면의 위협이 제거되고, 이란. 이라크 전쟁으로 아랍 제국의 분열은 물론, 시리아의 국정 불안 그리고 세계의 관심이 포클랜드 전쟁에 쏠려 있던 시기로 전략적으로 유리한 환경을 최대한 이용했다.

합동작전과 전자전

이스라엘은 육·해·공군의 합동작전에 의한 입체전을 실시함은 물론, 목적달성과 전투효율을 제고하기 위해서 모든 원칙, 관습, 절차 및 형식을 무시하고 각 분야의 전문성과 장점을 최대로 활용했다. 즉 이스라엘 육군은 약 6일간 90 km를 진격하는 전형적인 전격전을 감행했다. 이때 최신 과학 장비로 적의 위치를 확인한 후에 무장헬기 등으로 적을 제압했다.

공중전은 지중해(300마일 밖)에서 초계비행을 하고 있던 E2C로 하여금 시리아기를 감시하고 있다가 적기가 이륙하면 ECM으로 적의 지상통제망을 교란시키면서 이스라엘군기(F-15/16)에 표적을 할당해 주었다. F-15/16은 자체 레이더로 표적을 확인한 뒤 AIM-9L(사이드와인더)로 요격하여 시리아 전투기를 90대나 격추시켰다.

이스라엘군 C3I체계는 전장의 기능을 최대한 발휘하도록 했다. 즉 이스라엘군은 E2C를 AWACS기능 발휘상태로 개조하여 전장의 기능을 통합하고, 이를 전장자동화체계로 연결하여 실시간 영상정보를 제공했다. 이는 적응성을 향상시킴은 물론 전자전 능력을 보유하여 생존성을 향상시킨 육·해·공군의 통합 C3I를 발전시켰다.

이스라엘군의 승인 요약

전략적 주변 환경을 잘 이용했고, 명확한 군사목표의 설정과 작전 진행에 따른 군사목표의 변경, 군사·비군사적 수단의 통합운영, 육·해·공군의 치밀한 합동작전, 전격전에 적합한 부대편성과 실행, 제공권확보, 예하부대 분권화통제, 최신과학무기와 재래식 무기의 혼합운용, 그리고 신앙을 중심으로 한 국민의 단결 등 여러 요인들이 이스라엘을 승리로 이끌었다.

※ 레바논은 국가가 유린되어도 속수무책이었다. 이는 자주국방 태세의 중요성을 입증해주는 전쟁이다.

레바논전 당시 이스라엘의 전장자동화

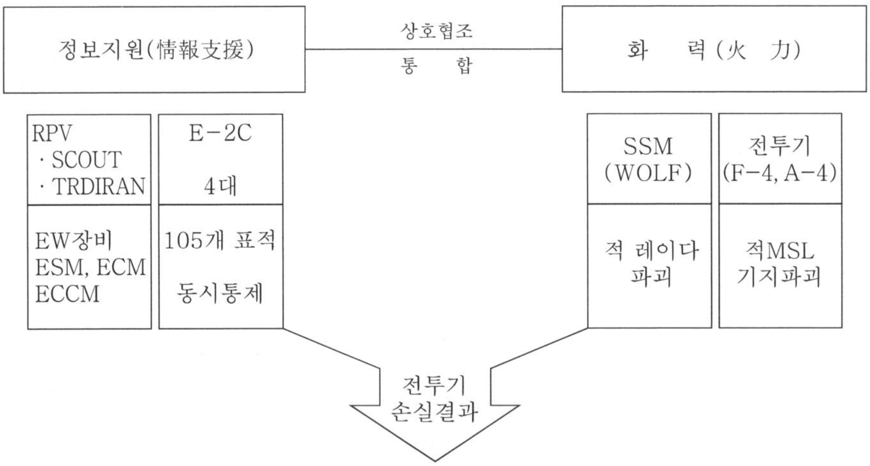

구 분	시리아	이스라엘
고정익기	100대 (MIG 21. 23)	2대 (SA-7에 의해)
회전익기	6대	2대 (지상포화에 의해)

베카계곡(Bekaa Valley)에서의 공중전 양상

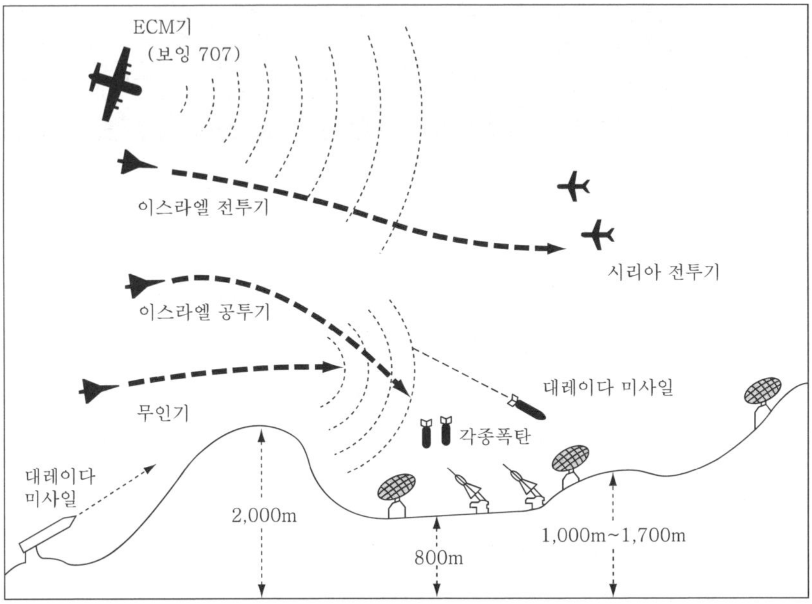

|멈추지 않는 전쟁, 레바논 내전|

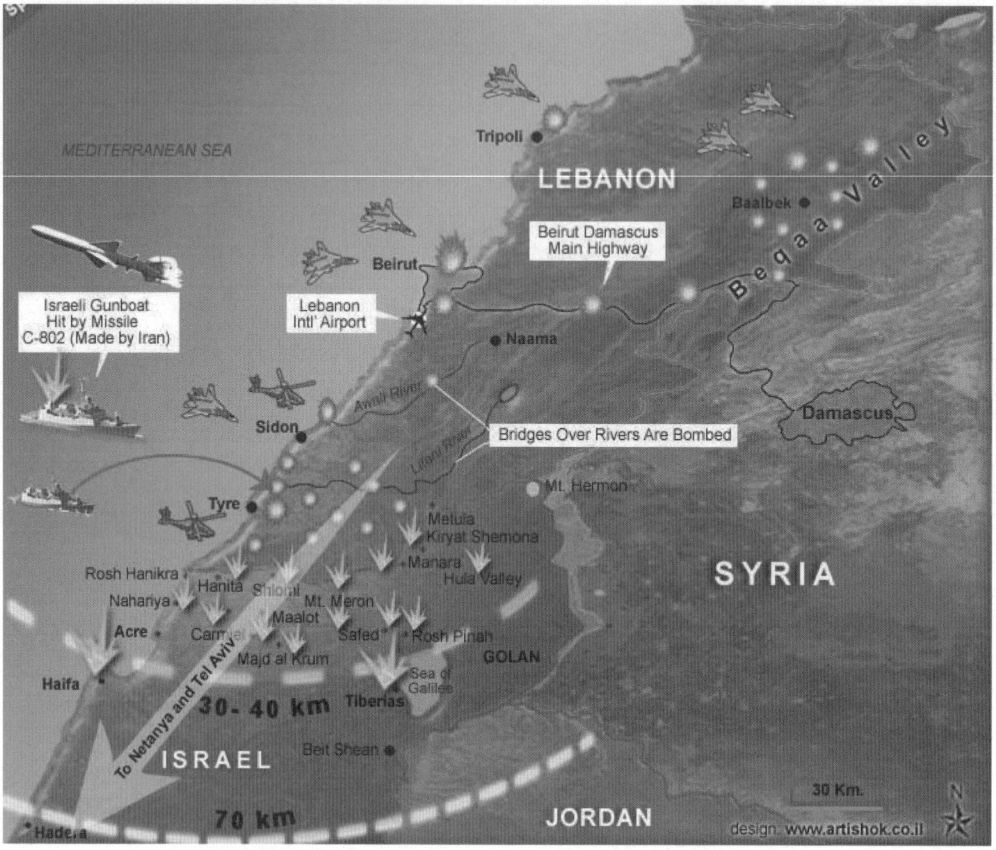

1982년 8월 이스라엘과 레바논 사이에 휴전이 성립되고(레바논 전쟁 참고), 1만 명에 달하는 팔레스타인 게릴라가 축출되었다. 1990년 헌법 개정을 통해 정국이 다소 안정된 뒤에도 이슬람 무장단체인 헤즈볼라와 이스라엘 사이의 무장투쟁은 2000년 5월 이스라엘이 남부 레바논에서 철수할 때까지 계속되었다. 1975년부터 1990년까지만 내전으로 인해 15만 명이 죽었고, 1978년부터 1999년까지 남부 레바논 지역에서만 227명의 국제연합군이 사망했다.

2006년 7월에 발생된 레바논 내전에서는 900명에 가까운 해외 유대인들이 이스라엘로 자진 귀국하여 전쟁에 참가했고, 이란과 이라크에서도 헤즈볼라의 "레바논 성전"에

▲ 베이루트 시내에서의 폭파 장면과 피란민들

동참하기 위해 무슬림 수백명이 레바논을 향했다. 이를 두고 "시오니즘과 이슬람의 성전(聖戰)"이라고 불렀다.

헤즈볼라는, 이스라엘에 구금된 레바논인 재소자 석방, 이스라엘이 점령한 레바논 영토(쉬바 팜스) 반환, 이스라엘이 남부 레바논에 매설한 40만개의 지뢰 지도 공개, 이스라엘군의 영공, 영해, 영토 침범 행위 중단 등을 요구하며 이스라엘과 싸웠다. 이에 이스라엘은 테러 조직 헤즈볼라의 완전한 분쇄를 위해 싸웠으며, 미국이 동조했다. 미국을 비롯하여 프랑스, 브라질, 시리아, 터키 등은 각기 이익을 염두에 두고 레바논 내전에 어떤 형태로든 개입했다.

101 코소보Kosovo 전쟁

- 시　기 : 1999. 3.24-6.9
- 장　소 : 코소보 지역
- 교전국 : NATO 대 유고
- 규　모 : NATO군 : 14개국 지상군 약 4.2만명, 항공기 1,127대, 함정 26대
  유고군 : 지상군 약 9만명, 전차 1,270대, 항공기 240대, 방공무기 1,950기(문)
- 결　과 : NATO군 승리
  유고 : 16,500명 전사상, 항공기 100대 이상 피해, 군장비/시설 파괴
  NATO군 : 2명 사상, 항공기 3대, 헬기 2대 피해
  코소보 : 104,600명 실종 및 피살, 시설/장비 500여개소 파괴
- 특　성 : NATO의 신전략개념, 위상제고, 공군위주 작전

발칸반도에서 보스니아 사태와 크로아티아 내전이 데이튼 평화협정으로 잠시 잠잠해지는 듯했으나 코소보에서 전화의 불길이 솟았다. 코소보 사태는 분리 독립을 요구하는 코소보 내 알바니아계 주민들이 코소보 해방군(KLA)을 조직하여 세르비아에 무장 독립운동을 전개하자 세르비아가 무력으로 강경 진압하면서 발발했다. 국제사회는 세르비아의 강경 진압이 보스니아 사태와 같은 대규모 분쟁으로 비화되는 것에 대하여 우려를 감추지 못했고, 사태를 미연에 방지하고자 코소보 내에 나토 평화유지군의 주둔을 골자로 하는 랑부예 평화협정을 세르비아가 수용하기를 요구했다. 그러나 코소보를 바라보는 세르비아인들의 정서는 서방 제국이나 발칸반도의 구유고연방공화국들과는 사뭇 달랐다. 코소보 사태는 세르비아인들의 민족적 정체성 확립과 민족주의 차원에서 발생

했다.

1998년 3월부터 세르비아는 유고연방군을 동원하여 코소보 해방군과 알바니아인들에 대한 "인종청소(ethnic cleansing)"를 시작했고, 1998년 9월 유엔은 평화적 해결을 위한 결의안을 채택하여 10월 유고연방이 결의안을 수용함으로써 코소보에 주둔한 유고연방군이 철수하는 등 평화정착을 위한 기반을 조성했다. 1998년 12월 이후 서방측의 중재

▶ 발칸의 학살자 밀로세비치
1만명 이상 시민을 학살했으며, 팔다리, 머리가 잘려져 나간 잔혹한 장면이 CNN을 통해 전 세계에 방영되었다.

안에 대한 양측간 이해대립으로 협상은 지체되었고, 무력충돌이 재발하자 1999년 3월 23일 미국은 유고연방과 평화적 재협상이 실패로 돌아가자 군사작전으로 변경하여 결국 세르비아에 대한 나토의 공습을 1999년 3월 24일부터 감행했다.

|미국과 나토의 개입 배경|

미국은 유고 공습의 명분으로 세르비아계의 코소보 알바니아계에 대한 인종청소와 인권유린을 방지한다는 "포괄적 인권문제"를 내세우고 있다. 인권은 탈냉전기 국제질서의 가장 중요한 덕목이라는 것이 미국의 입장이었다.

나토의 목표는 세르비아의 군사력을 괴멸시켜 더 이상 세르비아의 군사력이 주변국의 위협이 되지 않게 하는 것이다. 미국의 유고 공습의 목표 중 가장 중요한 것은 세르비아의 군사력을 괴멸시키는 것이며 아울러 전쟁에서의 승리로 밀로세비치를 권좌에서

▲ 코소보에서 필사적으로 탈출하는 주민들

밀어내는 것이다. 미국의 이러한 표면적 이유보다 실제 숨은 의도는 유럽지역에서 미국의 지도력 강화라는 것이 일반적인 평가라 할 수 있다. 또한 나토의 위상 제고도 그 목적 중의 하나이다.

|단계별 작전과 경과|

나토군의 작전개념은 크게 3단계로 구분할 수 있다. 첫째 유고군의 통합방공체계와 지휘통제시설, 지상군 및 병참시설 등을 공격하여 여건조성 및 유지하는 단계, 둘째 유고군을 고립시키기 위해 병참 및 유류 관련 시설과 도로와 철도, 항만 등의 수송체계를 공격하는 단계, 셋째 유고 지상군과 대통령 관저, 사회당 당사, 방송국 등 국가기반시설들을 공격하여 유고군을 격멸시키는 3단계로 시행되었다.

• **제1단계** : 1999년 3월 24일부터 30일까지 7일간 시행

공군 전력은 항공기 214~218대가 투입되어 일일 평균 150~200소티의 야간 위주의 공습이 시행되었다. 순항미사일도 123기 이상이 발사되었다. 이에 맞서 코소보

내 유고군은 3월 27일 인종청소 작전을 개시했고, F-117 스텔스 폭격기 1대가 세르비아군에 의해 베오그라드 서쪽 40 km 지점에 추락하기도 했다.

- **제2단계** : 1999년 3월 31일부터 4월 18일까지 19일간 항공기 218~350대가 투입되어 일일 평균 250~300소티가 주야 연속 공습을 실시했다. 3월 31일에는 3명의 첫 미군포로가 발생했다(5월 2일 석방).
- **제3단계** : 1999년 4월 19일부터 6월 9일까지 52일간 항공기 350~535대가 투입되어 일일 평균 400~600소티의 공격을 실시했다.

기간 중 나토 창설 50주년 기념을 맞이한 정상회담(워싱턴, 4.23~4.26)에서 전방위 공격으로 전환할 것이 결정되었고, 4월 24일에는 유고에 대한 해상 유류공급을 봉쇄하는 결의를 했다. 5월 2일에는 나토군이 최초로 흑연폭탄을 사용하여 단전사태를 발생시켰고 5월 7일에는 중국대사관 오폭으로 3명이 사망하고 26명이 부상을 당함으로써 국제적인 긴장을 불러일으켰고, 5월 27일 유엔은 국제형사재판소에 밀로세비치 대통령과 4명의 장교들을 전범으로 기소했다.

6월 3일에는 세르비아 의회에서 G-8 평화안을 승인했고, 6월 8일에는 G-8국가와 코소보가 유엔결의안 초안에 합의함에 따라 6월 9일 나토와 유고가 코소보에서 철군하는 평화협정에 서명함으로써 6월 10일부터 세르비아군의 철수가 시작되었고, 나토군의 공습은 중지되었다. 6월 20일부터 나토가 공식적으로 전쟁종결을 선언함으로써 공중공격 78일을 포함한 3개월간의 코소보 전쟁은 끝이 났다.

|분 석|

코소보 전쟁은 신유고연방의 세르비아계가 알바니아계 주민에 대한 "인종청소"가 근본적인 원인이었다. 나토가 인도주의를 표방하면서 러시아와 중국 등 과거 사회주의 진영의 반대를 무릅쓰고 신유고연방 내정에 무력으로 개입했던 전쟁이라 할 수 있다. 이러한 국제적인 개입을 일각에서는 "인도주의 전쟁(humanitarian war)이라 부르고 있다.

코소보 전쟁은 항공력에 의한 Smart/Clean 전쟁이 수행되었는데, 나토측은 최소의 인명피해로 전쟁을 수행했다. 유고측 역시 사망 또는 부상이 10,000여 명에 달했는데, 쌍방간의 피해를 최소화하고 정밀유도무기에 의한 점표적(Pin Point) 공격으로 군사표적만 공격했기 때문에 가능했다. 또한 최초의 Cyber/Net 전쟁이 수행되었는데, 유고 해커가 나토군 인터넷을 피습하여 일시적으로 기능이 중단되기도 했다. Cyber War는 인명살상을 최소화하는 효과와 상대방의 C4I망에 침입하여 지휘결심자료에 거짓 정보를 입력하여 전쟁을 결정지을 수 있는 가능성을 입증하기도 했다.

지상병력은 공격표적 확인 등 보조임무를 수행하고 항공력에 의한 공중공격으로 승리를 달성한 최초의 전쟁이었으나, 지상전력을 포함한 제병협동 작전이 없이는 전쟁 목적 달성에 한계가 있음을 드러냈다.

걸프전 당시 정밀무기 사용은 전체의 8%에 불과했지만 코소보 작전 78일간 총 투하량(23,000발)의 35%인 8,000발의 정밀무기가 사용되었고, 특히 작전초기 사용한 폭탄 및 미사일의 90% 이상이 정밀무기였다. 민간인 사상자 발생을 최소화했고, 총 발사된 23,000발의 폭탄 및 미사일 중에서 불과 20여발만이 부수적인 피해를 유발했다.

미 공군은 세르비아 방공망의 지휘통제에 사용되는 컴퓨터를 무력화시키기 위해 초

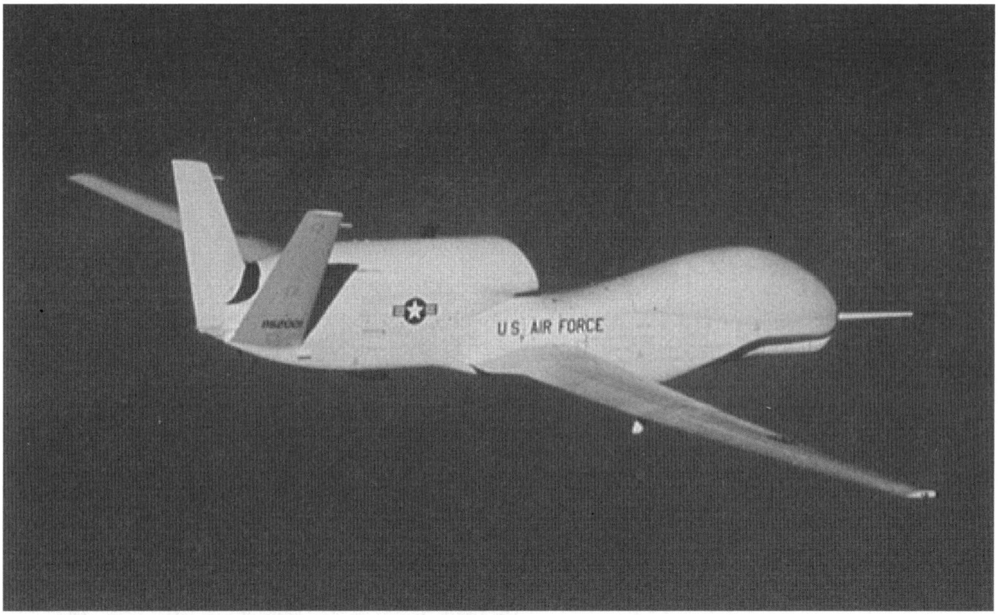

창기의 정보전 자산도 사용한 것으로 알려지고 있다. 특히 EA-6B 및 기타 항공기에 의해 제공된 지극히 효율적인 전파방해에 추가하여 새로운 방식으로 침입한 컴퓨터 해킹은 세르비아군이 분명히 나토군의 방공제압(SEAD) 항공기에 의해 표적이 되는 것을 두려워하여 고가의 방공자산 사용을 주저하는 상황에서 값진 전술임이 증명되었다. IO 무기에는 영향권 내의 모든 전자나 컴퓨터 기반시설을 해치우는 비핵전자기 펄스무기가 포함된다. 연성폭탄(Soft Bomb) 혹은 흑연폭탄도 IO 무기의 범주에 속할 수 있다. 코소보 전쟁 때 적극적으로 실시되었던 심리전도 현대적 전자통신기술에 의존하기 때문에 정보전쟁으로 취급되고 있다. 정보 작전(Information Operations)의 중요성 대두된 전쟁이라 할 수 있다.

심리전의 중요성 대두

신유고 연방은 작전초기 인터넷을 통한 사이버전을 수행하고, 유고의 해커에 의한 나토의 인터넷을 피습하여 일시적인 기능을 중단시키고 역정보를 유포하는 데 성공했다. 인터넷을 통한 사이버전과 방송매체를 이용하여 나토의 침공으로 인한 인류 평화 파괴와 폭격으로 인한 민간인 사상자(특히 어린이) 발생을 중점적으로 부각시켰으며, 나토 공습에 대한 유고의 저항은 정당방위임을 강조하여 항전의지를 고취시키는 등 효과적인 심리전을 수행했다.

반면 나토는 유고국민들에게 대한 나토의 의지 전달에 실패했고, 밀로세비치를 TV나 라디오 등의 방송매체로부터 격리하는 데는 실패하고 말았다.

▲ 라디오 방송을 하고 있는 밀로세비치

▲ 잔혹한 학살 현장

102 아프가니스탄Afghanistan 전쟁

- 시　기 : 2001.10.7~
- 장　소 : 아프가니스탄 지역
- 교전국 : 동맹군 대 탈레반군
- 규　모 : 동맹군 : 6개국 특수작전부대(미 레인저, 델타포스, 네이비 씰, 해병대 특수부대, 영 SAS, 해병대 등), 북부동맹군
  탈레반군 : 반군 약 5,000~10,000명
  항공기 240대, 방공무기 1,950기(문)
- 결　과 : 동맹군 승리
  동맹군 : 미군 49명 전사상, 헬기 1대
  탈레반군 : 약 450명 이상 사망 추정
- 특　성 : 전쟁대상 및 형태 모호, 전쟁목표 불명확, 신전쟁 개념 대두

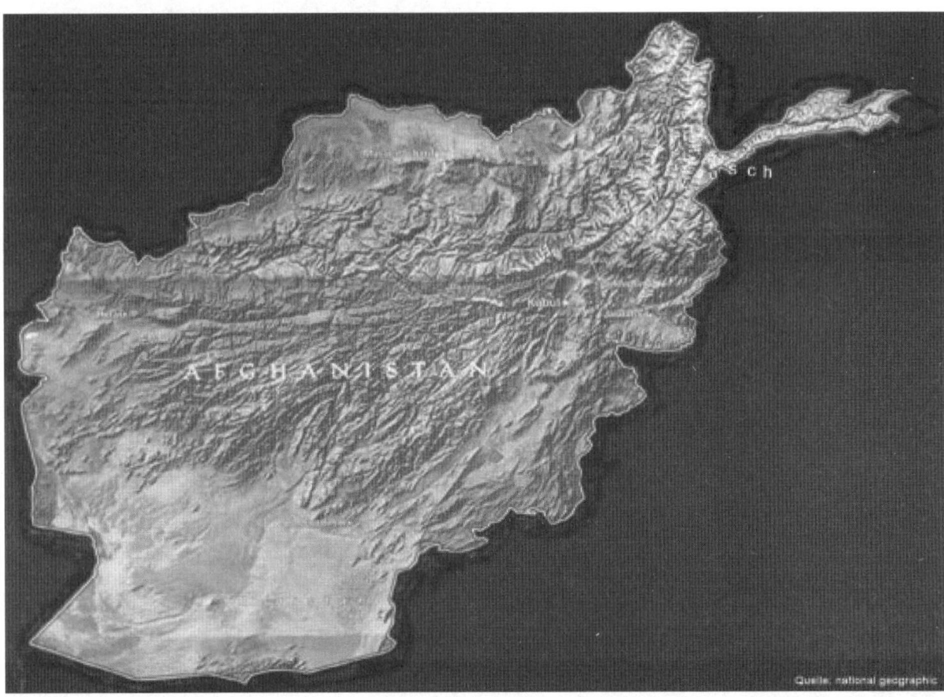

소련의 아프가니스탄 침공 및 철수

▲ 아프가니스탄 국기

반공주의를 표방하는 이슬람교도 유격대와 공산주의를 옹호하는 아프가니스탄인들 사이의 내전양상이었지만 아프가니스탄에 공산정권을 계속 유지시키려는 소련 군대가 합세하여 전쟁을 수행해 왔다.

내전의 원인은 1978년 4월 좌익 장교들이 중도파 아프가니스탄 정부를 전복시킴으로서 발발했다. 지지기반이 약했던 새 정부는 소련과 친밀한 유대관계를 만들어가면서 무자비하게 반대파를 숙청하고 광범위한 토지개혁과 사회개혁을 실시함으로써 독실한 이슬람교도들과 많은 반공산주의적인 대중들로부터 원한을 샀다. 이로 인해 정부에 대항하는 이슬람교도 폭동이 일어났고 칼크당과 파르캄강 연립정부 내에서도 내분이 발생하게 되었다. 이러한 상황이 소련을 자극해 1979년 12월 3만 명의 소련군을 아프가니스탄에 침공하게 하는 원인을 제공했다.

아프가니스탄 전쟁은 10만 명의 소련군이 대도시와 중소도시 및 주요 군사주둔지를 장악하고 상대적으로 무자헤딘(Mojahedin : 무장 게릴라 조직)이 시골지역으로 흩어짐

▲ 무자헤딘

으로써 빠르게 교착상태에 빠졌다. 소련군의 잔학행위는 인구를 감소시켰으며 주민들의 탈주를 불러 1982년까지 약 280만 명의 아프가니스탄인이 파키스탄 수용소로 도피했으며 150만 명은 이란으로 탈주했다. 전쟁 중에 사망한 아프가니스탄인의 수는 무려 130만명이나 되었고, 소련군도 약 15,000명이 사망했으며 50,000명이 부상을 입었다.

약 10년간의 내전으로 인해 1988년에는 유엔 중재 하에 휴전협정을 추진하여 5월 휴전 협정이 성립되었다. 소련군이 철수하고 아프가니스탄이 비동맹국가로 다시 복귀한다는 협정이 미국, 파키스탄, 아프가니스탄, 소련 사이에 맺어졌다. 1989년 2월 고르바초프 집권기에 구소련군이 아프가니스탄으로부터 완전히 철수했다.

|탈레반 정권의 집권|

1989년 구소련군 철수 이후 무자헤딘 게릴라는 종족 및 정치적 이해에 따라 분열되어 내전이 재발되었다. 1992년 4월 무자헤딘의 파벌이 카불을 함락하고 이슬람 공화국을 수립했으나 분쟁 재발로 1994년 파벌간의 지역분할 통치시대를 초래했다.

1994년 탈레반 Taleban이 등장하여 급속히 세력을 확장했다. 탈레반은 1994년 10월, 2만 5000여 명의 학생들을 중심으로 아프가니스탄 남부 칸다하르에서 결성한 수니파(派) 무장 이슬람 정치조직이다. 이들은 아프가니스탄 난민촌에 설립된 신학교 출신의 전사로 구성되었다. 파벌주의, 부패, 폭력을 일소할 수 있는 이미지를 부각, 국민들로부터 지지를 획득했고, 파키스탄으로부터 무기, 훈련, 기술적 지원을 받았다.

▲ 탈레반 지도자 오마르

결성 당시부터 군정세력으로 출발해 1994년에 이미 아프가니스탄 국토의 80% 정도를 장악한 뒤 이듬해 수도 카불 Kabul을 점령, 14년간 계속된 아프가니스탄 내전과 4년 동안의 무자헤딘 권력투쟁을 종식시켰다.

1996년 9월 탈레반이 카불 점령 후 지도자 물러

오마르 Mullah Omar는 이슬람 정권을 수립하고 이슬람 종교적 교의에 따른 강권정치를 실시했다. 남성은 의무적으로 수염을 기르도록 했고, 국민에 대해 음악 및 스포츠를 금지시켰으며, 종교 경찰은 탈레반 법령의 집행에 대해 책임을 가졌다. 탈레반군과 북부동맹군 사이의 내전이 지속되었고, 탈레반 정권은 파키스탄 등으로 부터 외국 지원병을 확보하여 군사력을 확충했으며, 강력한 공세를 취하여 북부동맹군을 압박했다.

|전쟁의 원인|

2001년 9월 11일, 오사마 빈 라덴 Osama Bin Laden의 테러조직인 알 카에다는 뉴욕세계무역센터(WTC)와 펜타곤에 항공기를 이용한 테러를 감행했다. 이 테러로 세계 80개국의 국적을 가진 3,225명(12.20. 뉴욕시 공식집계)이 죽거나 실종되었다.

▲ 9.11 이전의 세계무역센터의 모습

알 카에다 조직은 미국과 그 동맹국에 대해 1996년 10월 성전(Jihad) 수행을 선언했고, 미국을 대상으로 지속적인 테러활동을 감행하여 큰 손실을 안겨 주었다. 탈레반 정권과 빈 라덴 및 알 카에다 조직은 상호 긴밀한 의존적 동맹관계를 유지하고 있었다. 9.11테러 이후 아프가니스탄으로 도주한 빈 라덴에 대한 미국의 인도요청과 알 카에다 조직의 제거 요구에 대해 탈레반 정권이 거부함으로써 전쟁이 불가피했다.

▲ 오사마 빈 라덴

▲ 9.11테러로 화염에 싸인 세계무역센터

|미국의 위기관리 및 전쟁준비|

▲ 부시

미국은 부시 대통령의 강력한 리더십 하에 국가안보회의와 전시내각회의를 통해 대테러전 수행과 관련한 주요 정책을 결정했으며, 1998년 이후 아프가니스탄에서 은밀공작을 실시해온 CIA의 정보가 전쟁을 위한 정책결정에 기여했다. CIA와 FBI는 테러가 알카에다 조직에 의해 행해졌다는 다양한 첩보를 획득하자, 부시는 9월 29일 대국민 라디오 연설을 통해 이번 테러와의 전쟁이 21세기의 첫 번째 전쟁이자 새로운 전쟁(a different kind of war)이 될 것임을 선언하면서 이는 테러리스트와의 전쟁이지 이슬람 종교와는 전혀 상관이 없음을 지속적으로 강조했다.

▲ 지하드

부시는 대테러전에 대한 국제적인 협력을 얻는데 노력했다. 그리고 군사력을 전방으로 전개했고, 특수정보요원에 의한 은밀 작전을 개시했다. 약 5만 명의 동원예비군을 소집하여 전쟁준비 능력을 향상시켰다.

|전쟁 수행|

미국은 전략목표를 탈레반 정권의 축출과 빈 라덴의 알 카에다 조직 등 테러 세력의 제거로 설정하고, 이를 달성하기 위해 국제적 협력하에 모든 수단을 동원하기로 결정했다. 지휘관계는 중부사령관이 태평양사령관의 전투근무지원 협조하에 작전을 수행했으며, 다국적군 부대는 중부사 예하의 각군 구성군 사령관 예하에 편성되어 임무를 수행했다. 전력은 미군의 중동 및 남부유럽지역의 기존 배치전력 및 증원 전력과 영국, 프랑스 등 다국적군 지원전력, 그리고 북부동맹 전력으로 구성함으로써 텔레반 및 알 카에다 조직의 전력에 비해 압도적인 우세 하에 전쟁을 수행했다.

▲ 프랭크스(Tommy Franks) 중부사령관

군사작전은 4단계로 구분했고, 군사작전 이전인 여건조성단계, 항공전력 및 특수부대 중심으로 북부동맹군의 공세작전을 지원했던 초기작전, 해병대 등을 직접 투입하여 탈레반군의 저항기지를 탈환했던 결정적 작전, 알 카에다 잔적 소탕 및 빈 라덴을 체포하고 과도정부를 지원하는 안정화 작전으로 구분하여 실시했다.

군사작전의 주요 특징은 C4ISR 전력 및 정밀타격 체계를 결합한 복합 전력체계에 의해 게릴라전과 장기전을 수행하고자 하는 적의 의도를 효과적으로 분쇄했으며, 걸프전쟁과 마찬가지로 토마호크 순항미사일과 공중정밀 타격에 의해 적의 전쟁수행능력을 마비시킨 가운데 전쟁을 수행했고, 탈레반 정권과 국민을 분리시키기 위한 심리전과 인도주의적 구호작전이 강조되었다.

다국적군은 대부분 해상차단작전, 수송작전, 인도적 구호작전 등을 주로 수행했고, 유럽국가와 호주, 캐나다, 뉴질랜드 등은 특수부대, 전투기 등을 파견하여 미군과 함께 아프가니스탄 내에서 작전을 수행했다.

단계별 작전경과

여건 조성단계(2001.9.11~10.6)

동맹국과 군사협력 및 미 군사력 전개를 위한 전개기지 협조, CIA에 의한 토착 동맹군 포섭 및 전장 정보 등에 중점을 두고 준비했다.

국내적으로는 국가안보회의를 통하여 대응전략 조기수립, 명확한 전쟁지도지침 하달, 국민의 대테러지원 유도, 종교전쟁으로 확대방지를 위하 외교 및 매스컴의 역할 그리고 장차 전투를 수행할 토착 북부동맹군에 대한 무기 및 재정 지원의 활동을 활발하게 전개했다.

국제적으로는 대테러전에 대한 국제협력을 획득하기 위하여 유엔에 적극적인 지지를 요청하고, 미국의 7가지 제안사항 파키스탄 수용, 중앙아시아(최초 우즈베키스탄, 차후 타지키스탄 협조 등)에 부대 전개 및 공군기지 협조, 파키스탄에 특수부대 및 수송전력 배치, 아라비아, 인도양에 항모단 중심의 해·공군력 배치 등 차후 군사작전을 위한 준비를 했다.

초기 작전단계(2001.10.7~11월말)

알 카에다와 탈레반 지도부를 주요도시나 거점에서 축출하는 군사작전이다. 10월 7일 적 항공기와 방공시설, 탈레반 지휘소와 지휘통신시설, 주요 거점, 군사시설, 테러 훈련기지 등에 대하여 공중 폭격 위주의 항공작전을 개시했고, 11월 9일에는 북부 Maza-e Sharif 도시가 북부동맹군에 의해 확보되었다. 11월 13일에는 북부동맹군이 수도인 카불에 입성했고, 11월 11일~11월말까지 주요 도시인 Konduz, Shirkan, Herat, Bagram, Kandahar 등의 비행장을 확보하여 결정적인 작전인 탐색격멸작전을 위한 여건을 마련했다.

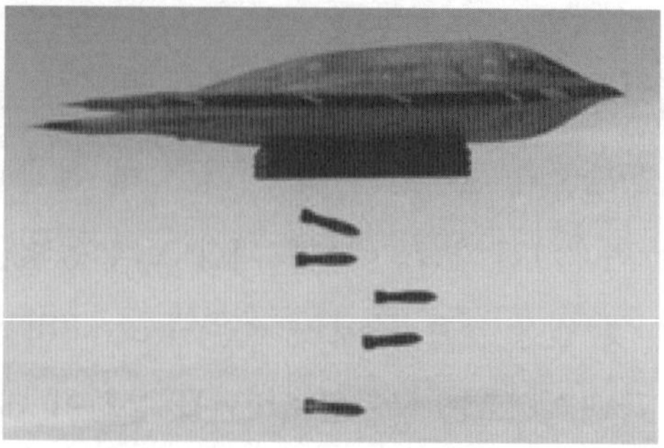

▲ 초기작전은 항공 위주의 작전이었다.

결정적 단계(2001.11.25~2002.11.16)

본격적인 지상작전이 실시된 단계이다. 항공작전은 폭격 임무에서 주로 탈레반군 잔당 소탕을 위한 정찰 감시 및 공중지원으로 임무를 전환했다. 지상군 작전은 칸다하르 지역을 최후 거점으로 하여 저항하고 있는 탈레반군을 소탕하는 "칸다하르 작전", 동부 산악지대의 파키스탄 국경지대인 토라보라에 집결되어 저항중인 약 1,000명 이상의 탈레반 및 알 카에다 공격을 위한 작전인 "토라보라 작전"(2001.12.7~16), 아프가니스탄 동부 Shahi Kot의 산악지역에 집결한 약 5,000명의 알 카에다 및 탈레반군 소탕을 위한 미군, 동맹군 및 토착 북부동맹군의 연합작전인 "아나콘다 작전"(2002.3.1~18)을 실시했다.

아나콘다 작전에서 약 250~500여 명의 알 카에다가 죽고, 20명(부상자) 생포 외에 100명이 도주했다. 미군 측은 10사단 예하 병력 8명이 사망하고, 특수전 부대 6명이 사망했으며, 수십명의 중경상자가 발생했다.

기타 파키스탄 접경에서 테러집단의 장기간 은거를 막기 위하여 미 헬기부대가 실시한 "파키스탄 접경지역 공세작전"(2002.10.30~11.1), 카불과 바그람간 산악지역 무기

수거와 파괴를 위해 호주 대대(TF-64) 및 미 헬기부대가 실시한 "코헤사피 수색작전"(2002.11.7~16) 등이 있었으며, 알 카에다와 탈레반 잔당의 동부산악지역 은거를 막기 위해 "알라모 스위핑 작전"이 실시되었다. 알 카에다와 탈레반군이 무력화된 이후에도 특수전 부대에 의한 수색 및 정찰, 민사작전이 이루어지고 있다.

안정화 작전 단계(2003년 1월 이후)

2002년 6월 과도정부가 수립된 이후 국가 통합 및 재건 활동을 실시하는 단계로서 2002년 12월말 아프가니스탄 전역에 8개의 지방 재건단을 설치하고 지역별 정치, 군사 및 종교 지도자들과 지속적인 협조를 통한 불안정한 요인 제거와 재건 활동 지원에 역점을 두고 추진하고 있다.

|분석|

감시 및 정찰 작전

아프가니스탄 전쟁 간 감시 및 정찰자산은 표적을 확인, 식별하여 정밀 타격전력에 의한 실시간 타격으로 적의 전쟁능력과 의지를 조기에 붕괴하는 데 기여했다. 아프가니스탄 전쟁은 코소보 전쟁에 이어 ISR+C4I정밀유도무기를 결합하여 전쟁수행방법의 효과를 최대한 활용한 전쟁이었다.

항공작전

항공작전은 제공권 장악-탈레반 군사력 파괴, 마비-공중정찰, 공군지원의 3단계 작전으로 구분하여 정밀타격을 실시했다. 개전일 항공작전은 폭격기 15대, 전폭기 25대, 순항 미사일 50기를 동원하여 40개의 기계획 목표에 대한 집중공격을 실시했고, 개전 6일째까지 전폭기 및 토마호크 전력을 투입하여 방공시설, 지휘통제부 및 통신시설을 공격하여 제공권을 장악했다.

특수부대작전

10월 7일 직접 군사작전을 개시하기 이전부터 CIA 은밀공작 요원과 병행하여 특수요원을 투입(9.15), 정보수집 등의 다양한 임무를 수행했다. 작전기간 중 미군은 인원 미상의 육군 Rangers/Delta Force전력, NAVY SEAL, 해병대 특수부대, 특수전사령부 소속 MC-130 등이 투입되었다. 영국군은 특수부대 SAS요원 약 100명(10.4), 해병대 200명이 참가했고, 기타 호주(150명), 프랑스(200명), 이탈리아(200명), 터키(90명) 등의 특수부대가 활동했다. 이들의 주요 임무는 비정규전(게릴라전, 파괴, 방해, 첩보활동)과 직접행동(폭격의 유도, 지시, 파괴, 검거, 포획을 위한 단기습격), 특수정찰, 외국군에 대한 지원 등 다양하고 중요했다.

해상작전

미 항모전력과 다국적군 연합전력이 아라비아해, 걸프만, 오만만 해역에 집결하여 전쟁을 수행했다. 주요 작전으로는 항모단의 항공전력은 공군의 폭격기 전력과 함께 주요한 공중 타격 공격임무를 수행했고, 잠수함과 수상함정에서 개전초기 토마호크 미사일을 발사하여 주요 표적을 타격, 파괴, 마비시켰다.

심리전 수행

탈레반과의 전쟁 선언 이후부터 강력하게 수행했으며, 이제까지 다른 전쟁과 비교할 때 심리전을 전쟁의 정치적, 전략적 목적 달성을 위한 핵심적인 작전으로 수행했다는 특징이 있다. 심리전 방송은 총 6대의 코만도솔로(Commando Solo, EC-130E)를 매번 2대씩 운용하여 소형 라디오 총 5,450개를 살포했고, 심리전 프로그램 43개, 라디오 방송원고 224개를 제작(다리어 106개, 파슈툰어 107개, 아랍어 11개 라디오)했다. 또한 미국의 소리(VOA)방송이 아프간, 파키스탄, 인도, 이란 등 5개 국어로 중동, 서남아 21개국에 대한 심리전 방송을 전개했다. 방송 메시지 내용은 9월 11일 테러에 대한 보복 공격의 정당성과 공격표적은 테러리스트와 위정자이며 미군은 아프간을 돕기 위해 전쟁을 수행하고 있음을 강조하는 것이었다.

인도적 구호작전

2001년 11월 13일 탈레반군이 수도 카불에서 퇴각 후에 미, 영, 러시아, 불, 독, 터키, 이란 등 각국은 대사관과 연락사무소를 개설하여 외교활동을 재개했다. 12월 5일에는 유엔 중재하 아프가니스탄 4개 정파간 합의하에 과도정부를 구성했는데, 수반은 카르자이(최대 정파인 파슈툰족 출신)로 내정되었고, 북부동맹이 30개 요직 중국방, 외무, 내무장관 등 17개를 장악했다.

인도적 구호작전은 심리전과 병행하여 수행했는데, 탈레반 정권과 국민들을 분리하기 위한 심리전 지원, 이슬람 세계 전체의 반발을 무마하고 이들의 탈레반에 대한 지원을 차단하며, 과도정부의 안정을 회복하는데 목적을 두고 실시되었다. 주요 구호작전은 군사작전 실시와 동시에 아프가니스탄 난민에 대한 원조 증액과 유엔이나 NGO들이 제공하는 구호물자 수송 및 비상식량을 투하하는 것이었다.

유엔은 아프가니스탄의 혼란을 극복하고 국내안정을 위해 국제안보지원군(International Security Assistance Force) 결성하여 안정화 작전을 수행했다. 유엔안보리 결의안(2001. 12.20, 1386호)에 의해 영국 주도하에 18개국 4,500명 수준의 국제안보지원군(ISAF)이 창설(2002.1.1)되었다.

IED와 한국군 첫 희생자

IED(Improvised Explosive Device)는 일종의 사제 급조폭발물이다. 아프가니스탄 저항세력의 테러에 동원되었고, 이로 인해 2007년 2월 27일 오전 바그람 미공군기지 정문에서 통역병으로 임무 수행 중이었던 윤장호 병장이 안타깝게 희생되었다.

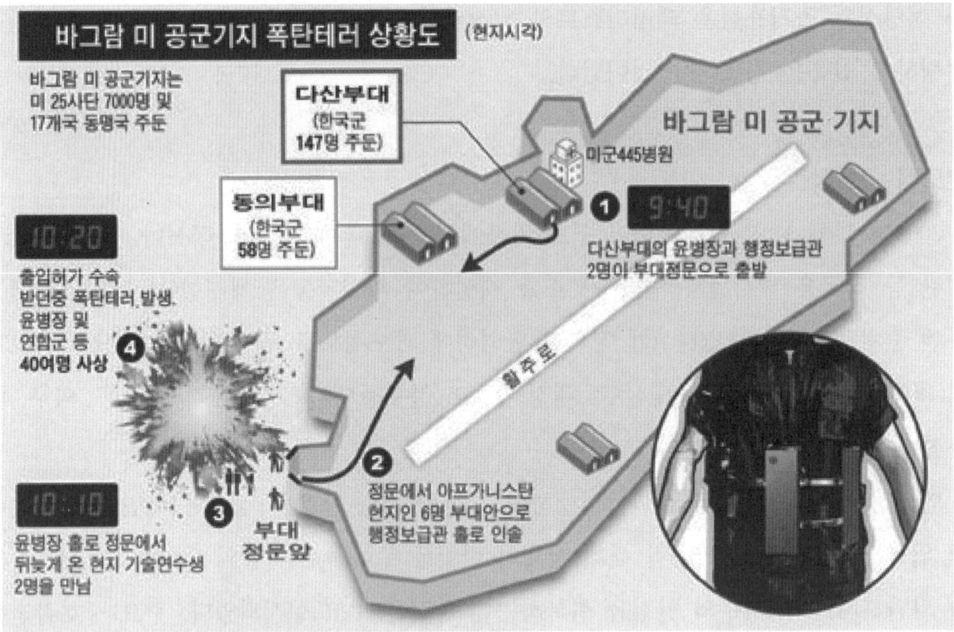

◀ 바그람에서 베트남 이후 해외 파병 첫 희생자가 된 윤장호 병장

주요 해외 파병 현황(2006년 국방백서 기준)

	현 인원	최초 파병일	교대주기
다산부대(아프가니스탄)	147명	2003년 2월	6개월
동의부대(아프가니스탄)	58명	2002년 9월	6개월
자이툰부대(이라크 아르빌)	2200명	2004년 4월	1년
다이만부대(쿠웨이트)	100여 명	2004년 10월	6개월
기타 인도・파키스탄(10명), 그루지아(7명) 정전감시단, 라이베리아(2명), 아프가니스탄(1명), 수단(7명) 지원 등 유엔평화유지군 활동			

▲ 아프가니스탄의 거대한 석불

9장
걸프 · 이라크 전쟁

"전쟁은 나라의 큰일이다. 국민의 생사와 나라의 존망이 달린 것이니 신중히 살피지 않으면 안 된다."

-손자병법 첫머리에서-

103 걸프[Gulf] 전쟁

|전쟁 개요|

걸프전쟁은 1990년 8월 2일 이라크가 21개 사단을 쿠웨이트에 전격 투입, 5시간 만에 이를 강점함으로써 발단이 되었다. 이라크의 쿠웨이트 강점을 응징하기 위한 유엔의 결의안(1990.8.2 유엔 결의 660호)에 따라 미군이 사우디아라비아에 투입(1990.8.8)되어 약 6개월 동안 사우디아라비아의 방어를 위한 "사막방패작전"을 수행해 왔었다. 이라크가 무조건 철수에 응하지 않자 유엔은 경제봉쇄(1990.8.6 유엔 결의 661호)와 해상봉쇄

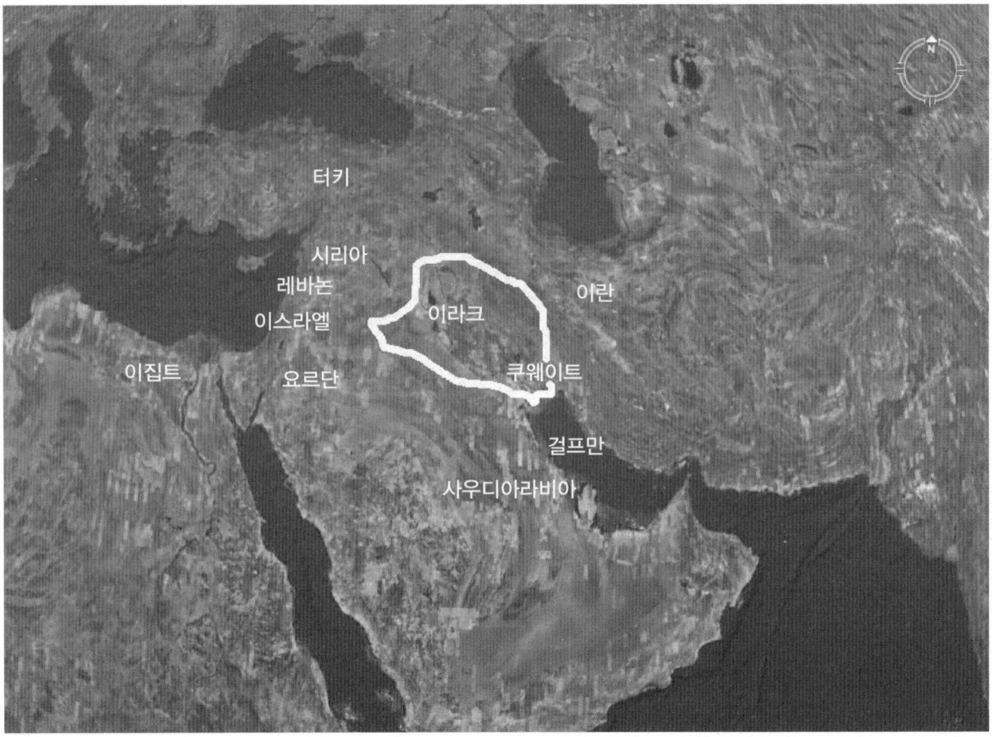

를 단행했으며, 최후의 수단으로 다국적군의 무력행사를 승인(1990.11.29, 유엔결의 667호)하여 1991년 1월 17일부터 방어에서 공격으로 전환하는 "사막폭풍(Desert Storm)"작전을 전개했다.

다국적군은 38일간의 공습으로 제공권을 장악한 다음, 1991년 2월 24일 대대적인 지상작전을 전개함으로써 승기를 잡았다. 지상작전 개시 100시간만인 2월 28일 미대통령 부시는 전투행동 중지를 선언했고 이에 후세인도 같은 명령을 내렸다. 전투종결과 동시에 현지 미군 사령관인 슈워츠코프대장과 이라크군 대표자는 휴전협의를 했으며, 유엔안전보장이사회는 1991년 3월 2일 미국이 제의한 걸프전쟁 종전에 관한 결의안을 통과시키고 이라크가 이를 수락함으로써 걸프전쟁은 다국적군의 일방적인 승리로 종결되었다.

1991년 1월 17일 사막폭풍작전이 개시되고 2월 28일 부시 미대통령의 작전중지 선언까지 공중작전 43일, 지상작전 4일의 짧은 기간에 이라크측은 10만명 이상의 인명피해와 3,000억불 이상의 막대한 재산피해를 입었다. 이는 복구에 약 30년이 소요되는 피해이다.

| 원 인 |

간접적 원인

동유럽 제국들의 변화와 소련의 개방 · 개혁 등 공산체제의 와해로 인한 미 · 소 중심의 이데올로기적 대립이 종식되고, 독일과 일본이 경제력을 바탕으로 제2차 세계대전 전과같이 국제무대에서 영향력 있는 국가로 부상하게 되자 경제적 이익을 위주로 한 민족적 · 지역적 블록화와 경제 · 군사간 이합집산이 심화됨으로써 걸프전쟁이 발발하게 된다.

직접적 원인

이라크의 입장에서는 이란과의 8년 전쟁으로 인한 극심한 경제난(샤트 알 아랍 수로 소유권 문제로 야기된 8년 전쟁에서 이라크는 8백억 달러의 외채를 안았음. 후세인은

▲ 쿠웨이트의 불타는 유전

쿠웨이트에 대해 전비 350억 달러를 포기하라고 협박함)과 100만 명이나 되는 과중한 군사력유지 등으로 돌파구가 필요했다.

또한 지역 내 패권을 잡으려는 후세인의 야망이 복합적으로 작용했으며, 미국의 입장에서는 걸프지역을 사활적 이해지역으로 간주 이라크의 쿠웨이트 침공을 새로운 국제질서구축에 대한 중대한 도전으로 인식한데서 그 원인을 찾을 수 있다.

|역사적 배경|

56세의 후세인이 아랍민중들을 등에 업고 서구의 막강한 군사대국들과 전쟁을 시도한 용기(?)는 어디에서 나온 것인가. 대단히 무모한 도박이며 시기적으로도 오판이라는 전문가들의 판단을 무시하고 목숨을 건 한판의 도박을 시도한 후세인에게는 또 다른 뿌리깊은 역사적 배경이 내재하고 있다.

중동의 과거 역사는 1천년 이상, 길게는 3천년 가까이 이슬람세계와 기독교세계의 분쟁속에서 피를 뿌려왔었고 지금도 그 연장선에 놓여 있다 할 수 있다. 걸프전쟁의 성격을 아랍권에서는 '현대판 십자군 전쟁'이라고 규정하는 사실은 "모든 이슬람교도들은 알라신을 위해 싸우라"며 성전(聖戰)을 독려한 후세인에게 지지를 보낸 아랍민중들의 열광을 보아 이를 알 수 있다.

이슬람세계는 근대과학의 기술에 기초한 서양군대에 고스란히 무너지면서 서양군대에 대한 역사적인 한을 간직하게 되었고, 영국과 프랑스가 중동전역에서 식민지를 관할하게 되면서 제1차 세계대전 이후 터키에 공화국 정부가 들어서게 되는데 이는 곧 서양세계의 이슬람세계에 대한 최종적인 승리를 의미하게 된다.

서구세계에 의해 강점된 중동은 제2차 세계대전을 전후로 하여 아랍국가들이 대거 독립할 때까지 과거 1천년 가까이 서양세계와는 전통적인 적대관계에 있었다. 이러한 아랍인들의 서방 강대국에 대한 뿌리 깊은 원한과 좌절감은 결국 후세인이라는 한 인간을 통해 전쟁이라는 형태의 분출구를 만들었던 것이다.

대다수의 아랍인들에게는 후세인이야말로 상징적인 존재로서 용기 있는 혁명가이자, 아랍인들의 감정을 대변해주는 유일한 지도자로 받아들여지게 되었다. 아랍민족의 수는 약 9,500만명에 이르고, 전 세계의 이슬람교도는 약 4억여 명이 된다.

|이라크와 쿠웨이트|

이라크는 43만 8천km^2의 국토면적, 1천7백만 명의 인구, 정규군 1백만명에 50만 명의 예비군, 5,500대의 전차, 510대의 전투기 등 세계 4위의 군사력을 가진 나라이다. 이에 비해 쿠웨이트는 1만 7천km^2의 국토면적, 170만 명의 인구, 20,300명의 병력, 350대의 전차와 50대의 전투기를 가진 조그마한 나라이다.

쿠웨이트는 1899년부터 1961년까지 영국의 보호령이었는데 그 전에는 이라크의 압바스 왕조의 통치지역에 속했다. 영국은 쿠웨이트의 풍부한 석유 매장량을 탐내어 그들이 통치하기 좋도록 독립시킨 것이다. 쿠웨이트가 1961년 6월에 독립하던 당시 이라크 대통령이었던 카셈Kassem장군은 이를 맹렬히 비난했다.

그 후 1963년부터는 정책을 바꾸어 쿠웨이트와 외교 관계를 맺었지만 80년대 말에 들어오면서 다시 본래의 입장인 쿠웨이트 국가를 부인하고 이라크의 19번째 주로 고집했다. 특히 이라크와 쿠웨이트간의 국경분쟁은 한층 이와 같은 불씨를 돋우게 되었는데 티그리스Tigris와 유프라테스Euphrates강 하구에 위치한 부비얀Bubiyan섬에 대해 이라크는 강력히 할양을 요구해 왔었던 것이다.

※ 이라크는 오토만제국 해체이후 영국의 위임통치하에 있다가 1932년 왕정체제로 독립했으나, 1958년 군사쿠데타로 왕권이 몰락하고 이후 군인독재자들이 정권을 잡음. 특히 1979년 사담 후세인이 권력을 장악한 후 아랍세계의 패권자로 자처하면서 군국주의의 길을 걷게 됨.

|경 과|

걸프전쟁 발발개요

1990년 8월 2일 이라크가 쿠웨이트를 침공하기 수개월 전부터 이미 페르샤만 지역에는 전쟁의 먹구름이 모여들고 있었다. 이란과의 8년 걸친 전쟁으로 재정 상태가 매우 심각해진 이라크의 후세인 대통령은 쿠웨이트와 다른 오펙(OPEC)국가들에게 석유 값을 올리고 생산량을 줄이라 압력을 가하기 시작했다. 특히 그는 쿠웨이트가 이라크 영토의 유정(油井)에서 석유를 파내어 24억 달러 어치의 석유를 훔쳤다고 비난하면서 그에 대한 보상을 요구했다.

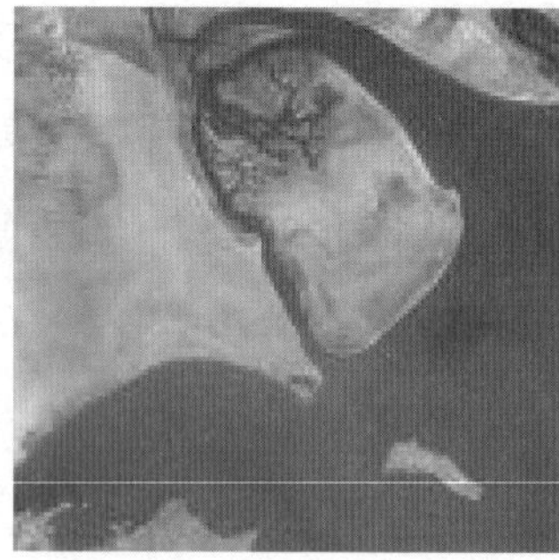

▲ 부비얀섬

후세인은 쿠웨이트가 루마일라 Rumaila 유전의 일부를 포기하도록 만드는 길을 모색하는 한편, 쿠웨이트의 와르바 Warvar 섬과 부비얀 Bubiyan 섬의 장기임대를 요구했다. 그 두 섬은 이라크가 페르샤만으로 진출하는데 필요한 항구의 역할을 담당하는 중요한 운송기지였다.

쿠웨이트에 대한 공개적인 위협 후 수 주일이 지난 7월 말에 후세인은 대규모의 병력을 쿠웨이트 국경에 배치했으며 7월 26일에 열린 오펙(OPEC)회의에서 관계는 더욱 악화되었다. 8월 2일, 후세인은 병력을 몰아 단 하루 만에 쿠웨이트를 침공 장악했다. 이에 유엔 안전보장이사회는 '660결의안'을 가결하여 이라크군의 쿠웨이트 즉각 철수를 요구했다. 그러나 후세인은 그 결의안을 무시해버렸다. 8월 6일까지 쿠웨이트 침략에 대해 미국은 신속한 병력투입과 다른 국가들의 지원(이라크의 아랍 우방국도 다수 포함)으로 다국적군을 편성하여 대(對) 이라크의 제재조치를 강구했다.

유엔 안전보장이사회는 이라크군의 무조건적이며 즉각적인 철수를 요구하는 결의안, 즉 이라크군이 1991년 1월 15일까지 이행하지 않으면 '모든 필요한 수단'을 동원하여 쿠웨이트 땅에서 이라크군을 축출시키겠다는 내용이 담긴 12개 사항을 결의함으로써 도화선의 불을 당길 준비를 끝냈다.

▲ 1990년 8월 2일 새벽 비상회의에서 유엔 안전보장회의가 이라크의 쿠웨이트 침공을 비난하고 이라크군의 무조건적인 철수를 14 대 0으로 채택했다.

|사막방패(Desert Shield)작전|

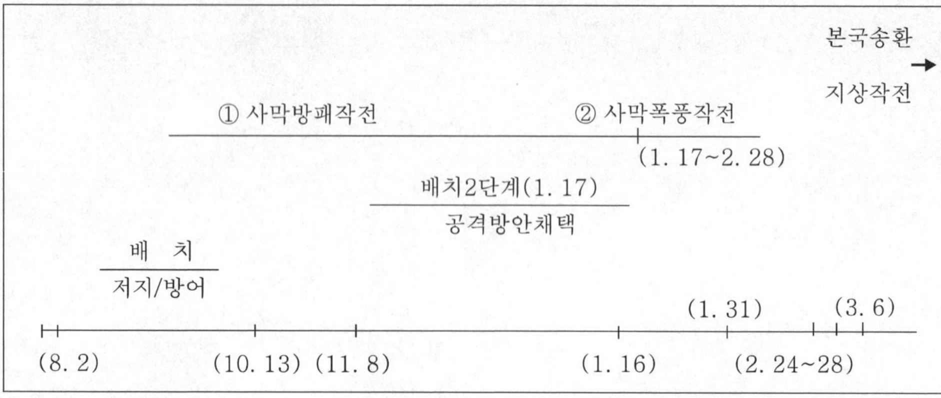

걸프전쟁시 미육군의 참여 진행표

1991년 1월 17일 개시된 사막폭풍작전 이전의 작전을 사막방패라 불렀다. 부시 George Herbert Bush 미대통령은 1990년 8월 7일 사막방패작전의 개시를 지시했고 동시에 미군의 페르샤만 지역 이동명령을 하달했으며 첫 번째 지상병력인 2,300명의 미육군 소속 82공정사단 선발대가 신속히 공수 배치되었다. 그들은 8월 8일과 8월 9일에 도착되었는데 이는 미국이 사우디아라비아 방어를 위해 싸울 것을 명확히 해주는 징표였다.

부시 대통령은 대 이라크 전쟁에 대한 군사목표를 분명히 했다.

① 미국 시민의 생명을 보장할 것.

② 이라크의 공격을 저지, 필요하다면 무력으로 격퇴시킬 것.

③ 모든 이라크군이 쿠웨이트로부터 즉각적이고 완전하게 그리고 조건 없이 철수하도록 만들 것.

④ 쿠웨이트에 합법적인 정부를 복귀시킬 것.

이러한 목표 하에 이라크군이 더 이상의 침략행위를 하지 못하도록 이 지역에 미해군이 신속히 보강되었으며 전략공군도 즉각 이동되었다. 해병부대와 82공정사단의 잔여부대를 포함한 지상군병력과 기갑 부대, 기계화부대들이 공수되었으며, 그들의 전투장비 이동은 제2차 세계대전 이후 최대의 대규모 수송 작전에 의해 수행되었다.

▲ 후세인 VS 부시

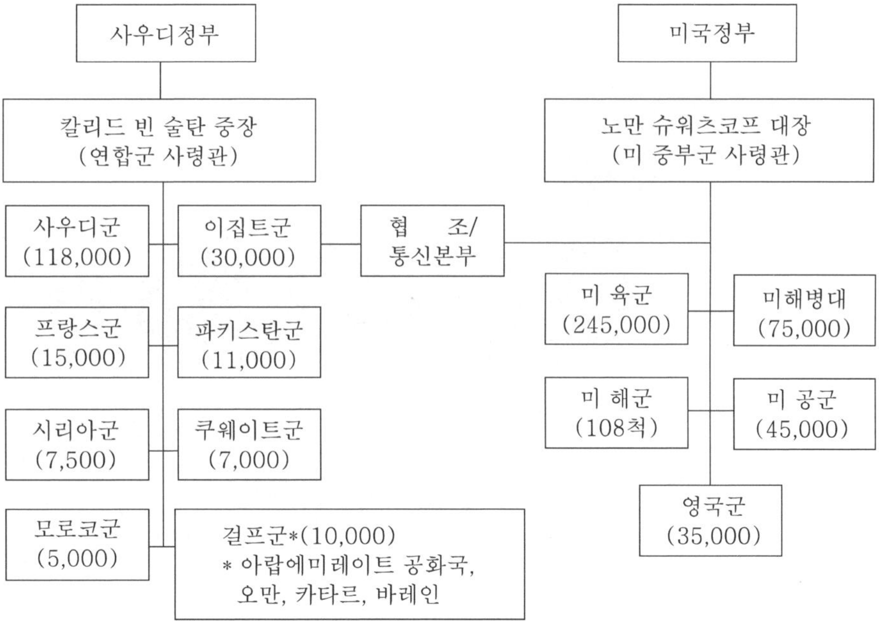

사막 방패 작전 지휘계통

유엔 안정보장이사회는 660결의안(이라크의 쿠웨이트 침공 비난, 이라크군의 즉각적인 철수요구)을 비롯한 661결의안(경제제재조치), 662결의안(이라크의 쿠웨이트 병합 무효 선언) 등을 발표함으로써 미국의 움직임에 활력을 불어넣어 주었다.

▲ 슈워츠코프 중부군사령관

유엔의 지원과 함께 약 37개국이 병력과 의료단을 이 지역에 파견했으며 10개국(일본과 독일이 포함되었지만 병력은 파병하지 않았음)은 다국적군이 사용한 전쟁경비의 분담을 위해 500억 달러 이상을 지출했다.

사막방패작전에 참가한 모든 미군은 미 중부군 사령관인 노만 슈워츠코프 육군대장의 지휘를 받았으며 미 중부군 사령부는 협조/통신본부를 통해 사우디아라비아의 연합군사령관과 함께 작전을 수행했다.

▲ 사막방패작전에 투입된 미군병사

|사막폭풍(Desert Storm)작전|

1990년 11월 29일 발표된 유엔의 678결의안은 이라크군의 쿠웨이트 철수시한을 1991년 1월 15일로 명시했으며, 유엔 회원국들에게 이라크가 철수하지 않게 되면 필요한 수단을 사용하도록 허가함으로써 철수시한 때까지 다국적군은 충분한 병력을 집중시켰고, 필요에 따라 공격행동을 취할 수 있는 만반의 준비를 갖추고 있었다.

12월 9일에는 외교적으로 중대사태를 해결하기 위해 제임스 베이커 James A. Baker III 미 국무장관이 이라크 외상 타리크 아지즈 Tarig Aziz를 만났으나 성과 없이 끝났다. 소련도 외교적으로 사태를 해결하고자 마지막 노력을 해 보았으나 허사였다.

1991년 1월 15일 자정을 기해 사담 후세인에게 주어진 선택의 시간이 지나 1월 17일 다국적군은 행동을 개시했고 사막방패는 사막폭풍으로 바뀌어 그동안은 방패와 같이 막아오다가 이제는 폭풍과도 같이 몰아치는 작전으로 돌입했다.

▲ 지상전에 투입된 전차

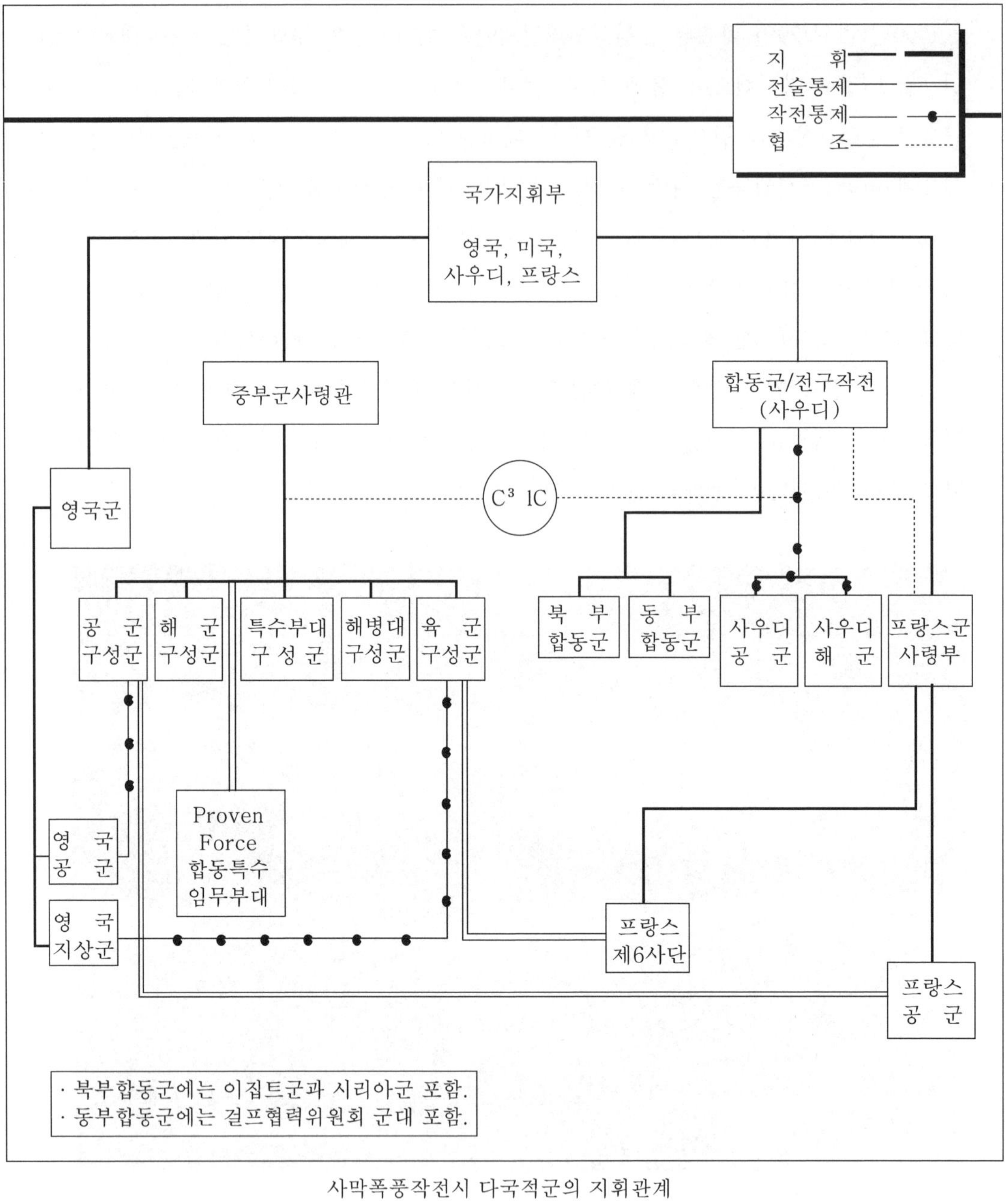

사막폭풍작전시 다국적군의 지휘관계

▲ 이라크의 쿠웨이트 침공으로 페르샤만에 급파된 미국 순양함

▲ 사막에서 적응 훈련을 하고 있는 미군

지상전을 위한 여건조성과 작전 4단계

미 국방장관의 지침에 기초한 사막폭풍작전의 군사적 목표는 다음과 같다. ① 이라크 국가지휘부(National Command authority)의 지휘능력 무력화 ② 쿠웨이트로부터의 이라크군 축출 및 쿠웨이트에 있는 공화국 수비대를 포함한 이라크군의 공격행동 분쇄 ③ 이라크의 장거리미사일을 포함한 핵 및 생화학 무기제조와 수송능력 파괴 ④ 쿠웨이트의 합법적인 정부복구에의 협력이다.

이 군사적 목표를 달성하기 위해 사막폭풍작전은 4단계 작전계획이 수립되었는데 ① 제1단계는 전략적 공중공격, ② 제2단계는 쿠웨이트 작전지역에서의 제공권 확보를 위한 단기간의 집중공격 ③ 제3단계는 쿠웨이트 작전지역내의 공화국 수비대 및 기타 이라크군 공습 ④ 제4단계는 공군 및 해군의 지원 하에 지상군을 투입하여 전쟁을 종결시키는 것이다.

미 중부군 사령관 슈워츠코프대장은 다음과 같은 메시지를 하달함으로써 사막폭풍작전의 서막을 열었다.

미 중부군 사령부 소속 육·해·공군장병 및 해병대원 여러분!

오늘 새벽 03 : 00시를 기해서 이라크로 하여금 약한 이웃에 대한 약탈을 중지하고 쿠웨이트 철수를 명시한 유엔 결의안의 이행을 위하여 우리는 사막폭풍작전을 개시했습니다.

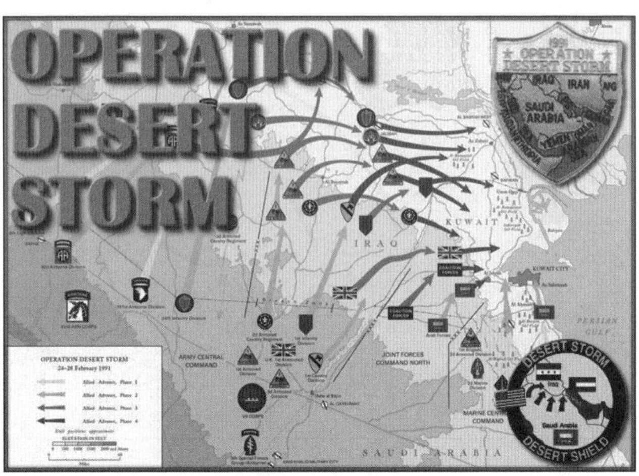

대통령, 의회, 미 국민 그리고 전 세계가 여러분들에게 한결같은 지원을 보내고 있습니다.

여러분은 침략자를 물리치기 위해 모인 우리의 우방국 군대와 연합하여 이룬 세계 최강군대의 일원입니다.

여러분은 이 전쟁에 대비해서 피눈물 나는 훈련을 받아왔고 이제 전투준비가 끝났습니다. 내가 여러분을 방문했을 때, 이 전쟁을 빨리 마무리 짓고 우리 모두가 위대한 조국의 품안으로 돌아가고야 말겠다는 굳은 결심이 여러분의 눈 속에서 타오르는 것을 보았습니다. 우리의 명분은 옳은 것입니다. 이제 여러분은 사막폭풍 작전의 성공을 위한 천둥과 번개가 되어야만 합니다. 신(神)은 여러분과 고국에 있는 여러분의 가족 그리고 우리의 조국과 함께 하실 것입니다.

H. 노만 슈워츠코프 대장
미 중부군 사령관
1991년 1월 17일

슈워츠코프의 작전구상

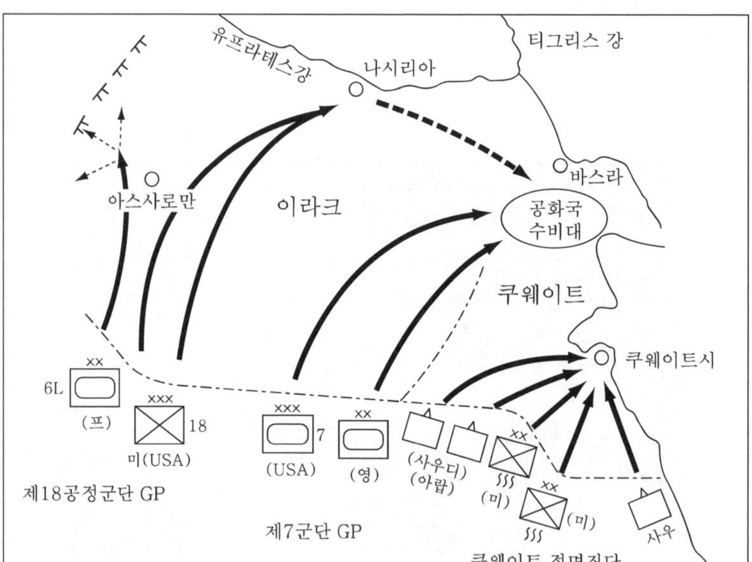

<table>
<tr><td colspan="3">전쟁목적 : 쿠웨이트해방, 전쟁목표 : 전장내의 이라크군 격멸</td></tr>
<tr><td colspan="2">지상전수행
전략방침</td><td>• 최소시간내 최소의 희생으로 최대의 전과획득
• 주고에 의한 종심독시돌파 및 대우회와 포위작전, 조공에 의한 정면돌파, 양공에 의한 상륙작전</td></tr>
<tr><td rowspan="3">작
전
계
획</td><td>주공</td><td>목표 : 유프라테스 남쪽의 나리시아-바스라-샤프완 비행장
공격방향 : 남에서 북측선으로 정면돌파
A주공집단-제18공정군단, B주공집단-제7기갑 군단</td></tr>
<tr><td>조공</td><td>목표 : 쿠웨이트와 이라크국경-샤프완 비행장
공격방향 : 남에서 북측선으로 정면돌파
A조공집단-미해병사단군, B조공집단-아랍합동군</td></tr>
<tr><td>양공</td><td>쿠웨이트 전해안, 부비안섬
상륙방향 : 동에서 서북해상
양공집단-미해병대 7만명</td></tr>
</table>

D-데이, 1월 17일

사막폭풍작전은 1월 17일 현지시각 03 : 00시 사막폭풍(Desert Storm)으로 명명된 대이라크 대규모 공습작전으로부터 시작하여 2월 28일 14 : 00시 부시대통령의 정전명령이 있기까지 43일간 실시되었으며, 1,000여 시간에 걸친 공중폭격 및 공중전과 100시간의 지상전이 일사불란하게 진행되었다.

공중작전의 초기단계는 강력하고도 철저하게 실시되었으며, 다국적군은 엄청난 양의 공군력(무장헬기, 크루즈미사일, 18종의 육·해군 무기 포함)을 즉각 투입시켜 작전을 극대화시켜 나갔다. 전자 장비를 갖춘 전파방해기, 정교한 탐지장비, 야간투시장비, 그리고 폭격에 있어서의 정밀공학은 이라크의 전쟁수행능력을 무력화시키기에 충분했다. 초기의 표적 우선순위는 이라크의 화생방무기 제작능력을 전멸시키는데 두었으며 이어서 방공력, 대공미사일 공격력을 깨뜨린 후 이라크 전체의 지휘 및 통제체제를 마비시키는 것에 있었다.

계획대로 다국적군 공군력의 우세는 작전초기부터 실현되었으며 전투가 진행될수록 후세인의 공군력은 무력한 것으로 판명되었다. 후세인은 궤멸되어가는 그의 공군력을 보면서 스커드 미사일을 들먹이며 가장 강력한 공갈 수단으로 사용하려 했다. 그는 이

▲ 보이지 않는 비행기, F-117 스텔스

스라엘을 궤멸시킬 것이라고 협박하고 이스라엘과 사우디아라비아 양국에 스커드 미사일을 발사했다.

미국에서는 이에 맞서 추가적인 패트리어트 미사일을 유럽으로부터 이스라엘로 즉각 공수하여 후세인의 스커드 미사일을 공중에서 요격시키는 신기원을 이루었다. 미사일이 다른 미사일을 격추시키는 전술이 최초로 시험된 것이다.

한편 지상에서는 20만명 이상의 병력과 수천톤이 넘는 장비로 구성된 2개 군단(제7군단 제18공정군단)이 1월 17일 공중·해상·포병의 엄호 하에 서쪽으로 이동하는 작전이 은밀하게 진행되고 있었다. 이들을 지원하기 위한 군수지원품 60일분이 2차선의 좁은 고속도로를 따라 약 300마일의 거리까지 운반되었다.

2월 16일을 기해 미군과 다국적군은 서(西)로는 파라Rafhah의 사우디 도시로부터 동(東)으로는 페르샤만 연안에 이르는 300마일이 넘는 정면에 진지를 구축했다. 동시에 다국적군의 다른 부대들은 양공과 양동작전을 폈다. 해군과 해병들도 수차례에 걸쳐 해

▲ 이라크의 스커드 미사일

▲ 패트리어트 미사일

상작전을 연습했으며, 쿠웨이트 해방 밖에는 많은 해상 병력을 주둔시켰다. 다국적군 지상군병력은 쿠웨이트와 사우디아라비아의 요새화된 국경선을 따라 정찰임무를 수행하는 등 이들 양동작전 병력이 쿠웨이트 시 동쪽으로 잇는 해변을 요새화하고, 쿠웨이트의 남쪽 국경에 집중하게 되자 이라크는 다국적군이 이라크측의 가장 강력히 무장된 지역으로 무모하게 공격해 들어올 것이라고 명백히 믿고 있었다.

2월 중순경이 되자 집중적인 공중전은 이라크의 방어진지에 최악의 타격을 주게 된 것이 명백해졌으며 지상전으로 대항하게 될 이라크의 육군전투력은 크게 약화되었다.

지상전 : 100시간

1991년 2월 24일 04 : 00(걸프현지시각), 미군과 다국적군은 제2차 세계대전이래 가장 큰 규모의 지상작전을 개시했으며 300마일에 걸쳐 펼쳐진 전선을 넘어, 세계에서 4번째로 규모가 큰 육군을 보유한 이라크군을 궤멸시키기 위해 쿠웨이트와 이라크 땅으로 밀고 들어갔다. 지상전이 개시되었을 때 쿠웨이트 작전지역내에서의 이라크측 병력은 43개 사단(12개 중기갑사단, 31개 경기갑사단)이었으며 이는 약 50만 명의 병력으로 편성된 것으로 추산하고 있다.

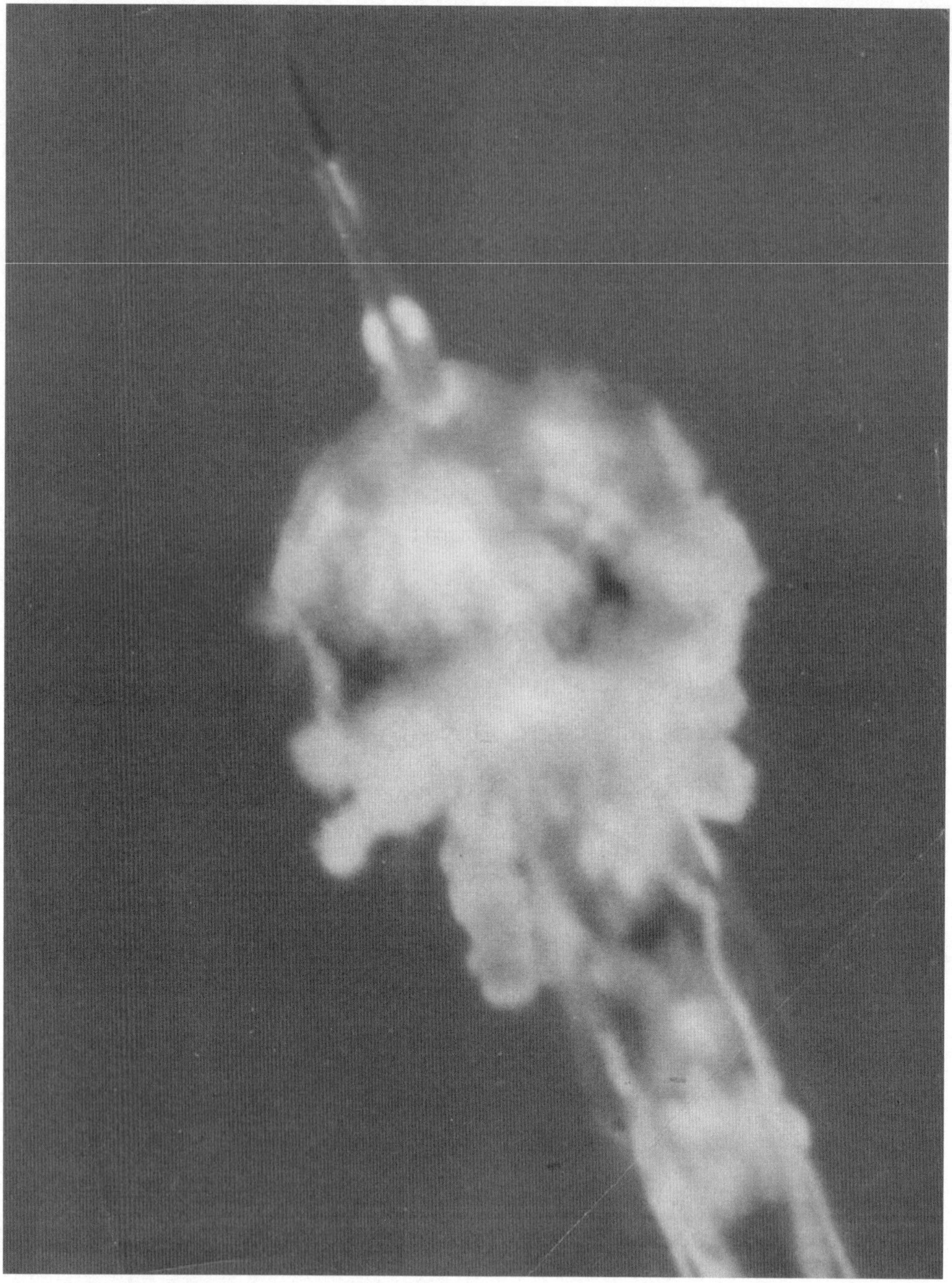

▲ 패트리어트에 의해 파괴되는 스커드 미사일

▲ 파죽지세로 밀고 들어간 기갑 부대

38일간의 공중전으로 인해 이라크 군사력은 크게 약화되었으며, 공군력과 해군력은 능력을 완전히 상실했다. 이라크군은 다중 장애물로 진지를 구축하여 견고한 진지를 믿고 다국적군을 가벼이 여겼을 것이다. 지상전 하루 전인 2월 23일까지 다국적군은 이라크군의 전투지역에 일체의 보급물자가 지급되지 못하도록 전 지역의 교량을 무차별 공격했다.

부시 대통령으로부터 '지역내의 적을 격멸하고 쿠웨이트를 해방하라.'는 훈령을 받은 미군 최고사령관 슈워츠코프 대장은 전쟁 기본전략을 구상하여 지상전은 동시에 두 개의 축선에서 개시되었다. 그 하나는 범 아랍군과 미 해병대가 이라크의 첫 번째 방어선을 돌파하여 해안을 따라 쿠웨이트 시로 진격하며, 또 하나는 300마일 서부에 있는 프랑스 제6기갑사단과 제82공정사단이 이라크의 영토로 90마일을 진격하여 아스사르만에 있는 이라크의 비행장을 장악한 뒤 서측을 차장하는 것이다.

페르샤만에 있는 해병대는 강력한 지원 포격의 엄호를 받아 쿠웨이트 해안에 매복해 있던 이라크군에 대한 양동작전을 전개했고, 제1기갑사단의 2개 부대는 와디 알바틴으로 부터 약 10마일 떨어진 곳에서 산발적인 저항을 받으면서 진격을 계속했다. 동쪽에

▲ 이라크군의 화생방전에 대비해서 방독면을 쓰고 훈련하고 있는 다국적군

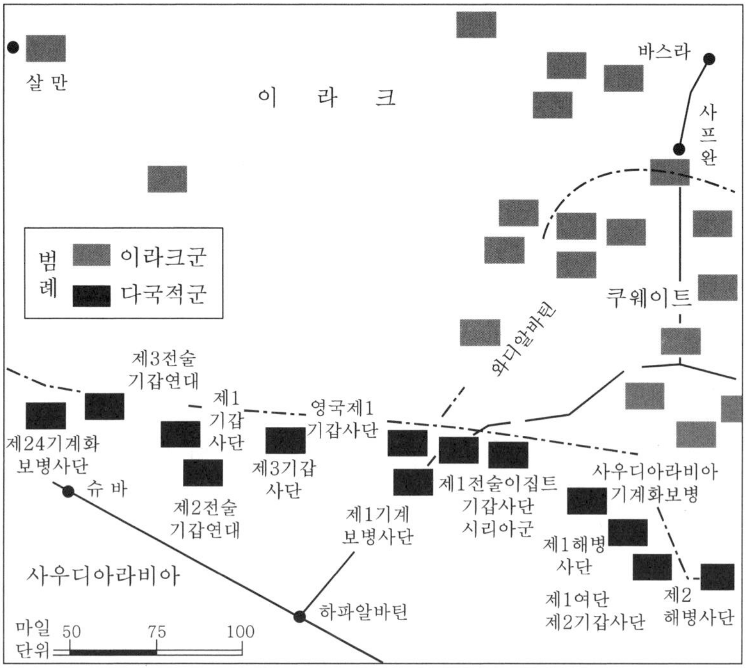

서 공격하는 부대들은 쿠웨이트 남쪽 국경을 따라 설치된 장애물을 계속 돌파하면서 많은 이라크군과 마주쳤으나 그들은 무기를 던져버리고 뛰쳐나오기에 분주했다.

슈워츠코프 장군은 이에 본격적인 공격을 최초 계획보다 앞당겼다. 그는 후세인에게 다국적군의 공격이 쿠웨이트 시를 향해 계속 북진할 것임을 확실하게 인식시킨 다음 비밀리에 2개의 중전차 군단 전 병력을 수마일 서쪽에 배치시켜 공격할 준비를 갖추었다(Hail Mary작전).

2월 23일 08 : 00시 제101공정 사단은 육군 역사상 가장 대규모 공정작전을 실시하여 연료와 물자 재보급기지를 만들기 위해 이라크 영토 내 70마일 깊숙이 공수 투하되었다. 동시에 유프라테스강을 따라 형성된 이라크의 통신로를 차단하기 위해 즉시 제3기갑 연대와 제24기계화보병사단이 이라크 북부를 공격했다(이는 '역사상 가장 위대한 기갑 전술'이었다고 지칭되었다).

동쪽의 제7군단 지역에서는 제1보병사단이 이라크의 방어진지를 돌파했고 영국 제1기갑사단이 후속했으며, 제2기갑 연대와 제1, 제3기갑사단은 강력한 이라크군 진지를 우회하여 공격했다. 해안선을 따라서는 사우디아라비아군을 중심으로 하는 주력이 이라크군의 방어선은 돌파하여 쿠웨이트 시를 공격하여 해병대와 합류함으로써 2월 24일이 저물 무렵, 모든 주요 다국적군은 적진 깊숙이 진입되어 있었다.

2월 25일, 사우디아라비아군과 이집트군은 쿠웨이트의 국경 동부지역으로 이라크군을 내쫓았다. 서쪽에서는 제82공정 사단이 보급로를 확보하기 위한 작전을 수행하고 있었으며, 프랑스 제6기갑사단은 미 중부군 사령부의 좌측을 막고 있었다. 제101미공정사단과 제24보병사단은 유프라테스강 부근의 방어진지를 지켰고, 제7군단은 영국 제1기갑사단과 함께 공격을 계속했으며 제1, 제3기갑사단은 동쪽으로 우회 이동하기 위해 북쪽으로 진격하는 한편 쿠웨이트에서는 육군 타이거여단의 지원 하에 2개의 해병사단이 쿠웨이트 시를 향해 공격을 계속했다.

▲ 쿠웨이트 자흐라 고속도로변에 버려진 이라크 탱크

2월 26일, 제18공정군단과 제7군단 휘하의 부대들은 마지막 박차를 가하여 동쪽의 이라크 공화국 수비대의 잔존병력들을 궤멸시켜 버렸다. 제24보병사단과 제3기갑연대는 이라크 영토내로 거의 100마일정도 진격한 뒤, 이라크군의 퇴로를 차단하기 위해 바스라쪽으로 방향을 바꾸었다. 제7군단은 바스라 시의 서남방에 위치하고 있는 공화국 수비대를 다와칼나와 메나에서 궤멸시켰으며, 제1, 제2해병사단은 쿠웨이트 시의 외곽지

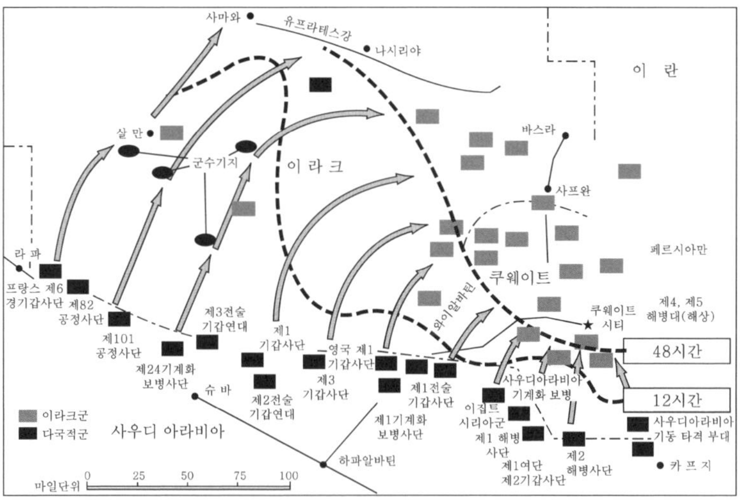

2월 24일, 25일전선

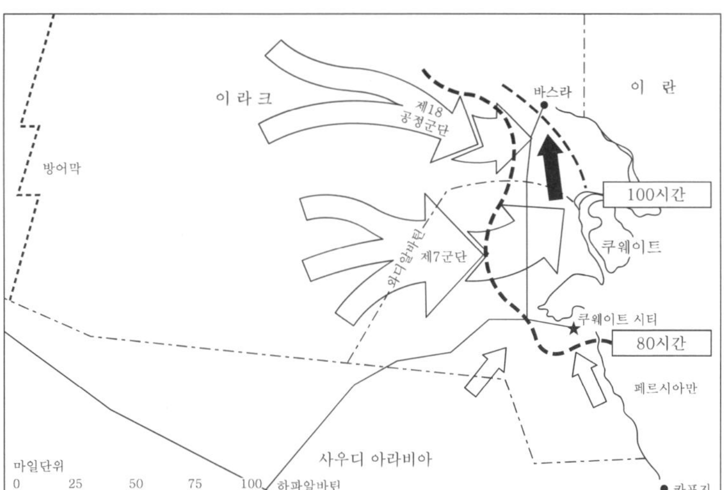

2월 27일 마지막 공세까지 진행과정

역에서 국제공항을 확보하기 위해 격전을 치렀다.

2월 27일에는 쿠웨이트 영토를 되찾았고 이라크가 자랑했던 공화국 수비대는 완전 무력화되었으며, 부시 대통령이 걸프 현지시각 2월 28일 08 : 00시 공격중지 명령을 내렸을 때 미군과 다국적군은 43개의 이라크군 사단을 궤멸시켰거나 무력화시켰다. 10만 명 이상의 포로, 4,000대의 전차와 2,100문의 포, 1,800대의 장갑차, 7대의 헬기, 103대의 이라크 비행기를 손실시켰다.

슈워츠코프 대장은 11개국 군대로 구성된 54만 명이 넘는 대군을 다국적군으로 편성, 지휘하여 지상전 100시간만에 그에게 부여된 전쟁목적인 쿠웨이트를 해방했고, 전쟁목표인 유프라테스강 남쪽의 이라크 야전군을 격멸한 것이다.

전투 또는 전투지원 병력을 파견한 다국적국가들과 그 구성

아프카니스탄	: 300명의 무자히딘(Mujahidin)병력
아르헨티나	: 프리깃함 2척, 병력 45명
오스트레일리아	: 유도미사일 장착 프리깃함 1척, 구축함 1척, 지원선 1척
바레인	: 병력 3,500명
방글라데시	: 병력 2,000명
벨기에	: 소해정 2척, 터키에 전투기 1개 중대 제공
캐나다	: 구축함 2척, 병력 1,700명, CF-18비행중대(30대의 전투기/수송기)
체코슬로바키아	: 화학전 방어부대 200명, 의료진 150명
덴마크	: 코르벳함 1척
이집트	: 병력 40,000명, 탱크 358대, 제4기갑사단, 제3기계화보병사단
프랑스	: 병력 20,000명, 선박 18척, 항공모함 1척, 60대 이상의 비행기, 탱크 350대, 제6기갑사단
독일	: 터키에 전투기 1대 중대 제공
그리스	: 홍해에 프리깃함 1척
헝가리	: 의료진 40명
온두라스	: 병력 150명

이탈리아 : 선박 4척, 토네이도 전투기 8대, 터키에 전투기 1개 중대 제공
쿠웨이트 : 병력 7,000(쿠웨이트군의 잔류병력), 전투기 35대
모로코 : 병력 2,000명
네덜란드 : 프리깃함 2척, 터키에 F-16 1개 비행중대 제공
나이제리아 : 메카와 메디아에 있는 회교사원 수호 병력 480명
노르웨이 : 커터함 1척, 군사지원 선박 1척
뉴질랜드 : C-130 항공기 2대
오만 : 병력 25,500명, 초계정 12척, 탱크 75대, 전투기 50대
파키스탄 : 병력 10,000명
폴란드 : 선박 2척, 의료진
포르투갈 : 영국군 지원하는 지원선 1척
카타르 : 병력 7,000명, 탱크 24대, 선박 9척, 전투기 19대

|결 과|

1991.2.28, 10 : 00시를 기해 지상전 종결이 선언되었고 미국은 제재목적을 달성했다. 후세인은 유엔의 12개 결의안 및 다음과 같은 휴전조건 5개항을 수용했다.

• 모든 안보리 결의안(12개) 수락
• 쿠웨이트 합병 무효화 및 피해보상 약속(1.500억불)
• 다국적군의 포로, 유해 및 쿠웨이트인을 포함한 외국인 즉시 석방
• 기뢰 및 지뢰 등 모든 폭발물의 위치, 특성 등 통보
• 쌍방 군사령관의 48시간 내 휴전 논의

휴전회담(1991.3.3)에서 결의된 주요내용은 다음과 같다.

• 군사 분계선 설피(폭 2 km의 완충지대 설치)
• 분계선 20 km 이내 비행 금지

피해상황은 다음과 같다(보고서마다 다소 차이 있음).

아라크	다국적군
• 주요시설 무력화 또는 파괴(80% 이상) • 전투기 650대중 파괴 97대, 불명 215대, 이란도피 139대 • 지상전력 60% 이상 무력화 - 포로 8,700여 명 - 전차 95% 파괴/피탈 - 야포 66% 파괴/피탈 - 장갑차 65% 파괴/피탈 ※ 전쟁배상액 : 3,000억불	• 항공기 손실 : 49대 - 미군(전투손실 : 30대, 비전투손실 : 17대) - 기타(전투손실 : 12대) • 병력손실 : 333명(포로 21명) • 장비손실 : 경미 • 쿠웨이트 산업시설 및 건물 완전파괴 (복구 비용 5,000억불 소요)

▲ 승리에 환호하는 쿠웨이트 시민들

|걸프전쟁 교훈|

실질적이고 수준 높은 훈련은 걸프전쟁에서의 완전한 승리를 가져다 주었다. 미 육군 국립훈련소(NTC), 공군 전술전투기 무기본부, 해군 타격전 본부(NSWC), 해병대 공지전투 본부(MCAGCC)등과 같은 현대 전술 기동전 본부들의 중요성과 가치는 전쟁을 통해 입증되었다.

걸프전쟁에서 성공의 기본이 되었던 미국의 준비 중 하나는 각군 내의 가족지원 프로그램과 미 국민들로부터 받았던 미군에 대한 전폭적인 지지였다. 전개된 부대의 가족들을 돌보기 위한 가족지원 계획은 전선의 용사들에게 큰 위로가 되었다.

영문으로 작성된 계획을 연합작전을 위해 아랍어로 번역하는 일이 계획준비 과정에서 가장 많은 시간이 소요되었다. 외국어 능력이 무엇보다도 요구되었다.

쿠웨이트 시를 해방할 때는 쿠웨이트군 단독으로 하도록 다국적군 수뇌부에서는 계획했다. 쿠웨이트군은 다른 아랍부대들로부터 최소한의 지원을 받아 쿠웨이트 시를 점령하고적을 소탕했으며, 쿠웨이트군은 장기간 야만적인 점령군의 지배로부터 국민을 자유롭게 한 해방군이라는 자긍심을 그들 국민들에게 심어 주었다. 이는 매우 중요한 조치이며 우리에게도 좋은 귀감이 될 수 있을 것이다.

아군에 의한 오인사격이 있었다. 사막폭풍작전의 미군 전투사상자 613명중 아군으로부터의 사격에 의한 사망 35명을 포함, 146명이 전사했었고, 아군으로부터의 사격에 의한 부상 72명을 포함하여 467명이 부상했다. 사막폭풍작전 기간 중에 발생한 사고의 약 39%(28개 중 11개 사고)가 오인사격의 결과라는 것이 밝혀졌다.

전쟁법에 대한 평시 교육이 필요하고 이를 준수할 수 있도록 국제적 여건이 조성되어야 한다. 볼모를 잡는 것, 불법적인 이주 그리고 볼모를 이라크군으로 복무토록 강요하는 것은 전시 민간인 보호에 관한 제네바 협정 제147조의 중대한 위반이다.

계략행위와 불신행위의 엄밀한 구분을 필요로 한다. 계략은 정당한 방법으로 적을 기만하는 것으로서, 제4차 헤이그조약 부록 제24조와 제1차 의정서에서 특별히 이를 허락하고 있다. 걸프전쟁 중 이라크 병사가 흰깃발을 흔들고 그들의 무기를 땅에 내려 놓았을 때 사우디아라비아 순찰대가 이를 접수하기 위해 전진했는데 이때 도로 양측 건물에

▲ 패트리어트 미사일

▲ 이라크의 스커드 미사일 공격으로 파괴된 이스라엘 텔아비브

매복해 있던 이라크군이 사격을 가했던 일이 있었다. 이는 명백히 불신행위이며 위법이다. 양공작전은 정당한 계략행위이다.

▲ 화생방전에 대비하고 있는 프랑스 낙하산병

화학 및 생물학전에 대한 대비가 오히려 핵(核)무기에 대한 대비보다 실질적 우선이 되어야 한다. 이라크는 화학 및 생물학전을 금지하는 1925년의 제네바 의정서의 조인국이었다. 비록 걸프전쟁에서는 이라크가 이를 사용하지는 않았지만, 1980년부터 1988년까지의 이란과의 전쟁에서는 이 조약을 위반했었다. 걸프전쟁 동안 이라크는 화학전 및 생물학전 무기사용을 위협수단으로 삼았고, 화학전 무기를 전개했다. 화학 및 생물학전은 '보이지 않는 적'을 상대하여 싸우게 되는 무서운 전쟁이다. 핵전과는 달리 지금까지 과거 전례를 통해 볼 때 이미 행해져 왔으며, 잠시 국제적인 비난만 받으면 되었기 때문에 사실상 핵(核)보다도 더 주의해야 할 대상인 것이다.

미 해병대의 배낭 안에는 영문판 포켓용 손자병법이 지급되어 틈나는 대로 읽도록 지시되었다. 이에 대해 이라크도 소련어판 손자병법을 구하여 그들 말로 번역, 읽도록 했다. 걸프 전쟁은 가히 손자병법의 전쟁이라 할 수 있다.

孫子兵法 전략모델로 각광

美·이라크軍 필독서…地上戰에 원용될듯

걸프전쟁 연표

1990. 8. 2. 이라크의 쿠웨이트 침공. 유엔의 이라크군 철수 요구

8. 3. 미 해군의 추가 배치 발표

8. 6. 이라크의 사우디아라비아 침공태세를 취함.
사우디 국왕이 미국의 원조를 요청
유엔은 경제적 제제 조치 결정.
부시대통령에 의한 미군 병력의 걸프지역 이동 명령.

8.11. 쾌속 해상 수송선 미국 출발

8.16. 체니 미 국방장관은 이라크 유통 선박 공격을 해군에 지시

8.17. 이라크 정부는 억류중인 서방인들을 인간방패로 사용하겠다고 위협

8.18. 유엔의 이라크의 인질 억류 비난성명 발표

8.22. 부시 대통령, 예비군 소집 지시

8.25. 미 육군 첫 번째 예비군 부대 소집

8.27. 해상 소송선이 사우디아라비아에 도착

9. 7. 첫 번째 예비군 부대가 사우디아라비아에 배치

9.25. 유엔의 중동지역, 항공운행금지 결의

11. 8. 부시 대통령이 200,000명의 병력을 걸프 지역에 추가 배치하도록 명령

11.29. 유엔이 이라크군을 쿠웨이트로부터 축출할 수 있는 “필요한 모든 수단” 사용 인정

12. 6. 사단 후세인 인질 석방 발표

12.22. 이라크 당국은 자신들이 공격을 받게 되면 화학무기를 사용하겠다고 위협

1991. 1.12. 미 의회가 부시 대통령에게 전쟁수행 권한 부여

1.15. 유엔이 이라크에게 제시했던 철수 시한이 지남

1.17. 미군과 다국적군이 이라크에 대한 공습을 시작「사막 폭풍작전」개시

1.18. 이라크가 처음으로 이스라엘과 사우디아라비아에 스커드 미사일을 발사 패트리어트 미사일이 스커드 미사일을 요격

1.19. 패트리어트 미사일 이스라엘에 추가 배치.

부시 대통령이 220,000명의 예비군 소집을 지시.

1.20. 미군의 총 병력이 472,000명에 달함.

미 육군은 20,000명의 각개 준비 예비군(Indivisual Ready Reservists)병력을 소집, 이라크 당국은 생포한 조종사들을 TV로 방영.

1.21. 이라크에 격추된 다국적군 공군기의 조종사를 처음으로 구출.

1.26. 이라크 전투기 이란으로 이동.

미군이 처음으로 잠수함에 크루즈 미사일 발사.

1.29. 이라크군 사우디의 카프지시(市)를 공격

1.31. 다국적군 카프지 탈환(이라크군 전사 : 300여 명, 포로 : 500여 명)

2. 3. 다국적군기 출격 40,000회 돌파.

2.21. 이라크군(500여 명) 아파치 헬기 공격으로 투항(헬기에 의한 포로 호송)

2.24. 지상전 개시.

미군과 다국적군은 300마일 전선에 걸쳐 공격을 시작.

2.25. 7군단과 18군단은 이라크 깊숙이 진격.

스커드 미사일에 의하여 다란(Dhahran)에 주둔중인 미군 28명 사망

2.26. 18군단은 유프라테스 계곡 공격. 7군단은 이라크의 기갑사단을 파괴, 해병대는 쿠웨이트시 포위.

1991. 2.27. 쿠웨이트시 해방시킴.

미군 탱크부대, 공화국 수비대를 궤멸.

부시 대통령은 미국 동부 표준시각 24:00를 기해 공격중지 지시.

이라크가 유엔 결의안의 모든 사항에 동의.

3. 3. 다국적군과 이라크군은 전쟁 종결과 전쟁포로 석방을 위한 세부사항에 합의

3. 6. 미군 전투부대의 선발대 귀국.

나머지 15명의 미군 포로 가석방.

3. 7. 사담 후세인이 시아파 회교도의 반란 진압을 위하여 공화국 수비대를 파견.

4. 3. 이라크 내부의 반란이 진압, 쿠르드인들이 국경으로 도주

4.16. 부시 대통령이 미군에게 피난민을 위한 캠프 설치를 지시

▲ 100만톤의 원유가 유출되고 수백 개의 유전이 불탄 페르샤만 일대는 200년이 지나야 정화가 가능하다고 환경학자들은 예측하고 있다.

104 이라크 전쟁War in Iraq

|배 경|

▲ 부시(George Walker Bush)

▲ 후세인

1991년 2월 28일 오전 10시를 기해 걸프 전쟁이 종식되자 중동은 평화를 찾는 듯이 보였다. 그러나 후세인은 국제사회로부터 불법적인 대량 살상무기(MND)를 보유하거나 개발하고 있다는 강한 의혹을 받기 시작했는데, 미국을 비롯한 국제여론에 몰려 이라크는 유엔무기사찰단(UNSCOM)의 사찰을 받게 되었다. 1998년까지 250여 회의 사찰 결과 기간 중에 48기의 장거리 미사일과 690톤의 화학무기 연료 등을 폐기했다. 1998년 12월 사찰단이 후세인 대통령 궁을 비롯한 정치. 군사적으로 민감한 지역에 대한 현장 조사를 강행하려하자 이라크는 이를 거부했다. 이에 미국과 영국은 이라크가 유엔의 결의를 무시했다고 하면서 12월 16일부터 4일간에 걸쳐 바그다드와 대량 살상무기 개발 비축의 의심을 받고 있는 시설들을 집중 폭격했다. 그 후에 유엔 안전보장이사회는 유엔사찰위원회(UNMOVIC)를 결성하여 이라크에 대한 무기 사찰을 다시 시도했지만 이라크의 강력한 반발로 실패했다.

2001년 9월 11일 이른바 9.11테러 사건이 일어나자 새로운 전쟁의 형태가 된 테러에

대해 위협을 느낀 미국은 이듬해인 2002년 1월에 북한, 이라크, 이란을 이른바 '악의 축(an axis of evil)'으로 규정했다. 그해 9월에 조지 W부시 미국 대통령은 유엔총회 연설을 통해 이라크에게 즉각적인 대량 살상무기 폐기, 테러지원의 중단, 국민억압 중지 등 5개항을 요구했고, 만약에 이것이 이루어지지 않을 경우에는 후세인 정권을 힘으로 축출하겠다는 의지를 표명했다.

2003년 3월 17일 오후 8시에 부시 대통령은 TV로 생중계되는 대국민 연설에서 사담 후세인과 그의 아들들이 48시간 내에 이라크를 떠날 것을 요구했고, 만약 거부하면 미국이 선택하는 시간에 군사적인 충돌에 직면하게 될 것임을 경고했다. 이른바 48시간의 최후통첩(最後通牒, ultimatum)이었다.

최후통첩이란 국가간의 우호적인 외교관계를 끊고, 최종적인 요구를 제시하여 일정기한 내에 상대국이 그 요구를 받아들이지 않을 경우에는 자유행동을 취할 뜻을 밝히는 외교적 조치다. 개전에 관한 헤이그 조약에 의하면 상대국이 최후통첩의 요구를 용인하지 않는 한 소정의 기한이 경과되면 자동적으로 전쟁상태가 성립되는 것이다.

부시 대통령이 이라크를 공격하는 법적인 근거로는, 유엔 안전보장이사회 기존의 3개 결의안과 유엔 헌장이 규정한 자국의 안보를 위한 자위권을 꼽았다. 그러나 전략적인 배경에는 9.11테러 이후에 구축한 선제공격론이 자리 잡고 있었다.

"우리의 적들에 의한 적대적 행위를 미연에 방지하기 위하여 미국은 필요할 경우 선제공격도 불사할 것이다." 〈2002년 9월 미국 국가안보전략(NSS) 중에서

|전쟁 명분|

미국이 내세운 전쟁이유에 대해서는 이견이 분분하다. 그들이 앞세운 명분 보다는 자국의 실리와 국제정치, 군사무대에서의 헤게모니를 위해 침략을 감행했다는 주장이 끊임없이 제기되었다. 국제정치 전문가들이 말하고 있는 미국의 침공 이유는 대략 다음과 같이 정리할 수 있다.

- 미국의 군사적인 헤게모니를 과시할 수 있다.
- 미국의 군수공장을 계속 가동할 수 있다.
- 미국 기업들에게 큰 이익을 줄 수 있다.
- 중동원유에 대한 통제력을 강화할 수 있다.
- 최첨단 무기를 실전에서 직접 사용해 볼 수 있다.
- 미국이 막대한 국방예산을 정당화할 수 있다.
- 대통령의 이미지를 강화하고 국민들의 베트남 신드롬을 불식시켜 줄 수 있다.

|미영 연합군 편성|

토미 프랭크스 대장이 지휘하는 미중부사령부 단일 지휘부 예하에 미·영 지상군사령부를 두고, 그 밑에 제5군단과 제1해병 원정군의 2개 군단 규모를 편성했다. 미중부사령부 직속으로 제82공정 사단(Airborne Div)과 특전사 예하 제173공정여단을 편성했는데, 제5군단 예하에는 제3기계화보병사단(3rd Mech. Div 2만1,000명), 제101공중강습사단(101st Air Assult Div 2만1,000명)과 제11비행연대를 편성했으며, 제1해병원정군

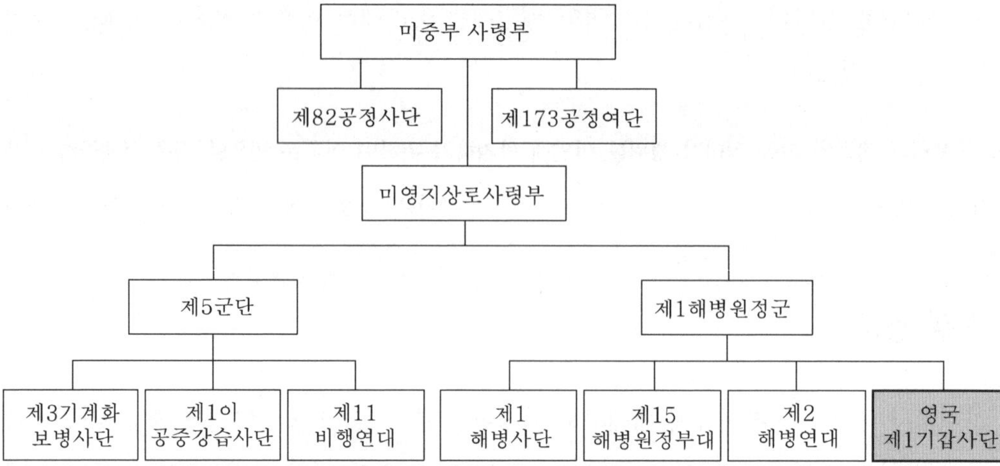

은 제1해병사단(5만명), 제15해병원정부대, 제2해병 연대와 영군 제1기갑사단(2만 6,000명)으로 편성했다. 특히 중부사령관 직속의 특수전사령부 예하 제173공정여단(1,000명)이 이라크 시내에 침투하여 눈부신 역할을 수행했다.

|전쟁발발|

2003년 3월 20일 오전 5시 30분, 바그다드 남동부 등에 미사일 공격을 시작으로 작전명 '이라크의 자유(Freedom of Iraq)'로 명명된 이라크 전쟁이 시작되었다.

부시 대통령은 미국시간으로 19일 오후 10시 15분(한국시간으로는 20일 낮 12시 15분)에 연설을 통해서 이라크를 세계 평화를 위협하는 무법정권이라고 하면서, 이라크를 무장해제하기 위한 전쟁개시 명령을 내렸음을 밝혔다. 그리고 사담 후세인 축출을 위한 광범위하고 조직적인 공격을 감행할 것이라고 말했다. 이때 부시 대통령은 한국과 영국을 포함한 35개국의 절대적인 지지를 받고 있고 있음을 밝히며 "우리는 승리한다."는 말을 했다. 사실상 미국은 전쟁을 개시하기 전에 한국, 영국, 호주, 덴마크, 이탈리아, 네덜란드, 일본, 필리핀, 스페인 등 35개 국가로부터 이라크의 무장해제에 대한 지지를 받았으며, 이는 침공 명분을 확고히 하기 위한 사전조치라 할 수 있다.

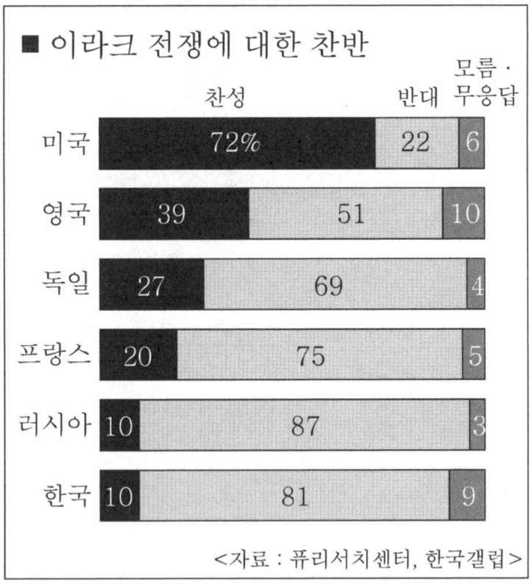

◀ 미국의 여론조사기관인 퓨리서치 센터가 전쟁 직전인 3월 14일에 발표한 각국의 전쟁찬반 여론

|개 관|

3월 20일, 전쟁 개시와 함께 미국 연합군은 이라크의 미사일 기지와 포병기지, 방공시설, 정보통신망 등에 3회에 걸쳐 공습을 감행했고, 3월 22일에는 이라크 남동부의 바스라를 장악하는 데 성공했다. 이어 바그다드를 공습했으며, 대통령궁과 통신센터 등을 집중적으로 파괴했다. 미군은 이번 전쟁을 후세인 제거를 위한 '목을 베는 공격(decapitation attack)'이라고 부르며 후세인의 위치를 추적해가면서 정밀 미사일을 발사했다.

4월 4일에는 바그다드로 진격해 사담 후세인 국제공항을 접수했고, 4월 5일에는 탱크를 앞세우고 바그다드 중심가로 진입했으며, 4월 10일에 바그다드를 완전히 장악했다. 4월 14일에는 미군이 이라크의 최후 보루이자 후세인의 고향인 북부 티크리트를 완전히 장악함으로써 사실상 전쟁은 종결이 되었다. 전쟁이 시작된 4월 15일 부시 미국 대통령은 전쟁의 승리를 공식적으로 선언했으나 종전은 선언하지 않았다. 개전 43일째가 되는 5월 1일에 부시 대통령은 걸프해역에서 귀환하는 항공모함 에이브러햄 링컨호에서 이라크에서의 주요 전투가 종료되었다고 선언함으로써 사실상의 전쟁 종식 선언을 했다.

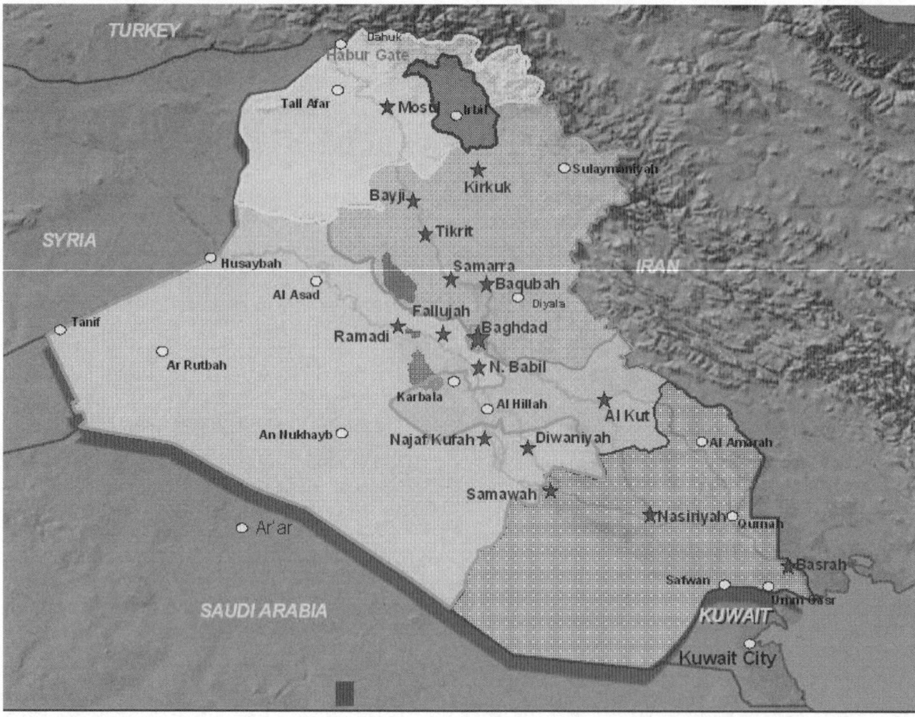

▲ 공습으로 인해 불타고 있는 바그다드의 정부 건물

이때까지 이 전쟁에 동원된 병력은 총 30여만 명이며, 이 중에서 12만 5,000여 명이 이라크 영토에서 직접적인 작전에 참가했다. 인명피해는 당시까지 미군 117명, 영국군 30명이 전사했고, 400여 명이 부상당했다. 이밖에 종군기자 10명 외에 민간인 1,253명 이상이 죽고, 부상자는 5,100여 명에 달했다. 이라크군은 최소한 2,320명이 전사했으며, 1만 3,800여 명이 포로로 잡혔다.

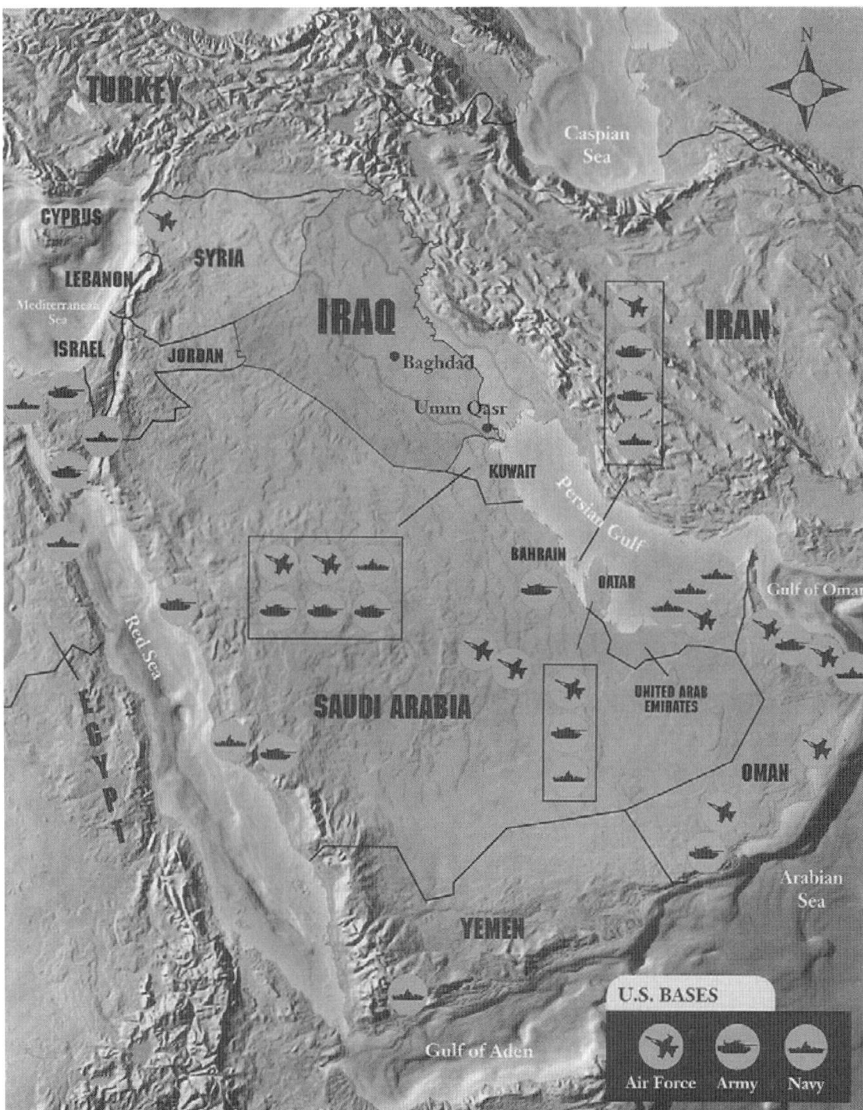

|전쟁 일지|

1일차(2003년 3월 20일)

오전 3시 01분(이하 바그다드 현지시간), 부시 대통령이 토니 블레어 영국 총리에게 이라크 공격 의사 통보. 오전 3시 20분, 미국 국가안보회의(NSC) 종료. 부시 대통령 공격시점 결정. 오전 4시 정각, 미국의 대이라크 최후통첩 시한만료. 오전 5시 35분, 바그다드 시내에 1차 공습. 오전 6시 정각, 바그다드 시내에 2차 공습. 오전 6시 36분, 바그다드 시내에 3차 공습. 오전 8시 35분, 사담 후세인 이라크 대통령이 이라크 국영방송에서 대미 결사항전 선언. 오전 10시 14분, 미 지상군이 이라크 진입 개시.

▲ 지상군의 이라크 진입

2일차(2003년 3월 21일)

'충격과 공포(Shock and Awe)' 작전으로 개전 이래 첫 대규모 공습 감행. 바그다드의 군사령부, 비행장, 레이더, 대공포 시설 등 수백 곳의 전략적 목표지점에 전투기 1천회 이상의 출격으로 크루즈 미사일 1,000여 기를 발사. 미국과 영국 지상군의 강도 높은 지상작전을 전개. 전략적 요충지인 알 포 반도에 교두보를 확보하고, 바스라의 함락을 눈앞에 두는 등 연합군의 진격이 가속화.

3일차(2003년 3월 22일)

이 날 부시 대통령이 이라크 전쟁은 계획보다는 오래 갈 것이라는 발언을 함. 바그다드와 남부의 전략적 요충지인 바스라를 공습하고 나시야를 점령하는 등 파상공세를 계

▲ 집단투항하는 모습

속함. 미군 최정예부대인 101공중강습사단이 쿠웨이트 국경을 넘어 이라크로 진격을 개시. 바그다드로 향하는 길목 도시인 나시리야를 점령. 바스라 인근을 방어하고 있던 이라크 제51사단 1만여 명이 집단투항. 이라크군 사기가 급격히 저하됨.

4일차(2003년 3월 23일)

101공중강습사단이 오전에 일제히 진군을 개시. 부시 대통령의 전쟁명분 중에 하나였던 이라크의 대량 살상무기가 발견되지 않아 세계의 여론이 악화. 토미 프랭크스 중부군 사령관은 뉴스 브리핑에서 대량 살상무기 색출에 주력할 것이라고 궁색한 답변을 함. 오후 6시 30분경, 알자지라 방송이 이라크군에 의해 살해, 부상, 체포된 미군병사들의 모습을 방영하면서 여론 가열.

▲ 알 자지라 방송이 공개한 추락한 아파치 헬기의 조종사들

5일차(2003년 3월 24일)

미영 연합군 전투기들이 오전에 바그다드에 대한 대규모 융단폭격을 실시. AP 통신측은 이번 공습이 '충격과 공포' 작전이 본격화된 이래 가장 강력한 것이었다고 평가. 지상군도 바그다드에 대한 진군 계속. 미군의 아파치 헬기 2대 격추. 키르쿠크에 대한 공습 계속. 후세인이 두 번째 대국민 연설을 하며 대미 항전을 독려. 이라크군의 거센 반격으로 미영국군의 진격이 주춤. 움 카스르와 바스라, 나시리야 등 남부 도시 곳곳에서 연합군과 치열한 교전을 벌임. 미 보병4사단 특수부대원들이 이라크 북부 쿠르드 자치지역으로 공수되어 전장에 투입.

6일차(2003년 3월 25일)

미영 연합군이 움 카스르 항구를 장악. 미 지상군은 모래폭풍으로 북상 지연. 그러나 바그다드 외곽 방어에 나선 이라크 정예 공화국수비대에 30여 km까지 접근. 부시 대통령이 전쟁수행을 위해 의회에 전비 등 747억 달러를 요구.

7일차(2003년 3월 26일)

미국이 '신속하고 결정적인 작전(Rapid Decisive Operation)'을 선보임. 이 전략은 공군력을 헬기와 기동 보병, 탱크 등을 동원한 지상공격에 결합시켜 단 한번에 압도적인 맹공격을 퍼붓는데 역점을 두고 있음. 미영 연합군의 민간 주거지 폭격으로 이라크 민간인 14명이 사망. 개전 이후 처음으로 이라크 국영방송국 폭격. 방송 일시 중단. 미국 정부의 예상을 빗나간 이라크 전황이 전개.

8일차(2003년 3월 27일)

새벽, 바그다드에 대한 공습 재개. 미 육군 제173공수여단 1,000여 명이 이라크 북부 쿠르드 족 지역에 투입. 미 제101공중강습 사단도 정오 무렵 이라크 국경으로 진입하여 북진 계속. 미 제4보병사단 1만 6천여 명이 쿠웨이트로 이동. 부시와 블레어 영국총리 개전 이래 첫 정상회담, "전쟁은 승리 때 까지 계속"이라는 의지 표명.

9일차(2003년 3월 28일)

이라크가 중남부 전선에서 거세게 저항하자 대규모 지상전에 앞서 미영 병력을 대폭 증강. 바그다드 시내의 공화국 수비대에 대한 공습 재개. 이 날 지하벙커 파괴용 정밀 유도 폭탄인 벙커 버스터(Bunker Buster)를 동원해 바그다드 시내의 이라크군 통신센터를 파괴함. 쿠르드족 애국동맹(PUK)민병대는 이라크 정규군의 철수에 따라 소규모의 미군 특수부대와 함께 북부 유전지대인 키르쿠크에서 동쪽으로 20 km 떨어진 지점까지 진격, 카라 안지르 마을을 점령.

10일차(2003년 3월 29일)

미 제101공중강습 사단 등 미영 연합군이 바그다드 남쪽 외곽수비를 담당하고 있는 이라크 공화국수비대 소속의 매디나 사단을 집중공격. 사단 전력의 3분의 1 이상을 파

▲ 피란하는 민간인들

괴. 미군 관리들은 개전 후 가장 큰 전과를 올렸다고 말함. 이라크 중부서 개전 후 첫 자살 폭탄 테러 발생, 미군 4명 사망.

11일차(2003년 3월 30일)

바그다드를 비롯한 이라크의 여러 도시들에 대한 공습을 계속. 이날 하루 동안 북부 도시에 대한 공습은 개전 이후 최대 규모로 진행. 걸프 해역에 있는 미 군함에서도 29일 밤부터 30일 오전까지 바그다드의 이라크군 사령부 등지에 약 20기의 토마호크 미사일을 발사. 이라크 정예 공화국수비대의 진용 변화에 따라 미영 연합군의 지상군을 재편. 연쇄자살폭탄 테러에 대한 우려 증대, 지하드 자살폭탄조 1진 이라크에 도착.

12일차(2003년 3월 31일)

파키스탄과 인도네시아, 유럽 등지에서 반전 시위 확산.

13일차(2003년 4월 1일)

바그다드에 대한 공습 계속. 이라크 남부지역 주민들이 미영 연합군에 이라크 민병대의 위치를 알려주는 등 협조. 바그다드 일전을 앞두고 양측 병력 증강. 미 제101공중강습 사단과 아파치 헬기의 지원 하에 있는 제3보병사단 2만여 명이 배치. 이라크 전략 앞두고 미 안보팀의 분열.

14일차(2003년 4월 2일)

미군, 중부 카르발라서 공화국수비대 4개 사단과 교전. 터키, 미군 보급 부대에 자국 영토 사용 허용.

15일차(2003년 4월 3일)

미군, 바그다드 국제공항 접근. 미군이 이라크군 포로 9,000명을 공개. 미군이 이라크에서 비인도적 무기라 할 수 있는 접속탄(Cluster bomb)을 퍼붓고 있는 것에 대해 국제사회 논란. 집속탄은 폭탄 1발속에 자탄이 100여개가 들어 있어 한발로 축구장 보다 넓

▲ 이라크 카르발라에서 폭발하고 있는 미군 차량

은 지역을 일시에 무력화 시킬 수 있는 폭탄으로 전폭기나 전략폭격기들이 투하. 이 중에서 약 10%는 터지지 않고 땅에 묻혀 있다가 언제 터질지 모르는 불안에 떨게 됨.

영국군, 바스라에 첫 진지 구축. 이라크에 잡혔던 여군 제시카 린치 일병 미군 특공대에 의해 구출됨. 미군, 바그다드 '선포위 후공격' 전략 결정. 바그다드 외곽의 공항과 교량 등을 장악, 포위한 뒤에 후세인 정권에 대한 봉기와 투항을 촉구하기 위한 심리전에 치중.

16일차(2003년 4월 4일)

미 제3보병사단이 새벽에 바그다드 외곽에 위치한 사담 후세인 국제공항을 완전히 장악하고, 실질적인 바그다드 공략에 돌입. 미 특수부대원은 바그다드 북서쪽 90 km 지점의 타르타르 대통령궁을 급습해 중요 서류 확보. 바그다드 일대의 일부 군 지휘소에도 침투. 북부 이라크군 2천 500여 명이 집단투항. 바그다드에 전기, 전화, 수도 끊김. 연합군 특수부대가 3일 밤 정전을 틈타 바그다드에 잠입. 바그다드 곳곳에서 치열한 교전. 미 국방부, 바그다드 내부봉기 유도 시사.

17일차(2003년 4월 5일)

미군, 오전 탱크 30대를 앞세워 바그다드 시내로 진격. 이라크군과 치열한 교전을 벌임. 이라크의 의표를 찌른 미군의 바그다드 진입작전은 이라크군의 진열을 살피려는 의도와 함께 압도적인 무력을 과시하여 후세인 정권의 전의와 바그다드 시민의 사기를 떨어뜨리는 효과를 노림.

▲ 사담 후세인 국제공항을 장악하고 있는 미군들

18일차(2003년 4월 6일)

바그다드 공습을 재개하고 바스라 시내에 진입, 교전을 벌이는 등 총공세 돌입. 부시, 주례연설을 통해 "이라크의 해방도 멀지 않았다."고 강조했으며, 후세인도 성명을 통해 "연합군에 항전할 것"을 촉구함으로써 양측의 심리전 고조. 이라크 당국, 바그다드 통행금지령 발령.

19일차(2003년 4월 7일)

바그다드를 포위중인 연합군이 새벽 6시경, 탱크와 장갑차를 동원해 바그다드 시내에 다시 진입, 시내 중심부의 사담 후세인 대통령궁 3곳과 공보부 청사 등 주요시설을 장악. 미중부군사령관 토미 프랭크스 대장이 처음으로 이라크 땅을 밟음. 유엔, 전후의 이라크논의 본격화. 미국, 승전 대비 임시정부 수립에 착수.

20일차(2003년 4월 8일)

마무리 단계에 접어든 시점에서 전쟁의 구실이 되었던 대량 살상무기 수색 작업 본격화. 바그다드 함락 초읽기에서 수뇌부의 고민. "보이지 않는 적"에 맞선 소모전 양상

▲ 기자회견을 하는 토미 프랭크스 미 중부사령관

▲ 럼스펠트 국방장관

우려. 적군과 민간인 구분이 모호. 순교를 자처하는 요르단, 이집트, 시리아, 팔레스타인 등 아랍인의 연합지원병도 위협요소. 부족한 시가전 경험도 문제. 양측의 교전으로 종군기자단의 희생 증가. 미영 정상이 북아일랜드에서 정상회담을 개최. 유엔이 전후 재건의 중추임을 확인.

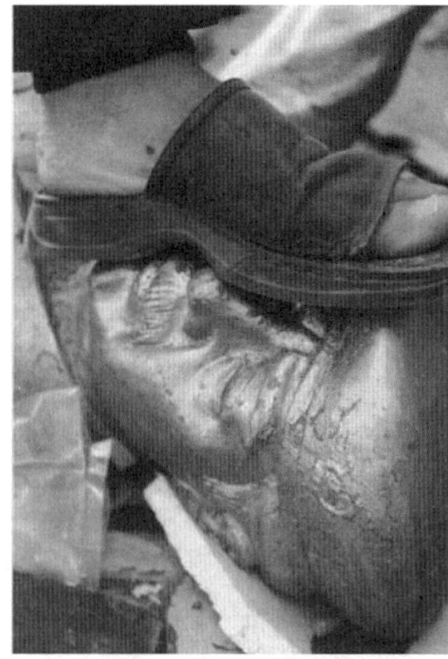

▲ 발에 밟히는 후세인 동상

21일차(2003년 4월 9일)

바그다드 시내 곳곳에서 미군 환영 인파 등장. 약탈 난무. 미영 연합군 사실상 바그다드 완전 장악. 후세인 대통령 고향인 티크리트 공습. 중국과 러시아, 이라크 전후 재건시 유엔이 중심이 되는 것에 합의. 부시 대통령, "사담 후세인 체제의 완전제거와 이라크 국민 해방을 위해 위험한 전투가 남아 있다."고 강조.

22일차(2003년 4월 10일)

부시 대통령이 밤 11시경(이하 한국시간) 대이라크 국민 TV 연설을 통해 현시점에서 사담 후세인 정권이 권좌에서 제거되고 있음을 발표. 후세인의 생사는 오리무중. 이라크 과도정부 수립 본격적으로 착수.

23일차(2003년 4월 11일)

이라크 북부 모술을 방어하는 제5군단이 집단으로 투항함으로써 미영 연합군이 이라크 제3의 도시인 모술 장악. 티크리트를 제외한 전 지역이 연합군에 의해 장악됨.

24일차(2003년 4월 12일)

부시 대통령이 주례 라디오 연설을 통해 사담 후세인 정권이 역사 속으로 사라지고 있음을 공식적으로 선언. 미국, 걸프에 주둔한 해·공군력 감축.

▲ 바그다드에 있는 후세인 대통령궁으로 진입하는 미군

▲ 건물 안에서 소탕 작전을 하는 미군병사

25일차(2003년 4월 13일)

주요전투 마무리 단계. 후세인의 고향이자 추종세력의 최후 거점인 티크리트 공격 준비.

26일차(2003년 4월 14일)

미 국방부가 주요 전투 종료 임박을 발표. 미 해병대가 탱크 등을 앞세워 티크리트 중심부 완전 장악. 이집트, 요르단이 이라크 내 외국군 철수 요구. 미 F-117A 스텔스기 6대 본국으로 귀환.

27일차(2003년 4월 15일)

부시 대통령, 백악관 연설에서 개전 27일 만에 사실상 이라크전 승전을 선언. 그러나 "전쟁은 아직 끝나지 않았다."며 이라크군의 잔당이 투항하거나 완전히 분쇄될 때까지 추적을 계속하겠다고 하여 종전 선언을 보류. 미국인의 이라크 여행금지 12년 만에 해제. 이라크 서부 시리아와의 접경에 배치된 1만 6천명의 병력을 지휘해온 이라크 서부

지구 군사령관 투항.

28일차(2003년 4월 16일)

부시 대통령, 미주리주 세인트루이스를 방문하고 이라크 해방을 선언.

43일차(2003년 5월 1일)

부시 대통령, 저녁 9시(한국시간 오전 10시) 걸프해역에서 귀환하는 항공모함 에이브러햄 링컨호에서 TV 생중계 대국민 연설을 통해 이라크에서의 주요 전투가 종료되었음을 공식 선언.

|사용된 첨단 무기들|

폭탄 및 미사일

JDAM 폭탄 : JDAM(Joint Direction Attack Munition)은 기존의 250LBS, 500LBS, 1,000LBS, 2,000LBS 일반 목적용 폭탄에 위성 항법장치와 조정꼬리날개 킷트를 장착하여 탄착 정확도를 13 m 이내까지 향상시킨 정밀 유도무기로서 이 무장은 GPS 유도장치를 부착하여 기상에 상관없이 전천후 공격이 가능하며, 인공적으로 조성한 은폐 표적이나 다수의 지상 표적에 대하여도 동시에 정밀공격이 가능한 폭탄이다.

토마 호크 : BGM-109 토마호크는 미사일 내 핵탄두 및 고성능 폭약을 장착 가능한 함정용 순항 미사일로서 토마호크의 유도방식은 관성 및 위성항법장치와 지형대조 방식인 TERCOM(Terrain Contour Matching) 기능을 이용하여 중간항법을 담당하고, 종말단계에서는 디지털 화면대조 방식인 DSMAC(Digital Scene Matching Area Correction) 기능을 사용하여 정확한 시간에 목표에 도달 할 수 있는 능력을 구비한 장거리 미사일. 지난 걸프전 및 코소보, 아프간 전에서도 많이 사용되었다.

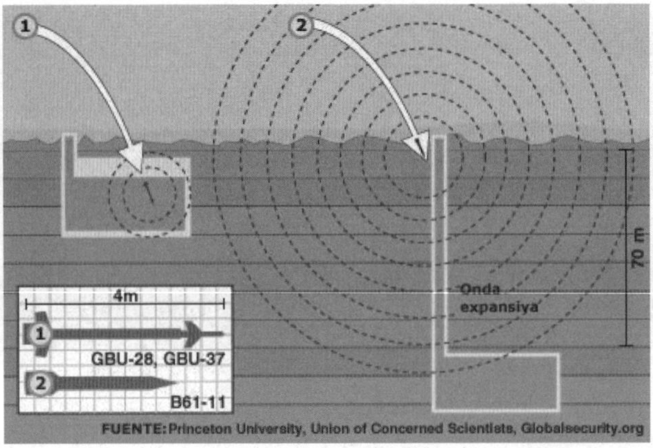

GBU-28 / GBU-37 : 지하벙커 및 동굴파괴 폭탄인 GBU-28/37은 지하에 위치한 지휘 체계 파괴를 목적으로 개발된 것으로 레이저 유도 및 GPS/INS 유도방식을 사용하며, 지면 30 m, 콘크리트 6 m까지 관통할 수 있는 고성능 폭탄이며, GBU-28은 코소보 및 아프간 전에서 사용되었으며, GBU-37은 아프간 전에서 처음 사용 된 바 있다.

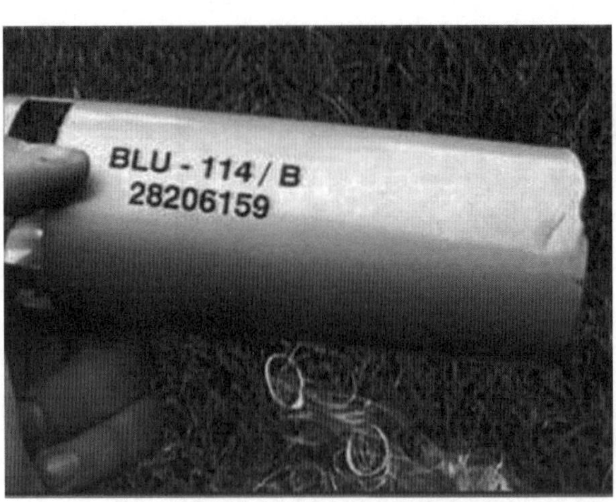

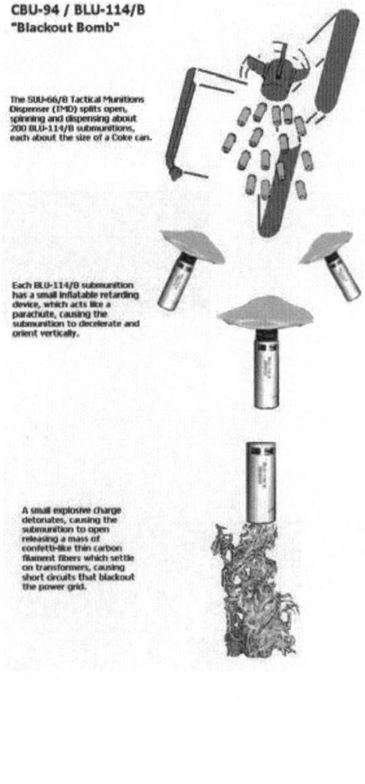

CBU-94 흑연폭탄 : 흑연폭탄은 탄소섬유가 채워진 음료수 캔 형태의 원통형 자탄 202개를 적재하여 확산탄 형태로 투하되는 폭탄으로써, 전선 및 동력시설의 기능을 마비시키는 기능 마비 폭탄이다. 이 흑연폭탄은 "BLU-114/B Soft Bomb"으로 명명되어 걸프전 및 아프가니스탄 전에서 사용되었으며 비살상무기로 그 성능이 입증된 무기.

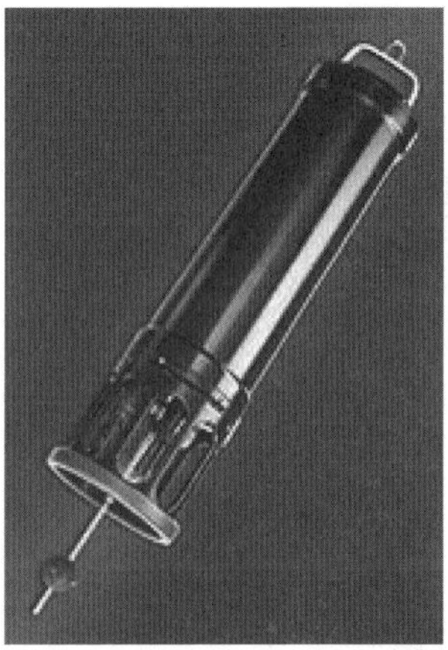

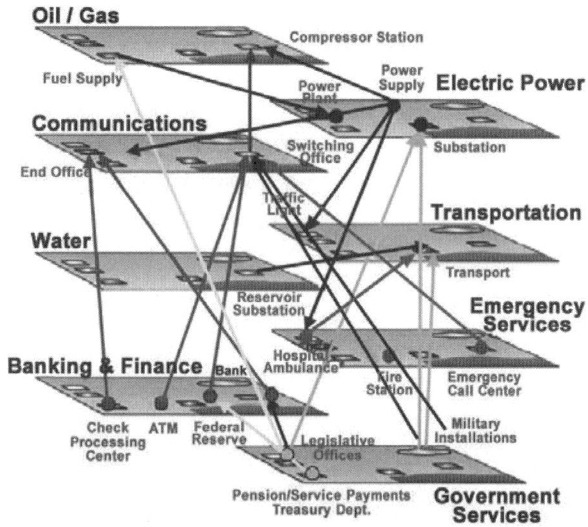

EMP 폭탄 : 전자기 펄스탄은 금번 이라크 전에서 처음 선 보인 최신형 기능마비 폭탄이다. 작동개념은 적의 통신망, 방공망, 컴퓨터 등 전자장비들이나 미사일의 전자제품을 파괴하거나 오작동을 유발하며, 적의 C4I체계나 전자장비의 전자회로를 파괴 및 무력화 시키는 공격수단으로 고출력 전자기 펄스(번개와 유사)를 발생하는 폭탄이다.

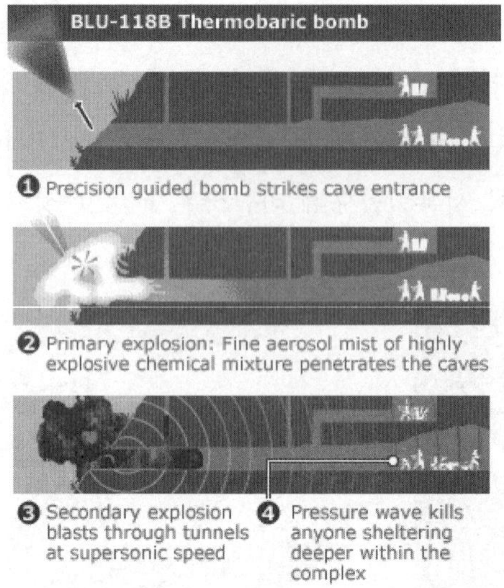

BLU-118B 열압력폭탄 : 강력한 열 압력으로 동굴 내 적을 질식사시키는 폭탄이다.

BLU-82 데이지 커터 : 무게 15,000LBS, 길이 141.6인치, 지름 54인치의 대형 폭탄으로서 MC-130 항공기에 의해 운반되어 투하되며, 반경 900 m 내를 초토화시킨다.

항공기

UAV(무인항공기) : PREDATOR는 중거리/중고도 무인정찰기로 인공위성을 통해 원격 조종되며, 광학장비(EO), 적외선 탐지장비(IR), 영상생성 레이더(SAR)와 같은 항공 전자 장비를 탑재하여 15시간 동안 정찰 임무를 수행할 수 있다.

지난 아프가니스탄 전 이후에는 일부 헬기에서 운영하는 무장인공대공 적외선 단거리 유도 미사일 STINGER와 탱크공격용 Hellfire미사일(AGM-114L) 등 다양한 무장을 탑재하여 정밀공격을 수행할 수 있도록 공격기의 역할도 담당할 수 있도록 성능이 개량되었다. 사람이 타지 않고 원격 조종에 의해 움직이는 프레데터도 아프가니스탄전에 이어 이라크전에서도 중요한 역할을 했다.

F15(Strike Eagle) : F-15는 한국공군의 차세대 전투기로, 전천후 공대지 정밀공격 능력과 우수한 공대공 교전능력을 갖춘 다목적 전투기(Multi-Role Fighter). 음속의 2.5배에 달하는 속도와 685NM의 넓은 행동반경을 갖고 있으며 사거리 63 km의 향상된 중거리 공대공 미사일 인 "AMRAAM"과 사거리 24 km의 열영상 추적 공대지/함 무장인 "Maverick" 등 다양한 무장을 장착하여 주/야간 정밀공격에 사용된다.

F-22(Raptor) : F-22는 쌍발 터보 팬 엔진을 장착한 단좌형 다목적 전투기로써, 전반적인 특징은 스텔스 기술에 의한 낮은 레이더 피 탐지율과 높은 기동성 및 민첩성, 후기 연소기 사용없이 초음속 순항능력 보유 및 F-15에 필적하는 무장적재 능력을 갖추었다. 탑재무장은 20 mm 기총과 열추적 미사일인 AIM-9 4발, 전 방향 미사일인 AIM-120 4발이 장착가능하고 대지공격용으로 여러 종류의 폭탄 탑재 가능하다. F-22는 미 공군이 F-15를 대체할 차기 전투기로 개발을 시작하여 현재 연구가 진행 중에 있으며, 조만간에 작전배치가 이루어 질 것으로 판단된다.

B-1(Lancer) : 대륙간 전략 핵 공격이 주임무인 B-1 폭격기는 항공기 내부에만 75,000 lbs의 무장을 탑재할 수 있으며, 항공기 외부는 핵폭발에 의해 발생하는 폭풍, 고열, 압력, 전자펄스 등에 견딜 수 있도록 동체의 가로 및 세로 구조물의 간격을 좁힌 아주 튼튼한 합금으로 처리되어 있다. 또한 전방감시 레이더와 자동조종 장치를 결합한 지형추적 방식을 갖추고 있어 저고도 60 m 높이로 고속침투가 가능할 뿐 아니라 다양한 재래식 폭탄과 탄두 운영할 수 있는 미국의 3대 핵 방어 전력 중의 하나이다.

※ 3대 핵 방어전력(대륙간 탄도탄, 잠수함발사 탄도탄, 유인형 전략항공기)

B-2 : 레이더에 비둘기 정도 크기로 작게 나타나 적에게 잘 탐지되지 않는 스텔스 폭격기이다. B-2는 동체와 날개의 구분과 꼬리날개가 따로 없는 독특한 구조를 갖고 있으며 아음속 고공침투가 주임무인 폭격기로 대당가격이 5억 3천만 달러로 항공기 개발사상 가장 고가의 항공기이다. 4명의 승무원으로 재래식 폭탄(80개, 500lbs) 뿐 아니라 핵탄두를 운영하는 최강의 침투 폭격기이다.

|이라크 전쟁의 특징|

전쟁이전에 제공권 장악

이라크전쟁의 가장 큰 특징은 본격적인 전쟁 이전에 이미 제공권을 장악했다는 것이다. 즉, 모든 전장에서 적 공군력의 간섭을 완전히 배제할 수 있는 상태로, 연합군은 91년 걸프전쟁 이후에 이라크가 제공권을 발휘하지 못하도록 여러 상황을 조성해 두었기 때문이다.

- 걸프전 이후 약 12년간 이라크 지역에 비행금지구역(No-Fly-Zone)설정.
- 남 · 북부 감시작전(Operation Southern / Northern Watch)과 사막의 여우작전 (Operation Desert Fox, 1998.12.17~12.20)으로 이라크의 대공포, SAM기지, 레이더 기지, 군 지휘부 등 지속적으로 파괴

사실상 이라크에는 공군이 존재하지 않는 상태의 지상군만으로 전쟁에 임하게 되었다. 따라서 연합군의 항공력은 개전 초 가장 우선적으로 실시해야 했던 공세 및 방어제공 임무가 불필요하게 됨으로써 대부분의 전력을 지상군 지원에 투입할 수 있었다.

효과중심의 선별적 파괴

개전 2일차에 A-day(항공력 투입일자) 선포와 함께 대규모 공중공격이 감행된 충격과 공포(Shock & Awe) 작전은 후세인을 직접 겨냥한 대통령궁 공격과 군사지휘부, 방공망, 정부청사, TV 방송국 등에 대한 선별적 표적 공격을 통하여 실시되었으며, 미군의 효과중심작전(Effects-Based Operations)의 개념에서 수행된 심리적 효과를 노린 작전이었다.

즉, 이라크 전 국토와 도시전체를 공격하기보다는 이라크의 지휘체계를 마비시키기 위한 선별적 표적 파괴이며, 대항하는 이라크군만 공격하겠다는 심리전에 기반을 두고 항공력을 활용한 새로운 개념의 작전이었다.

놀라운 진격속도

개전과 함께 G-day(지상군 투입 일자)가 선포되면서, 개전초 지상군의 신속한 기동력

은 과거 걸프전과 비교시 약 4배의 진격 속도(걸프전 시속 16 km, 이라크전 시속 60 km)를 기록하면서 조기전쟁 종결에 원동력이 되었다. 이와 같은 진격이 가능했던 이유는 전쟁발발 이전에 이미 이라크는 공군력이 파괴되어 연합군이 제공권을 장악했기 때문이다. 미영 지상군은 이라크 공군으로부터 바그다드 함락시까지 한 차례의 공격도 받지 않고 진격할 수 있었다. 미 지상군은 기존의 곡사포나 로켓발사기를 극소수로 제한(걸프전 대비 1/9 수준)하는 대신 대부분의 화력지원을 항공력으로 대체토록 했다.

특수전 부대의 활약

CIA를 포함한 9천여 명의 특수전 요원들은 후세인과 지휘부에 대한 전략표적 획득과

▲ 특공대원들이 바트 당 본부에서 떼어 낸 후세인의 초상과 함께 사진을 찍었다.

적 지상군 동향 파악, 유정 보호 등의 임무를 수행했다. 적진 깊숙이 잠입하여 적시 적소에 항공 공격이 가능하도록 정보를 제공하고, 타격 순간까지 표적을 유도해 주는 역할을 수행함으로써 주요표적에 대한 정밀 공격을 가능하게 하는 등 특수전 전력의 유용성과 효과성을 입증했다.

최첨단무기의 시험장

정밀항공력(Precision Air Power), 디지털 전장(Digital Warfare)의 용어가 등장할 정도로 최첨단무기가 대량동원 되었다. 전쟁에서 정밀유도무기의 사용율은 걸프전 7%, 코소보전 35%, 아프간전 56%이었으며, 이라크 전쟁의 경우에는 65%를 사용했다. 그 중에서도 가장 대표적인 것은 합동직격탄(JDAM : Joint Direct Att ack Munition)으로 GPS 정보를 이용하여 주간은 물론 악천후 및 야간공격시에도 불과 3m의 오차범위 내에서 목표를 명중시킬 수 있으며, 대당가격도 크루즈 미사일의 50분 의 1인 30,000 달러(약 3,600만원)로서 경제성과 효과성이 뛰어난 무기로 평가된다.

효율적인 군수지원시스템

미군은 91년 걸프전 당시 한 번도 뜯지 않은 컨테이너가 전후에도 산더미처럼 쌓였던 교훈을 이라크 군수지원 작전에 반영, Just - In - Time System을 도입함으로서 큰 효과를 보았다.

▲ Just-In-Time 운반 시스템

군수물자의 물류이동시 창고보관 과정을 생략하고, 수송선에 화물을 실을 때 최대가 아닌 최적의 원칙을 적용했으며, 장비나 인원 수송선박을 시차를 두고 이동해 선적 지체도 예방할 수 있었다.

또한 수송선박에서 차량이나 탱크를 기중기를 사용하지 않고 배에서 직접 차량과 탱크를 몰고 나오도록 하는 장치도 개발했다. 신속한 의사결정을 위해서는 화물인식 시스템을 도입하여 고장 난 부품의 위치 파악과 비행기, 차량, 선박들의 움직임을 완전히 추적할 수 있었으며, 이러한 군수지원체계의 혁신으로 91년 걸프전 당시 미 본토에서 이라크까지 8일 걸리던 물자수송을 40시간으로 단축시킬 수 있었다.

합동성의 중요성

미 · 영 연합군이 보여 준 '합동성(jointness)'은 무엇보다도 중요한 승리의 원천이 되었다. 이는 어떤 특정한 군이 독자적으로 전쟁을 승리로 이끄는 것이 아니라 각 군이 각 군의 특징에 맞는 업무를 효율적으로 수행하며 전쟁지휘부는 이들의 역할을 조합함으로써 새로운 전력을 창출할 수 있는 여건을 만들었던 것이다.

또한 정보공유 지휘통제체계(C4I)의 발전으로 전장의 가시화와 정보의 공유화가 가능해짐에 따라 네트워크 중심의 전쟁(Network-Centric Warfare)개념을 이용함으로써 동시성, 신속성 및 통합성 실현으로 합동성의 개념을 더욱 효율적으로 운영할 수 있는 계기를 만들었다.

연합 예행연습의 중요성

미영 연합군은 2002년 12월 이라크전쟁을 가상으로 Internal Look 03'으로 명명된 지휘소 훈련을 중부사령관 주관으로 카타르에서 미영군의 핵심참모 1,000여 명이 참석한 가운데 실시했다. 이 훈련은 91년 걸프전이후 4회째 실시했던 지휘소 훈련으로서 실전을 가상한 세부내용묘사를 통하여 각종 문제점을 사전에 도출하고 이에 대비하는 훈련이다.

지난 91년 걸프전의 승리 이후에 미군의 지휘관들은 한결같이 "걸프전에서의 승리는 BCTP에서 나왔다."고 말할 정도로 평소의 실전 같은 예행연습이 전시에 승리를 가져다

▲ Internal Look 03' 훈련 장면

주는 중요한 요소가 되었다.

|끝나지 않은 전쟁|

IED

IED(Improvised Explosive Devices)는 끝나지 않은 전쟁을 더욱 힘들게 만드는 주범이다. IIED는 이라크 저항세력들이 도로변에 매설하여 원격조종장치로 미군의 차량 등을 폭발시키는 급조폭발물인데, 2004년에는 5,607건, 2005년에는 10,593건이나 되었고, 2006년 현재 미군 사망자의 약 50%는 IED에 의해 희생되었다. 첨단무기를 자랑하는 미군이 가장 원시적인 무기의 공격 때문에 혼나고 있는 것이다.

▲ 이라크 저항세력이 만든 급조폭발물 IED

▲ 이라크에서 IED로 인해 폭발하는 장면

후세인의 최후

사담 후세인 이라크 대통령은 그의 고향인 티크리트에서 15 km 떨어진 농가에 숨어 지내다가 그 옆의 작은 땅굴에서 미 제4보병사단 병력과 특수부대원에 의해 2003년 12월 13일 오후 8시 30분경 체포되었다. 땅굴은 1.8~2.4 m의 작은 구덩이로서 한 사람이 겨우 들어갈 정도였다. 당시 후세인에게는 2,500만 달러(한화 약 325억원)의 현상금이 걸려 있었다. 후세인은 2006년 11월 현재까지 재판 중에 있다. 비록 후세인은 체포되었지만 이라크에서의 전쟁은 끝나지 않고 오히려 더 많은 희생자들을 낳고 있다.

▲ 후세인이 숨어 지내던 농가와 체포될 당시 땅굴

▲ 체포 당시의 후세인

▲ 사형 언도를 받은 후세인

2006년 12월 30일 오전 6시 10분. 사담 후세인(69세)의 처형 직전 장면
"반역자들, 스파이들, 미국, 이란은 망해 버려라!" 그가 남긴 마지막 말이었다.
말년에 후세인은 그의 경호 측근으로 이슬람 교도를 배제하고 기독교인을 기용했다. 기독교인들은 최소한 배신은 하지 않을 것이라는 믿음 때문이었다고 전해진다.

10장
6.25전쟁

"6.25전쟁은 그 나라를 완전히 파괴하다시피했다. 그러한 참화를 일찍이 나는 본 적이 없다. 나는 누구보다도 피와 재난을 많이 보아 온 사람일진대 지난번 한국에 있을 때는 정말 속이 뒤집힐 정도였다. 파괴된 잔해와 그 수천 명의 부녀자와 아이들. 그 모든 것을 본 뒤에 나는 그만 토하고 말았다. 만약 당신들이 끝없이 이렇게 전쟁을 계속한다면 당신들은 인류역사에서 내가 들어본 적이 없는 그러한 살육을 영구화시키는 것이다."

-맥아더, 해임된 후 상하원합동연설회에서-

105 6.25전쟁의 성격과 원인

6.25전쟁은 국제전쟁이다

6.25전쟁은 과거에는 한국전쟁, 한국동란, 6.25사변 등의 여러 이름으로 불렸다. 그러나 2004년 10월 교육인적자원부에서 6.25전쟁으로 명칭을 통일했다.

6.25전쟁 당시에 유엔에서 한국에 파병한 나라는 전투부대가 16개국이었고, 의료와 시설 지원을 한 나라는 5개국, 그리고 물자를 지원한 나라는 20개국이나 되었다. 그래서 도합 41개 나라가 이 전쟁에 뛰어 들었다.

공산측에서는 구소련과 중국이 북한을 군사적으로 직접 도왔으며, 태평양 전쟁의 패전국이었던 일본까지 미국의 지령에 의해 비밀리에 가담했으니 이들 전체를 합하면 무려 45개국이 6.25전쟁에 참여한 것이다.

1945년 유엔 창설 당시 유엔헌장에 서명한 나라가 불과 50개국임을 감안해 볼 때, 명색이 국가라고 국제사회에 명함을 내밀고 있었던 세계의 거의 모든 나라들이 좁은 한반도에 뛰어들었던 것이니, 이 6.25전쟁은 바로 국제 전쟁이었던 것이다. 요즘 신세대들은 6.25전쟁에 대해 잘 모르는 경향이 있다. 이제 6.25전쟁은 미국사람들에게만 '잊혀진 전쟁(The Forgotten War)'이 아니다. 우리 후손들도 누군가 이 전쟁을 일깨워주지 않으면 잊혀진 전쟁으로 남을 것이다.

|원 인|

6.25전쟁의 원인은 주장하는 학자에 따라 여러 가지가 있다. 그러나 크게 두 가지로 보면 이렇다.

첫째, 당시 국제적인 환경이 한반도에 전쟁이 일어나게끔 되어 있었다는 것이다. 제2차 세계대전이 종식된 후에 급속히 진전된 냉전체제 하에서 미국과 영국을 주축으로 하

▲ 전쟁 배후를 그린 포스터와 전쟁의 주범 김일성

는 서방 세계와 소련을 주축으로 하는 공산세계와의 물 밑 패권싸움이 급기야 한반도가 분출구가 되어 한반도를 중심으로 전쟁이 터졌다는 것이다.

둘째, 6.25전쟁의 원인은 김일성이라는 한 인간에 의해 일어났다는 것이다. 1994년 7월 20일에 입수한 러시아의 6.25전쟁 관련 비밀문건에 의하면 이러한 사실은 보다 명백해진다. 일부 수정주의자들과 좌익세력들이 주장하는 북침이니, 남침유도설이니, 내전이니 하는 것은 다 잘못된 것이다. 6.25전쟁은 북한의 김일성이 소련의 사주를 받고 중국의 지원을 힘입어 불법으로 남침을 한 전쟁이다.

|첫 신호탄 발사 명령|

북한 문화선전상 제1부장을 지냈던 정상진(90. 문학평론가, 시인)은 6.25전쟁 당시 북한 수뇌부의 남침 계획에 따라 첫 신호탄 발사 명령을 내린 인물은 유성철(총참모장 겸 작전국장)이었다는 증언을 했다. 정상진은 광복 후 소련군으로 북한에 진주했다가 6.25전쟁 발발 당시 김일성 종합대 러시아어 문학과 교수로 재직 중이었다.

이때 그는 고려인 동료였던 유성철이 평양의 한 술집에서 그에게 "전쟁은 우리가 시작했다. 내가 1950년 6월 25일 오전 4시 (공격개시를 위한) 신호탄을 쏘라고 직접 지시했다."고 밝혔다고 말했다. 정상진은 1956년 북한 정권이 소련파를 숙청할 때 다른 소련 국적의 고려인 428명과 함께 소련으로 망명했다. 유성철도 정씨와 함께 망명길에 올랐으며 그는 우즈베키스탄 타슈켄트에서 지내다가 1995년에 죽었다. 〈출처 : 2008년 6월 25일 연합뉴스에서 부분 발췌〉

106 북한군의 남침 계획

|북한군의 남침계획|

북한군의 남침계획은 1950년 3월 김일성으로부터 구체적인 남침계획을 지시받은 북한군 총참모장 강건과 새로 부임한 바실리예프 소련 군사 고문단장이 중심이 되어 5월 29일에 최종적으로 완성되었다. 바실리예프 중장은 제2차 세계대전에서 독소전의 영웅으로 부상된 작전통이었는데, 대령급 작전 전문가 10여 명과 함께 입북하여 남침계획을 완성한 것이다. 이때 작성된 남침계획은 3단계였는데, 7월의 장마를 고려해서 김일성이 6월 25일로 결정했고 스탈린도 이에 동의했다.

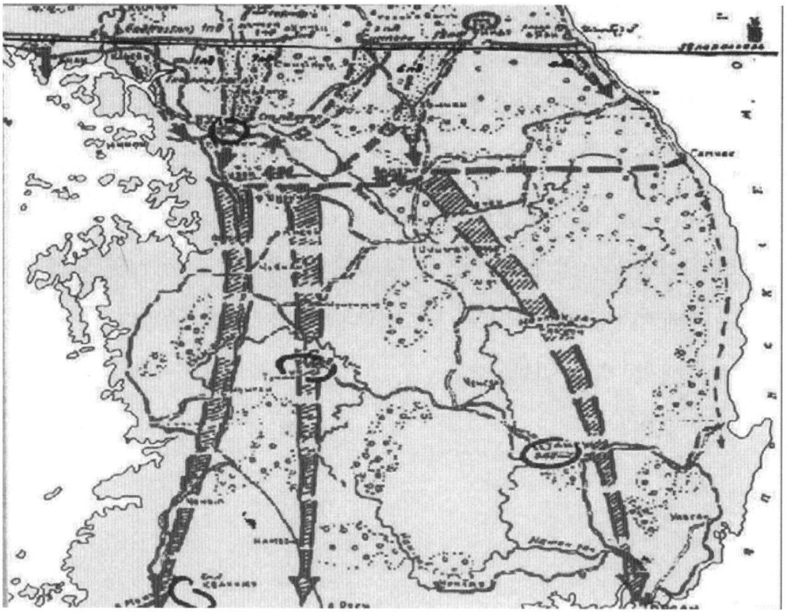

▲ 남침계획(선제타격작전)
러시아 군사연구소 수석연구위원인 코르트코프 박사가 러시아 국립자료보존소에서 획득한 원본의 사본이며, 원본은 평양과 모스크바에 각 1부씩 보관되어 있다.

작성된 최종계획

제1단계(5일 작전) : 2일차에 서울점령, 수원-원주-삼척까지 90 km를 5일 만에 점령

제2단계(14일 작전) : 전과확대단계, 군산-대구-포항까지 180 km를 14일 만에 점령

제3단계(10일 작전) : 소탕단계, 목포-여수-부산까지 80 km를 약 10일 만에 점령

*제2, 3단계는 구체적인 부대가 명시되지 않고 단지 진출선과 작전목표만 명시되었다.

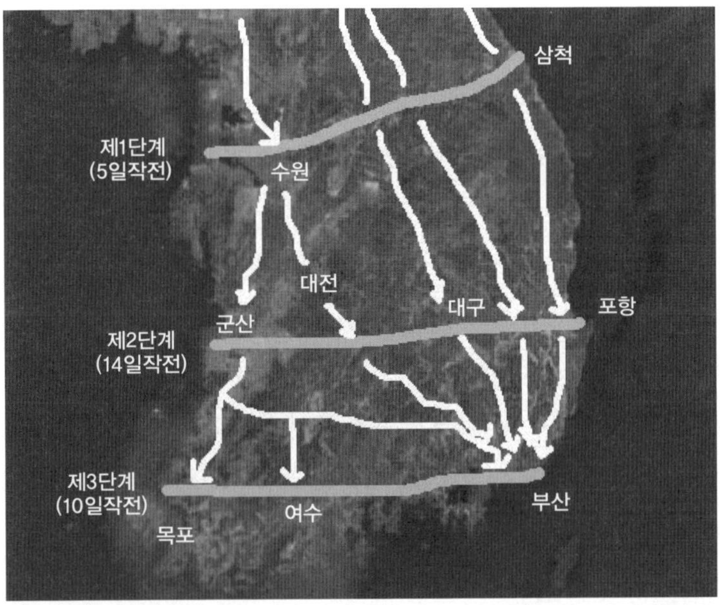

▲ 전쟁의 주범 김일성과 한반도

107 남침 직전의 상황

|절대열세의 전력|

북한군은 1950년 6월 25일 일요일 새벽 4시를 기하여 김일성의 명령 하에 전격적으로 남한을 침공했다. 이때 북한군의 전력규모는 제1,2군단 예하의 10개의 보병사단(중장비사단 7, 예비사단 3)과 1개 전차여단, 3개 독립연대, 5개 경비여단 등 지상군 191,680명과 해군 4,700명, 공군 2,000명이었으며 총병력은 198,380명이었다.

이를 맞은 국군의 전력규모는 8개 사단(경장비), 1개 독립연대 등 지상군 94,974명과 해군 7,715명, 공군 1,897명이었으며 총병력은 105,752명이었다. 수적으로 보면 약 2배의 우세를 북한군이 가지고 있었으며, 북한군이 지향했던 주공방향인 철원-의정부-서울 축선은 그 병력비율이 1 : 4.4, 개성-문산-서울 축선은 1 : 2.2, 조공방향인 화천-춘천과 인제-홍천 축선은 1 : 4.1 그리고 양양-강릉 축선은 1 : 2.5로 국군이 절대적으로 열세했다.

특히 주공방향에 이렇게 엄청난 전투력 열세를 보인 것은 육군본부가 취한 일부 부

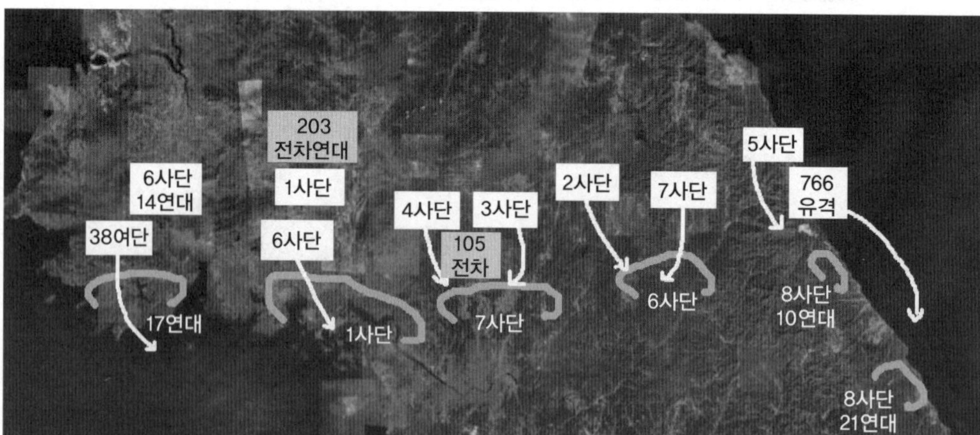

대의 예배속 조정명령 때문이었다. 육군분부는 6월 15일자로 철원 정면을 담당하고 있던 제7사단의 예비연대인 제3연대를 서울의 수도경비사령부로 예속 변경하고, 그 대신 온양에 위치한 제2사단 제25연대를 제7사단에 편입 조치했다. 이에 따라 제3연대는 명령대로 후방으로 이동을 해버렸는데, 제25연대는 주둔할 전방지역의 수용시설이 해결되지 않아 이동을 하지 못하고 있다가 남침을 당했기 때문이다.

|장비와 훈련|

병력에서의 절대열세뿐만 아니라 장비와 훈련 면에서도 마찬가지였다. 국군에 단 한 대의 전차가 없었던 반면 북한군은 소련제 T-34의 전차를 242대를 보유하고 있었고, 공군의 경우 국군은 22대의 연락용 혹은 훈련용 경비행기를 보유하고 있었던 반면 북한은 고성능전투기인 YAK-9를 비롯한 210여대의 항공기로 항공사단을 편성하고 있었다. 해군에 있어서는 양측 공히 30여 척 정도의 경비정 수준에 머물러 비슷한 상황에 있었다.

훈련수준 또한 북한군은 38선 경계부대를 38선 일대에 걸쳐 배치, 북쪽을 가려 놓고 사단급 부대까지의 훈련을 마쳤으며, 1949년 2월말에는 '전차돌입 및 적 배후 침투'라고 하는 과제를 선정하여 보전포 합동훈련을 실시했다.

특히 북한군은 일찍이 만주에서 일본군과 풍부한 전투경험을 가진 동북 항일군이 창설모체가 되었고, 1949년 7월부터 입북한 한민족으로 편성된 중공군 3개 사단과 2개 연대가 북한군의 제5, 6, 12사단의 골간을 이룸으로써 실전경험이 풍부했다. 그리하여 이들은 남침 직전에 중공군의 우회, 침투전술이 잘 발휘될 수 있도록 중동부 산악지역에 배치되었다.

반면 국군은 주한미군이 1949년 철수를 완료할 때 국군에게 대대작전 시범훈련을 보여준 것이 고작이었으며, 전쟁 전까지 불과 몇 개 대대만이 대대훈련을 완료할 수 있었다.

북한군은 이러한 막강한 전투력과 훈련수준으로 기습남침을 감행, 제1군단을 주공으로 하여 서부지역에서 철원-의정부-서울 축선으로 진입했고, 제2군단을 조공으로 하여 중동부 및 동부지역에서 화천-춘천-원주 축선과 인제-홍천, 양양-강릉 축선으로 진입

▲ 국방경비대에서 기관총교육을 하고 있는 미 군사고문단

했다. 이들 북한군을 맞아야 했던 전방사단은 개성, 포천, 춘천, 강릉 및 옹진지역에 배치된 4개 사단 및 1개 연대였고, 나머지 사단을 서울, 대전, 대구, 광주 일원에 전개되어 공비 토벌과 후방지역 경계임무를 수행하고 있었다.

|술에 취한 지휘부|

▲ 병기장교출신 채병덕 참모총장

당시 국군은 그동안 밥 먹듯이 계속되어온 비상경계 근무태세를 해제(6월 23일 24 : 00시부)한 상태였고, 장병들은 마침 일요일을 맞아 30%가 외출이나 휴가를 떠난 상태였다. 더구나 6월 24일 밤에는 육군회관 장교구락부 준공파티가 있어서 여기에 채병덕(蔡秉德) 참모총장을

▲ 임시국회의사당인 문화극장에서 나오는 이승만, 신성모

비롯한 육군본부의 참모장교, 참모학교 요원과 피교육자, 각급부대 지휘관이 다수 참석하며 밤이 늦도록 연회를 벌이고 있었다. 당시 국방장관은 신성모(申性模)로서 국무총리 서리를 겸하면서 75세의 노(老)대통령 이승만을 보좌하고 있었다.

| 북한지휘층의 구조 |

김일성은 내각 수상, 공산당 총비서, 군사위원장, 조선노동당 위원장으로서 절대권력을 장악하고 있었다. 당 부위원장은 박헌영과 허가이였다. 박헌영은 부수상 겸 외상으로서 남로당파를 대표했으며 북한내 서열 2위였다. 허가이는 소련계 제1인자로 당무를 장악하고 있었다.

군사면에서는 민족보위성상에서 상(相)은 최용건, 부상(副相)은 김일(金一), 무정, 강건, 김영수였다. 또한 실제 전선에서 전투를 수행할 제1,2군단장에는 각각 김웅(金雄), 무정(武亭)이 임명되었다. 남침을 개시한 후 김일성은 최고사령부를 조직하여 7월 4일부로 그 자신이 최고사령관에 그리고 최용건을 부사령관에 임명했으며, 7월 5일부로 전선사령부를 새로이 조직하여 전선사령관에 김책(金策), 총참모장에 강건(姜建), 군사위원에 김을을 각각 임명했다.

이로써 김일성은 군사위원회 위원장, 인민군 총사령관-전선사령관-군단장-사단장에 이어지는 전시 전쟁지도 및 지휘체제를 완전하게 구비하여 전쟁에 임했다. 이는 남침을 위하여 김일성이 얼마나 치밀하게 전쟁을 준비했는가를 단적으로 보여주는 것이다.

▲ 평양의 붉은 광장에서 김일성과 스탈린을 찬양하는 젊은이들

108 북한군의 남침

|초기전투|

북한군의 기습 남침은 그들의 계획대로 38도선 전역에 걸쳐 야포와 박격포의 공격준비 사격과 더불어 일제히 시작되었다. 서쪽의 옹진반도로부터 개성, 동두천, 포천, 춘천, 주문진에 이르는 38도선 전역에서 지상공격을 개시하는 한편, 강릉 남쪽 정동진과 임원진에 제766부대와 제549부대의 유격부대를 상륙시켰다.

서울을 목표로 정한 북한군의 주공 제1군단은 연천과 운천에서 의정부에 이르는 축선과 개성에서 문산에 이르는 접근로에 전투력을 집중했으며, 춘천, 강릉을 목표로 한 조공인 제2군단은 화천-춘천 접근로에 중점을 두고 계획된 축선을 따라 소련제 T-34전차를 앞세우고 일거에 국군의 38선 방어진지를 돌파하고 남진을 계속했다.

▲ 소련제 T-34 전차

당시 옹진반도에서 북한군 제6사단 제14연대와 제3경비여단을 맞은 국군 제17연대(연대장 대령 백인엽)는 64킬로미터의 38선 정면에 2개 대대를 배치하고 옹진 부근에 1개 대대를 예비로 하여 방어하고 있었다. 제17연대는 병력의 열세와 장비 및 화력의 부족을 무릅쓰고 24시간 이상 지연전을 감행하다가 육군본부의 명에 의하여 지원된 LST 2척을 이용, 6월 26일 아침 인천으로 철수했다.

|임진강교 폭파실패|

임진강교는 북한군이 서울로 진입함에 있어서 매우 중요한 통로를 제공하고 있었다. 그래서 북한군이 침입시에는 의명 폭파하도록 되어 있었다. 6월 25일 북한군의 기습공격으로 전방의 국군은 사력을 다하여 이들을 막았지만 역부족이었다. 임진강교 폭파는 국군 제1사단 공병대대의 책임이었다. 사단공병대대장은 이 임무를 공병 제3중대장에

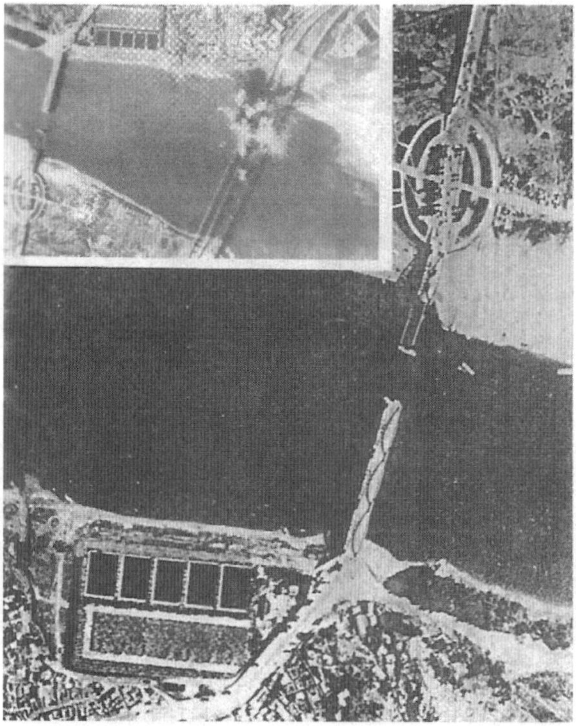

▲ 너무 일찍 폭파된 한강교

게 부여했었는데 6월 25일 오후, 정작 폭파해야 할 중대한 시기에 중대장의 행방은 찾지 못했다. 대대장은 할 수 없이 작전장교에게 이 임무를 대행시켰는데 폭약을 장전하고 점화했으나 불발이었다. 작전 장교는 급한 마음에 다시 폭파병 두 명을 이끌고 뇌관을 연결하고 폭파를 시도했으나 실패로 돌아갔다. 끝내 임진강교는 폭파하지 못하고 철수함으로써 중공군 출신으로 구성된 막강한 전력의 북한군 제6사단 주력부대가 이 다리를 건너 서울을 향하여 물밀 듯이 내려왔다.

|신성모 장관의 허세|

불의의 기습에 의하여 국군의 서부지역 최전방 부대인 옹진반도의 제17연대가 6월 25일 당일에 무너지면서 국군은 모든 전선에서 패퇴했다. 그러나 정작 6월 26일 신성모 국방장관은 중앙방송국에 나가 "침입한 적은 국군의 반격으로 후퇴하고 있다. 그러므로 국군은 총반격전을 개시했는 바 차제에 압록강까지 진격하여 민족의 숙원인 국토의 통일을 완수하고야 말 것이다."라고 호언장담하는 생방송을 실시했다. 이 방송은 이후에도 반복했기 때문에 국민들은 이것을 진짜로 믿고 전세를 낙관하게 되었다.

|한강교의 폭파|

6월 27일 개전 사흘 째 되던 날 새벽 2시 이승만 대통령은 부랴부랴 특별열차 편으로 대전을 향해 떠났고 이어 새벽 3시에 중앙청에서 열린 비상국무회의에서는 정부를 수원으로 옮기기로 결정했다. 그날 이른 아침에 신성모 국방장관과 각군 참모총장이 함께 한 국방관계자회의에서는 비록 정부가 수원으로 옮겨질지라도 군은 서울을 사수할 것을 결의하면서 이 사실을 서울시민에게 알렸다. 그러나 기대하고 있었던 창동 방어선이 무너지자 채병덕 참모총장 이날 오전, 서울을 포기하기로 작심하고 당시 공병감이었던 최창식 대령을 불러 적이 서울시내로 들어오기 2시간 전에 한강교를 폭파할 것을 명령한 후 그날 오후 육군본부를 시흥으로 이동시켰다.

맥아더 원수의 극동군사령부의 전방지휘연락단이 한국에 설치될 것이라는 연락을 받

▲ 폭파된 한강 철교는 이듬해 1951년 5월 23일 복구공사가 진행될 때까지 방치되었다.

고 다시 육군본부는 시흥에서 용산으로 이동되었다. 이에 따라 안심한 서울시민들은 피난길을 멈추고 다시 서울로 돌아왔다. 그러나 6월 27일 북한군은 이미 미아리의 아군 방어선을 돌파하고 있었으며 북한의 야크기는 서울상공을 날아 다녔다.

채병덕 참모총장으로부터 한강교 폭파를 명령받은 공병감은 6월 27일 오후 3시경 폭파준비를 끝내고 있었다. 자정을 지나 6월 28일 새벽 2시가 채 못 되는 시간에 북한군의 전차가 서울시내로 진입하고 있다는 보고를 받은 채 참모총장은 공병감에서 즉시 한강교를 폭파할 것을 명령했고 이로써 한강교는 그날 새벽 2시 30분 마침내 폭파되었다. 한강 인도교 위에 있었던 수십 대의 차량이 함께 폭파되었고 수백명이 찢겨졌다. 이때 아직 국군 3개 사단이 한강이북에서 접전을 하고 있었다. 당시 북한군의 주력이 완전히 서울 시내에 진입한 시간은 6월 28일 오후 3시경으로서 적어도 한강교 폭파는 6~8시간 정도는 연기될 수 있었던 상황이었다.

임진강교 폭파실패에 따른 강박관념이 채병덕 참모총장으로 하여금 한강교를 너무 빨리 폭파하도록 자초함으로써 국군의 주력을 자멸하게 만들었다. 상대적으로 한국전쟁 기간 중에 북한군은 국군이 북진시 대동강교를 시기적절하게 폭파함으로써 자신의 군대를 건질 수 있었다. 수단과 방법을 가리지 않고 겨우 한강을 건너 간 국군은 주요장비와 군수품의 70%를 한강 이북에 유기했는데 특히 행정문서와 중요기록을 유실 또는 망실함으로써 후일 국군이 재편성될 때 정확한 제원 파악이 되지 않아 많은 어려움을 겪게 된다.

109 북한군의 서울 진입

|서울사단|

전혀 전쟁에 대한 준비가 없었던 한국은 북한의 기습남침 불과 3일 만인 6월 28 일에 서울과 춘천 그리고 강릉을 적의 수중에 고스란히 넘겨주게 되었다. 첫 3일 동안 약 44,000명이 죽거나 포로가 되었거나 실종되었다.

서울에 맨 처음 돌입한 북한군 부대는 제105전차여단과 이권무가 이끄는 제4사단의 제18연대였으며 제18연대는 그 본부를 덕수궁에서 두었다. 이어 이영호가 이끄는 제3

▲ 소련제 T-34탱크를 몰고 서울로 진입하는 북한군

사단이 입성했으며, 방호산의 제6사단은 서울로 들어오지 않고 곧바로 나아가 7월 3일에는 인천을 점령했다. 북한 인민군 최고사령부는 서울시내에 제일 먼저 돌입한 제4, 3단에게 7월 5일 서울사단이라는 명예칭호를 부여했고, 제105전차여단에도 사단승격과 동시에 서울사단의 명예칭호를 부여했다.

서울은 북한군에 의하여 장악이 되자 순식간에 붉은 색으로 바뀌어졌다. 북한군은 곧 마포 형무소와 서대문 형무소를 비롯해 각 경찰서에 들어가 정치범은 물론 죄수들은 모조리 석방시켰다. 이들 죄수들은 인민의 영웅으로 추켜져 북한군을 환영하는 선봉에 내세워졌고 이른바 반민족주의자들의 색출에 앞장서게 했다. 김일성은 28일 서울점령의 축하연설을 방송했고 서울에 인민 위원회를 설치했다. 이어서 북한군은 공공기관을 장악하고 국유재산과 정부요인 및 자본가들의 재산을 몰수했다.

|3일 지체|

서울을 점령한 북한군은 승리에 들떠 군 수뇌부는 2일간에 걸쳐 서울시청에서 승전 축하 연회를 여는 등 일방적인 공격을 멈추고 3일간 서울에서 지체했다. 김일성이 후일 "우리가 저지른 가장 큰 실수는 적을 완전히 포위섬멸하지 못하고 그들이 퇴각하는 동안 부대를 재편성하고 병력을 증강할 수 있는 충분한 시간을 주었다는 것이다."라고 하면서 당시의 결정적 과오를 가슴 아파했다.

3일간의 서울지체의 이유는 무엇이었는가? 여기에는 몇가지 추정 가능한 이유들이 있다. 그러나 가장 설득력 있는 것은 박헌영의 인민봉기에 대한 김일성의 낙관적인 기대였다. 남로당 당수 공작된 약 20만 명의 인민들이 남한 전역에서 일제히 봉기하여 남한 전체를 순식간에 공산화시킬 수 있다고 큰소리쳤었다.

▲ 1949년 박헌영의 결혼식에 참석한 김일성

그러나 기대했던 인민봉기는 일어나지 않았고, 김일성은 결정적인 3일을 허송하고 말았다. 정전 후인 1954년 12월 23, 김일성은 군정간부회의에서 이 부분에 대하여 박헌영을 심하게 질책하면서 패전의 책임을 박헌영에게 돌렸다.

"…박헌영은 우리를 속였습니다. 박헌영은 남조선에 20만 당원이 지하에 있다고 거짓말했습니다. 남조선에 당원이 20만은 고사하고, 1,000명만이라도 있어서 부산쯤에서 파업을 했더라면 미국 놈이 발을 붙이지 못했을 수 있었습니다…"

서울 3일 지체 이유로 또 다른 하나는, 한강 이남에서 북한군 제2군단이 순조롭게 진출하지 못하자 한강 이북에서의 한국군 주력 섬멸이라는 최초의 계획을 변경하여 한강 이남으로의 진출을 꾀했다.

도하장비 부족

그리하여 김일성은 '미 육군전투부대가 증원되기 전에 한강 도하를 강행하여 한강 남쪽의 한국군 방어선을 돌파하고 한국군의 방어 부대를 격멸한 후, 평택, 안성, 충주, 제천, 영월 등을 점령하라.'고 하는 제2단계 작전지침을 하달했다. 그러나 북한군은 도하장비가 절대적으로 부족했다. 임진강, 한강, 금강, 낙동강 등 4대 강의 도하를 위해 4조(組)분의 자재를 소련에 요청했으나 그들은 1조분 밖에 제공받지 못했다. 그리하여 6월 29일 밤이 되어서야 맹렬한 폭격과 함께 도하를 개시했다. 부족한 도하 수단은 뗏목 등 갖가지 방법이 동원되어 응급으로 해결했다. 도하장비의 결정적인 부족도 서울에서 김일성이 3일간 지체하게 되는 중요한 이유 중에 하나가 되었다.

당시 제공권은 미 공군에 의하여 거의 장악되었기 때문에 이런 악조건 하에서 부족한 도하장비로 곧바로 한강을 건너 한국군을 추격하기에는 실제적으로 어려움이 많았을 것이다. 서울이 실함되자 국군은 한강 이북 지역에서 철수한 병력과 그 이남 지역에 위치하고 있던 병력을 끌어 모아 임시로 편성된 시흥지구전투사령부의 지휘 하에 한강 방어 작전을 수행했지만 7일 만에 붕괴되어 다시 평택으로 철수하게 되었다.

110 미국과 유엔의 개입과정

|휴가 중인 트루먼|

이 당시 미국의 즉각적인 지원이 없었더라면 한국의 운명은 어찌되었을지 아무도 모른다. 당시 만 66세의 트루먼 미 대통령은 잘 안 풀리는 예산문제로 무거운 머리를 식히기 위하여 48시간 동안의 주말휴가를 내어 그의 고향인 미주리Missouri로 향하고 있었는데 바로 그 시간(미국시간 6월 24일 오후 2시경)에 한국은 6월 25일 새벽 4시를 맞아 북한군의 기습적인 남침을 당하고 있었다.

이 충격적인 사실은 곧 주한 미대사 무초Muccio에 의하여 미 국무장관 애치슨에게 보고되었으며, 애치슨은 막 저녁식사를 마친 트루먼에게 전화로 이 사실을 보고했다.

▲ 왼쪽 사진은 유엔안보리에서 미국대표 그로스(Gross)가 북한의 기습남침에 대해 역설하고 있다. 오른쪽 사진은 워싱턴으로 가기 전 캔사스 시티공항에서 “이건 아무래도 위험한 상황인 것 같다.”라고 말하는 트루먼 미 대통령

이때 시각은 6월 24일 토요일 밤 9시 20분(한국은 6월 25일 정오경). "미스터 대통령. 나는 지금 매우 심각한 뉴스를 가지고 있습니다. 북한군이 남한을 침략했습니다." 이 놀라운 소식을 들은 트루먼 대통령은 밤 11시 20분경 야간비행으로 곧 바로 워싱턴으로 돌아가겠다고 애치슨에게 말했는데, 애치슨은 밤이 너무 늦었고 그리고 한국사태가 아직은 불확실하다고 하는 말로 만류하여 다음날로 미루었다.

트루먼은 다음날인 6월 25일 워싱턴으로 출발하기 전 캔사스시티 공항에서 이렇게 말했다. "이것은 아무래도 위험한 상황인 것 같다.(It could be a dangerous situation.) 그러나 나는 그렇지 않기를 희망한다.(but I hope it isn't.)"

|결의 과정|

운명의 그날, 미국에 의하여 공식요청된 긴급 유엔 안전보장이사회가 한국시간으로 6월 26일 새벽 4시(미국시간 6월 25일 오후 2시)에 개최되었다. 개회가 더불어 유엔 사무총장 리가 유엔한국위원단의 보고서를 인용하여 유엔은 침략에 직면한 한국의 평화와 안전을 회복하기 위한 조치를 취하여야 함을 역설했다.

미국대표 그로스(Ernest A. Gross)가 무초대사의 보고서를 토대로 긴박한 사태를 설명했으며, 유엔 한국대표 장면 대사가 북한을 규탄하는 성명문을 낭독하고 긴급지원을 호소했다. 표결에 부쳐진 결의안은 약간의 수정을 거쳐 찬성 9, 반대 0, 기권 1(유고)로써 가결되었다. 당시 안보리를 미국, 소련, 장개석의 자유중국, 영국, 프랑스 등 거부권을 가진 5대 상임국을 비롯하여 11개국으로 구성이 되었는데 이날 소련 대표가 불참하여 거부권을 행사하지 않음으로써 가결될 수 있었다. 이것이 6·25결의안이다.

운명의 그날 소련이 한국을 살려준(?) 셈이었다. 당시 소련 대표는 1950년부터 자유중국이 중국의 유엔대표권을 보유한 데 대한 항의로써 회의를 보이콧하고 있었다.1949년 10월 1일 중국 땅에 세워진 모택동의 중국공산당은 스탈린을 뒤에 업고 악착같이 유엔에 가입하기 위하여 모든 수단을 총동원하고 있었다.

훗날 밝혀진 바에 의하면 이때 소련대표는 은밀하게 스탈린의 개인전화를 받고 불참했다는 것인데 과연 음흉한 스탈린의 그 속셈은 무엇이었을까? 미국을 고의적으로 한국전으로 끌어들인 것인가? 그렇다면 미국의 힘을 소진시키려는 음모 하에 스탈린의 덫 속에 미국이 빠져들어 간 것인가?

|선전포고 없었던 미국|

유엔안보리의 6·25결의에도 불구하고 북한군의 군사행동이 계속되자 미국시간 6월 27일 다시 북한의 군사공격을 격퇴하고 한반도의 평화와 안전을 회복하는데 필요한 원조를 대한민국에 제공할 것을 유엔은 결의했다. 이것이 유명한 6·27결의안이다.

이때 트루먼 미 대통령은 단호한 결심 하에 우선 동경에 있는 극동군 사령관 맥아더 원수에게 미 해·공군력을 사용해도 좋다는 허락을 했는데 이에 맥아더 원수는 6월 29일 직접 한국전선으로 날아가서 전황을 살펴보고 생각보다 심각한 상황을 보고하자 트루먼은 다음날인 6월 30일 미 지상군도 한국전선에 사용해도 좋다는 파격적인 조치를 했다.

이는 미 의회의 선전포고 승인을 받지 않은 대통령의 독자적인 권한으로 결심한 것이었고 이를 두고 미국에서는 후일 '값비싼 실수(A Costly Mistake)'라고 평가했다. 트루먼은 이 조치를 단지 유엔의 명분 하에 공산주의자들을 내쫓기 위한 일종의 '경찰행동(police action)'으로 불렀다. 이는 후일 야기될 수 있는 정치적인 추궁에서 벗어나기 위함일 것이다.

|스미스 대대|

지상군의 투입을 승인 받는 맥아더 원수는 즉시 미 제8군사령관인 워커Walton Walker 중장에게 미 제24사단을 한국전선에 투입하라고 명령했다.

또한 워커 장군으로부터 투입명령을 받은 미 제24사단장 딘William F. Dean 소장은 선발부대로서 사단 내에서 가장 정예인 제21연대를 선정했으며 제21연대는 그 선발부대로서 스미스Charles B. Smith 중령이 지휘하는 제1대대를 선정했는데 이 부대가 한국전선에 최초로 투입된 유명한 스미스 특수임무부대였다. 406명의 스미스 대대는 7월 1일

▲ 1950.6.28. 대북결의안이 채택되는 장면. 소련 대표의 자리가 비어 있다.

▲ 대전역에 도착한 스미스부대

부산으로 공수되어 다음날 오전 8시에 대전에 도착했으며 그리고 곧 국군과 손을 잡았다.

제2차 세계대전 이후 안일에 빠진 미국의 군대는 장비와 훈련 면에서 급격히 퇴보의 길을 걷고 있었고, 사실상 한반도에서 또 다른 전쟁을 치룰 준비가 전혀 되어 있지 않았다. 트루먼의 신속하고도 단호한 파병조치는 이들 어설픈 미국군대를 독특한 환경의 한반도에 내몰았고 결국 이들은 많은 피를 흘리며 다시 새롭게 하나씩 전쟁하는 방법을 터득해야 했다. 물론 처음에는 이들은 아무 것도 모르고 마치 무적의 기사들처럼 자신만만했다.

|16개국 유엔군|

이로써 국군은 7월 4일에 평택-제천-울진을 연하는 선에서 미군과 최초의 연합전선을 펼칠 수 있었는데, 이때 미 지상군은 경부선을 중심으로 한 서부지역을, 국군은 그 이동지역인 중부와 동부지역을 담당하기로 했다. 그동안 유엔에서는 최초로 유엔군사령부를 창설, 7월 7일부로 맥아더 원수를 유엔군 사령관으로 임명했으며 이에 따라 유엔회원국들은 한국으로 병력을 파견하기 시작했다.

▶ 유엔군

유엔군은 1950년 7월 31일까지는 미국만 지상군을 파병했고 기타 나라들은 해・공군력만 지원했는데 그 후 파병이 가속화됨에 따라 6.25전쟁 중에 모두 16개국(미국, 영국, 오스트레일리아, 네덜란드, 캐나다, 뉴질랜드, 프랑스, 필리핀, 터키, 타이, 그리스, 남아프리카공화국, 벨기에, 룩셈부르크, 콜롬비아, 이디오피아)이 전투부대를 파병했고, 의료지원 파병이나 시설을 지원한 나라는 5개국(스웨덴, 인도, 덴마아크, 노르웨이, 이탈리아) 그리고 그 외 물자를 지원한 나라는 20개국(아르헨티나, 볼리비아, 브라질, 칠레, 코스타리카, 쿠바, 에쿠아도르, 엘살바도르, 아이슬랜드, 이스라엘, 레바논, 리베리아, 멕시코 니카라구아, 파키스탄, 파나마, 파라구아이, 페루, 우루과이, 베네수엘라)에 이르렀다.

참고적으로 미국은 6.25전쟁 초기 당시 전투부대가 10개 사단 밖에 없었다. 5개 사단은 미국 본토에, 1개 사단은 독일에, 4개 사단은 극동에 각각 배치되어 있었다.

|작전지휘권 이양|

이승만 대통령은 한반도 내 작전을 원활하게 지휘하기 위하여 국군의 작전지휘권을 7월 14일 부로 유엔군사령관인 맥아더 원수에게 서한형식으로 전달했다. 맥아더 원수는 이승만 대통령에게 이양 받은 작전지휘권에서 먼저 지상군의 작전지휘권을 7월 17일부로 미 제8군사령관에게 재이양했다.

지상군의 작전지휘권이 미 제8군사령관에게 이양된 이날 7월 17일에는 마침 세계 역사상 최초로 만들어진 유엔기를 건네받은 날이었다. 유엔기는 유엔 사무총장이 7월 7일 결의된 유엔군사령부 설치안에 따라 미국 유엔대사에게 전달했던 것인데, 이 유엔기는 7월 13일 미 육군참모총장 콜린스 대장이 동경을 방문하여 유엔군사령관인 맥아더 원수에게 전달했었고 4일 후인 7월 17일에 한국에 있는 미 제8군사령부에 전달되었던 것이다.

그 후 맥아더 원수는 한국군의 해군과 공군의 작전지휘권도 각각 극동해·공군구성군 사령관에게 이양함으로써, 지상군은 미 제8군사령관, 해·공군은 미 극동 해·공군 사령관의 작전지휘를 받게 되어 한반도에서 싸우는 모든 국군과 유엔군의 지휘통일을 이루게 되었다.

▲ 콜린스 미 육군참모총장이 동경으로 날아가 맥아더에게 유엔기를 넘겨주고 있다.

111 낙동강 방어선

|90% 빼앗김|

북한군의 파죽지세와도 같은 맹렬한 공격기세를 막지 못하고 국군과 유엔군은 남으로 밀리기만 했는데 결국 8월 1일에는 낙동강 선인 마산-왜관-영덕을 연하는 선까지 밀려갔다. 이제 남한 땅의 90%가 북한군의 수중에 들어가 있었다. 이 무렵 미 지상군은 3개 사단 2개 연대 규모로 증강이 되었고, 영국, 오스트레일리아, 캐나다의 해·공군과 프랑스, 네덜란드, 뉴질랜드의 해군이 한국에 도착했다.

▲ 금강방어에 대해 구상중인 워커 중장

북한군은 계속된 공격행위로 인해 전력은 50～60% 수준으로 감소되어 있었고, 병참선은 이제 300여 km로 늘어나 있었는데다가 때마침 시작된 유엔군의 공군에 의한 폭격으로 보급로가 차단되어 보급과 보충이 이루어지지 않는 등 현격한 전력저하 현상이 일어났다.

| 낙동강방어선 |

낙동강 방어선은 국군 5개 사단과 미군 3개 사단을 주축으로 하여 240여 km에 걸쳐 마산-남지-왜관-낙정리-영덕의 선을 연하여 구축되었다. 국군은 이중에서 왜관 북측으로부터 영덕에 이르는 약 128 km를 담당했고 미군은 왜관에서부터 마산에 이르는 약 112 km를 담당했다. 이 낙동강 방어선은 더 이상 물러설 수 없는 최후의 선으로서 '부산 교두보' 또는 미 제8군사령관의 이름을 따 '워커라인'으로 불리었다. 낙동강 방어선은 남북으로 약 160 km, 동서로 약 80 km의 돌출모양으로 형성되어 있었으며, 국군과 유엔군이 완전히 손을 잡아 선을 형성한 시점은 8월 4일 새벽 1시경이었다.

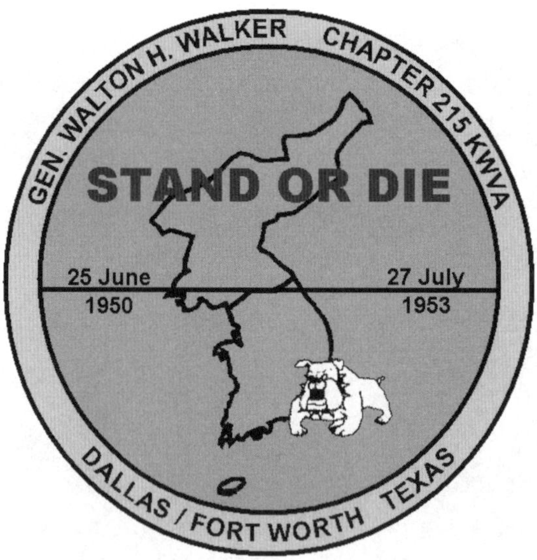

▲ 워커 중장은 "지키느냐 아니면 죽느냐"의 구호를 걸고 낙동강 방어선에서의 결전을 독려했다.

▲ 낙동강과 왜관철교

|김일성 수안보 독전|

김일성은 7월 20일경 북한 전선사령부가 위치하고 있는 수안보(水安堡)에 내려와서 해방 5주년 기념 및 전승축하 행사를 서울에서 개최할 수 있도록 8월 15일까지 부산을 점령하라고 불같이 독전했다.

이에 따라 북한군은 이 낙동강 방어선을 돌파하기 위해 1950년 8월과 9월에 두 차례에 걸쳐 마지막 여력을 총동원하여 발악적인 공세를 펼쳤다. 이 시기의 전력비는 병력면에서 약 2 : 1, 전차는 약 6 : 1의 비율로 오히려 국군과 유엔군이 북한군보다 우세했다. 그렇지만 전박전인 주도권은 북한군이 가지고 있었다. 한번 주도권을 잡으면 비록 전력이 부족하더라도 탄력에 의하여 계속 유지하게 되는 현상을 보여주고 있다.

그러나 9월 15일 역사적인 유엔군의 인천상륙작전을 기점으로 북한군은 공세종말점을 맞이하여 전쟁의 주도권이 국군과 유엔군에 넘어오게 된다. 일본육전사연구보급회편 한국전쟁 책자에 의하면 인천상륙작전에 대한 계획은 이미 1주일 전에 간첩에 의하여 북한에 전달이 되었으나 그 계획이 너무 상세하고 구체적이었기 때문에 북한지도부에서는 이를 믿지 않았다고 한다.

그동안 북한군은 하루 평균 10 km의 속도를 유지하면서 순탄하게 낙동강선까지 전진할 수 있었으나 신장된 병참선에 뒤따른 보급의 차질과 국군과 유엔군의 급속한 전력보강 등으로 인하여 더 이상 전진이 좌절되었고 이제는 쫓겨 올라가는 신세가 되어 버렸다.

▲ 오늘날의 수안보

▲ 피란민의 행렬

▲ 피란민의 행렬

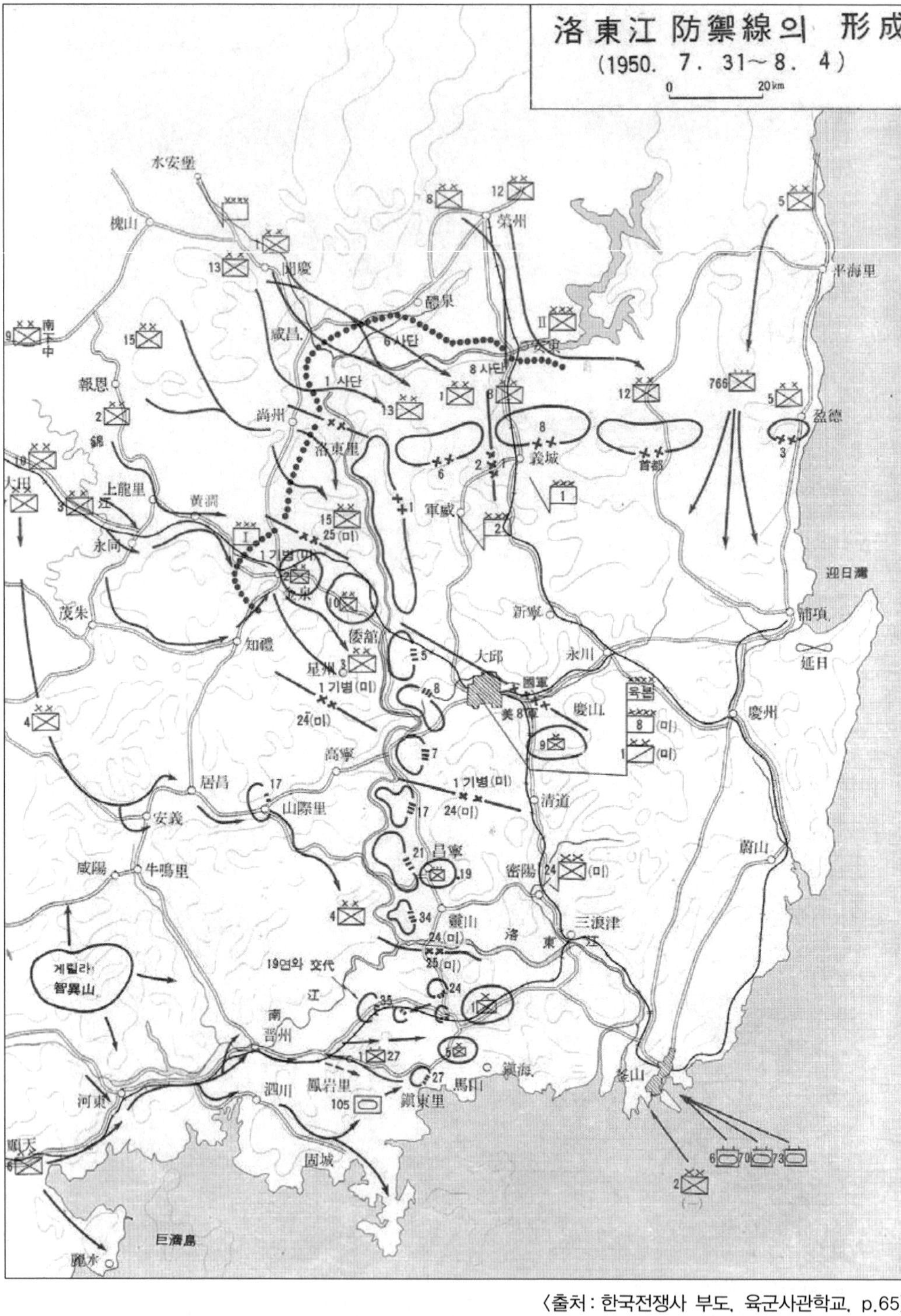

〈출처 : 한국전쟁사 부도, 육군사관학교, p.65〉

112 유엔군 반격 및 북진

|인천상륙작전|

역사적인 인천상륙작전이 9월 15일 성공적으로 이루어지자 한국군과 유엔군은 3일 후인 9월 18일 대대적인 총반격에 나섰다. 본래 반격은 인천상륙 다음 날인 9월 16일에 계획이 되어 있었으나 때마침 폭우와 아직 인천상륙소식을 듣지 못한 북한군의 완강한 저항에 부딪쳐 실행하지 못하고 3일후인 9월 18일에 북한군이 그동안 비밀리에 붙여진 인천 상륙소식을 접하고 일거에 마음이 무너져 크게 동요되자 총반격에 나섰던 것이다.

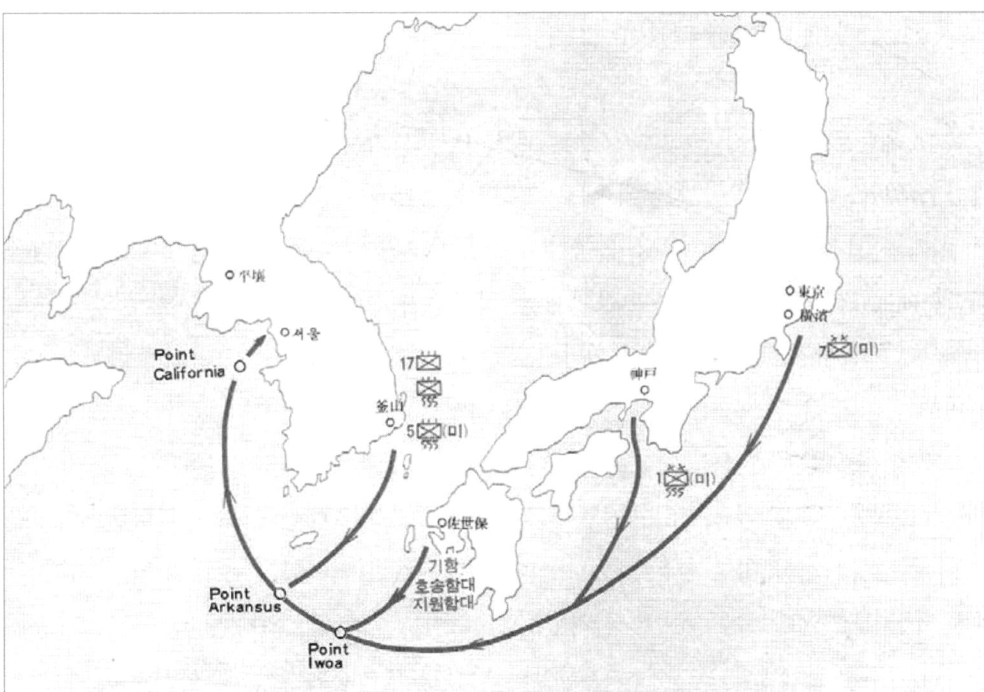

〈출처 : 한국전쟁사 부도, 육군사관학교, p.89〉

▲ 인천으로 향하는 미 F4U 콜세어 전투기

이때 북한군은 낙동강 전선에 13개의 보병사단과 1개 전차사단과 2개 기갑여단을 투입하고 있었고, 8월과 9월 사이에 새로이 편성한 5개 보병사단과 5개 보병여단을 후방에 예비로 보유하고 있었다. 당시 북한군의 총병력은 낙동강 선에 투입된 70,000명을 포함하여 대략 100,000명 수준에 불과했고, 낙동강 전선에 투입된 정예사단들의 수준도 그 전투력이 약 30% 정도에 불과했다.

이때 국군과 유엔군은 급속히 전력이 증강되어 도합 320,000여 명에 이르렀고 충분히 반격을 할 수 있는 태세를 갖추고 있었다. 인천상륙작전에 성공한 알몬드 장군이 지휘하는 미 제10군단은 내륙으로의 진입을 시도하여 9월 18일에는 김포를 점령했으며 9월 19일에는 한강 선에 이르렀다. 낙동강 선에 있던 국군과 유엔군은 9월 18일을 기해 일제히 반격으로 전환하여 북으로 진격했는데, 초기 1주일간의 완강한 북한군의 저항을 물리치고 9월 22일에서 23일에는 북한군의 낙동강 방어선을 뚫는데 성공했다.

맥아더 원수는 반격작전의 목표를 단순한 격퇴가 아닌 '적 주력의 섬멸'에 두었다. 그래서 "나는 북한군을 축출하려는 것이 아니라 격멸하고자 하며 필요하다면 북한지역을 점령하겠다."라고 강력한 의지를 표명했다.

▲ 포격 받는 월미도

▲ 황폐해진 월미도의 모습

▲ 인천상륙작전을 지휘하고 있는 맥아더

▲ 텅빈 집 앞에서 울고 있는 아이

|군산상륙작전|

낙동강에서의 총반격이 시작되었을 때 예상외로 북한군은 완강하게 저항했다. 반격 4일째 되는 날까지 낙동강 전선이 돌파될 기미조차 보이지 않자 맥아더 원수는 인천상륙작전을 준비하도록 명령했다. 상륙부대는 미군 2개 사단과 국군 1개 사단으로 작전개시일을 10월 15일로 예정하여 준비를 할 것을 지시했던 것이다.

맥아더 원수의 복안은 설사 인천상륙작전의 성공으로 서울을 탈환했다 할지라도 낙동강 전선에 있는 북한군을 격파하지 않으면 그 사이에 어떤 일이 발생될지 아무도 모르기 때문에 3개 사단을 군산에 상륙시켜 적의 새로운 배후를 강타하여 겹겹이 둘러싼 북한군의 낙동강 포위망을 일거에 돌파하려고 했다. 이 명령을 접한 미 제8군사령관 워커 중장은 분노를 이기지 못하고 "이 판국에서 단 한명도 낙동강 전선에서 차출할 수 없다. 조금만 더 지켜봐 주길 바란다. 곧 제8군이 커다란 망치가 되어 돌진할 날이 올 것이다."라고 회신했고, 그 후부터는 더 이상 군산상륙작전에 대하여 강요하지 않았다. 물론 그렇다고 준비명령이 공식적으로 취소된 것도 아니었다.

|서울탈환|

북한군은 9월 23일 이후 전 전선에 걸쳐 북으로 후퇴하기 시작했고, 이때부터 서부지역은 유엔군이 중부와 동부지역은 국군이 담당하여 북으로의 진군을 개시했다. 총반격의 주공인 미 제1군단은 북상을 계속하여 9월 26일 밤 10시에 드디어 인천상륙부대인 미 제7사단 제31연대와 오산에서 극적인 연결을 했다.

다음날인 9월 27일 오전 6시 10분을 기해 국군 해병대가 서울의 중앙청에 태극기를 게양했고, 서울 탈환을 위한 최후의 소탕전이 전개되었다. 9월 28일, 수도 서울은 수복되었으며 이튿날 정오 국회의사당에서는 감격적인 수도탈환식이 거행되었다. 이 식전에서 유엔군사령관 맥아더 원수는 이승만 대통령에게 그가 점령한 서울을 한국정부에게 그 통치책임을 맡기고 유엔군은 다시 군무에만 충실할 것임을 밝혔다.

▲ 9.28 서울 수복의 장면들

▲ 서울을 수복한 뒤에 유엔 깃발을 단 중앙청

이와 같이 유엔군은 9월 15일 인천에 상륙하고 9월 16일 낙동강 선에서 대반격을 개시한지 불과 12일 만에 서울을 탈환했고, 이를 북한군이 6월 25일 불법 남침했던 날부터 따져보면 90일 만에 서울이 수복되었던 것이다.

|북진|

이제 국군에게는 북진을 해야 할 것인가 말아야 할 것인가에 대한 문제에 봉착하게 되었다. 북진을 계속하고 있던 9월 29일, 유엔군 총사령부는 모든 작전부대에 대해 더 이상 북진을 하지 말고 일단 38도선에서 멈추라고 하는 명령을 내렸다. 이를 매우 못마땅하게 생각한 이승만 대통령은 국군 총사령관 정일권 소장에게 "국군의 통수권자는 맥아더 원수냐? 아니면 이 나라의 대통령이냐? …유엔은 우리가 38도선을 넘어가서 국토통일을 이룩할 권리를 막을 수 없다."고 하면서 38선 돌파를 명령했다.

당시 미국정부에서는 맥아더 원수에게 9월 27일 훈령을 하달하여 소련과 중공의 개입여부를 신중히 관찰하면서 이들을 자극하지 않는 범위에서 38선 북쪽으로의 작전을 진행할 것을 언급했는데 9월 29일 트루먼 미 대통령의 재가를 받아 최종 확정된 북진계획은 다음과 같이 요약될 수 있다.

북진은 10월 중순경에 실시하며 이때 미 제8군은 주공이 되어 개성-사리원-평양으로 이어지는 서부축선을 담당하고, 1주일 안으로 인천상륙작전을 담당했던 미 제10군단이 동해안의 원산에 상륙한다. 미 제10군단이 성공적으로 교두보를 확보하면 서쪽으로 진군하여 미 제8군과 연결하여 북으로 달아나는 북한군을 지대 내에서 섬멸한다.

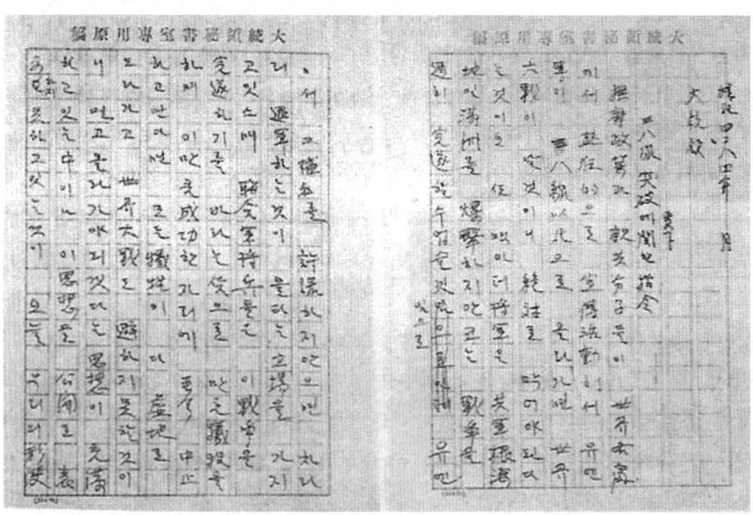

▲ 이승만 대통령의 북진명령서

▲ 철원 부근의 파괴된 기차

이때 양군은 나란히 북진하여 중소국경에서 약 100～200 km 떨어진 정주-군우리-영원-함흥-흥남을 잇는 선까지 진출하되 이 선 이북은 정치적인 고려로서 한국군만이 전담한다는 것이다.

|38선 돌파|

동해안을 따라 북진을 계속하던 국군 제1군단은 9월 29일 삼척을 지나 제3단을 앞세워 강릉을 공격했다. 이날 오후 강릉에 진입한 제3사단은 마침 육군본부로부터 38선 돌파에 대한 명령을 받았다. "38선을 돌파하여 가능한 신속히 원산으로 진격할 것!" 이 역사적인 날을 취재하기 위하여 내외신의 수많은 기자들이 제3사단으로 모여 들었다.

제3사단은 9월 30일 소규모의 전방수색대를 38선 이북으로 침투시킨 다음 이튿날인 10월 1일 정오가 조금 안된 시간에, 드디어 2개 중대를 앞세워 38선 돌파를 개시했다. 오늘날 국군의 날은 역사적인 이날을 기념하여 제정되었다. 낙동강선에서 반격을 개시한지 15일만에 북한군이 불법으로 남침한지 97일 만에 38선이 우리 손으로 회복이 된 것이다.

이때 북한군은 서해안 방어사령부와 전선사령부가 38도선 북방에 방어선을 설정하여 국군과 유엔군의 북진에 대비했으나 부족한 전력과 사기 저하로 인하여 조직적인 방어태세를 갖추지 못했다. 파죽지세로 북진을 계속하던 국군 제1군단은 10월 10일에는 원산에, 10월 17일에는 함흥에 진입할 수 있었다.

◀ 국군 제3사단의 38선 돌파

▶ 38선에서의 국군과 미군

▲ 38선을 넘어 한탄강을 통과하는 국군

|평양점령|

서부지역에서는 평양 쟁탈을 위한 국군과 미군 사이에 미묘한 경쟁이 있었다. 미 제1군단과 함께 작전을 하고 있던 국군 제1사단은 "만난을 무릅쓰고 평양만은 반드시 우리 손으로 찾아라."고 당부한 이승만 대통령의 명령에 따르고자 하루 평균 약 25 km의 놀라운 기동속도를 유지하여 하루 평균 약 18 km의 기동속도를 유지한 미 제1기병사단을 따돌리고 드디어 10월 19일 오후 2시경 평양 시내의 주요 건물에 태극기를 게양했다.

이때 맥아더 원수는 미 제8군과 제10군단을 한반도의 허리부분에서 연결하여 적의 주력을 포착 격멸한다는 구상을 가지고 평양 북쪽 약 48 km 지점의 숙천과 순천 일대에 기습적인 공수작전에 의한 수직포위를 감행했다. 당시 유엔군의 예비로서 김포에 주둔하고 있었던 미 제187공수연대는 맥아더 원수의 명령에 따라 10월 20일 출동하여 이 작전에 임했으나 맥아더 원수의 예상과는 달리 이미 이때는 10월 12일 기하여 북한군의 수뇌부와 주력이 평양을 빠져 나간 후였다.

원산상륙작전

맥아더 원수의 상륙작전계획에 따라 원산으로 들어간 미 제10군단은 그 선발부대인 해병 제1사단이 이날 10월 19일 원산 앞바다에 도달했으나 원산항과 흥남항의 소해작전에 걸리는 시간 때문에 할 일 없이 1주일 이상을 떠다니다가 10월 26일에야 겨우 원산항에 들어 갈 수 있었다.

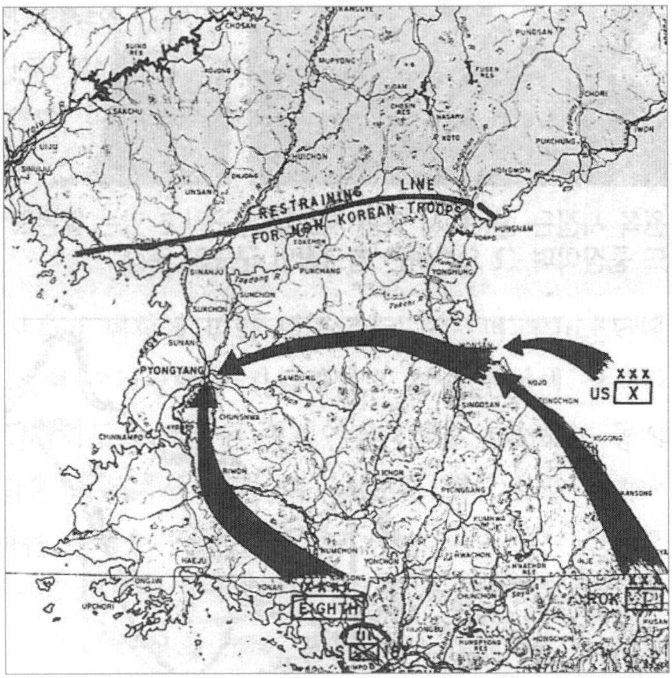

▶ 맥아더는 미 제10군단을 원산으로 상륙시켜 서부로 이동, 미 제8군과 연결한 뒤 북진하여 흥남과 신안주 북방까지 진출하고 그 이상은 한국군에게 위임한다는 계획을 세웠다.

미 해군들은 바다 위를 빙빙 돌아다니면서 무료함을 달래던 이때를 '요요(Yo Yo : 장난감 놀이) 작전'이라고 불러 비꼬았다. 미 제10군단이 원산에 상륙했을 당시는 이미 국군이 이곳을 휩쓸고 지나기 때문에 상륙작전은 행정적인 작전이 되고 말았다. 한편 중부전선의 국군 제1군단은 10월 18일 양덕을 점령한 후 평양 탈환작전에 기여하기 위하여 성천, 강동으로 서진했다가 다시 북상하여 10월 23일에는 청천강 선(희천)까지 도달했다.

10월 17일, 맥아더 원수는 총사령부 '작전명령 제4호'를 발행하여 유엔군의 진출제한선을 서해안으로부터 선천-고인동-평원-풍산-성진을 잇는 선(이른바 맥아더 선)으로 확정했다. 이 선은 한민국경선으로부터 약 48~64 km 남쪽을 연하는 선으로서, 비록 미 합참의 허가는 없었지만 중공과 소련을 자극하지 말라고 하는 9 · 27훈령의 기본정신은 수용하는 선으로 판단되었다.

▲ 청진 앞바다에서 함포사격을 하고 있는 미주리호

그러나 순조롭게 국군과 유엔군이 청천강 선까지 도달하자 맥아더 원수는 이 명령을 다시 수정해 10월 24일, 한만국경선 이남에 있어서의 모든 작전제한을 없애버리고 국군과 유엔군 공히 모든 가용한 지상군 부대를 투입하여 신속히 국경을 밀고 올라가도록 하라는 전격적인 명령을 발했다. 이 무렵 김일성과 그의 수뇌부는 강계 일대의 산악지대에 은신하고 있었다.

|50마일의 간격|

이렇게 상황이 시시각각 변함에 따라 맥아더 원수는 미 제10군단에게 10월 17일과 10월 24일 두 차례에 걸쳐 수정명령을 하달했고, 결국 원산에 상륙한 미 제10군단을 서진시켜 미 제8군과 연결하도록 계획된 동서연결작전을 취소하는 동시에 미 제8군은 서부에서, 미 제10군단은 동부에서 각각 북진하도록 함으로써 마침내 동서 두 전선 사이에 50마일이라고 하는 간격을 만들었다.

양 부대는 산맥으로 양분된 채 전혀 협조관계가 이루어지지 못했고 다만 경쟁적으로 한만국경선에 누가 먼저 도달하느냐에 관심을 두었다. 결국 이렇게 하여 점점 더 벌어진 간격사이로 중공군이 살금살금 기어 들어와서 유엔군의 후방을 포위하면서 기습적인 공격을 퍼부었던 것이다. 동서연결작전의 실패는 바로 맥아더 원수의 작전적인 실패였다.

|점령지 갈등|

평양을 비롯한 북한지역이 점령되자 이승만 대통령은 점령지를 직접 대한민국 정부의 통치하에 두려고 애썼다. 그러나 미국은 이를 원치 않았고 미국을 위시한 유엔의 통제하에 두려고 했다.

미국은 평양을 점령한 후 민정장관으로 먼스키 대령을 임명했다. 이 당시 또 다시 해방 전의 한반도와 같이 북한지역을 군정 하에 두느냐 아니면 신탁통치하에 두느냐 하는 문제가 불거져 나와 이승만과 미국간의 갈등을 심화시켰다. 북한군이 서울을 비롯한 남

▲ 직접 만든 태극기를 들고 살려달라고 엎드리는 학생과 북한군 병사. 1951.10.21 평양

한을 점령했을 때 사전 치밀한 계획하에 즉각적으로 인민위원회를 구성하는 등 조직적인 활동에 착수한 것에 비하면 유엔군이 북한지역을 점령했을 당시에는 이같이 아무런 사전 준비가 없어서 매우 어정쩡한 행정공백이 있었던 것이다.

|압록강 태극기|

10월 26일, 국경으로의 북진을 계속하던 국군 제6사단 제7연대 수색소대는 빗발치는 적의 기관총 사격을 무릅쓰고 초산읍을 통과하여 곧장 압록강으로 달려가서 강 언덕 높은 곳에 태극기를 꽂아 세웠다. 압록강 강변에 휘날리는 태극기를 보았던 감격적인 이때가 1950년 10월 26일 오후 2시 15분경이었다. 서부전선에서는 미 제1군단 예하 미 제24사단이 11월 1일에 신의주 남방 27 km 남방 지점인 정거동까지 진출하고 있었다. 통일은 이제 바로 눈앞에 다가왔다. 단지 시간 문제일 뿐이었다.

맥아더 원수는 비행기로 눈덮힌 압록강변을 40분간 둘러보고는 만족하면서 남은 북한군의 잔류병들을 포위하여 섬멸하기 위한 목적으로 "대규모 압축포위"라고 불리는 마지막 공세를 가하도록 명령했다. 아직 소련군이나 중공군의 공식적인 개입의 낌새를 눈에 보이지 않았다. 분명히 이 전쟁은 며칠 남지 않은 1950년이 다 가기 전에 끝날 것만 같았다.

▲ 압록강변을 돌아보는 맥아더

▲ 국군 제6사단 제7연대 제1대대 제3중대에서 압록강 물을 담는 장면

113 중공군 침공 및 유엔군 재반격

|항미원조|

그런데 중공군이 한반도에 발을 들여놓았다. 이미 1950년 10월 19일 황혼에 중공군은 압록강을 도하하기 시작했는데 이들은 항미원조(抗美援朝)라는 명분 하에 인민지원군이라는 이름으로 6.25전쟁에 본격적으로 개입했다. 한반도에 최초로 투입된 중공군은 제4야전군 예하 제13병단 4개 군(제40, 39, 42, 38군)과 3개 포병사단(제1, 제2, 제8포병사단)으로 그 병력이 약 20만 명이었으며, 각 병사는 10일분의 마른 식량과 3kg의 만두와 쌀 등을 휴대했다.

이른바 인민지원군 사령관 팽덕회(彭德懷)는 10월 20일 김일성과 덕천 대유동에서 만나 중공군의 정식개입을 알려 주었으며, 김일성과 합의하에 지원군사령부를 대유동에 위치시켰고, 국군과 최초의 접전이 있기 하루 전인 10월 24일에는 제13병단 사령부를

▲ 팽덕회

▲ 용감하게 적진으로 뛰어드는 중공군을 그린 그림

개편하여 정식으로 중국인민지원군 지휘부를 구성했다.

복잡한 산악지대와 혹독한 기후를 이용하여 이들 중공군은 온정(溫井)과 운산(雲山) 일대에 잠입하여 유엔군의 약점을 노리고 있었는데, 10월 25일 국군 제1사단이 이들과 운산에서 최초로 조우했다. 이러한 종공군의 출현에 대하여 국군 제1사단은 급히 유엔군에 알렸으나 유엔군은 이 정보를 신뢰하지 않았다. 더구나 우측 인접부대인 국군 제2군단이 중공군의 포위공격에 빠질 위기에 처해 있었음에도 불구하고 지원 북상한 미 제1기병사단으로 하여금 국군 제1사단을 추월 공격하도록 조치했다.

미 제1기병사단은 10월 30일이 되어서야 최초로 중공군과 조우하게 되었다. 전열을 갖춘 중공군은 11월 1일을 기하여 6일 동안 전면적인 총공격을 시작했다. 이것이 중공군의 제1차 공세이다. 중공군은 10월 19일부터 20일 사이에 4개 군(12개 사단)과 3개 포병사단을 투입시킨 이래, 10월 25일에는 제66군과 제50군은 다시 투입하여 제13병단의 우측방을 방호하도록 했다.

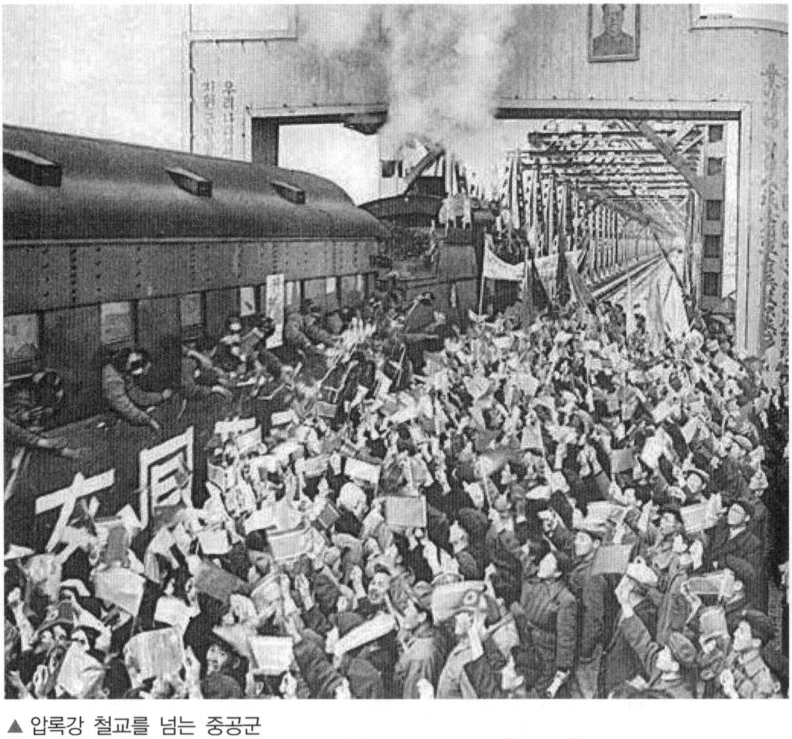

▲ 압록강 철교를 넘는 중공군

|스탈린의 중공압력|

공개된 러시아 비밀문서에 따르면, 스탈린은 북경주재 소련대사에게 전문을 보내고 다음 내용을 모택동 혹은 주은래에게 긴급히 전달하도록 했다고 한다. "북한의 입장이 매우 난처하다는 것을 알았음. 9월 16일에 행해진 미군의 인천상륙작전은 북한의 제1, 제2군단을 후방과 끊기 위한 목적이라고 경고한 바 있음. 중국의용군을 보낼 수 있다면 빨리 5~6개 사단이라도 38선에 진출시켜야 할 것임(1950년 10월 1일)"

유엔군의 철수 중공군의 갑작스런 기습 공격에 국군과 유엔군은 많은 희생을 치루면서 급기야 11월 7일에는 청천강 선으로 철수했다. 이에 따라 중공군도 일단 공격을 멈추고 청천강 북쪽 적유령 산맥으로 이동했다. 이로써 잠시 전선은 소강상태에 들어갔다.

중공군은 1차 공세를 끝 후에 그 결과에 만족하여 11월 8일 공식적으로 "중국인민지원군이 팽덕회 사령관의 지휘에 따라 압록강을 건너서 조선인민의 항미원조전쟁에 참전했다."고 발표했으며 곧 이어서 제2차 파병으로 송시륜(宋時輪)이 지휘하는 제9병단 3개 군12개 사단을 한반도에 들여놓았다. 이제 중공군은 2개 병단 6개 군 30개 사단 약 38만 명에 달했다.

새로운 국면이었다. 그러나 아직까지 유엔군은 중공군의 규모와 목적을 정확히 파악하지 못했고 단지 제한적인 목적으로 국지적인 방어임무만을 가진 것으로 오판했다. 따라서 한달 이내로 북한군을 완전히 격멸하고 한만 국경선을 점령하여 이 전쟁을 종결시키려는 계획을 세우고 이른바 '크리스마스 공세'를 준비했다.

이때 유엔군이 판단한 북한군의 수는 82,799명, 중공군의 수는 40,000~70,935명이었고, 중공군은 서로 사이가 좋지 못하여 상대방을 원망하고 북한군과도 사이가 좋지 않으며, 그들의 병참보급선은 유엔공군의 폭격과 동계이후의 영향으로 지극히 나빠졌으

▲ 압록강을 건너는 중공군

며, 중공군의 공군은 유엔군에 비해 절대적으로 열세하여 상대가 되지 않는 것으로 판단했다.

|크리스마스 공세|

맥아더 원수는 "이 작전이 성공되면 전쟁을 끝낼 것이다. 크리스마스까지는 부대를 귀국시키겠다(Home by Christmas)."라고 공표하고, 크리스마스를 한달 남겨둔 1950년 11월 24일 대대적인 크리스마스 공세를 감행했다. 머나먼 이국땅 전쟁의 포화 속에 고통을 당하고 있던 미군과 유엔군은 크리스마스는 고향의 집에서 보낼 수 있을 것이라는 기대에 잔뜩 부풀었다. 이때 동부전선에서는 국군 제1군단이 청진 및 무산 방향으로 진격 중이었고, 미 제10군단은 10월 26일부터 원산과 이원에 상륙했으며, 예하 미 제7사단은 11월 21일 압록강변 혜산진을 점령한 상황이었다.

크리스마스 공세계획은 서부전선의 미 제8군 예하 3개 군단(미 제1, 9군단, 한국군 제2군단)으로 하여금 100 km 정면을 담당하여 북으로 진격하며, 동부진선의 미 제10군단은 제대로 계속 진격하고, 이때 미 제10군단 예하의 미 제1해병사단은 장진호로부터 서쪽으로 진출하여 미 제8군과 연결한 다음, 중공군의 주병참선으로 판단되는 만포진-강계-희천을 연하는 선에서 중공군을 차단하고, 북한군과 중공군을 지대 내에서 포위 섬멸하려고 하는 계획이었다.

중공군을 과소평가하여 실시된 크리스마스 공세는 공격개시 다음날 정주-운산-구장동-덕천-영원을 잇는 선에서 또다시 대대적인 중공군의 공격을 받게 되었고, 동부전선의 미 제10군단은 11월 27일이 되어서야 그들이 이미 중공군의 포위망 안에 들어 있는 것을 알게 되었다. 이로써 국군과 유엔군은 중공군이 조직적이고 대대적인 규모로 한국전쟁에 개입되었음을 인식했으며, 한국국민에게서 꿈에도 소원이었던 국토통일의 절호의 기회는 압록강변의 바람과 함께 사라져 버렸다.

주은래의 경고

▲ 주은래

중공군의 한국전쟁 개입은 전혀 예측할 수 없었던 것이었을까? 이미 9월 22일 중공 외상 주은래(周恩來)는 "이웃나라에 대한 제국주의 침략을 절대로 묵과하지 않겠다."고 언명한 바 있고, 10월 3일에는 인도대사 파니커Pannikar를 불러서 외국군이 38도선 이북으로 진공해 온다면 중공군이 한국전쟁에 개입할 것이라고 공식적으로 못을 박았었다.

파니커는 즉시 이 사실을 유엔에 알렸으나 유엔에서는 이를 유엔총회에 제기된 통한결의안(統韓決議案)에 영향을 주기 위한 정치적이 공갈로 간주하여 무시했다. 여기서 말하는 통한결의안은 성공적인 북진결과에 따르는 한국에서의 통일실현에 관한 사안으로서 미국에 의하여 추진되었는데 결국 이 안은 10월 7일 유엔총회에서 다수의 찬성으

▲ 주은래

로 가결되었다.

통한결의안이 유엔총회에서 가결되자 미국행정부는 현지 사령관인 맥아더 원수에게 작전의 재량권을 더 넓혀주었다. 즉 만약 중공군이 개입하더라도 맥아더 원수의 판단에 따라 전투를 계속할 것을 10월 9일 미 합참이 훈령을 내린 것이다.

|맥아더의 자만|

맥아더 원수 또한 중공군을 너무나 경시했다. 10월 15일 웨이크Wake섬에서 열린 트루먼 미 대통령과 맥아더 원수와의 회담에서 이는 뚜렷이 나타났다. 트루먼이 맥아더에게 중공이나 소련이 한국전에 개입할 가능성에 대하여 의견을 개진하자 맥아더는 이렇게 큰소리쳤다. "거의 그런 가능성은 없습니다. 만약 초기에 그들이 개입했더라면 그 성과는 결정적이었을지 모르나 이제는 그런 걱정은 필요가 없습니다. 만주엔 중공군이 30만 명이 있는데 그 중에서 10만 명에서 12만 5천 명쯤이 압록강변을 연하여 배치되어

▲ 웨이크에서 트루먼과 맥아더

있습니다. 압록강을 건너온다면 겨우 5만에서 6만 명 정도가 될 것입니다. 그들은 공군이 없기 때문에 우리는 한국에 기지를 둔 공군이 있습니다. 평양도 못 내려와 완전히 결딴이 날겁니다."

호언장담을 하는 맥아더의 말을 들은 트루먼은 내심 만족하면서 더 이상 이 문제를 거론하지 않았다. 그러나 맥아더 원수가 이렇게 호언장담한지 불과 며칠 후 무려 20만 명이나 되는 중공군이 압록강을 넘었던 것이다. 이때 중공군은 압록강을 넘을 때 일체 중국말을 사용하지 말 것을 지시 받았다.

|작전상 후퇴|

1950년 11월 27일 유엔군총사령부는 함경도지구의 전 유엔군을 작전상 후퇴하기로 결정했다. 두만강으로 북진하고 있었던 미 제10군단 예하의 유엔군은 압록강 상류지역인 혜산진 일대를 점령한 것 외에는 제대로 두만강변에 도달하지도 못한 채 총반격작전을 중단하고 흥남지역으로 철수하게 되었다. 9월 15일 인천상륙작전을 계기로 총반격을 단행하여 일일 평균 20 km의 놀라운 진격속도를 유지하여 전 국토의 90%를 점령한 선인 정거동-구성-초산-장진호-혜산진-합수-청진선까지 올라갔다가 중공군의 개입으로

▲ 압록강 혜산진에서 중국 땅을 바라보고 있는 미 제7사단 제17연대 장병들. 이들은 곧 중공군이 들어오는 것을 까맣게 모르고 이제 전쟁이 끝나는 꿈에 부풀었다.

▲ 운산 일대에서 중공군에게 포획되는 미군

다시 후퇴하여 반격작전 71일 만에 수세로 전환하게 된 것이다.

당시 중공군의 병력은 약 30만 명이었으며, 북한군은 약 12만 명이었다. 이들은 형식상 만주와 봉천에 중공·북한합동사령부를 설치했고, 북한의 강계에 북한·중공연합사령부를 설치하여 연합체제를 이루고 있었으나 실제로는 중공군이 모든 작전을 지휘하고 있었다.

|흥남철수작전|

약 42만 명의 공산군과 대치한 이때의 국군과 유엔군은 약 42만 3천 명으로서 수적으로는 거의 대등한 수준에 있었다. 1950년 11월 30일을 고비로 철수가 시작되어 미 제8군은 12월 4일 평양에서 철수했고, 12월 중순에는 38도선 북방까지 철수했다. 동부전선의 미 제10군단과 국군 제1군단은 중공군에게 차단당해 부득이 흥남으로 철수, 12월 14일에서 24일간 해상을 통하여 부산으로 철수하게 되었다.

38도선에서 재편성하여 중공군의 공격을 대비한 당시 방어선은 전체 약 220 km의 방어정면이었는데, 이 중에서 미군은 서부지역(문산-포천정면)의 45 km를, 한국군은 나머지 175 km에 달하는 중부의 동부지역을 담당했다.

|트루먼 핵사용 시사|

맥아더 원수는 중공군의 전면적인 개입에 대하여 당황하면서 11월 28일 이 전쟁이 '전혀 새로운 전쟁'임을 공포했다. 이때 트루먼 미 대통령은 한반도에서 미군이 새로운 전쟁의 위기에 직면하여 지리멸렬 후퇴하는 모습을 보았고, 기자단과 함께 한 회견에서 "우리는 미국의 안보와 생존을 위하여 한국에서 싸우고 있다. 우리는 유엔을 통한 정의와 평화로운 세계질서를 공약했다. 우리는 그 약속을 지킬 것이다…"라고 화두를 꺼내면서 한반도 핵무기가 사용될지 모른다고 하는 암시적인 발언을 함으로써 세계를 놀라게 했다.

▲ 피란민을 수송한 후에 흥남부두를 폭파하는 장면

이 소식을 들은 영국의 애틀리 수상은 곧바로 워싱턴으로 날아가서 트루먼과 만나 중공과의 협상을 촉구했으나 트루먼은 우리가 졌다고 자인하기는 싫다고 대답했다. 결국 애틀리는 트루먼에게 핵을 사용하지 않겠다고 하는 약속만을 받아내고 다시 영국으로 돌아갔다.

트루먼의 핵사용 의지에 대하여 당시 국무차관이었던 딘 러스크는 후일 이렇게 회고했다. "트루먼 대통령은 한국전을 핵전쟁으로 가져가기를 원하지 않았다. 실질적으로 우리가 보유한 핵무기는 그 당시 그렇게 많지 않았다. 나가사키에 투하된 원자폭탄은 그 당시 하나뿐인 것이었다. 핵무기는 전략적인 목적으로 보유는 하고 있었지만 한국전에서는 그다지 고려되지 않았다."

|워크사망, 리지웨이 등장|

미 제8군사령관으로서 낙동강 방어를 성공적으로 일궈낸 워크 장군이 12월 23일 아침 교통사고로 의정부에서 숨졌다. 워커 Waltion H. Walker 장군은 텍사스 출신으로서, 제2차 세계대전 중 패튼 Patton 장군의 제3군 휘하 20군단의 지휘관으로서 이미 혁혁한 전공으로 명성을 떨쳤으며, 현지사수를 주장하여 '지키느냐 아니면 죽느냐(Stand or die)'라고 하는 명언을 남겼다.

◀ 리지웨이

워커 장군의 후임으로 당시 미 육군 작전행정 참모차장이었던 리지웨이 중장이 임명되어 사병 멜빵을 맨 채 한쪽 가슴에는 수류탄을, 한쪽 가슴에는 비상용 구급대를 차고 1950년 12월 26일 임진강 방어선에 연하여 배치된 국군과 유엔군 앞에 나타났다. 리지웨이 중장의 특이한 복장의 근원은 이렇다. 그는 시실리와 유럽에서의 많은 전투를 통하여 깨달은 것이 "아무리 장군이라 할지라도 땅바닥에 떨어지면 사병들보다도 못하다. 결국 자기 자신은 자기가 지켜야 한다."고 하는 것이다. 그래서 일개 사병과 같은 입장에서 자신을 보호할 수 있는 수류탄 한 개와 응급처치용 구급낭 하나를 병사 멜빵에 매달고 다녔다.

|평택선으로 철수|

1950년 12월 하순, 38도선 북방에 전개를 완료한 공산군은 12월 31일 주공을 철원-의정부-서울 축선으로 지향시키고, 조공을 화천-춘천-원주 축선으로 지향시켜 38도선 돌파작전을 시작했다. 이 공격은 중공군의 제3차 공세 또는 신정공세라고 불리었다. 중공군의 공세에 의하여 38도선을 지키던 국군 및 유엔군은 결국 38도선을 포기해야 했으며, 이듬해 1951년 1월 4일에는 서울마저 빼앗겼고, 1월 7일에는 평택-삼천 선으로 물러가서 그곳에서 새로운 방어선을 구축해야만 했다. 평택을 연하는 이 선은 한반도의 지형 상 그 폭이 가장 좁아지는 저항진지이다.

|맥아더 한국포기|

1951년 1월초에 재개된 중공군의 신정공세로 국군과 유엔군이 속수무책으로 밀리게 되자 다급해진 맥아더 원수는 1월 9일, 미 행정당국에게 한국전선의 유지와 일본의 방위를 위해서는 현재 유엔군의 전력이 너무도 부족하니 한반도를 포기하든지 아니면 중공에 대하여 강력한 보복조치(원자폭탄 사용)를 하든지 둘 중에 하나를 택할 것을 요구했다.

1월 12일 긴급 소집된 국가안보회의에서는 미 정책당국이 기본적으로 한반도로 부터의 철수를 바라지 않음을 명백히 했다. 트루먼 미 대통령은 1월 13일 맥아더 원수에게 친서를 보내어 최악의 경우 유엔군은 제주도와 같은 한국연안도서로 철수하여 끝까지 전투를 계속할 수 있음을 밝혔고 이어서 무력적인 침략의 결과는 결코 인정하지 않겠다는 것을 세계 모든 나라에 천명해야 할 것임을 강조했다.

이때 미 합참에서는 만약 유엔군이 한반도에서 전면철수하게 될 경우를 대비하여 미국이 중공에 대하여 취할 수 있는 16개항에 대한 보복조치(이른바 1 · 12메모)를 작성했는데, 이 메모는 국가안보회의에 제출하기 위해 국방장관에게 전해졌으며 동시에 동경에 있는 맥아더 원수에게도 전해졌다.

▲ 중공군을 위문하는 북한의 위문단

▲ 강원도 횡성 일대의 야산에서 공격하고 있는 중공군

|다시 반격으로|

거침없이 남진을 하던 중공군도 1월 8일이 되자 수원-여주-강릉을 연하는 선에서 그동안의 손실 때문에 더 이상 진출을 하지 못하고 수세로 전환했다. 그동안 중공군은 한국땅에 발을 들인 후로 하루 평균 10 km의 속도를 유지했으며, 공격을 시작한지 38일만에 평택 선까지 진출할 수 있었다. 그러나 이 선은 중공군으로서는 한국전쟁 기간 중 최후의 남진 선이 되고 말았으며, 이 선에서 유엔군의 반격이 개시된 1월 25일까지 가까스로 버텼다.

맥아더 원수는 한반도에서의 상황이 호전됨을 확인했고 이로써 미 정책당국은 맥아더 원수가 주장한 '최종적 전멸'이나 아니면 '전면철수'냐 라고 하는 양자택일의 궁지에서 벗어날 수 있었다. 중공군의 공세한계점을 간파하자 국군과 유엔군은 신임 제8군 사령관 리지웨이 명령 하에 1951년 1월 25일을 기하여 일제히 반격작전이 나섰다.

|오직 죽이는 것이 목적|

리지웨이 장군의 전략은 독특하고 무자비했다. 그는 재반격간에 다음과 같은 작전방침을 세워 전군에 하달했다.

첫째, 중공군의 인해전술을 제압하기 위해 아군은 화력과 기동력의 우세를 최대한 이용한다.

둘째, 부동산에는 관심이 없다. 오로지 죽이는 것이 목적이다. 작전의 주목표는 아군의 손실을 최소화하고 적의 인원물자에 최대의 출혈을 강요하는 것이다.

셋째, 모험적인 작전을 피하고 확인된 적정을 통하여 단체적으로 확대하는 신중한 제한된 목표 공격을 실시한다.

넷째, 속도보다는 인접부대간 협조 하에 어느 부대만 돌출되어 나감이 없도록 하여 하나씩 하나씩 단계적으로 전진하여 모조리 싹쓸이하는 섬멸전을 택한다.

다섯째, 적의 대규모 공세가 시작되면 인접부대간 협조를 유지하여 질서있게 축차적인 방어선을 구축하고 적의 배후침투를 허용하지 않는다.

여섯째, 맹목적인 후퇴가 아닌 적을 유인하여 섬멸시키는 데 주력한다.

▲ 개털 모자의 어린이

▲ 청주 일대의 피란민

일곱째, 적의 공격이 한계에 이르면 아군은 즉시 공세로 전환한다. 리지웨이 장군의 근본 방침은 무자비한 화력으로 중공군의 인해전술을 분쇄하는 것이었다. 그래서 북한 지역에 대하여 엄청난 양의 전략폭격을 실시했고, 전투기는 연일 중공군의 머리를 때렸다.

|38도선 회복|

1951년 1월 25일 '선더볼트thunderbolt'라고 명명된 미 제1, 9군단의 반격을 시작으로 하여 국군과 유엔군은 북으로의 전진을 개시했다. 이때 국군과 유엔군은 리지웨이 장군의 지시에 따라 지역확보 보다는 공산군 부대의 격멸에 중점을 두었다.

국군과 유엔군이 한강 남안-횡성 선에 이르렀을 때 다시 중공군의 완강한 반격(제4차 공세, 1951.2.11~2.18)에 부딪쳐 지평리와 원주 일대에서 한차례의 공방전을 벌였으나 이를 격파하고 진격을 계속했다. 3월 15일, 국군과 유엔군은 1·4후퇴 이후 70일 만에 서울을 되찾았으며, 3월 말에는 38도선을 회복했다.

|소련전투기와의 공중전|

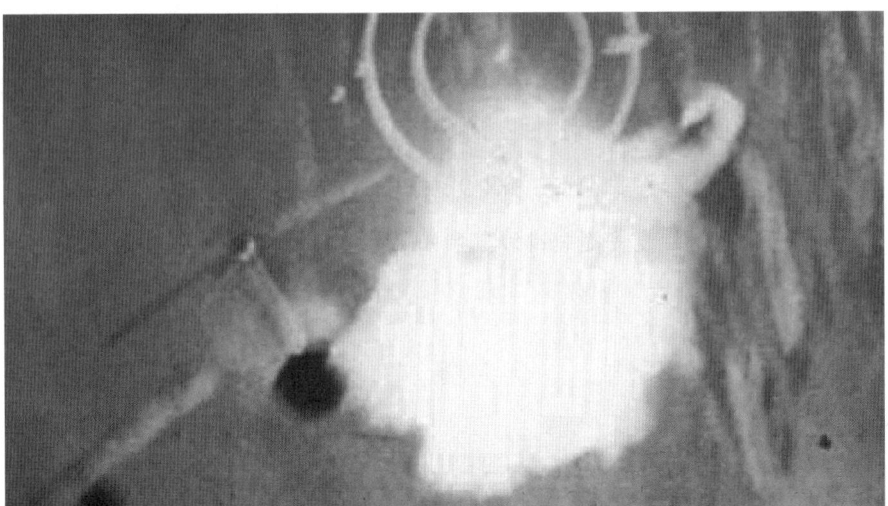

▲ 세이버에게 격추되는 미그- 15기

1950년 11월 말경 미 공군은 난데없는 복병에 걸리고 말았다. 소련 전투기 미그 15의 출현이었다. 소련군이 한국전에 직접 참전한 것이다. 소련 전투기는 압록강 일대에 기지를 두고 수시로 한반도를 드나들었다. 이리하여 미군 조종사들은 소련 전투기를 상대로 숨가쁜 공중전을 치러야 했다. 이것이 세계 최초로 제트기로 공중전을 하게 된 기록이 되었다. 이로써 미군이 공중을 마음 놓고 독점하던 시대는 가버렸다. 전략폭격을 할 때에도 그 전에는 폭격기만 출격했는데 이제부터는 꼭 호위하는 전투기를 따라 다녀야만 했다.

|38선의 재돌파 문제|

이제 38도선 돌파문제가 또다시 거론되었다. 미 합참에서는 38도선이 전술적 견지에서는 아무런 의미가 없다는 공식견해를 밝혔지만, 외교협상을 통한 한국전의 종결을 모색하려는 서방의 여러 나라들은 38도선의 돌파문제에 대하여 심각한 우려를 표명했다. 리지웨이 장군은 맥아더 원수에게 제한된 범위에서 38도선 이북에 대한 공격을 건의했고 맥아더 원수는 이를 쾌히 승인했다. 리지웨이 장군의 명령에 의하여 다시 시작된 북쪽으로의 공격작전으로 중공군은 상당히 손실을 입고 38도선 이북으로 철수했다.

맥아더 원수는 4월 3일, 그가 마지막으로 한국전선을 방문한 이 날, 4월 5일부터 재개될 '캔사스 선' 확보작전을 준비중인 장병들을 격려하고 일단 이 선을 확보한 다음 그 이북으로의 진출은 신중히 통제할 것을 지시했다. 캔사스 선은 임진강 하구로부터 양양에 이르는 선이다. 국군과 유엔군은 4월 9일, 38도선 방어에 유리한 캔사스 선을 확보하는데 성공했고, 이어서 동부전선에서는 와이오밍선으로 불리는 철원-금화로의 진격을 계속했다.

|맥아더 해임|

한반도에서 다시 유엔군이 승기를 잡기 시작하자 미국정부는 한국전쟁의 조기종결을 위한 중공과의 협상을 모색하기 시작했다. 미국정부는 트루먼 대통령이 직접 중공에 대하여 협상을 제의하는 것이 유리할 것으로 판단하여 신중을 기하여 성명문을 작성하고 시기를 보고 있었다. 트루먼의 성명문 요지는 이제 침략을 격퇴하려는 유엔군의 기본임무가 달성되었기 때문에 더 이상의 유혈은 원치 않으며 이를 논의하기 위하여 중공을 협상에 초대한다는 것이었다.

미 합참은 이 성명문 발표에 대한 계획을 3월 20일 맥아더 원수에게 통고하면서 유엔군의 38도선 이북으로의 진출을 자제시켰다. 그러나 이 계획을 받은 지 4일 만에 맥아더 원수는 3월 24일 단독으로 중공에 대하여 공식 성명을 발표했다.

"…나는 군사지휘관의 권한으로서 적의 사령관을 야전에서 만나 더 이상의 유혈 없이 유엔의 정치적 목적을 실현하기 위하여 군사적인 수단을 진지하게 고려해볼 용의가 있음"을 요지로 하는 이 내용은 트루먼 미 대통령이 하고자 하는 성명문의 기본정신과는 크게 다를 바가 없었으나 이것은 엄연히 미국정부와 대통령에 대한 무례한 행동이 되었다.

맥아더 원수는 4월 11일 합참의장 브래들리 Bradley 원수로부터 대통령이 보낸 해임장을 받았다. 맥아더 원수는 4월 11일 전격 해임되었고 후임으로 리지웨이 장군이 임명되었으며 신임 제8군사령관에 공격형의 장군인 밴플리트 James A. Vanfleet가 임명되었다.

▲ 해임된 맥아더가 미국으로 돌아가기 위해 1951년 4월 16일 동경의 하네다 공항으로 걸어가고 있다.

▲ 밴플리트

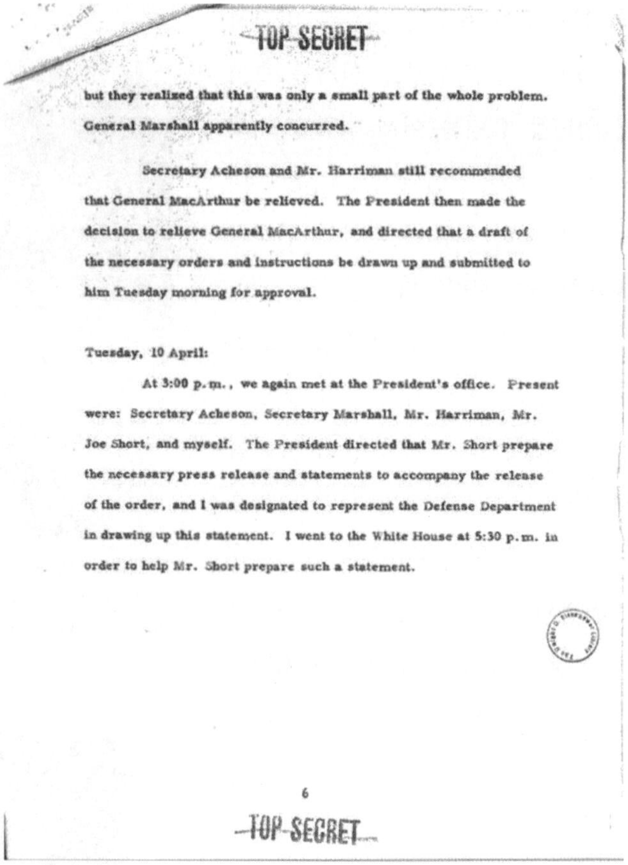

TOP SECRET

but they realized that this was only a small part of the whole problem. General Marshall apparently concurred.

Secretary Acheson and Mr. Harriman still recommended that General MacArthur be relieved. The President then made the decision to relieve General MacArthur, and directed that a draft of the necessary orders and instructions be drawn up and submitted to him Tuesday morning for approval.

Tuesday, 10 April:

At 3:00 p.m., we again met at the President's office. Present were: Secretary Acheson, Secretary Marshall, Mr. Harriman, Mr. Joe Short, and myself. The President directed that Mr. Short prepare the necessary press release and statements to accompany the release of the order, and I was designated to represent the Defense Department in drawing up this statement. I went to the White House at 5:30 p.m. in order to help Mr. Short prepare such a statement.

6

TOP SECRET

▲ 일급비밀로 하달된 맥아더 해임장

|중공군 춘계공세|

중공군은 1951년 4월 22일, 다섯 번째의 공세가 되는 춘계공세를 시작했다. 이 공세는 중공군이 참전 이후 최대병력이 동원된 한반도에서의 마지막 공세이기도 했는데 당시 중공군의 가용병력은 4개 병단 16개 군 51개 사단 규모였다. 이를 맞는 당시 유엔군의 지상병력은 국군을 포함하여 약 417,000명에 달했다. 중공군은 이 병력과 북한군을 총동원하여 4월(서부전선, 개성-화천)과 5월(동부전선, 양구-인제)에 걸쳐 두 차례의 대대적인공세를 개시했다. 그러나 국군과 유엔군은 사력을 다하여 구파발-홍천-하진부리-강릉을 연하는 선에서 이들의 단말마적인 공격을 저지했다.

▲ 풀뿌리로 식사를 만드는 소녀들

▲ 중공군에게 길을 안내하는 북한주민

|세 번째 38선 회복|

이때 신임 제8군사령관인 밴플리트 장군은 전투간 포병 기준탄약보급량의 5배에 해당하는 엄청난 양을 소모하여 적진을 부수는 이른바 '밴플리트 사격'을 실시하는 등 공산군으로 하여금 치를 떨게 만들었다. 특히 용문산 일대에서는 국군 제6사단이 포위한 중공군 제63군의 약 절반을 섬멸하는 대 전과를 거두는 쾌거가 일어났다. 중공군의 5월 공세는 만 4일 만에 저지되었으며 38선은 5월말에 세 번째로 회복되었다.

이때 미 합참은 정전을 고려, 폭 20마일의 DMZ를 설치하기 위해서는 쌍방이 공히 10마일씩 후퇴해야 될 것을 구상하고, 주저항선은 현재의 캔사스 선에서 20마일을 더 올라가야 함을 판단했다. 이에 따라 이 와이오밍 선을 확보하기 위한 작전이 시작되었고 6월 11일 오후 이 작전은 성공적으로 종료되었다. 6월 중순이 되자 펀치볼을 확보하기 위한 미 제1해병사단의 격전을 제외하고 대부분의 전선은 안정되었다.

▲ 펀치볼 전투

114 전선의 고착과 정전협정

|고착된 전선|

1951년 6월 15일 6.25전쟁 발발 약 1년 만에 전선은 고착되었다. 새로이 형성된 전선은 임진강구-연천-철원-김화-산양리-장평리-서화-간성을 잇는 선이었으며, 이 선을 두고 양군은 대치하면서 상부의 지시를 기다렸다. 유엔군 입장에서는 비록 전쟁의 주도권을 잡아 유리한 입장에 있었으나 전쟁전의 원상상태에서 정전을 모색하려는 미국의 정치적인 고려가 있었고, 중공군의 입장에서는 춘계공세 이후 연이은 치명적인 손실로 인하여 더 이상의 공격능력을 상실했기 때문에 자연스럽게 전선은 소강상태에 들어갔다.

▲ 한국공군기 머스탱

▲ 북한공군기 야크-9

중공군은 장기전에 대비하여 4월부터 3교대 순환제라는 새로운 전략을 실행했는데, 당시 한반도에서 작전중인 9개 군 30개 사단을 제1번 지원군으로 하고, 나머지 병력들을 제2, 제3 지원군으로 편성하여 교대로 한반도에 작전할 수 있도록 한 것이다. 한반도내의 중공군은 전투병력과 지원병력, 휴식병력을 합하여 95만 명이 넘을 때도 있었다. 이들은 교대할 때마다 스탈린의 약속에 의하여 소련으로부터 현대식 무기를 제공받았기 때문에 자연스럽게 중공군은 현대화가 되어 갔다. 이에 소련군 고문단은 불만을 표시했으나 이미 중공군을 한반도에 끌어들이기 위하여 스탈린이 한 약속이었다.

|소련 정전제의|

1951년 6월 24일 소련의 유엔대표 말리크Malik는 이른바 '평화의 대가'라는 제목의 연설을 계기로 정전을 모색하기 위하여 양군간에 즉시 회담을 개최할 것과 양군이 한반도에서 철수할 것을 미국에 제안했다. 이에 미국정부는 현지사령관인 리지웨이 장군에게 권한을 부여했고, 리지웨이 장군은 6월 30일 방송을 통하여 소련의 제안을 받아들이며 대표자를 선정하여 원산항에 있는 네덜란드 병원선에서 서로 만날 것을 제안했다.

리지웨이 장군의 제안에 대하여 김일성과 팽덕회(당시 한국 내 중공군 총사령관)는 공동명의로 7월 1일 북경방송을 통하여 답변했다. 그 요지는 리지웨이의 제안을 받아들

▲ 우물에서 북한군에게 학살당한 시신을 끌어 올리고 있는 장면. 1950. 10.10 함흥에서

이되 회담장소는 38도선 개성지구에서 개최되기를 원하며, 이 제안을 받아들인다면 북측 대표는 1951년 7월 10일에서 15일 사이에 이곳에서 회담을 준비한다는 것이다.

|이승만의 반대|

이승만 대통령은 1951년 6월 27일 "또 다른 무서운 전쟁의 서곡이 될 수 있는 어떠한 정전안도 수락할 수 없다."고 언급했다. 당시 초대 한국군 정전회담 대표로 참석했던 백선엽 소장은 후일 "이승만 대통령께서는 전쟁으로 나라가 이렇게 잿더미가 되었는데도 통일도 못하는 판에 무슨 정전회담을 한다고 하는가."라고 당시 정전회담에 대한 이 대통령의 부정적인 시각을 술회했다.

결국 6월 30일, 한국정부는 다음과 같이 공식입장을 천명했다.

첫째, 중공군은 전면적으로 철수할 것

둘째, 북한군 무장을 해제할 것

셋째, 유엔은 제3국의 북한원조를 막을 것

넷째, 한국문제에 대한 국제회의에는 한국대표를 참석시킬 것

다섯째, 한국의 주권 및 영토보전에 분쟁을 일으킬만한 어떠한 결정이나 또는 계획도 반대함

정전회담개시

이승만 대통령을 비롯한 거국적인 정전반대에도 불구하고 전 세계의 이목이 집중된 가운데 1951년 7월 10일 오전 11시, 개성에서 첫 정전회담에 시작되었다. 이때 유엔 측에서는 조이(C. Tuner Joy) 미 해군중장(수석대표, 미 극동해군사령관), 버크미 해군소

◀ 휴전회담의 첫 번째 대표들.(사진 좌) 왼쪽부터 코레이기 미공군 소장, 백선엽 소장, 조이 미해군 중장, 호데스 미육군 소장, 버크 미해군 소장

▶ 왼쪽부터 사방 중공군 소장, 등화 중공군 중장, 남일 대장, 이상조 소장, 장평산 소장

장, 코레이기 미 공군소장, 호데스 미 육군소장 그리고 한국의 백선엽 소장이 참석했고, 공산 측에서 남일(南日) 대장(수석대표, 북한군 참모장 겸 수상), 이상조 육군소장, 장평산 육군소장, 그리고 중국대표로 사방 육군소장과 등화 육군상장이 참석했다.

|북한의 속셈|

북한이 개성을 고집한 이유는 개성이 고려왕조의 수도이며 당시 북한군의 점령 하에 있었기에 정치적·심리적인 효과를 노리기 위한 것이었다.

유엔 측은 가능한 빨리 정전을 성립하기 위하여 장소는 그다지 중요하게 생각하지 않았다. 이때 북한방송은 개성으로 백기를 단 짚차를 타고 들어오는 유엔군 대표의 모습을 방송하면서 "그렇게도 오만했던 미제와 유엔군이 드디어 백기를 들고 우리에게 찾

▲ 정전회담은 개성의 고급 요정인 내봉장(來鳳莊)에서 처음 열렸다.

아왔다. 이른바 강대국의 체면을 돌볼 처지가 못 되었던 모양입니다. 이것은 우리의 승리입니다."라고 대대적으로 떠들었다.

이상조는 후일 회고하기를 이때 정전회담은 2~3일이면 끝날 것으로 생각했다고 했다. 그러나 처음부터 양측의 주장은 엇갈렸다. 유엔 측은 비무장지대에 대한 협정과 포로교환 문제 외 9개항을 협의하자고 주장했고, 공산 측은 정전의 전제조건으로 외국군을 무조건 철수시키고, 현 38선을 군사분계선으로 확정하자는 주장을 펼쳤다.

|당시 전력|

정전회담이 시작될 때 유엔 측과 공산 측 쌍방은 협상이 최종합의에 도달할 때까지 군사작전을 계속한다는 전제에 합의했으며 이로 인해 군사작전의 전개는 정전회담의 추이에 전적으로 달려 있었다. 당시 공산군의 수는 459,200여 명이었는데 이 중 중공군

▲ 1953년 당시 부산 장터

은 248,100명이었고, 국군 및 유엔군의 수는 이들을 웃도는 554,000여 명이었다. 이들 중 중공군 약 17개 사단이 중서부전선에서, 북한군 9개 사단이 동부전선에서 각각 국군 및 유엔군과 대치 중에 있었다.

첫 회담에서 쌍방은 서로의 인식차이만을 확인했으며 7월 26일에 열린 두 번째 회담에서는 군사분계선과 포로문제 등 5개항에 대하여 논의할 것을 서로 합의했다.

|치열한 고지쟁탈전|

정전회담이 개시되면서 소강상태를 유지하던 전선은 1951년 8월이 되자 한 치의 땅이라도 빼앗기 위한 고지쟁탈전이 다시 시작되었다. 이때 개성에서는 양측의 대표가 겨우 의사일정에 합의해놓고 의제 중에서 가장 중요한 군사분계선의 설정과 비무장지대의 설치에 관한 내용을 협의 중에 있었다. 유엔 측은 이때 현재의 접촉선으로 군사분계선을 설정하자고 주장했고 공산 측은 38도선을 군사분계선으로 설정할 것을 주장했다.

결국 의견은 좁혀지지 못하고 정전회담이 결렬되었는데, 이때 유엔군은 정전 당시의 접촉선을 정전선으로 하는 안을 관철시키기 위하여 보다 좋은 조건의 정전선을 형성하고자 제한된 범위의 공격작전을 단행했다. 1951년 10월말까지 계속된 이 추계공격에서 국군과 유엔군은 당시의 대치 선에서 평균 10 km를 북진하여, 서부전선에서는 판문점-역곡천까지, 동부전선에서는 금성남방까지, 동부전선에서는 고성 남방까지 전선을 밀어 올렸다.

이 추계공세는 약 3개월간에 걸쳐 진행되었는데, 10 km의 종심지대 내의 밀도 있는 전투로 인하여 쌍방간에 수많은 사상자가 발생되었으며 특히 미 제10군단과 국군 제1사단이 참가한 펀치볼 전투에서는 쌍방간 피해가 극심했다.

▲ 한치의 땅이라도 더 뺏기 위해 고지마다 치열한 전투가 벌어졌다.

▲ 1953년 6월, 철의 삼각지대에서 중공군의 포탄이 작열하는 모습

|판문점과 임시정전선|

리지웨이 장군은 9월 6일 정전회담의 장소를 개성에서 판문점으로 옮길 것을 공산 측에 제안했는데 공산 측은 이를 거부하다가 결국 10월 8일에 합의를 보았다. 공산 측으로서는 조금이라도 시간을 끎으로써 전선의 공격력을 회복하고 이로써 유리한 협상의 지위를 얻고자 했던 것이다.

1951년 추계작전의 성공으로 유엔군은 원하는 전선을 확보할 수 있었는데, 11월 25일 재개된 정전회담에서 이 문제가 논의되면서 당시의 접촉선을 기준으로 하는 임시정전선이 11월 27일 책정되었다. 이 임시정전선은 임진강구-판문점-산명리-금성-가마우골-신대리-남강을 지나고 있었다. 그리고 이와 함께 남북 간 2 km 폭의 비무장지대에 대한 합의를 보았다.

▲ 북한군 대표 장춘산과 유엔군 대표 머레이가 정전선을 긋고 있다. 1951.11.27.

그 후 쌍방이 30일 이내로 합의하기로 한 의제들에 대한 합의가 실패로 돌아가자 이 임시정전선은 곧 백지화가 되었다. 그럼에도 불구하고 전선은 1952년 전반기까지 소강상태를 유지했다. 그러나 1952년 후반기에 들어서면서 전선은 다시 가열되기 시작했는데, 정전회담을 유리하게 이끌기 위한 전선에서의 주도권 쟁탈전이 벌어진 것이다. 치열한 고지쟁탈전은 1953년 7월 27일 정전회담이 종결되는 그 직전까지 계속되었으며, 기간 중 불모지 전투, 포크찹 고지 전투, 백마고지 전투, 저격능선 전투, 단장의 능선과 피의 능선 전투, 수도고지 전투 등이 치러졌다.

|포로교환|

정전회담이 처음 시작될 때 유엔 측은 132,474명의 공산군 포로를 수용하고 있었는데 이들은 대부분 인천상륙작전 당시에 획득한 포로들이었다. 공산 측에서 획득하고 있던 국군 및 유엔군의 포로는 1951년 12월 18일 공산 측이 제출한 보고서에 따르면 국군 7,142명, 미군 3,193명, 기타 유엔군 1,216명으로서 11,551명이었다. 물론 공산 측이 제

▲ 거제도 포로수용소에서 목욕하는 모습

출한 이 보고서의 신빙성은 없다. 정전회담의 최대 난관은 이러한 포로들의 송환문제였다. 유엔 측은 원칙적으로 송환은 각자의 자유의사에 맡길 것을 주장했으나 공산 측은 이를 거부하고 전 포로의 무조건 송환을 주장했다.

이때 유엔 측에서는 송환여부를 타진했는데 북한군 포로 중에 북으로의 송환 희망자는 65,000명이었고, 중공군은 중국으로의 송환 희망자가 전체의 3분의 1에 불과한 약 5,000명이었다. 이것은 중공의 국제적 체면문제와 바로 직결되어 있었다. 그래서 중공은 이러한 비율은 유엔 측의 압력에 의한 것이라는 것을 보여주기 위하여 거제도 포로 폭동사건을 은밀하게 모의하게 되었다.

|거제도 포로폭동|

유엔군 사령관 리지웨이 대장은 5월 12일 부로 나토사령관으로 발령이 났다. 그래서 리지웨이 대장의 후임으로 클라크 대장이 유엔군사령관에 임명되었는데 인계인수를 위하여 동경에 도착하던 1952년 5월 7일, 제주도 포로수용소에서 거대한 폭동이 발생했다. 이날 오후 3시, 수용소 소장인 돗드 준장이 적색포로분자들에 의하여 강제로 납치되는 전대미문의 괴사건이 발생했다. 이 폭동을 위하여 특별훈련을 받은 공작요원들이 일부러 포로가 되어 수용소에 들어갔었고, 이들이 주동이 되어 폭발한 거제도의 폭동은

▲ 북한군 포로와 오물을 처리하는 거제도 수용소의 포로들

걷잡을 수 없이 번져 나갔다.

5월 10일에는 밴플리트 장군의 명령으로 이 폭동을 신속히 진압하기 위하여 12,000명의 전투병력과 상당수의 전차가 동원되었다. 이때 폭도대표들은 돗드 준장을 석방해 주는 대신 억지 대가를 요구했다. 그러나 그것은 들어 줄 수 없는 것들이었다. 이승만 대통령은 실추된 인기 속에서도 대통령의 욕심을 버리지 못하고 온갖 부정적인 방법을 동원하여 제2대 대통령에 재선되었고, 1952년 8월 15일 취임사에서 멸공통일을 부르짖었다. 그러나 그는 표면적으로는 멸공통일을 내새웠지만 내심 장기집권의 야심에 불타 있었다.

|아이젠하워 방한|

1952년 12월 2일에서 4일까지 미 대통령으로 당선된 아이젠하워가 한국전선을 방문했다. 한국방문은 그의 선거공약에 있는 것이며, 공산 측에게는 이러한 제스추어가 필

▲ 아이젠하워 미 대통령 당선자의 방문

요하다고 그는 언급했다. 아이젠하워는 72시간동안 한국에 머물면서 거의 대부분의 시간을 유엔군 사령관 클라크 대장과 미 제8군 사령관 밴플리트 중장과 보냈다. 이승만 대통령과는 두 번을 만났지만 그와 함께한 한 시간은 단 1시간뿐이었다. 아이젠하워를 환영하기 위하여 준비된 거대한 행사는 곧 실망으로 끝이 나버렸다. 이때 유엔에서는 더 이상 진전이 없는 포로문제를 해결하기 위하여 온갖 머리를 짜내고 있었다.

이때 인도는 우선 병상에 있는 환자만이라도 제네바 협정에 따라 교환할 것을 제안했고, 이 인도 안은 곧 1952년 12월 13일 제네바에서 열린 국제적십자사 상무위원회에 제기되어 15대 2로 가결되었다. 그러나 이 안은 유엔총회에서 중공대표의 부재를 이유로 소련대표가 반대하여 결국 기각이 되었지만 정전을 가져오게 한 동기가 있었다.

|스탈린 사망|

1952년 10월 8일 이후 포로송환에 관한 원칙문제를 놓고 정전회담은 무기한 휴회에 있었다. 그러나 6.25전쟁을 일으켰던 장본인 중의 하나인 스탈린이 1953년 3월 5일 만 74세의 나이로 갑자기 사망하자 상황이 급변했다.

스탈린이 죽음으로써 모택동의 지위는 한층 상승되었는데, 아시아 제국의 공산세력은 소련의 지도자보다 오히려 중공의 지도자인 모택동을 추종하는 분위기로 바뀌어졌다. 그리하여 1953명 3월 28일 공산 측은 김일성과 팽덕회의 명의로 병상포로의 교환뿐만 아니라 근 6개월간이나 휴회되었던 정전회담의 재개를 유엔군사령관 클라크 장군에게 요구했다. 4월 6일 다시 판문점에서 6개월 만에 정전회담이 재개되었고, 회담의 결과로 4월 20일에서 26일간에는 병이나 부상을 당한 포로들의 교환이 이루어졌으며, 6월 8일 제146차 본회의에서는 그동안 난항을 거듭해 왔던 본국송환거부 포로들에 대한 처리문제에 합의했다.

|반공포로 석방|

6월 8일 최종적으로 합의된 포로송환의 원칙은 한국정부의 입장에서는 도저히 받아

들일 수 없는 것이었다. 그동안 한국정부는 송환을 원치 않는 반공포로들은 즉시 본인의 의사에 따라 자유의 품으로 돌아가게 해야 한다고 주장하여 왔었는데, 공산 측은 이들을 별도로 지정한 중립국으로 보내 일정 기간의 회유 기간을 줘야 한다고 주장했던 것이다.

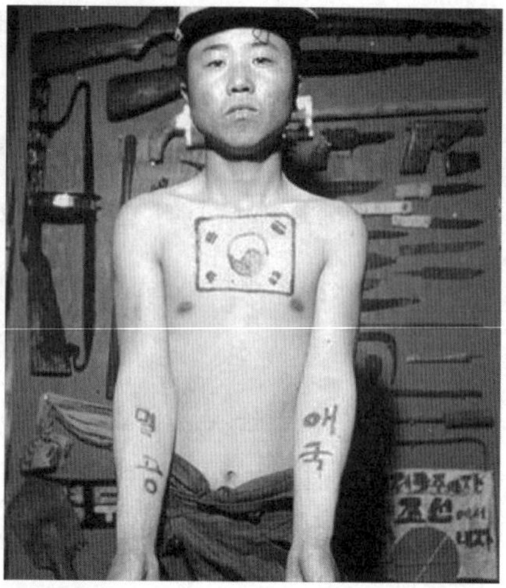

▲ 반공포로

결국 공산 측의 안이 채택되자 이승만 대통령은 중대결심을 했다. 안이 조인된 지 열흘 후인 1953년 6월 18일 각지에 산재되어 있던 한국인포로수용소의 문이 이승만 대통령의 명에 의하여 일제히 개방되었다.

국군의 통수권이 유엔군사령부에 있었기 때문에 국군이 경비하고 있는 수용소의 문을 따는 것은 쉽지 않았으나 성공적으로 이 일은 이루어졌다. 자유대한의 품에 안기고 싶었던 반공청년포로들에게 대한민국 대통령이 그 고귀한 기회를 준 것이다. 이때 탈출에 성공했던 포로는 6월 18일 당일에 약 25,000명이 되었고 그 이어 며칠의 야간탈출 끝에 약 2,000명의 포로가 자유의 품에 안길 수 있었다.

유엔과 세계는 이 초유의 사건에 아연실색했다. 수만 명의 포로를 중립국송환위원회에 인계하겠다고 협약한 미국의 입장에서는 이 돌연한 석방으로 말미암아 장기 협상의 결실이 순식간에 무산될 것을 우려하지 않을 수 없었다. 클라크 장군은 이승만 대통령에게 비난적인 항의를 하는 한편 공산 측에게는 전혀 모르고 있었음을 변명하는 서한을 보냈다.

이승만의 담판과 정전동의

반공포로의 석방으로 정전회담은 자연히 휴회에 들어갔다. 이제 미국정부는 한국정부를 설득하기에 급급했다.

사실 이미 정전협정의 전 조문은 6월 18일에 서명이 완료된 상태에 있었고 남은 것은 조인식의 일자와 절차에 대한 합의뿐이었다. 그런데 그토록 어렵게 성사시킨 정전조인의 합의가 이제 물거품으로 돌아가는 듯했다. 한국정부가 또다시 무슨 일을 벌일지 모르는 일이었다. 그리하여 18일간 머물면서 연일 이승만 대통령을 설득하기에 몰두했다. 이것은 실로 '작은 정전회담'이었고 한국국민의 이익을 최대한 끌어내기 위한 이승만 최후의 카드였다.

이때 국민들은 북진을 외치는 소리와 함께 "통일이 아니면 죽음을 달라"고 하는 현수막을 높이 세우며 전국을 흔들었다. 드디어 이승만 대통령은 정전조인에 방해하지 않겠다는 확약을 주는 대가로서 다음과 같은 보장을 미국으로부터 받아 낼 수 있었다.

첫째, 정전 성립 후 한미군사방위조약을 체결할 것

둘째, 장기간의 경제원조와 2억 달러의 제1차 원조를 공여할 것

셋째, 90일이 경과해도 정전후의 정치회담에서 구체적인 성과가 없을 때에는 한·미 양국은 동 회담을 파기하고 통일에 관한 장차 행동을 논의할 것

넷째, 국군을 20개 사단으로 증강하고 이에 맞게 해·공군력을 강화할 것

다섯째, 정치회담이 개시되기 전에 전반적인 공동목표를 토의하기 위한 한미고 의회담을 개최할 것

이승만 대통령은 이와 같이 정전조인을 담보로 확실한 경제원조와 안보를 다짐받은 것이다. 당시 미국에서는 이승만을 제거하려는 암살계획이 계획되었었고, 심지어 영국의 처칠은 이승만 뿐만 아니라 한국자체를 포기하자고 하는 제의까지 있었다.

▲ 정전협정 조인 장면

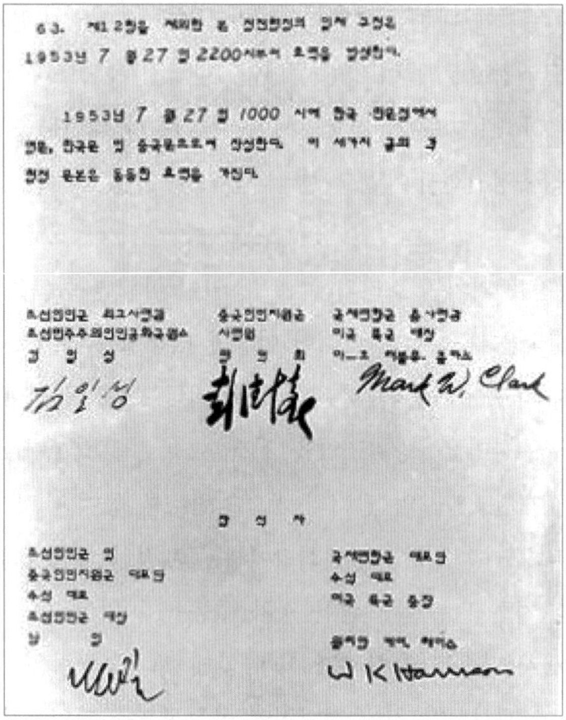

▲ 정전협정 서명 당사자들 김일성, 팽덕회, 유엔군 사령관 클라크

|정전성립|

드디어 1953년 7월 27일 오전 10시, 판문점에서 정전협정이 조인되었다. 1951년 7월 10일 최초의 정전회담이 개시된 이래 만 2년 17일 만의 일이다.

제158차 본회의에서 유엔 측을 대표한 해리슨 중장과 공산 측을 대표한 남일 대장이 모두 18통으로 된 협정문서에 서명함으로써 만 3년 1개월 2일에 걸친 명분 없는 동족상잔의 비극은 일단락되었다.

이때 국군을 대표하여 최덕신 장군이 참석은 했으나 끝내 서명은 하지 않았다. 이 협정문서는 문산에 있는 유엔군 전방사령부에 보내져 이날 오후 1시 유엔군사령관 클라크 대장이 서명을 했고, 그리고 이 문서는 또다시 판문점으로 되돌려져 평양으로 직행, 북한군을 대표하여 김일성이, 중공군을 대표하여 팽덕회가 각각 정전협정에 서명을 한 후 그 중 영문으로 된 6통의 문서만이 유엔 측에 되돌려졌다.

정전협정문의 맨 아래에는 좌측에 김일성, 중앙에 팽덕회, 우측에 클라크의 서명이 되어 있고, 그 아래에는 남일과 해리슨의 서명이 되어 있다. 결국 정전협정문에는 전쟁당사자 중에서 유일하게 한국의 대통령 이승만의 서명만이 빠져 있었다. 후일 북한은 이를 빌미로 한국을 제외시키고 미국만을 상대로 모든 정치적인 문제를 해결하려고 했다.

당시 클라크 대장은 정전협정에 서명을 한 후에 이렇게 연설했다. "총성은 멎었습니다. 한국은 전쟁의 상처를 치유하여야 할 것입니다. 우리 임무는 정전협정효력을 조속히 발생시키는 것입니다." 그날 밤 10시를 기하여 전 전선에서의 전투행위는 정지되었으며 이로써 6.25전쟁은 3년 1개월 2일 만에 그 기나긴 막을 내렸다.

▲ 서울의 가게

|전쟁기간중 피해|

3년 1개월 2일에 걸친 6.25전쟁 기간 중에 입은 피해는 여러 자료들이 서로 달라서 사실 정확하게 알 수는 없다. 그러나 개략적으로는 다음과 같다. 이 자료는 국방부전사편찬위원회에서 제시한 통계이다. 국군은 전사 58,808명, 부상 178,632명, 실종 및 포로 82,318명으로서 계 319,759명이다. 유엔군은 전사 36,991명, 부상 115,648명, 실종 및 포로 6,944명으로서 계 159,583명이다. 여기서 미군은 전사 33,629명을 포함 142,091명에 이른다. 공산 측의 손실은 1953년 8월 7일 유엔군총사령부가 유엔에 제출한 자료에 따르면 북한군과 중공군을 합하여 인명 총손실이 150~160만 명에 달한다고 했다.

육군사관학교 6.25전쟁사 교재에는 북한군의 전투손실이 520,000명 중공군의 전투손실이 900,000명이라고 밝히고 있으나, 중국 단동(丹東)에 있는 항미원조기념관(抗美援朝記念館)에는 중공군은 170,000명의 전사자를 포함한 360,000명이 전투손실을 입었다고 기록되어 있다. 기간 중 민간인들은 남한은 사망 약 230,000명, 북한군에 의한 학살 약 120,000명, 부상 약 220,000명, 실종 약 290,000명 등 약 860,000명이 되며, 가옥파괴는 594,190동이 된다. 이에 비하여 북한은 2,000,000명의 사상자가 발생했다. 기간 중 군사장비의 손실은 국군 및 유엔군이 항공기 1,992대와 전차 777대, 공산 측이 항공기 2,186대와 전차 1,178대를 잃은 것으로 집계되었다.

|쌍방 승리주장|

6.25전쟁 종식 후 북한에서는 대대적인 승전축하행사를 개최했다. 김일성은 평양에 모여든 수많은 군중들을 향하여 북한군이 남한군의 북침을 저지했기 때문에 승리한 것이며 그리고 세계 최강의 미국에게 역사상 첫 패배를 안겨주었다고 큰소리 쳤다.

남한에서도 이승만 대통령은 군중을 향하여 남침을 성공적으로 저지했고 이로써 남한정부의 전복을 막을 수 있었기에 남한이 승리했다고 역설했다. 사실상 어느 편도 완전히 승리한 것은 아니었다. 다만 38선이 휴전선으로 바뀐 것 외에는 아무 것도 달라진 것은 없었다.

▲ 전쟁 이후에 남은 것